全过程工程咨询典型案例
（2019年版）
——以投资控制为核心

中国建设工程造价管理协会 ◎主编

中 国 计 划 出 版 社

图书在版编目（CIP）数据

全过程工程咨询典型案例 : 2019年版 : 以投资控制为核心 / 中国建设工程造价管理协会主编. -- 北京 : 中国计划出版社, 2019.10 (2020.1重印)
ISBN 978-7-5182-1080-0

Ⅰ. ①全… Ⅱ. ①中… Ⅲ. ①建筑工程—咨询服务—案例 Ⅳ. ①F407.9

中国版本图书馆CIP数据核字(2019)第210004号

全过程工程咨询典型案例（2019年版）
——以投资控制为核心
中国建设工程造价管理协会　主编

中国计划出版社出版发行
网址：www. jhpress. com
地址：北京市西城区木樨地北里甲11号国宏大厦C座3层
邮政编码：100038　电话：(010) 63906433（发行部）
北京汇瑞嘉合文化发展有限公司印刷

889mm×1194mm　1/16　25.25印张　687千字
2019年10月第1版　2020年1月第2次印刷
印数7001–9000册

ISBN 978-7-5182-1080-0
定价：153.00元

编委会人员名单

顾　　　问： 徐惠琴

主　　　编： 杨丽坤

副　主　编： 刘伊生　张兴旺

主要编写人员： 朱　坚　张大平　吴虹鸥　潘　敏

刘　嘉　张　超　邵铭法　吴玉珊

席小刚　李宏伟　侯　赞　杨　洁

前 言

在庆祝新中国70华诞之际，中国建设工程造价管理协会主编的《全过程工程咨询典型案例——以投资控制为核心（2019年版）》即将与读者见面。全过程工程咨询是当前工程建设领域改革推进最显著的特征之一，顺应了“创新、协调、绿色、开放、共享”五大发展理念，能有效促进工程建设领域市场化改革，推动创新发展，培育新动能。本书案例是我国造价咨询行业向全过程工程咨询发展的成果展示，也是以投资控制为价值链导向的全过程工程咨询经验总结。

近年来，国家不断推出一系列利好全过程工程咨询的政策及相关法规，改革力度不断加大，各省全过程工程咨询相关配套措施也不断出台。中国建设工程造价管理协会积极探索造价行业向全过程工程咨询发展的路径，引导工程造价行业高质量发展，2018年精心组织出版了《全过程工程咨询典型案例——以投资控制为核心》，在工程咨询领域引起强烈反响，受到广大会员的普遍欢迎。

2019年3月，国家发展改革委和住房城乡建设部联合发布了《关于推进全过程工程咨询服务发展的指导意见》（发改投资规〔2019〕515号），提出了鼓励发展多种形式的全过程工程咨询，重点培育发展全过程工程咨询模式，优化市场环境、强化保障措施，为推进全过程工程咨询指明了发展方向和实施路径。造价咨询企业在全过程工程咨询实践中有了更多的实践案例与体会。为此，中国建设工程造价管理协会组织编写了《全过程工程咨询典型案例（2019年版）——以投资控制为核心》。本书从全国征集的140余个案例中精选了23个建设项目全过程工程咨询的经典案例，从实践总结、理论深化、指导实践的角度来研究全过程投资控制问题，再现工程造价咨询企业在全过程工程咨询工作中的实践创新绚烂色彩，讲述全过程工程咨询领域投资管控新技术和新方法，展现造价咨询行业在全过程工程咨询大潮中运筹帷幄的技术底蕴和搏击风浪的能力。

本书具有四个明显的特点：

（1）选题经典。本书以全行业近年来广具影响力的重大项目为对象，在全国各省预选有借鉴价值的项目，具有代表性。

（2）题材全面。收录的案例涉及众多行业，涵盖住宅、医院、体育场馆、市政、轨道交通、石油化工等各类工程的各个建设阶段，案例中关于行业背景的分析在使读者全面把握项目背景的同时，也为其搭建了洞悉各行各业发展动态的广阔平台。

（3）形式新颖。本书希望避免对建设项目全过程工程咨询平铺直叙的堆砌与罗列、教科书或论文式的枯燥叙述。书中每个案例都基本按照“项目基本概况→服务范围及组织模式→服务的运作过程→服务的实践成效→总结及亮点启示”这一体例展开叙述，向读者展现最精炼最有效的咨询要点信息。

（4）视角独特。本书全部案例的结尾均重点详述审稿人评语，客观评价全过程工程咨询案例，以技术创新为切入点，点评工程造价企业在全过程工程咨询中的难点与解决方案，评析项目特色，体现了理论性、实践性和创新性的高度统一。

希望通过本书的出版，为广大工程造价咨询企业开展全过程工程咨询业务提供有益的参考，为建设项目提供项目策划及建设实施，乃至运营维护阶段全过程的综合咨询服务。推动工程造价咨询企业以全过程工程咨询为契机，优化企业的组织结构和资源配置，全面塑造和提升企业的核心竞争力，在激烈的市场竞争中赢得主动，取得智力优势。实现工程造价行业价值理念和服务模式的升级，共同促进我国工程造价事业向更高层次发展。

本书在编写过程中得到了投稿单位和作者，以及参与审核专家的大力支持，我们深表感谢！

本书编委会

2019 年 10 月

目 录

以投资控制为主线的某基础设施项目投资决策综合性咨询服务

——北京金和通工程咨询有限公司

田华伟　杨　侃　唐　芳　王宏欣　牟　彪

一、项目基本概况

1. 项目建设背景

某央企投资建设的生态海景旅游、金融及商业综合体项目，工程总投资超过300亿元，是该市的重点工程，对促进当地旅游业发展起到重要支撑作用。项目区域效果如图1所示。

图1　项目区域效果图

由于本项目周边市政道路及管线工程未先期建设，该企业中标成为社会资本方后拟投资约30亿元建设完善配套市政路网工程；受该企业委托，我公司首先为市政路网工程一期进行投资决策综合性咨询服务。本文后续所述的项目均指市政路网工程一期的内容，基本情况为：

（1）建设规模：项目共涉及12条道路市政基础设施，其中主干道1条，次干路7条，支路4条，全长20386m；位于新海景大道北侧人行道和绿化带下的综合管廊长度2740m。

（2）建设内容：道路工程、桥涵工程、综合管廊工程、交通工程、雨水工程、污水工程、给水工程、照明工程、绿化工程、电力通信管沟工程。项目区域路网规划图如图2所示。

图 2　项目区域路网规划图

2. 项目建设模式

项目的建设模式为 PPP 建设模式，双方的合作期限为 17 年，其中建设期 2 年，运营期 15 年。

3. 项目投资基本情况

批复的项目投资估算总额为 71431.31 万元，其中：建设工程费 57651.03 万元，其他费用 7354.81 万元，基本预备费 5200.47 万元，建设期利息 1225 万元。

4. 项目咨询的特点

与一般项目咨询相比，本项目咨询的特殊性主要体现在以下几点：

（1）委托方与政府双方非常重视本项目能否按期实现建设目标。2015 年 6 月市政府领导进行调研工作，决定“项目区域内的市政道路及管线原则上应由政府负责建设，拟与委托方合作并采用 PPP 模式解决区域内市政道路的建设资金问题”。委托方开展了 PPP 项目的相关启动工作。

（2）本项目对于该区域项目建设的总体进度影响重大。项目建设所在地区市政基础设施总体薄弱，为了确保市重点工程投资顺利实施，加快推进两个酒店、主题公园、医院、学校、水系等项目建设，同时还要为推进紧邻的某 5A 景区建设提供市政基础设施保障。

（3）本项目咨询服务内容是从工程前期文件开始为委托方提供综合咨询服务，协助委托方结合自身情况与政府提供项目文件进行分析，工作过程涉及专业模块多且交易结构复杂，综合专业广度与深度超越传统全过程工程造价咨询的范畴。在传统造价咨询与招投标代理业务之外，还涉及 PPP 建设的相关政策、相关法律、工程管理、投融资、财务、税务、拆迁安置，竣工交付及运维等。

二、服务范围及组织模式

1. 合同服务范围

（1）项目管理顾问咨询；
（2）PPP 项目咨询；
（3）全过程造价咨询；
（4）项目前期咨询（项目建议书、可行性研究报告及投资估算、概算审核、分析）；
（5）项目投资咨询。

2. 服务的组织模式

因本项目交易结构复杂，咨询的工作涉及业务面较为广泛且各业务线条相互交叉，委托方依靠原有的职能部门无法实现对项目工作的整体推进。在认识到上述情况后，我公司主动建议委托方将咨询服务团队纳入委托方内部的管理机构，由我公司密切配合委托方进行整体业务组织协调和工作成果综合，并在此基础上出具了阶段性咨询成果供委托方决策使用。组织结构如图 3 所示。

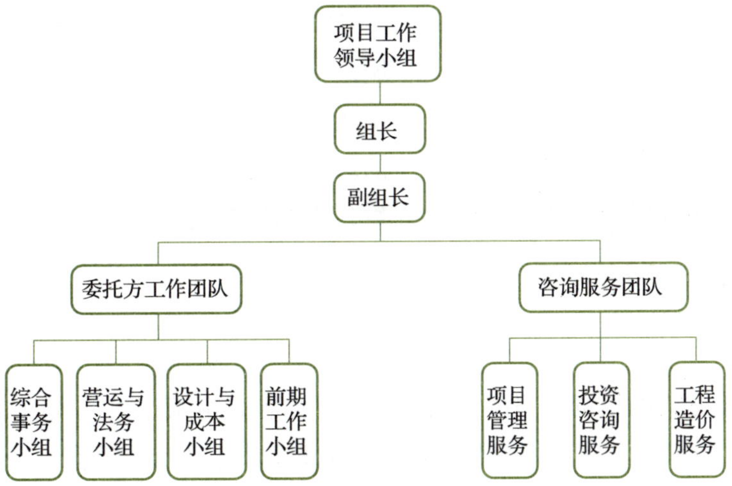

图 3 组织结构图

三、服务的运作过程

根据委托方的咨询需求，咨询公司收集整理相关资料并进行了多个维度的分析、对比，通过与各个业务层级的密切沟通，在充分了解客户面临困难、理解客户对专业服务需求的基础上，为委托方提供了有效的投资决策咨询建议。咨询服务团队从以下几个维度提出了综合性咨询的实施方案。咨询维度如图 4 所示。

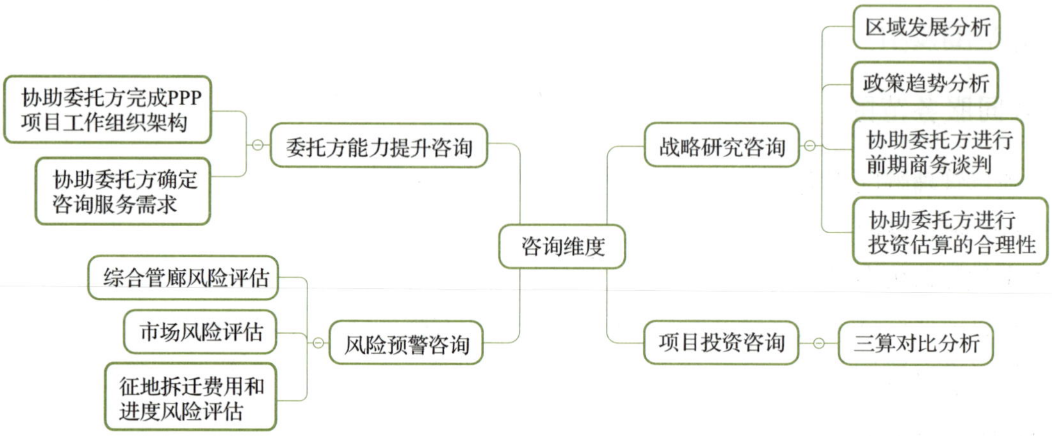

图 4 咨询维度

1. 战略研究咨询

委托方项目战略方向的正确与否是决定项目前期决策咨询阶段能否顺利开展的重要前提条件。为给委托方的战略决策提供重要参考依据，主要从以下四个方面为委托方提供了专业建议。战略研究咨询如图 5 所示。

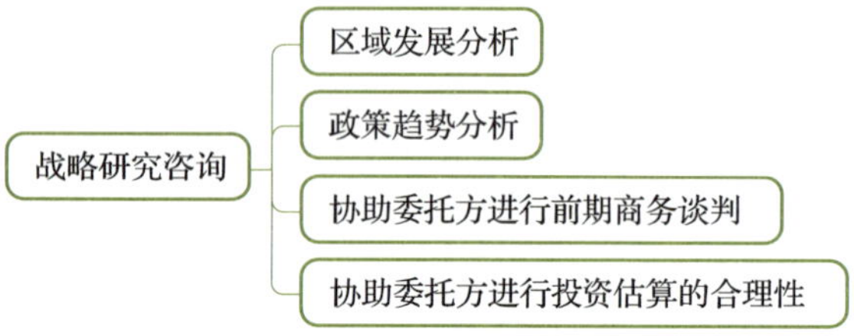

图 5 战略研究咨询

（1）**区域发展分析**。本项目提出了以海上丝绸之路为历史文脉及契机，把生态旅游区打造成集主题玩乐、文化旅游、金融商务、休闲度假于一体的综合生态景区的战略定位。在研究该战略定位后，考虑到本项目打造某市名片的建设要求，提出了应结合本项目的特点按高于常规的建设标准进行建设。

咨询效果：

本项目 PPP 实施方案的投资回报率、项目投资等内容是由某市人民政府审批的强制条件，由于批复投资总额因建设标准、建设内容及投资回报率低等因素引起概算存在较大缺口，经审核后，某单位要求由市政府组织咨询中心及设计院共同参与查找可研批复金额与实际金额偏差，目前已实施项目标准，均比已批复投资估算参考标准高，但与已批复的详细规划中的标准相符合。按某市规划的道路等级及建设标准进行的测算，总投资测算金额为 10.80 亿元，其中建筑安装部分造价为 8.85 亿元。

（2）**政策趋势分析**。政策趋势分析方面主要为委托方提供了税务方面的咨询。在项目实施过程中，本项目实施的 PPP 模式存在中止的可能性，为此，为委托方提出下列税费减免的建议，以下为专业建议摘要：

1）未完成一级开发，减免市政配套费约 2 亿元（含已交市政配套费 3200 万元）；

2）项目内市政投入（约 6 亿元）计入成本，可减少土地增值税 2.21 亿元；

3）酒店、水上乐园等文旅项目可获得补助 1100 万元；

4）可获得政府方减免的项目包括：

①项目区域内 PPP 项目建设用地总面积为 482000m^2，原 4444666.67m^2 划拨用地中新控规道路用地为 406000m^2，因此存在 76000m^2 差异，此部分需政府做出相应的补偿。住宅土地出让起拍价为 2400.00 元 /m^2（容积率：1.0）。2017 年 8 月 31 日位于广东路以东，杭州路以南最新成交住宅地价为 7925.40 元 /m^2（容积率≤ 2.5），经过计算此部分土地价格总计约为 1.8 亿元 ~6.0 亿元之间。

② 2012 年至 2015 年项目地块共回填土方费用 1.59 亿元，其中包括本项目的土地整理费，这一部分成本还未计入估算金额中。建议就土地整理费的具体事项与政府进行磋商计入开发成本或其他形式补偿。

③自 2013 年至 2020 年，对以《西部地区鼓励类产业目录》中规定的产业项目为主营业务，且其当年度主营业务收入占企业总收入 70% 以上的旅游企业，经企业申请，主管税务机关审核确认后，可减按 15% 税率缴纳企业所得税。2013 年至 2020 年，享受西部鼓励类优惠的旅游企业，免征地方分享部分的企业所得税。

④企业用于旅游宣传促销的费用纳入企业经营成本。在计算企业所得税应纳税所得额时，企业发生的符合条件的广告费、业务宣传费支出不超出当年销售（营业）收入 15% 的部分，准予扣除；超过部分，准予在以后纳税年度结转扣除。

⑤减免旅游项目行政性收费。2013 年至 2020 年间，免征中越（东盟）海上跨国旅游航线市政府专项经费和价格调节基金，新建设景区景点、星级宾馆，在建设过程中涉及市、县区级行政性收费，按规定标准最低限的 50% 收取。

⑥对星级旅游饭店和 A 级旅游景区用水、用电、用气实行优惠。旅游饭店的用电、用气价格按一般工业企业同样对待。A 级景区绿化用水按现行居民生活用水价格收取，免收 A 级景区绿化用水所需要缴纳的污水处理费和价格调节基金。

⑦在符合国家法律、法规和遵循统一规划、严格保护原则的基础上，鼓励旅游景区（点）实行所有权、管理权和经营权的分离，允许以特许经营、转让、承包、租赁等方式，吸引各种投资参与旅游景区建设和经营。

⑧对在 2013 年至 2020 年间新开工建设的，贷款本金在 1 亿元以上的 5A 级景区、4A 级景区和五星级酒店等重点旅游项目贷款利息给予补贴。年度贷款本金平均余额扣除 1 亿元后作为计算贴息的本金，贴息标准按照同期人民币贷款基准利率的 50% 计算。单个项目每年最高贴息 100 万元，贴息年限不超过 3 年。

⑨在继续执行现行五星级、四星级酒店用地起始价定价办法基础上，对 2013 年至 2020 年间依法依规取得土地使用权并建成营业的五星级标准酒店，由市人民政府在 3 个月内补助 500 万元；在获评为五星级酒店后，由市人民政府在 3 个月内再补助 500 万元。以上两项补助资金共 1000 万元在土地出让金中安排，不计入旅游发展专项资金。

咨询效果：

为委托方提出政策风险，在税收上提出了切实可行的建议，避免不必要的风险，减免了相关费用。具体体现为：

1）预期减免市政配套费约 2 亿元；

2）预期减少土地增值税 2.21 亿元；

3）酒店文旅项目补贴1100万元；

4）回填土方费用1.59亿元，由政府与委托方分摊；

5）市政配套建设用地规后的面积挤占项目区域内建设用地76000m^2，参考本地区地价成交价折算市价约为1.8亿元（参起拍价）~6亿元（参成交价）之间，根据情况与政府协商补偿办法。

（3）**协助委托方进行前期商务谈判**。依据项目的《可行性研究报告》《物有所值评价》《财政承受能力论证》《PPP项目实施方案》，在认真分析和评估的基础上，协助委托方针对上述文件的重大差异项进行前期商务谈判，谈判的主要成果如下：

1）年度折现率、合理利润率的重大差异：2017年2月版实施方案，年度折现率3.28%，合理利润率4.9%；2017年7月版实施方案，年度折现率改3%，合理利润率改3%；合理利润率较之前下降1.9%。

分析了在不同的投资额、年度折现率、合理利润率、筹资成本、贷款金额、合作期限等的情况下，项目的预计收益金额，并对委托方提出了风险提示。《收益现金流表》和《项目投资现金流量表》分析结果统计表如表1所示。

表1 《收益现金流表》和《项目投资现金流量表》分析结果统计表

投资状态	《收益现金流表》	《项目投资现金流量表》
投资：70206.31万元 3%基准收益率，合理利润3%，筹资成本4.9%，政府贷款5亿元，期限15年，无自筹贷款	-3882.69万元	-5755.22万元
投资：70206.31万元 3%基准收益率，合理利润3%，政府贷款5亿，期限15年，其余自筹贷款20206万元，期限10年，筹资成本4.9%	-10292.85万元	-10134.27万元
投资：107654.44万元 3%基准收益率，合理利润3%，政府贷款5亿元，期限15年，其余自筹贷款57654万元，期限10年，筹资成本4.9%	-25945.77万元	-26052.46万元
投资：107654.44万元 3%基准收益率，合理利润3%，政府贷款5亿元，期限15年，其余自筹贷款57654万元，期限10年，筹资成本3%	-13235.55万元	-16597.78万元
自投红线内项目，投资：48115.07万元 3%基准收益率，合理利润3%，全部为自筹贷款48115万元，期限10年，筹资成本4.9%	—	-66505.61

2）拆迁费的重大差异：2017年2月版实施方案，政府负担拆迁费上限金额为2000万元；2017年8月版实施方案，政府全部出资，此方案的调整避免了委托方的巨大拆迁风险。

3）建设范围的重大差异：2017年8月版的实施方案中，第17页注明："新海景大道（东海路至渤海路段）路基及综合管廊建设工程和渤海路（银滩大道至新海景大道段）路基及管线建设工程的说明：

①由于目前正处于本片区建设高潮期，考虑到重型汽车对道路的损伤影响，此两条道路作为施工道路，暂时仅建设道路路基（含综合管廊）及管线；

②考虑到某市财政资金有限，此两条道路的路面工程、绿化和照明等将在项目二期进行建设。”

委托方发函给编制方案的咨询公司，按照我公司提出的建议针对《可行性研究报告》《物有所值评价》《财政承受能力论证》《PPP 项目实施方案》中的重大差异进行了修改，保护了委托方的投资权益，为委托方的战略决策提供必要的依据。

2. 项目投资决策咨询

（1）协助委托方进行投资估算的合理性分析。在投资估算阶段，对项目投资各组成部分的合理性、数据的准确性及各类费用构成的合规性进行专业分析，并在此基础上提出专业建议及分析（含盈亏）成果。

可研报告中的投资估算金额为：71431.31 万元，其中：

1）建筑安装部分的投资额为：57651.03 万元；

2）工程其他费用为：7354.81 万元；

3）预备费用为：5200.47 万元；

4）建设期贷款利息为：1225 万元。

依据项目的建设要求、背景因素，对咨询方案中的投资估算进行了评估，提出了如下咨询建议：

可研报告中的投资估算金额应调整为 107979.44 万元，其中：

1）建筑安装部分估算金额为 88524.8 万元；

2）工程其他费用为 10321.93 万元；

3）预备费用为：7907.74 万元；

4）建设期贷款利息为 1225 万元。

具体内容如表 2 所示。

表 2　投资估算金额对比表

序号	名　称	可研批复估算（万元）	设计方案预估金额（万元）	设计方案与可研差额（万元）	差异率（%）
1	建筑安装部分	57651.03	88524.77	30873.74	54
2	工程其他费用	7354.81	10321.93	2967.12	40
3	预备费用	5200.47	7907.74	2707.27	52
4	建设期贷款利息	1225	1225	0	暂按批复金额
5	总投资	71431.31	107979.44	36548.13	51

基于表 2，建议主要调整内容为：

1）首先主要考虑到 PPP 一期的 12 条道路，实际的实施进展情况各不相同，部分工程已经完工或处于正实施状态，还有部分工程处于待开工建设状态。因此在本次估算时借鉴了已发生现有的资料数据，并在此基础上考虑了 8% 的变更洽商、索赔等费用的增加额度；

2）管廊部分，可研批复估算金额为 20000 万元；本次估算暂按实施方案显示的 2.74km 单舱管廊标准计入，单舱管廊建安估算费用为 11000 万元 /km，调整后的估算金额为 30100 万元，调增 10100 万元；

3）工程建设其他费用，按相应取费文件进行相应调整；

4）建设期贷款利息，暂按 1225 万元计算。但我们指出委托方需考虑增加的投资额的资金安排（如果按实施方案中贷款额与建安费的贷款比例 5/5.7651=0.867 计算调整后的投资估算中的贷款额应为 8.85248 × 0.867=7.6 亿元）。

咨询效果：

委托方发函给编制方案的咨询公司，按照我公司提出的建议针对《可行性研究报告》《物有所值评价》《财政承受能力论证》《PPP 项目实施方案》中的投资估算金额进行了修改，保护了委托方的投资权益。

（2）三算对比分析。在全过程咨询过程中，前期的投资控制是最为复杂和具有决定性因素的。在咨询过程中，发现原项目估算、项目概算和项目预算存在统计口径不一致，导致了委托方在进行项目投资决策的时候面临巨大的不确定性。为此，提出了应该统一估算、概算和预算的对比口径，从道路等级、长度、宽度的统一维度出发，制定了道路工程造价指标对比表，为委托方对各条道路的投资控制目标设定和风险分析提供了新的思路，便于各方更好地理解投资估算中存在的问题，进一步认识可研批复金额与实际投资偏差风险，为委托方避免了经济损失。同时，通过分析也发现了三算数据之间的差异内容和三算数据产生差异产生偏差的原因，为后期委托方充分考虑影响投资测算各种因素的决策并提供了正确依据。

下面是设计方案概算、可研批复金额及中标合同价比对方法和案例示意。以本项目中经十一路、经十二路、滨海路、龙潭南路、纬八路、经十三路进行单位造价指标对比分析为例。具体内容如表 3 与图 6 所示。

表 3　道路工程单位造价指标对比表

序号	项目名称	道路等级	长度（km）	宽度（m）	可研批复单方造价（万元 /km）	设计方案概算单方造价（未包含给水工程、燃气工程）（万元 /km）	施工合同价单方造价（万元 /km）
1	纬八路工程	次干路 / 支路	PPP 可研批复 4.24km，设计图纸及招标长度 4.782km	18/25	1797.81	2743.96	2451.82
2	经十三路	次干路	2.35	30	2417.61	4160.07	4098.37
3	龙潭南路	主干路	PPP 可研批复 0.53km，设计图纸及招标长度 0.91km	50	6972.18	6510.73	6066.41
4	经十一路	支路	0.37	18	2150.77	1473.77	1634.11
5	经十二路工程	支路	0.25	18	2889.98	1473.94	1464.15
6	滨海路工程	支路	0.81	9	2701.16	850.58	855.57

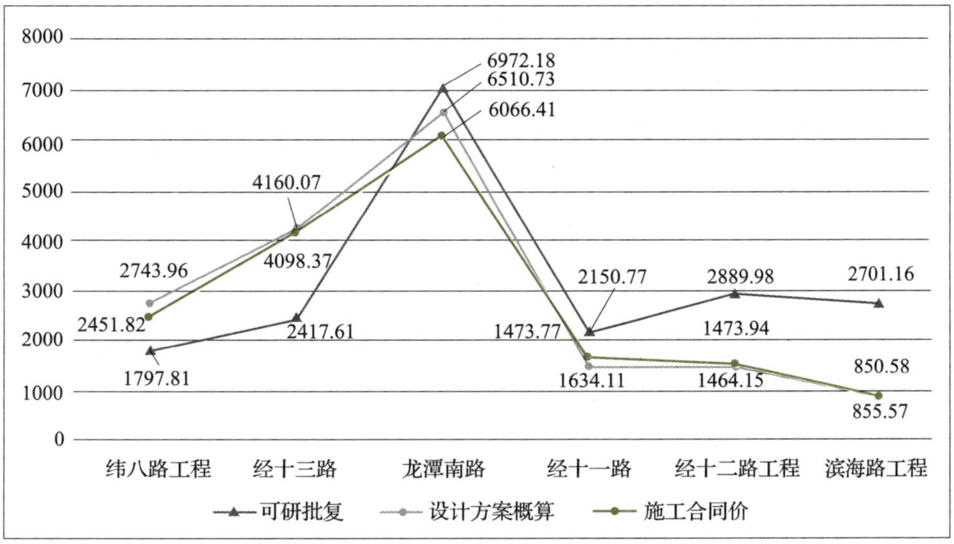

图 6　道路工程单位造价指标对比

提出了如下专业建议：

（1）六条已招标市政道路的单位造价指标水平对比，设计方案概算与施工合同价比较接近，但设计方案概算未包括给水、燃气工程造价；

（2）道路等级较高的纬八路、经十三路可研批复金额约占设计方案概算金额的 60%，说明可研批复估算存在较大的资金缺口；

（3）道路等级较低的经十一路、经十二路、滨海路投资额较小的项目，可研批复金额较合理；

（4）龙潭南路等其他三条道路的造价水平差别不大。针对委托方关心的路基工程造价指标问题（建筑安装工程费每公里造价情况），提供了下述选样对比专业建议；选取纬八路等六条市政道路，综合造价比例约 80% 的道路排水工程为主分析对象，具体内容如表 4 与图 7 所示。

表 4　路基工程单位造价指标对比表

序号	项目名称	可研批复（a）（万元 /km）	设计方案概算（b）（万元 /km）	施工合同价（c）（万元 /km）	d= 施工合同价 - 可研批复 = $c-a$（万元 /km）	差异率 $e=d/a$（%）	差异率的说明
1	纬八路工程	71.17	247.22	483.42	412.251	579	施工合同价与可研批复差额比可研批复高 579%
2	经十三路	201.94	455.89	852.76	650.82	322	施工合同价与可研批复差额比可研批复高 322%
3	龙潭南路	59.25	551.24	184.04	124.79	211	施工合同价与可研批复差额比可研批复高 211%

续表 4

序号	项目名称	可研批复（a）（万元 /km）	设计方案概算（b）（万元 /km）	施工合同价（c）（万元 /km）	d= 施工合同价 – 可研批复 = $c-a$（万元 /km）	差异率 $e=d/a$（%）	差异率的说明
4	经十一路	209.52	80.90	70.16	–139.36	–67	施工合同价与可研批复差额比可研批复低 67%
5	经十二路工程	465.64	70.25	28.86	–436.78	–94	施工合同价与可研批复差额比可研批复低 94%
6	滨海路工程	397.59	41.07	10.63	–386.96	–97	施工合同价与可研批复差额比可研批复低 97%

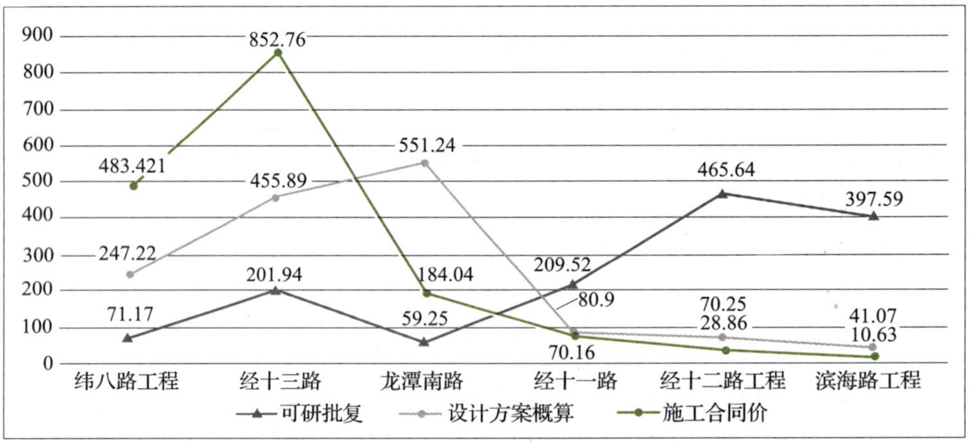

图 7　路基工程单位造价指标对比

对路基工程单位造价指标进行对比发现，道路等级较低的经十一路、经十二路、滨海路的可研批复单位指标较合理，道路等级较高、投资额较大的项目，如纬八路、经十三路、龙潭南路的可研批复单价指标明显偏低。

针对委托方关心的路面工程造价指标问题（建安费工程每公里造价情况），我公司提供了下述选样对比专业建议；选取纬八路等六条市政道路，综合造价比例约 80% 的道路排水工程为主分析对象。具体内容如表 5 与图 8 所示。

对路面工程单位造价指标进行对比发现，可研批复单价指标均偏低，大部分项目单位造价指标约占设计方案概算 50%，投资估算缺口较大。

针对委托方关心的排水工程造价指标问题（建安费工程每公里造价情况），我公司提供了下述选样对比专业建议；选取纬八路等六条市政道路，综合造价比例约 80% 的道路排水工程为主分析对象，具体内容如表 6 与图 9 所示。

表 5　路面工程单位造价指标对比表

序号	项目名称	可研批复（*a*）（万元 /km）	设计方案概算（*b*）（万元 /km）	施工合同价（*c*）（万元 /km）	*d*= 施工合同价 − 可研批复 = *c*−*a*（万元 /km）	差异率 *e*=*d*/*a*（%）	差异率的说明
1	纬八路工程	372.67	755.24	524.7	152.03	41	施工合同价与可研批复差额比可研批复高 41%
2	经十三路	505.4	816.78	683.36	177.96	35	施工合同价与可研批复差额比可研批复高 35%
3	龙潭南路	885.66	1616.32	1002.3	116.59	13	施工合同价与可研批复差额比可研批复高 13%
4	经十一路	306.38	546.63	767.76	461.38	151	施工合同价与可研批复差额比可研批复高 151%
5	经十二路工程	322.18	518.11	625.12	302.94	94	施工合同价与可研批复差额比可研批复高 94%
6	滨海路工程	238.07	360.74	294.54	56.47	24	施工合同价与可研批复差额比可研批复高 24%

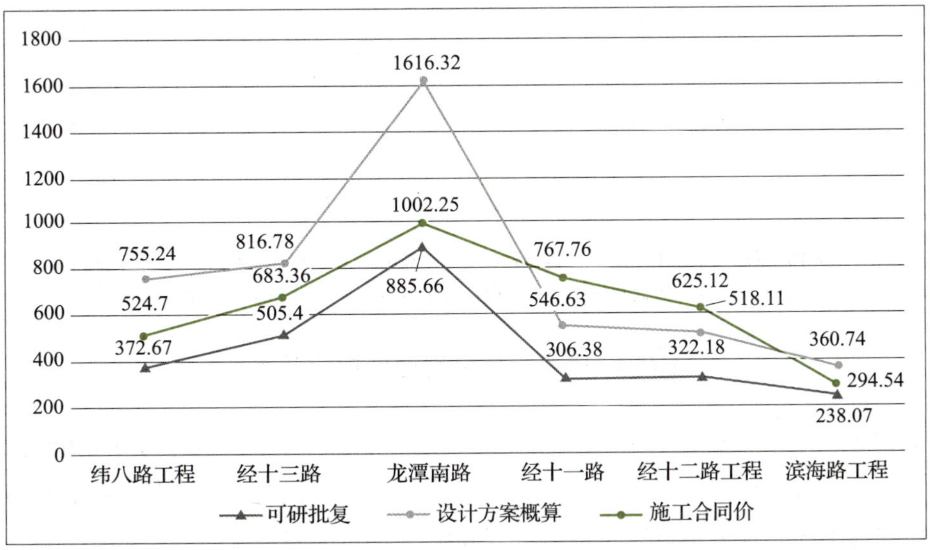

图 8　路面工程单位造价指标对比

表 6 排水工程单位造价指标对比表

序号	项目名称	可研批复（a）（万元 /km）	设计方案概算（b）（万元 /km）	施工合同价（c）（万元 /km）	d= 施工合同价 - 可研批复 = c-a（万元 /km）	差异率 e=d/a（%）	差异率的说明
1	纬八路工程	561.79	1004.15	654.88	93.09	17	施工合同价与可研批复差额比可研批复高 17%
2	经十三路	370.25	697.65	757.83	387.58	105	施工合同价与可研批复差额比可研批复高 105%
3	龙潭南路	1336.23	1298.11	930.82	–405.41	–30	施工合同价与可研批复差额比可研批复低 30%
4	经十一路	422.53	520.88	352.11	–70.42	–17	施工合同价与可研批复差额比可研批复低 17%
5	经十二路工程	858.06	509.14	325.91	–532.15	–62	施工合同价与可研批复差额比可研批复低 62%
6	滨海路工程	1204.54	408.81	227.42	–977.12	–81	施工合同价与可研批复差额比可研批复低 81%

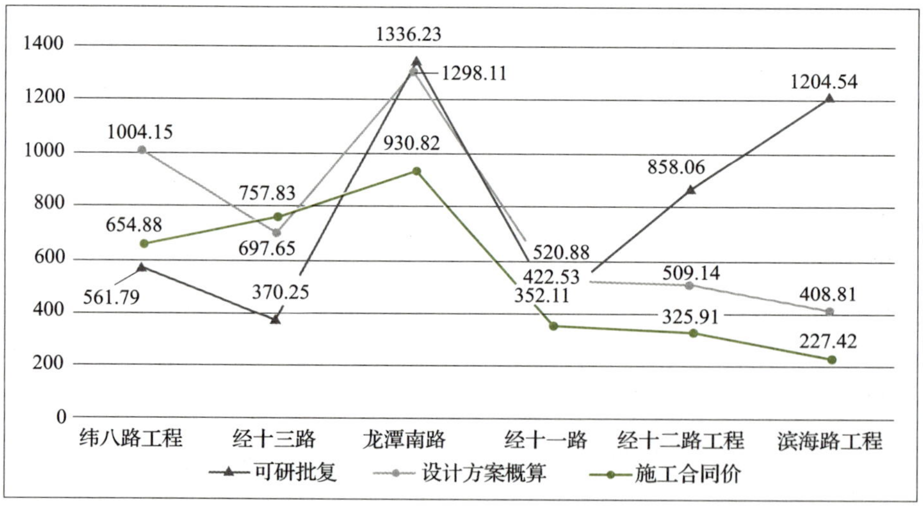

图 9 排水工程单位造价指标对比

对排水工程单位造价指标进行对比发现，龙潭南路、经十二路、滨海路的 PPP 投资估算较合理，纬八路、经十三路 PPP 投资估算单位造价指标明显偏低，投资额存在较大的投资缺口。

针对委托方提出的设计方案概算、可研批复及中标合同价偏差原因分析要求，提供了如下专业建议：

（1）PPP 可研批复的工程量与设计图纸的工程量存在较大差异，以纬八路、经十三路道路工程为例，具体内容如表 7 与表 8 所示。

表 7　纬八路道路工程部分工程量统计表

序号	细目	单位	可研批复工程量（a）	设计图纸工程量（b）	c= 设计图纸 - 可研批复工程量 =b-a	差异率 d=c/a（%）	差异率的说明
1	挖方	m^3	62556	135069	72513	116	设计图纸工程量与可研批复工程量差额比可研工程量多 116%
2	借方	m^3	21037	102134	81097	386	设计图纸工程量与可研批复工程量差额比可研工程量多 386%
3	利用土方	m^3	4510	75916	71406	1583	设计图纸工程量与可研批复工程量差额比可研工程量多 1583%
4	细粒式改性沥青混凝土（AC-13C）	m^2	51200	60926	9727	19	设计图纸工程量与可研批复工程量差额比可研工程量多 19%
5	AC-20C 中粒式沥青混凝土	m^2	51200	60927	9727	19	设计图纸工程量与可研批复工程量差额比可研工程量多 19%

表 8　经十三路道路工程部分工程量统计表

序号	细目	单位	可研批复工程量（a）	设计图纸工程量（b）	c= 设计图纸 - 可研批复工程量 =b-a	差异率 d=c/a（%）	差异率的说明
1	挖方	m^3	60760	133954	73194	120	设计图纸工程量与可研批复工程量差额比可研工程量多 120%
2	利用土方	m^3	41474	14480	-26994	-65	设计图纸工程量与可研批复工程量差额比可研工程量少 65%
3	回填石方	m^3	19665	44929	2526	128	设计图纸工程量与可研批复工程量差额比可研工程量多 128%
4	回填砂砾石	m^3	7187	10555	3368	47	设计图纸工程量与可研批复工程量差额比可研工程量多 47%
5	细粒式改性沥青混凝土（AC-13C）	m^2	35250	42470	7220	20	设计图纸工程量与可研批复工程量差额比可研工程量多 20%
6	AC-20C 中粒式沥青混凝土	m^2	35250	42470	7220	20	设计图纸工程量与可研批复工程量差额比可研工程量多 20%

（2）设计图纸部分清单项目在 PPP 可研批复工程量清单中未体现，造成可研批复项目出现较多缺项、漏项，影响总投资额的估算。以纬八路、经十三路道路排水工程为例，具体内容如表 9 与表 10 所示。

表 9　纬八路道路排水工程

序号	工程内容	单位	PPP 可研批复			设计图纸			设计图纸与可研差额	差异率（%）
			工程量	单价（元）	合价（元）	工程量	单价（元）	合价（元）		
1	回填开山石	m^3	0	0	0	77400	120	9288000	9288000	—
2	回填砾石	m^3	0	0	0	2475	110	272251	272251	—
3	回填砂	m^3	0	0	0	13378	70	936459	936459	—
4	土工布（膜）	m^2	0	0	0	19140	12	229680	229680	—
5	草皮护坡	m^2	0	0	0	23897	45	1075378	1075378	—
6	M7.5 浆砌片石	m^3	0	0	0	5172	300	1551708	1551708	—
7	钢板桩	m	0	0	0	5305	1300	6897280	6897280	—
合计					0			20250756	20250756	—

表 10　经十三路道路排水工程

序号	工程内容	单位	PPP 可研批复			设计图纸工程量			设计图纸与可研差额	差异率（%）
			工程量	单价（元）	合价（元）	工程量	单价（元）	合价（元）		
1	回填开山石	m^3	19665	60	1179900	44929	120	5391504	4211604	357
2	借方	m^3	0		0	228484	35	7996969	7996969	—
3	回填砂	m^3	0		0	13377	70	936459	936459	—
4	钢板桩	m	0		0	3544	2400	8505840	8505840	—
合计					1179900			22830772	21650872	1835

针对上述分析过程，提出了以下专业建议：

部分道路专业设计标准较 PPP 可行性研究批复水平高：其中四个已 / 拟招标项目（经十二路、龙潭南路、经十三路、纬八路）的绿化工程施工合同（预算）价均超出可行性研究批复金额，其中龙潭南路绿化工程预算价 1053 万元，仅海南红豆的预算合同价即达到 540 万元，而可行性研究批复的金额仅为 145.14 万元，远远低于实际的预算合同价。

咨询效果：

在咨询项目中，我们紧紧围绕上述思路，根据工程实际情况，针对可研批复金额、设计方案概算金额、中标合同价等进行数据比较和认真分析，通过三算对比分析，为委托方投资估算提出存在的重大问题，避免了不必要的损失，为委托方详细测算了可研批复金额与实际金额的偏差，为后期委托方的决策提供了正确依据。

3. 委托方能力提升咨询

（1）**协助委托方完成 PPP 项目工作组架构。**因项目咨询的工作涉及业务面较为广泛且各业务线条相互交叉，依靠目前委托方现有的职能部门无法实现对项目工作的整体推进，我公司建议委托方在内部成立了投资项目工作领导小组，以推动本项目的整体前进，我公司建议委托方成立的组织架构如图 10 所示。

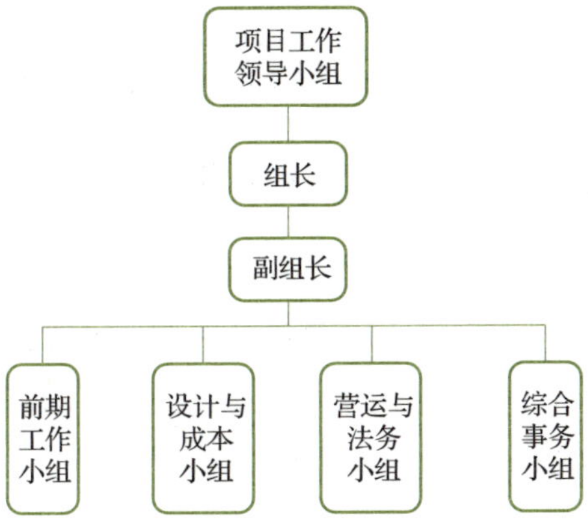

图 10 组织架构

图 10 架构中，具体的职能设计如下：

委托方由总经理担任组长负责本项目的重大事项决策，并与政府部门委派的工作领导小组对接（组长由常务副市长担任）。

委托方组长下设立副组长一名，负责具体项目的推进工作，该职位主要用于协调公司内部各部门综合协调，并与政府相关事务机构对接协调（发改委、规划局、住建局、财政局等）。

在副组长的领导下设四个工作小组用于处理与本项目有关的专业事务。

前期工作小组：该小组主要负责项目前期的手续办理、报批和资料整理归档、对政府的前期文件解读和与政府的日常沟通工作。该小组同时负责拆迁等与政府沟通事项。

设计与成本小组：该小组主要配合前期工作，负责项目的成本核算和设计管理工作，确保项目的投资预算符合项目投资控制要求。

营运与法务小组：该小组主要负责项目的后期运营与相关的法律事务的审核工作（或根据所需并入综合事务小组）。

综合事务小组：该小组配合副组长处理日常事务，综合协调上述三个小组处理业务交叉部分，同时负责与各咨询顾问公司进行沟通融合形成用于决策的专业建议（注：委托方实际工作过程中调整为由咨询公司完成专业综合与融合的工作）。

咨询效果：

委托方按照我公司提供的专项工作组架构成立工作小组，明确了拟派人员的任务分工及职责，使得本项目得以顺利开展。

（2）**协助委托方确定咨询服务需求。**由于本项目咨询服务涉及的专业模块多，对专业的广度与深度要求与传统咨询服务工作差异较大，且本项目采用 PPP 模式在当时均无成熟的经验可借鉴，所以委托方未能向我司准确提出工作要求。因此，在双方多次进行充分了解与沟通和建立在信任基础上，先由我司结合项目特点整理出各阶段的工作要求初稿，再由委托方讨论、审核、修改形成终稿，签发咨询顾问服务任务书。

咨询效果：

委托方通过我公司的协助，明确了本项目的咨询服务需求及各阶段咨询服务工作内容，对项目建设过程中的重点、难点有了更多的了解和预判，为项目实施过程中的风险把控提供的良好的支撑，同时，也促进和拓宽了传统造价咨询服务范围。

4. 风险预警咨询

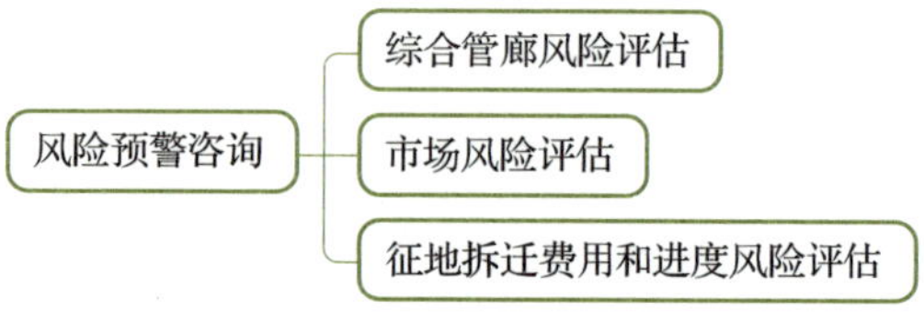

图 11 风险预警咨询

风险是指项目中的不确定性，一旦发生将会对项目目标产生不利的影响。我公司根据本项目的实际情况，对项目进行了系统性的风险评估。针对项目不同类别的风险进行了识别、提示并提出了应对措施。风险预警咨询如图 11 所示。

（1）**综合管廊风险评估**。针对可研报告中对管廊部分的描述不一致进行了风险提示，并对天然气管线纳入综合管廊的适宜性进行了分析，以下为咨询过程示意：

分析了规划中新海景大道下的管廊形式为三舱，燃气管道为单独一舱，污水管线单独一舱。现状断面如图 12 所示。

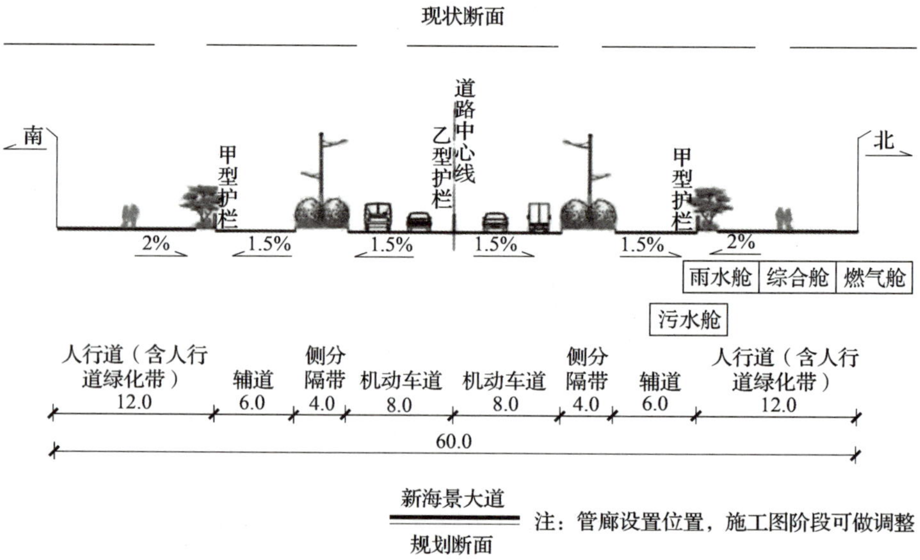

图 12 现状断面

通过对图 12 进行分析，提出了下述专业咨询建议：

根据《城市综合管廊工程投资估算指标（试行）》（附件 2），管廊本体工程，一舱（断面面积 10~20m^2）指标基价为 51091~61133 元 /m（不含专业管线的入廊费用），三舱（断面面积 35~45m^2）指标基价为 97815~139953 元 /m（不含专业管线的入廊费用），由此可见管廊的形式对造价的影响是非常大的，因此建议及早确定综合管廊的形式。

本次估算综合管廊暂按单舱 1.1 亿元 /km 计入，估算金额为 30140 万元；如后期实际建设为三舱，根据《城市综合管廊工程投资估算指标（试行）》中单舱与三舱指标基价的标准测算，综合管廊建安估算费用的上涨幅度可能会达到约 1 倍，按此上涨幅度计算，约增加费用 3 个亿。

（2）**市场风险评估**。市场风险方面，主要针对项目融委托方面的市场风险进行了评估，以下是我司提出的部分咨询专业建议，以对 PPP 实施方案的风险评估为例。

1）一期 PPP 项目实施方案中合理利润率为 3%，年度折现率为 3%，与实际市场条件偏离较大。

2）市场化企业平均融资成本约为 6%，合理利润约为 10%。

3）本企业平均融资成本为约6%，合理利润约为10%（同社会市场化）。

4）实施方案中建设期贷款额度按5亿元、贷款利息按1225万元计算。但我们指出委托方需考虑增加的投资额的资金安排（如果按实施方案中贷款额与建安费的贷款比例5/5.7651=0.867计算调整后的投资估算中的贷款额应为88524.8×0.867=7.6亿元）。

（3）**征地拆迁费用和进度风险评估**。在项目实施的过程中，委托方没有对征地拆迁所引起的费用和进度风险予以重视，我公司结合项目的实际情况，对项目征地拆迁所引起的费用和进度风险进行了预警提示，以下是我公司提出的部分咨询专业建议。

在2017年2月版实施方案中，“乙方负责本项目征地拆迁工作，征地拆迁费用在项目可研估算的征拆补偿费用中列支，若实际征地拆迁费用超出可研估算相关费用，超出部分由乙方负责解决。”政府负担拆迁费上限金额为2119.2万元。

在2017年8月版的实施方案中，改为“征地拆迁费用在项目初步设计概算或施工图预算中列支，计入项目总投资。该费用由乙方根据征地拆迁进度分期支付政府方，若实际费用超出原列支征地拆迁费用，超出部分由甲方承担”。拆迁费用由政府全部出资。

我们指出，虽然拆迁费用已改为由政府全部出资，但是由于政府提出财政紧张，要求垫付实际发生的拆迁安置补偿费用，这将影响总体的资金筹措方案，且偿还期限与方式不确定，由此会增加资金成本。

此外，可研估算中征地拆迁费为2119.20万元。而根据委托方前期部估算以及我公司了解的情况，2017年12月27日与政府谈判会议中提到的红线外由政府负担征地拆迁费的面积约为306666.67m^2，住建局提出征地拆迁费单价预计为150.00元/m^2，计算的征地拆迁费为4600万元，两者相差2480.8万元，差异率为117.06%。根据其他方面的了解，征地拆迁费单价保守估计约为450.00元/m^2，预计本项目支出费用为600.00~750.00元/m^2，因此应以实际发生的金额计入项目总投资。

1）可研批复的拆迁补偿安置费：2119.2万元；

2）住建局谈判会议预估拆迁补偿安置费：4600万元；

3）综合考虑前期部提供预估拆迁补偿安置费：1.84亿元~2.30亿元；

4）拆迁补偿与住建局会议提出的补偿标准的差异率：117%；

5）拆迁补偿与综合考虑前期部提供预估拆迁补偿标准的差异率区间为：768%~985%；

6）项目建设用地约606666.67m^2，其中约有306666.67m^{2}为红线外由政府负担拆迁安置补偿费用，未含红线内约300000m^{2}建设用地，可参考同类地价约300.00元/m^2（不含拆迁及土地整理费用），建议综合考虑此部分建设用地是否与政府进行谈判，评估地价予以补偿或冲抵资本金。具体内容如表11所示。

表11　对比分析表

可研估算			住建局谈判会议预估金额			根据前期类似地块行情预估金额			差异金额（万元）	差异率（%）
拆迁占地面积（m^2）	单价（元/m^2）	估算金额（万元）	拆迁占地面积（m^2）	单价（元/m^2）	估算金额（万元）	拆迁占地面积（m^2）	根据市场情况预估单价（元/m^2）	估算金额（万元）		
264260	80.19	2119.2	306666.67	150.00	4600	306666.67	600.00~750.00	18400~23000	16281~20881	768~985

咨询效果：委托方根据我公司的上述风险预警提示，对重大风险事项进行了调整，避免了重大损失。

四、服务的实践成效

自 2017 年 1 月初接触本项目，在认真分析项目环境的基础上，根据项目的特点和难点及委托方的趋势需求，扩展了传统造价咨询的服务范围，为委托方提供了一系列全过程项目管理咨询的顾问服务，与委托方签订了《某项目市政基础设施路网工程项目管理咨询顾问服务协议书》以及《某项目市政基础设施路网工程（一期）全过程造价咨询服务合同》。

从 2017 年起咨询工作历时近两年，作为委托方咨询顾问协助客户参与了项目战略层面的商务谈判、投资项目筹备等一系列综合咨询的工作。为委托方严守政策底线、在保障项目合规的基础上，全力为委托方争取增加投资收益、降低投资风险避免损失。咨询成果为客户的项目风险管理及战略决策提供了重要参考依据，取得了明显的经济效益，得到了客户的充分肯定。

经济效益如表 12 所示，共涉及投资经济风险的绝对值累计金额 13.22 亿元 ~18.18 亿元。

表 12　某基础设施项目审核金额调整内容成果汇总表

序号	投资额变化类别	项　目	涉及变动的审核金额（万元）	所属文件	备注
1	相比可研主要调增项	考虑了 8% 的合约规划、变更洽商、索赔、配合、重复工作、处理验收遗留问题、调整资料等产生的费用增加额度	20736	关于某地部分市政基础设施路网工程 PPP 项目（一期工程）前期方案评价分析报告及估算金额表（10.7979 亿元）（2017.10.15）	
		暂按实施方案显示的 2.74km 单舱管廊标准计入，单舱管廊建安估算费用为 1.1 亿元 /km，调整后的估算金额为 30140 万元	10138	同上	
		工程其他费及预备费调整	5674	同上	
		管廊如改为三舱将提高造价	60000	同上	
		2012 年至 2015 年项目地块共回填约 1.59 亿元，其中包括本项目的土地整理费，注意这一部分成本还未计入估算金额中	15900	关于某地部分市政基础设施工程（一期工程）可研批复金额与设计方案预估金额差异初步分析（2018.1.3）	

续表 12

序号	投资额变化类别	项　目	涉及变动的审核金额（万元）	所属文件	备注
1	相比可研主要调增项	资金筹措与资金成本：本次建设期贷款额仍按实施方案批复的贷款额度 5 亿元、贷款利息仍按 1225 万元计算	由于方案的不确定性，暂未计入	同上	
		水土保持费 86.35 万元，偏低	由于方案的不确定性，暂未计入	同上	
		小计	52448		未包含综合管廊项目 6 亿元
2	提示应政府承担	（1）可研批复的拆迁补偿安置费：2119.2 万元；（2）住建局谈判会议预估拆迁补偿安置费：4600 万元；（3）综合考虑前期部提供预估拆迁补偿安置费：18400~23000 万元	16280.8~20880.8	同上	
		小计	16280.8~20880.8		
3	提示政府应减免市政配套费	未完成一级开发，减免市政配套费约 2 亿元含已交市政配套费 3200 万元	20000	关于某市政配套设施建设情况的分析报告（2018.5.17）	
		小计	20000		
4	提示可减少土地增值税	项目内市政投入（约 6 亿元）计入成本，可减少土地增值税 2.21 亿元（此数据由某单位开发部提供）	22100	同上	
		小计	22100		
5	提示可申请政府补助	酒店、水上乐园等文旅项目可获得补助 1100 万元，具备相应条件后获得补助	1100	同上	
		小计	1100		
6	提示可申请政府补偿	项目区域内 PPP 项目建设用地总面积为 482000m^2，原 4444666.67m^2 划拨用地中新控规道路用地为 406000m^2，因此存在 76000m^2 差异，此部分需政府做出相应的补偿。经过计算此部分土地价格总计约为 1.8 亿元 ~6 亿元	18000~60000	同上	
		小计	18000~60000		

续表 12

序号	投资额变化类别	项　　目	涉及变动的审核金额（万元）	所属文件	备注
7	补全手续所涉及的罚款	由某地规划局对设计相关文件批准，补办建设工程规划许可证。（可能引起的罚款额约为 2115~4230 万元，某地规划局监管）	2115~4230	关于某地已施市政基础设施项目手续完善的解决措施（2018.6.5）	
		工程中涉及的招标手续需向某地住建局进行备案。（可能引起罚款额约为 211.5 万元 ~423 万元，由某地住建局监管）	211.5~423	同上	
		小计	2326.5~4653		
8	合计（1~7）		132255.43~181181.93		合计金额未包含综合管廊项目 6 亿元，根据最终规划确定
说明	上述金额变动统计中含项目增加金额及节省金额，本次合计按增加金额的绝对值及节省金额绝对值计算。				

五、总结及可借鉴经验

1. 总结

本项目是以投资控制为主线且专业综合性非常强的投资决策综合性咨询服务，主要特点体现在：

（1）咨询范围涉及建设项目全生命周期中项目决策、项目设计和项目招投标三个最重要的前期阶段。在综合考虑到项目战略、政策趋势、相关方需求、投资目标控制、建设标准、委托方的项目组织能力建设等各项关键要素的情况下为委托方提供了高质量的决策咨询建议。

（2）咨询专业涉及全过程咨询中需要密切配合的各专业，专业模块多且交易结构复杂。本咨询工作涉及法律、规划、设计管理、投资咨询、融资规划、拆迁评估、房地产估价、工程建设、招标管理、造价管理、财务、税务、物业管理等十多项专业的融合与拓展。

（3）综合咨询技术成果实现了技术与经济相结合，咨询公司根据本项目的实际情况配合委托方的需求，在传统业务的工程造价工作基础上提升至战略决策层面的综合性咨询，协助客户参与项目的商务谈判、第三方咨询成果评估、资产处置和综合性协调管理等工作。

2. 可借鉴经验

本项目咨询的可借鉴经验体现为以下四个方面：

（1）**战略研究咨询**。具体包括区域发展分析、建设目标分析、政策趋势分析、协助委托方进行前期战略层面的商务谈判等。

（2）**项目投资咨询。**具体包括针对委托方的可研批复金额、设计方案概算金额、中标合同价等进行数据分析和整理，统一了三算对比口径差异，为委托方对各项目投资控制目标的设定和风险分析提供了新的思路，为委托方的重大投资决策提供了正确依据。

（3）**委托方能力提升咨询。**协助委托方进行项目投资决策组织架构的建立，明确领导小组任务分工并提出了具体工作建议。咨询建议有效推动了委托方对项目把控的效率，促进项目的顺利开展。

通过我公司的工作，委托方明确了本项目的咨询服务需求及各阶段咨询服务工作内容，对项目建设过程中的重点、难点有了更多的认识，为项目实施过程中的风险把控提供综合性专业建议。

（4）**风险预警咨询。**我公司根据项目的实际，对项目前期的风险进行了系统性的评估，建立了风险识别、提示和管控的闭合方案，从而使委托方避免了大额资金损失的发生，为委托方的项目风险管理及战略决策提供了必要依据。

本咨询项目的开展与目前国家发改委与建设部在《关于推进全过程工程咨询服务发展的指导意见》【发改投资规〔2019〕515号】文件中定义的投资决策综合性咨询的发展方向一致。因此，本咨询服务经验的总结和推广不仅可以为业主方投资项目的顺利完成提供保驾护航的作用，也可以为业内今后全过程工程咨询中投资决策综合性咨询服务的开展起到一定的经验借鉴和示范作用。

专 家 点 评

该案例为市政基础设施PPP项目，从社会资本委托咨询服务的角度开展相关咨询服务工作，在项目决策阶段、勘察设计阶段和招标阶段为业主提供投资决策咨询服务。案例服务范围覆盖了项目实施总体策划、项目管理咨询、投资咨询和全过程造价咨询，涉及组织、管理、经济和技术等各有关方面，也重点阐述了全过程工程咨询前期阶段性咨询和全过程项目管理思路。

咨询公司做到了事前充分调研、沟通和分析，明确了委托方的各项需求，以提升效率和顺利推进项目实施为目标，协助业主方优化了组织架构，为项目实施打下了较好的基础。在提供咨询服务时配备了多专业咨询服务人员并综合考虑了委托方需求、投资目标控制、政策分析及风险控制等各项关键要素为委托方提供了高质量的决策咨询建议。

同时，该案例也展示了咨询企业对系统性问题提供一站式整合服务的能力匹配和组织架构——采用线性组织模式，针对项目推进，机动匹配专业资源，覆盖不同层面工作需求。该案例满足全过程工程咨询典型案例的特点，从PPP项目社会资本委托咨询方的角度分析全过程工程咨询投资决策综合性咨询如何开展相关工作，对行业探索多样性咨询服务模式具有一定的指导作用，可作为项目全过程工程咨询案例使用。

（说明：本次点评未涉及案例中有关PPP政策及实施合规性）

点评人：潘敏

四川开元工程项目管理咨询有限公司

新疆某文化传媒中心全过程工程咨询项目以投资控制为核心的项目法人代建管理

——北京求实工程管理有限公司

张庆国　李纯兵　张少坤　邹雪云　张大平

一、项目基本概况

项目概况如表 1 所示。

表 1　项目概况表

1. 基本信息			
项目名称	新疆某文化传媒中心项目	**使用单位**	新疆某文广局
代建单位	北京求实工程管理有限公司	**设计单位**	北京市某建筑设计研究院
建筑面积	26575m^2	**监理单位**	北京某工程监理有限公司
项目合同类型	建设施工总承包	**施工单位**	北京某建设有限公司
工程类别	复杂公用建筑	**项目地点**	新疆维吾尔自治区某市
开工日期	2018 年 03 月 17 日	**竣工日期**	2019 年 9 月 20 日
工程造价	11462 万元		
2. 项目特点 （1）项目概况：新疆某市文化传媒中心项目位于新疆维吾尔自治区某市，规划总用地面积：44183.36m^2，总建筑面积：26575m^2，其中地上建筑面积：19395m^2，地下建筑面积：7180m^2。 建筑主要功能：文化馆、图书馆、会展中心、广播电视台及报社、地下车库、值班室。 建筑结构形式：钢筋混凝土结构；地基基础形式：筏板、条形、独立基础。 绿色建筑设计标准：国家绿色建筑一星级。 （2）服务范围：北京求实工程管理有限公司为本项目的项目法人，负责工程项目从可行性研究、工程勘察、初步设计及概算、监理、施工、调试、竣工验收、决算、项目整体移交直至缺陷责任期结束的法人代建管理工作。 （3）管理目标：总投资控制目标 13999.75 万元（以批准的初步设计概算为准），进度控制要求：房建施工 629 天。工程质量目标：符合国家和新疆维吾尔自治区工程建设有关的质量检验标准、设计和施工验收规范等，保证竣工工程达到规定的使用功能要求，同时争创新疆维吾尔自治区的“天山杯”奖。 （4）项目挑战： 1）项目投资要求严格按批复的概算投资进行控制。 2）项目建设期受当地气候恶劣、物资匮乏、技术工人短缺、项目功能复杂等因素造成工期压力巨大，项目进度控制难度大。 3）2018 年 12 月前必须完成结构施工，2019 年 9 月 20 日前必须完成项目备案及移交			

二、服务范围及组织模式

1. 咨询服务的业务范围

根据委托服务合同，北京求实工程管理有限公司（以下简称“求实公司”）作为本项目法人主体，承担本项目的咨询服务工作内容如下：

（1）负责组织编制可行性研究报告；

（2）负责组织初步设计及概算的编制和报批工作；

（3）负责办理与管理工程有关的基本建设相关法律法规规定的审批、核准、备案和许可等手续；

（4）严格按照批准的初步设计、后续经委托人对初步设计方案的任何变更及其指令，进行管理工程的组织实施和全过程建设管理；

（5）依法组织管理工程的发包活动，负责选择确定工程勘察、设计和监理单位、施工企业和设备材料供应商等；并按委托人要求和相关规定，将发包（包括招标、比选和直接发包等）活动中形成的主要文件资料报委托人备案；

（6）负责管理工程的可行性研究、勘察、设计、监理、施工和设备材料采购等合同的订立和履行，做好合同管理工作，组织协调并督促合同当事人全面履行合同；

（7）按照批复的初步设计及概算，认真做好管理工程建设实施全过程的投资控制工作，包括但不限于工程可行性研究、设计、发包、施工和结算等各阶段的投资控制，严格审核确定并控制各项费用支出；

（8）根据国家、新疆维吾尔自治区及地区关于工程建设档案管理的有关规定，建立健全项目建设实施和管理的档案文件资料，负责有关档案文件资料的收集、整理、归档和保管工作；

（9）按照国家、新疆维吾尔自治区及地区有关规定，负责组织管理工程的竣工验收并办理竣工验收手续，报委托人备案并认可后，报地区建设行政主管部门备案；

（10）负责组织编制、完成工程竣工结算和协助竣工决算；

（11）根据委托人指令，负责将竣工工程向使用人进行整体移交，办理移交有关手续以及管理人订立的工程建设有关合同中为方便移交工程使用或维修所约定相关债权的转让等，并将工程建设项目建设档案资料移交地方政府相关部门。

2. 咨询服务的组织模式

本项目运作模式是由出资方委托求实公司作为项目法人单位对本项目建设实行集中统一管理，负责建设统筹安排、协调和使用资金。

（1）**建设管理模式。**求实公司是项目建设期的项目法人，负责委托可研编制单位、勘察单位、设计单位、监理单位、施工总承包单位及业主方负责实施的单位。对项目的建设实施进行有效的计划、组织、协调、控制、评价。项目代建单位不同于传统意义上的业主，项目代建管理制将《中华人民共和国建筑法》和其他相关建设法规中的项目法人责任提高到法律的高度，按照《北京市政府投资建设项目项目管理制管理办法（试行）》《关于实行建设项目法人责任制的暂行规定》有关规定，以合同的形式予以确立。

（2）**项目管理架构。**本项目代建管理团队由具备各阶段咨询服务经验的不同专业技术人员组成。针对本项目全过程项目代建的特点成立核心团队，综合运用各项管理措施和手段来实现项目目标，控制项目管理过程中的各项风险，公司项目管理结构如图 1 所示。

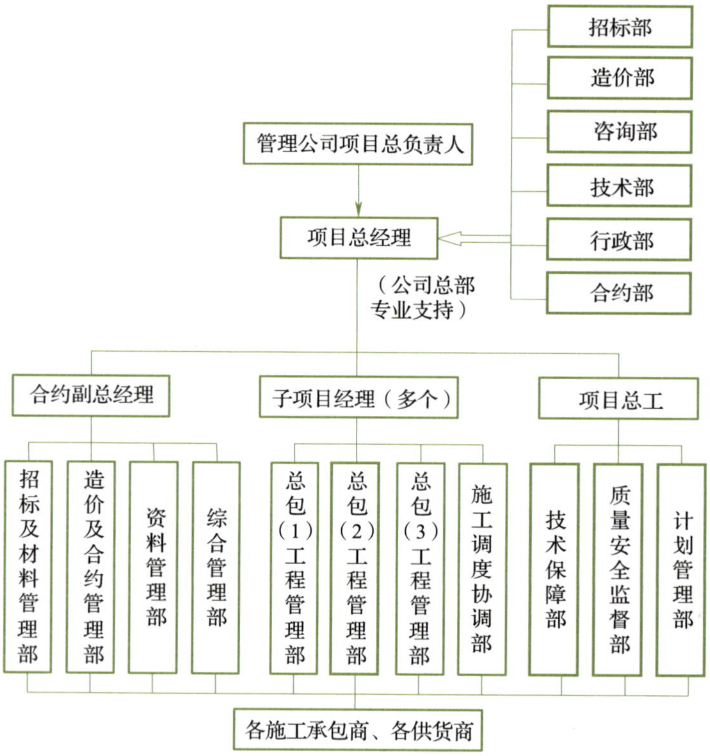

图 1　公司项目管理结构

3. 主要咨询人员服务职责

本项目提供的是全过程工程咨询服务，咨询服务职责如表 2 所示。

表 2　咨询服务职责

主要服务阶段	咨询服务主要职责
1. 前期项目经理	（1）负责项目“前期阶段、设计招标阶段、设计管理阶段、招标阶段（含施工总包、监理）”整体推进。通过组织协调最终确保项目施工总承包招标结束、项目前期阶段服务费申请支付顺利完成
	（2）对接业主完成前期阶段的各项咨询服务工作，包括但不限于编制前期工作计划、招标计划、资金使用计划、合约规划、勘察 / 设计招标文件、施工 / 监理招标文件
	（3）为加快招标计划的完成，配合、提醒、督促设计组、造价组、招标组的各项业务进展，并结合项目进展情况开展工作交底
	（4）为加快招标计划的完成，配合、提醒、督促业主及时完成前期各项报批报建工作

续表 2

主要服务阶段	咨询服务主要职责
1. 前期项目经理	（5）负责委托代理协议的编制、地方招标政策的尽职调查、当地的造价相关规定及市场环境情况调查（包括控制价的公布内容、投诉的市场环境情况、清单控制价编制需要注意的内容）
	（6）为加快招标计划的完成，配合、提醒、督促当地代理公司及时完成招标备案、造价备案、招标公告及开评标、中标通知书发出的工作
	（7）负责收集投标单位的投标文件并移交造价组进行清标工作
	（8）负责“购地及立项阶段、概念设计阶段、设计招标阶段、设计管理阶段、招标阶段（含施工总包、监理、分包）、施工全过程管理的造价工作”阶段档案的归档工作
2. 现场项目经理	（1）在公司领导下按项目委托合同中赋予的职责，代表公司全面负责本项目实施阶段的进度、投资、质量、安全、合同、信息、组织协调等管理工作
	（2）负责对本项目的合约经理及总工程师、现场工程师进行工作分工及交底，管理、指导、检查、考核现场工程师、合约经理的工作
	（3）根据公司要求及项目的实际情况，组织编制及修订项目部的各种规章制度、项目管理规划、工程项目建设总进度计划、招标和采购工作计划、项目管理月报、专题报告、阶段性项目管理工作报告及项目完成后的工作总结报告等
	（4）协助业主签订各类承包合同，检查及监督现场所有施工方、监理、甲购材料及设备供应单位的合同履约情况；根据各参建单位的合同完成情况，按工程款支付管理程序，核签工程款支付证明；根据设计变更、洽商、签证程序对变更、洽商、工程量增减进行核签
	（5）监督检查工期、质量、投资、技术、安全等，发现问题积极采取措施予以解决，项目管理部权限之外的应及时通报业主，防止施工中出现重大施工反复、返工
	（6）协助业主对单项、重要分部工程、单位工程的验收
	（7）协调项目部与业主及相关合作单位、公司总部及其他部门之间的关系，贯彻落实公司及业主关于基本建设程序管理规定
3. 项目合约经理	（1）积极主动地了解现场施工情况，协助项目经理对项目的合同、投资控制工作进行管理，完成项目经理布置的各项工作
	（2）按公司要求及项目情况编制项目各种投资控制表格，及时收集有关投资控制方面资料
	（3）按公司要求项目情况编写项目合约规划、合同及造价管理工作细则、工程款支付台账、工程管理月报中合约报告部分、资金使用计划、设计变更台账等
	（4）按公司及业主要求编写项目分包招标文件，协助项目经理配合业主进行甲购材料及设备、分包单位招标
	（5）根据总承包合同及分包合同，配合项目经理审核各个承包单位报送的中期付款申请
	（6）根据总承包合同及分包合同，及时对项目设计变更、洽商、签证等进行经济分析，提出合约造价方面建议；协助项目经理审核总包及分包单位报送的设计变更、洽商、签证
	（7）根据现场实际情况，主动、及时对现场签证工程量进行复核，发现问题及时向项目经理汇报

续表 2

主要服务阶段	咨询服务主要职责
4. 设计负责人	（1）负责完成概念设计阶段相关的设计工作
	（2）负责完成设计招标阶段与设计技术相关内容的工作
	（3）负责组织完成设计阶段管理的初步设计审查、施工图设计审查中与工程设计相关内容的审查
	（4）负责结合设计固化标准编制并更新设计审核表，突出设计审图必查强制条款，并形成设计管理标准
	（5）总结并积累“概念设计阶段、设计招标阶段”所需要的设计相关指标
	（6）总结并编制同类项目相关节点、习惯做法标准图。发现并攻克解决同类项目建筑技术中急待解决的难题
5. 项目招标负责人	（1）提前了解项目当地招投标法规，分析可能存在的问题和风险，提前向业主提供防范意见
	（2）负责办理监理和施工招标相关手续，或经业主同意后委托当地有资质的招标公司办理监理和施工招标相关手续
	（3）负责编制合约规划；总、分包工作内容划分、招标形式、合同形式、招标顺序及时间安排
	（4）审核招标文件、工程量清单等，包括但不限于招标公告、招标登记表、资格预审文件、投标邀请函、投标须知及其附件、合同协议书、合同条件等
	（5）组织审核工程量清单及控制价编制，并对工程预算和招标控制价及招标过程情况负有保密责任
	（6）负责编制施工合同文本，协助业主与中标单位进行合同谈判
	（7）负责整理招标、投标文件等资料，并编制施工、监理招标全过程管理报告，一并交业主存档
6. 结算审核负责人	（1）制定结算工作计划
	（2）依据该工程的合同、招投标文件、中标通知书、施工图、双方确认的洽商变更文件及与工程结算相关的补充说明资料，审核施工单位提交的工程竣工结算。对竣工结算文件的依据性、完整性、合理性和正确性进行审查和判断
	（3）编制竣工结算报告、协助业主办理竣工结算支付

三、服务的运作过程

1. 项目法人代建管理模式

目前工程建设领域常见的项目管理模式有：

（1）设计、招标、建造模式 Design–Bid–Build（DBB）。

（2）设计采购施工总承包模式 Design–Build（DB，EPC）。

（3）代建管理模式（风险型）CM@RISK。

（4）集成交付模式 Integrated Project Delivery（IPD）。

本项目的建设背景是项目工期紧、项目批复概算严格不能突破、项目功能复杂、项目所在地的条件艰苦、投资方本身的不专业性及基于求实公司多年的全过程项目管理经验等，投资方选择了风险性项目法人代建的模式。这种模式不同于传统意义上的项目管理，项目法人委托服务合同中将《建筑法》和其他相关建设法规中的项目法人责任添加到项目法人委托服务合同中。由项目管理单位直接与勘察、设计、施工、监理签署合同。项目管理单位的管理工作不同于目前国内已经普遍实施的施工监理和项目管理工作，项目管理单位要从项目法人的角度进行项目施工质量、进度、成本和安全控制，并承担相应的责任。

项目法人代建模式是一种全过程工程咨询的服务模式，本项目管理模式是结合了我国现行的建设体制和现代项目管理理念和技术，使项目的使用者和项目代建单位相互制约、相互促进，以项目管理的市场化来真正实现“项目管理合同”中赋予项目管理单位在各方面的建设责任。

2. 项目管理目标的特点分析

本项目通过前期与使用方及委托方接洽及反复沟通，发现本项目管理目标存在如下特点：

（1）本项目投资方要求在批复概算的情况下，投资绝对不允许超概算，否则要求追究代建公司的责任。

（2）由于使用单位为新建县级市，对工期要求非常紧迫。

（3）项目功能复杂，使用单位对于本项目的使用需求和功能需求不清晰。

基于以上情况，求实公司项目管理团队认为本项目的主要目标是在确保工程质量和安全生产的情况下，控制投资在批复概算范围内，控制工期不超过合同工期。

3. 精益建设理论

求实公司项目管理团队基于前述的项目管理模式及项目管理目标的特点分析，认为采用传统的项目管理思路及管理办法很难完成任务。因此，求实公司项目管理团队借鉴了项目精益建设集成交付的管理思路。

精益建设理论的内涵就是应用管理方法和手段来有效配置和使用资源，最大程度地提高劳动生产率。全过程工程咨询是通过对于互不相同但又相互关联的生产活动（如设计阶段、施工阶段等）进行整合与集成管理实现 1+1 大于 2 的管理过程。本项目把精益建设管理思路贯穿于建筑工程的各个阶段，通过事前的模拟不确定性风险分析，发现设计或施工中可能出现的问题，提前设计解决方案，确保项目计划的实施。提高整个项目的劳动生产率，从而实现项目投资控制目标及进度控制目标。

4. 以投资控制为核心的工作流程

项目代建模式实质上也是一种全过程工程咨询，需要对设计或施工中可能出现的不确定性风险进行分析，确定解决方案和工作流程，通过工作流程实现服务目标。应用精益建设理论集成和整合建设过程中的各个阶段的各方资源（如施工阶段减少外界影响问题可以通过设计调整和优化等方法来解决）。通过提高整个项目管理的劳动生产率，确保项目投资不超概算、进度按计划实施、质量达标、安全生产来实现管理创造价值的目标。

（1）各阶段投资控制风险分析（如图 2 所示）。

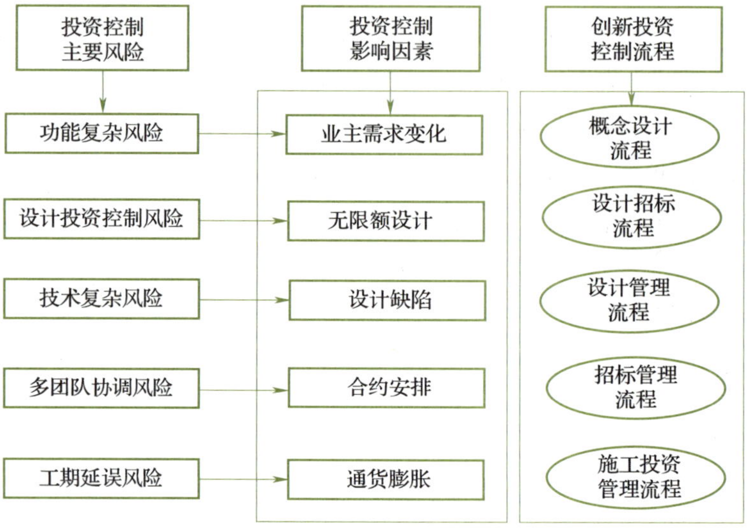

图 2　各阶段投资控制风险分析

1）使用功能需求与投资估算匹配的风险；

2）设计概算超估算，设计质量缺陷的风险；

3）合约安排、合约规划不合理，招标控制价超概算的风险；

4）工期延误、通货膨胀造成人工费、材料费调差的风险；

5）不可抗力造成投资增加的风险。

（2）建立投资控制流程。通过持续不断的设计优化、施工阶段协同办公、5D 云平台的协助应用等手段加快决策效率、减少过程等待浪费、提高项目管理的效率，本项目工期、质量、进度均得到了有效控制，项目参建各方的利益都得到了保障，如图 3 所示。

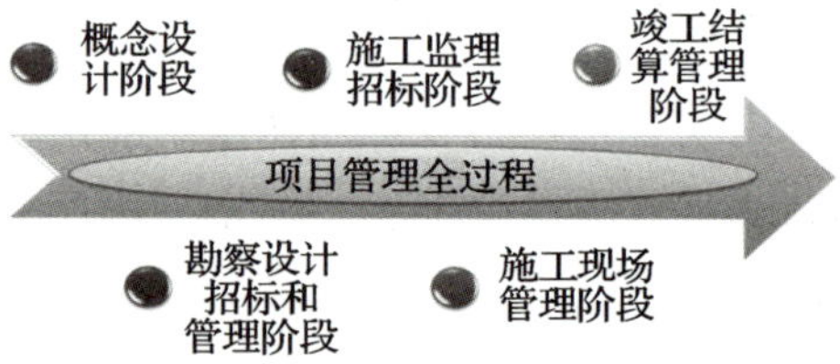

图 3　项目管理全过程投资控制流程图

1）概念设计流程：解决业主需求与投资估算问题。

2）设计招标流程：通过限额设计招标，解决投资概算问题。

3）设计管理流程：解决设计缺陷问题。

4）招标管理流程：解决与总体投资控制目标相匹配的投资目标分解、项目进度目标控制、总包及各分包流动资金控制及合约规划，消除多团队协调风险。

5）施工阶段管理流程：将项目进度管理纳入投资控制的流程中，对施工阶段的投资进行动态控制，减少工期延误导致的物价上涨风险。

6）竣工结算审核管理流程：确定项目最终建设成本。

5. 各阶段咨询案例

（1）勘察、设计招标阶段——限额设计管理、锁定设计概算。为实现投资控制的目标，提高设计院限额设计的责任意识，解决传统设计管理模式下设计人员只承担技术责任、不承担经济责任的问题，需要通过限额设计招标来选择设计单位。只有在设计招标阶段对设计单位提出限额设计的要求、在招标文件及设计合同文件中明确设计超限的责任才能锁定设计概算，确保设计概算不超过投资估算。

招标文件对于限额设计明确以下要求：

1）明确最高限额设计控制价 12258.63 万元，投标人所报的项目估算不得高于招标文件项目最高限额设计控制价。

2）设计人应进行限额设计，保证其初步设计概算不超过投标文件中的投资估算，施工图预算（设计预算）不超过初步设计概算，上述限额要求中地基处理面积与投标估算中的面积按相等情况进行核算，若项目设计过程中由于方案重大调整、规模变化等原因导致可能超限额的，设计人应提前向发包人发函提示，经发包人确认后方可后续工作。

3）若施工图预算超过经批复的初步设计概算，设计单位应免费进行设计修改直至使施工图预算不超过经批复的初步设计概算，且不能影响本工程项目建设进度要求，否则发包人有权对设计人按以下标准进行处罚：施工图预算超过经批复的初步设计概算在 3%（含）~ 5%，扣减设计费的 10%。施工图预算超过经批复的初步设计概算在 5%（含）~ 10%，扣减设计费的 20%。施工图预算超出经批复的初步设计概算在 10%（含）以上，结合北京市政府投资项目管理的有关规定，严肃处理。

4）招标文件所附合同中对支付条件约定：为保证本项目限额设计要求的落实，最终一笔设计费（设计费总额的 15%）作为本项目限额设计保证金。

如果经评审的施工图预算超出设计人自身承担的设计部分的政府审批确定的初步设计概算，设计人应对施工图进行调整和修订，以控制在政府审批的初步设计概算的范围内。如果设计人不按发包人的限额设计要求进行调整，发包人可从限额设计保证金中先行扣减。如限额设计保证金扣减后，仍不能补偿设计人应承担的经济责任和损失，发包人有权依据本合同的限额要求采取相应措施，继续追究相应的责任。

（2）**设计管理阶段——以限额设计为核心的设计管理。**

1）方案设计阶段的设计管理。在和使用单位、投资人充分沟通后，2017 年 12 月 1 日设计单位提交了方案设计本册。方案设计阶段作为影响工程造价的最重要阶段，求实公司组织设计管理工程师从以下方面进行审核：建筑功能是否符合设计任务书及使用单位功能需求；是否符合国家及当地的有关规定规范；建筑造型方面是否符合业主要求及美学要求；建筑经济方面；建筑布局是否合理；图纸深度、无障碍等方面进行审核。协助设计单位减少了图纸问题。

2）初步设计阶段的设计管理。初步设计阶段除按初步设计概算向政府部门申报前需要聘请第三方（北京 ××× 咨询有限公司）咨询审核外，我公司作为代建单位积极在初步设计过程中、初步设计文件完成且向第三方申报前、第三方审核后三个阶段分别进行控制和审核。

①初步设计过程中，在广播电台、电视台和演播厅工艺设计需求不明确的情况下，由建筑设计单位参照类似项目的常规配置做初步设计。

②初设概算设计方案的建设内容与可行性研究批复基本一致。总建筑规模（26575m^2）较《可研批复》规模（27230m^2）减少 655m^2，主要是综合考虑地上、地下建筑功能的合理性和结构的经济性，对建筑功能和结构框架进行优化调整后产生的面积差异，是基本合理的。

③设计单位提交初步设计成果后，求实公司组织人员对各专业的初步设计图纸进行充分的技

术、经济审核，减少了图纸问题、使初步设计概算控制在可研报告中投资估算额以内。由于本项目存在南北高差大、造型复杂、跨度大等特点，初步设计审核集中在结构专业、暖通专业。

④经第三方评审后评审后项目总投资概算为 14297.43 万元，与报审总投资 14861.35 万元相比核减 563.92 万元。评审后的项目总投资构成为：工程费用 12487.12 万元，工程建设其他费用 1090.69 万元，预备费 719.62 万元。2018 年 2 月 5 日取得兵团某建设局对初步设计的批复。

3）施工图设计阶段的设计管理。在施工图设计阶段，要对各专业的施工图进行详细审核，发现施工图中的缺、漏、碰、错问题。项目采用 BIM 技术对施工图进行碰撞检测，可以大大减少了施工图中的设计缺陷问题。

4）BIM 技术的应用。本工程是带地下车库的公共建筑，管线较多，求实公司组建了 BIM 技术小组，同时要求施工单位、监理单位也配置 BIM 技术小组，共同探索实践 BIM 技术和设计、工程管理的结合。应用软件包括 Revit、5D 云平台。BIM 技术的应用有以下方面：

①建立三维模型，检查图纸、辅助施工。求实公司 BIM 技术小组使用 Revit 软件建立了 5 个建筑单体的三维模型（外观如图 4 所示）。

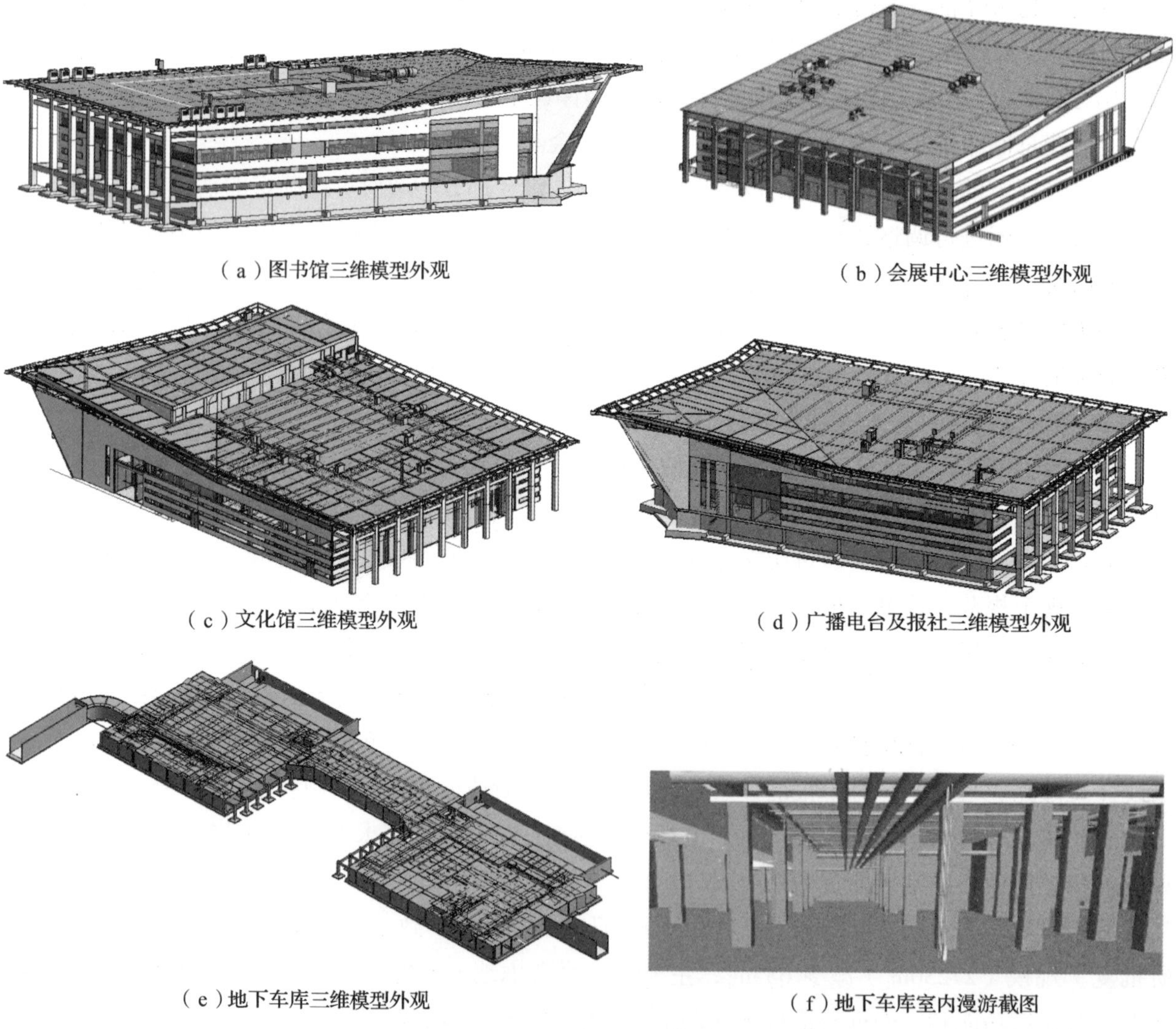

（a）图书馆三维模型外观

（b）会展中心三维模型外观

（c）文化馆三维模型外观

（d）广播电台及报社三维模型外观

（e）地下车库三维模型外观

（f）地下车库室内漫游截图

图 4 建筑单体的三维模型外观

②管线碰撞检测、管线综合。利用 Revit 软件检查出各专业的碰撞，在施工前最大化杜绝一些错、漏、碰、缺的问题，提前调整图纸。本项目作为公共建筑，尤其是地下车库内由于有设备间，管线较多。

地下车库管线碰撞检查如图 5 所示。

	碰撞660	B-10-B-B：B01-5.100	硬碰撞	x：152.518、y：5.053、z：−1.503	元素ID：676264	带配件的电缆桥架	线	元素ID：5053559	XH消火栓系统	线

图 5　地下车库管线碰撞检查举例

BIM 的可视化应用还包含管线综合，对管线进行有规则的合理的排布，大大提高管线综合的效率。通过分别建立土建和机电 BIM 模型，可以导出土建装饰（不含钢筋）、给排水、暖通风、暖通水、强电、弱电、消防专业的工程量，用于造价人员的工程量辅助计算（钢筋混凝土含量指标如表 3 所示）。

表 3　钢筋混凝土含量指标表

序号	名　称	建筑面积（m^2）	钢筋含量（kg/m^2）	混凝土含量（m^3/m^2）	备　注
1	地下车库	7180	202.845	1.55	包括文化管及会展中心基础，三级抗震
2	文化馆	6890	78.664	0.44	不包括基础，三级抗震
3	会展中心	3775	126.106	0.58	不包括基础，二级抗震
4	图书馆	4560	105.010	0.79	包括基础，三级抗震
5	广播电视台及报社	4070	119.069	0.88	包括基础，三级抗震

5）设计优化案例。

①空调系统设计方案优化。图书馆空调系统只预留条件，根据当地环境、使用需求、运营费用等再确定安装方式及是否安装。图书馆、会展中心取消多处热风幕，降低建设成本，减少运营费用，也适应当地冬季环境。新风系统不适应当地 220 天风沙天气，性价比低，因此取消有外窗房间的新风系统及 2 套热回收新风机组和配套设备是对当地环境考虑的，代建单位通过对当地环境的大量调研、取证，认为取消新风系统是可行的方案。

通过以上空调系统优化，降低建设成本 100 万元以上，降低了建设经济指标。

②室外工程设计优化。室外散水由花岗岩散水优化为混凝土散水，实用性高、造价低、维护成本低、当地适应性高。下沉广场混凝土砖路面做法由 80mm 优化为 60mm，是代建单位技术实践的体现，避免不必要费用的增加。室外道路由沥青路面优化为混凝土路面，并优化道路竖向做法及竖向厚度，使道路承载力更好、观感更佳、造价更低。

以上室外工程设计优化，降低建设成本 300 万元以上，降低建设经济指标。

③电气工程设计优化。地上部分照明、插座回路由 WDZ-BYJ 修改为 BV，功能不降低，造价

大大降低。室外庭院灯、草坪灯、路灯、壁灯设置过多，与绿化、小品、景观照明不协调，通过优化照明数量、位置，功能不降低，造价大大降低。配电室中置高压柜优化为环网柜，功能不变，造价降低。

以上电气工程优化，降低建设成本 70 万元左右。

④基坑支护方案优化。本项目位于新疆某市，场地开阔，作业面足够，且均为砂质土层，对基坑支护要求较高，支护难度大，造价较高，采用自然放坡非常适宜当地土质及环境，且建设成本低，根据本项目建筑间距不大，采用大开挖形式，运输方便，造价低，最终确定开挖为 200m × 120m，减少基坑支护数量较多，约降低建设成本 77 万元。

⑤地下车库地面浇筑。地下车库垫层 40mm、楼地面做法 60mm，代建单位认为采用 100mm 一体化浇筑、分隔缝在 20m^2 左右，最终采纳了一体化浇筑的意见，分割缝为 40m × 5.5m，基本与代建单位意见一致，一体化浇筑地面质量有保证，分隔缝面积减少有利于减少或避免地面产生裂缝，功能改善，降低风险。

地下及坡道排水沟由混凝土结构优化为空心砖砌体结构，便于施工进度、降低建设成本。

⑥电视塔优化。原设计电视塔造价为 150 万元，代建单位通过对 224 团的实地考察，认为原有电视塔能够满足新建电视塔需求，通过对原有电视塔的维护，取消电视塔的建设，节约建设成本 90 万元。

主要设计优化成果统计如表 4 所示。

表 4　主要设计优化成果统计表

序号	设计优化建议事项简述	价值类型	价值评估（万元）	专业类别
1	通风空调预留条件、热风幕取消、新风系统取消	成本节省	100	设备专业
2	室外道路、散水、路面砖	成本节省	40	建筑专业
3	室外消防、喷淋管道材质	成本节省	100	给排水专业
4	电气照明、线缆、室外灯具、配电室高压柜	成本节省	70	电气专业
5	基坑支护	成本节省	77	建筑专业
6	地下车库地面、排水沟	功能改善	90	建筑专业
7	卫生间排水	成本节省	10	给排水专业
8	广播电视台及报社条件预留	功能改善	90	全专业
9	地下车库墙面、顶棚做法调整	成本节省	3	建筑专业
10	外装幕墙铝板屋檐四叠屋檐改为三叠屋檐	成本节省	20	建筑专业
11	电视塔优化	成本节省	120	全专业
12	围墙、门卫、地面等取消	成本节省	150	全专业
13	**合　计**		**870**	

（3）**施工招标阶段——合约规划安排。**

1）招标阶段重点要解决的问题。

①科学合理的合约规划。为控制工程造价，可在政策法规的允许范围内，将专业性强或行业垄断、总包单位也需再次分包的项目进行独立发包；将图纸深度不够、专业性强与总包关系密切的项目进行专业分包；将品牌、规格、材质等决定价格的材料、设备采购项目，约定好参考品牌及采购标准。考虑到工期问题，划分标段，合理分配风险，形成伙伴关系。

②编制责任权利明确的合同条款，包括设计、施工、监理、重要材料、设备供货合同条款，总包施工现场管理条款，确定付款方式、工程变更合同价款调整条款，违约责任条款等。

本阶段求实公司参与咨询的团队人员包括合约经理、招标师、造价师、总工程师等。合约经理重点把控合同条款与风险分配问题；造价师负责编制合理的招标控制价，总工程师负责设定合理的采购技术标准。

2）合约规划的设计问题。由于专业工程分包数量较多而且公开招标程序烦琐，为了不影响进度，建议专业工程全部纳入总承包范围。代建单位只针对技术要求、招标程序、质量标准等在建设过程中进行宏观把控，确保质量可控、造价合理。

3）最后结果。

①合约规划全部按照求实公司团队的建议开展实施，求实公司专业团队投入大量的精力编制机电工程招标技术参数、参考品牌、施工界面，以减少施工过程中因技术标准不明确而导致的索赔及争议。

②项目施工过程中电梯、空调、变配电、柴发等常规由业主采购的设备在本项目中直接由总承包人采购，采购及安装质量可靠，设备品牌符合业主要求，施工过程中未发生因采购标准变更导致的投资调整。也避免了因分包招标影响工程进度。

③进度管理的合同措施。资金支付是影响工程进度的最关键的因素之一，本项目为保障工程进度采取了以下合同措施：

工程款支付：由于本项目资金到位，从对进度控制有利的情况考虑，不需要增加承包商的垫资压力，设置工程预付款比例为30%，预付款从第二个月开展分四次平均扣回。工程进度款按计量工程量的85%按月支付。

工程进度节点设置：为增强过程进度考核，在合同中增加了过程进度的奖罚条款：设置基础、主体完工等节点工期要求，对进度控制点进行考核，因承包人原因完不成计划，每天扣违约金人民币5000元，下一个控制点按计划完成时，则上一次违约金取消。但在连续两个控制点都未完成，违约金累计计算。这样有效地增加了施工单位过程进度管理的责任意识，对进度偏差能够及时发现及时纠偏，避免工期延误压力累积到最后无法控制。

（4）**施工管理阶段——投资控制的动态管理。**施工阶段是将项目“蓝图”变成工程实体，这个阶段是工程建设周期中投入的人力、物力和财力最多、工程管理难度较大的时期，在施工阶段要对工程造价管理给予足够的重视，从组织、经济、技术、合同等多方面采取措施，控制投资。

项目施工阶段求实咨询团队以项目投资控制与进度控制为重点，质量安全控制方面以监理控制为核心，通过设置关键控制点，加强事前、事中控制，充分调动和管理好监理公司在质量安全进度管理方面的工作职责实现。

施工阶段求实公司参与咨询的团队人员包括合约经理、项目经理、造价师、机电工程师等。项目经理负责项目施工的整体组织实施及管理工作，合约经理重点把控制施工阶段变更洽商及进度款支付审核、合同履约检查等工作，机电工程师负责相关机电设备的采购及安装质量标准。

1）投资控制的动态管理——施工进度管理。施工阶段进度延误会使项目施工周期的加长，加大"通货膨胀"引起的材料费、人工费涨价等调差风险，使施工阶段的投资无法控制。求实团队在进度控制方面建立了以完善的计划体系为控制基础，以赢得值的方法为进度统计及纠偏手段的进度控制流程。本项目实际进度与计划进度偏离较小，赢得值曲线如图 6 所示。

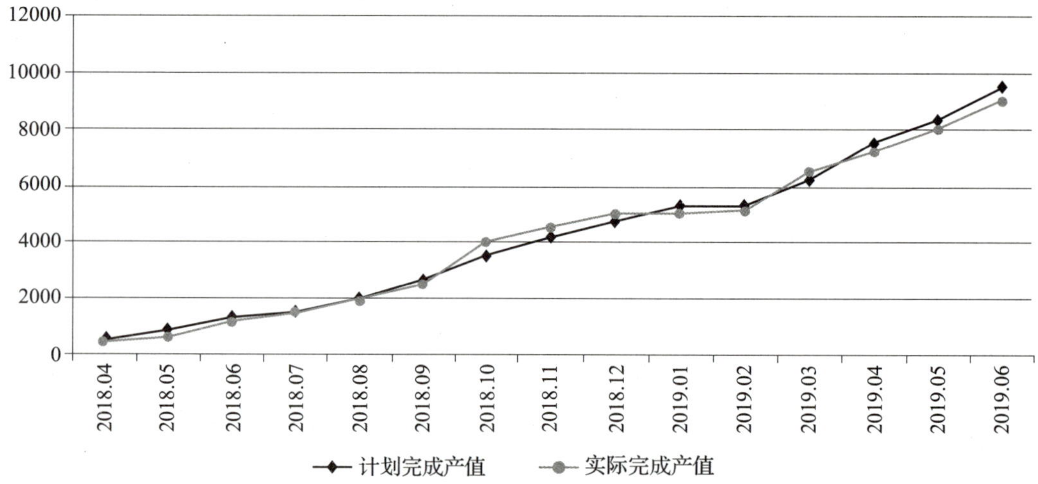

图 6　赢得值曲线

①确保施工按照合同要求的时间节点完成。求实团队在施工管理过程中，结合现场情况采取多种措施确保工程进度按照合同要求的时间完成。

进度管理的合同措施：按照总包合同对施工节点的要求对总包单位进行考核。因承包人原因完不成计划，每天扣违约金人民币 5000 元，下一个控制点按计划完成时，则上一次违约金取消。但在连续两个控制点都未完成，违约金累计计算。求实项目团队充分利用合同节点计划要求，约束施工方主动控制工期。

进度管理的技术措施：通过调研与考察，当地商品混凝土配比较特殊，当地冬季气温高、温差大，利用北京国有企业的技术实力等综合因素考虑，可以进行适当冬季施工，有利于施工进度的落实，但此项措施不发生经济增加，取得了好的效果，次年对混凝土进行检测，全部达标合格。

进度管理的保障措施：为解决当地材料紧缺等问题，代建单位组织总包单位、分包单位、材料供应商召开专题会，尽早确定材料选样、封样，为从疆外材料运输争取足够时间，满足现场施工进度要求。

通过各方的努力，于 2018 年 3 月 17 日开工，基础施工于 6 月中旬完成验收，历时 3 个月；结构施工于 12 月 28 日完成，历时 100 天；将于 2019 年 8 月 31 日完成竣工验收，提前 3 个月竣工；并于 9 月 20 日利用 20 个工作日完成竣工备案并移交使用单位，在共和国最年轻的城市为祖国生日献礼。

②进度干扰事件的应对措施。

问题：

- 220 天风沙施工的影响；
- 建筑材料的紧缺、运输路途遥远；
- 当地技术人才、技术工人短缺。

解决方案：

- 合理安排施工组织计划，斗风沙、战严寒，研究天气环境特性，进行工序穿插、加班作业；
- 从疆外调派有技术的工程师、技术工人，并大力培训当地维吾尔族工人，疆外、疆内一盘棋；
- 提前采购，多渠道、多地区采购，利用本场地空地多的优势进行提前储备。

最后结果：通过努力，减少了风沙季节的干扰影响；培训了当地劳动力，最大限度地减少了因材料短缺造成的工期影响。

2）**投资控制的动态管理——持续的设计优化。**由于设计阶段周期较短，设计图纸难免不完善。施工阶段持续的设计优化对投资控制具有着重要的意义。本项目在施工过程中采用了如下的设计优化措施：

①热力一次网路由优化，与当地热力公司实地勘察供热线路，减少热力一次网 *DN*125 管道 390m，节省造价 15 万元。

②小市政给水路由优化，与当地水务给水实地勘察供水线路，减少供水 *DN*150 管道 200m，节省造价 9 万元。

③高压供电线路优化，与当地供电设计院勘查现场，优化设计，利用原有电缆井及排管，并根据实际供电容量，将供电电缆有 YJV22-3×300 优化为 YJV22-3×150；节省造价 20 万元。

④弱电线路优化，与当地电信部门进行现场勘查，勘察结果为只有昆玉大道一侧具备市政电信管道，因此将项目西侧进线弱电井修改为项目南侧（昆玉大道一侧）进线，功能得到改善，大大利用原有市政电信管道，节省造价 30 万元。

（5）**结算审核阶段——投资控制水到渠成。**工程竣工前提前编制竣工结算审核计划，在各项工程竣工后，依据工程施工图纸、设计变更洽商、有关索赔文件、工程合同条款，组建由造价工程师负责、各专业工程师参加的结算审核小组，及时准确、科学合理地进行结算初步审核工作，提出初审意见。

结算审核阶段求实公司参与咨询的团队人员包括审算经理、合约经理、项目经理、各专业造价师。审算经理负责组织整个结算工作的开展，并对成果文件质量负责，项目经理、合约经理主要给结算审核小组针对现场施工情况、设计变更情况、未施工项目等内容进行交底。

图纸深化的结算问题：施工方对幕墙图纸进行了深化设计，要求按深化设计图纸按实结算。

解决：根据合同约定结算原则，钢结构按照单价合同、幕墙部分总价包死。按施工图加变更洽商进行结算。施工方所出的竣工图、深化设计的大样图、节点图（如钢结构）等不作为结算的依据，对施工图明确做法，施工方未做的工程项目进行扣减。价格与结算价格对比如图 7 所示。

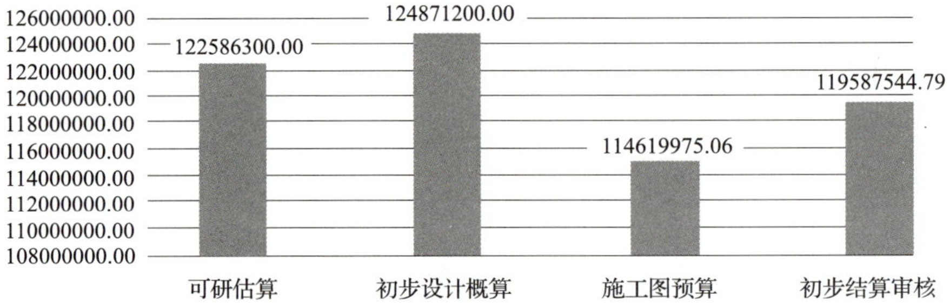

图 7 价格与结算价格对比图

6. 全过程工程咨询运作过程的总结

（1）**精益建设理论的内涵分析**。精益建设理论来源于丰田生产系统（TPS）的设计和建设不动产的新方式，使复杂、不确定和工期紧迫的项目得到显著改善。精益建设理论的内涵就是应用现代工业工程的方法和手段来有效配置和使用资源，从而消除无效劳动和浪费的生产方式。核心思想就是消除一切无效劳动和浪费，通过不断地降低成本、提高质量、增强顾客满意度来保持企业在市场竞争中的优势。

改变传统模式下进度、质量、成本三项管理目标之间的矛盾对立状态，通过精益建设理论的思路，通过合作减少施工过程中的时间浪费，提高劳动生产率来提升管理效率，实现业主投资降低、施工企业利润率增加、项目进度加快、项目参建各方满意度均增加的创新管理服务目标。

（2）**全过程工程咨询价值链的实施**。对设计或施工中可能出现的不确定性风险进行分析，确定解决方案和工作流程，通过工作流程实现服务目标。应用精益建设理论集成和整合建设过程中各个阶段的各方资源，解决了管理碎片化、资源错配等问题，实现 1+1 大于 2 的管理效果。在确保项目投资不超概算、进度按计划实施的基础上，提高整个项目的劳动生产率，实现管理创造价值的目标。

在管理流程的整合方面，项目管理者可以根据价值链主线的要求有针对性地制定管理流程。例如，对于本项目（以 DBB 交付方式）投资控制为价值链主线的项目，能围绕项目具体的投资目标设定具体的项目流程，在项目概念设计阶段、设计招标阶段、设计管理阶段、施工招标阶段、施工管理阶段、竣工结算阶段，实现项目全过程的投资控制，避免了目前多数传统咨询模式下各阶段咨询碎片化投资控制管理问题。由于强化了前期对投资控制影响较大阶段造价咨询力量的投入，解决了目前造价咨询资源错配的问题。本项目的投资控制流程解决了目前项目投资链条上的问题，增加了投资控制的可控性，减少了投资控制的风险，使各阶段的投资控制处于可控状态。施工实施阶段变更洽商、索赔及争议明显减少。这也是全过程工程咨询的价值所在。

（3）**BIM 技术的应用路径**。求实公司独立的 BIM 团队一直致力于 BIM 技术的研究和实践，在本项目进行了落地实践。从 BIM 在投资估算阶段的方案比选优化，到招投标阶段的 BIM 模型快速算量，以及在项目全过程管理阶段的施工图优化、成本、进度、质量、安全等方面管控的全链条 BIM 技术配合都做了不同程度的实施与服务。本项目基于 BIM5D 平台公司协同开发基于造价咨询全过程服务的 BIM 全过程造价服务平台，利用 BIM 技术为项目提供更优质的工程咨询服务，如图 8 所示。

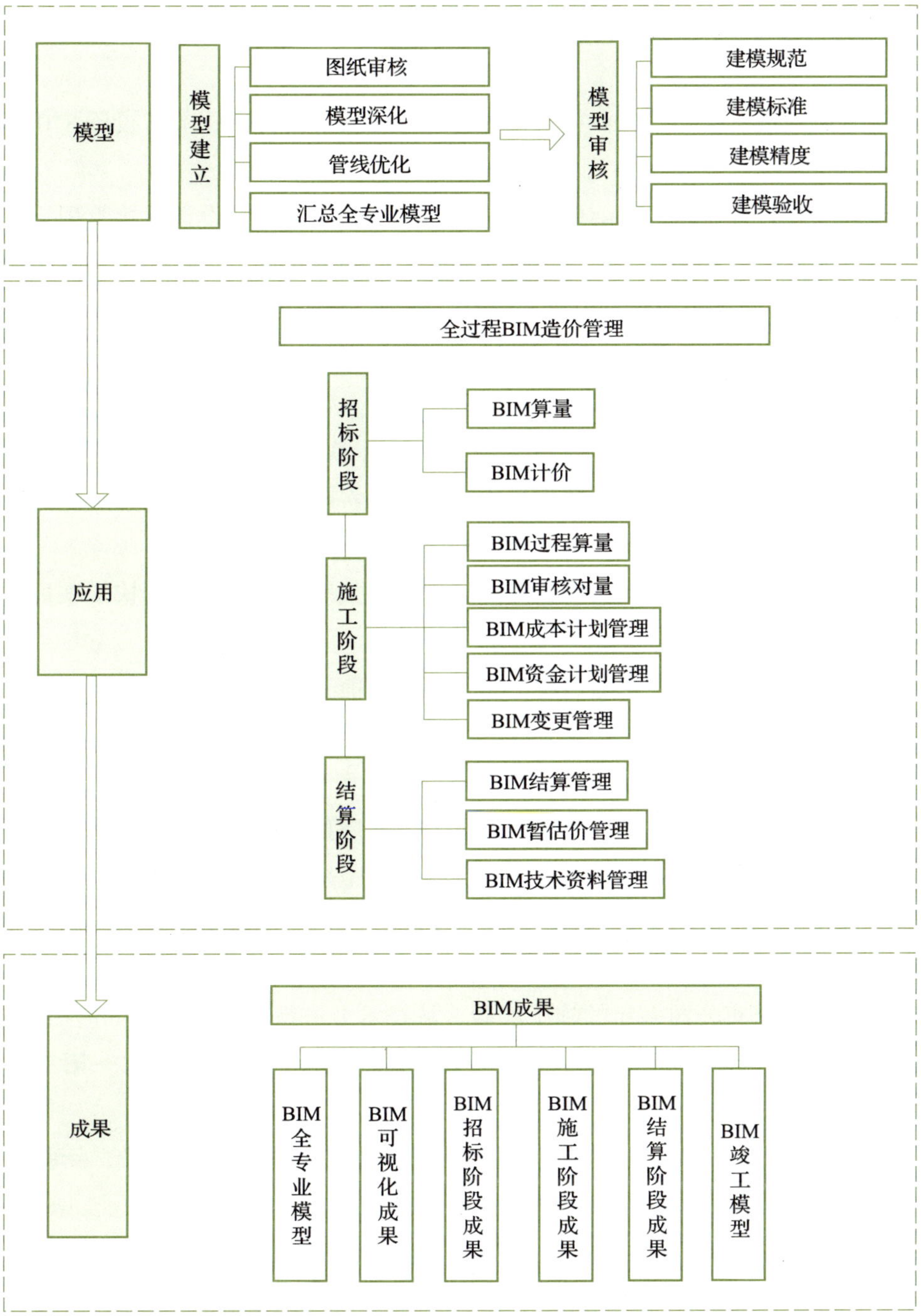

图 8　BIM 全过程造价服务技术路径

四、服务的实践成效

1. 投资控制方面

（1）项目总投资控制情况：项目总投资概算为 142974300.00 元，其中建筑安装工程费用为 124871200.00 元，工程建设其他费用 10906900.00 元，预备费用 7196200.00 元。总承包及各类分包合同金额为 123916917.00 元，工程初步结算金额为 119587544.79 元，比投资概算减少 5283655.21 元，最后完成投资控制目标，投资（含预备费）节余 9.85 %。总承包结算价与合同价增加 4.33%。

（2）设计管理阶段投资控制情况：项目设计管理阶段通过设计优化节省投资 870 万元，节省投资约占投资概算的 7.5%。

（3）施工阶段项目管理业绩：因前期设计优化及施工阶段的持续设计优化管理，本项目最终结算金额中设计变更金额仅占 6.66%，工期方面提前 3 个月竣工验收，同时因物价波动导致材料调差致合同金额增加 2.15%。

2. 项目进度方面

（1）项目建设期间经历严峻的外部环境因素影响，求实项目管理团队通过科学的组织及精细的部署，因极端风沙天气、材料短缺、技术工人短缺等因素影响，工程进度满足业主的各项进度目标，使用方及投资方对项目代建管理公司的付出都给予了肯定。

（2）施工准备阶段通过合理组织，项目按照计划工期如期开工，有效加快了项目前期进度，对后期工程进展起到了铺垫作用。

（3）通过采取合同、技术、组织等措施，整体工期提前三个月竣工，满足了使用方的要求。

3. 项目质量方面

（1）按照求实公司质量管理体系的要求，建立健全的质量管理体系和各项质量管理制度。严格审核监理单位、施工单位上报的各项目质量体系与制度。坚持高起点、高标准、高质量，确保进度安全，将北京工程建设的首善标准应用到这一工程上。

（2）质量管理方面突出事前、事中控制，主动预防，例如车库中的地坪容易出现空鼓、开裂的质量通病，本项目根据求实公司多年的施工经验，从技术上进行了预控；又如屋面防水渗漏问题，通过 SBS 防水施工过程中增加蓄水实验，加强控制，即结构板—第一层防水—第二层防水都做了蓄水实验，确保了防水质量管理。

（3）在 2019 年 6 月当地组织的建设项目综合专业评估和实体检测结果中，新疆某文化传媒中心工程排名第一，我公司作为代建项目管理单位受到专家的好评。

（4）通过求实公司项目部科学标准化的质量管理，项目顺利了通过了竣工验收，未发现大的质量问题。

4. 顾客评价方面

本项目全过程工程咨询服务获使用单位新疆某文广局的好评，顾客评价优良，并对项目代建公司特意致谢，当地多次组织相关单位进行观摩学习，成为样板工程，工程质量、文明施工等曾获当地有关部门通报表扬，项目效果图及项目照片如图 9 所示。

（a）项目效果图

（b）文化馆、展览馆侧面图

（c）基坑开挖及碾压

（d）展览馆主体结构

（e）屋面防水施工

（f）领导观摩

（g）消防管线及桥架施工

（h）室内墙面腻子、地面垫层施工

图 9　项目效果图及项目照片

专 家 点 评

该案例以代建模式为切入点，深度剖析全过程工程咨询服务在各阶段的组织、协调及管理工作核心，对咨询企业开展全过程工程咨询服务的统筹协调工作有较大的参考价值。同时咨询企业作为项目法人的咨询服务组织机构模式，由咨询企业直接与勘察、设计、施工、监理签署合同，要求咨询企业从项目法人的角度进行项目施工质量、进度、成本和安全控制，并对全过程工程咨询项目的投资、进度、质量等目标负直接责任，打破了业主和咨询企业的管理、信息等层级壁垒，形成咨询企业与业主方的充分信任和深度融合的机制，为探索全过程工程咨询创新服务模式提供了新思路、新方法。

该案例中咨询企业管理团队将工业制造企业先进生产管理模式引入建设工程项目管理中来，形成项目精益建设集成交付的管理思路，应用管理方法和手段来有效配置和使用资源，最大程度地提高劳动生产率，从而实现项目投资控制及进度控制目标，并提出了全过程工程咨询是通过对于互不相同，但又相互关联的生产活动（如设计阶段、施工阶段等）进行整合与集成管理实现 1+1 大于 2 的管理过程，该案例从风险性项目法人代建模式的建设实践中分析总结了全过程工程咨询管理的内涵，值得同行企业借鉴学习。

点评人：潘敏

四川开元工程项目管理咨询有限公司

以业主利益出发 某航空教育小镇项目全方位顾问实践与探索

——捷宏润安工程顾问有限公司

吴虹鸥 金常忠 徐一平 沈春霞 孙 娟

一、项目基本概况

某航空教育小镇核心区建设项目，位于江苏省某市新区，由某航空发展有限公司投资建设，项目总投资约13亿元，建安投资约8亿元。项目总占地面积为133334m^2，总建筑面积为134748.4m^2，其中地上建筑面积120580.6m^2，地下建筑面积14167.8m^2，分为A、B、C三个组团，其中A组团为教学楼，B组团为实训楼，C组团为宿舍楼。项目于2018年4月1日开始现场施工，计划2020年6月30日项目移交，项目效果图如图1所示。

本项目建设单位团队有着丰富的民营教育经验，在航空教育领域也有着深厚的积淀，但建设单位团队对于工程建设项目管理尚无较多经验。本项目以民营投资为主，建设单位对项目的总投资有硬性要求，项目的早日运营对将来的投资收益又起到关键作用，故我公司决定围绕投资控制为主线并兼顾进度需求开展全方位顾问式咨询服务。

图1 某航空小镇效果图

二、咨询服务范围及组织模式

1. 咨询服务的业务范围

捷宏润安工程顾问有限公司受某航空发展有限公司委托，咨询服务范围包括工程前期咨询、BIM 咨询、项目管理、设计优化、招标代理、工程监理、造价咨询服务工作。本项目咨询服务工作贯穿于投资决策阶段、设计阶段、招投标阶段、项目实施阶段及竣工阶段。

2. 咨询服务的组织模式

（1）**建设项目组织构架：**本项目设计由建设单位单独委托，其他咨询服务工作均包含在全过程工程咨询服务工作中，本项目总体组织架构如图 2 所示。

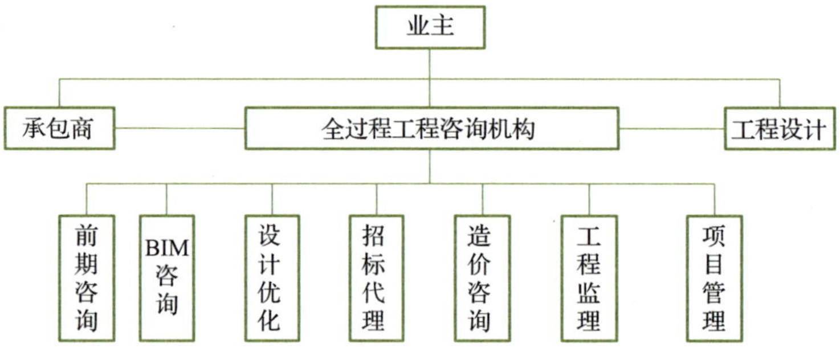

图 2　本项目总体组织架构图

为实现对本项目全过程工程咨询实施有效的管理和控制，捷宏内部组织构架采用直线型，分管副总任项目总咨询师，负责项目实施，总工程师负责后台技术支持和质量控制，如图 3 所示。

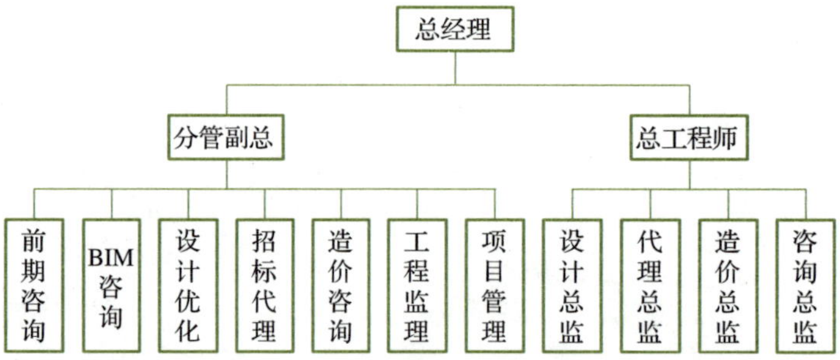

图 3　全过程咨询服务机构内部组织结构图

（2）**集成工具和方法：**本项目全过程工程咨询服务中，采取了以下集成不同工程咨询业务的方法，集成工具和方法如图 4 所示。

1）建立高效的内部沟通机制：项目策划、招标代理、设计优化、造价咨询、工程监理、项目管理等所有工作由总咨询师牵头管理协调。

2）信息充分共享：全过程工程咨询方与建设方、设计方、施工方建立微信群，为了到达各方沟通畅通，定期召开例会，及时沟通，信息共享。

3）建立全过程 BIM 模型：通过 BIM 整合建筑、结构、水、电、暖通、幕墙、景观等各专业模型，并通过 BIM 进行设计图纸核查、优化等。建立 BIM 信息共享平台，竣工时形成集工程所有信息的 BIM 模型，交建设单位运维使用。

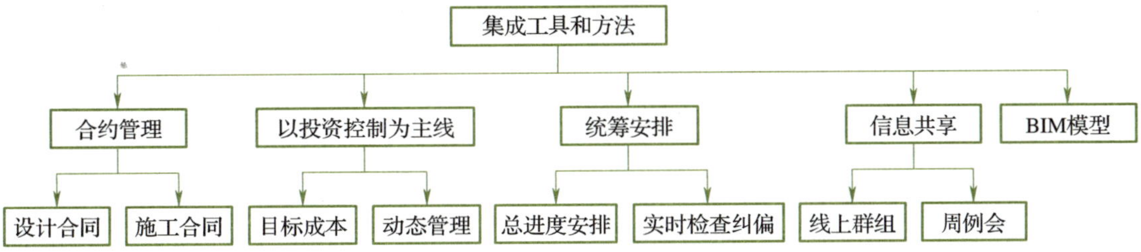

图 4　集成工具和方法

3. 服务工作职责

对于该项目的咨询服务工作，总咨询师根据咨询合同梳理本项目咨询服务委托内容，并明确咨询服务主要工作职责，如表 1 所示。

表 1　咨询服务工作职责

主要人员	服务工作职责
总咨询师	（1）编制咨询服务实施方案； （2）组建全过程咨询服务项目组； （3）负责与建设单位基建小组对接，接受并落实基建小组的各项指令、决策，需建设单位配合工作的协调； （4）负责全过程咨询业务中各专业间的管理协调，负责项目重大问题的处理工作； （5）动态掌握咨询业务实施状况，协调各分项、各专业进度及技术关系，发现并解决存在的问题； （6）定期向建设单位基建小组提交咨询服务工作报告
项目管理	（1）负责进度、质量、安全、投资全面监控与报告； （2）负责合同条款审核及负责合同谈判； （3）完成从进场到竣工的设计协调管理工作； （4）按总进度要求及时办理开工到竣工的报批报建手续； （5）负责对现场全方位管理，包括施工过程管理到竣工验收及备案交接； （6）负责监督并管理参建各方履行其合同义务； （7）负责对监理人员管理及监理工作质量的评定； （8）负责定期组织各方管理协调例会，根据工程进展情况及时组织召开各种专题会议； （9）负责项目依据性文件收集、整理、建立台账
设计管理	（1）负责协助建设单位基建小组对设计方案的论证与选定； （2）负责审定设计公司的设计任务书，落实限额设计的要求； （3）负责各专业施工图纸图审前的设计优化工作； （4）负责对项目重大设计变更提供专业化意见

续表 1

主要人员	服务工作职责
工程监理	（1）质量、进度、投资、安全四控制； （2）合同管理、信息管理，组织协调； （3）协助工程实施过程中工程变更、索赔、验收工作； （4）配合竣工结算、决算审计工作
招标代理	（1）负责项目招标方案编制和策划； （2）负责按时按节点实施招标工作； （3）负责做回标分析； （4）负责合同起草并协助合同谈判
造价咨询	（1）编制目标成本和合约规划，实现投资的动态管理； （2）编制资金使用计划； （3）协助合同谈判； （4）负责工程量清单及招标参考价编制； （5）负责投标报价分析； （6）负责材料设备询价； （7）负责各阶段设计优化测算； （8）负责施工阶段全过程跟踪审计； （9）负责竣工阶段结算审核等

三、服务的运作过程

全过程工程咨询服务一般分为项目决策阶段、设计阶段、招投标阶段、项目实施阶段、项目竣工阶段咨询服务，投资控制贯穿于上述各阶段的始终。造价工程师的工作贯穿于建设项目的全过程，作为工程造价咨询企业，我们充分利用在投资控制方面的专业优势，从成本管理向投资控制和价值工程等方面拓展，提供围绕投资控制为主线并兼顾进度需求开展全方位顾问式咨询服务。

1. 确定管理目标

（1）以投资控制为主线，实施全过程咨询服务，重点做好决策和设计阶段的成本管控，确定合理的招采价格，管控过程变更行为，使得建设总投资控制在目标成本之内。

（2）整合监理服务，提高工作效率，全面提高项目质量过程管控意识，使得项目完工质量满足承包合同的要求。

（3）依据本项目的资金性质，办理总承包单位的直接发包手续，并做好专业发包工程的招标优选工作，在招标阶段完善项目合约体系，使得各参建单位责、权、利围绕项目推进来运行。

（4）根据以往经验预估风险，通过合同对风险进行合理分担，并制定风险应对措施，做好风险管控。

（5）完成从开工到竣工的报批报建手续的办理，使得项目建设程序合法合规。

（6）实现项目的终极目标，在2020年6月30日满足对外教育教学运营的需求。

2. 建立全过程工作思路

梳理全过程咨询过程中各方关系如图 5 所示，拟订本项目全过程工程咨询的总体思路：发挥自身优势，“以事前分析预测为前提，以优化设计和风险控制为重点，以计量计价为基础，提升项目价值，实现工程项目整体目标”的服务理念，开展以投资控制、价值管理、项目管理、资产管理为主线的全过程工程咨询服务。在工程咨询服务范围上，从传统的实施阶段延伸到整个项目的全寿命周期，提升项目投资价值。

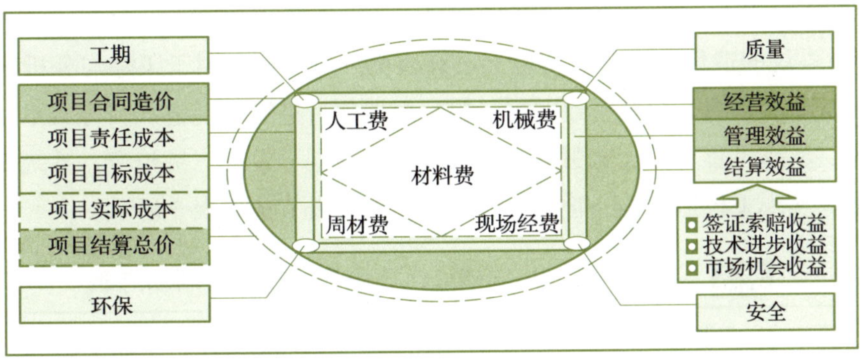

图 5　全过程咨询各方关系图

3. 制定了各项制度和流程

本项目工程建设单位管理团队是一个有明确目标的临时性组织，建设项目管理经验不足，为明确参建各方的职责及权利义务关系，保障工程建设管理工作的顺利推进，捷宏咨询服务项目进场后首先主导起草了一系列的规章制度及实施办法。具体有：项目设计方案比选制度、招投标管理制度、设计变更管理方法、签证管理办法、材料设备核价管理办法、进度款支付管理办法、甲供材管理办法、工程竣工结算管理办法等。上述管理办法的制定并落实，明确了各主体的职责，规范了服务工作中各项行为，为咨询服务工作的顺利开展提供了制度保障。如设计变更管理办法：要求项目所有图纸及合同以外涉及增加费用的内容必须按此办法实施，否则结算不予增加费用，只有变更立项申请及变更立项完成两张表都签署完毕的内容才能计入最终结算。从源头把控，确保了变更内容的真实性、有效性及可控性。

4. 投资控制实行动态管理

本项目为民企投资，投资控制是首要任务，设计方案确定后，项目组借助公司的 ERP 系统指标库中类似工程指标数据，以及速得材价信息和价格指数信息，确定初版目标成本。随着方案的不断深化，目标成本开始逐渐细化，到施工图预算阶段，基本形成最后定稿的版本。

目标成本确定后，项目组与建设单位沟通进行本项目合约规划，对项目所有合同大类、金额进行预估；再根据合约规划，编制年度或月度招投标计划，分解目标成本，从而实现对工程成本的有效控制。初版目标成本节选如表 2 所示。

表 2　某航空教育小镇核心区建设项目目标成本表（初版）

序号	项目名称	建筑面积（m^2）	单价（元 /m^2）	合计（万元）	说　明
1	A 组团	57793.75	5898.86	3409.75	指标中包含建筑安装工程费（部分专业工程因设计方案或图纸未确定，造价为暂定金额）、土地费及工程建设其他费的所有分摊，不含教学设备费用
2	B 组团	29979.59	5341.02	16012.17	
3	C 组团	46975.07	5750.77	27014.28	

捷宏 ERP2.0 系统的造价咨询业务类型下设有造价分析模块，用于跟踪与分析项目的投资变化情况，先按目标成本和项目合约体系建立目录树，根据项目进展情况输入目标成本、概算金额、预算金额、合同价，实施过程支付、变更签证流程在对应合同下发起三级校审，系统实时反映造价变化，并形成台账，实现工程造价动态管理。投资控制动态表节选如表 3 所示。

表 3　某航空教育小镇核心区建设项目投资控制动态表

序号	项目名称	合同价（万元）	目标成本（万元）	2018.7 动态	2018.8 动态	2018.9 动态	2018.10 动态
1	围墙	185.00	193.50	193.50	193.50	193.50	180.84
2	基坑支护费用	180.00	185.32	185.32	185.32	185.32	191.96
3	总包工程	30000.00	31354.64	31354.64	31354.64	31354.64	34198.08

5. 分析难点做好事前控制

（1）项目的使用功能需求在全国来说尚无成熟案例可以借鉴，工程建设与大型教学设备（如客机模拟仓）安装之间的协调工作将是建设过程中的一个难点。

（2）项目总投资中的土地及教学设备投资约占 2 亿元，两项成本已相对固定。对于可控制的成本，将会仅仅体现在工程建设费用上，建设投资控制工作将会贯穿工程建设的各个环节，建设成本控制将成为工程建设管理工作的主线工作。

（3）项目建设工作是建设单位将来运营工作的基础条件，时间就是效益，项目的进度要求是建设单位关心的另一重大问题，如何合理地加快组织建设也将成为咨询服务的重点工作。

（4）国家对环保管控工作已经提到了比经济发展更重要的地位，项目建设过程中必将遇到最严厉的环保管控工作，对项目建设进度有一定影响。

四、服务的实践成效

1. 投资控制从拍地策划开始

项目的选址、地价评估是项目前期投资工作的基础，对项目投资的成败起着决定性的作用。本项目受建设单位委托，捷宏开展拿地前的地块调研、地价评估、立项配合等工作。

拿地之前我们做了充分的市场调研，最后决定选址在某市，因该市新区政府前瞻性地着力打造城市的“航空名片”，将航空航天产业作为新区重点发展的六大战略性新兴产业之一，在新区创建了国家新型工业化产业示范基地，同时也是全省首个国家级航空产业示范基地，其航空产业园及机场等配套基础设施逐步完善，该市也由此成为全省唯一省市联动重点发展航空航天产业的试点地区。

2016 年 6 月，在该市及新区两级政府的见证下，某投资控股有限公司、某航空产业发展有限公司等单位，在新区规划建设面积 800004m^2、总投资 20 亿元的南航金城学院某某校区，集航空人才培养、航空产业承载、航空文化传播、航空旅游体验为一体的航空人才实训基地及航空执照考试认证中心，建成后将成为长三角地区最大的航空教育综合体。

建立在此基础之上，捷宏总咨询师对本项目进行详细策划，并代表建设单位多次跟该市相关部门沟通，拟以江苏航院与新建的航空教育综合体为核心区，以机场及周边空域为辅助训练区，以国际社区为生活聚集区，以航空产业园为产业集聚区，以圌山、瑞湖、中央公园、万顷良田等为配套休闲区，争创国家级的“航空教育小镇”。

捷宏对拍地方案进行全面策划，体现项目的特殊性，该市同一天所拍地块中，本项目由于前期策划到位，约束条件清晰，摘牌地价理想，价格明显低于周边地块，如图 6 所示。

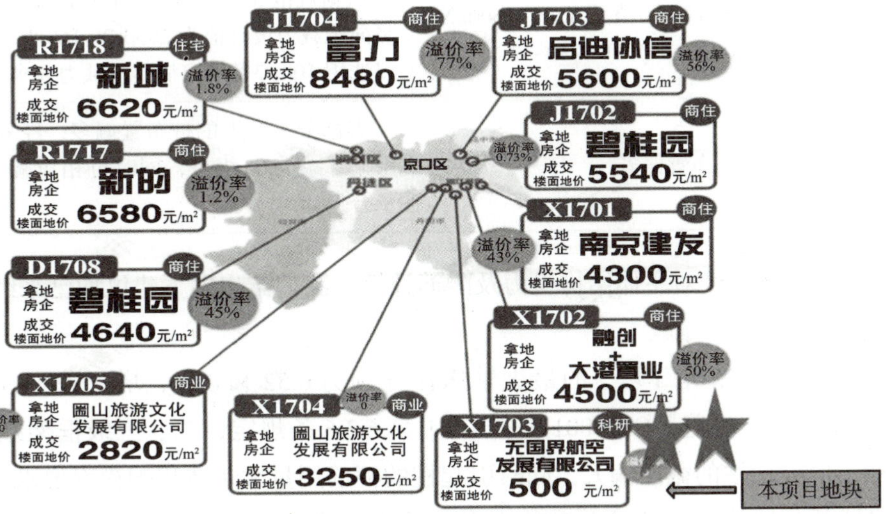

图 6　某市同一天拍地价格

2. 整合资源的优势，对施工图纸进行设计优化

捷宏要求所有专业施工图的设计完成后，必须进行优化后再送图审，此举措确保了设计阶段控制工程造价的主动性。我们主要从以下几方面进行优化：

结构设计的优化：对于结构工程在建筑方案设计完成后，进行必要的结构设计优化，在满足结构安全的条件下，尽可能地通过设计上的优化，降低工程造价。

专业工程的优化：对于幕墙工程、室内装饰工程、钢结构工程、智能化工程等进行深化设计，由于这些工程在深化设计时会充分结合施工单位的施工组织设计，充分考虑节点设计，设备与材料的匹配，材料规格和材料损耗等因素，使主要材料损耗率、设备和材料的匹配等性价比最佳。

设备选型优化：建筑设备的选用要按照设计要求的条件下，即要充分考虑设备的富余能力，又要避免富余能力过大和运行、维护费用过高，需通过技术经济比较进行设备的选型与优化，必要时应使用价值工程理论进行设备选型。

材料选用优化：对于装饰工程的饰面材料、幕墙工程的主要材料、门窗工程、卫生洁具、灯具等重点是抓好主要材料的选用。尽可能地选用比较容易采购的通用材料，并根据使用功能部位不同，区分不同标准和档次定位。

本阶段捷宏参与咨询的团队人员包括设计优化团队、造价咨询团队、项目管理团队等。设计优化团队重点把控图纸技术经济问题、功能匹配问题；造价咨询团队评估造价指标及各种方案价格测算；项目管理团队从工程施工角度评估图纸的可实施性问题。本项目主要的设计优化意见及成效案例如下：

（1）桩基工程优化：本项目桩基工程原设计过于保守，捷宏设计团队经复核计算后进行优化，优化详细情况如表 4 所示。

表 4　桩基工程桩型及承台优化建议表

事项	原设计	优化建议	节约金额
桩型选择	单桩承载力特征值为 1500~1600kN，桩型 PHC-500（110）AB-C80-12	根据规范 500（100）AB 桩的桩身强度竖向承载力设计值为 2800kN>1600kN，建议选用 100 厚的桩可满足承载力要求	70 万元
工程桩布置	桩承台下桩布置偏多	大部分承台上的桩布置偏多，经复核，B 栋可减少 65 根桩，同时可相应减少桩承台尺寸	

（2）主体结构优化：经对主体结构受力及配筋计算，我们给出以下建议均已采纳，共节约投资 240 万元。

1）根据计算结果中，塔 1 塔 2 的最大轴压比分别为 0.52 和 0.53，塔 3 塔 4 的轴压比分别为 0.23 和 0.22。《建筑抗震规范》GB 50011—2010 中第 6.3.6 条规定，二、三级框架柱的轴压比限值为 0.75 和 0.85，原设计柱的截面偏大，同时引起柱的箍筋用量大（体积配箍率要求），不经济。经复核，捷宏建议部分柱的截面可减小 20% 左右，轴压比等各项控制参数可满足规范要求（最大轴压比 $0.53 \times 1.25 = 0.66 < 0.75$），同时柱的钢筋用量可减少。

2）二级框架柱箍筋的最小直径为 ϕ8，原设计中除 d 区有部分柱箍配 ϕ8 外，其余均配 ϕ10 或 ϕ12，经计算，发现大部分柱的箍筋配 ϕ8 可满足计算要求，捷宏建议根据计算结果调整柱的箍筋。

3）A 楼筒体四角按规范设置了 YBZ，按《高层建筑混凝土结构技术规程》第 7.2.15 条规定，根据轴压比要求的体积配箍率可分段设置，且其部分竖向筋配筋率也超过 1.2% 的构造配筋率，建议调整。

4）A 楼筒体剪力墙分布筋，底部加强区以上部位，其竖向分布筋符合《高层建筑混凝土结构技术规程》第 7.2.17 条规定即可，经复核发现原配筋偏大，建议一级墙按 0.25% 控制，200mm 厚墙 ϕ10@300，300mm 厚墙 ϕ10@200，且拉筋 ϕ6@400 × 400 从底到顶也过于保守，非加强区域可

采用 ϕ6@600×600。

5）建议次梁贯通筋改为架立筋。

（3）建筑做法优化：本工程地下室内墙及天棚装饰面层做法不经济，项目组根据以往项目经验，提出建议优化，如表 5 所示。

表 5　建筑做法优化建议

部位	原设计做法	优化后做法	节约金额
地下室内墙	（1）刷白色防霉涂料； （2）2 厚面层专用粉刷石膏罩面； （3）10 厚粉刷石膏砂浆打底分遍抹平； （4）界面剂一道； （5）基层墙面	（1）刷白色防霉涂料； （2）批腻子； （3）基层处理； （4）基层墙面	240 万元
现浇天棚	（1）刷乳胶漆； （2）6 厚 1：0.3：3 水泥石灰膏砂浆抹面； （3）6 厚 1：0.3：3 水泥石灰膏砂浆打底； （4）刷界面剂一道； （5）混凝土基层	（1）刷乳胶漆； （2）批腻子； （3）基层处理； （4）混凝土基层	

（4）幕墙工程优化幕墙工程根据计算和类似工程经验，我们提出如下优化建议，均被采纳，节约建设投资约 180 万元。

1）A 区五层 ~ 屋顶层建议取消吊顶下方的铝合金横梁，只保留开启窗上口横梁，并且将楼板上方横梁调整到建筑标高上 1200mm 位置，与立面铝板窗台高度和室内栏杆高度齐平，使室内横梁美观并且窗开启便利。原幕墙立面如图 7 所示，调整后立面见如图 8 所示。

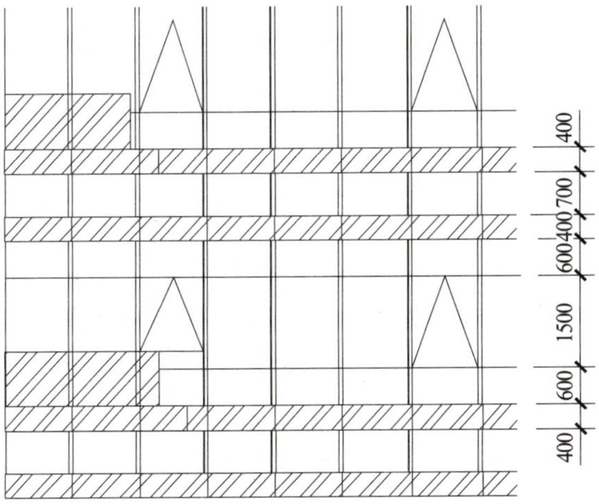

图 7　原幕墙立面

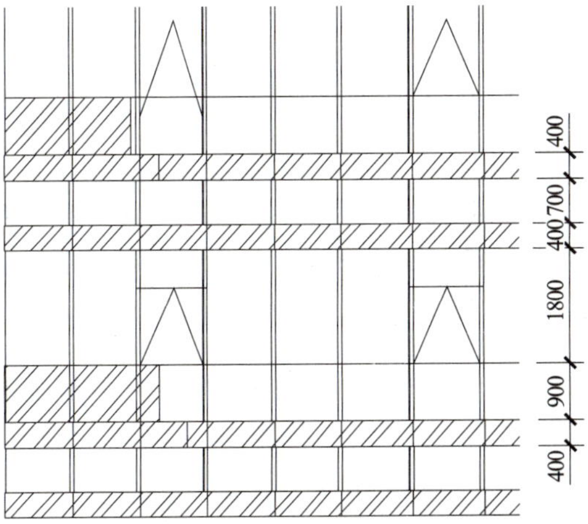

图 8　调整后幕墙立面

2）A、B 区小于 1.2m 宽度区域幕墙横梁厚度优化为 2mm。

3）A、B、C 区室外除屋顶女儿墙及穿孔铝板采用 3mm 厚外，其他部位铝板建议优化为 2.5mm 厚，如 A 区层间线条 A-JD-07，裙楼层间铝板 A-JD-41 等。

4）本工程玻璃幕墙经计算，铝合金立柱截面可从 160×70 优化为 140×70。

5）竖向外装饰扣盖如果没有特殊功能需要，建议外扣盖凹槽深度 50mm 改为 20mm。

6）本工程所有外片超白玻璃，除 A 楼裙楼部位外，建议优化为均质钢化玻璃。

3. 做好招标策划，有序推进项目

在施工招标工作开展之前，捷宏结合建设单位的需求，结合前期合约规划，从便于项目管理、专业人干专业事的角度决定，承发包模式采用“施工总承包＋专业发包”，本阶段捷宏公司参与咨询的团队人员包括总咨询师、项目管理团队、招标代理团队、造价咨询团队等。总咨询师和项目管理团队负责招标方案总策划和设定合理的技术标准，招标代理团队和造价咨询团队协同把控合同条款与风险分配问题，造价咨询团队同时负责编制合理的招标控制价。具体安排如下：

（1）招标方案策划：为控制工程造价，在符合政策法规的前提下，将专业性强或行业垄断工程，进行专业发包，如幕墙工程、电梯采购安装工程、暖通工程、智能化工程、景观工程、亮化工程；将图纸深度不够、专业性强与总包关系密切的项目进行专业分包，如门窗工程、钢结构工程；将品牌、规格、材质等决定价格的材料、设备采购项目，约定好参考品牌及采购标准，如钢材、混凝土、防水保温材料、铝型材、玻璃、装饰主材、机电设备及主材等。考虑到工期问题，合理划分标段，合理分配风险，形成伙伴关系。

（2）编制责任权利明确的合同条款，包括设计合同、施工总承包、专业发包合同、材料、设备供货等合同，确定发、承包各方权利，责任，付款方式，价格确定原则，合同风险范围及风险外调整原则，工程变更合同价款调整原则，违约责任等条款。

（3）合理确定招标参考价，因本项目以民营投资为主，招标参考价在满足行业和地方相关造价管理规定的同时，尽可能地贴合市场价格，避免围标、串标。

（4）因本项目在 2020 年 6 月 30 日满足对外教育教学运营的需求时间节点已确定，每项工作在进度上必须服务总进度要求，我们根据总进度要求倒推每项工作完成时间。合同约定是双方合作的基础，在招标文件合同条款中捷宏明确每项工作工程开工、竣工节点，并确定针对延误或提前工期奖罚条款。

本项目智能化工程：因专业性很强，我们采用专业发包，招标前我们做足功课，按设计提供图纸和智能化设备清册，在满足功能和参数的前提下，对设备品牌和选型按两个方案进行询价比价，方案一市场价 1123 万元，方案二市场价 859 万元，两个方案相差 263 万元。决定智能化工程价格水平的主要是设备品牌和选型，例如机房工程中占比较大是 UPS 和精密空调。

UPS：方案一选用某进口品牌，方案二选用某合资品牌，二者价差在 30% 左右。

精密空调：方案一选用某进口品牌，方案二选用某合资品牌，二者价差在 40% 左右。

因本工程以民营投资为主，招标时按性价比高的方案二进行招标，同时发挥投标人专项特长，允许投标人在满足要求的前提下可优化，带方案投标。第一轮回标后，我们对投标方案及报价进行综合评审，在满足功能和使用要求的前提下，本着质量可靠经济实用，对品牌及设备选型方案再次优化，并按优化后的方案进行第二轮报价比选，让投标人在同一基准上报价，最终投标报价比目标成本低 10%。

4. 整合资源的优势，对材料设备采购进行策划

建设项目中材料、设备采购也是决定项目投资控制的重要因素，捷宏对项目招标采购进行全策划，选取性价比高的供应商，电梯采购是其中的一个典型例子。

建设单位原本在电梯采购的定位是，A 组团采用一线品牌，B、C 组团采用二线品牌。按此要求，捷宏“速得”材价中心首先整合了一套关于电梯市场专题报告，给建设单位的决策提供了重要的参考依据。该报告主要内容摘录如下：

按照电梯企业的经营状况，综合电梯行业的发展、格局变化来划分品牌（通常年营业额 40 亿元以上可定义为一线），整个国际市场主要分为欧美系和日韩系，欧美系与日系主要区别如表 6 所示，电梯主要品牌及分类如表 7 所示。

表 6　欧美系与日系电梯区别

项目	欧美系列	日系
载重	1100kg 或 1000kg	1050kg
优势	大的主要部件，机械部分用料扎实，外观大气敦实	中日建交时期大部分的机电技术援华做了很好的基础，目前中国国内大部分电气和机电使用都是仿照日本，所以日系电梯机械设计合理，故障率低
劣势	电子系统部分不适用中国，安全功能复杂、故障率较高，比如通力电梯经常爆变频器模卡，迅达控制柜平均两年换一次	核心部件和用料都比较轻薄，类似于德系车和日系车的区别

表 7　电梯品牌及分类

档次	主要品牌
一线	奥的斯、三菱、通力、迅达、日立、东芝、富士达、蒂森、现代
二线	永大电梯、博林特、西尼电梯、巨人通力、西子奥的斯、西继迅达、东南电梯、康力电梯、蒂森克虏伯曼隆、上海三菱
三线	江南嘉捷、申龙、帝奥、怡达、东南、菱王、百斯特等

日系四家：三菱，富士达，日立，东芝，欧美系四家：奥的斯，迅达，蒂森，通力，这八家占有世界范围内 80%，中国国内 70% 以上的电梯市场。

依据上述电梯的专项报告，建设单位最终选择了通力、上海三菱、现代、永大电梯、西奥电梯、怡达电梯等各个不同档次的电梯入围进行比选（此时建设单位对电梯选用的定位尚不清晰）。咨询服务项目组建议一线知名品牌可不予考察，对尚不了解的品牌可安排一次考察。

根据建议，建设单位决定对现代电梯、永大电梯、西奥电梯、怡达电梯四家电梯厂家进行实地考察。根据考察情况，捷宏从各个品牌企业概况、电梯产能、运维服务、优缺点进行对比汇报，如表 8 所示。

表 8 电梯厂家考察汇报表

品牌	企业概况	电梯产能	运维服务	优缺点
永大电梯	台商独资企业，台湾母公司早先有日立公司的参股经历，上海公司成立于1993年，上海总厂占地124667.29m^2，分别在四川、天津等地建厂作为辅助生产基地	年产量3万台，最大载重5t，最大速度6m/s，核心部件均自行研发与生产，生产线部分自动化，产品的原材料对规格参数有较高要求	每台电梯均有远程监控系统（若非本厂运维团队，则此系统不可使用），主要配件自行生产，对产品维修成本及质量控制有利	核心部件均自行研发与生产，产品质量稳定，有一些特色的专利技术（如防坠落功能），提倡一次性采购加后期维修保养之和作为电梯采购及服务项目的总成本。运维网络成熟可靠。缺点：最大运行速度为6m/s，对于一些超高层建筑无法满足要求，但我们的项目是完全能够满足需求的
现代电梯	韩国现代集团全资子公司，1993年成立，建厂后产品主要是外销。直到2012年才在中国市场建立销售网络拓展中国市场，目前厂区占地53333.60m^2，新厂区正在建设中，占地约120000.60m^2	年产量1万台（新厂区建成后可达3万台），最大速度10m/s（韩国总部生产可达18m/s）。核心部件均自行研发与生产，生产线部分自动化，高端电梯部件由韩国总部生产，品质有保障，在韩国市场占有主导地位	每台电梯均有远程监控系统，若非本厂运维团队，此系统可以与第三方运维对接（口头表示，实际上可能双方要协商），售后服务主要是南京、扬州、苏南分公司负责实施	现代电梯来源于韩国老牌制造企业，产品成熟稳定，拥有一些特色的专利技术（如轿门防撞脱落技术），产品质量可靠。缺点：在中国市场建网销售较晚，后期运维网点的运行能力存在不确定性
西奥电梯	浙江省民营企业，成立于2004年，目前厂区产地113333.90m^2，新厂区在建，占地176667.55m^2，曾经与奥的斯合资成立西子奥的斯公司，目前该合资公司已注销	年产量3万台，最大速度10m/s，最大载重10t，核心部件均为其集团相关子公司生产，生产线基本自动化。自动扶梯及人行电梯的相关制造参数行业领先。近期中标较多浙江地铁项目，企业实力较强	每台电梯均有远程监控系统，承诺本项目19台电梯量，若中标将安排固定数量的人员驻场服务	核心部件均为自行研发生产。企业建立了安装及维保的专业技术人员培训机制，培训工作系统科学，具备理论与实践相结合的特点，企业的后备技术力量充足，生产线自动化程度较高
怡达电梯	浙江省民营企业，成立于1996年，厂区占地85333.76m^2，坐落在电梯产业小镇浙江省湖州市南浔区	年产量1万台，最大速度10m/s，主要部件均为外协生产，无核心部件的研发能力，生产线基本自动化	电梯无远程监控系统（正在建立中），属于传统运维模式	因无核心部件、核心技术的研发能力，产品属于定制加工模式

上述四家电梯厂商，前三家企业的核心部件均为自行研发与生产，最后一家以外采购组装为主，除此之外，各厂家也有各自的特点。依据考察结果，建议给予四家厂商二次报价的机会。后期评标时，注意各品牌电梯需求参数、功能及服务的一致性，并结合后期运维费用综合评价投标报价。

考察过后，现代电梯表现出了很强的响应力，韩方中国公司董事长亲自登门洽谈，为提高现代电梯在中国市场的占有率，同时考虑到项目在某地区的影响力，现代电梯给出了最高的诚意。最终建设单位基建小组决定 A、B、C 三个组团全部采用一线品牌现代电梯，采购总价低于二线品牌。

5. 做好前期报建，合理减少配套工程费用

安排专业前期专员协助建设单位办理规划、审图、消防、人防、防雷、安监、质监、施工许可等工程开工前的报建手续，根据围绕项目总进度列出报建手续详细计划，为现场施工合法合规做好保驾护航。

供配电外线接入是每个建设项目必不可少的配套工程，通常每个区域供电部门会对区域内供配电规划布点，从供配电外线接入点至建设项目费用由建设单位支付。具体费用主要受外线接入点到项目地点距离的影响，我们前期专员已积累丰富前期手续办理经验，并与相关部门达成良好关系。本项目开始之初，前期专员就多次跟供电发展策划部门沟通，希望在项目周边布置外线接入点，经过近一年努力，终于把供配电外线接入点落在项目围墙边，发生费用仅 120 万元左右，同等规模项目供配电外线接入费用通常在 1000 万元左右，本项目节约费用约 880 万元。

6. 编制多方案动态成本及资金计划为建设单位重大方案决策提供数据支撑

本项目建设资金来源有少部分属于地方政府，但地方政府因各种原因，建设资金到位不及时，对建设工作的推进造成一定影响。为保障项目顺利完工，建设单位高层拟对项目实施范围做出调整。

方案一：A、B、C 组团按计划实施到位。

方案二：A 组团塔楼 5 层以上不再实施，B、C 组团按计划实施到位。

捷宏编制了上述两个方案的投资总额及完工前资金需求计划，具体的测算如表 9 所示（方案一）和如表 10 所示（方案二）。

表 9　资金测算表方案一

序号	单项工程	完成节点	投资总额（万元）	资金需求（万元）
1	建安工程费		57847.69	29774.58
1.1	A 组团	A 组团建筑主体全部完成；幕墙工程全部完成；精装修工程完成 A-01 区 1-5 层，A-02 区全部完成（多功能厅除外），A-03 区精装修全部完成	23547.62	12906.08
1.2	BC 组团	BC 组团建筑主体全部完成；幕墙、铝合金窗工程全部完成；B 区精装修全部完成，C 区 C1、C2、C3、C7、C8 精装修完成	27685.07	11876.50
1.3	配套工程	全部完成	6615.00	4992.00
2	工程建设其他费		2159.00	891.45
	合计		60006.26	30666.03

方案一合计建设总投资约 60006 万元，资金需求约 30666 万元，其中，完成至交付使用 A 组团资金需求约 12906 万元，BC 组团资金需求约 11876 万元，红线内配套工程费资金需求约 4992 万元，工程建设其他费资金需求约 891 万元。

表 10　资金测算表方案二

序号	单项工程	完成节点	投资总额（万元）	资金需求（万元）
1	建安工程费		52737.96	26708.20
1.1	A 组团	A 组团建筑主体施工至 5 层即将完工；幕墙工程施工至 5 层；精装修工程完成 A-01 区 1-5 层，A-02 区全部完成（多功能厅除外），A-03 区精装修全部完成	18437.89	9839.70
1.2	BC 组团	BC 组团建筑主体全部完成；幕墙、铝合金窗工程全部完成；B 区精装修全部完成，C 区 C1、C2、C3、C7、C8 精装修完成	27685.07	11876.50
1.3	配套工程	全部完成	6615.00	4992.00
2	工程建设其他费		2159.00	891.45
	合计		54896.53	27599.66

方案二合计建设总投资约 54896 万元，资金需求约 27600 万元，其中，完成至交付使用，A 组团资金需求约 9839 万元，BC 组团资金需求约 11876 万元，红线内配套工程费资金需求约 4992 万元，工程建设其他费资金需求约 891 万元。

A 组团 5 楼以上使用功能均为办公，办公室为少量自有办公和对外招租之用，本期仅为核心区建设，若暂不实施，暂时仍可满足核心区教学和运营条件。建设单位根据测算结果，考虑到在有限资金条件下满足运营条件是头等大事，决定选择方案二，A 组团 5 楼以上暂缓施工，资金到位后跟后续工程同时施工。

7. 开展进度偏差检查并采取纠偏措施，控制项目建设进度

因本项目在 2020 年 6 月 30 日满足对外教育教学运营的需求时间节点已确定，根据项目总时度要求，建立总工期进度计划，定期进行调整，并合理确定开工顺序、各专业工种进入时间和持续时间。

建立工程例会制度，定期、不定期对工程进度偏差进行分析，找出进度偏差的主要原因，包括设备、劳动力、材料、资源、天气、变更，调整各种资源的配比，调整关键工序时间。向关键工序要时间，向非关键工序要资源。

用合同的手段，规定施工过程中的各个关键节点的时间，定期检查，对工程进度进行考核、评比，落后的处罚，提前的奖励。

技术方案和材料供应提前考虑，至少考虑 2~3 个月的提前量，确保技术方案和材料供应不拖工程施工进度的后腿，防止产生前松后紧，前面千斟万酌迟迟不定，后面仓促施工。

以上措施在一定程度上促进了项目进度按计划实施，但当工程快速推进时，资金支付是影响工程进度的最关键的因素之一。本项目为保障工程进度，在进度款支付上建设单位给予支持。施工总承包原合同约定按形象进度支付，每 5 层支付一次。当发现进度因承包人垫资压力太大推进不太顺利时，捷宏及时分析原因，从对进度控制有利的情况考虑，减少承包人的垫资压力，建议工程进度

款按每月已完工程量支付，承包人在进度款支付上得到支持后，集中精力赶进度，项目进度得到了顺利推进。

五、全过程工程咨询的思考

在“碎片化”模式下分别提供前期、设计、造价、监理等专项服务的咨询服务商，习惯于仅从自己的专业角度看待项目，对项目缺乏全面全过程的思考，没有任何一方有能力为建设单位提供全方位的顾问服务，作为对工程项目管理并不专业的建设单位渴望得到全面全过程的顾问服务，因此，全过程工程咨询服务应以建设单位利益为出发点提供顾问式咨询服务。

全过程工程咨询属于建筑业的最高端智力服务，提供服务的主体是人。而要提供全过程工程咨询服务，打造新的核心竞争力，将传统设计师（包括建筑师、结构工程师、电气工程师、设备工程师等）、造价工程师、建造师经一定培训，培养成为“懂设计、懂材料、懂造价、懂施工、懂BIM”的“五懂”顾问工程师。

紧跟时代变更，适应新形势发展要求。我们要积极研究和探索在全过程工程咨询中应用BIM、大数据、“互联网+”等现代信息技术，提高项目管理组织效率，实现工程造价业务结构向中高端转型升级。同时，还要积极适应建设领域PPP、EPC等新的投融资模式、建设项目组织方式和科技创新带来的工程咨询新的业务模式。拓展企业的业务范围，提高企业的核心竞争力。

伴随着我国建设工程项目的建设规模、技术复杂程度和投资总额不断增大，项目管理模式多样化，项目投融资渠道多元化，建设单位对工程咨询企业也提出了更高更细的要求。这就要求建设工程咨询企业应努力适应当前我国建设工程项目的实际特点，并与国际先进的工程咨询模式接轨，运用现代化的技术和科学有效的管理手段，对建设项目进行连续性的全过程控制，使建设项目从项目立项开始就朝着可控方向发展，这也是当前世界建设工程咨询服务的发展潮流，也符合我国建设工程咨询服务的发展方向。

专家点评

本案例中为某航空教育小镇核心区建设项目，包括项目管理、设计优化、招标代理、工程监理、造价咨询的全过程工程咨询服务，从拿地阶段即介入协助进行地块调研、地价评估、立项配合等工作，直至项目竣工投入运营。咨询服务过程中，以投资控制为主线，通过做好决策成本管控，利用BIM技术实施设计优化、确定合理的招采价格、管控过程变更行为、实施动态成本控制等措施积极实施了成本控制工作，形成了以投资控制为主线的全过程工程咨询服务案例。

点评人：张超

天职（北京）国际工程项目管理有限公司

某办公楼项目集成化全过程工程咨询实践

——天职（北京）国际工程项目管理有限公司

张　超　鲍立功　卢玲玲　陈　奎　许　浩

一、项目基本概况

项目位于合肥市某地，建设用地面积 13400m²，场地北侧为城市道路及在建的地下轨道交通，西侧、南侧为城市道路，东侧为公园绿地。项目定位为区域地标性写字楼，用途为办公及培训，建筑高度 96.3m，总建筑面积 57880m²，其中地上建筑面积 33380m²，地下建筑面积 24500m²。主楼地上 22 层，地下 3 层，主楼西南侧配建裙楼，裙楼 3 层。项目总投资约 4.6 亿元，工期 2.5 年，项目开工日期 2018 年 4 月，预计竣工日期 2020 年 10 月。

二、服务范围及组织模式

本项目全过程工程咨询服务范围包括项目可行性研究、项目管理、招标代理、造价咨询、工程监理等咨询服务内容。具体服务内容如下：

1. 可行性研究

协助委托方对本项目的经济可行性进行分析评价并形成报告成果文件，作为甲方内部投资决策的参考依据，具体工作内容包括调研、资料搜集、总投资估算、财务测算模型搭建、项目经济效益分析、编制报告等。

2. 项目管理

（1）项目总体策划管理：包括编制项目管理规划大纲、编制项目管理制度及工作程序、编制项目总控计划、编制项目合约规划等。

项目管理规划大纲包括项目管理范围、内容、项目管理模式、项目管理组织架构及相关职责，项目管理的总体目标，各项主要业务管理活动的管理思路、策略、重点及关键管控措施等内容。

编制项目管理制度及工作程序，在和委托方进行充分沟通、了解委托方实际管理要求的基础上，梳理甲乙双方的职责权限，并在此基础上梳理用于规范项目管理的相关制度，制度中应明确甲乙双方在各项业务管理活动中的职责权限、工作流程、工作表单以及主要的管理要求等。

编制项目总控计划，项目总控计划是指导项目整体建设实施的综合性计划。项目总控计划应包括前期准备工作计划、设计工作计划、招标采购计划、施工计划、竣工验收及交付计划等管理内容的关键节点，同时，总控计划中应明确具体的责任人，并分多级进行编制。

编制项目合约规划，根据项目进度要求及工程实际情况，进行合理的标段及工作界面划分，并根据已批准的目标成本，按照自上而下、逐级分解的方式，以合同为口径对目标成本进行分解，形成每个合同的成本控制目标，并作为后续合同招标采购及成本控制的依据。

（2）全过程项目管理：具体包括项目的报批报建管理、设计管理、质量管理、进度管理、安全文明施工管理、信息管理、档案管理和现场的组织协调等。

3. 招标代理

按照经甲方审批的合约规划、项目招标采购计划组织各类合同的招标采购工作，确保采购结果"质高价低"，无合同履约风险，因本项目业主为民营企业，无须走政府招标平台，因此，本项目实际服务深度及目标不同于传统招标代理，更偏向于招标采购管理，具体服务内容如下：

（1）协调勘察、设计、各类咨询顾问以及甲方等各相关单位，跟踪、落实各类合同的招标采购的技术标准、工期要求、质量要求、商务报价要求及投标限价等核心内容，确保项目招标采购工作按计划进行；

（2）组织（参与）供应商调研及考察，提出专业意见；

（3）协同项目管理组完成招标采购项目的招标采购方案，重点明确招标范围、内容、采购方式、计价模式、对投标单位的资质资格、业绩、履约能力要求、潜在投标单位（如需）等，并报甲方审批；

（4）组织进行招标文件（含合同文本）的编制并报甲方审批；

（5）组织发标、回标、开标、评标、定标中的相关工作，组织定标结果的甲方审批。

4. 造价咨询

为委托方提供深度的全过程造价管理工作，通过有效组织、控制设计阶段、招标采购阶段、施工阶段及竣工阶段的投资控制工作，有效控制项目投资，实现投资节约。具体工作内容如下：

（1）协助甲方建立投资控制体系。

（2）参与各设计阶段的成本控制管理，在明确项目定位的基础上组织数据调研，确定本项目相关成本控制标准、限额设计标准、进行项目总成本的测算、提出成本优化建议等，做好设计阶段的投资控制工作。

（3）协编制项目目标成本，报甲方审批后作为项目成本控制目标。

（4）实施招标采购阶段成本控制工作：协同设计、项目管理、招标代理等工作组在招标采购过程中做好成本控制工作；组织进行评标过程中的清单、商务标分析及合同谈判工作，做好招标采购阶段的成本控制。

（5）进行施工阶段的成本控制工作：组织编制项目资金使用计划；进行施工过程中成本优化、变更洽商及材料认质认价的审核、控制；做好工程形象进度及完成产值的审核及控制，做好各类扣款的审核，进行施工类、设备材料采购类、咨询服务类等各类合同付款的审核、把关。

（6）目标成本实际执行情况的跟踪、控制及管理，编制项目成本管理月报。

（7）竣工阶段的成本控制工作：组织进行结算审核及索赔反索赔的控制及管理工作，并完成甲方审批；进行履约保证金、工程保修金的管理；组织进行工程成本管理档案的整理、归档、移交；

组织进行项目成本管理工作总结。

5. 工程监理

负责整个项目的施工准备、实施、竣工验收及缺陷责任期全过程（“四控二管一协调”及安全监督）的监理工作。

6. 项目组织模式

本项目全过程工程咨询服务由天职（北京）国际工程项目管理有限公司（以下简称“天职”）与另外一家监理单位组成联合体共同实施，其中天职作为联合体牵头方，负责实施项目可行性分析、项目管理、招标代理、造价咨询等内容，并总体对项目服务质量负责，另外一家监理单位作为联合体成员方主要负责实施监理工作。

在项目建设管理过程中，由业主与全过程工程咨询团队共同组成了联合管理团队，项目管理组织架构如图 1 所示。

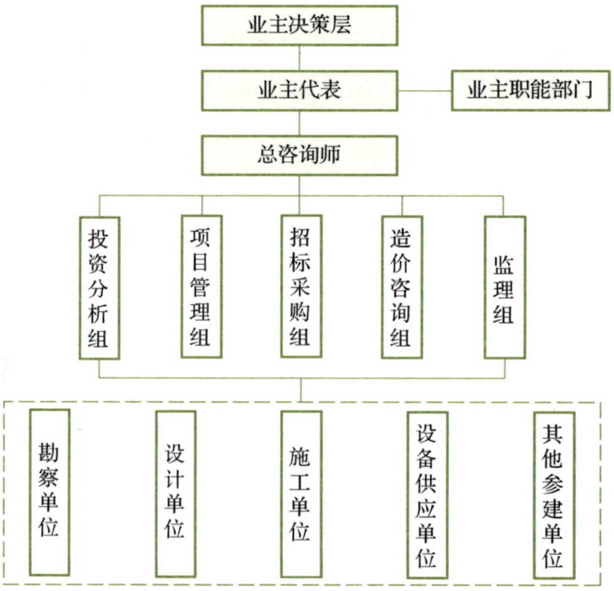

图 1　项目组织架构图

三、服务的运作过程

本项目是一个真正意义上的全过程工程咨询，服务阶段涵盖投资决策（可行性研究）、施工准备、施工、竣工直到项目缺陷责任期结束，是一个项目从无到有的全链条的咨询服务，对咨询服务水平及深度提出了更高的要求，也契合了国家全过程工程咨询服务发展方向的要求。

为了更好地服务业主，做好全过程咨询服务，真正体现全过程咨询服务价值，同时，也为了有效整合公司各业务咨询板块，探索出一条有效的全过程工程咨询实施之路，站在项目全生命周期及项目管理的角度发挥天职投资控制优势，我们在本项目咨询服务过程中确定了以下咨询服务思路：

（1）**重视前期设计方案比选及设计优化工作。**本项目全过程工程咨询服务过程中，为有效地进行项目成本控制，确保设计质量，体现服务价值，我们引入 BIM 团队，充分利用 BIM 技术对项目关键部位或区域模拟并利用价值工程进行多方案比选，从建成后的物业运营维护、建造施工、造价控制等多角度考虑方案的比选，积极提出设计优化思路、方案等，确保设计质量和效果。

（2）**追求项目投资、进度、质量、安全目标的平衡，确保项目投资收益。**本项目全过程工程咨询服务范围既包含造价控制也包括全过程项目管理，因此，咨询服务过程中应综合考虑项目投资、进度、质量、安全目标的实现，从项目投资收益最大化的角度，平衡考虑项目四大目标的关系。

（3）**借助先进管理技术及手段提升项目管理水平。**全过程工程咨询服务过程中，通过天职 BIM 云管理平台，建立以 BIM 模型为基础的一体化协同管理平台，通过平台有效对工程质量、进度、投资等形成有效管控，并同步形成完整的工程档案，并为后续物业管理提供基础。

结合以上服务思路，本项目在全过程工程咨询服务过程中做了以下管理实践：

（1）**建立以“总咨询师”为龙头的咨询服务团队。**针对该项目全过程工程咨询服务，我公司成立了以“总咨询师”牵头的咨询服务团队，由总咨询师代表公司对委托方负责。

为了完成委托任务，成立了总咨询师负责制的管理团队，下设投资分析组、项目管理组、招标采购组、成本管理组和监理组，总咨询师全面主持工作，协调、审核各组发出的咨询成果文件，从投资分析到项目结算均由总咨询师统筹、负责，以总咨询师为主线穿起了项目管理的全过程，保证了项目管理过程中的信息流顺畅且消除了信息传递的信息丢失隐患。总咨询师也是委托方、施工方的桥梁和润滑剂，便于理顺管理关系，以更公平的第三方视角平衡各方关系。

（2）**明确各方职责权限并获取合理的授权。**项目管理过程中的权利边界是双方有序开展工作的基石，对于全新的全过程工程咨询业务，如何能够在保留业主决策权的基础上充分发挥全过程工程咨询单位的积极性和专业性尤为重要，因此，本项目在全过程工程咨询单位开始工作后，首先与委托方积极沟通，双方在统一工作目标的基础上，完成了双方责、权、利的划分，为后续双方明确职责范围打下了坚实的基础。本项目部分权责划分如表 1 所示。

表 1 项目权责划分表

序号	关键事项	其他单位	全过程工程咨询单位				委托方集团职能部门				某集团决策层				备注
			监理单位	招标采购组	成本管理组	项目管理组	审计监察部	财务部	法务部	业主代表	执行经理	总经理	项目总负责人	集团董事长	
1	**财务资金管理**														
1.1	年度资金计划				①	②		⑤		③	④	⑥			
1.2	季度资金计划				①	②		⑤		③	④				
1.3	付款申请	◆	①		②	②				③	④				施工单位发起

续表 1

序号	关键事项		其他单位	全过程工程咨询单位				委托方集团职能部门			某集团决策层					备注
				监理单位	招标采购组	成本管理组	项目管理组	审计监察部	财务部	法务部	业主代表	执行经理	总经理	项目总负责人	集团董事长	
1.4	支付申请	<100 万元							②		①	②	③			
		≥ 100 万元							②		①	②	③	④		
2	**计划管理**															
2.1	项目总控计划编制						①				②	③				
2.2	项目总控计划调整						①				②	③				
3	**成本管理**															
3.1	投资分析（估算）					①	②		④		③	⑤		⑥	⑦	
3.2	设计概算					①	②				③	④				
3.3	合约规划					①	②				③	④				
3.4	成本月报 / 动态月报					①	②				▲					
3.5	变更申请	<50 万元	◆			①	②		④		③	⑤				
		≥ 50 万元	◆			①	②		④		③	⑤		⑥		
3.6	洽商申请	<50 万元	◆			①	②		④		③	⑤				
		≥ 50 万元	◆			①	②		④		③	⑤		⑥		
3.7	认质		◆			①	②				③	④				
3.8	认价	<50 万元	◆			①	②		④		③	⑤				
		≥ 50 万元	◆			①	②		④		③	⑤		⑥		
3.9	结算	<1000 万元	◆			①	②				③	④				
		≥ 1000 万元	◆			①	②				③	④		⑤		
4	**采购管理**															
4.1	采购文件	<1000 万元			①		②		③		③	④				
		≥ 1000 万元			①		②		③		③	④		⑤		
4.2	清单及控制价编制					①	②				③	④				
4.3	清标					①	②				③					
4.4	评标				①			●	★		★	★		★		

续表 1

序号	关键事项		其他单位	全过程工程咨询单位				委托方集团职能部门				某集团决策层				备注
				监理单位	招标采购组	成本管理组	项目管理组	审计监察部	财务部	法务部	业主代表	执行经理	总经理	项目总负责人	集团董事长	
4.5	定标审批	询价采购			①						②	**③**				
		邀请、直委			①						②	③		**④**		
5	**合同管理**															
5.1	合同起草				①	②	②				③					
5.2	合同评审与签订				①				②	②	③					
6	**施工管理**															
6.1	项目施工进度计划			①			①				②	**③**				施工单位编制
6.2	施工图纸会审			①			①				**②**					施工单位参与
6.3	施工方案审核		◆	**①**			②▲				▲（**③**）					施工单位编制
6.4	预验收		★	①			②				▲（③）					监理单位组织
6.5	竣工验收		★	②			①				③	**④**				

说明：①～⑩表示事项的审核审批程序，相同数字表示同步审核，数字加粗体并有下划线（如“**④**”）表示审批，“▲”表示备案，“●”表示审计监督，“★”表示参与，“◆”表示外部发起单位。

（3）**建立规范的项目管理制度及工作程序、表单。**为有效开展全过程工程咨询服务，明确各方职责权限及工作程序，项目实施之初，全过程工程咨询牵头单位编制完成了《项目管理制度及工作程序》，理顺了管理流程，规范了管理标准，保证了各项工作有序开展。本项目编制的部分管理制度及工作程序如表 2 所示。

表 2　制度及工作流程清单

序号	制度名称	工作流程名称
1	设计管理制度	设计会审流程
2	工程成本管理制度	目标成本编制流程、动态成本编制流程
3	合同管理制度	合同签订流程、合同变更流程

续表 2

序号	制度名称	工作流程名称
4	工程进度管理制度	进度计划编制及调整流程
5	工程结算管理制度	结算审批流程
6	材料设备认质认价管理制度	材料设备认质、认价流程
7	设计变更、工程洽商管理制度	设计变更、工程洽商申请流程、费用确认流程
8	付款管理制度	预付款、进度款、结算款支付审批流程
9	招标采购管理制度	供应商考察流程、采购方案编制流程、招标文件审批流程、定标流程
10	工程质量管理制度	质量检查流程、进场材料报验流程、隐蔽工程验收流程
11	工程档案管理制度	
12	项目竣工验收管理制度	竣工预验收流程、竣工验收流程
13	工程信息管理制度	工程周报、月报编制流程

项目实施过程中，因有了上述权责指引表、管理制度工作流程及相关表单的编制，为项目管理打下了良好的基础。项目建设至今，权责清晰，各项业务管理活动有管理要求、管理标准、管理流程以及工作表单，管理高效、顺畅，既保证了委托方的决策权，也让全过程工程咨询单位在职责范围内能够充分发挥专业性和积极性，全力为委托方服务。

（4）**协同业主做好项目前期各项策划工作。**凡事预则立不预则废，对于项目开发更是如此，项目因为前期策划不足导致费用超支、工程拖期等问题屡见不鲜。本项目全过程工程咨询服务过程中，我们充分认识到前期策划管理的重要性，全过程工程咨询服务启动后的第一件事，即协同业主及监理单位，编制了项目管理规划大纲，且后续结合工程进度，逐步完成了项目总控计划、合约规划等项目策划工作，为项目的顺利实施奠定了基础。

1）**项目管理规划大纲。**本项目管理规划大纲主要内容如下：

①项目管理范围、内容；

②项目管理模式、项目管理组织架构及各方相关职责；

③项目管理的总体目标，包含成本、质量、进度、安全管理目标；

④各项主要业务管理活动的管理思路、策略、重点及关键风险控制措施等内容；

⑤项目信息及沟通管理。

2）**项目开发总进度计划。**本项目开发总进度计划包含报批报建计划、设计计划、采购计划、施工计划等各项工作，在编制中考虑了各专业之间的搭接和交叉，并运用 Project 软件完成各项工作的策划工作，各个参建单位均能在项目开发总进度计划中“按图索骥”。项目开发总进度计划（局部）样例如图 2 所示。

3）**项目合约规划。**项目初步设计完成后，结合项目实际管理需要及工程进度要求，进行了项目合约策划，编制完成项目合约规划，如表 3 所示，作为项目合约管理的依据。

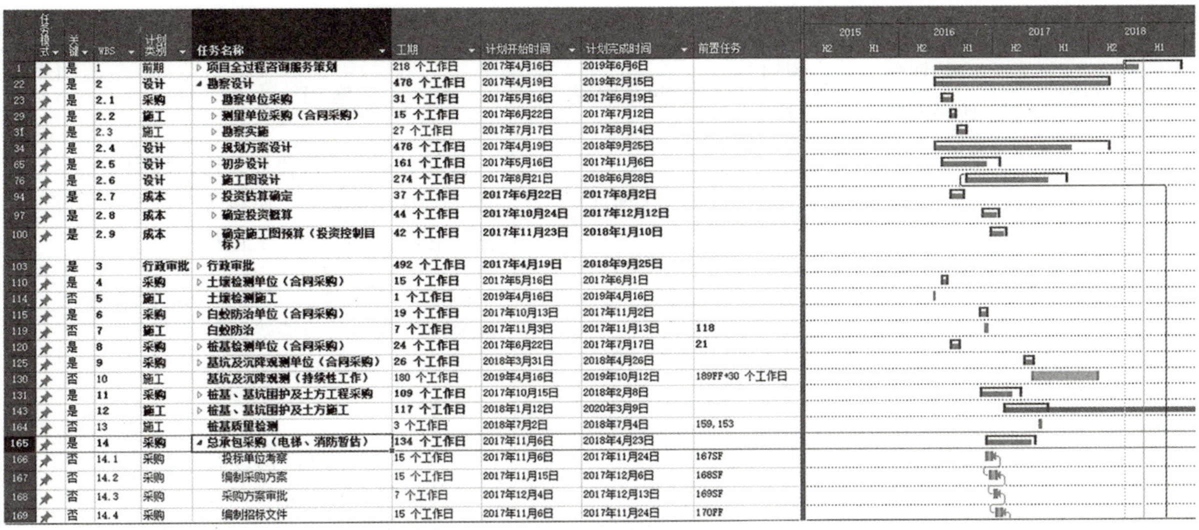

	任务模式	关键	WBS	计划类别	任务名称	工期	计划开始时间	计划完成时间	前置任务
1		是	1	前期	项目全过程咨询服务策划	218 个工作日	2017年4月16日	2019年6月6日	
22		是	2	设计	勘察设计	476 个工作日	2017年4月19日	2019年2月15日	
23		是	2.1	采购	勘察单位采购	31 个工作日	2017年5月16日	2017年6月19日	
29		是	2.2	施工	测量单位采购（合同采购）	15 个工作日	2017年6月22日	2017年7月12日	
31		是	2.3	施工	勘察实施	27 个工作日	2017年7月17日	2017年8月14日	
34		是	2.4	设计	规划方案设计	476 个工作日	2017年4月19日	2018年9月25日	
65		是	2.5	设计	初步设计	161 个工作日	2017年5月16日	2017年11月6日	
76		是	2.6	设计	施工图设计	274 个工作日	2017年8月21日	2018年6月28日	
94		是	2.7	成本	投资估算确定	37 个工作日	2017年6月22日	2017年8月2日	
97		是	2.8	成本	确定投资概算	44 个工作日	2017年10月24日	2017年12月12日	
100		是	2.9	成本	确定施工图预算（投资控制目标）	42 个工作日	2017年11月23日	2018年1月10日	
103		是	3	行政审批	行政审批	492 个工作日	2017年4月19日	2018年9月25日	
110		是	4	采购	土壤检测单位（合同采购）	15 个工作日	2017年5月16日	2017年6月1日	
114		否	5	施工	土壤检测施工	1 个工作日	2019年4月16日	2019年4月16日	
115		是	6	采购	白蚁防治单位（合同采购）	19 个工作日	2017年10月13日	2017年11月2日	
119		否	7	施工	白蚁防治	7 个工作日	2017年11月3日	2017年11月13日	118
120		是	8	采购	桩基检测单位（合同采购）	24 个工作日	2017年6月22日	2017年7月17日	21
125		是	9	采购	基坑及沉降观测单位（合同采购）	26 个工作日	2018年3月31日	2018年4月26日	
130		否	10	施工	基坑及沉降观测（持续性工作）	180 个工作日	2019年4月16日	2019年10月12日	189FF+30 个工作日
131		是	11	采购	桩基、基坑围护及土方工程采购	109 个工作日	2017年10月15日	2018年2月8日	
143		是	12	施工	桩基、基坑围护及土方施工	117 个工作日	2018年1月12日	2020年3月9日	
164		否	13	施工	桩基质量检测	3 个工作日	2018年7月2日	2018年7月4日	159, 153
165		是	14	采购	总承包采购（电梯、消防暂估）	134 个工作日	2017年11月6日	2018年4月23日	
166		否	14.1	采购	投标单位考察	15 个工作日	2017年11月6日	2017年11月24日	167SF
167		否	14.2	采购	编制采购方案	15 个工作日	2017年11月15日	2017年12月6日	168SF
168		否	14.3	采购	采购方案审批	7 个工作日	2017年12月4日	2017年12月13日	169SF
169		否	14.4	采购	编制招标文件	15 个工作日	2017年11月6日	2017年11月24日	170FF

图 2　项目开发总进度计划（局部）

表 3　项目合约规划（样例，限于篇幅略）

序号	名称	合约划分所属类型	规划金额	包括内容	施工界面	备注
1	土方及地下室外围护工程	■总包自承建部分 □专业分包 □独立承包 □甲方独立采购	×××	（1）人工清槽	负责槽底至垫层以上 300mm 至所有土方开挖及外运	
				（2）土方回填	负责肥槽、顶板及房心土、场内回填	
				（3）地下室外围护工程	负责地下室底板以下垫层、找平、防水层等，外墙找平及防水层、顶板滤水层、找平层及防水层等	
				（4）其他	负责砖胎膜及抹灰、降水（如有）等全部工作内容	
2	主体结构工程	■总包自承建部分 □专业分包 □独立承包 □甲方独立采购	×××	（1）混凝土结构	负责实施本项目钢筋工程、模板工程、混凝土工程以及与它们相关的辅助工作，包括但不限于各种钢筋混凝土设备基础、预留洞、预埋件、预埋管、堵洞、开洞、封洞、防火封堵等全部工作内容	
				（2）砌体结构	负责实施本项目砖砌体、砌块砌筑、浇注混凝土带、砌体墙内附加钢筋、混凝土圈梁、混凝土构造柱、顶部填充等工作，辅助工作包括但不限于预留洞、预埋件、预埋管、堵洞、开洞、封洞、防火封堵等全部工作内容	
				（3）钢结构	负责实施本项目钢结构焊接，坚固件连接，钢零部件加工，钢结构涂装，钢结构组装，钢结构件预拼装等钢构件的制作、运输、安装、油漆、防火涂料、二次深化设计及试验、检测等为满足相关规范所进行的一切必要工作等全部工作内容。幕墙范围内钢结构纳入幕墙工程	

续表 3

序号	名称	合约划分所属类型	规划金额	包括内容	施工界面	备注
3	室内普通装修工程	■总包自承建部分 □专业分包 □独立承包 □甲方独立采购	×××	（1）地面	负责实施本项目普通装修区域耐磨混凝土、细石混凝土、块料等全部工作内容。精装修区域地面做至垫层	
				（2）抹灰	负责实施本项目混凝土墙、柱、梁、板及砌块墙、条板墙等区域抹灰的全部工作内容。精装修范围干挂石材区域做至结构层	
				（3）门窗	负责实施本项目所有的室内人防门、室内防火门、防火卷帘门及室内普通装修区域的木门、窗及配套五金的采购及安装。不含幕墙范围内门窗及普通装修和精装修交界处门窗	
				（4）吊顶	负责实施本项目普通装修区域矿棉板、铝合金方板、石膏板等的采购及安装	
				（5）饰面板 / 砖	负责实施本项目普通装修区域吸声板、块料等的采购及安装	
				（6）涂饰	负责实施本项目普通装修区域涂饰工程的全部工作内容	
				（7）裱糊	负责实施本项目普通装修区域壁纸裱糊的全部工作内容	
				（8）细部	负责实施本项目普通装修区域窗帘盒、窗台板和暖气罩制作安装，门窗套制作与安装，护栏和扶手制作与安装等全部工作内容	
4	建筑屋面工程	■总包自承建部分 □专业分包 □独立承包 □甲方独立采购	×××	（1）找平、隔离、保温、防水层、面层等，种植屋面完成至种植土以下	负责实施本项目屋面保温、屋面找坡、找平及面层等工作，辅助工作包括但不限于清扫基层、材料搬运、调制砂浆、胶黏剂；材料铺贴，稳固、铺平、填缝、养护等全部工作内容	
5	……	……	……	……	……	

（5）实施全寿命周期的造价控制。

1）结合项目投资收益水平确定项目投资估算，并支撑方案优化。项目在拿地初期，地块的使用性质、建筑密度、绿化率、建筑高度等均已确定，并根据规划条件进行建筑方案的征集工作，项目在完成初步方案设计基础上由造价咨询组同步测算项目估算总投资，并结合委托方对投资收益、投资回收期的接受程度支撑项目方案优化工作。经过几版方案比选优化，项目总投资由最初测算的 4.8 亿元降为 4.5 亿元左右。最终确定的项目总投资见如表 4 所示。

表 4 项目总投资估算表

序号	项 目 名 称	工程量（m^2）	估算金额（万元）	单价（元 /m^2）	占总投资比例
1	土地款	60200	2103.41	349.40	4.62%
2	工程建设其他费	60200	4564.94	758.30	10.03%
3	主体建安工程费	60200	32484.36	5396.07	71.36%
4	园林景观	60200	625.296	103.87	1.37%
5	室外管网	60200	1408.68	234.00	3.09%
6	其他	60200	171.57	28.50	0.38%
7	预备费	60200	1962.74	326.04	4.31%
8	建设期利息	60200	2198.39	—	4.83%
9	工程投资（2+3+4+5+6+7）	60200	41217.59	6846.78	90.55%
10	工程总投资（1+2+3+4+5+6+7）	60200	45519.39	7561.36	100.00%

全过程工程咨询服务团队在进行项目投资估算确定、投资效益测算的过程中，结合了项目定位、项目经营需要等因素，并从价值工程的角度考虑了项目建造成本及项目运营成本的综合平衡，为项目方案比选及优化提供了依据。

2）以建筑安装工程费为基准实行“限额设计”。本项目提出方案设计阶段项目投资估算、初步设计结算项目概算、施工图版目标成本等三阶段造价控制思路，在各设计阶段均结合造价咨询组出具的项目投资数据用于支撑设计优化，实行“限额设计”，确保项目投资收益的实现。本项目在设计阶段的设计优化案例如下：

①绿色建筑设计的优化。本项目的建造要求达到绿色建筑二星级标准，但是实现二星级的标准无形中会大大增加建筑安装成本，在建筑设计初期，我方即对设计方案中可以提高绿色建筑的且容易被设计忽视的设计要点进行分析，对能够不增加建筑安装成本或者能降低运营成本的项目进行了提前规划，并将规划要求发送至设计院，由设计院落实在设计图纸中，降低为达到绿色建筑二星标准而增加的非必要建安成本。本项目在设计前的优化项见如表 5 所示。

表 5 绿色建筑设计项

大类	小类	条目	条 目 内 容	图纸需要优化内容
节地与室外环境	Ⅰ土地利用	4.2.2	场地内合理设置绿化用地： 公共建筑的绿地率 R_g，最高得 7 分： $R_g \geqslant 40\%$，得 7 分	原总图中室外由景观水体、绿化、道路三部分组成，建议删掉景观水体，保证在总用地面积上有 40% 是绿化面积
	Ⅳ场地设计与场地生态	4.2.13	1 下凹式绿地、雨水花园等有调蓄雨水功能的绿地和水体的面积之和占绿地面积的比例达到 30%，得 3 分； 3 硬质铺装地面中透水铺装面积的比例达到 50%，得 3 分	建议至少保证绿化面积的 30% 为下凹式绿地；保证硬质铺装（道路和停车位）中透水铺装比例达到 50%

续表 5

大类	小类	条目	条 目 内 容	图纸需要优化内容
节能与能源利用	Ⅳ能量综合利用	5.2.14	合理采用蓄冷蓄热系统（若当地峰谷电价差低于 2.5 倍或没有峰谷电价的，本条不参评）	建议采用冰蓄冷，合肥市采用冰蓄冷高峰电价 1.0900，低谷时 0.4284，且经验证冰蓄冷的运行电费节省率 45%，冰蓄冷增加的设备回收期 3.2 年，20 年运营节省费用约 957 万元
节材与材料资源利用	Ⅰ节材设计	7.2.3	土建工程与装修工程一体化设计：2）所有部位均土建与装修一体化设计，得 10 分	建议在报审前完成装修设计
	Ⅱ材料选用	7.2.10	混凝土结构：1）400MPa 级及以上受力普通钢筋的比例 $R_{sb}:R_{sb} \geqslant 85\%$，得 10 分	建议现场全部采用 400 级以上钢筋，能够提高绿色建筑评分也能节约钢筋用量

②异型幕墙的拟合如图 3 所示。

图 3　异型幕墙的拟合

在设计方案形成初期，为了造型时尚、美观，楼体正面一侧设计了异型幕墙，经测算及多方进行价格调研，异型幕墙的造价约在 1600 元 /m^2，普通幕墙在 1400 元 /m^2，异型幕墙面积 1900m^2，仅此一项增加造价约 38 万元，经过与设计院多次沟通，要求设计院使用软件进行幕墙曲线拟合，保证所有幕墙为正方形，不得出现异型幕墙，经过设计院的多次软件模拟，最终消除了异型幕墙，节约造价 38 万元。

3）利用 BIM 技术辅助优化设计。在方案设计和初步设计阶段，BIM 与设计同步进行，在设计方案比选过程中起到重要作用。一方面通过 BIM 提供了三维的实时漫游效果，辅助委托方、设计方对方案有更直观理解，通过可视化环境有效保障该项目方案选取满足委托方要求；另一方面通过 BIM 与设计同步进行，能够结合 BIM 模型输出的工程量进行快速的经济分析，避免方案合理但经济不合理的情况发生。本项目通过 BIM 技术，对地下 1~3 层空间及布局进行优化，辅助解决了挑空及降板问题，并通过模拟停车提高了地下停车效率，通过 BIM 优化，地下停车位增加了 3 个。

在施工图设计阶段，基于和图纸同步的 BIM 模型，进行碰撞检查和空间分析，并在 BIM 模型上进行机电管线综合排布、预留孔洞优化、净空优化，确保施工图实现“零碰撞、零错误”，同时尽可能优化净空、空间布置，提升该工程的使用体验。经过施工图优化，发现多处模型碰撞，在进行 BIM 模型优化后，再次输出深化施工图，有效避免了施工阶段由于图纸问题带来的变更、索赔，为投资控制带上紧箍咒。

4）**注重施工阶段的成本控制。**施工过程中影响工程造价的因素包括需求变化导致的设计变更、设计失误、设计遗漏、管线错误、地质条件变化、原材料涨价、工期索赔等情况。本项目在实施全过程工程咨询服务过程中，充分考虑上述对工程造价的影响因素，采用各类有效措施防范上述成本控制风险，具体措施如下：

①通过在设计阶段利用 BIM 技术辅助进行建模，利用三维技术给委托方展示最终的方案效果，避免委托方对方案进行的修改导致的设计变更。同时，利用一次 BIM 建模修正设计遗漏和管线碰撞，防范因需求变化、设计失误、设计遗漏、设计错误等造成的变更、洽商；

②针对原材料涨价风险，利用合同条款限定涨价因子和涨价比例确定风险范围，超出风险范围的按照涨价条款进行调整，避免合同争议；

③严格控制施工阶段的变更、洽商，变更洽商必须事前审批，经过全过程工程咨询及委托方按照不同的审批权限审批后才能实施，且变更、洽商的提出必须明确发生的原因、责任方以及对工期、造价的影响，避免最终只能由委托方买单的风险。

5）**实施过程动态成本控制，时时监控目标成本执行情况。**全过程咨询服务过程中，建立动态成本控制机制，时时监控项目目标成本执行情况，并根据执行结果及时采取预控措施，避免项目超目标成本，如图 4 所示。

科目代码	项目名称 / 合同名称	目标成本	合同金额	已确认变更签证费用	未确认变更签证费用（已发）	材料、设备认价发生的合同金额调整	动态成本	差额	产值（元）	累计付款（元）	差异分析
		(A)	(B)	（C）	(D)	K	(F=B+C+D+E+K或结	(G=F-A)	（H）	(J)	
1	土地成本										
请在此行上“复制”“插入复制的单元格”（可复制行不包括“待发生成本”）											
1	土地款	20,912,072	20,912,072	-	-	-	20,912,072	-	20,833,812	20,833,812	
1.1	土地出让金	20,030,600	20,030,600	-	-	-	20,030,600	-	20,030,600	20,030,600	
1.2	契税	801,224	801,224	-	-	-	801,224	-	801,224	801,224	
1.3	土地使用费	78,260	78,260	-	-	-	78,260	-	-	-	
1.4	土地登记费	1,988	1,988	-	-	-	1,988	-	1,988	1,988	
请在此行上“复制”“插入复制的单元格”（可复制行不包括“待发生成本”）											
2	工程建设其他费	45,737,992	32,410,000	32,000	-	-	32,442,000	13,295,992	-	16,940,000	
2.1	勘查设计费	8,964,120	8,500,000	-	-	-	8,500,000	464,120		3,000,000	
2.2	报批报建费	17,427,608	12,000,000	-	-	-	12,000,000	5,427,608		8,000,000	
2.3	临时设施费	1,016,012	450,000	32,000	-	-	482,000	534,012		340,000	
2.4	工程管理相关费	18,330,253	11,460,000	-	-	-	11,460,000	6,870,253		5,600,000	
请在此行上“复制”“插入复制的单元格”（可复制行不包括“待发生成本”）											
3	主体建安工程费	352,892,926	170,383,262								
3.1	建筑工程	229,098,000	130,230,343								
3.1.1	土方、桩基及基坑支护工程	26,017,500	24,360,000	72,054	8,975	-	-	26,017,500	-	-	
3.1.1.1	土方	12,000,000	10,280,000	34,278				12,000,000			

图 4　项目动态成本表

（6）**一体化的采购管理。**在传统的招标代理模式下，招标代理仅负责招标文件的拟定和招标工作的组织，但是对于招标计划、技术方案、合同条款的管理是弱项，采购影响施工、招标技术要求不合理、招标文件中合同条款不合理对施工进展和合同结算影响很大，很多结算争议也由此而来。

本项目在全过程工程咨询模式下，采购工作由全过程工程咨询单位的招标采购组负责，在项目合约规划报委托方审批完成后，项目管理组及时组织各组制定了采购计划并报委托方审批，实际采购过程中，每项采购工作均按照计划进行，并根据工程进度协调会的要求进行微调，保证了采购不影响施工进行。

在采购中，招标采购组负责组织项目管理组、造价组针对现场的施工条件、施工范围、技术要求、现场管理要求、文明施工标准、质量管理标准、安全管理标准、验收要求、工期要求、合同涨价因子和涨价比例、结算要求、代扣代缴的费用扣除原则、变更洽商的管理要求等逐项细化并整合形成招标文件，招标文件经总咨询师批准后方可发布，避免因描述不清楚导致的合同索赔和结算争议。

招标组织过程中，招标清单及控制价的编制也是管理的重点，本项目在招标清单编制过程中，利用 BIM 模型导出模型工程量作为项目清单及工程量编制的参考，当 BIM 模型工程量与编制的工程量偏差超过 10% 时，需要对招标清单及控制价进行二次复核，以确保工程量编制准确。项目清单、控制价编制完成后，需由造价组负责人及总咨询师审批后才能发布。

针对施工中可能出现的不平衡报价，在评标过程中，由造价组结合控制价、各单位投标报价综合分析，并在保证投标总价不变的基础上要求投标单位消除不平衡报价项，避免施工中的“不当得利”。

合同的签订严格按照招标文件、投标文件及现场情况签订，将招标、合同及现场管理进行连贯性管理，避免管理过程中的信息丢失。

（7）**协同监理的现场一体化管理。**本项目全过程工程咨询服务，工作范围既包含现场项目管理，也包含了项目监理服务。因此，在全过程工程咨询服务过程中，充分整合了现场项目管理及项目监理工作，项目总控及协调工作以项目管理组为主，具体项目的进度、质量、安全管理以监理为主，在施工管理过程中，监理组增加了现场工程师数量，而监理的投资控制工作则主要由造价咨询组负责。作为一体化的全过程工程咨询服务，各专业咨询组之间能够更好地相互配合、协作，与传统咨询方式相比，能够扬长避短且能有效减少重复工作。

截至目前，项目已经完成的 1000 多个工序及 2000 多个质量监测点，合格率均 100%，未出现不合格点位。

（8）**有效的项目进度控制。**在全过程工程咨询服务过程中，采取了以下措施确保项目进度：

1）在项目初步设计完成后，及时编制项目总控计划，利用 Project 进度管理软件统筹项目前期报批报建计划、设计计划、采购计划、施工进度计划等，事前规划项目总工期，并明确责任人，确保项目建设管理过程中，全过程工程咨询各专业组都能够依据总控计划中的时间节点开展具体工作。

2）在采购过程中，将项目总进度计划的时间节点落实到具体的施工及设备材料采购合同中，确保合同工期早于项目总进度计划中的时间节点。

3）在主要施工合同中，通过设定工期奖惩的相关条款以及利用节点付款方式提高施工单位进度控制的积极性，如本项目施工总包合同中明确约定，工程竣工日期为 ×× 年 ×× 月 ×× 日，每延误一天罚款为合同金额的万分之一，而每超前一天则奖励合同金额的万分之一。此外，本项目主要施工合同中都采用了窗口期付款模式，即将合同工期划分为若干个具体的付款节点及付款窗口期，合同中具体约定好每个付款窗口期对应的节点计划、付款时间以及需完成时间，施工单位只有在约定的完成时间前完成对应的工作时，才能在本窗口期获得对应的工程款，若施工单位未能在窗口期按计划完成工作任务，则不支付本窗口期的工程款，直至其在随后的窗口期按期完成当期工作后才能支付本窗口期及以前窗口期未支付的全部工程款。

（9）借助信息系统实现了高效的信息管理以及完整的档案管理。本项目全过程工程咨询服务过程中，利用基于 BIM 模型的云管理平台，实现了委托方、全过程工程咨询单位、施工单位、监理单位的即时沟通、互动。通过管理平台，能够对项目设计文件及对应的模型实现多版本管理，实现项目总进度管理的自动提示及预警，通过管理平台，还能够实现项目的动态成本控制、进行工程预付款、进度款的计量与支付管理，能够对施工进度进行模拟及管理，对工程质量问题进行跟踪留痕等。本项目全过程工程咨询服务过程中，通过基于 BIM 模型的云管理平台，实现了各参建方的高效的信息沟通以及项目完成的档案管理。局部云管理平台界面如图 5 所示。

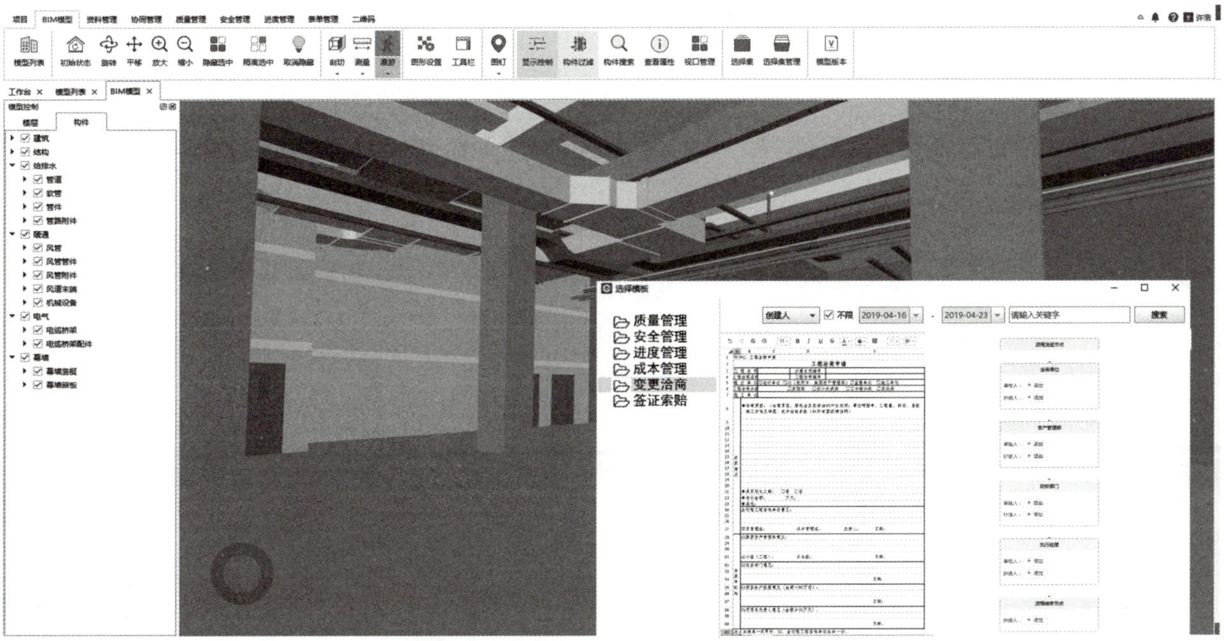

图 5　天职 EBIM 云管理平台界面

四、服务的实践成效

自 2018 年 4 月开工至今，项目的报批报建、设计、采购、施工均在项目总控计划的指导下有序开展，未发生因委托方原因导致的工期延长，未发生工期索赔。设计变更及洽商主要集中在现场场地变化等不可控因素，目前经测算已签订合同变更洽商发生率控制在 2.32%，项目动态成本（已发生 + 待发生）比目标成本预计结余约 8%，成本控制效果显著。

通过本项目实施，总结以下经验：

（1）通过项目管理有效集成了各专项咨询服务，提升了服务价值。通过本项目实践，全过程工程咨询能够在“总咨询师”的主导下，站在整个项目的角度重新审视项目，改变分段式咨询服务

“只见树木不见森林”的弊端，通过项目管理有效整合各专项咨询服务，能够综合平衡项目投资、进度、质量、安全等目标，从项目投资收益最大化的角度出发实施项目管理。本项目全过程工程咨询服务过程中，变项目成本的被动控制到主动控制，重视设计阶段的方案比选及成本优化，体现了服务价值。

（2）有效的前期策划是项目管理顺利实施的保障。本项目全过程工程咨询服务过程中重视项目前期策划工作，通过项目管理规划大纲的编制，统一了各方的管理思路、提出了项目的总体目标，明确了项目管理重点及关键风险控制；通过项目总控计划的编制，保障了工程进度的有效控制；通过合约规划，提前对项目合约进行策划及规划，并将项目目标成本落实到具体的合同中。全过程工程咨询通过以上前期策划工作，为项目顺利实施奠定了基础，截至目前，该项目进展顺利、项目投资、进度可控。

（3）项目管理制度及工程程序是项目管理顺利实施的基础。全过程工程咨询服务过程中，通过与委托方拟定权责表和管理制度的方式，保留了委托方对项目全程的决策权，又能够最大限度的发挥全过程咨询单位的积极性和专业性，达到合作共赢的目的。

专家点评

该案例服务范围包含项目投资分析、全过程工程项目管理、招标采购管理、造价管理、监理、BIM等，服务周期从项目策划阶段开始至缺陷责任期结束，具有多专业、跨周期的特点，是一个较为典型的全过程工程咨询案例。

该案例较为详细地阐述了咨询单位与业主、咨询单位内部管理的组织结构，提供了业主与全过程工程咨询团队共同组成了联合管理团队的组织模式结构图，提出了以“总咨询师”为龙头的咨询服务团队并代表咨询公司对委托方负责的模式，在全过程工程咨询服务团队建设中具备广泛的借鉴意义。同时，案例中咨询企业在立足（造价咨询）企业传统投资控制优势资源的前提下，深入探索全过程工程咨询服务思路，提出了包括：重视前期设计方案比选及设计优化、在实现目标与确保投资收益中寻求平衡和引入先进技术和工具提升整体管理效率等思路，并以此详细分析展示了相关管理实践案例，也提供了明确各方职责权限的“项目权责划分表”、明确全过程工程咨询管理制度及工程程序的“项目管理制度及工作程序”、明确全过程工程咨询各项工作开展计划的“项目开发总进度计划”、指导项目实施界面的“项目合约规划”等管理工具和表格等，具有一定的实际操作借鉴意义。

点评人：潘敏

四川开元工程项目管理咨询有限公司

C 市奥体中心“投资管控”为核心的全过程工程咨询简析

——瑞和安惠项目管理集团有限公司

郭建森　胡　勇　张凤荣　宋志红　刘志伟

项目是推进社会经济发展的载体。在项目的全生命周期管理中实施全过程工程咨询势在必行。2019 年 3 月 15 日，发展改革委、住房城乡部联合发布了《全过程工程咨询服务发展指导意见》(发改投资规〔2019〕515 号)。该指导意见从鼓励发展多种形式全过程工程咨询、重点培育全过程工程咨询模式、优化市场环境、强化保障措施等方面提出一系列可操作政策措施，全面指导、推进尤其是在政府投资的项目中实施全过程工程咨询管理模式。C 市奥体中心项目采用代建管理模式，咨询服务范围为代业主方的全过程项目管理、招标代理、全过程造价咨询业务，按照全过程工程咨询的“1+N”模式运作。其中“投资控制”作为全过程咨询的主线，通过限额设计、增加概算内审、严控设计变更、严格的限额招标、制定合理的合同体系、执行完善的合同条款，成了 C 市政府投资建设项目上没有超概算且有节余、实现增值的典范。

一、项目基本概况

C 市奥林匹克体育中心项目位于 C 市高教园区，距市中心区 6km，总建筑面积 52200m^2，批复的概算总投资为 3.07 亿元。项目于 2009 年 3 月 18 日正式开工，瑞和安惠项目管理集团受 C 市政府委托作为工程的代建管理方（咨询方），在各参建单位的共同努力、积极配合及相关部门的大力支持下，于 2011 年 11 月组织完成了六方竣工验收工作，于 2012 年 6 月正式移交给使用单位。

体育场建筑面积 34700m^2，框架结构，地上 3 层。比赛场地包括径赛使用周长为 400m 的塑胶标准环形跑道、标准足球场及设有铅球、标枪、铁饼、链球、跳高投掷区、3000m 障碍水池、撑竿跳等各项田径赛事场地，可容纳 16000 人同时观看比赛。

体育馆建筑面积 17500m^2，框架结构，地上 3 层。设有训练厅及比赛大厅，之间设有防火隔音活动墙，设有排球、篮球、手球、室内足球比赛各一块场地。能够举办羽毛球、乒乓球、网球及体操（自由体操、跳马、鞍马、双杠、单杠、吊环、高低杠、平衡木）柔道、摔跤、拳击、击剑、举重、技巧、艺术体操等一般赛事。固定座椅 3992 席、主席台 75 席、移动座椅 1740 席。

C 市奥林匹克体育中心项目效果图如图 1 所示。

图 1　C 市奥林匹克体育中心项目效果图

二、服务范围及组织模式

1. 服务的业务范围

按照全过程工程咨询的“1+*N*”模式，作为本项目的咨询单位，除完成了代业主方的全过程项目管理外，还完成了本项目的招标代理、全过程造价咨询业务。咨询服务内容清单如表 1 所示。

表 1　咨询服务内容清单表

工 作 内 容	总咨询师	工程管理部	设计管理部	预算合约部	招标管理部	综合办公室（PMO）
签订代建委托合同	★	○	○	○	◆	○
组织编写可行性研究报告	★	○	○	○	○	○
可行性研究报告报批	★	○	◆	○	○	○
方案设计招标及优化	★	◆	○	○	○	○
设计单位招标	★	○	○	○	◆	○
初步设计图报审	★	◆	○	○	○	○
初步设计概算编制及报审	★	○	○	○	○	○
勘测单位招标及备案	★	○	◆	○	○	○
现场地质勘测勘探	★	◆	○	○	○	○
市政接口条件落实	★	○	○	○	◆	○
办理建设用地策划许可证	★	○	◆	○	○	○
申领国有土地使用证	★	○	◆	○	○	○
施工图设计、预算编制	★	◆	○	○	○	○

续表 1

工 作 内 容	总咨询师	工程管理部	设计管理部	预算合约部	招标管理部	综合办公室（PMO）
办理年度开工计划	★	○	◆	○	○	○
办理施工图审查手续	★	○	◆	○	○	○
缴纳城市设施建设基金	★	○	◆	○	○	○
办理工程档案登记手续	★	○	◆	○	○	○
办理建设工程策划许可证	★	○	◆	○	○	○
工程监理、施工招标申请	★	○	○	○	◆	○
工程监理单位招标并签订合同	★	○	○	○	◆	○
施工总承包单位招标并签订合同	★	○	○	○	◆	○
办理质量监督手续	★	○	◆	○	○	○
办理安全监督手续	★	○	◆	○	○	○
现场市政临时管线报装	★	○	◆	○	○	○
办理建筑工程施工许可证	★	○	◆	○	○	○
合同、成本及进度总控制计划编制	★	◆	◆	○	○	○
专业分包及物资设备采购招标	★	○	○	○	◆	○
基础结构施工	★	◆	○	○	○	○
主体结构施工	★	◆	○	○	○	○
二次结构及初装修施工	★	◆	○	○	○	○
外檐装饰施工	★	◆	○	○	○	○
内部精装修施工	★	◆	○	○	○	○
机电设备安装施工	★	◆	○	○	○	○
市政及公共配套工程施工	★	◆	○	○	○	○
工程中间验收	★	◆	○	○	○	○
工程竣工验收	★	◆	○	○	○	○
办理竣工备案	★	○	◆	○	○	○
工程实体移交	★	◆	○	○	○	○
工程结算	★	○	○	○	○	○
编制工程结算报告及报审	★	○	○	○	○	○

续表 1

工 作 内 容	总咨询师	工程管理部	设计管理部	预算合约部	招标管理部	综合办公室（PMO）
工程竣工图及有关技术资料整理、汇编、移交	★	○	○	○	○	◆
竣工决算及审批	★	○	○	○	○	◆
建设项目资产交付	★	○	○	○	○	◆
工程运行保障及保修工作	★	◆	○	○	○	○

注：“★”表示组织或管理；“◆”表示负责或执行；“○”表示协调或配合。

本文主要从“投资管控”的角度，简析以“投资管控”为核心的全过程造价咨询服务。

2. 服务的组织模式

本项目委托方为C市发改委代建管理办公室，使用方为C市体育局。瑞和安惠项目管理集团有限公司以公开招标投标中标的形式承接该项目的全过程代建管理服务。瑞和安惠项目管理集团为本项目成立了“C市奥体中心代建管理项目部”，在总咨询师带领下，设置了设计管理部、工程管理部、预算合约部、招标管理部、财务管理部和综合办公室（PMO）。同时集团专家支持团队对本项目提供强有力的技术支持。

项目部与其组织关系如图2所示。

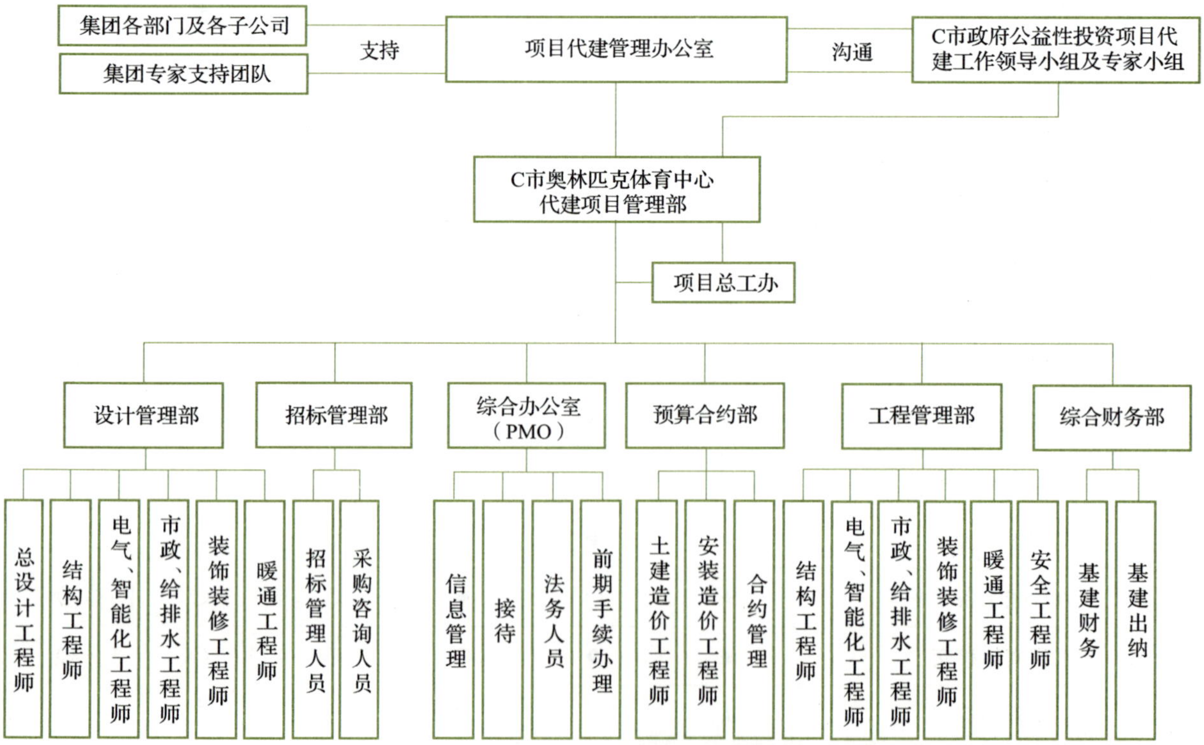

图2　项目部与其组织关系图

项目部组织架构如图 3 所示。

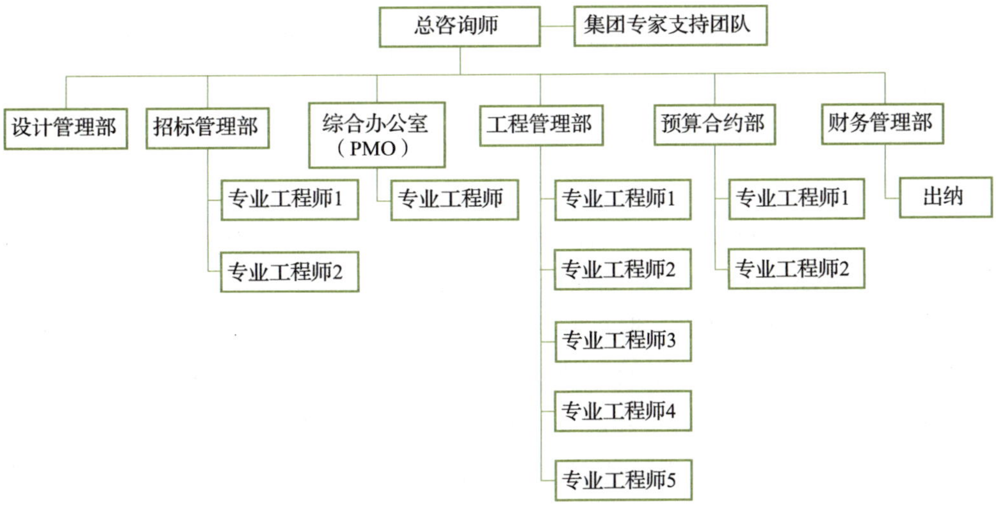

图 3 项目部组织架构图

3. 服务工作职责

各部门岗位职责详述如下。

（1）总咨询师。

1）作为代建单位法定代表人授权的全权代表，全面履行项目代建管理合同，对项目管理负总责；

2）负责实现本项目合同文件承诺的项目目标，负责组织落实项目管理过程中的相关事宜；

3）负责建立项目管理部及确定项目部内部功能工作岗位设置和职责，并适时调整；

4）负责建立项目质量管理体系和 HSE 管理体系并组织实施；

5）负责落实参与项目实施各方的分工和工作关系，协调处理项目管理外部沟通事宜；

6）负责项目管理大纲的制定，组织实施、控制；

7）负责组织编制和审定项目工作计划、资金使用计划、项目预算、采购合同等技术文件，监督落实相关计划的实施；

8）决定与控制工程实施过程中的各类变更许可事宜；

9）负责审定项目资金的使用与支付；

10）对重大事项的处理提出处理意见和建议。

（2）设计管理部。

1）组织对设计方案和初步设计的评审、施工图纸的会审，及对工程设计工作进行管理；

2）负责施工组织设计及重大施工方案的审批；

3）参与现场重大质量、进度问题的处理；

4）负责工程创优的组织、检查和申报工作；

5）负责与集团专家支持团队的对接、协调；

6）负责项目前期外部市政条件的落实；

7）负责办理相关政府职能部门（人防、消防、园林、环保、交通、地震、市政管网等）的行政审批手续；

8）负责办理策划许可证、施工许可证、开工审批表等项目前期开工手续；

9）负责落实施工临时水电的申报；

10）负责竣工阶段政府相关部门验收手续的办理。

（3）招标管理部。

1）根据《项目建设总进度计划》及有关招标采购技术要求，编制《项目招标采购计划》，明确项目招标采购工作的范围、进度、原则和程序；

2）制订《招标采购工作方案》，报经项目管理部确认后实施；

3）结合项目技术人员编制的采购技术要求，组织编制采购招标商务文件；

4）组织对分包商报价的商务评价和综合评审，择优选择合格的分包商及供应商；

5）协助招标代理单位对外办理与招标工作相关的各类申请、备案手续，并负责准备、编制相关文件资料；

6）负责组织合同起草和谈判，协助总咨询师签订工程及物资采购合同；

7）负责分包合同的实施和管理，监管合同各承包的履约行为，办理相关履约文件，对分包商和供应商的履约情况进行评价、考核；

8）协助总咨询师做好合同签订后的执行过程中产生的相关变更及补充协议的管理。

（4）综合办公室（PMO）。

1）协助总咨询师编制项目管理范围内的工作分解结构；

2）负责编写项目前期工作计划、项目建设总进度计划和拟订资源需求计划；审核项目实施中，各工作单位上报的阶段工作计划；

3）收集、整理项目的各类资料、文件、工作成果，并编目、归档；

4）负责归档的各类资料、文件、工作成果的使用、查询、借阅管理；

5）负责组织竣工资料的编制、归档、备案、移交工作；

6）负责项目内外部往来函件、文件的接收、发放工作；

7）负责项目各类会议管理、整理，收集相关会议纪要，并监管会议决议的执行情况，及时反馈各方意见、建议与信息；

8）负责各外部单位对项目进行检查、参观等事宜的接待工作。

（5）工程管理部。

1）协助总咨询师做好组织编写、审查设计任务书、设计需求质量计划等设计文件；

2）负责编制招标文件中的技术文件部分；

3）负责设计论证、设计优化、设计可行性与可靠性等论证；

4）负责协调组织项目工程各专业工程的质量监管；

5）负责项目实施的安全和文明施工监管等工作；

6）协助总咨询师解决工程技术问题和工程变更的管理；

7）组织项目部审查各个标段的施工组织设计和重大施工方案；

8）负责编制各阶段的施工计划；

9）负责审核施工单位的重大施工方案；

10）协助总咨询师组织工程完工后的竣工验收；

11）负责工程移交及工程保修工作。

（6）**预算合约部**。

1）负责年度投资计划的报批工作；

2）负责项目的工程造价控制，实现工程造价控制目标；

3）负责编制项目投资计划和项目资金使用计划；

4）负责制订工程造价控制工作方案，提出工程造价控制建议，报经总咨询师确认后实施；

5）负责组织预算审核、工程量清单编制、结算审核、决算报告等编制工作，并负责施工过程中工程量的核实；

6）负责核对财务付款明细，适时向总咨询师报告工程进度与工程款支付情况；

7）负责审核各类工程付款的申请并提出初步审核意见，报总咨询师及使用单位审查，协助财务人员办理项目用款支付手续；

8）负责市场询价，及时收集材料、设备价格变动信息，提供工程造价动态调控方法并协调实施；

9）审核竣工结算，配合竣工决算。

（7）**财务管理部**。

1）负责项目所有的账目管理，执行工程预算和同款计划，申请和管理项目账户内资金，办理工程款支付手续等工作；

2）负责核对财务付款明细，适时向总咨询师报告工程进度与工程款支付情况；

3）负责办理项目用款支付手续。

（8）**集团专家支持团队**。主要职责是对投资决策、工程设计、施工难点、风险控制及法律法规等方面提供咨询服务，并提出指导性建议，以确保工程的顺利进行。

三、服务的运作过程

1. 准备阶段的投资管控

（1）**做好咨询合同的评审**。全过程咨询合同签订前，对全过程咨询合同的风险进行分析，主要体现在投资控制和工期控制两个方面。全过程咨询合同在奖罚条款上对投资目标和工期目标的控制上有以下两条约定：一是项目实际建设投资金额超过合同约定投资控制金额的，由咨询单位按实际超出数额全额补足；二是因咨询单位原因未按约定工期（或调整后工期）竣工交付代建工程的，每逾期一日扣减费用 3000 元。此两条对咨询单位的风险很大，经多次谈判，在全过程咨询合同补充协议上增加了"非咨询单位原因造成工期延误的，总工期相应顺延，由此延误的工期和增加的费用及由此造成的施工单位的索赔，不计入全过程咨询目标控制范围内。因上述原因延期增加的费用三方另行协商"。利用了项目风险管理中"风险减轻"的对策，规避和减轻了咨询单位的风险。

（2）**前期手续办理阶段管控**。全过程咨询合同签订后，咨询单位在 C 市代建办、使用单位（体育局）的协助支持下，完成了前期手续办理，主要有：项目建议书办理和批复、可行性研究报告的批复、地震安全性评价、环境影响评价、初步设计批复、消防审查、施工图审查、建筑垃圾处置核准、建筑工程施工许可等。

在办理前期手续的过程中，咨询方代建项目管理部与相关各行政主管部门积极沟通，从投资控制的角度，收集、熟悉掌握当时当地的相关文件、政府规章制度，与相关部门进行核对、计算，详细讲述项目现场的实际布局、计划采取的施工方案、措施，将可能的缴费降至最低。例如，在环卫局办理建筑土方外运（建筑垃圾）处置证时，现场技术人员与环卫局就土方量结合场地自然标高情况进行土方量的核算，结论为“回填量大于挖方量”，不涉及外运情况；并且保证对运输车辆在场内进行全封闭式管理，车辆进出施工现场保证保持整洁，采取及时洒水、遮盖等有效的防尘措施等，免去了征收相关费用。

2. 设计阶段的投资管控

该项目代建管理介入时，初步设计、施工图设计工作已经由使用单位（体育局）经过比选委托某设计研究院进行并已经签署《建设工程设计合同》，已经提出了《设计任务书》，设计单位并已经依此《设计任务书》开展设计工作。

（1）**初步设计审批前增加内审环节。**

1）组织初步设计的内部审查会。在确定投资概算之前，为保证概算的准确程度，同时为了保证咨询单位对投资控制目标的实现，增加设计概算的内审。在发改部门正式审查前，咨询方邀请相关专家组织了对初步设计及概算的预先审查。由造价工程师负责，对照施工图纸，对概算书的工程量、定额子目列项、人材机及设备等的市场价格、取费类别等进行了详细核对，发现问题，并邀请设计师到图审单位对照图纸逐项落实计算过程中的问题，逐项答复并对不妥之处进行修改。其中对设计概算中漏算、少算部分进行了核增，优化部分进行了核减。

2）实行设计总包。对于专业性强的专业，如钢结构、幕墙、体育工艺、智能化、精装修等，实行专项设计。专项设计由设计总包单位进行分包，而不是由业主进行分包。这样更有利于发挥设计总包单位的优势，同时可以聘请专业设计优化、设计监理单位审核、优化。明确要求限额设计，并制定相应的奖惩条款，加大设计院对概算的控制压力和动力。从源头上保证施工与概算的有效衔接。

（2）**施工图设计阶段重视专业间的协同。**各专业设计人员间加强对接、碰头，避免因专业冲突造成设计变更。对专项设计单位深化图纸的审核，咨询单位加强管理，一是对专业交接界面审核，二是要求深化设计必须进行优化，从节约成本角度出发不无端提高标准、增加设计内容。出具正式图纸前，咨询单位组织专业人员、设计咨询单位、设计院、深化设计单位共同对接，对各方提出的问题及时修正，以减少施工阶段的变更。要求各专业图纸在出具时必须达到施工图设计深度，尽量避免二次深化设计。施工图出具后，进行施工图审核时，充分发挥图审公司的作用，尤其是对于设计优化方面的建议要重视并要求设计单位进行重新验算、调整；必要时组织专家进行审核，避免设计上的重大失误。

（3）**施工阶段严控设计变更。**重视图纸会审环节，充分听取监理、施工单位从施工角度提出的合理化建议，将隐含的图纸问题在施工前解决。要求设计代表常驻现场，对于施工过程中出现的问题第一时间给出解决方案并及时处理，对于未能体现设计意图的及时提出调整。尊重设计单位的意见，在不违反结构安全和建筑总体效果的前提下，可以结合设计师意见和现场实际情况果断决策，提高工作效率，保证项目总体进度。对于设计变更要结合代建模式做出相适应的变更管理流程，充分征求和尊重使用单位的意见；同时做好设计变更的事前估算，严格实行"一单一算"，估算结果与概算对比后确定变更是否执行。

3. 招采阶段的合约管理与投资管控

合同体系的建设对投资管理尤为重要，项目实施前应做好合约规划、确定合同架构，做好界面划分。项目管理中招标管理与设计、合同管理的关系是密不可分的，招标管理工作的质量控制直接影响到后期项目管理工作中质量、进度、投资、安全文明等控制，是整个全过程咨询中的关键重点控制点。

（1）**合约规划构建**。构建合理的合同架构，将所有与咨询单位发生或者直接管理的合同主体纳入管理，并与各阶段招标计划相吻合。在编制招标总控计划时，根据不同的工程或材料、设备编制不同的招标预审和后审形式，能够规避和减小后期管理的风险。编制合理的界面划分表。以设计主体单位和设计内容为单元划分编制设计界面划分表，可分为设计总院和专业工程设计院，并界定设计范围。按照设计界面划分表及各专业工程的特点，考虑专业工程交叉施工作业的时间和施工工艺、工序等因素，编制施工总、分包界面划分表。合同架构如图4所示。

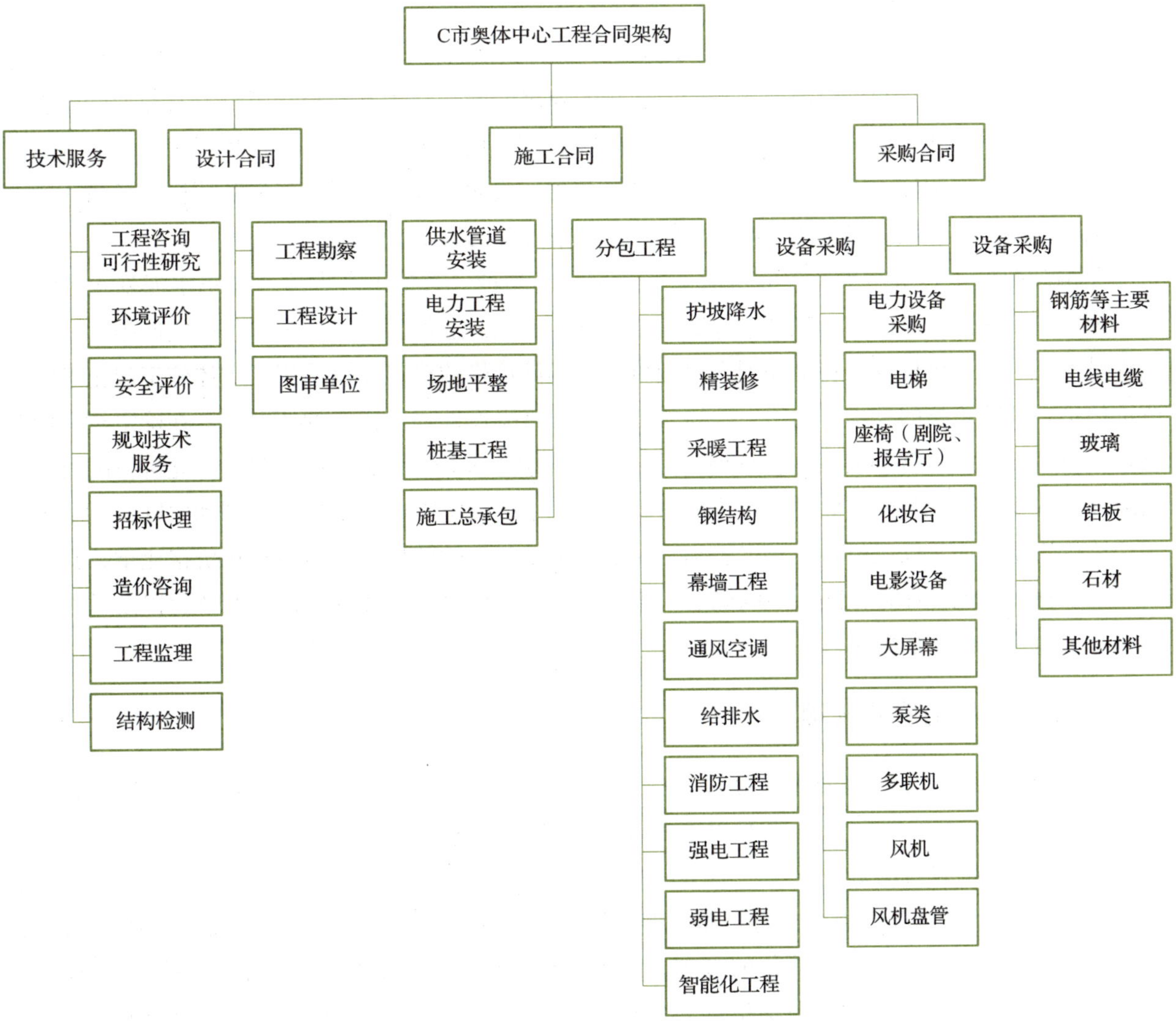

图4 合同架构图

确定合理的招标形式。选择合适的招标形式，能够择优低价选择中标单位，按工程实际情况选择更适合承建的中标单位，减少后期管理风险。编制合理有效、合规公平的招标文件及合同条款。招标文件中除常规招标条款外，还应在合同专用条款中明确对中标单位在实施过程中的管控措施和方法。招标文件中，合同文本是重点，按照国家、省有关示范合同文本编制适合项目特点的条款，除常规的进度款支付等条款外，还应编制详细的奖罚措施、对相关单位的配合及相关费用、变更的实施及费用如何结算等条款，并本着公平的原则编制条款，霸王条款会给项目管理带来极大风险。

配合招标应配备足数的设计管理人员，为编制招标文件技术要求提供支持。经审核通过的施工图出具后，咨询单位设计管理人员要对图纸进行全面的理解和会审，并按照界面划分表、招标总控计划、施工图等文件详细编制各分项招标的技术要求，尤其是涉及使用功能和特殊行业要求的，必须详细地进行描述，规避工程施工和设备供应交付带来的风险。

根据不同性质工程和材料、设备对中标人的要求编制适宜的评分标准。在编制招标总控计划时，应根据工程或材料设备的特点，编制各分项招标所特有的评标办法，界定技术、商务部分所占分数比例。

（2）**严格界面划分**。在招标阶段充分确定好各个专业施工界面的责任后，咨询单位根据界面划分编制招标清单及控制价。做界面划分时各个专业之间要充分沟通、充分考虑自身专业的施工要求。对于多项目，还应该考虑多项目做法的一致性、统一性。造价、招标、现场管理人员应沟通配合，对于总体工作招标内容范围明确，因为算量各管一块而造成的遗漏。如消防招标时场馆作为一套系统，分两个单项做清单可能会漏掉场馆之间连接部分的管线。

在编制招标工程量清单及控制价时，暂定价材料品种、数量不宜太多。如将水泥列入暂定价后，装修阶段地面、墙面及砌筑施工段所用水泥部位零散、造价信息以月为单位确定所施工完成的工程量不易统计，确价难。将钢筋列入暂定价后，钢筋价格的确定建议采用自主体施工起止时间内造价信息中钢筋价格的算术平均值，容易实施调价，可操作性强。还有的情况是，在确定暂定价时仅暂定材料价，不包含安装费，在现场实际确价过程中很多是“谁制作谁安装”，此价格的暂定与实际存在不相符、脱节。因此在暂定价材料确定过程中，确定需要暂定价的范围和原则，暂定价是综合单价暂定，还是仅仅材料费暂定。确定时还应根据材料的数量、价格占材料价格比重，常规材料与特殊材料（比如体育馆隔断）的确定，暂定价材料的认价与结算如何进行调整，以及是否需要考虑总承包管理的增加费用。

4. 施工阶段的履约管理

履约管理是贯穿于项目整个实施过程的，本项目上我们在部委制式合同文本的基础上、参照 FIDIC 合同条件，结合项目实际将专用条款逐条细化，保证参建各方的利益、实现风险合理的分担、充分发挥政府投资的效益。

（1）**履约管理的几个重点方面**。根据项目特点，制定合同管理重点。首先，加强承发包管理，合同履行中重视合同转、分包的管理，严禁工程转包，主体工程不能分包，不得将工程肢解分包；其次，定期对合同履行情况检查。合同履行中，检查合同承包方是否按合同约定或投标承诺全面履行合同，如施工承包合同中，施工方总咨询师是否实际到位，技术合同中设计总监、施工总监是否实际到位等，对承包方不按合同约定履行合同的行为，按合同进行索赔；第三，合同造价管理，合同履行过程中，若发生与合同约定不一致的地方，应在遵守投标文件及合同原则的基础上，会同监理、造价咨询单位对变更内容进行审核，提出意见，尽量避免施工过程中变更事件的发生，变更事项确定后及时通知相关单位，以减少材料、设备的损失；第四，合同质量管理，合同条款中明确合同质量要求，并对其有相应的奖罚规定及措施，在施工过程中应通过建立单位加强对材料质量的把关和对施工过程的严格控制；最后，合同工期管理，为确保建设工程项目按期完成，合同工期应服从并服务于项目总体进度计划，在合同中要有对工期的拖延和惩罚措施。

（2）严控变更签证。变更签证的控制对政府投资项目造价管控尤为重要。变更签证费用增加是概算增加占比较大的因素。在项目正式实施前，根据项目代建模式的特殊性，制定了本项目的变更、洽商、签证程序，如图 5 所示。

5. 结算阶段的审核与资金管控

本项目工程竣工结算审核共涉及建安施工单位 51 家，工程建设其他咨询服务单位 49 家。从审计过程来看，应当注意以下几个问题。

签订施工合同或供货合同，控制投资的最有效方式是采用固定总价模式，此模式对项目总的投资控制起到了决定性的作用。现场咨询工程师要充分认识到固定总价合同的重要性，对合同条款中核心条款的约定应烂熟于心。另外，将主要材料、设备划定三个以上的同档次品牌，这是控制质量的最有效方法，在施工过程中为控制质量提供了最直接的依据。施工过程中的洽商、签证等在签认时，一定要认真审核其独立性和完整性，不得出现模糊的词语。不能因为少一个字或多一个字，而增加结算时的争议。

与传统的造价管理内容不同，本项目上重点加强了项目投资的动态月报。每月末重点分析合同内已完成产值，准确估算合同内增加费用、合同外增加费用，掌握动态的工程投资完成情况及变化趋势，及时研判是否在批准的投资概算之内。

另外由于代建模式的特殊性，咨询单位需要设置专门财务人员完成对财务账的管理。制定了适合本项目的“项目建设资金支付程序”。在项目实施过程中因总包、分包、材料设备供应的甲供等情况出现很多不可避免的非常规的付款方式，从审计过程来看，无论采用哪种方式支付工程款或材料货款，收款方或被代付方都要有详细的记录，并注明付款原因，以便审计时随时查找。

工程款支付流程具体如下：

（1）咨询方内部流程。造价人员编制完成工程量清单→总咨询师审批→总工办审批→财务审批→总经理审批。

（2）外部流程。工程量清单申报→代建办审批→财政局审批。

（3）支付流程。财务根据财政审批后的工程款支付审批表和公司内部流程并经总经理确认后，会计通知出纳办理对外支付。建设资金审核支付程序如图 6 所示。

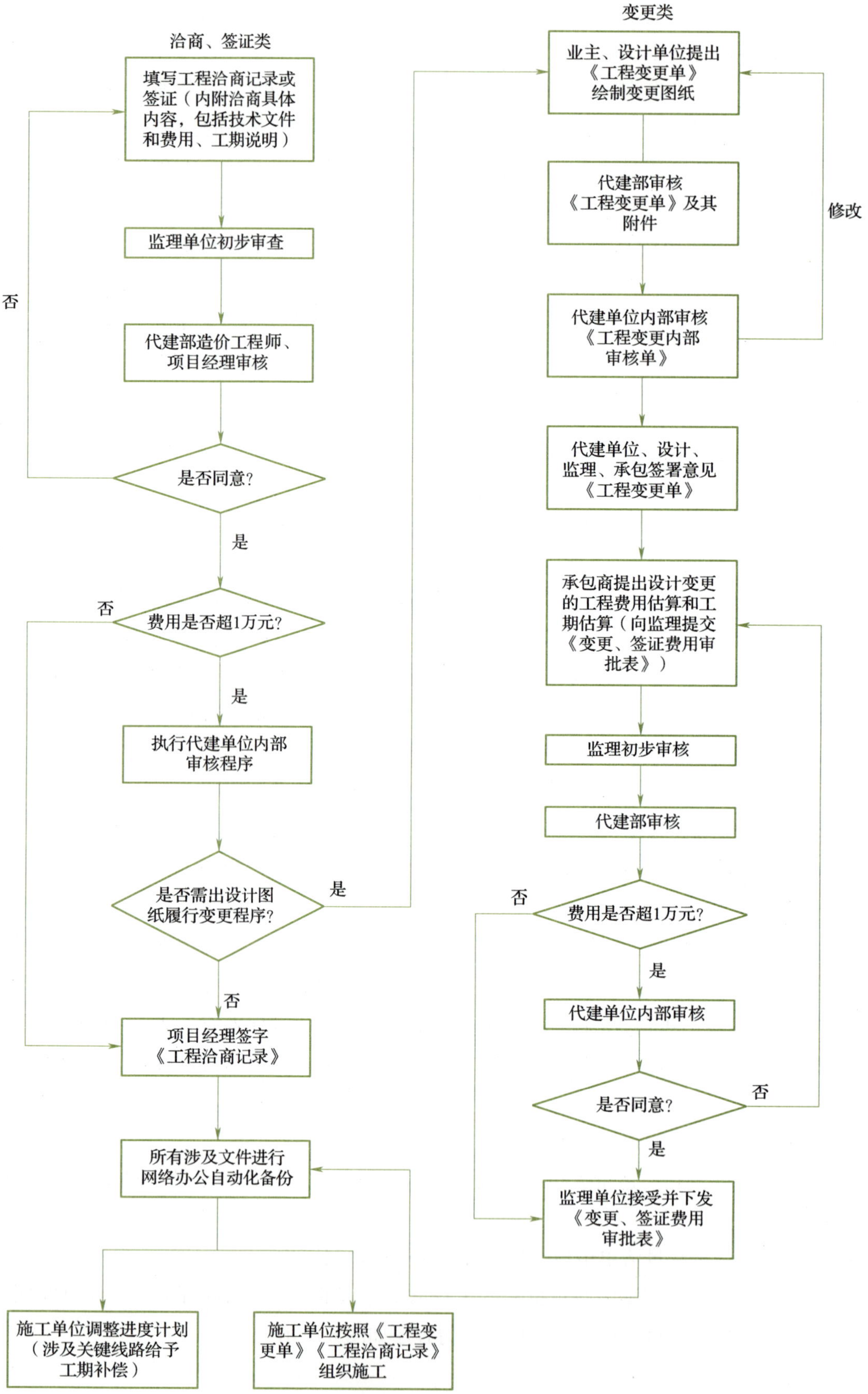

图 5 项目变更、洽商、签证程序

工作内容	执行单位	输出资料	完成时间
申报工程款支付申请表至总承包商	分包商	现行监理规范中工程款支付申请表及附件	每月18日前
申报工程款支付申请表至监理单位	总包方商、材料设备供货商及其他工程费合同单位	现行监理规范中工程款支付申请表及附件	每月25日前
初步审核	监理单位	表1及其附件	7天
内部付款审核	代建部综合办公室 → 代建部专业工程师 → 代建部造价工程师 → 代建部项目负责人 → 代建办造价主管 → 总经济师 → 代建办主任	内部付款审核表、表2及其附件	9天
最终审核	代建办、财政投资评审中心、财政局	表3或其自有格式	2+3+2天
履行内部确认程序 → 表4打印盖章 → 接收表4并存档、下发监理单位	代建部项目负责人 → 集团财务部 → 代建办主任 → 事业发展部 → 代建部综合办公室	内部付款审核表、表4及其附件	3天
接收表4并向合同单位开具工程款支付证书	监理单位	现行监理规范中工程款支付证书	1天
接收付款证书、开具	各合同单位	发票、收据	1天
结款	代建部财务会计	支票	1天

图 6　建设资金审核支付程序

四、服务的实践成效

本项目对于投资控制的目标及其严格，咨询方向委托方提供了项目概算总投资 10% 的履约保函（3000 万元），随时面临超概扣保函的风险。全过程咨询方通过上述叙述的限额设计、严控设计变更、制定合理的合同体系、等诸多措施，实现了投资管控的目标，实现节资率 3.44%；利用节约的资金，征得委托方同意后，为项目增加了概算范围外的楼体泛光照明、景观照明等实用功能，实现了增值。具体的三算对比情况如表 2 所示。

表 2　C 市奥体中心项目三算对比表

序号	项目名称	投资对比（元）				
		概算投资	中标价格	结算价格	节资额	节资率
1	体育场施工总包	94963400	104036821	100605687	–5642287	–5.94%
2	体育馆施工总包	42206800	35280613	36886163	5320637	12.61%
3	体育场钢结构	11990200	10467127	11560504	429696	3.58%
4	体育馆钢网架	18025000	17864758	17079582	945418	5.25%
5	体育场玻璃幕墙	11333900	23163864	23381950	–2376150	–20.96%
6	体育馆玻璃幕墙	9671900				
7	空调安装	13097800	7688351	10151523	2946277	22.49%
8	消防	7347000	5389188	7764816	–417816	–5.69%
9	智能化	9009900	6278444	6206967	2802933	31.11%
10	场地平整	800000	854000	854000	–54000	–6.75%
11	体育场监理	3000000	2283480	2283480	716520	23.88%
12	体育馆监理		1053110	1053110	–1053110	
13	场地照明	6709800	6882300	8793832	–2084032	–31.06%
14	泛光照明	6297559	6297559		6297559	100.00%
15	音响	1617600	2607685	2698564	–1080964	–66.83%
16	LED 显示屏	7179400	5106815	5106815	2072585	28.87%
17	多联机空调	800000	1425968	1441840	–641840	–80.23%
18	空调机组、风机盘管	1538089	1521171	1521171	16918	1.10%

续表 2

序号	项目名称	投资对比（元）				
		概算投资	中标价格	结算价格	节资额	节资率
19	水源热泵	2903165	3289956	3901342	–998177	–34.38%
20	电梯	1200000	921100	921100	278900	23.24%
21	干式变压器	8828800	6339000	6676880	2151920	24.37%
22	高低压配电柜					
23	配电箱					
24	电缆	3804958	3804958	3306713	498245	13.09%
25	跑道、草坪	6570000	8098363	8431220	–1861220	–28.33%
26	运动木地板	2221100	2397257	2811914	–590814	–26.60%
27	活动看台	2912768	2912768	2929066	–16298	–0.56%
28	防水工程	3084070	3084070	1262949	1821121	59.05%
29	消防水炮	641200	641200	641200	0	0.00%
30	广场砖	1238400	1238400	1238400	0	0.00%
31	体育器材	1818900	1480000	1630000	188900	10.39%
	建安费小计	280811709	272408326	271140788	9670921	3.44%

全过程工程咨询具备许多优势，首要的一点就是节省投资。本项目实施以“投资管控”为核心的全过程咨询，服务内容贯穿了全过程，整合了各阶段工作服务内容，更有利于实现全过程投资控制。由一家单位提供全过程工程咨询服务，咨询方可最大限度地处理内部关系，大幅度减少业主日常管理工作和人力资源投入，有效减少信息漏斗，优化管理界面。缩短工期的同时会降低各参建单位的管理费用，尽早发挥项目的实际效益产生收益，有利于投资管控。各专业过程的衔接和互补，可提前规避和弥补原有单一服务模式下可能出现的管理疏漏和缺陷。这种模式还可以充分发挥咨询方的主动性、积极性和创造性，实现项目的增值。这些优势体现的结果都与“投资”是休戚相关的，投资管理水平高低决定了全过程工程咨询的成效，以投资控制为核心的全过程咨询因为关注了投资人最关注的“钱”的问题，将成为全过程工程咨询的核心价值所在。

专家点评

瑞和安惠项目管理集团有限公司提供的案例为政府投资的体育中心公益项目。在本项目中，咨询单位提供的服务为项目代建工作，贯穿工程建设准备阶段、设计阶段、招采阶段、实施阶段、验收阶段等多个阶段，以投资管控为目的，在各个阶段采取措施，保障项目的三大目标顺利实现。

在前期准备阶段，针对项目特点，仔细核算每项费用，通过土方挖填平衡分析，减少了不必要的支出；设计阶段，加强设计图审查，多层次深入审核，保障施工图纸的完整性和可靠性，减少了施工过程中的设计变更和索赔；招标采购阶段，遵循合理公平的立场，合理制定招标文件及合同文件的条款，通过合同约定，将施工阶段的可能发生的争议在合同中消化，减少了矛盾，有利于沟通协调，提高了工作效率；实施阶段和竣工结算阶段通过制定管理流程，加强目标控制，有效地保障工程施工顺利进行和投资控制。

本案例通过完善项目组织结构，以组织管理为主线，强化各参与方的职责及工作内容，取得比较好的效果，本项目的全过程工程咨询实践经验具有较强的可借鉴性和先进性，值得推广。

点评人：吴玉珊

龙达恒信工程咨询有限公司

某商品混凝土搅拌站立足全过程投资管控，通盘筹划项目管理实践

——万邦工程管理咨询有限公司

王永志　史　烜　贝建益

一、项目基本概况

1. 基本概况

项目系保障国际性大型赛事比赛场馆及基础设施工程商品混凝土供应而专门建设，项目位置临近赛事主会场，以利于商品混凝土供应。

项目规划用地面积 42944.6m^2，构筑物占地面积 8290.4m^2，总建筑面积 12550m^2，项目鸟瞰图如图 1 所示，项目外立面效果图如图 2 所示。主要包括搅拌楼以及洗车台砂石分离系统，原料卸车及输送，砂堆棚及输送，石料储库及输送，辅助配套设施包括变配电室、空压站、汽修车间、化验室、重载路面等。

项目建设规模为日产 7000m^3 商品混凝土，年产 240 万 m^3。全年物料吞吐为 958 万 t，日平均吞吐量为 3 万 t，平均日进出车辆 1646 辆（含空车），生产规模省内领先。

项目桩基工程采用 PHS（500AB）预应力空心方桩，基础主要采用筏板基础，主体结构形式为框架结构和轻钢结构。

图 1　项目鸟瞰图

图 2　项目外立面效果图

2. 项目特点和难点

（1）项目工期紧，任务重。项目承担着保障国际大型赛事比赛场馆及基础设施的商品混凝土供应任务，从项目立项至具备投产条件历时 180 日历天，其中，施工时间 104 天。

（2）项目环保、节能要求高。项目邻近国际大型赛事主会场，作为国际大型赛事保障工程，以绿色、智能、节俭为设计指导，采用全自动商品混凝土生产线，节能、环保定位为零污染、零排放。

（3）结构负荷大，单体罐仓容积大。砂储库共 3 座（ϕ 10m 钢仓），有效总储量为 4500t；石子储库共 3 座（ϕ 20m 钢仓），有效总储量为 30000t，承重板厚度达 1.6m。

（4）设备安装系统众多、技术复杂、难度高。项目智能化系统包括搅拌控制系统、计量系统、自动化配料系统、原料输送系统、气动系统、砂石分离系统、环保除尘系统等。各专业工程交叉、穿插施工及工作面交接等工作协调量大，技术要求高。3 条 4.5m^3 搅拌机生产线各配备 7 座粉料筒仓、8 个通道计量系统；搅拌楼系统、原料卸车及输送、砂堆棚及输送系统、石料储库及输送均采用全封闭设计。

工程于 2019 年 3 月开工，2019 年 6 月竣工。项目概算 1.4 亿元，工程实际总投资额 1.1 亿元，节约概算 0.3 亿元（占概算 20%）。

二、服务范围及组织模式

1. 咨询服务的业务范围

项目全过程工程咨询服务范围涵盖工程建设全生命周期的各项管理、咨询服务，具体为项目决策、招标代理、造价咨询、项目管理、工程监理和结算审计等内容。

2. 咨询服务的组织模式

项目承包方式采用 EPC 总承包模式（设计—采购—施工—试运行）。针对 EPC 总承包模式、项目特点情况，我公司确定以项目负责人为核心，采用直线制管理模式开展整个项目的全过程管理，实行从项目决策、项目实施、设施运营、维保等阶段进行一体化、集成化专业咨询服务。根据该项目的咨询内容和目标，分设四个专业咨询团队，包括项目管理团队、造价咨询团队、工程监理团队和招标代理团队，对该项目质量、安全、投资、进度、造价、合同及信息进行管理。项目咨询服务机构组织形式如图 3 所示。

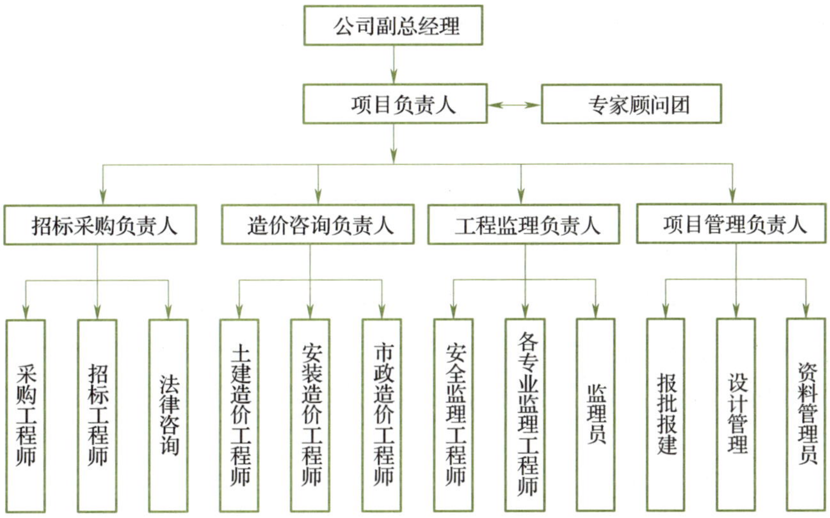

图 3 项目咨询服务机构组织形式图

3. 咨询服务的工作职责

（1）项目负责人职责。

1）全面主持咨询业务工作，负责各团队正常工作运转及人、材、物管理工作；

2）确定咨询团队各级人员的职责及分工；

3）主持编写项目全过程工程咨询实施规划；

4）审批咨询条件、咨询原则及技术事项；

5）负责咨询团队内各层次、各专业人员之间的技术协调、组织管理等工作关系，研究解决各种存在的问题；

6）根据项目全过程工程咨询实施规划，负责统一咨询服务的技术条件、工作原则，确定阶段或节点控制目标、风险预测办法、偏差分析、纠偏办法；

7）负责定期与委托单位进行工作汇报与交流，汇报咨询工作进展及其咨询意见（结果）出具情况。

（2）小组负责人职责。

1）负责本专业的全过程工程咨询业务实施及质量管理工作，指导和协调专业工程师的工作；

2）按项目负责人的授权，行使项目负责人的部分职责和权力，在项目负责人的领导下，组织专业咨询人员拟定本项目全过程工程咨询业务实施细则；

3）动态掌握本专业项目全过程工程咨询实施状况，协调并研究解决存在的问题；

4）组织编制专业咨询成果文件，编写本专业的成果文件说明和目录，检查成果文件是否符合规定，负责审核和签发本专业的成果文件。

（3）**专业工程师职责。**

1）依据业务要求，执行作业计划，遵守行业标准与原则，对所承担的业务质量和进度负责；

2）根据项目实施规划要求展开本职工作；

3）对实施的各项工作进行自控，努力提高工作质量。成果文件经校核后，负责进行修改；

4）完成的成果文件应符合规定要求，内容表述清晰规范。

三、服务的运作过程

公司承担项目全过程工程咨询任务，将项目策划、设计管理、招标代理、造价咨询、工程监理、项目管理等咨询服务作为整体统一管理，通盘筹划，形成具有连续性、系统、集成化的全过程工程咨询管理系统。各项管理模块均配置专业技术人员，强化团队的融合，提高管理效率。同时立足于项目的全寿命周期，注重项目全寿命周期的可靠、安全和高效率运行，实现项目全寿命周期的整体效率和效益，完成质量、安全、投资进度等预期目标，使建设单位满意。

1. 各阶段重点工作

（1）**方案比选阶段。**审核设计单位提交的三个方案，从技术先进性、投资合理性、建造实施可行性等角度进行方案比选，并采用价值工程进行打分，向建设单位推荐最优方案，并要求设计单位吸收未中标两个方案的优点进行设计方案优化。

（2）**初步设计阶段。**审核设计单位提交的设计概算，重点审核编制内容与要求的一致性，审核设计概算费用项目的准确性、全面性和合理性。为委托人提供材料、设备等价格信息及选型意见，提供不少于三个同档次的品牌。

（3）**施工图设计阶段。**要求设计单位严格按方案和初步设计文本编制施工图，审核图纸的平面、立面、剖面是否一致，细部做法是否清晰、完整。

对各专业工程及其主要材料设备等给出技术、经济指标分析，并与概算及同类项目进行比较，对于不能满足概算要求的设计内容及时反馈设计单位，调整设计图纸。

（4）**招标投标阶段。**制定招标文件报建设单位审批，全面考虑工程质量、安全、进度、投资等各要素，合理设置各项要素的分值，采用综合评估法评标。

对暂估项目、主材 / 设备暂估价、甲供材料、甲控材料等的价格进行估算或确定。

对不同装修、建筑材料和建筑方法进行成本比较，收集信息和规范以备材料和方法的选择。

所有主材 / 设备单价的确定应提供三个以上合理的品牌及价格数据。根据委托人需要，及时按照相关规定完成暂估项目、主材 / 设备暂估价、甲供材料的招标及编制或审核工程量清单、招标控制价。

（5）**施工阶段。**派驻项目管理、工程监理和跟踪审计团队驻场，确定各项目标全面做好报批报建、工程质量、进度、安全、投资管控等工作。

1）质量目标：验收一次性合格，试投产一次性达标。

以合同为依据，严格按照技术标准、施工和验收规范以及经批准的设计文件要求组织施工，确保本工程质量符合国家验收标准，试投产一次性达标，向建设单位交一个合格工程。

2）工期目标：关门工期 2019 年 6 月 12 日。

在确保质量和安全的前提下，以合同确定的工期和项目里程碑为进度控制目标组织施工，保证实现建设工期满足建设目标总工期的要求。

3）投资控制目标：严格按照项目估算控制概算，概算控制决算的原则，对项目全过程进行成本分解，全过程跟踪审计，确保建设单位投资控制目标得以实现。

4）信息管理目标：运用现代化、信息化管理模式，有组织地收集、整理、储存和传递工程信息，确保沟通渠道的畅通，使参建各方能够高效、准确地获取所需的信息。

5）安全文明施工控制目标：严格执行国家及市标化安全文明工地要求展开工作，督促总承包单位完善安全保证体系和工作制度，使安全文明施工规范化、标准化和制度化，坚决杜绝重大事故及一般安全事故。

（6）**竣工结算阶段。**拟订竣工结算审核方案，对审核的技术方法、原则和程序进行具体策划，制订工作方案。

按竣工图及相关资料进行现场踏勘、计量复核。

核定各项变更、现场签证、索赔费用，会同委托人办理工程竣工结算，特别是对结算依据的完整性和有效性进行审核，结算依据资料应包括合同、协议书、中标书、投标文件、招标文件、经确认有效的变更、现场签证、索赔等一切有关的资料。

按照相关规范和委托人的要求出具审核成果文件。

工程竣工结算完成后，汇总项目总投资，并提供项目不同阶段投资的对比分析报告。

配合审计部门要求，完成竣工结算审计与竣工决算工作。

2. 保证体系及运作

（1）**全过程工程咨询项目管理质量保证体系。**

1）质量控制体系。质量控制体系如图 4 所示。

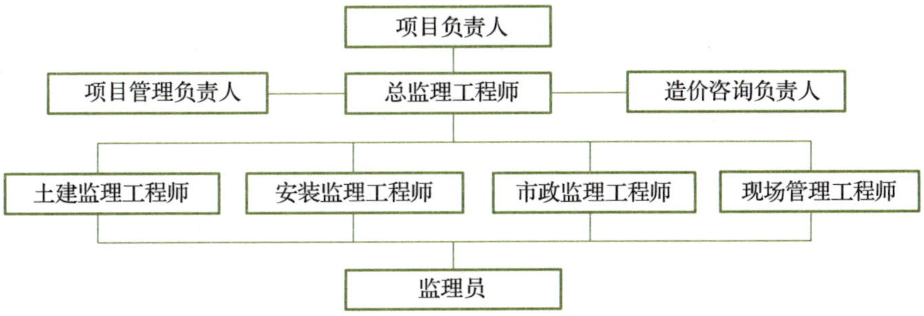

图 4　质量控制体系图

2）质量控制体系运作简述。为实现项目质量控制目标，我们针对该工程特点，建立四级三阶段（事前预控，事中过程控制，严格检查验收）质量控制体系（如图 4 所示），实施对工程质量从上到下的预控与从下到上的过程控制相结合，工程实体检查验收与工程资料同步检查验收相结合，控制质量总目标与控制质量子目标相结合，自检复检相结合。通过四级三阶段的正常运转，把施工质量控制工作做精细，使之科学化、规范化、程序化。实现对该工程从技术方案、原材料设备、成品半成品的控制到各专业施工工序、检验批、分项、分部工程的全方位控制。本项目采取的主要管理措施如下：

①组织措施。选好总监，确立项目管理班子的主心骨。

在项目实施阶段，项目管理和监理的现场管理工作内容重叠，为有利于项目推进，两个团队合二为一，以总监负责制展开质量控制工作。因此我们在选派本项目总监时，不仅考虑了除具备一般监理工程师应具备的一切素质外，同时还应具备一个管理者、组织者所应具备的素质。

专业和人数合理搭配，形成高效务实的项目管理班子。一个优秀的管理班子，不仅要有一名优秀的总监，还需要选派好各专业工程师，我们在组建本项目班子时，充分考虑了本项目的特点，做到专业配套、人员齐备、技术等级搭配、年龄结构合理，从而形成一个高效、务实的项目管理班子。

建立完善的工作制度。在管理过程中，根据工程实际及时完善和修订工作计划、管理制度及工作程序，对各分项、分部工程制定详细的监理实施细则；每周讨论、分析工作计划、管理制度、工作程序的执行情况；为更高效落实参建各方提出的问题和需解决事宜，所提事项全部汇入《项目日销项动态表》（如表 1 所示），在微信群平台每天滚动公示，起到督促和提醒作用。

表 1　项目日销项动态表

序号	提出单位	销项内容	问题原因描述	处理深度	责任单位	责任人	整改期限	延期时间	影响程度	备注
1	万邦管理	石库钢筋绑扎	石库剪力墙、柱钢筋绑扎不符合要求	整改中	EPC 承包人	某某	5.4/17 点	一天	严重	已整改
2	万邦管理	安全用电	钢板仓制作场地开关箱漏保损坏	整改中	EPC 承包人	某某	5.3/17 点			已整改
3	万邦管理	18# 皮带机基础钢筋	18# 皮带机基础钢筋绑扎错误 / 不符合要求	未整改	EPC 承包人	某某	5.1/17 点	二天	严重	未整改
4	中国某研究院有限公司	正式通电条件	临电容量不能满足设备调试需求	落实中	建设单位	某某	5.31/18 点			落实中
昨日完成项		3		本周完成项	14		累计完成项	218		
更新日期		2019.5.3					万邦工程管理咨询有限公司制			

公司定期现场检查，严格按《项目部考核实施办法》《周任务分解跟催表》进行现场人员考核，记入年中、年度考核。

②技术措施。树立“全过程”观念，使项目实施过程始终处于受控状态。

全过程咨询服务作为项目管理中最重要的参与方和管理者，工程质量管控在初步设计和施工图设计阶段尤为重要，本项目选择施工工艺、设备选型、参数方面以成熟、可靠、耐用、经济为原则，经公司技术团队和外协专家多轮考察、论证、确定。

采取以主动控制为主，主动和被动控制相结合的管理工作方法。

主动控制是预先分析目标偏离的可能性，并拟订和采取各项预防性措施，使目标得以实现的控制方法，而被动控制是当项目实施按计划进行时，对项目实施进行跟踪，确认偏差，采取纠偏措施的控制方法。我们在管理过程中，将有效地将主动控制和被动控制紧密结合起来，力求加大主动控制在控制过程中的比重，同时进行定期、连续的被动控制，使管理目标得以全面实现。

（2）**全过程咨询项目管理进度保证体系。**

1）进度控制体系。项目进度总体由项目负责人负责把控，项目计划中各关键线路进度分头实施，招标代理负责人主要负责招标采购进度，总监理工程师负责施工进度计划，各专业监理工程师负责总监理工程师的进度计划安排和落实。

2）进度控制体系运作简述。项目工期紧、任务重、结构负荷大、安装复杂，工程涉及诸多参建单位、专业工种、材料设备等，由于施工图根据项目进度计划分阶段出图，导致工程中不确定的因素很多，与工程的质量、安全、造价相互制约。为做好进度控制管理工作，根据本工程特点，组成以总监理工程师负责进度控制体系，在项目负责人组织指导下，对建设工期进行协调控制，用动态方法实施主动控制。

总监理工程师组织审批总进度计划、月度进度计划、周进度计划，并将月、周进度目标控制任务落实到各专业监理工程师；各专业监理工程师把周计划按周分解落实到监理员，各级监理人员根据本级进度目标与承包单位及时联系，随时掌握新的进度和新的材料设备供应情况等，提出预控要求，并对计划的执行进行跟踪监督检查，分析评价并予以记录，进度计划执行情况逐周、月度逐级上报直到建设单位。

3）计划管理。项目伊始，项目管理团队按照项目既定目标制订了详细的总进度计划，强化工序搭接，理清关键路线，充分考虑主要设备的采购周期，留足不利天气等的影响时间。总进度计划如表 2 所示。

管理人员发现实际进度偏离计划时，向承包单位发出警示，对关键线路上的偏离由专业监理工程师签发《监理通知单》，督促承包单位纠偏，实际进度严重偏离计划时，总监理工程师应组织各级人员分析进度滞后的因素，召开协调会议，签发《监理通知单》指令承包单位采取措赶工措施并报建设单位。

各级进度控制中发现有可能因建设单位原因导致工期延误时，要逐级提出预防建议，报建设单位。通过进度控制体系正常运转以控制日进度来确保周进度、以控制周进度控制月度进度，确保总工期目标实现。

表 2 某商品混凝土搅拌站项目总进度控制计划表

序号	工程项目名称	施工时间（日）			三月												四月												五月												六月					
		开工时间	完工时间	持续时间	1	3	5	7	9	10	17	20	23	25	27	31	1	5	9	10	11	13	16	20	23	25	28	30	2	6	7	10	13	15	19	20	24	26	28	31	2	4	7	8	10	12
1	桩基工程	3 月 1 日	3 月 23 日	23																																										
1.1	搅拌楼	3 月 1 日	3 月 9 日	10																																										
1.2	砂石料库	3 月 3 日	3 月 23 日	21																																										
1.3	砂堆棚	3 月 10 日	3 月 23 日	14																																										
2	基础主体结构	3 月 10 日	5 月 2 日	52																																										
2.1	搅拌楼	3 月 10 日	4 月 8 日	28																																										
2.2	砂石料库	3 月 25 日	5 月 2 日	38																																										
2.3	砂堆棚	3 月 25 日	5 月 2 日	38																																										
3	设备安装	4 月 9 日	6 月 12 日	64																																										

续表 2

序号	工程项目名称	施工时间（日）			三月												四月												五月												六月					
		开工时间	完工时间	持续时间	1	3	5	7	9	10	17	20	23	25	27	31	1	5	9	10	11	13	16	20	23	25	28	30	2	6	7	10	13	15	19	20	24	26	28	31	2	4	7	8	10	12
3.1	主机安装	4月9日	5月19日	40																																										
3.2	调试生产	5月20日	6月12日	24																																										
3.3	封装	5月13日	6月7日	15																																										
4	砂石库安装	4月13日	6月2日	50																																										
5	配套设施	4月23日	6月12日	50																																										
6	配电设施	4月28日	5月28日	31																																										
7	市政工程	5月7日	6月7日	31																																										
8	绿化工程	5月26日	6月12日	17																																										
备注	1. 设计出图进度满足现场施工要求。 2. 对分包单位选择、设备材料的生产周期管理工作充分前置。 3. 对恶劣天气的影响，应有保障措施																																													

项目总体进度目标是确保试运行节点，为了确保项目及时投入正常生产运营，在主体结构施工基本完成、安装工程开始前就引入了运营团队融入管理，期间运营团队提出了很多中肯的意见和建议，经项目管理团体、建设单位讨论后予以采纳，保证了试生产一次性成功，节约了项目后期的磨合时间。具体如表 3 所示。

表 3 某商品混凝土搅拌站运营优化方案

序号	优化前	优化后	优化结果	优化情况
1	水泥水养护箱不够	改造利用 2 个平台空间，增设养护箱	增加 2 个 60B 型的水泥水养护箱	6 月 1 日完成设备安装
2	骨料间原振动台移位	敲除原振动台，另分割成化学室和热源室	在环境温度要求中增加了化学分析功能和功能室	6 月 1 日完成
3	无成型室	试验室室外搭建阳光房	增加了试块成型间和试配间	6 月 3 日完成
4	水泥压力试验机和抗折机不是全自动采集	更换为全自动采集	符合行业要求	6 月 1 日完成设备采购
5	试验室检测仪器不全	增加试验仪器一批	满足生产需求，符合行业要求	6 月 1 日完成设备采购
6	试验室压力机房和试块间无空调	增加 2 台空调	满足生产需求，符合行业要求	增加 1 台 2 匹柜机，1 台 1.5 匹挂机，6 月 1 日完成
7	无应急上料装置	各条线斜皮带水平区域增加备用上料斗	防止上料系统故障，导致停产	试生产情况良好
8	地磅仪表移位	地磅仪表移到门卫	第一时间知道车子过磅信息，能以最快在速度组织原材料进厂，提高工作效率	待计量局确定计量校核时间，同步完成
9	搅拌楼下面地坪前低后高	改为前高后低	能充分利用搅拌楼下沉淀池，改善搅拌楼前卫生环境	坡度 1%（100mm），搅拌楼二 5 月 26 日完成，搅拌楼一 5 月 28 日完成
10	厂区无备用光缆	增加一条备用光缆	预防现光缆损坏，能迅速更换损坏光缆恢复生产	5 月 20 日现场光缆情况说明提交至建设单位
11	粗细骨料储存仓无排水系统	增加粗细骨料储存仓排水系统	使料仓下无积水，优化储料仓环境	砂库 5 月 28 日完成，石库视试生产情况，由建设单位确定
12	所有皮带机顶部无合理皮带清扫器	增加皮带清扫器（推荐马丁）	减少皮带下面垃圾洒落	视试生产情况，由建设单位确定
13	斜机托盘冲洗装置下水管过短，落差太大	加长落水管至沉淀池上方 1.5m 左右的高度	落差太大，冲洗皮带在水中会四散开，加长后会使斜机下面干净整洁	6 月 2 日完成

续表 3

序号	优化前	优化后	优化结果	优化情况
14	中控室手动操作台占空间和影响发料速度	中控室手动操作台取消或者合并	加快发料速度	6 月 3 日完成
15	搅拌楼下方卸料口无挡皮	加装挡皮	使搅拌楼下面及墙面卫生整洁	搅拌楼二 5 月 24 日完成，搅拌楼一 5 月 28 日完成
16	主机除尘管道布局不合理	除尘管道更换为硬管	提高主机除尘，使搅拌楼内部无灰尘，干净整洁	搅拌楼二 6 月 2 日完成，搅拌楼一 6 月 8 日完成
17	砂石上料仓无网格	增加上料仓网格，小格尺寸 150mm × 200mm	杜绝有大石块混入料仓卡住放料门	视试生产情况，由建设单位确定
18	地坑无排水泵	增加排水泵	保持地坑无积水	施工单位留 2 台水泵
19	各巡视点护栏不到位或焊接不到位	确保表巡视点护栏安装到位	杜绝安全隐患	6 月 1 日完成
20	粉料管道进筒仓处无浇筑混凝土	粉料管道进筒仓处浇筑混凝土	减少二次劳力，增加使用寿命，防止粉料管的破损喷灰	竣工验收前完成
21	生产监控调试	尽快调试生产监控，双方协商完善生产监控	为满足生产需要尽快调试位置	搅拌楼二 5 月 24 日完成，搅拌楼一 5 月 28 日完成
22	水泥留样间无留样货架	水泥室增加留样货架	型号：1.5m × 0.6m × 2m 的 5 层 4 个，2m × 0.6m × 2m 的 1 个（每层承重 150kg）	5 月 28 日完成
23	混凝土养护室无留样货架	现场制作，用 $5^{\#}$ 镀锌角铁制作	养护室水汽大，镀锌耐用	6 月 1 日完成

（3）全过程咨询项目管理投资保证体系。

1）投资控制体系（如图 5 所示）。

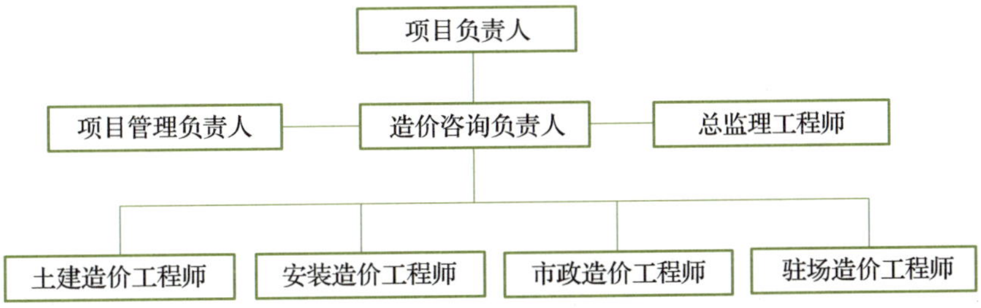

图 5 投资控制体系图

2）投资控制体系运作简述。目前，在不断多元化的投资主体及规范化的工程合同管理影响下，工程造价全过程管理的重要性越来越被建设单位认识到，从而在工程建设的各个阶段，尤其是工程的决策与设计阶段、招标阶段及施工阶段，造价咨询贯穿全过程效果明显。公司设置四级管理体系，项目负责人组织各专业工程师制定本项目投资控制实施办法，对投资进行全过程管控。

①项目决策阶段。利用公司积累的资料和数据，尤其对项目估算指标库的各项估算指标的选择，充分和类似项目对比、分析，进行修正、更新、增加。

对项目建设过程中及建成后的收益与风险进行合理及时估计的同时，提出应对防范措施，使估算编制的全面性、准确性、合理性得到保证，避免高估。

②设计阶段。设计阶段的投资控制对项目投资影响的占比约为 80%~90%，所以在设计阶段全过程投资控制，必须以设计为重点。

设计阶段，必须以技术与经济相结合为控制原则，贯彻在方案设计、初步设计、技术设计、施工图设计各个设计阶段中。

设计阶段，本工程特点和难点在技术设计的确定，根据建设单位对项目的需求和定位，公司组织专业技术团队和外协专家，以搅拌机设备选型进行论证、考察、确定为切入点，展开各个配套设备的选用。

③招投标阶段。因本项目准备期特别紧，设计图纸不完整。造价咨询团队编制工程量清单时，做到看透图纸，制定约束条款防止费用索赔和造价失控。

结合现场实际情况，必要的措施费一定考虑充分，避免索赔发生。

④施工阶段。制定施工阶段资金使用计划，制定付款制度。依据合同条款和设计图纸，对工程造价目标进行风险分析，制定防范性对策。严格控制工程变更，力求减少变更费用。

工程计量实施从下到上逐级审核，质量未经专业监理工程师认可，资料不全的部位不予计量。工程变更在技术上经专业工程师认可后，方可转跟踪造价工程师处理。

⑤竣工结算与后评估阶段。结算审计过程中的三级复核应落实具体，不流于形式。由于工程审计工作面广、量大，技术质量要求高，在审核过程难免有计算错误、判断偏差，为防范审核风险，审计人员自审，部门负责人和公司总师办的三级复核必须执行，层层把关，真正达到工程造价的合理确定和有效把控。

后评估阶段，造价咨询团队做好数据资料的积累、分析和整理归档。通过与实际的联系分析、筛选，得出影响工程投资的各项因素。

（4）**全过程咨询项目管理安全环保保证体系。**

1）安全环保控制体系（如图 6 所示）。

2）安全环保控制体系运作简述。为确保项目实施过程中无重大安全事故，公司专门针对本项目编制下发《工程安全管理实施办法》，采取预控、过程控制、事后控制的原则。预控措施中要求现场监理部明确专门安全监控负责人，《监理规划》中应有对施工安全进行控制的措施和内容，编制《安全文明监理细则》，建立施工监理

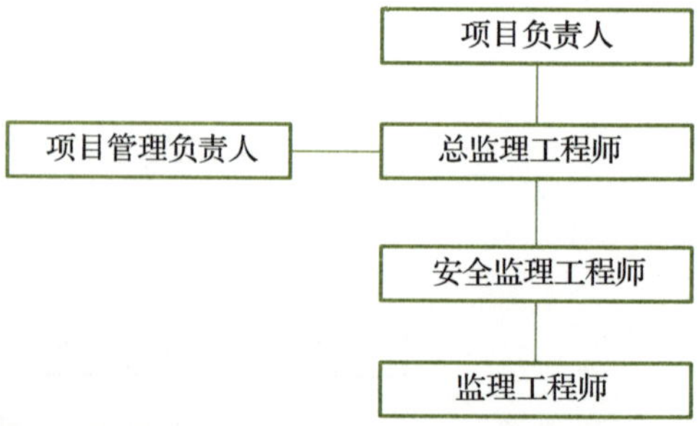

图 6　安全环保控制体系图

安全台账制度，过程控制包括公司各个层次的安全检查工作，针对本工程的特殊性（技术复杂、工期紧、任务重），公司特别加强对项目的安全检查，检查频率由月检改为旬检。

在过程控制中，现场监理部将日常巡回检查与集中检查、现场检查与资料检查相结合，及时发现和处理各种安全隐患。

在进行项目安全控制时，要依据《建设工程项目管理规范》GB/T 50326 中有关项目安全控制的要求，对施工单位进行监督，并要求其报送《安全保证计划》及有关的措施、方案、制度，并对其进行审查，主要内容如下：

①安全文明管理组织机构：组织机构必须健全，承包单位的项目经理必须是安全文明施工的第一责任人，真正做到组织到位，领导带头，全员参加。

②安全文明施工目标（或责任）：必须明确并且层层分解到班组甚至到人。

③安全文明施工管理或措施，包括教育和培训、管理制度、自检制度、保卫和消防自检制度等。

④检查承包单位的自检制度是否完善，包括承包单位安全管理状况（或措施）及防护自检制度、临时用电安全自检制度、施工机械及其辅助设备操作安全自检制度、地表建筑物、地下管线的安全自检制度等。

⑤保卫和消防自检制度，包括施工现场的布置和场地管理；道路（安全通道）、作业场地、材料堆放、渣土临放等；卫生管理制度：垃圾、污水、鼠害等的管理；环保管理；生产、生活用水，施工排水，泥浆处理（防污染）等；噪音和尘土控制；现场医疗设备和急救医护人员的配备等。

对现场的各种问题监理工程师要求责任单位立即改正。如果执行不力或不及时，则在 24h 内发出书面通知。对严重威胁生命、财产安全的隐患或苗头，则坚决行使安全否决权，下达停工令限期整改，不满足安全要求不准复工（工期不予延长）。每个月召开一次安全例会，分析情况，提出要求，部署下月安全工作。定期与建设单位联合组织安全、文明施工大检查（包括现场和资料），对发现的问题发书面整改通知，并跟踪督办，逐项解决。

对在安全检查及数据分析时发现的安全隐患，在发出监理通知要求责任人限期改正后，项目监理部应进行跟踪验证，确保纠正和预防措施得以落实。

对安全事故的处理要坚持“四个不放过”，事故原因不清楚不放过，事故责任者和员工没有受到教育不放过，事故责任者没有处理不放过，没有防范措施不放过。

（5）**全过程咨询项目管理信息管理保证体系。**

1）信息管理控制体系（如图 7 所示）。

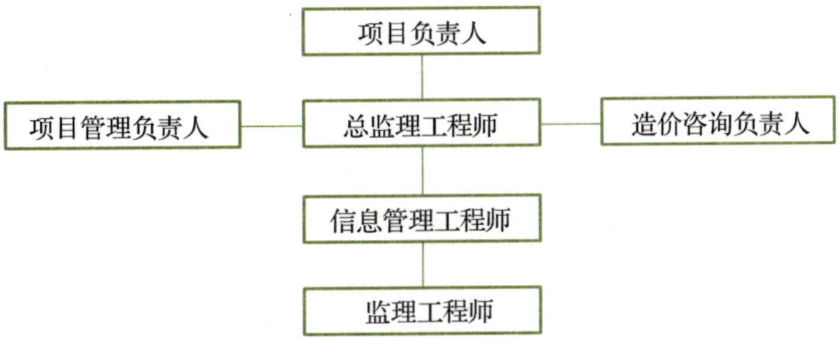

图 7 信息管理控制体系图

2）信息管理控制体系运作简述。为适应项目管理信息管理需要，设立项目负责人领导下的信息管理工程师为中心的五级信息管理体系。

项目负责人组织编制信息资料管理实施办法，将管理内容、职责分解落实到各级责任人。外来信息通过信息管理工程师初筛后按职责划分传递到相关专业工程师处理后，返回信息管理工程师保存。

流出的资料信息一律经信息管理工程师登记，各级之间保持紧密联系。

信息管理工程师保存的重要信息资料的更定，必须由信息管理工程师转经项目负责人审批后，方可转入或转出。

四、服务的实践成效

1. 总体成效

根据项目建设规模（产能）及其定位，公司在项目前期对类似项目进行走访调查，了解包括生产流水线、主要设备等将涉及项目投资和运营的重要信息，并进行详细比较，在方案比较时，对项目设计方案进行优中选优。在招标阶段，根据项目设计方案，围绕质量、安全、工期及投资控制目标，合理设置合同条款，针对 EPC 承包模式特点，理清招标合同范围及其内容，合理防范合同风险，确保项目实施又快又好。

2. 质量管控成效

工程质量贯穿于建筑项目的全寿命周期，从工程建设的投资决策、设计阶段、施工阶段、竣工试运行阶段直至使用维修阶段，任何一个环节出问题，都会给工程质量留下隐患，影响工程项目功能和使用价值质量。在项目管理中，咨询人员督促施工单位按施工图纸施工，以工程质量验收标准和技术规程为准绳，事前控制为重点，对工程项目实施全过程的质量控制。本项目质量管控成效如表 4 所示。

表 4　项目管理质量管控主要成效汇总

序号	部位 / 名称	质量成效描述	质量评定
1	桩基工程	本工程桩基（预应力方桩 986 根）经静载试验和小应变检测，承载力符合设计要求。桩身完整性：一类桩 983 根，二类桩 3 根，无三类桩	优良
2	主体结构	经实体检测，受检构件混凝土强度、楼板厚度、钢筋保护层厚度均达合格标准	优良
3	钢结构	焊接质量无损探伤经第三方现场抽检，合格率达 100%，高强度螺栓连接面抗滑移系数检验合格	优良
4	建筑电气	所进设备、材料、成品质量全过程管控，需复试材料达标；对室外电气、变配电、供电干线、电气动力、电气照明安装、防雷及接地系统等子分部全过程管控和验收，各项指标达标	优良

续表 4

序号	部位 / 名称	质量成效描述	质量评定
5	建筑智能化	所涉安防系统、综合布线系统、智能化集成系统、火灾报警及联动系统、通信网络系统、计算机网络系统等子分部管控和验收，设备运作正常	合格
6	试运行	经联合试运行，所涉搅拌控制系统、计量系统、自动化配料系统、原料输送系统、气动系统、砂石分离系统、环保除尘系统一体化自动控制运作成功，设备运行无异常	达标

3. 投资管控成效

对项目投资进行全过程咨询管理是我公司的核心竞争力，管理团队从项目决策、实施、竣工与试运行、维保全程贯穿项目全寿命周期。本项目造价控制重要阶段为设计阶段（方案设计、初步设计、技术设计、施工图设计）。

（1）**事前控制，主动控制。**在本项目设计方案、设备采购阶段造价咨询人员结合工艺技术有效提出了意见和建议，并得到建设单位采纳。

案例 1：搅拌楼成套设备的选型

搅拌机为核心设备，直接关系到混凝土的生产效率及使用成本。EPC 总承包单位向建设单位提供 3 个搅拌机厂家（三一重工、中联重科、德国巴哈斯），我司咨询人员对其综合使用性能进行了对比。德国巴哈斯搅拌机的费用与同类型搅拌机大致相当，但综合使用性能明显高于同类型搅拌机，其技术先进、生产效率高、节能效果好。在生产过程中可有效节约成本。建议建设单位选择德国巴哈斯搅拌机。建设单位经过慎重考虑后，选择了我们提出的方案。

案例 2：砂石卸车、储库及输送系统的选择

类似项目通常采用大面积堆储、装载机倒运上料的生产工艺。公司建议采用筒体结构储存、带式输送机输送，可以实现全自动化控制上料。采用后者费用小幅增加（约 30 万元），但是原材料无须使用装载机进行二次倒运，大大减少了二次扬尘、装载机运行噪音对周边环境的影响，节能、环保效果明显，同时也有利于保证混凝土质量。

案例 3：污水及废料的处理

污水处理系统对雨水和生产过程中产生的搅拌机、搅拌车的清洗废水和地面冲洗废水进行收集后处理作为生产用水循环使用，不对外排放。

废料处理系统对产生的工业固体废弃物主要是生产废水沉淀池的污泥和搅拌车的清洗残渣，经处理及分类收集，作为混凝土生产中的添加料合理使用，实现固体废弃物处理难题。

按混凝土年产能计算用水量费用约 400 万元，设置污水、废料处理系统，可有效节约后期运营水费 50 万元 / 年。

（2）**事中控制，优化方案。**本项目造价咨询结合现场项目管理，对方案进行了优化，在保证工程质量和进度的前提下取得了明显的经济效益，如表 5 所示。

表 5　方案优化成效汇总

序号	优化项目	建议优化方案	成　效
1	场地土方平衡	结合原场地标高测量数据，建议原设计室外场地绝对标高 7.05m 调高至 7.35m，达到现场土方平衡的目的	减少外运土方 10800 方（土方外运市场价 140 元 / 方计），减少投资 151 万元
2	场地重载道路换土	场地重载道路原设计方案换土深度 1.5m，优化为置换深度 0.8m	经专家论证，建设单位采纳建议，减少投资约 127 万元
3	室外消防环网管道直径	管道直径 *DN*200 优化为 *DN*100	经我司外协设计人员核算，EPC 总承包设计采纳意见，减少造价约 35 万元
4	办公楼和宿舍基础	深基坑条形基础优化为天然地基整体板式基础	经 EPC 总承包设计核算，建设单位采纳了建议，减少造价约 28 万元
5	其他	合同谈判，设计优化，变更控制等	减少造价约 300 万元
6	合计		减少造价约 640 万元

4. 进度管控成效

根据工程特点分析，项目设计技术复杂程度和施工图的质量水平将是影响项目施工工期的重要因素。鉴于本项目为 EPC 模式，在工程开工时尚处于施工图设计阶段，项目施工进度势必受设计影响，为此项目管理团队在制定进度计划时结合了施工图设计进度和现场施工进度，制定出详细的设计、施工计划，并在项目推进中不断完善用以统领项目推进。设计、施工采购形成一个有机的统一：优先完成桩基工程图纸，在桩基工程施工中，完成主体结构工程施工图纸和部分工艺图纸同时开始设备材料的招标采购；优先完成搅拌楼的招标采购，构件逐步进场加工制作；进入主体结构工程施工后，逐步完成各系统的工艺图纸同时完成各工艺的设备材料采购，构件进场加工制作、安装；最后附属工程施工时，开始各系统的设备安装、调试及单机、联动试车。

在材料设备的招标采购过程中优先选用成套设备，减少构件现场加工制作，增加构件在工厂内制作、现场拼装的模式，工程进度得到了合理的优化，同时保证了工程质量。

为确保项目能保质保量地按计划完工，我公司项目管理团队在项目策划、项目实施中均把工程进度的控制作为重要目标。尤其是考虑到了项目的功能，提前引入运营管理团队，在试生产前提出了许多宝贵意见。

最终，本项目于原定目标 2019 年 6 月 12 日试生产成功，目前已投入正常生产，生产情况稳定。

综上，公司在项目全过程工程咨询实践中，精挑专业能力强、综合素质高的人员组成管理团体，以专业化的服务全力推进项目建设，最终按建设单位设定目标试投产成功，以短短的 104 天施工时间完成了年产 240 万 m^3 混凝土搅拌站的施工，达到了质量好、进度快、投资省的目标，得到了建设单位的好评。

专家点评

本项目是全过程咨询服务项目，业务范围包括工程咨询、招标代理、造价咨询、项目管理、工程监理。本项目采取 EPC 交付方式。本项目质量管理方面取得了非常好的成果（桩基工程质量评定优良、主体结构质量评定优良、钢结构质量评定优良、建筑电气质量评定优良）。在投资管理方面，通过设计优化等措施节省投资约 640 万元。在进度管理方面仅用 104 天创造了“同类大型工业项目的奇迹”。本项目一些管理方法值得借鉴。

点评人：张大平

北京求实工程管理有限公司

某市民服务中心工程全过程咨询服务实践

——江苏仁禾中衡工程咨询房地产估价有限公司

卫　凯　陶林洋　潘守琴　高金晖

一、项目基本概况

（1）某县市民服务中心工程是当地经济发展标志性建筑，是集行政服务中心、会议中心、行政办公、企业办公、公寓及配套餐饮、商业于一体的综合性项目，由地上和地下两部分组成。地上总建筑面积 164210.18m^2，包括 1$^\#$、2$^\#$ 行政办公楼、3$^\#$ 企业办公楼、4$^\#$ 公寓楼、5$^\#$ 行政服务中心、6$^\#$ 会议展览中心、7$^\#$、8$^\#$ 餐饮配套楼，共 8 栋单体建筑组成，地下二层总建筑面积 89612.75m^2，项目总建筑面积 253822.93m^2，总用地面积 52021.59m^2，概算总投资 12.00 亿元。项目于 2016 年 4 月 1 日开工，预计 2019 年 12 月全部投入使用，目前项目的局部已投入使用，该县 2019 年的“两会”于 2019 年 1 月 7 日在 6$^\#$ 楼会议中心召开。

（2）该项目采用政府和社会资本合作（PPP）方式建设，县人民政府授权县国有资产管理委员会负责本项目社会资本方的采购工作，通过公开招标确定 PPP 项目社会资本方，县城市资产投资公司代表政府方出资 10%，社会资本方出资 90% 联合组建项目公司，采用 BOOT（建设—拥有—运营—移交）建设模式。

二、服务范围及组织模式

1. 咨询服务的业务范围

江苏仁禾中衡工程咨询房地产估价有限公司受县城市资产投资公司委托，承担该项目的全过程咨询工作，包括前期准备阶段、设计阶段、招标阶段、施工阶段（含装修和室外配套工程）到竣工验收及缺陷责任期满；服务内容包含项目管理、专业工程和暂估价材料招标采购、造价咨询、工程监理。

2. 组织模式及架构

项目公司与总承包单位签订施工合同，县城市资产投资公司分别与全过程咨询单位、设计单位签订咨询服务合同，全过程咨询单位对设计单位、总承包单位进行管理。

（1）**PPP 项目建设组织架构如图 1 所示。**

（2）**全过程咨询组织机构。**

1）我公司采用总咨询师管理模式，建立以项目总咨询师牵头负责、专业团队分工负责、相互协作配合的管理体系。委任具有国家注册造价师、咨询师与监理工程师执业资格同时具备全过程项目管理实战经验的高级工程师担任本项目的总咨询师。

2）组建专家顾问组，由公司资深专家及聘请的外部专家学者组成，包括 PPP 项目经理、法务经理、设计师等，根据工程建设的需要给予项目技术支持；项目综合管理办公室由各专业管理组的负责人组成，隶属于总咨询师统一管理。组织架构如图 2 所示。

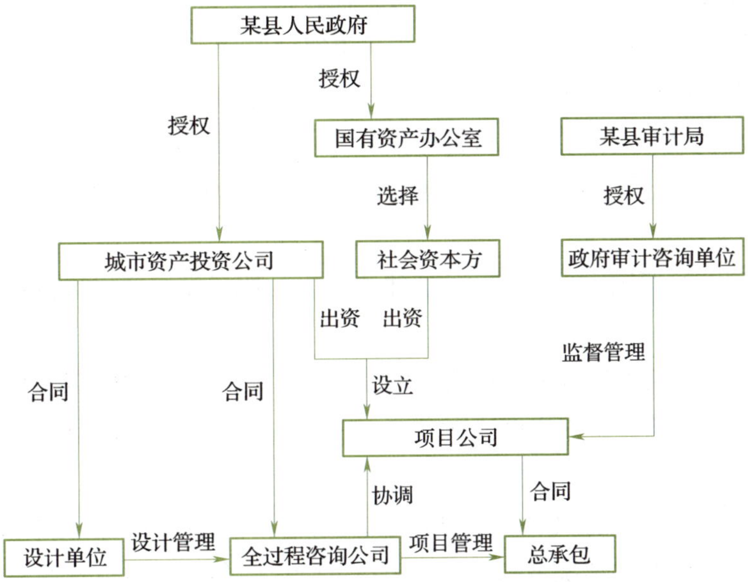

图 1 PPP 项目建设组织架构

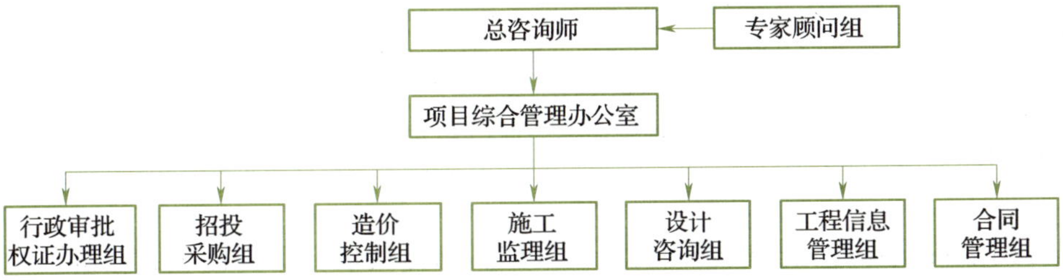

图 2 全过程咨询组织架构

3. 咨询服务工作职责

（1）**总咨询师：**全面负责项目日常工作，确定项目全过程咨询服务的组织架构和专业分工，统筹、协调和管理各专业咨询组的服务工作，检查和监督工作计划执行情况；负责与委托人、各参建单位、行业主管部门以及公司总部之间的沟通协调。

（2）**综合管理办公室：**协助总咨询师做好各职能分组内的日常事务工作，执行总咨询师下达的指令与分配任务；履行好上传下达义务；及时主动收集与项目有关的工程资料；收集各项目组的上报或报审材料，呈报总咨询师复核。

（3）**项目前期行政审批及权证办理组：**主动与委托人及相关主管部门沟通协调，按计划完成从项目立项、土地摘牌、建设用地审批、建设工程规划许可证、施工许可证等相关证件的办理；协助委托单位完成其他事项；协助总咨询师完成相关部门的沟通协调；协助完成工程交付使用、综合验收；办理竣工验收备案与建设工程产权证。

（4）**设计咨询组**：担负本工程设计方案的优化、技术指导；参与设计技术交底与图纸会审；承担编制优化方案、进行技术经济分析。

（5）**施工监理组**：接受总监的全面管理，严格执行国家规范标准，做好技术交底、图纸审查与交底工作；材料设备进场检查、各工序与隐蔽工程验收；负责职责范围内工程的质量、进度的控制、安全监理与工程资料信息的管理；指定专人负责安全监理工作，配合总监完成安全管理工作手册的编制；牵头组织定期与不定期的安全检查，同步建立与完善安全管理台账。

（6）**项目信息管理组**：负责做好项目管理各阶段的建设工程资料与信息的收集、整理与及时归档；牵头制定项目管理信息管理办法；指导各工程信息资料的收集、整理与归档；完成总咨询师交办的其他任务。

（7）**招标采购组**：按照国家现行有效的法律法规以及招标投标法实施各专业工程和主要设备、材料的招标采购工作。

（8）**造价控制组**：造价控制服务贯穿项目建设全过程，确保工程竣工结算不超概算；主要承担招标清单与预算价款的审核；工程变更价格审查；竣工结算审核；提出投资节约措施；组织相关人员进行技术经济分析。

（9）**合同管理组**：参与招标文件主要条款、合同通用条款专用条款的审查；参与招标范围界定；负责对各参建方合同履约情况考核；定期通报本阶段内各相关单位履约情况、人员到岗情况、工程款支付、工程变更等情况。

（10）**专家顾问组**：在项目需求时，及时给予技术支持，特别是PPP运营管理中心提供相关的技术指导与支撑。

三、服务的运作过程

全过程咨询是将原碎片化分散委托的项目管理、招标代理、工程监理、造价咨询等服务的工作委托给一家有相应能力的全过程咨询单位实施，将原来分散的外部管理化为全过程咨询单位的内部管理。我公司采用以总咨询师为主线的全过程工程咨询服务，有效整合我公司的优势资源来为项目服务，实现项目的总体目标是我们的内生动力和不可推卸的责任。这就要求我们主动作为，主动站在业主角度，依靠我们团队的智慧，预判项目实施过程中的问题，思考项目管理中可能出现的问题，通过合同措施、组织措施、技术措施、经济措施来减少工程实施过程中的各项矛盾和风险。

以下是我公司在本项目全过程服务过程中的案例。

1. 运用工作结构分解表（WBS）组织各项工作

（1）**编制工作结构分解表。**根据全过程咨询合同中委托的工作内容，按《建设工程项目管理规范》GB/T 50326项目结构分解要求，项目总咨询师组织专业咨询人员编制工作结构分解表。首先建立总工作结构分解表，如表1所示，防止应交付成果的遗漏；其次明确各专业负责人编制任务，澄清职责、厘清界面，估算工作量和分配工作，深化专业工作结构分解表（以招标代理为例，如表2所示）。

通过建立工作结构表，为组建各专业服务团队提供依据，为其他计划建立框架，对项目风险进行分析。在编制和实施过程中不断补充、完善、细化，自上而下、自下而上、循环改进。

表 1　项目咨询总工作结构分解表（WBS）

序号	工作编码	工作项名称
1	B	**前期筹备**
2	B1	**项目启动、筹备（人员、资金、物品）**
3	B11	人员落实
4	B1101	主要人员任命
5	B1102	项目启动会议（首次会议）
6	B1103	组织架构，人员编制，分期、分批人员到位计划编制审批
7	B1104	现场管理制度编制和报批
8	B12	落实办公生活区事宜
9	B1201	宿舍租赁、生活设施采购
10	B1202	办公用品采购
11	B2	**项目报建**
12	B21	收集项目报建资料
13	B2101	施工图审查批准书
14	B2102	施工图报消防审查意见
15	B22	项目报建
16	B2201	质量报请监督委托
17	B2202	安全报请监督委托
18	B2203	督促缴纳各项费用
19	B2204	建设工程施工许可证
20	B3	**合同管理**
21	B31	PPP 总承包合同签订
22	B3101	收集 PPP 前期招投标资料、相关文件
23	B3102	拟订总承包合同
24	B3103	组织总承包合同评审
25	B3104	报批
26	B3105	各单位签字盖章
27	B3106	合同交底

续表 1

序号	工作编码	工作项名称
28	B3107	资料归档
		……
	B4	**项目管理**
		……
	B5	**设计管理**
		……
	B6	**招标代理**
	B61	拟定招标管理工作流程及工作职责
		……
	B62	梳理项目需要招标的项目内容，制订工作计划
		……
	B7	**造价咨询**
		……
	B8	**工程监理**
		……

表 2　招标代理工作结构分解表

序号	工作编码	工作项名称
1	B6	**招标代理**
		……
	B63	**暂估价材料设备招标方案的拟定**
	B6301	收集资料，依据 PPP 合同拟定采购方案
	B6302	组织采购方案评审会议
	B6303	修改方案、报批
	B6304	采购方案交底
	B6305	资料归档
	B64	**编制需要定价的材料（设备）清单及计划**
	B6401	根据造价咨询的预算成果，编制采购清单
	B6402	根据工程进度计划，编制采购进度计划
	B6403	根据流程，编制材料（设备）品牌推荐表
	B6404	根据造价控制要求，对接招标限价

续表 2

序号	工作编码	工作项名称
	B65	**组织招标**
	B6501	投标资格审查
	B6502	招标文件编制、审定、发出
	B6503	组织现场勘查
	B6504	投标文件收标
	B6505	组织投标单位答辩（编制评标报告）
	B6506	定标（发中标通知书）
	B6507	协助采购合同签订
	B6508	采购资料归档
	B66	**招标代理工作总结**

（2）工作结构分解表运用（以内装阶段为例，如表 3 所示）。

表 3　6# 楼内装饰阶段工作结构分解表（编号 B5201）

序号	工作编码	工作项名称	工作内容	落实单位	工作时间（天）	工作要求	备注
1	NZB	**内装饰招标设计阶段**					
2	NZB1	方案设计招标					
3	NZB11	收集类似工程信息，考察类似工程装饰情况	形成考察成果（报告和图片）	业主、项目管理	14	成果报业主审批合格	
4	NZB12	使用部门做细致的分析、交流	落实功能分区及使用要求	业主、项目管理	14	使用单位签字、形成报告、业主审批合格	
5	NZB13	方案招标	现场装饰方案	各参建单位		业主审批合格	
6	NZB1301	设计方案招标	收集相关资料、提出招标要求及计划	业主、招标代理、项目管理	48	计划报业主审批、合格、代理签收	
7	NZB1302	方案评审决策	收集招标评审资料、提请领导决策方案	业主、招标代理、设计、项目管理	7	组织评审会议纪要，会签	
8	NZB14	深化设计	设计施工图纸	各参建单位		业主审批合格	

续表 3

序号	工作编码	工作项名称	工作内容	落实单位	工作时间（天）	工作要求	备注
9	NZB1401	中标单位签订设计合同	合同审核	业主、代理、设计、项目管理	7	业主审批合格	
10	NZB1402	各专业人员协调会	根据领导确定方的案，召开工程深化设计单位、建设单位、项目管理、总包单位分析现场存在问题，提出建议，解决前期出现的问题，提出深化设计需要注意的事项等	各参建单位	14	组织会议纪要，会签	
11	NZB1403	落实设计任务、成本控制能要求和设计进度要求	编制设计要求	业主、设计、项目管理	48	任务计划业主审批合格	
12	NZB1404	现场各施工单位图纸初步会审，查找错、漏、碰、缺，确定施工界面	形成会审结果，进一步落实设计单位修改图纸	各参建单位	7	各施工单位图纸初步会审后对还存在的可以预见错、漏、碰、缺负责，形成会议纪要会签	
13	NZB1405	修改设计	根据会审意见修改	内装设计单位	7	内装设计单位按会议纪要内容修改回复，项目管理确认	
14	NZB15	装饰图纸报审	收集资料评审、对接评审工作	项目管理	14	按时间节点完成	
15	NZB1501	原设计单位审核	原设计单位审核、装饰单位修改	设计、项目管理	7	按时间节点完成	
16	NZB1502	审图中心审核	图审中心审核、装饰单位修改	设计、项目管理	14	按时间节点完成	
17	NZB1503	消防支队消防	消防支队审核、装饰单位修改	设计、项目管理	14	按时间节点完成	
18	NZB1504	审核合格的图纸及文件	资料收集	设计、项目管理	7	资料发放，形成记录	

编制人： 总监： 代理组负责人： 造价咨询负责人： 项目负责人：

通过实际运用有以下优点：

1）发现各项工作的逻辑关系，可以防止项目遗漏，做到事先控制。项目组在细化6#楼装饰阶段工作结构分解表时分析发现，一般装饰阶段的工作程序是：装饰图纸设计—编制清单—招标—中标单位提交开工资料—图纸会审。图纸会审在装修承包单位进场后进行的，但这种事后会审不利于工程控制与管理。项目组根据PPP项目总包的工程特点将程序调整为：装饰图纸设计—已参建单位工作界面划分及会审—反馈—修改—编制清单—招标—中标单位提交开工资料—图纸会审，增加现场已参建单位的对内装图纸的初步会审（NZB1404）和根据会审意见修改内装饰设计（NZB1405）工作，有效地减少错、漏、碰、缺。在实施运用中通过组织现场已参建单位对装饰设计图纸的事先会审，发现土建工程9项、暖通工程36项、弱电工程8项、给排水9项、供排水24项和其他13项错、漏、碰、缺、增的问题，并将这些问题及时反馈给装饰设计单位进行修改，减少了后期装饰变更签证约35万元。其中暖通工程发现部分办公室风机盘管方向、出风口位置与原设计图纸不符；给排水工程发现部分给排水管道走向，卫生洁具位置与原设计图纸不符，导致后期无法施工的情况。通过装饰重新修改优化设计保证了施工的可行性。

通过建立工作结构分解表时发现工作间的逻辑关系，按优化的逻辑关系开展工作，极大地减少了装饰施工单位进场后的变更，节约了投资，加快了工程进度。

2）检索工作内容，建立责任框架，为考核工作提供依据。对应工作结构分解表的项目名称、内容，进一步编制项目分工责任表，明确工作内容、提出工作要求，落实责任单位，并签字确认。通过检索工作结构分解表的工作内容，项目管理工作上基本做到工作不重复、不遗漏，界面清晰，每个工作单元都有内容与责任，便于检查处理，规范了参建单位各项工作。

根据内装图前置先会审（NZB1404）的工作要求，组织现场各施工单位会审图纸，查找前期工程漏项问题、形成装饰工程图纸及编标问题会商记录，落实责任单位，编制责任表，明确各施工单位在图纸初步会审后对还存在的可以预见的问题承担责任。消防施工单位在装修单位砌墙后发现，楼层走廊消防箱与原设计图纸不一致，立管需要改道，提出拆除改造索赔6.3万元。经审查后发现，消防施工单位应在初步会审时发现该问题并在主立管施工时就及时调整，按责任原则，最终不同意管道拆除安装费，只计增加部分管道的费用，核减索赔5.2万元。

3）绘制进度图，找关键节点，有效控制工程进度。工作结构分解表是运用系统的理论和方法对项目进行结构分析，本身具备项目实施流程的逻辑性，可以快捷方便地绘制进度图，发现关键节点，从而有效的控制工程实施进度，推进工程建设。

根据原总体进度计划，县政府的两会在市民服务中心召开，在编制装饰阶段部分工作结构分解表时，明确各项工作时间，编制比较形象直观的横道图，进行进度优化。通过查找可以提前的工作，将NZB1402到NZB1502搭接安排，使总进度计划提前一个月，保障了6#会议中心的提前投入使用。

2. 总咨询师牵头下的合同管理

（1）本工程属于PPP模式，以公开招标方式进行PPP项目采购施工总承包一次性确定社会资本方，PPP 合同总价包括工程建设费、风险费、建设期融资费用和移交期融资费用、税费等其他可能发生的费用，其中工程建设费用采用预算下浮形式确定。

（2）根据项目建设流程，首先是 PPP 中标人联合政府方组建项目公司，项目公司是本项目的建设主体，施工总承包单位与项目公司签订施工总承包合同，总承包合同是全过程咨询单位对总承包单位进行全面管理的合同依据，其重要性不言而喻。由于 PPP 项目招标时的工程建设费要求的仅仅是下浮率，有大量的合同细节需要完善，为总承包合同签订提供咨询意见并参与合同谈判，是开展全过程咨询特别是投资控制遇到的一个难题。

（3）针对此问题，项目总咨询师整合公司资源成立由 PPP 项目经理、招标项目经理、总监、造价咨询、法务等组成专题组，解决前期招标未明确的事项，落实合同细节，进行分工：

1）PPP 项目经理提出采用 PPP 模式下总包合同签订需要注意的问题，提供 PPP 相关政策文件，采用合同主要条款的审核，并提出意见。

2）招标代理组审核合同格式、条款的完备性，与投标文件的一致性，暂估价材料（设备）招标采购的依据。

3）监理组审核采用质量标准的准确性、工期的合理性、进度计划的可操作性、安全文明施工措施的恰当性。包括工程质量、安全文明施工措施与环境保护、工期与进度、材料与设备、试验与检验、变更的程序、分部分项工程验收、竣工验收、提前交付的验收、缺陷责任期与保修等条款。

4）造价咨询审核商务部分，包括价格调整、变更、合同价格计量与支付、付款周期与比例、索赔，竣工结算，质量保证金等。特别是细化的结算方式、计价程序准确性，暂估价材料（设备）定价的合法性和可操作性。

5）法务审核条款的合法性，包括发包人和承包人的权利和义务、违约责任、不可抗力、保险和争议的解决等条款。

6）其中过程中审核协作的流程如图 3 所示。

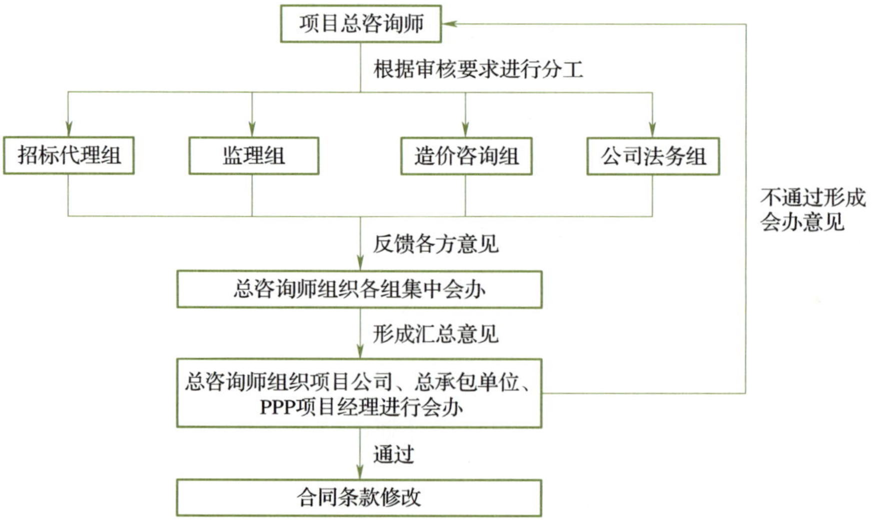

图 3 总承包合同审核协作流程图

7）其中过程中审核会办的情况如表 4 所示。

表 4　仁禾中衡全过程工程咨询关于总承包合同条款的会办纪要

序号	页次	拟需修改条款	仁禾中衡各项目组建议	总咨询师会办意见
1	P103	第 1.5 条合同文件的优先顺序	将（2）改为某城东新区 PPP 项目合同文件及其采购澄清答疑文件，后面顺延	PPP 合同作为第二优先顺序
2	P103	第 1.6.1 条，发包人提供的图纸数量为 8 套，某设计院合同提供 12 套，发包人图纸可能不够分配	改为提供 8 套	改为 8 套
3	P108	第 3.2.3 条如因特殊原因确需更换，需经发包人同意后方可更换	如因特殊原因确需更换，需经发包人书面同意后方可更换	修改为书面同意
4	P111	第 5.1.1 条按中一按原招标文件各条款中的违约金数额为 20 万元，合同内为 2 千元	请业主审定	报业主审定
5	P112	第 6.1.5 条合同当事人对文明施工的要求：应严格按照国家及当地标准规范要求	除按对应的通用条款执行外，应补充 PPP 合同（附件二）中第 2.1.5 条相关内容	按 PPP 合同补充
6	P114	第 7.1.2 条发包人和监理人在收到详细的施工组织设计后确认或提出修改意见的期限：工程总进度计划提供后 7 日内；工程月进度计划提供后 3 日内；工程周进度计划提供后 24 小时内	红字取消，改为施工组织设计	改为施工组织设计
7	P116	第 7.5.2 条直接从本工程的履约保证金或工程款中扣除。因承包人原因造成工期延误，逾期竣工违约金的上限：履约保证金扣完为止	第 7.5.2 条与第 3.7 条不对称，履约保证金取消，保留扣除工程款	因履约保证金不提供，所以采用直接从工程款中扣除
8	P120	第 10.7.1 条对于依法必须招标的暂估价项目的确认和批准采取第 1 种方式确定	建议第 2 种方式	按第 2 种方式，关于暂估价按以后 PPP 的补充协议执行
9	P122	11 条：市场价格波动是否调整合同价格的约定（按约定调整）。因市场价格波动调整合同价格，采用以下第 3 种方式，即“本建筑工程的金属材料、商品混凝土、水泥等主要材料在约定的幅度范围内允许调整”。其中金属材料约定范围不明确	原 PPP 合同中为钢材、商品混凝土、水泥。建议修改本建筑工程的钢材（钢筋、机电安装钢管、型钢）、商品混凝土、水泥等主要材料在约定的幅度范围内允许调整	金属材料改为（钢筋、机电安装钢管、型材）

续表 4

序号	页次	拟需修改条款	仁禾中衡各项目组建议	总咨询师会办意见
10	P135	第 12.4.1 条及第 12.4.3 条监理人应予接完整报送材料后 7 日内审核结束报发包方审批后 7 日内支付已完工程量的 85%	PPP 合同为不大于 70%；发包方根据资金情况和工程进度可适当提高比例但不大于 85%	改为当工程按经批准的施工组织设计中工程总进度计划提前 5% 的付款比例为 75%，总进度计划提前 10% 付款比例为 80%、总进度计划提前 15% 付款比例为 85%
11	P2	一、工程概况第 6 条工程承包范围“工程承包范围：市民服务中心工程地基与基础、主体结构、幕墙、防水、建筑室内装饰装修、建筑屋面、给水、排水及采暖、通风与空调、建筑电气、消防工程、智能建筑、电梯工程以及室外工程等施工图纸显示的全部工程内容；紫荆路、和谐路施工图纸显示的全部工程内容”	修改为：“工程承包范围：市民服务中心工程，位于东海路西侧、灌江路南侧，用地面积约 5.2 万 m^2，总建筑面积约 25 万 m^2（地上约 16 万 m^2，地下约 9 万 m^2），建筑高度不低于 100m 的高层建筑”	承包范围细化为“工程承包范围：市民服务中心工程地基与基础、主体结构、幕墙、防水、建筑室内装饰装修、建筑屋面、给水、排水及采暖、通风与空调、建筑电气、消防工程、智能建筑、电梯工程以及室外工程等施工图纸显示的全部工程内容；紫荆路、和谐路施工图纸显示的全部工程内容”
……				

3. 总咨询师牵头下的设计管理

本工程的设计管理主要是方案设计优化和后期装饰阶段的设计管理；通过对图纸的审查及总进度计划的分析，提前整理了项目完工所缺图纸内容，提前安排图纸设计工作，通过设计方案初稿审查、设计方案最终汇报、深化图纸效果汇报等工作来满足项目所需使用功能；设计的技术经济分析是重点，方案审查不是一个部门的事情，需要多部门参加分析。这也需要总咨询师整合资源。

（1）设计管理协作流程（如图 4 所示）。

（2）强化图纸会审工作。在图纸审查过程中提出了关于修改消防喷淋末端试水装置的建议，后经建设单位同意发设计院，形成了图纸会审记录，为项目节约造价约 150 万元。给排水自动喷淋系统 1#~8# 楼原理图的末端设置了电动试水装置（ETD200D）K=80，合计 93 套，在地下室 B1B2 原理图上设计为手动试水装置，地下室 B1B2 手动试水装置如图 5 所示。

经过市场的充分调研，电动试水装置为市场上新型产品，在上海市场上电动试水装置一套约 1.7 万元。而末端试水阀门仅有几十元，因此，经与设计单位负责给排水设计的工程师沟通，同意将电动试水装置统一改用地下室一样的手动试水装置图，完全符合设计规范要求，技术上可行适用，后期维护方便，经济上合理。经造价人员分析，市民服务中心 1#~8# 楼共计 93 套电动试水装置改为手动试水装置可以节约 150 万元。

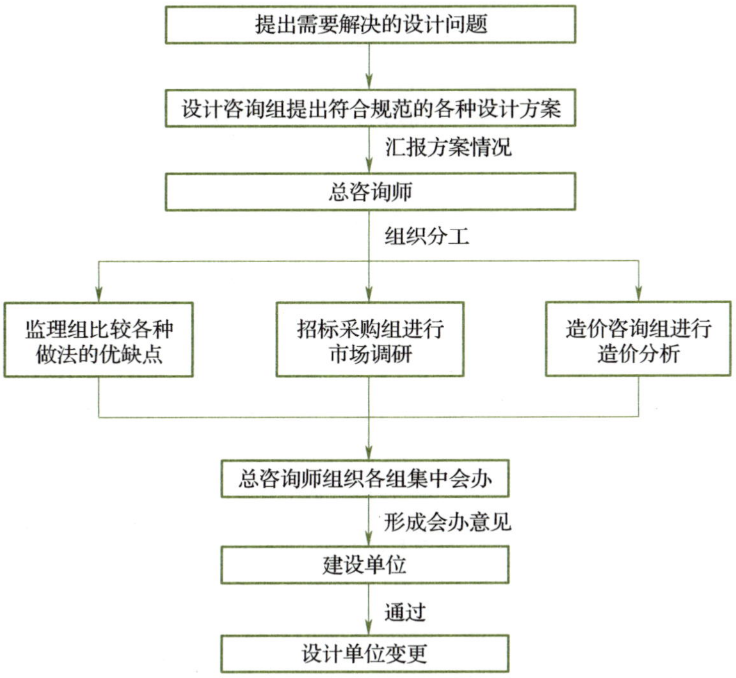

图 4 设计管理协作流程图

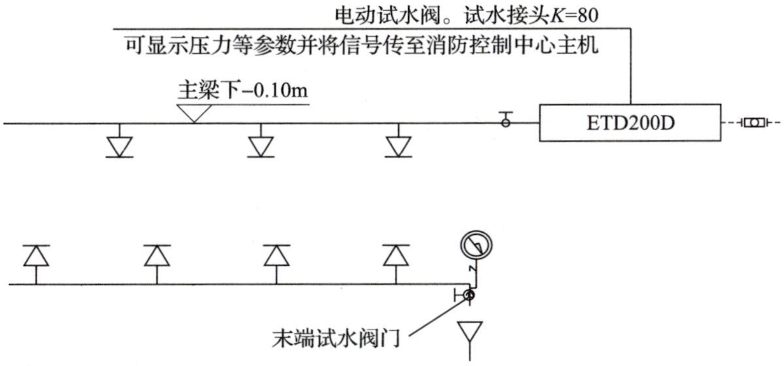

图 5 给排水自动喷淋系统 1#~8# 楼原理图的末端

（3）进行技术经济分析。本项目有接近 4 万 m^2 的广场，铺装设计内容较多，我们通过对项目运行后的交通情况和铺装材料的性能、造价进行分析，优化铺装设计方案，既保证了效果美观，也节省了造价。分析如表 5、表 6 所示。

表 5 铺装材料价格比较表

材料名称	50mm 厚芝麻灰花岗岩	300mm × 600mm × 120mm 透水砖	12cm 透水混凝土	300mm × 600mm × 55mm 陶瓷透水砖 + 65cm 透水混凝土	12cm 彩色透水沥青混凝土
材料价格	150 元 /m^2（含税价）	140 元 /m^2（含税价）	基、面层 2200 元 /m^3（含税价）	面层 390 元 /m^2 基层 800 元 /m^3（含税价）	1700 元 /t（含税价）
套用定额	2–372	2–373	2–325	2–373、2–325	2–293、（2–294）×6
综合单价	177.35 元 /m^2	141.21 元 /m^2	172.71 元 /m^2	—	433.76 元 /m^2

表 6　铺装材料性能比较表

材料名称	50mm 厚花岗岩	300mm × 600mm × 120mm 透水砖	12cm 透水混凝土	300mm × 600mm × 55mm 陶瓷透水砖 +65cm 透水混凝土	12cm 彩色透水沥青混凝土
美观性	较高	较高	低	较高	略低
材料强度	较高	略低	较高	略低	较高
透水率要求	满足	满足	满足	满足	满足
修补难度	容易	容易	较高	容易	较高
色彩稳定性	较高	较高	一般	较高	一般

1）项目交通运行情况分析如下：

①市政道路到下地下车库该段行车道路考虑日后行车量较大；

②北广场、南广场、中庭区域、各分支小干道在项目运行后禁止车辆通行；

③围绕项目四周和主干道和南北直通干道作为车辆通行道路。

2）综合考虑交通运行情况、各种铺装材料性能价格，在铺装材料选择使用时既达到效果美观，保证使用功能，也在经济的角度上考虑，形成最终的铺装平面图如图 6 所示。

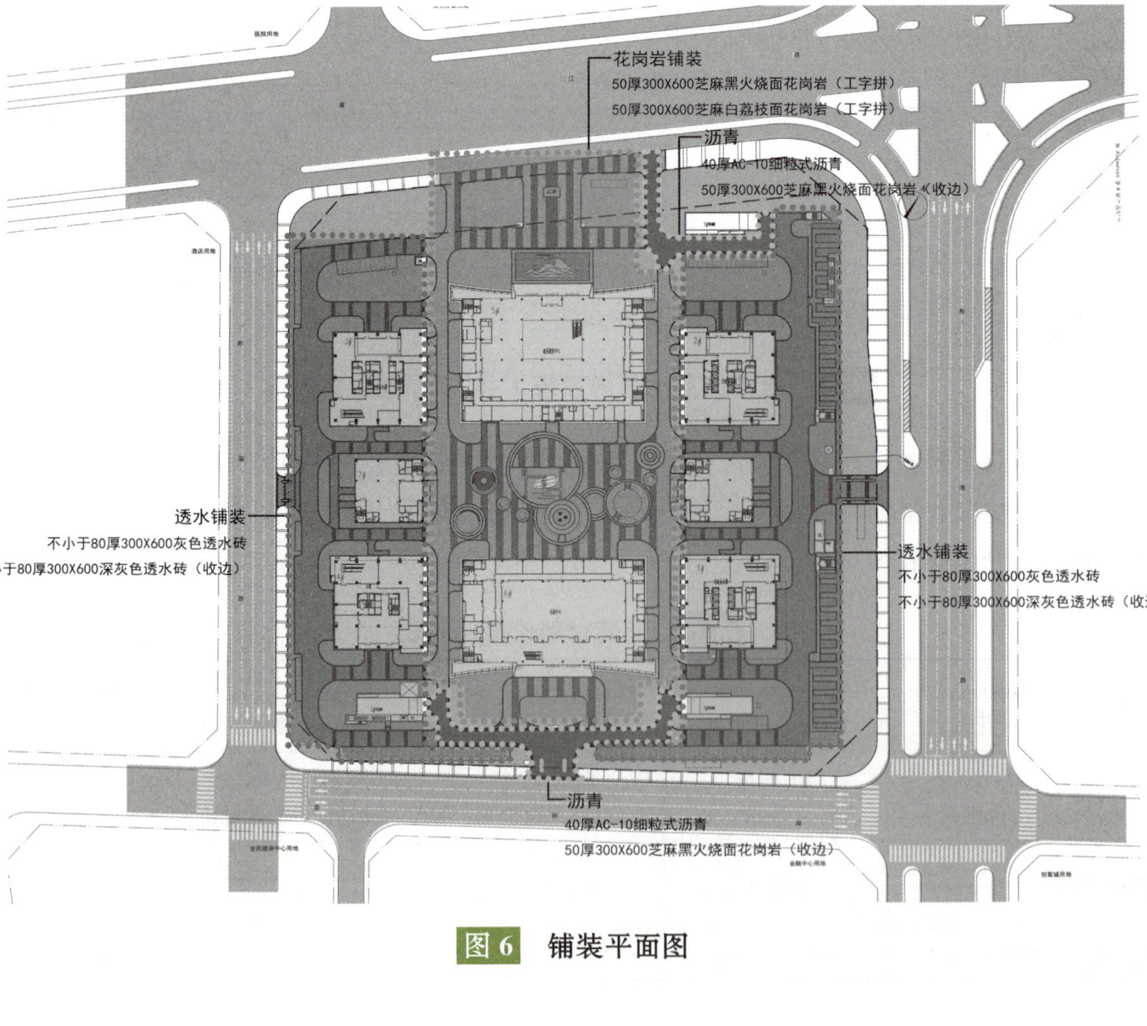

图 6　铺装平面图

（4）优化材料选用。本项目中 5# 楼行政服务中心、6# 楼会议展览中心更是政府的门面，精装修设计要求既要美观大方，又要经济合理，在设计过程存在许多装饰材料的选用，看似很好的装饰材料，但在进行性能、造价、施工进度等各方面影响分析后，发现还有更好的选择。5#、6# 楼的地面、墙面设计需要大量的面砖，我们对拟选用的三种面层材料进行了全面对比如表 7 所示。

表 7　材料对照表

序号	1	2	3
材料名称	陶瓷薄板	玻化砖	天然大理石
规格	600×1200 及以下为常规尺寸，超过须定尺加工。 800×1400（非规格，属于定尺加工）	600×1200 及以下为常规尺寸，超过须定尺加工。 800×1400（非规格，属于定尺加工）	可加工各种尺寸，常规尺寸为 600×600，超出 600mm 宽度，价格会有提高，长度可加工到最长 1.8m，但背后要做背板或加强筋，防止断裂
质量	**优点：**吸水率低于 5%，硬度高，不容易划痕，无明显色差，耐腐蚀，抗污性强，抗折强度高，模仿天然石材纹理效果佳。 **缺点：**工艺和技术不是很成熟，推向市场时间不长。搬运、空鼓易碎	**优点：**吸水率低于 5%，硬度高，不容易划痕，工艺和技术成熟，无明显色差，耐腐蚀，抗污性强，抗折强度高，性能稳定，模仿天然石材纹理效果佳。 **缺点：**吸水率小，贴墙面容易产生空鼓（要做背胶处理，可以防空鼓）	**优点：**抛光后光洁细腻，纹理自然，流畅，吸水率小，耐久性高。 **缺点：**硬度不大，不适合用于室外
观感	仿大理石效果好	仿大理石效果好，尺寸误差在技术规范之内	纹理清晰，自然，效果佳。（但铺装好后要镜面处理，观感效果会更好）
价格	具体价格： 200~300 元之间（现市面上只有 5~6 家二三线品牌生产陶瓷薄板；从材料卸货，搬运，到铺装，人工辅料价格比瓷砖人工辅料价格翻一倍）	具体价格： 90~180 元之间（现市面上仿大理石的玻化砖生产厂家较多）	具体价格： 460~780 元之间（按市面上进口大理石考虑的价格；大理石铺好以后，表面要做镜面处理）
施工工艺	**搬运：**专用架子，加玻璃吸盘进行搬运，要有固定货架摆放。 **铺装：**水泥砂浆基层平整度不能有误差，否则会出现空鼓，砖容易碎裂。另外砖正反对面要用专用黏结剂用梳子均匀梳理，防止空鼓	**搬运：**用劳动车，摆放整齐，放平整后，直接可以运输。 **铺装：**水泥砂浆基层平整度如有误差，依靠皮锤敲实即可（砖背后做背胶，防止空鼓）	**搬运：**用劳动车，摆放整齐，放平整后，直接可以运输。 **铺装：**水泥砂浆基层平整度如有误差，依靠皮锤敲实，拉缝灌浆敲实即可
工期影响	施工工艺复杂，每天铺的面积比砖要少一半，不利于抢工期	对工期非常有利	正常铺装前要选花色，对抢工期有一定的影响

1）材料使用建议。

①陶瓷薄板属于近几年刚推向市场的新产品，其主要优点是能减轻荷载。但从市场使用效果并不理想，特别是铺装在地面部位，使用中极易造成损坏。

②陶瓷、大理石价格相对较高。

③陶瓷薄板施工工艺复杂，搬运及铺装的过程中需要五六名工人配合采用吸盘，且一天完成的工作面很少［$6m^2$/（人·日）］，不利于紧张工期的要求。由于陶瓷薄板采用薄层黏结剂施工，陶瓷薄板施工对基层的平整度要求较高，否则容易造成空鼓受重力则容易损坏。

2）经分析我们建议采用常规尺寸的玻化砖铺装并得到采纳，其效果同陶瓷薄板装饰，且价格相对较低，并能加快施工进度。

4. 总咨询师牵头下的招标采购管理

（1）项目总咨询师根据项目的质量标准、工期目标和投资控制目标以及安全文明考核标准以及 PPP 运营协议约定，总承包单位选择与材料采购需要经过政府方的审核批准，因此，我司联合政府方共同对其招投标过程进行有力的控制与管理。

1）在招标开始之前，根据 PPP 合同约定，我公司编制《某项目采购管理办法》与细化编标实施细则，经属地管理的国资委审核同意，有效地指导采购工作。

2）根据项目进度编制采购进度计划表，分批分阶段实施；分类别实施采购；做好样品确认、招标品牌推荐和确认流程，强化招标前的基础工作的实在性。

3）根据施工图纸、总承包模式进行全范围实施内容核定。

4）核查预算清单的编制的准确率与完备性，项目特征描述的精准性加强。保证招标文件与施工招标图纸的一致性，工程量预算控制价清单中的工程量应与招标图纸所示的工程量一致，尽量避免漏项或漏量，从而保证控制价的基准性。

5）加强招标文件、合同条款的多次审查，特别是工程承包范围、人员的资格、单位的资质、违约责任的处罚、价差调整、费率的计取以及设计变更等实质性条款尤其重要。

本项目对内装饰采用评定分离方式，在选择评标分高的同时，评选最优设计方案，综合考虑选择了装饰设计公司，对实现项目目标起到了决定性影响。

为了保证建成后与交付使用的无缝交接，我司建议业主并采纳让物业管理公司在装饰、设备安装阶段进驻现场，一方面联合加强质量管理，同时利用物管的成熟的使用经验，对装饰与设备的实施提一些实用性的建议，以保证建成后发挥其最大的效率。

（2）$6^{\#}$ 楼装饰阶段招标采购控制案例：

1）根据 WBS 表格编制的招标采购清单如表 8 所示。

2）根据工作职责编制品牌推荐表、样品审批表（如表 9、表 10 所示）。

3）招标前工作会办。例如：卫生洁具，主要问题：洁具产周期长，采购难度大，不同的品牌价格差距较大。会办决定：采用二步招标法，第一步根据品牌推荐表上的品牌，报样式和价格，评委给定初步意见，报送城投公司确定最终样式和品牌；第二步按统一品牌和样式，邀请不同代理商报价，选择报价低的代理商。

表 8　某县市民服务中心项目 5#~6# 楼材料（设备）清单采购清单内部审批表

序号	类别	名称及型号规格（技术参数）	单位	暂估数量	安装时间	使用部位	估价（元）	定价方式			备注
								邀请招标	询价定价	公开招标	
1		电梯、扶梯	梯	20	2018/08/15	5#~6# 楼	5000000			●	
2	电气	配电箱（柜）	台	700	2018/08/15	地下室、5#、6# 楼	4000000			●	
3		高压环网柜、高低压配电柜（变电所）、变压器、变电所内联络封闭母线槽	套	180	2018/08/15	外线、变电所	25000000			●	
4	给排水	生活水泵（无负压变频水泵、含变频柜、紫外线消毒器）	套	15	2018/08/15	地下室	4000000			●	
5		潜污泵（含控制柜）	套	132	2018/08/15	地下室	1236910	●			
⋮		……									
64		白色透光膜 B1 级	m^2	300	2018/09/15	5#~6# 楼	36000	●			
65		10mm 白色钢化烤漆玻璃 B1 级	m^2	260	2018/09/15	5#~6# 楼	59800	●			
66		600×1200 白色负离子板 A 级	m^2	2000	2018/09/15	5#~6# 楼	420000	●			
67		隔断屏风	m^2	500	2018/09/15	5#~6# 楼	500000	●			
造价项目负责人： 年　月　日			代理项目负责人： 年　月　日			项目负责人： 年　月　日					

表 9　品牌推荐表

×××主要品牌推荐表（一）　　编号：ZSPP-A-1806						
序号	项目名称	拟推荐品牌或供应商				审核确定品牌
		总包单位	全过程咨询单位	建设单位	审计局	
1						
2						
相关单位签字确认						
总承包单位（签章）： 专业 / 项目负责人： 年　月　日			全过程咨询单位（签章）： 专业 / 项目负责人： 年　月　日			
审计局（签章）： 专业 / 项目负责人： 年　月　日			建设单位（签章）： 专业 / 项目负责人： 年　月　日			

表 10 材料封样表

<table>
<tr><td>工程名称</td><td colspan="2">$5^{\#}$、$6^{\#}$ 楼精装修工程</td><td>日期</td><td>2018 年 10 月 18 日</td></tr>
<tr><td rowspan="3">参加人员</td><td>建设单位</td><td colspan="3"></td></tr>
<tr><td>设计单位</td><td colspan="3"></td></tr>
<tr><td>全过程咨询单位</td><td colspan="3"></td></tr>
<tr><td>序号</td><td>材料名称</td><td>规格</td><td>图纸编号</td><td>实样照片</td></tr>
<tr><td>1</td><td>负离子板</td><td>600 × 600 × 16
600 × 1200 × 18</td><td>PB–103</td><td></td></tr>
<tr><td rowspan="2">各单位签字</td><td>建设单位</td><td>设计单位</td><td>项目管理单位</td><td>施工单位</td></tr>
<tr><td>签字：
（盖章）</td><td>签字：
（盖章）</td><td>签字：
（盖章）</td><td>签字：
（盖章）</td></tr>
</table>

5. 总咨询师牵头下的造价管理

（1）对项目实施过程中总咨询师组织监理与造价的互动，对各方提出的工程洽商进行技术与经济分析，确保最佳方案进行实施，达到经济、合理的目标。制定了对各方提出洽商的管理协作流程如图 7 所示。

实施案例：该项目在土方回填前，监理发现图纸设计中基坑回填要求使用中级配砂石、砂土或灰土，土方在回填时只要临时压实度满足图纸要求，考虑到项目周期近 3 年时间，有足够的时间沉淀，应可达到原土状态，同时对土方回填方案进行了测算，与建设单位商定采用素土方式回填，为项目节约造价约 630 万元。为了保证工程质量与可靠的数据分析，我们在现有图纸上进行计算，并根据不同回填方案分别进行测算，最终经各方会商同意调整。本次土方回填范围尺寸根据 2016 年 6 月 30 日版基坑维护图纸计算，回填高度为基础底标高（黄海标高 –5.4m）至室外原场地标高（+3.7m），回填土运距暂为 10km。设计说明上采用级配砂石、砂土或灰土回填。

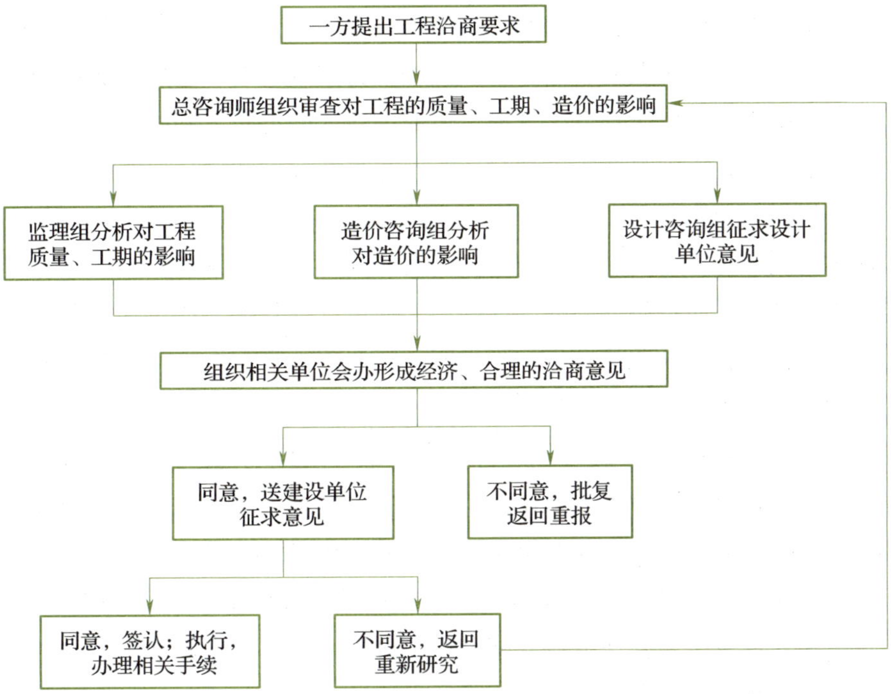

图 7　洽商管理协作流程

根据现场实际情况采用不同形成回填方式造价表如表 11 所示。

表 11　土方回填造价分析表

序号	回 填 方 式	造价（元）
1	3∶7 灰土 + 支护桩内侧和外墙间采用黄沙	9039746.82
2	素土回填	2728878.73
3	6% 灰土回填	6499242.09
4	8% 灰土回填	6976884.44
5	10% 灰土回填	7453936.37
6	12% 灰土回填	7933349.92

通过以上的比较，最终决定采用素土方式回填，在土质不符合要求的地方，适当掺灰处理。

（2）对进度付款计量审核上，总咨询师组织项目管理、监理和造价人员核对现场进度，检查现场施工是否满足符合图纸要求，质量是否合格，进度计量办法划分是否合理。内部组织对接会，确保计量准确。由于总包合同进度付款比例达 85%，进度付款的控制。对能否全面实现项目建设的各种目标，尤为重要。主要从以下几个方面加强施工前、中、后的质量、变更管控：

1）施工阶段的造价管理，严格按生效的合同条款执行，审核施工单位月、年度工程量完成报表；管控设计变更；控制材料、设备造价；严格隐蔽工程计量程序。

2）加强施工图的审查质量。施工图的审核不仅仅是检验设计图纸是否满足业主的要求，更重要的是检验各专业施工图纸的一致性、协调性、施工过程中的连续性。此过程应由设计、监理、造价、施工等共同参与，将设计不明确的地方予以明确，将图纸上的问题尽可能地提前暴露出来，提前变更修改，避免在施工过程中出现返工现象，造成不必要的浪费。同时如在施工阶段出现了不可避免的设计变更，必须进行工程量及造价增减分析，并需经业主和设计单位的同意。

3）利用专业的计价建模工具，提供计量、计价的准确性。通过建模我们可在软件中看到三维实景，更真实地感受到即建工程的全貌，便于我们发现问题，提前修改变更，并有利于施工的顺利进行。同时能为工程形象进度提供详细的、准确的工程量计算数据。通过这样确保工程进度款的准确支付，避免超额支付工程款现象的发生。同时所有的造价计算数据可以长时间地保存下来，并作为基础数据为以后的类似工程做一定的参考。

4）强化过程中月计量审核。坚持在同一计价基础图、结合现场已完合格工程量的计取基础上，审核承包单位的月计量预算，同时对照原作为控制价参照的施工图纸预算价（经政府审计、各方确认）进行分析，经不完全统计，从 2016 年 4 月开工至 2018 年 12 月底，报审价为 10.73 亿元，经专业工程师审定，经各方确认的产值为 8.24 亿元，核减额为 2.50 亿元，核减率为 23.27%。分析原因主要是本项目发包人及牵头人，在项目实施过程中对机电安装、内装饰等专业特种材料及设备询价、定价及招标工作存在一定的滞后。

6. 总咨询师牵头下的安全管理

由于本工程规模较大，参建人员多，项目总咨询师根据《中华人民共和国建筑法》《中华人民共和国安全生产法》《建设工程安全生产管理条例》《盐城市建设工程施工安全管理规定》等有关法律、法规的规定，结合现场的实际情况，为加强安全管理措施，进一步明确参建施工各方的安全责任，全过程咨询管理部组织现场管理人员列出 40 条罚款条款。与总承包单位项目经理部在项目实施前签订《安全承诺书》，并公示。在施工阶段，我部对照安全承诺书，严格进行处罚，共开出罚单 26 次，罚金达 10 多万元，对总承包单位和现场人员起到了强有力的警示作用。

四、服务的实践成效

1. 管理成效

（1）本项目处于偏远的县城，项目是县城最大的项目，建设单位管理力量相对薄弱，通过我公司专业化的服务团队，有管理咨询，更有技术咨询，业主（城投公司）现场仅派驻联络员，将需要业主决策的事项汇报和组织会办，将多家咨询单位碎片化外部管理转化为我公司一家单位内部管理，横向整合我公司的人力资源建立专家顾问组，竖向建立总咨询师负责制的垂直管理体系，可谓组织有力，管理高效。

（2）此 PPP 组织模式下，我们与城投公司签订全过程工程咨询合同，与资本方组织的项目公司没有合同关系，是真正意义上的第三方管理，管理的有效性得到大幅提高。达到质量、安全、进度、投资和谐统一的效果。

2. 控制成效

项目总咨询师既有工程管理经验，又有投资控制能力，项目实施过程中将投资控制贯彻项目实施的全过程。做到造价控制人员与项目团队其他专业人员互动，从造价控制目标的制定，工作责任的划分，信息化管理、合同管理、对各种方案的组织技术经济分析，对招投标品牌、性能功能的比选等全方位进行投资控制。对进度款的严格审核，减少项目资金成本约 2980 万，在工程进行技术与经济分析，基础上优化方案，节约工程投资 1380 万，通过项目结构分解，明确责任，减少施工单位索赔 167 万元，为项目节约投资效果明显。

3. 社会影响

（1）**项目的社会效应。**该县政府的“两会”在市民服务中心顺利召开，与会代表一致认为新的会议中心提升了地方政府形象，提高了办事效率，取得较好的社会效应。

（2）**获得的荣誉。**目前本项目获评省文明工地称号，我公司的全过程咨询人员受到县政府的表彰，受到业主与项目公司的好评。2019 年春节期间我公司项目组同时受到县机关事务管理局和委托方县资产投资公司的表扬信。

4. 对 PPP 项目全过程咨询的启示

（1）设计单位由建设单位先于全过程咨询单位签订合同，在前期策划和初步设计阶段，全过程工程咨询没有起到关键作用，产生了一定的损失。如原供电设计与当地的供电水平和供电主管部门要求不一致，实施时又重新调整设计，重新审批，影响了工程的进度；由于没有考虑二次设计功能会发生变化，前期设计冗余功能产生了一定的损失等。

（2）采用 PPP 项目采购、施工总承包一次性确定社会资本方模式，招标时缺少全过程咨询单位的介入，采购文件中对施工总承包的质量标准，付款条件、计价方式、暂估价材料的定价方式等约定不全，不严谨，造成前期总承包合同谈判的难度较大，特别是建设过程中材料、设备定价难度较大，总承包单位对利润的过高期望，博弈成本较大。

专 家 点 评

本案例为 PPP 项目提供了包含项目管理、造价咨询、招标采购管理、监理等的全过程工程咨询服务，并成立了以总咨询师为中心的咨询服务团队。咨询服务过程中利用 WBS 分解规范所有咨询服务工作；在设计管理中重视经济分析，有效控制造价；重视合同管理工作，通过总咨询师整合 PPP 咨询、招标采购咨询、造价咨询、监理等人员解决了前期施工总承包合同招标时遗留的相关问题，协助委托方有效控制了工程造价。本案例为 PPP 项目全过程工程咨询服务提供了借鉴。

点评人：张超

天职（北京）国际工程项目管理有限公司

以投资控制为核心的某水库移民安置小区全过程工程咨询

——浙江凯翔工程咨询管理有限公司

黄佩佩

一、项目基本概况

某水库是以防洪为主，结合供水、灌溉、生态等综合利用的中型水库，工程主要建设内容包括水库枢纽工程、库区道路工程和移民安置房及配套工程等，工程估算总投资46.1048亿元人民币，为浙江省重点工程。某水库移民安置房项目作为该水库工程的重要组成部分，是关系库区某村等四个行政村总计1573户共4829人移民安置顺利进行的民生工程，总用地面积205741m^2，总建筑面积396354m^2，其中住宅面积311005m^2，总户数3062户，小区内配置有12班幼儿园、邻里中心、商业超市等民生配套工程，小区周边预留村级行政办公楼、文化礼堂、临时菜场建设用地，并包括小区四周约1.93km城市道路和约750m长泄洪河道工程，概算投资16.1277亿元。住宅主体施工工期约810天，城市道路和泄洪河道施工工期约180天，项目管理总工期约1300天，小区总体布局如图1所示。

图1　小区效果图

我公司于2016年7月中标某水库移民安置小区的项目管理，提出"以投资控制为核心"，在保证项目质量、安全、进度的前提下打造一座花园式移民安置住宅小区，树立移民安置小区标杆的全过程工程咨询服务工作思路。我公司项目管理部经过陪同水库指挥部领导和库区移民代表考察调研宁波其他安置小区建设标准，分析其工程造价，最终获得建设业主的认可。

二、服务范围及组织模式

1. 咨询服务的业务范围

自合同签订之日起至5年保修责任期结束止这段时间内的前期手续办理、设计管理、组织招标投标、组织施工建设、组织竣工验收、组织综合验收、办理交付手续、组织工程竣工结算、资料归档及组织保修期内维修服务等全过程工程咨询管理工作，并配合委托单位做好整个项目财务决算工作、协助代办房屋产权登记。

2. 咨询服务的组织模式

根据公司质量手册和程序文件，结合项目委托管理工作的实际需要，我公司决定以管理项目部这一组织形式，配备造价、监理、经济及建筑、市政、园林、水利等各专业工程师实施项目委托管理工作，履行项目全过程工程咨询服务合同。项目建设管理框架如图2所示。

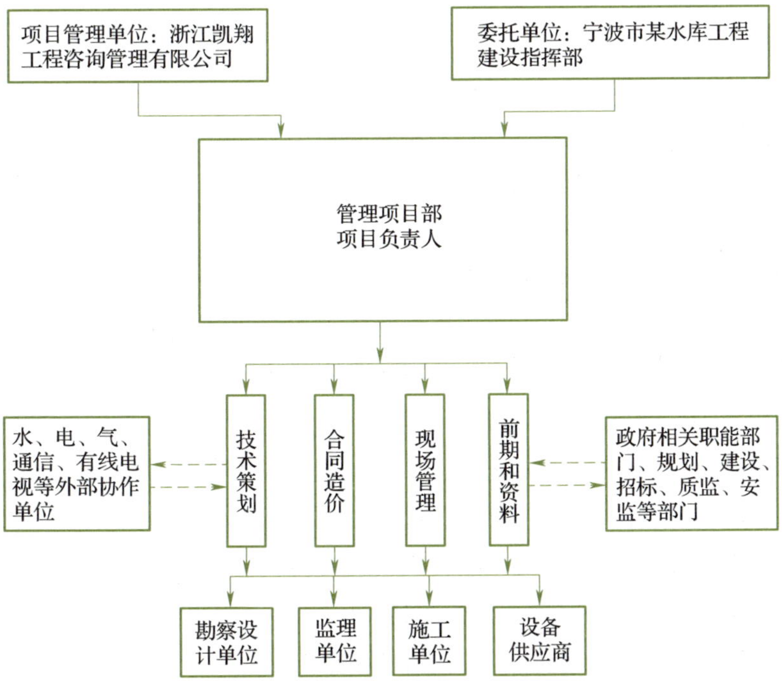

图2 项目建设管理框架图

3. 咨询服务工作职责

（1）管理项目部人员岗位职责。

项目经理岗位职责：

1）服从上级分配任务，编制（修订）项目总控计划、专项工作计划，按照建设程序展开管理工作。

2）代表公司管理项目，执行公司制度、决定，保障公司各项政策在项目部得到贯彻执行。

3）负责与委托方、使用单位及其上级主管部门的沟通联络和配合工作，主持与委托方的工作联席会议，汇报项目管理工作，理解委托方意图，执行其相关决定。

4）主持项目部与各级建设主管部门及相关利益方的沟通和联络工作，为项目的顺利开展创造良好的外部环境。

5）核准项目部所有对外文件，包括总控计划、专项工作计划、简报、总结、请示、工作联系单、工作指令、招标文件、合同、会议纪要、洽商记录、索赔处理文档等。

6）对项目前期报建、施工图审核、后期报验、招标管理、合同管理、投资管理、设计管理等专业管理负总责，并统筹协调项目部与职能部门间的工作关系。

7）组织做好勘察设计管理协调工作。

8）履行建设单位委托的现场责任和义务，对工程建设进度、质量、安全等进行目标管理，协调参建各方关系，督促各方按合同履职。

9）组织协调竣工验收、房产交付、工程保修、资料归档、结（决）算审计等后期收尾管理。

10）组织施工图在项目部内部有序发放，建立图纸管理台账。

11）对项目部成员的工作实施检查、考评，主持编写项目管理工作总结。

12）负责项目竣工资料的移交工作。

13）完成公司领导安排的其他工作，接受工作检查。

项目管理部现场工程师岗位职责：

1）在项目经理的领导下，开展项目现场管理工作。

2）参与编制项目总控计划，审核施工图。

3）协助建设单位做好现场三通一平工作。

4）配合土地勘测、规划测绘放样，负责向总承包商提交控制坐标和高程成果。

5）负责现场资料特别是施工依据的发放，具体负责现场资料规范管理工作。

6）负责记录管理日志，编报管理简报。

7）组织现场工作交底，负责传达委托方、项目经理现场指令。

8）督促参建方落实施工组织、施工方案和进度计划控制工作。

9）定期主持工程例会，组织或参与专题会议及建设协调。

10）实施现场参建合同监管，审查工程款支付。

11）组织现场计量、办理工程变更，参与签证及索赔处理。

12）按《现场管理制度》，对现场质量、安全、进度等实施监管，督促监理工作。

13）参与工程预验收，协调组织竣工验收，对工程保修实施必要的管理跟踪。

14）编制本岗位工作计划及工作总结。

15）参与项目管理总结，完成项目经理安排的其他工作。

16）负责现场资料归档及移交，办理公司内部项目留存资料。

项目管理部前期工程师岗位职责：

1）在项目经理的领导下开展工作，业务上受部门（副）经理指导。

2）参与编制项目总控计划。

3）负责项目前期联络，办理报建相关手续。

4）负责临时水、电等现场条件申报工作。

5）负责规划扩初等评审会务组织工作及设计文件对外报审。

6）参与二次供水、燃气、电信、有线电视、供电等专项设计联络。

7）有序组织验收申报，参与工程竣工验收。

8）参与竣工结（决）算资料收集工作。

9）有序组织竣工验收备案，负责后期产权相关证件办理。

10）负责按规定整理、收发、存档项目相关重要文件资料。

11）适时更新项目管理平台相关信息，加强信息交流。

12）参与编制项目工作总结，完成项目经理交办的其他工作。

13）编制本岗位工作计划及工作总结，整理本岗位相应资料。

项目管理部技术管理工程师（技术负责人）岗位职责：

1）组织其他岗位工程师协调处理技术问题。

2）负责做好项目勘察、设计的计划管理。

3）落实勘察、设计需求，提供条件配合，组织设计方案竞选。

4）协调勘察、设计过程管理，督促其工作进度，关注其工作质量。

5）组织勘察、设计文件内审，配合勘察、设计文件外审。

6）负责特殊专项配套设计管理协调。

7）组织设计答疑、参与施工图纸会审及交底。

8）协助现场质量、安全、设计变更管理，参与工程预验收、验收。

9）编制本岗位工作计划及工作总结，整理本岗位相应资料。

（2）**项目方案策划阶段工作。**

1）协助委托单位调查统计库区移民户数、人数、房屋拆迁面积、公共服务建筑面积，从而确定安置小区的建设规模和投资估算。

2）负责制定完善安置小区及配套工程总体建设工程进度计划。

3）负责制定完善安置小区及配套工程前期工作、工程招标、主体建设、专业工程等分项进度计划。

4）负责制定项目管理方案报业主审定。

（3）**项目前期工作阶段。**

1）比选安置小区设计方案，确定设计任务书内容，落实勘察设计单位。

2）做好建设场地临时接水接电、场地回填平整工作。

3）协调规划、发改、建设等主管部门落实设计方案、扩初文本、施工图等规划审批及施工许可证的报建手续。

4）做好场内架空电线和地下水管等踏勘和迁移工作。

5）落实水、电、燃气、通信、有线电视等专项设计工作。

（4）**合同造价咨询管理工作。**

1）编制项目总投资分解的规划、实施细则。

2）分析总投资目标实现的风险，编制投资风险管理的初步方案。

3）根据工程概算和工程进度表，编制设计阶段资金使用计划，并控制其执行，必要时，对上述计划提出调整建议。

4）从设计、施工、材料和设备等多方面做必要的市场调查分析和技术经济比较论证，并提出咨询意见，如发现设计可能突破投资目标，则协助设计人员提出解决办法，供委托方参考。

5）控制设计变更，注意检查变更设计的合理性、经济性、建筑造型和使用功能是否满足使用方的要求。

6）审核招标文件和合同文件中有关投资的条款，参加评标及合同谈判。

7）编制施工阶段各年度、季度、月资金使用计划并控制其执行，进行投资计划值与实际值的比较，定期向委托方提交投资控制报告。

8）工程款及其他付款申请审核。

（5）**招标代理管理工作。**

1）根据项目进度总控计划，编制项目招标计划并报项目部。

2）做好与委托人及招标控制价编制人的沟通，制定项目招标实施方案，确保项目按期完成招标投标工作。

3）负责各相关文件编审，组织开评标活动，协助委托人签订承包合同。

4）妥善解决招标投标过程中的突发情况，总结并形成案例。

（6）**项目建设期管理工作。**

1）根据业主要求的交房期限编制项目建设施工进度计划，对工程节点进度进行把控，督促总承包单位和专业配套施工单位严格落实。

2）负责审批各施工单位提交的施工组织方案、进度计划、施工措施方案等技术文件并检查落实。

3）负责审批监理单位提交的监理方案、规划细则等技术文件并检查落实。

4）负责检查施工单位对工程质量、安全、进度保证所采取的技术、人力、资金落实措施。

5）根据工程总控计划负责编制资金使用计划报业主审批确认，审核各项工程付款申请，适时调整资金使用计划。

6）负责各分项分段工程投资控制，严格控制各类工程变更及签证，保证项目不超概。

7）落实水、电、燃气、通信、有线电视等专项施工工作。

8）负责召开项目工程例会、专题技术会议、工作协调会议、接待汇报会等，落实解决项目施工进程中碰到的各类问题。

9）负责组织各专项工程验收和综合竣工验收。

（7）**项目结（决）算和后期服务工作。**

1）负责收集、整理竣工和结（决）算等工程技术资料并归档和移交业主。

2）协助业主办理好移民安置房的不动产权。

3）做好后期房屋维修组织工作。

三、服务的运作过程

某水库移民安置区别于传统移民安置，是浙江省首个水库移民无土安置试点，所有移民均安置成为城市居民，不额外提供工农业生产用地，由地方政府提供养老保险等生活保障，移民安置房选址安排在城市中心，安置房成为移民最大的资产。我公司自接手该项目管理以来，迅速组建某水库移民安置房项目管理团队，人员组成涵盖造价、监理、建筑、市政、园林、水利等各专业工程师，通过与业主和移民代表对安置小区的需求分析，我公司项目管理团队以库区移民需求之心为心，以库区移民对美好生活之向往为向往，从设计起，就站在水库移民的生活习惯立场上打造符合移民特色的小区，认为目前的安置房应打破传统移民安置小区建设标准偏低的观念，应积极向房产开发的商品房小区看齐，从户型设计、外立面造型、室外景观绿化、材料品牌选择等多方面考虑，在保证投资控制的前提下，把移民小区打造成某城市南大门花园式小区标杆。这有利于打消移民对安置房的后顾之忧，能有效保证后续工作顺利推进，同时维护社会稳定，我项目团队建议最终成功得到指挥部的支持。

"以投资控制为核心"进行项目全过程咨询服务是我公司项目管理的工作理念和对项目管理成功与否考核的重要依据。为保证某水库移民安置房项目满足指挥部 2020 年 7 月在大坝落闸蓄水前交付使用的要求，项目管理团队一开始就制定了抓安置房主体施工进度，配套工程设计、施工递次进行的计划，该计划获得了指挥部的肯定和批准。

整体阶段性计划：策划阶段（100 天）→设计和前期报批（300 天）→施工建设期（810 天）→竣工验收期（120 天）。具体进度计划如表 1 所示。

表 1　某水库移民安置房工程进度计划表

序号	工 作 内 容	计划完成时间	备　注
1	选址意见书	2016.11.21	
2	项目建议书立项批复	2017.10.12	
3	规划设计条件	2017.8.11	
4	建设用地规划许可证	2017.8.24	
5	初步设计批复	2017.10.15	
5.1	交警影响评估	2018.1.20	
5.2	环评批复	2018.1.18	不影响项目推进（初步设计批复前完成）
5.3	水土保持批复	2017.11.23	初步设计批复前完成
5.4	初步设计会议	2017.9.22	
5.5	规划批准的设计方案总平面图	2017.9.28	审前公示，9 月 27 日结束后审批
5.6	节能审查意见书	2017.10.31	与审图合格证同步发放

续表 1

序号	工 作 内 容	计划完成时间	备 注
6	临时土地证	2017.12.30	
6.1	土地预审	2017.1.24	
6.2	勘测定界图	2017.12.27	
6.3	表土剥离	2017.8.15	
6.4	塘渣回填	2017.11.26	9 月 27 日施工开标，合同工期 50 日历天
6.5	界址点成果资料	2017.12.27	
6.6	村级厂房拆除及土地证注销	2017.10.30	
6.7	土地费用缴纳		
7	建设工程规划许可证	2017.12.25	视临时土地证办理情况而定（正常情况下需取得建设工地规划许可证后才能施工招标）
7.1	施工图阶段经济指标复核	2017.11.20	
7.2	施工图阶段日照分析	2017.11.20	方案阶段日照分析需做
7.3	防雷审核	2017.11.20	
7.4	消防设计审核	2017.12.25	办施工许可证之前完成
7.5	施工图完成	2017.10.15	土建、水电、暖通、市政、园林绿化、智能化、基坑围护等设计图
7.6	施工图审图合格证	2017.10.31	
7.7	节能审查备案登记表	2017.10.31	与审图合格证同步出具
7.8	现场放样、验线报告	2017.12.10	
8	现场施工准备完成	2018.1.10	
8.1	临时水	2017.12.15	
8.2	临时电	2017.12.15	基础已完成提早两星期通知可以通电
8.3	设计试桩	2017.10.15	预算、招标、施工
8.4	设计试桩静载报告	2017.11.10	
8.5	地质勘察报告	2017.10.10	（厂房 12 孔正在对接，其他基本完成）在审图合格证之前出详勘
9	预算编制及审核	2017.11.20	最迟 11 月 25 日需完成
10	施工、监理招标完成合同签订	2018.1.5	

续表 1

序号	工 作 内 容	计划完成时间	备　注
10.1	监理单位招标投标	2017.9.29	2017.9.29 开标
10.1.1	监理招标文件的编制及审核	2017.11.28	
10.1.2	招标公告	完成	
10.1.3	中标通知书	2017.10.11	
10.1.4	监理合同签订及备案	2017.10.25	
10.2	施工单位招标投标	2017.12.20	前置条件是建设工程规划许可证完成，预算完成
10.2.1	招标方案编制及审核	2017.11.15	
10.2.2	招标公告	2017.11.20	10 月 15 日出图开始预算工作，最迟 11 月 25 日需完成（施工招标最短需 26 日历天）
10.2.3	中标通知书	2017.12.20	12 月 15 日开标，公示三个工作日发中标通知书
10.2.4	施工合同签订及备案	2017.12.25	合同需于开标后双方协商尽快签订备案，关系后步手续办理
11	质监、安监、白蚁防治、施工许可证	2018.1.10	需施工合同价款的 30% 资金证明
12	工地围挡和临时设施建设	2018.3.20	
13	桩基工程	2018.6.20	
14	基础工程	2018.7.10	
15	± 0.00 验线	2018.8.30	
16	结构封顶	2019.4.30	
17	中间结构验收	2019.6.20	
18	室内装饰工程	2019.12.10	
19	室外综合管线工程	2020.1.20	
20	室外道路、围墙、标识工程	2020.6.10	
21	室外绿化景观工程	2020.5.30	
22	专项验收		
22.1	节能验收	2020.3.10	
22.2	环保验收	2020.6.30	报告备案
22.3	水保验收	2020.6.30	报告备案

续表 1

序号	工 作 内 容	计划完成时间	备　注
22.4	室内环境检测	2020.4.20	检测报告
22.5	绿化验收	2020.6.20	绿化规划测绘面积达到即可
22.6	防雷验收	2020.3.10	检测报告
22.7	分户验收	2020.6.20	
22.8	正式供水	2020.4.30	二次生活用水
22.9	正式供电	2020.4.30	专变通电，公变通电 6 月 30 日
22.10	水质检测	2020.5.5	报告备案
22.11	电信验收		交房前验收合格
22.12	广电验收		交房前验收合格
22.13	交警验收	2020.6.15	
22.14	房屋面积测绘	2020.4.20	测绘报告
22.15	规划竣工测绘	2020.5.30	测绘报告
22.16	土地竣工测绘	2020.5.30	测绘报告
22.17	通邮验收	2020.6.30	信箱、标牌完成
22.18	电梯验收	2020.2.20	临时电验收
22.19	管道燃气验收	2020.5.10	备案表
22.20	安防验收	2020.5.30	检测报告
22.21	消防验收	2020.7.1	检测报告
22.22	规划验收	2020.7.15	
23	质监验收	2020.7.20	人防无
24	资料归档	2020.7.25	质监验收合格后 15 日内归档
25	竣工备案证明	2020.7.30	
26	产权证办理		前置条件：分房后

项目团队按照以上项目进度计划展开全过程咨询服务，具体突出工作如下：

1. 项目策划阶段建设规模和方案设计阶段建设标准的确定

项目管理团队接手安置房项目后着手与委托方负责库区拆迁测量工作人员沟通，就库区移民房屋异地安置补偿办法进行有关法规文件收集，经多次与指挥部沟通，最终拿出初步安置方案，基本确定了安置小区住宅建筑规模。

某水库安置房户型及户数初步方案

设计原则：

无房户每人按 30m² 建筑面积计，安排最小分配房屋面积为套内面积不小于 30m²，建筑面积约为 45m²。

保证拆迁安置房的套内面积与拆迁面积相等，安置房每户分配建筑面积为 115%× 拆迁面积，允许扩户面积为房屋安置建筑面积 ×15%。

每户安置面积最大为 250m²，房屋安置套数不超过三套，其余超出面积部分按货币方式予以补偿。

集体房屋在小区内统一以配套用房、村委会用房、超市商场、幼儿园等形式集中安置，不以住宅形式分配。

进入安置房分配的拆迁面积为 231056−12600（货币补偿面积）=218456（m²），分配安置房总面积不小于 218456m²×115%×115%=288908m²。

小区房屋建筑面积设计最大面积不宜超过 130m²，最小面积为 45~50m²，主力户型为 90~105m²，设计户数大于 1587（拆迁户数）+630（扩户数）=2217（户），原则上户数整体放大 10%，具体户型及户数详见户型分配表：

类型	套数	户型比例（%）	建筑面积（m²）	备注
A 45~50m²	123	4.10	5843	无房在册记 203 户
B 50~55m²	15	0.50	795	
C 55~60m²	20	0.67	1160	
D 60~70m²	125	4.17	8125	
E 70~80m²	110	3.67	8250	
F 80~90m²	440	14.68	37400	
G 90~100m²	1000	33.35	93000	
H 100~105m²	540	18.01	55620	
I 105~110m²	440	14.68	47520	
J 110~120m²	110	3.67	12650	
K 120~130m²	75	2.50	9375	
累计	2998	100	279738	住宅总建筑面积

设计单位根据总平面布置优化，认为小面积户型数量较多，而无房在册户基本为老人，建议合并，调整后住宅总面积大于 288908m²，满足分配要求，最终住宅户型比例调整如下：

户型类型	户数	百分比（%）	建筑面积（m^2）	备注
50m^2档	254	8.30	12700	大于无房在册记203户
70m^2档	432	14.11	30240	
80m^2档	338	11.04	27040	
90m^2档	204	6.66	18360	
100m^2档	456	14.89	45600	
110m^2档	391	12.77	43010	
120m^2档	428	13.98	51360	
130m^2档	170	5.55	22100	
138m^2档	389	12.70	53682	
累计	3062	100	304092	住宅总建筑面积

因业主要求户型每档面积均需大于本档面积1~2m^2，经设计最终平面布置确定住宅总设计规模为31196m^2。

项目管理团队通过陪同指挥部和移民代表考察宁波安置房，通过造价比较，以设计任务书的形式最终确定本安置小区的建设标准。

设计任务书主要内容摘要：

三、建筑规划要求：

1. 建筑使用性质：住宅（配置幼儿园、部分商业用房及物业社区等配套用房）。
2. 建筑层数：住宅高层（宜控制在18层以内，包括18层）。
3. 建筑退让距离：按规划设计条件规定及国家、地方现行相关规范、法规。
4. 建筑间距：按规划设计条件规定及国家、地方现行相关规范、法规。
5. 日照分析：须提供方案阶段日照分析报告。
6. 住宅套型结构比例：按附表执行。
7. 建筑节能：须同步考虑建筑节能一体化。
8. 绿色建筑：须按绿色建筑设计要求设计。

四、交通规划要求：

1. 主要出入口方位：某路。
2. 停车泊位：按某区规划局的规划设计条件。
3. 停车方式：以架空层停车为主。
4. 交通影响评估：须提供交通影响评估报告。

五、单体设计要求

结合国内的先进构造方法及当地的地方法规及有关部门要求，就主要节点构造是否可行，材料选择是否适宜，进行施工的可实施性及造价控制。

所有结构形式均采用框架－剪力墙结构，屋面均采用刚性屋面。构件布置在满足建筑要求的同时尽量使室内空间“无梁无柱”，或使主要房间不露梁不露柱，提高空间利用率和美观性。

高层单体为平屋面，多层建筑宜为坡屋面，幼儿园外观应突出特征。

1. 外立面设计要求：

（1）应现代、简约，有强烈的个性和身份感。

（2）沿道路建筑（商铺配套用房）裙房外墙采用花岗岩，其余建筑采用多彩仿石漆涂料，外立面设计应考虑外墙清洁的便利。

（3）外墙保温采用无机保温系统，外门窗采用断桥隔热彩色铝合金中空玻璃。

（4）空调室外机平台应考虑便于安装及维修的可能性，靠近窗洞口设置。空调室外机可做装饰处理，如周边设铝合金百叶进行装饰，并设活动扇以便于安装，但必须考虑空调室外机的散热及安全。

2. 半地下架空层设计要求：

本项目为节约造价不设计人防工程，应避免设计全地下室。

（1）半地下架空层顶板埋深应综合考虑管线、绿化种植等的要求，合理设计顶部覆土厚度，并尽量减少埋深。

（2）侧壁：凡窗井、穿墙管道、外界管道管沟、变形缝埋件、墙体角隅等均应有严密的防水处理。

（3）建议所有电梯都下架空层或地下室，要求设计有候梯空间，以增加停完车的住户在候梯时的舒适感。

（4）储藏室：建议在允许的情况下每户设置一个适当面积的地上或半地下储藏室。

2. 设计阶段的费用比较

项目管理团队认为一个小区投资最好的控制办法是在设计源头进行把控，前期经过对几家设计院设计方案的比选，确定最终设计方案，按建设标准进行限额设计。在此基础上，项目管理团队通过对桩型选择、墙体材料选择、太阳能与空气能安装选择等对设计造价进行比较。详细比较数据如表2~表4所示。

表2 人工挖孔桩与长螺杆桩单价对比表

楼号	桩型	桩长（m）	建筑面积（m^2）	桩基造价（元）	单方造价（元/m^2）
14# 楼	人工挖孔桩	19~22.5	8210.25	2313481.81	281.78
15# 楼	长螺杆桩	21~24	8267.21	1306830.10	158.07

注：对持力层埋深在10~25m之间的住宅基础，尽可能选择长螺杆桩。

表 3　太阳能系统与空气源系统招标控制价对比

项目名称	综合单价（元 / 户）	数量（台）	方案选择
太阳能热水系统	10573	408	逆二层安装
空气源热泵热水系统	4204	2654	其他层安装

注：太阳能热水系统设计仅满足最低设计标准，扩大空气源热泵热水系统设计。

表 4　利废砖与陶粒砖综合单价对比表

清单编码	项目名称	项目特征	计量单位	工程量	综合单价（元）	方案选择
010304001002	空心砖墙、砌块墙	A5.0 B07 自保温陶粒砌块墙体，厚度 240mm	m^3	1.00	549.38	
010401004001	利废多孔砖墙	MU10.0 烧结多孔砖，墙厚 240mm，DMM7.5 砂浆砌筑	m^3	1.00	394.67	√

注：采用利废多孔砖作为墙体材料可节省总工程造价 646 万元。

3. 前期施工准备工作和政府优惠政策的争取

本安置小区地块经现场勘查，发现地块地形比较复杂，有小山包、山坡地、工业厂房拆迁地、旱地、水田和水塘，共征地面积约 266868m^2，其中涉及本安置小区用地约 205757m^2，其他为道路及带征用地 61111m^2 场地平整需挖、削山坡方量约 24500m^3，水塘回填面积约 20000m^2，不挖不填面积约 42000m^2，其余需回填塘渣面积约 153000m^2。通过分析地质勘探报告发现本地块东南面场地表层鹅卵石分布范围较广，水塘底部基本接近强风化层，人工挖孔桩和长螺杆桩挖孔后弃土中卵石及圆砾含量较高，可作回填塘渣使用，总挖方量估算约 40000m^3。项目部考虑在场地平整回填塘渣时将山体挖方和部分桩孔挖土回填水塘，在整个场地塘渣回填招标过程中对 10000m^2 水塘面积不予以回填，留待在今后人工挖孔桩时挖出弃土予以回填，这样既保证人工挖孔桩弃土有地方可处置，也保证了人工挖孔桩的施工安全。某地块场地内水塘照片如图 3 所示，某地块地质勘探孔剖面如图 4 所示。

图 3　某地块场地内水塘照片

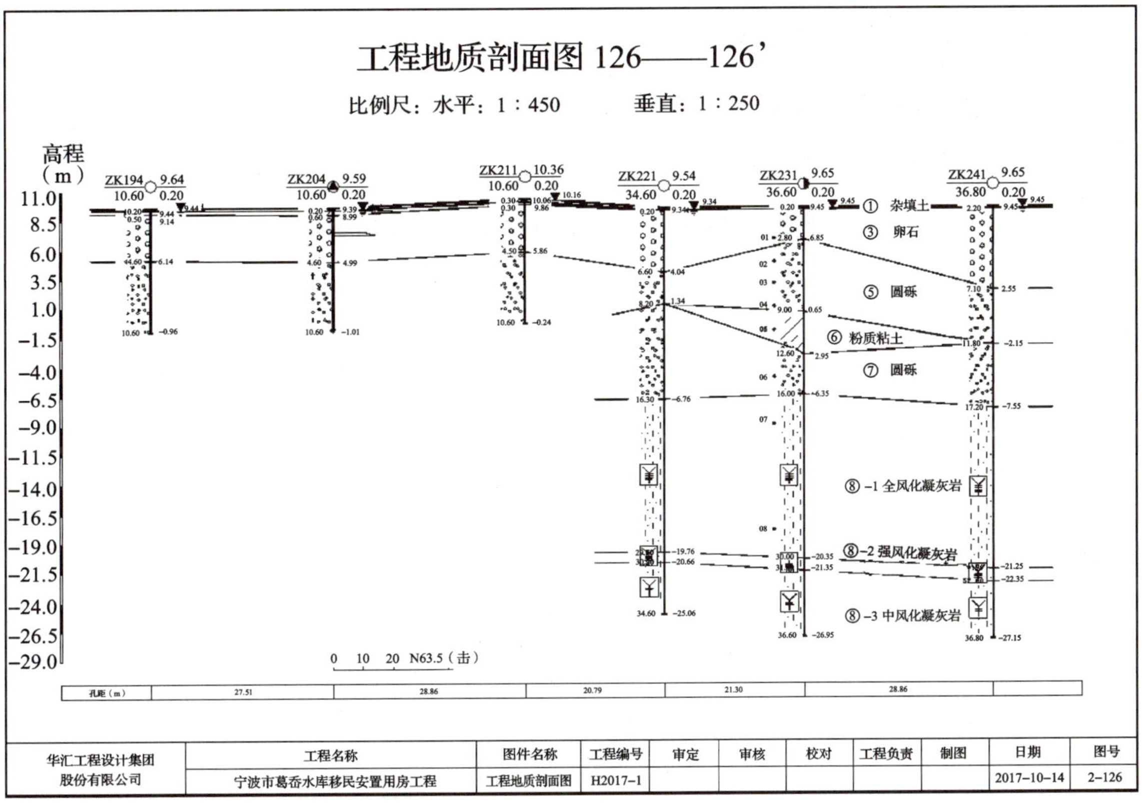

图 4　某地块地质勘探孔剖面图

在前期设计报批过程中，项目部考虑到地块山地地形和移民对安置房结构安全的担忧，在设计中取消了房屋装配式设计和小区人防设计。针对本项目争取的优惠政策如下：

一、设计阶段优惠政策：

1. 安置房可以不强制要求人防设计，人防工程可免设计和配置。

2. 绿化设计只满足绿地率即可，不另行绿化审批和验收。

二、建设过程中优惠政策：

1. 电信和有线电视设计和安装可减半收费，如商品房有线电视安装费 10 元 /m²，安置房按 5 元 /m² 收取。

2. 电力安装中公变配电房和环网站内配电设备费用由供电局免费提供，小区二路供电主电缆中其中一根由供电局免费提供。

3. 安置房墙体材料采用非黏土墙砖，可以获得财政补贴。

4. 白蚁防治费可免缴。

5. 规划放样费用等行政收费可打折。

三、分配阶段优惠政策：

1. 初次产权证办理免缴契税。

2. 安置房可自由转让买卖。

4. 合同造价审核和招标工作

本项目施工造价审核和招标内容较多，结合业主需求和工程进度计划安排造价审核和招标工作计划，并对每个标段进行界面分割，时间上进行合理衔接，不影响整体工程进度。计划表如表 5 所示。

表 5 主要工程造价审核和招标计划表

序号	招标内容	招标计划完成时间
1	安置房主体工程	2017 年 12 月 10 日
2	电梯工程	2018 年 6 月桩基工程完成前
3	智能化工程	2018 年 6 月 30 日前
4	水凉河工程	2018 年 10 月 30 日前完成招标工作，2019 年 5 月 30 日汛期前完工交付
5	太阳能、空气能工程	2018 年 12 月或结构封顶前完成施工招标，与主体同步完工
6	小区夜景亮灯工程	2018 年 9 月 30 日完成施工图设计，11 月 30 日前完成预算编制，2019 年 1 月完成工程招标，与主体同步完工
7	绿化景观工程	2018 年 11 月完成施工图设计，2019 年 1 月完成预算编制，3 月完成施工招标，与主体同步完工
8	幼儿园装修工程	2019 年 5 月完成装修设计，7 月完成预算编制，9 月完成施工招标，小区交付前完成装修工程
9	西直路等小区配套道路	2019 年 5 月完成设计，7 月完成预算编制，9 月完成施工招标，2020 年 7 月之前完成施工
10	交通标识、标牌、信报箱	2019 年 12 月设计完成，2020 年 3 月完成招标，与主体同步完工

注：以上所有工程均根据情况选择综合实力较强的施工单位参加工程投标。

5. 施工阶段项目管理工作

施工阶段项目管理部从工作制度入手，规范全过程咨询服务，做好对项目设计、合同、招标、监理等工作管理；对工程支付、变更签证进行严格控制；通过工程例会、专题会议、工作月报对工程质量、安全、进度进行全面把控，从而达到项目管理预期目标。

（1）**工作制度。**制定全过程咨询服务项目内控管理制度、廉政制度，以规范项目管理。

全过程咨询服务项目内控管理制度包含内容：

1）投标评审及项目部组建制度；

2）档案资料管理制度；

3）项目计划管理制度；

4）勘察管理协调工作制度；

5）设计管理协调工作制度；

6）招标管理工作制度；

7）合同管理工作制度；

8）投资控制管理工作制度；

9）现场管理制度；

10）现场资料组卷制度；

11）工程变更及签证计量管理制度；

12）项目管理工作总结编审制度；

13）项目管理工程资料文件归档办法的规定。

（2）**对监理的管理。**监理工作对工程质量和安全的保证具有不可替代的作用，对隐蔽工程的验收和施工质量的旁站监督、施工设备维保检查、临空面等安全保护检查均需现场监理人员予以落实。

质量控制监理工作内容包括：

1）施工前准备阶段的质量控制监理工作内容：

①核查施工单位在施工前准备工作及质量保障情况；

②核查工程使用的材料、设备的质量，监理工程师从材料、设备的进场、存放、使用等方面进行系统的监督与控制；

③审查施工组织设计、施工方案及专项施工方法或工艺的质量控制体系是否完善；

④审查施工单位对施工环境与条件方面的准备工作，专业监理工程师在施工前对施工环境条件及相应的准备工作进行的检查。

2）施工过程中的质量控制监理工作内容：

①对施工单位的质量控制工作的监控；

②在施工过程中进行质量跟踪监控；

③建立施工质量监理档案，如会议纪要、监理月报等；

④施工单位完成隐蔽工程作业并自验合格后，填写隐蔽工程报验申请表，报送项目监理部，经检验合格，专业监理工程师签认隐蔽工程报验申请表予以确认，施工单位方可进入下一道工序施工，隐蔽工程验收如图5、图6所示。

图5 钢筋笼验收图

图6 梁板验收图

安全控制监理工作内容：

1）严格审查施工单位报审的各项专项施工方案，审查其是否有保证工程质量和安全的具体措施；

2）督促施工单位认真贯彻执行“安全第一，预防为主”的方针，国家现行的安全生产的法律、法规，建设行政主管部门的安全生产的规章和标准；

3）督促施工单位落实安全生产的组织保证体系，建立健全安全生产责任制；

4）督促施工单位对工人进行安全生产教育及分部分项工程的安全技术交底；

5）审查施工方案及安全技术措施；

6）检查并督促施工单位，按照建筑施工安全技术标准和规范要求，落实分部、分项工程或各工序关键部位的安全防护措施；

7）监督检查施工现场的消防、冬季防寒、夏季防暑、文明施工、卫生防疫等工作；

8）不定期地组织安全综合检查，可按《建筑施工安全检查评分标准》进行评价，提出处理意见并限期整改；

9）发现违章冒险作业的要责令其停止作业，发现隐患的要责令其停工整改。

（3）**加强合同管理和投资控制**。本项目参建单位众多，合同数量约 100 个，包括施工总承包合同、分包合同、各专业工程合同、检测合同、中介服务合同等，上述合同均需纳入合同管理范围。

通过建立合同台账，有效地对合同的订立、履行、变更、违约、索赔、终止等进行管理。在招标、竞标、直接发包过程中对合同条款进行严格审核，明确违约责任，预见合同风险，严格按管理制度逐级审核和会签。

严格控制工程变更和签证，优化施工设计。工程变更应首先考虑投资成本，如在施工阶段，在不影响房屋使用功能的情况下，考虑到本项目为毛坯房交付，入住户主需二次精装修，项目管理团队在施工图技术交底期间归纳毛坯房交房标准提出以下几点：

①取消墙面刷白，墙面腻子批白改为水泥砂浆粉刷拉毛；

②室内电线布置遵循一灯、一开、一插的原则，顶棚预埋管需到位；

③取消室内房间的内隔墙。

由于本项目住宅体量巨大，此举可节省投资约 1800 万元。

另外在本项目设计中有下沉式架空车库，设计人员为保险起见，架空车库地面为钢筋混凝土结构地面，设计类同地下室基础底板做法，项目管理部通过查阅地勘报告，发现本地块地下常水位远在底板标高以下，通过考察类似项目做法，可以改为常规停车地面做法而不影响车库使用功能，经与设计单位沟通，最终改为回填土分层压实，80mm 厚碎石垫层，200mm 厚 C30 混凝土地面抹平，设计修改节省投资约 870 万元。架空层地面做法价格比较如表 6 所示。

表 6　架空层地面做法价格比较表

架空层地面做法	综合单价（元 /m^2）	架空层面积（m^2）	总价（元）
C30 200 厚混凝土	160	16262	2601920
C30 400 厚钢筋混凝土	700	16262	11383400

（4）**设备品牌选择**。安置小区中电梯、太阳能、空气源、水泵等设备使用频率较高，通过了解宁波市其他安置小区，发现这些设备发生故障的情况屡见不鲜，给小区住户的日常生活带来较大的影响。对于这个问题，项目管理团队提出应该选取运行稳定、故障率低的知名厂家生产的设备，以增加小区居民的生活满意度。设备品牌表如表 7 所示。

表 7 设备品牌表

设备名称	电梯	太阳能系统	空气源系统	水泵
品牌	通力	海尔	美的	上海凯泉

四、服务的实践成效

某水库工程对水库枢纽工程、道路工程、安置房工程均有严格的开工、竣工日期限定，其中安置房项目设计方案的确定、主体开工、主体验收及竣工交付这几个里程碑式日期均已明确。项目管理团队自成立以来严格按照以上节点推进项目全过程咨询服务，经过近三年时间努力，目前项目按计划进度实现中间结构验收，能实现此实践成效的主要因素有以下几点。

1. 与业主充分良好沟通的重要性

2016 年 7 月，我公司中标某水库安置房项目项目管理，马上对接指挥部工程组、政策组、拆迁组，了解土地和地块拆迁情况，列出地块内管线迁移计划和地块内厂房及其他房屋最迟搬迁时间，同时协助测量组统计库区房屋拆除面积，提出异地安置对应面积计算方案。在此近四个月的沟通中，我项目管理团队与业主指挥部各部门无缝对接，各个事项较快达成一致，为以后项目征地、三通一平、方案设计、设计试桩等前期准备工作争取了时间。如在项目策划阶段，我项目管理团队提出场地东南侧的厂房会影响本项目的地质勘探进度，指挥部拆迁组在短时间内完成了对该片厂房的评估、赔偿工作；其他地块内苗木迁移、青苗赔偿等工作的及时推进为项目后期工作的开展提供了空间。在后来的设计标准、施工招标、品牌选择上想业主所想，积极建言献策，与业主建立良好充分的沟通是全过程工程咨询成功的关键因素。

2. 成本设计源头控制的重要性

（1）从设计源头上控制投资是全过程咨询管理的常规手段，通过与本区类似住宅小区成本比较，对本项目进行限额设计。某区安置小区造价比对表如表 8 所示。

在项目建设过程中，通过对预算（合同价）与概算的比较，关键点在于主要项目是否超概，整体是否超概。预算与概算对比表如表 9 所示。

表8 某区安置小区造价比对表

项目指标 \ 小区名称		某一号地块拆迁安置用房地块	某地块拆迁安置用房建设工程	某水库移民小区（预估价）	备注
占地面积（m^2）		63201	45969	205757	—
建筑面积（m^2）		175855	137069	396366	—
土建单方造价（元/m^2）		2344	2079	1850	—
安装单方造价（元/m^2）		321	286	255	包括给排水、消防水、电气、消防电气、暖通
附属	道路、排水单方造价（元/m^2）	611.30	797.51	862.00	按道路面积
	绿化单方造价（元/m^2）	280.22	无数据	300	按绿化面积
	景观单方造价（元/m^2）	281.29	无数据	300	按景观面积

表9 预算（合同价）与概算对比表

项目名称	概算（万元）	预算或合同价（万元）	占比（%）
主体工程建筑安装费	94340	90932	96.39
绿化景观	3400	3193	93.91
塘渣回填	1852	1211	65.39
太阳能及空气能工程	2457.4	1481.6	60.29
电梯工程	3240	3026.5	93.41

（2）本项目仅墙体和架空层地面优化就节省工程造价达1516万元，另通过设计场内土方平衡总图，综合利用山坡挖土、桩基坑挖土等土方进行场内回填，不仅使挖土方量和回填方量达到平衡，更节省了土方外运的费用。

3. 项目各阶段与移民保持沟通的阳光性

因本项目安置群体比较特殊，并且安置人数较大，需求各异，因此必须把移民的需求放在第一位，为民所想。项目方案从小区平面布置、户型、立面效果多次进行比较和调整，甚至不惜修改规划设计条件来打造移民想要的安置小区，从方案阶段图板展示到小区沙盘和实体参观介绍，本项目各个阶段公开透明，得到了移民的认可。实践证明与移民建立沟通非常重要，将小区的决策、设计、施工各个阶段向移民开放，保持项目进展的公开性、阳光性是项目全过程咨询顺利推进的关键。本项目沙盘如图 7 所示。

图 7 项目模型图

4. 项目风险的预估和规避

（1）工程材料的涨价风险。本项目设计开始时间在 2017 年上半年，钢筋、水泥等主要材料价格均在低位，概算报批时间在 7 月份，同年 10 月份，各类建材涨幅巨大（如表 10 所示），项目存在超概算风险，后经主要工程合同价与概算比较（如表 9 所示），认为 2018 年材料价格基本平稳，通过项目后期工程费用控制，不会出现超概算现象。

表 10 宁波市部分材料信息价（含税价）对比表

材料名称	2017 年 7 月	2018 年 1 月
螺纹钢	4034 元 /t	4457 元 /t
C30 商品混凝土（泵送）	380 元 /m^3	490 元 /m^3

（2）项目施工风险。项目施工风险主要集中在人工挖孔桩上，在设计扩初阶段，因本地块地质存在较厚的圆砾层，该圆砾层直径最大可达 100mm，且该层含泥量较高，受地下水浸入产生流质容易引起塌方，人工挖孔风险较大，后经项目部对人工挖孔桩和长螺杆桩每平方米建筑单价对比（如表 2 所示），结合单桩承载力计算，最终与设计院达成共识：15m 以上桩长尽量以长螺杆桩为主，15m 以内桩长尽量以人工挖孔桩为主，这样既规避了风险，又控制了打桩费用。

在其他施工风险管控中严格落实文明施工，对施工设备定期维保，临时用电三级保护，临空面等围护到位进行定期检查，对违反施工安全的做法及时予以纠正和整改。

5. 全过程咨询服务的价值实现

我项目管理团队在决策阶段，通过与业主沟通确定项目的定位；在设计阶段，通过设计任务书和合理化建议确定项目的建设标准；在施工阶段，通过合理安排施工进度、优化施工工艺，确保项目按计划进行。我项目管理团队在全过程管理中通过“以控制投资为核心”的工程咨询服务，让项目在质量、安全、进度上实现预期目标，也实现了全过程咨询服务的自身价值，促进了项目全过程咨询服务的推广。

专家点评

本项目属于比较典型的全过程工程咨询项目，项目类型为大型安置房小区，服务范围自项目决策阶段至项目保修期结束，咨询公司在项目策划阶段建设规模和方案设计阶段建设标准就开始介入咨询，在设计源头就较好地进行投资的把控，在限额设计的同时对项目设计方案进行了多角度优化，仅墙体和架空层地面优化就节省工程造价达 1516 万元。在项目施工阶段建立了完善的项目管理制度。最终项目在质量、安全、进度上实现预期目标，也实现了全过程咨询服务的自身价值。

点评人：张大平

北京求实工程管理有限公司

基于全过程咨询的理念，开展火力发电工程项目综合技术咨询管理

——中电联电力发展研究院

褚得成　康　可　张慧涛　蔡战友　王义先　庞奎民　金　龙

一、项目基本概况

某火力发电工程项目建设 4×350MW 超临界机组，主厂房布置在厂区中部，固定端朝东南，向西北扩建。由西南至东北依次布置配电装置、汽机房、除氧煤仓间、锅炉房、除尘器室、引风机室及烟囱等主要生产建（构）筑物，燃煤设施布置在厂区东北侧，水务区布置在主厂房东南侧，化学水处理设施布置在主变西南侧，燃油罐及泵房、废水处理站、氨区等生产辅助设施布置在煤场东北侧，其他附属辅助设施根据地形及场地条件因地制宜进行布置。厂址位于山区，厂区围墙内占地面积 $34hm^2$，平整土石方量 720 万 m^3。

汽轮发电机选用湿冷 350MW 机组，锅炉采用超临界循环流化床锅炉；工程项目以 220kV 一级电压 4 回线路接入电网系统，配电装置采用双母线分段接线；输煤系统一次建成，厂外汽车运煤，封闭煤场储量约 16 万 t；除灰渣系统为灰渣分除，采用干式机械除渣系统和正压浓相气力除灰系统；工程水源为地表水，岸边泵房取水，循环冷却水系统设置两座 $10000m^2$ 自然通风冷却塔，每台机组配 2 台循环水泵；水处理系统采用沉淀预处理后，设置一级反渗透加一级除盐和混床系统，处理水量 240t/h。

工程项目环保设施满足要求，每台锅炉配置双室五电场静电除尘器，综合除尘效率不低于 99.96%；炉内脱硫后，设置石灰石—石膏湿法烟气脱硫装置，脱硫效率不低于 98.0%；锅炉应用低氮燃烧技术，采用 SCR 烟气脱硝装置，脱硝效率不低于 90.0%，每两台锅炉合用一座 240m 高单筒双管烟囱；生活污水、生产废水经处理后综合利用，做到零排放；建设绿化隔声带降噪，主要设备均采取消声措施及厂房隔声。

工程项目静态投资约 56 亿元，动态投资约 58 亿元，建设项目计划总资金约 59 亿元。项目注册资本金 20%，其余资金通过项目融资方式解决。工程开工日期 2017 年 6 月 8 日，计划竣工日期 2020 年 12 月 31 日。

二、服务范围及组织模式

1. 工程项目管理服务的定位及优势

火力发电工程项目一般分为项目决策（前期）、项目采购招标、项目设计、项目施工准备、项目施工、项目验收投产、项目运维 7 个阶段，约 65 个活动（因工程项目特征有所差异），每个阶

段均包括集成（综合）管理、范围管理、安全与文明管理、环保与绿色建造管理、进度管理、成本管理、质量管理、人力资源管理、采购与合同管理、沟通（信息）管理、文档管理、风险管理 12 个领域。

火力发电工程项目建设一般包括设计、招标、施工、监理、造价等多个业务环节，每个环节均由不同的单位参与完成，建设单位和业主单位需要承担大量管理工作和潜在的责任风险，主要表现在：

（1）建设单位没有专业技术管理队伍，很难承担工程建设管理任务。多数人员是转岗、兼职开展管理工作，压力大、责任重、困难多，没有整体技术负责，项目建设的推动力弱。

（2）电厂建设涉及综合协调、技术把控、建设指导、工艺衔接等问题，需要有不同专业、经验丰富的专家对项目建设进行管理。

（3）EPC 承包模式中缺少对总承包商的监督与技术管理，可能造成项目建设标准低于预期，影响电厂投产发电。

（4）电厂建设的参建单位较多，各单位的服务水平、技术力量参差不齐，可能造成项目技术水平偏低，进而影响整个电厂建设质量，甚至会出现参建单位相互制衡和各项管理目标失控等现象。

（5）项目管理信息流通不畅，可能出现项目建设各参建单位的技术标准、管理程序、归档文件等不协调或不统一的现象。

项目管理服务的主导思路是：根据业主的需求，做好服务。简单点说，就是做好业主管理项目的参谋、军师，作为业主“总工办”的成员开展工作。因为现场已经有总包、监理、质检、运维等多家单位为项目建设开展管理工作，我们要开展的工作定位是“综合技术咨询管理”，协助业主组织、协调项目管理，在一定程度上监督工程参建各方是否按照合同、规定在履行职责开展工作，同时解决工程项目在建设过程中出现的综合性、关键技术、建设程序、原则方案等问题。由于综合技术咨询管理服务是站在第三方的角度开展工作，为项目提供综合性、指导性、监督性的服务，可以助力项目安全、环保、质量、进度、成本、沟通、物资、文档等领域的管理。

2. 服务范围及主要工作内容

主要为业主提供电厂在建设过程中的设计、采购招标、施工、验收投产四个阶段的技术咨询管理服务，重点是四个阶段的集成（综合）管理、质量管理、投资管理、沟通（信息）管理、风险管理，并协助文档管理等。

结合工程项目具体进展情况及工程所在地的特点，按照工程建设程序，提供综合技术咨询管理服务。

（1）服务的主要内容：

1）监督、检查工程项目参建单位的工作；

2）处理业主综合性问题；

3）协调参建单位间的接口问题；

4）协助业主梳理、完善工程项目建设管理制度；

5）提供业主委托的与电厂建设技术管理相关的服务；

6）为建设单位提供必要的技术咨询服务。

（2）进驻现场后当即开展的工作内容：

1）为电厂概算收口提供支撑；

2）为电厂签订总承包合同提供支撑；

3）参加主要项目施工图会审，提出建设性意见；

4）参与未招标采购设备的招标管理工作；

5）协助业主督促参建单位对施工现场安全、环保、质量、进度、造价、信息、文档进行管控；

6）检查工程安全、质量、进度、造价等方面的分析报告，提出增加投资效益、降低各类风险的控制措施和建议；

7）检查资金使用计划，合理计算建设期利息；

8）提供合同签订、变更、取消、索赔过程中法律、技术、商务等方面咨询工作；

9）参加主要工程质检验收工作。

（3）后续开展工作内容。

1）参加工程调试试运和投产移交阶段工作；

2）协助业主开展项目档案管理和档案移交工作；

3）检查工程项目竣工结算审核工作；

4）协助业主完成工程项目竣工决算的审核；

5）完成工程总结报告编制。

3. 工作目标和工作思路

帮助业主实现工程建设全面安全、环境友好、过程受控、达标投产的目标，使得投资效益最大化，事故风险最小化，努力把工程项目建设成为国内优质工程。

秉承以业主的需求为核心，坚持独立、科学、严谨、公正、务实的工作原则，为业主提供综合技术咨询管理服务。充分发挥研究院在电力行业前沿技术研究、技术咨询、造价咨询、项目管理等方面的引领优势，组织专家团队开展工作。将工程项目建设的技术、质量、进度、造价控制贯穿始末，以技术服务为主线，做好各方技术接口工作，协助业主做好综合管理工作，促进项目按照既定的里程碑计划顺利实施，实现安全稳定投产发电，创造良好效益。

4. 服务依据

咨询服务主要依据国家、行业有关规定，主要规范、标准如下：

（1）《国务院办公厅关于促进建筑业持续健康发展的意见》国办发〔2017〕19号。

（2）《建设工程文件归档规范》GB/T 50328—2014。

（3）《火力发电厂施工图设计文件内容深度规定》DL/T 5461—2013。

（4）《建设项目工程总承包管理规范》GB/T 50358—2017。

（5）《建设工程项目管理规范》GB/T 50326—2017。

（6）《电力建设工程监理规范》DL/T 5434—2009。

（7）《建设工程监理规范》GB/T 50319—2013。

（8）《火力发电建设工程启动试运及验收规程》DL/T 5437—2009。

（9）国家、行业和地方颁布的其他有关法律、行政法规、技术规范和标准。

（10）工程项目有关的各类合同协议、设计文件和技术要求等。

5. 咨询服务工作组织

（1）各参建单位的工作组织。

为保证工程建设质量，提高咨询服务水平，实现工程项目建设目标，咨询单位加强与业主单位、总包单位、监理单位、运维单位、设计单位、施工单位、造价咨询单位及招标代理机构等各参建单位间的沟通与协调，配合业主组织协调好各单位间的关系，促进工程项目的顺利开展。各参建单位的关系应理解为：从“合同关系”变成“监督关系”，最终形成“合作关系”，如图 1 所示。

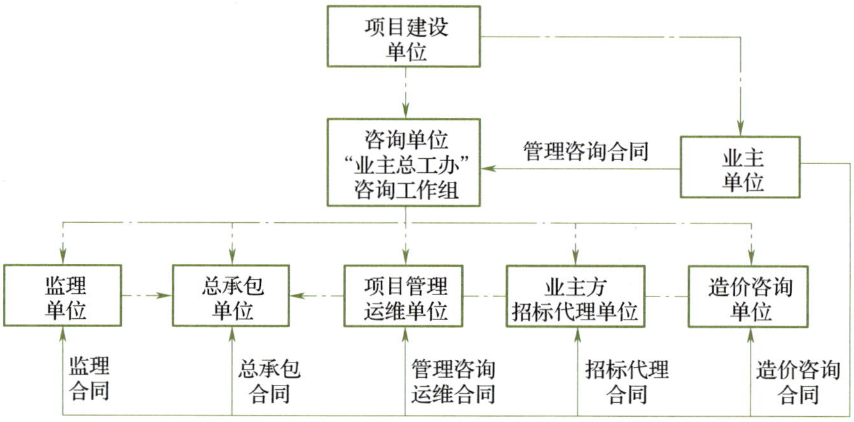

图 1　各参建单位工作组织关系图

（2）综合技术咨询管理服务组织。

1）工作组织：成立工程项目综合技术咨询管理项目部，主要领导为组长、副组长，副总工程师为执行组长。

2）现场人员组织：在工程现场设立咨询工作组，配置人员若干，其中：主要人员之一负责综合方面（联系、管理、文档、合同、保障等）工作；主要人员之二负责电厂整体协调方面（协调、逻辑、组织、应急等）工作；主要人员之三负责技术标准方面（从设计角度入手管控技术，解决现场技术问题）工作；主要人员之四负责项目施工方面（方案审查、费用管控、措施咨询、施工问题协调等）工作。

3）咨询单位内部人员组织：内部人员及专家配置若干，根据工作需要分担、处理现场过程管理事项，解决专业技术难题，随时进驻现场开展相应工作。

（3）各岗位职责。

1）项目执行组长职责：根据工作组长和副组长的指示与安排，全面负责和领导工程咨询项目部，完成咨询合同确定的各项工作任务，主要职责如下：

①确定咨询项目部人员分工和岗位职责；熟悉和掌握国家、行业工程建设标准、规程和规范，熟悉和掌握相关基建管理制度，组织咨询人员学习并贯彻执行；

②全面贯彻执行咨询单位管理手册、程序文件、管理制度；

③主持编写咨询规划、审批咨询工作大纲和实施细则；

④检查和监督咨询人员的工作，根据工程项目的进展情况进行人员调配；

⑤组织召开咨询工作例会，签发咨询项目部有关文件和指令；

⑥参加施工现场重大项目的安全、质量、进度、造价等事项活动；

⑦参加竣工结算、决算审核；

⑧参与或配合重大工程质量安全事故的调查和处理；

⑨参加启动验收阶段工程的质量检验，参加工程项目启动试运会议；

⑩审查并批准工程项目总结报告。

2）咨询工作组职责：全面配合落实业主现场管理工作，主要工作职责如下：

①协助业主对施工现场实施监督、检查；

②协助业主处理综合性问题，维护各方的合法权益；

③对进入现场的参建单位进行动态管理，协调和处理与项目管理有关的重大事项；

④协助业主开展安全与环保风险评价，参加现场安全、环保、质量、进度、造价管理工作例会，协助处理突发事件；

⑤定期汇总安全、环保、质量、进度、技术、造价的现场管理信息，编制分析报告，汇报业主单位；

⑥负责管理现场咨询工作组的日常工作。

3）执行单位内部人员及专家职责：

①承担现场分解工作；

②处理现场提交的技术问题；

③根据现场管理需要，随时进驻现场。

三、服务的运作过程

1. 设计阶段

设计阶段主要是施工图设计，提供服务如表 1 所示。

表 1　施工图设计提供服务表

序号	咨询服务项目	咨询服务内容
1	以安全、质量、进度、造价管控为主，编制设计阶段管理细则	（1）提出设计管理总体设想、目标； （2）明确设计管理主要职责； （3）依据工程建设的特点、难点，提出相应的对策； （4）工程建设法律法规、规程规范及技术标准的辨识； （5）设计过程监督及检查标准
2	以建设标准为依据，编制主要项目设计管理标准	（1）审核施工图的技术标准； （2）审核施工图的校审标准

续表 1

序号	咨询服务项目	咨询服务内容
3	协助业主审核施工图设计进度计划	结合施工进度计划，协助业主审核设计进度计划，督导检查，及时纠偏，保证工程施工图纸顺利交付
4	编制施工图会审标准	（1）要求到厂的施工图（白图）必须按照设计质量管理体系完成； （2）要求交给施工单位的图纸必须有设计监理签字

2. 采购招标阶段

采购投标阶段主要是为业主把好招标文件技术条款关，协助业主完成招标工作，提供服务如表 2 所示。

表 2　采购招标阶段提供服务表

序号	咨询服务项目	咨询服务内容
1	对招标工作进行复核	（1）复核招标方式、招标公告、招标最高限价文件、招标范围、标包划分、确定招标方式、承包范围、合同结算方式，投标资格要求、招标限价、标底核算、招标方案、评标委员会组建办法、评标办法、中标推荐原则以及时间进度安排等内容； （2）复核招标需求计划与工程建设进展、工程项目各级、各项批复、初步设计概算、技术文件和造价文件等资料方面内容是否一致； （3）复核招标流程内部审批、外部流程是否符合招投标法律法规及公司相关管理规定； （4）复核投标文件是否完整、总体编排是否有序、文件签署是否合格、投标人是否提交了投标保证金、有无计算上的错误等方面工作； （5）复核中标过程及结果是否符合招投标法律法规及公司相关管理规定
2	审核合同管理制度，审核合同管理过程	（1）审核合同管理制度职责是否清晰、审批流程是否规范合法、管理环节是否顺畅； （2）对合同文件（含标准工程建设合同文本）的承包范围、合同结算方式、考核方式、违约责任等条款的适用性、严谨性进行审核，审核合同条款的依法合规性，严控法律风险； （3）按照合同管理要求，定期对合同履行、变更、争议等方面进行审核及评价； （4）审查合同统计、分类管理情况； （5）对存在问题及时反馈，形成审查及纠偏报告，降低杜绝后续隐患和法律风险
3	协助业主审核合同预付款	（1）审核预付款支付条件是否满足，检查相应支持性材料； （2）核实预付款金额是否与合同一致
4	协助业主审查设备、材料的采购过程	（1）审查招标过程中设备招标、材料采购物资的技术要求和技术规范书； （2）根据工程实施进度，审核物资供应进度计划的合理性； （3）参与物资的评标工作，代表业主方监督检查投标方和招标方技术要求、技术规范书的一致性

3. 施工阶段

工程项目建设实施阶段主要是做好涉及技术管理方面的各项工作，并协助业主完成施工过程中的综合管理工作，提供服务如表 3 所示。

表 3 施工阶段提供服务表

序号	咨询服务项目	咨询服务内容
1	参加项目周例会	提出有针对性地解决问题方案及下一步工作计划
2	参加主要工程项目施工图会审、设计交底	（1）提出与建设标准相关的问题与建议； （2）协助督促落实交底纪要中的相关问题
3	协助业主对施工现场进行检查，审核检查报告，并及时向业主汇报，提出整改建议	对施工现场安全、质量、进度、人员配备、持证上岗、安全文明施工、风险管控、监理单位到位及执行情况等方面进行检查，保证工程顺利推动，检查、协助管理的具体工作内容如下： （1）检查物资、材料准备是否满足工程连续施工的需要； （2）检查施工单位工程的特种作业人员是否满足施工需要； （3）对进场的分包商主要人员、施工机械、工器具、施工技术能力等条件进行入场验证，并动态核查； （4）对两个及以上施工企业在同一作业区域内进行施工、可能危及对方生产安全的作业活动，组织签订安全协议； （5）检查关键工序及危险作业，开展施工安全风险识别及风险评价，制定针对性的预控措施，并监督落实； （6）检查施工现场是否具备安全文明施工条件，对安全文明施工不满足要求立即整改，满足要求方可开展工作； （7）检查施工安全管理及风险控制方案、危险性较大分部分项工程专项施工方案、工程施工强制性条文执行等落实情况，监督安全隐患闭环整改； （8）监督检查安全文明施工标准化要求在工程项目的有效落实以及安全文明施工费的使用； （9）对工程关键部位、关键工序、特殊作业和危险作业等督促有关单位进行旁站，对重要设施和关键程序进行安全检查； （10）参与项目安全事故（件）调查分析与处理； （11）对承包商报送的施工方案或作业指导书，进行关键部位、关键工序审核； （12）督促各参建单位对工程施工质量进行巡视，检查是否按设计文件、批准的施工组织设计、（专项）施工方案施工； （13）参与质量事故处理； （14）审核重大（费用 5 万元以上）变更联系单； （15）检查承包商为工程提供服务的试验承包商资格，包括试验室的资质等级及试验范围，法定计量部门对试验设备出具的计量检定证明，试验室管理制度，试验人员资格证书； （16）发现实际进度与计划进度存在偏差时，应分析进度偏差产生原因，采取组织措施、技术措施、合同措施、经济措施等进行纠偏；需要调整设计、施工进度计划时，督促设计、施工在里程碑计划节点范围内进行调整； （17）参与解决现场参建单位的技术、质量争议、人员交叉作业等各方面问题； （18）对检查发现问题及时协调沟通解决，遗留问题及时向业主汇报，形成检查报告，提出整改建议

续表 3

序号	咨询服务项目	咨询服务内容
4	参加工程协调会	参加工程协调会议，协调施工现场出现的安全、技术、进度、质量、造价等问题，并及时向业主汇报
5	抽查强制性条文执行情况	（1）监督检查施工单位报送的施工强制性条文执行计划； （2）施工过程中检查强制性条文执行情况，落实相关资料的真实性、有效性和同步性；发现问题责令限期整改，跟踪、督促整改，完成强制性条文的执行工作
6	审核分部、分项工程重大专项施工方案	（1）审核分部、分项工程重大专项施工方案和技术方案的可行性； （2）审核专项施工方案的安全组织、技术控制措施的可行性； （3）审核专项施工方案人员配置情况的合理性； （4）审核专项施工方案的资金投入的合理性
7	定期对质量管理计划执行进行监控，提出监控纠偏建议	定期对施工、监理单位质量管理过程文件收集整理、统计分析，监控执行与及时纠偏，形成分析报告并向业主汇报
8	工程实施阶段造价咨询管理	（1）协助业主协调运维公司、财务部、监理及总承包方与造价咨询单位的配合； （2）审查造价咨询单位对重大（费用 5 万元以上）工程联系单是否及时估价； （3）审查造价咨询单位是否在及时处理工程签证结算； （4）审查造价咨询单位是否及时更新过程中的概算动态管理
9	定期检查施工单位应急预案培训及演练情况	定期检查施工、监理单位应急预案培训及演练情况，总结分析存在问题，提出提高处置能力方法，不断提升事故应急处置能力
10	参加主要项目质量监督检查	（1）检查有关图纸、技术文件、质量标准、施工记录、检查报告、验收签证和施工技术措施（或作业指导书）等文件资料； （2）检查施工单位有关工程现场实测施工建设情况、施工质量和自检情况； （3）检查有关技术文件、资料和施工安装记录，测试检验报告，验收签证及施工措施等方面资料； （4）抽查施工、安装关键工序和重点项目，核查施工记录，验收签证； （5）检查监理单位质量监督检查记录、报告； （6）对监检结果做出综合评价，对发现的问题提出处理意见和建议，跟踪检查施工单位整改情况，并向业主汇报
11	审核重大合同变更及执行	（1）严格审查承包商提出的重大（费用 5 万元以上）合同变更申请，对发生的变更内容进行认真分析，论证其对“三大控制目标”的影响，以及可能引起的连带索赔风险等提出审查意见； （2）督促、检查承包商按照会签后的工程变更意见实施情况； （3）审查合同变更是否按照国家法律法规及公司相关规定进行审批，并协同业主做好合同变更统计工作； （4）审核因实际需要对合同的承包范围、承包方式、质量、工期、违约责任、合同价款、结算、变更等实质性条款或双方权利义务进行变更时，变更事件发生前是否及时签订补充合同或协议； （5）审核合同变更依据现场记录和审批手续等变更资料是否齐全和合同变更原则是否及时进行，避免造成损失

续表 3

序号	咨询服务项目	咨询服务内容
12	协助业主执行合同	（1）应了解合同争议情况，及时与合同争议双方进行磋商，提出处理合同争议的意见； （2）在合同争议的仲裁或诉讼过程中，应按照仲裁机关或法院要求提供与争议有关的证据，应及时收集、整理有关工程的原始资料（会议纪要、声像资料、合同协议、验收记录、签证资料、合同双方往来文件等），为处理费用索赔提供证据； （3）当承包商的费用索赔要求与工程延期要求相关联时，可提出费用索赔和工程延期的综合处理意见，并应与项目法人和承包商协商； （4）因承包商原因造成项目法人损失，应提出反索赔建议，并与项目法人和承包商协商
13	审核并网前安全风险评价	（1）组织专家组依据地区电网并网条件，对发电机组并网运行的最基本要求（主要包含对电网和并网发电机组安全运行可能造成严重影响的技术和管理内容）必备条件和电气一次设备及系统、电气二次设备及系统、调度运行三个方面进行审核； （2）对并网发电机组及直接相关的设备、系统、安全管理工作中影响电网和并网发电机组安全稳定运行的危险因素进行辨识和分析的安全自评价进行审核； （3）审核自评报告及相关支持性批复文件，向地区电监办提出申请，并协助业主单位办理发电机并网工作

4. 验收投产阶段（验收、启动、试运、移交）

验收、投产阶段主要是确保项目顺利完成竣工验收工作，协助业主完成投产移交过程中的管理工作，拟提供服务如表 4 所示。

表 4　验收、投产阶段提供服务表

序号	咨询服务项目	咨询服务内容
1	审核调试启动大纲	审核调试大纲编制依据、机组设备系统概况及特点、调试单位人力资源及试验仪器设备的配备是否满足项目调试的要求，启动试运的组织与职责分工、调试阶段管理程序、调试作业指导书、重要调试项目原则方案、主要调试项目控制节点设置、调试安全、质量目标及保障措施、防止重大事故预案及机组调试计划网络图，提出整改措施和建议
2	检查工程安装施工阶段调试工作	（1）检查试验记录、系统试运条件检查确认表以及调试（单体）需用仪器的准备工作。 （2）对发现的问题提出整改措施和建议
3	参加分部试运及验收工作	参加机组分部试运阶段，具体工作内容为： （1）参加分部试运组调度会、单机试运及验收、系统试运条件检查、参加设备或系统联锁保护逻辑传动工作； （2）检查分系统调试措施交底及记录情况、参加分系统试运条件检查、给予分系统试运技术指导和检查设备系统试运记录、检查填写分系统调试质量验收表等工作，对试运中出现的问题提出解决方案或建议

续表 4

序号	咨询服务项目	咨询服务内容
4	参加整套试运及验收工作	参加机组分部试运阶段，具体工作内容为： （1）参加试运调度会，参加整套启动试运条件检查确认工作； （2）检查整套启动和各项试验前调试、试验措施交底记录； （3）检查各项试验，全面检查机组各系统的合理性和完整性； （4）参加试运值班，监督和指导运行操作； （5）检查试运记录； （6）参加机组进入和结束满负荷试运条件检查确认； （7）检查机组整套启动试运调试质量验收表和机组调试质量评价表； （8）对试运中出现的重大技术问题提出解决方案或建议； （9）参加启动验收委员会末次会议； （10）检查整套启动试运后质量监督检查报告
5	参加机组交接及验收工作	（1）检查各项调试报告编写、审核、批准及印刷出版等方面工作完成情况； （2）协助业主办理机组移交生产手续； （3）配合继续完成调试合同中未完成的调试或试验项目
6	协助业主编写消防、环评、水保等专项验收计划	（1）根据相关标准和规程规范，编写工程环保、消防、水土保持、档案、劳动安全与职业卫生、特种设备锅炉压力容器、起重机械、防雷接地等专项验收计划； （2）提出设计、监理、施工单位在专项验收中的职责和应准备的资料
7	参加专项验收	（1）参加业主单位组织的自查工作； （2）参加有关国家行政主管部门进行专项验收
8	协助业主完成工程移交工作	（1）168 试运行结束后，具体协助业主移交的工作内容如下： （2）检查移交资料［如一套完整的施工图纸（含设计变更通知及变更图纸）、设备清单、设备厂家资料、交接试验报告、设备定值清单以及专用工器具、备品备件等］资料的完整性，及时协助业主办理并签署《工程移交生产交接书》； （3）检查设备台账规范完成信息录入的准确性，保证工程投产后至竣工资料整体移交前运行维护的需要； （4）协助业主组织生产运行部门和设计、监理、施工单位完成工程资料的审查、补充、修改和完善，将运行、检修所需要的工程资料移交生产运行部门归档； （5）协助业主组织的移交办理工作，具体为参加生产运行部门对启动投产过程的试验、运行记录、设备状态等检查核对工作，参加遗留缺陷基建部门和生产运行部门共同确认工作，参加明确工程移交的范围和工程资料清单工作； （6）参加对于业主单位与其他运行单位之间的工程移交，由启委会组织相关单位办理工程移交手续，并按运行单位要求办理代运行维护协议； （7）参与电子化移交工作，基建项目资料电子文档由建设单位组织设计、监理、施工单位以 U 盘形式移交给运行部门。基建项目资料设备信息由设计、施工单位录入，经监理、业主项目部以及运行部门逐级审查、验收，最终将基建项目新建或更换的设备在一体化信息系统中转为运行状态

续表 4

序号	咨询服务项目	咨询服务内容
9	协助业主梳理合同，分析合同执行情况	协助业主梳理合同，分析合同执行情况
10	协助业主进行成本管理	（1）检查造价咨询单位过程结算的及时性； （2）协助业主解决竣工结算中的问题； （3）检查工程汇总结算（表二）、竣工决算； （4）审核造价分析报告

5. 总结阶段

总结阶段主要是协助业主完成项目管理总结，拟提供服务如表 5 所示。

表 5　总结阶段提供服务表

序号	咨询服务项目	咨询服务内容
1	协助业主完成项目管理总结	（1）监督、检查工程项目各参建单位编写工程项目总结报告，报咨询单位和项目法人； （2）编制工程总结报告，报项目法人和研究院

6. 咨询服务保障措施

（1）进度保障措施。

针对项目咨询服务内容，紧密结合工程特点，科学合理编制咨询服务大纲，进驻现场开展综合技术咨询管理服务。

1）人力保障措施：针对咨询服务工作量与工程特点，制定综合技术咨询管理服务人员配置计划和岗位职责，满足咨询服务的岗位需要。配备具有丰富的电厂工程设计、施工、管理经验的专家，进驻现场开展服务工作；内部组织技术、管理服务团队，针对工程项目咨询工作提供支撑。

2）经济措施：制定合理的经济奖励计划，充分调动咨询人员的积极性，对按时完成工作任务的咨询人员予以经济奖励，对没有按时没完成工作计划的咨询人员进行原因分析，提出改进措施。

3）物资保障措施：咨询工作组配备性能优良的办公设备和设施，以确保按期完成咨询任务。

（2）质量保障措施。

1）咨询业务质量控制：

①对咨询人员对进行专业技术和工程管理方面的相关培训；严格按照“综合技术管理咨询工作大纲”及质量体系相关制度开展咨询工作。

②咨询业务的原始资料、文件、纪要等齐全、有效；采用的计算方法、软件等符合有关规定，并确保正确、可靠。

③咨询工作的原始记录和表格填写清楚，并经作业人员检查、签字。

④咨询工作组进驻现场，对工程项目实时跟踪，并对工程资料进行全面检查、分析、评价，及时纠偏，保证咨询业务质量。

2）咨询成果文件的质量控制：

①工程咨询成果要依据咨询工程的类别、内容，按照审核程序对成果文件、报告、表格等资料实行分级审核，并由咨询工作组各级人员签字。

②咨询成果文件满足国家有关法规、规范、标准规定的要求。

③咨询成果文件、资料按时存档、限期保存。

3）沟通机制：

①为保障咨询服务工作顺利开展，按照业主单位有关工程管理等文件要求实施沟通汇报，确保咨询单位与业主单位、工程项目各参建单位以及咨询团队内部间的信息进行有效交流和沟通。

②沟通分为口头和书面两种形式，认真执行沟通汇报机制，以实现组织机构内部和外部的沟通交流，确保沟通渠道畅通，并能够解决实际问题。

四、服务的实践成效

1. 咨询工作组成为项目建设单位和业主单位的得力助手

由于项目建设单位没有专业技术管理队伍，很难承担工程建设管理任务，多数人员是转岗、兼职开展项目管理工作，缺少全建设周期统一的技术管控能力。电厂建设是由一家设计单位总承包，组织了 8 个单位施工。总包单位关注的是如何节约投资，分包单位研究如何得到更多的利益；监理单位对于总包模式下如何开展监理工作缺乏研究，习惯于业主建设管理模式下的工作方法，没有切实可行的监理工作纲要，弱化了现场的监督管理工作；运维单位偏重电厂投产后的运行管理，对电厂在建设期的管理工作流于形式。综上所述，各单位的服务意识、服务能力本位化，弱化工程项目管理，在一定程度上造成项目技术水平偏低，设备出力不足，进而影响整个电厂建设质量。在单位工程竣工验收、分系统调试等方面出现质量不合格，安全环保设施不到位的现象。咨询工作组作为建设单位和业主单位的参谋团队，基于全过程咨询服务的理念，贯彻“项目好，大家好”思想，从电厂全寿命周期经济利益最大化出发开展咨询工作。

（1）从设计入手，为业主把控主要设备技术关：咨询工作组对电厂主要设备、一辅设备、二辅设备共计 38 个类型近 150 台套进行了复核，发现部分关键设备的技术参数和初步设计文件不一致，对电动给水泵扬程、渣仓容积、水源地取水泵型号等和初设不符等设计问题提出了咨询意见，要求总承包单位进一步完善改进，以保证项目投产后的安全、稳定运行。

（2）从技术标准入手，为业主把控质量、安全关：咨询工作组在现场牵头开展了锅炉水压、汽机扣盖等阶段性质量预监督检查，并对锅炉大板梁吊装、发电机定子吊装等重大专项方案进行评审；组织召开受热面焊接质量控制、冷却塔池壁裂纹控制等技术专题会议。在对另一个电厂已经批准的大板梁吊装方案复查时，发现该方案存在较大漏洞，水平荷载受力计算不符合《电力建设安全工作规程　第 1 部分：火力发电》DL 5009.1—2014 规定，咨询工作组提出意见后，得到业主单位、监理单位、施工单位高度重视，几番论证，重新修改吊装方案，将单台起重机械由 350t 换成 400t，降低了大型构件高空吊装作业的安全风险。

（3）发挥技术专家团队优势，处理解决现场争议问题：由于工程项目建设管理各方立场不同，对现场部分工作的范围持有不同意见，导致发生争议。咨询工作组发挥专家团队优势，根据相应的规程、规范，提出了明确的指导意见。

1）第三方沉降观测委托问题。因总包方和业主单位就第三方沉降观测事宜由哪方对外委托产生争议，现场第三方沉降观测单位迟迟未进场，影响到现场结构施工，并存在一定的安全隐患。咨询工作组结合 2013 年版《火力发电工程建设预算编制与计算规定》（国能电力〔2013〕289 号）中对沉降观测的解释，提出施工沉降观测点的制作、安装、施工期间的沉降观测，均由总承包单位负责的指导意见。

2）特种设备安全监测委托问题。锅炉受热面焊接工作开展前，应按照《特种设备安全监察条例》（国务院令〔2009〕第 549 号）规定，对现场特种设备进行安全监测，由于总包单位和业主对由哪方委托安全监测工作存在争议，该项工作迟迟未开展。咨询工作组结合概算中总包费用划分表以及项目管理正常程序，提出明确意见，该项工作应由总承包单位负责。

3）总包模式下设计完善的责任划分。该项目在分部试运期间，发现现场多处阀门及设备缺少操作检修平台，存在安全隐患。总包单位以无设计为由，拒绝增加平台。咨询工作组提出总承包商负责设计，必须满足工程建设强制性标准、国家规定的建设工程设计深度要求，不得在设计过程中以“优化设计”为名更改设计原则及标准。总包单位为之负责的工作成果是满足发包人要求的工程项目，而不仅仅是设计图纸，对业主提出部分位置增加平台的合理要求，必须予以完善。

（4）抓住投资管理核心，合理降低工程造价：项目为总承包模式，承包方式为概算下浮，因此明确总承包合同范围与界面划分以及概算中业主费用与总承包费用之间的划分，显得尤为重要。咨询工作组充分发挥造价咨询优势，牵头开展电厂总承包合同评审，提出 16 条投资管理的原则意见，初步估计为业主节约投资 3500 万元；同时对重大合同变更及执行情况进行审核，对造价咨询单位处理签证的及时性及合同管理的规范性进行监督。

（5）树立行业标杆，引导工程项目规范建设管理：

1）在工程项目建设过程中，咨询工作组避开监理、运维单位关注的“质量通病”及“习惯性违章”，结合规程规范，对关键施工项目有针对性提出必要的、可行的技术和安全要求。收集了国内优秀火电工程项目的质量和安全文明施工资料，从行业管理的高度，要求现场各参建单位进行学习并执行。

2）为保证机组吹管及整套启动试运的质量，针对试运过程中暴露出的设备质量问题多、设备缺陷处理较慢、一些分系统未进行最终调试完成等问题，咨询工作组根据有关规范、标准，结合现场安装调试的具体情况，整理下发《机组整套启动前应具备的条件》的书面咨询意见，要求现场各级单位执行。

（6）及时发布信息，畅通沟通渠道：咨询工作组在工地现场每半个月出版一期《工作简报》，从“新闻动态”“项目动态”“工作动态”“技术管理”“通告周知”5 个栏目及时发布信息，为工程项目建设管理提供服务。每个月整理出版一期《工作月报》，从“项目实施情况”“本期工作情况”“问题清单及建议”“大事记”“需协调事项及建议”“下期重点工作”6 个板块动态总结工程项目的实施情况，在分析问题的同时，明确工作重点。充分利用工作简报、月报、专项汇报等形式，对项目动态、咨询工作开展情况、技术管理、政策解读、存在问题等及时通报建设单位、业主单位及各参建单位，畅通了信息沟通渠道。

2. 行业技术、标准执行的有力推动者

现行的有关投资、规划、设计、施工、监理、造价、招投标等相关的法律、法规、规章和标准、规范，是工程项目建设管理的基础和保障，也是开展咨询服务的基础和依据。

（1）核查技术资料的合规性。在工程项目施工过程中，对设计图纸、设备参数进行审核，审核其标准的合规性；对施工组织设计、施工方案、作业指导书进行检查，检查其是否符合行业技术标准，是否符合规程、规范、标准的要求，并提出改正的建议和意见。

（2）检查现场施工标准的有效性。针对工程项目施工的范围与内容，编制现行有效规程、规范、标准清单，并在项目上进行公布，防止工程执行过期的版本。

（3）及时宣贯国家、行业最新颁布的法律法规、规程规范。从源头抓起，对国家、行业发布的新规范、新标准及时向各参建单位公布消息，要求对过期的规范、标准停止使用，如：

1）2019年2月，李克强总理签署中华人民共和国国务院令第708号，正式颁布《生产安全事故应急条例》，自2019年4月1日起施行。

2）国家能源局2018年第16号公告发布《循环流化床锅炉防磨技术导则》《循环流化床锅炉检修导则　第1部分：总则》等7项标准，自2019年5月1日起正式实施。

3）2018年11月19日发布的《危险化学品重大危险源辨识》GB 18218—2018于2019年3月1日已正式实施，同时废止2009年版本。

4）2019年1月3日，住房和城乡建设部印发《建筑工程施工发包与承包违法行为认定查处管理办法》（建市规〔2019〕1号），自2019年1月1日起施行。

3. 合同管理与执行的协调者

合同管理是工程项目建设质量控制、进度控制、投资控制的重要依据。电力工程合同内容复杂、涉及专业种类繁多，执行与管理难度大。该项目事前已签订总承包框架协议，由于业主方专业水平有限，协议存在权利与义务不对等、协议条款表述不严谨等问题，导致签订正式合同时，双方对框架协议部分条款产生分歧及争议。为此，咨询工作组牵头组织了总承包合同内容评审及承包概算评审。

（1）合同内容评审。咨询工作组对总承包合同性质、暂定金额、工期要求、质量标准、延期付款利息、工期延误损失赔偿、其他费用（尤其是项目法人管理费、预备费）划分、增值税税率降低的影响、变更项目的界定及结算原则等双方有分歧的关键点逐条逐款讨论和落实，提出评审意见，为业主把握好总体水平，控制合同风险。

（2）承包概算评审。在承包概算评审方面，咨询工作组提出第三方评审概算原则上应执行初步设计收口评审意见，并对相关评审原则进行了解读。建议根据现场实际施工情况，核减承包项目中没有施工的单位工程、降低标准、减少工程量的费用；核减设备性能、参数、出力、标准低于初步设计标准的费用。同时，对于总包已签订的设备采购单价高于限额设计时，建议核实设备采购合同后，根据实际签订价格计入承包概算。为业主降低工程费用，提高投资效益。

4. 电力行业开展全过程咨询标准的组织编制者

目前，电力行业尚无开展全过程咨询工作的标准，相对制约了全过程咨询工作的开展，使得建设单位、咨询单位、管理单位在实施中遇到组织、标准、费用、配合、沟通等方面的问题。在开展工程项目全过程咨询实践中，只能暂时参照相关省市建筑领域发布的标准执行。对于设备费、其他费用占比高达 70% 左右的电力行业有很多不适用的地方。

中电联作为电力行业标准归口管理单位，从“立足行业、服务企业、联系政府、沟通社会”的功能定位，为了适应电力行业工程项目建设管理所面临的新形势，进一步规范工程项目全过程咨询工作程序与内容，梳理工程项目建设管理过程中的主体与客体关系，提高工程项目技术与经济管理的能力与水平，实现项目投资效益与项目投产效益双赢目的，通过开展综合技术咨询管理工作，总结经验与做法，组织开展了电力行业全过程咨询标准和依据的制定工作。

目前,《电力行业工程项目开展全过程咨询工作指导意见》(以下简称《指导意见》)已经起草编制;《电力工程项目全过程咨询服务导则》(以下简称《服务导则》)已经被列为电力行业 2019 年标准化项目，中电联电力发展研究院将组织有关单位起草编制，计划 2020 年底完成;《电力工程项目全过程咨询服务指南》(以下简称《服务指南》)初稿在 2018 年已经编制完成，为了配合指导意见、服务导则的应用执行，在 2019 年全面改版升级，计划在 2020 年发布实施。

《指导意见》《服务导则》《服务指南》分别从要求、导向、操作三个方面指导电力行业规范、标准、客观、公正开展全过程咨询工作，具有一定的科学性、指导性、先进性。

5. 执行全过程咨询服务的践行者

2017 年 2 月,《国务院办公厅关于促进建筑业持续健康发展的意见》(国办发〔2017〕19 号)文件，明确提出“培育全过程工程咨询”。2019 年 3 月，国家发展改革委办公厅、住房和城乡建设部办公厅下发了《关于推进全过程工程咨询服务发展的指导意见》(发改投资规〔2019〕515 号)，明确指出要以综合性工程咨询促进投资决策科学化、以全过程咨询推动完善工程建设组织模式、强化保障措施推动示范引领等，要求各级政府主管部门要引导和鼓励工程建设采用全过程工程咨询模式。

中国电力企业联合会积极响应国家号召，鼓励中电联电力发展研究院于 2018 年 3 月在某电厂率先开展了火力发电工程项目全过程咨询工作。工作定位是以业主“总工办”的身份，开展综合技术咨询管理工作，用经济尺度、质量准绳、进度目标、运维标准，监督工程项目参建各方按照合同、规定履行职责开展工作。同时协调解决工程项目在建设过程中出现的综合性、关键技术、建设程序、原则方案等问题。行使总工办管理职责，对该电厂全建设周期的安全、环保、质量、进度、成本、信息、档案等进行监督管理，并承担与咨询管理相关的责任。

经过近两年的现场工作实践，研究院秉承以业主的需求为核心，坚持独立、科学、严谨、公正、务实的工作原则，为业主提供综合技术咨询管理服务。充分发挥了研究院在电力行业前沿技术研究、技术咨询、造价咨询、项目管理等方面的引领优势，将工程项目建设的技术、质量、进度、造价控制贯穿始末，保证项目按照既定计划顺利实施，创造了良好效益，得到了建设单位和业主单位的高度认可，成为电力行业开展全过程咨询服务的践行者。

专家点评

本案例以火力发电项目建设为对象，提供了集成（综合）管理、沟通（信息）管理、风险管理，协助文档管理等综合技术咨询服务，涉及了设计、采购招标、施工、验收投产四个阶段。咨询服务过程中，咨询单位组建了包含综合管理、整体协调管理、技术管理、施工管理等方面的咨询团队，作为建设单位的得力助手，协助建设单位开展了现场安全、质量、技术、造价综合管控等各项管理工作，尤其是在技术管理方面，借助咨询单位本身为研究院的条件，为建设单位提供了强大的技术支持，协助建设单位解决了现场争议。本案例为电力行业开展全过程工程咨询服务提供了借鉴。

点评人：张超

天职（北京）国际工程项目管理有限公司

某商业广场项目 BIM 技术助力投资管控全过程咨询案例

——内蒙古和利工程项目管理有限公司

冯 辉 徐 波 王俐丹 赵 伟

一、项目基本概况

1. 基本信息

某商业广场项目由内蒙古和利工程项目管理有限公司承担全过程咨询管理任务（PM）。项目位于城市交通枢纽核心区，是该市首个以青城特色文化体验为核心的“青城印象”主题商业群落。该项目作为城市对外展示的特色名片，备受政府及各界关注，如图 1 所示。

图 1 某商业广场项目外观效果图

项目总建筑面积 85712.97m^2，其中地下 40488.16m^2，地上 45224.81m^2。项目总投资约 3.0 亿元。工程结构形式为框架剪力墙结构，筏板基础，结构设计使用年限为 50 年，抗震设防烈度 8 度。本项目地上共有两栋单体建筑，分别为商场与公寓，地下共三层。其中，地下一层为商场、库房、相关机房，地下二层、三层平时为车库，战时为核五级常 6 级甲类防空地下室。

本实施案例采用全过程工程咨询的建设管理新模式。结合管理实际，除了传统的招标采购、造价咨询外，更深层次的运用 BIM 技术，体现出全过程工程咨询各阶段的实施价值点和技术路线。运用系统工程学的原理，价值工程学的体系，确定出“统一规划、顶层设计、目标确认、目标拆分、资源匹配、过程控制、调整优化、结果评价”的主旨思路，保障全过程工程咨询工作的展开，实现“事先既定有限资源发挥最大价值”这一工程管理的目标。

2. 项目特点

（1）**高品质。**作为重点打造的首府形象展示标志性工程，本项目从规划、设计、施工及运维方面，均有严格的品质要求。

（2）**功能复杂。**项目包含商场、影院、餐厅、loft 公寓，人防等功能，各类功能相互穿插又协调统一，从而满足多种使用需求。项目地上部分对吊顶的高度有严格限制，导致管道安装空间较紧张。地下部分包含超市、各类机房、人防等工程，机电管线复杂。

（3）**技术复杂。**项目包含给排水、通风空调、消防、采暖、电气、智能、人防等 23 种专业的机电管线，其中人防专业就达 5 种，地下多处降板，机电管道综合排布难度较大。

同时，施工场地狭小，南侧为汽车客运站，北侧为城市主干道。施工区域内包含材料堆场，加工区以及办公区。因建设工期要求紧，机电管道管综复杂，各专业施工必须紧密配合。为了提升项目投资控制能力，需 BIM 技术辅助进行施工场地及临建优化。在建设初期进行图纸验证、提出管线综合优化建议、进行机电管线深化设计排布，避免在建设过程中出现返工、窝工等现象，事前解决问题，以达到节约材料、工期等目的。

（4）**协同难度大。**项目参与方众多，包括业主、可研咨询、勘察、设计、招标代理、造价咨询、总承包、专业承包、劳务分包、监理、法律咨询、材料设备供应等数十家参与单位，项目信息的传递、互动面临很大挑战。借助 BIM 协同平台提升可视化沟通、组织管理、投资增效，本项目 BIM 咨询体系的参与方多达 10 余家，利用 BIM 协同管理平台进行在线化办公，保证了项目信息实时对等，在线化的模型浏览保证各方可以及时针对模型进行可视化沟通，随时随地探讨相关节点问题，避免网状交流模式和信息遗漏。高效的协作沟通模式保证了本项目信息准确表达与传递。

（5）**管理共识难。**经多次会议及交流碰撞，最终各方管理层需高度认可，统一目标，基于投资管理目标型为主线的管控模式。以投资控制为核心，以合同管理为基础、以事前控制为重点、以信息化 IT 为手段、以 BIM 技术为支撑的精益全过程工程管理。成立了本项目 BIM 协同管理中心，管理中心相关人员制定了适合于本项目的 BIM 应用方案，实现多家高管齐抓、方案清晰，避免 BIM 盲目应用，后期执行困难等问题，为后续 BIM 协同应用打下良好环境。通过 BIM 协同管理中心，下设多个分组，协同多家单位相关人员，共同实现 BIM 规划目标。

二、服务范围及组织模式

1. 咨询服务范围

我公司受业主委托，采用全过程管理咨询模式（PM），运用 BIM 技术对整个项目投资管控及项目参与方进行协同管理。对本项目从投资决策到竣工交付的各个阶段提供技术咨询和管理咨询服务，概括内容如下：

（1）**投资决策阶段。**协助建设单位进行投资分析与管控、风险分析、建设方案编制、审批备案。根据建设单位的投资与需求意向，通过 BIM 技术分析项目建设的必要性，针对功能设置、建设规模、项目选址等方面提出合理建议，确定项目规划、设计的基础条件。运用 BIM 技术对项目方案进行虚拟建造，测算投资目标。

（2）**勘察设计阶段。**建立 BIM 模型，对设计方案、初步设计文件、施工图设计文件进行相应的设计优化。对估算、概算成果进行指标分析及价值工程分析，再对方案进行比选优化，确定最终的投资目标值。利用 BIM 技术进行图纸详细验证，包括碰撞检测、大型车辆通行验证、车位验证，虚拟仿真漫游、VR 项目效果体验，同时完成图纸审核办理。总体上，采用 BIM 技术显著减少了设计变更和施工返工，起到投资控制关口前移，事前控制的作用。

（3）**招投标阶段。**本阶段主要完成了合约规划编制、合同咨询、清单及控制价编制、招标采购程序办理和相关备案。利用 BIM 模型提取实物工程量，对比 BIM 在设计阶段验证的图纸，编制更加精准、真实的招标控制价，助力投资管控。合约规划编制结合 BIM 最小管理单元进行合同拆分，合理的划分标段，便于过程中更加精细的把控成本。施工招投标过程中，对投标文件进行 BIM 可视化评审，让业主科学的选择承包方。

（4）**施工建造阶段。**重点是控制无效的签证、变更、计量、计价等造价管理工作，结合 BIM 模型的模拟施工进行方案优化，实现投资控制。利用 BIM 模型进行机电管线深化设计，出具深化管综图纸，指导实际施工。通过网页、手机查看数据、模型，实现可视化实时沟通互动，信息对等，高效协作。

（5）**竣工验收阶段。**组织竣工验收、竣工结（决）算管理、项目评价。将过程控制资料与竣工模型进行关联，形成最终竣工模型。竣工结算依据施工过程深化图纸，实现准确结算。运营阶段所需数据进行整理录入数据模型，将设备构件生产和安装信息生成二维码实时录入，便于后期的运营维护。

2. 咨询组织模式

本项目采用全过程管理咨询模式（PM），由我公司承担总咨询协调方。在全过程中统筹管理，制定统一的工程咨询标准、项目管理章程，编制各阶段实施计划，组织协调各参与单位的实施规则，审核汇总各参与方提交的过程成果，对项目的全过程工程咨询工作进行整体规划、监督、指导。

为了使项目投资收益最大化，需要各参与部门无缝协同，在共同目标的指引下各自高效运作。确保高水平的项目管理效果及项目管理目标的实现，我们进行了相应的组织架构设计，组建了管理、执行组织架构，如图 2、图 3 所示。

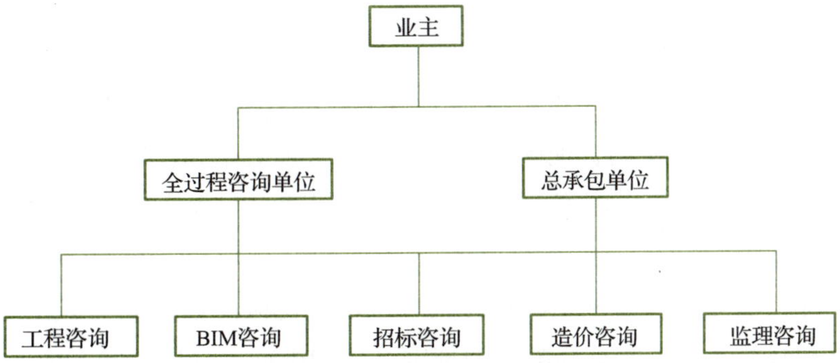

图 2 管理组织架构图

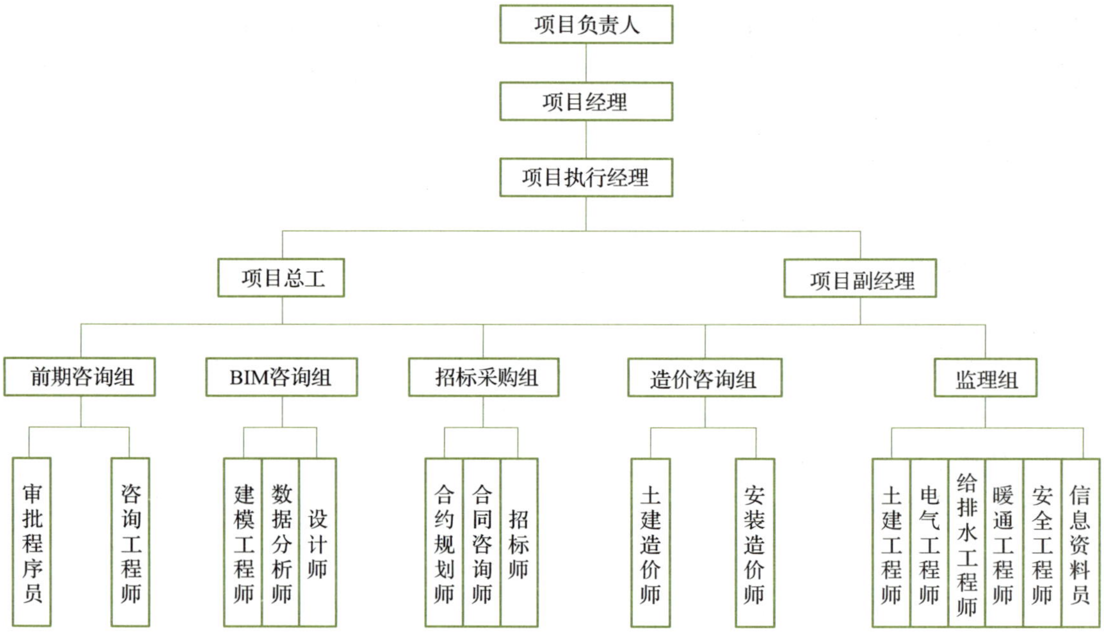

图 3　执行组织架构图

3. 咨询工作职责

在全过程项目管理统筹控制下，相关参与部门在各阶段密切配合，以一体化的思维完成好各项专业咨询服务，保证了质量、安全、进度、成本等项目预期目标的实现。我们编制了工作任务划分表，如表 1 所示。

三、服务的运作过程

整体目标是基于投资控制为核心，采取以 BIM 技术为手段，涵盖多专业、全要素的一体化咨询服务，建立统一的模型，用数据决策的科学化管理方法，避免不可考量因素、人为主观因素等引起的管控风险和管理失控，我们编制了投资管控流程表，如表 2 所示。

1. 确定工程项目管理目标

（1）**总体目标。**通过全过程工程咨询的高度集成化、一体化，有利于最小资源投入实现最大化价值；利用全过程咨询数据模型实现投资成本的精确控制；利用 BIM 的过程模拟实现对施工进度的有效掌控；基于 BIM 技术的协同管理优势，保证项目管理效率和投资增效。

（2）**质量目标。**工程质量符合国家、行业、地方现行建筑工程施工验收规范的规定，一次性验收达到“青城杯”的要求。

（3）**安全文明施工管理目标。**杜绝出现死亡、重伤、机械设备等重大事故，轻伤率控制在 3‰以下，严格按照《建筑施工现场管理标准》的规定，达到标准化管理目标，确保实现自治区安全文明工地验收标准。

表 1　全过程工程咨询参与方职责分工表

<table>
<tr><th rowspan="2">序号</th><th rowspan="2">阶段</th><th rowspan="2">工作类别</th><th colspan="9">主要工作简述</th><th rowspan="2">建设单位</th></tr>
<tr><th>PMC</th><th>BIM</th><th>咨询</th><th>勘察设计</th><th>招标代理</th><th>造价咨询</th><th>监理</th><th>资产管理</th></tr>
<tr><td>1</td><td rowspan="4">投资决策</td><td>投资分析与管控</td><td rowspan="2">编制融资建设运营方案</td><td rowspan="2">通过 BIM 分析项目建设必要性及合理性，提出合理建议</td><td>投资机会研究、项目建议书编制、初步可行性研究、可行性研究</td><td></td><td>筛选优质工程咨询机构</td><td>估算、测算、优化</td><td></td><td></td><td rowspan="6">审核确定</td></tr>
<tr><td>2</td><td>风险分析</td><td>运行环境、地震与地质灾害、技术、财务。经济、社会、不确定性及行业风险分析等项目评估</td><td></td><td rowspan="3">咨询合同履行情况跟踪、评价</td><td>投资风险分析、调整建议</td><td></td><td></td></tr>
<tr><td>3</td><td>建设方案编制</td><td>全过程咨询方案、实施方案编制</td><td rowspan="2">针对需求编制总体规划、顶层设计、应用方案、各项标准及管理办法等，完成组织架构并监督实施</td><td rowspan="2">企业投资项目备案申请</td><td></td><td>从投资角度优化建设方案</td><td></td><td></td></tr>
<tr><td>4</td><td>组织、协调、审批、备案</td><td>协助完成土地、规划、环保、人防、供水、供电、供热、消防、市政等审批和备案</td><td></td><td></td><td></td><td></td></tr>
<tr><td>5</td><td rowspan="2">勘察设计</td><td>设计方案比选、优化</td><td rowspan="2">围绕项目建设目标，组织协调各参与方工作</td><td>建模、分析、优化建议</td><td>辅助进行设计方案优化</td><td>方案、图纸优化建议</td><td>筛选优质勘察设计机构</td><td>从投资角度优化设计方案，提供咨询意见</td><td></td><td></td></tr>
<tr><td>6</td><td>设计概算</td><td>组织模型审核及验收，整理、归档 BIM 模型及相关资料</td><td></td><td>编制设计概算书</td><td>勘察设计合同履行情况跟踪、评价</td><td>概算分析、调整建议</td><td></td><td></td></tr>
</table>

续表 1

序号	阶段	工作类别	主要工作简述								建设单位
			PMC	BIM	咨询	勘察设计	招标代理	造价咨询	监理	资产管理	
7	勘察设计	指标、价值工程分析	围绕项目建设目标，组织协调各参与方工作	组织模型审核及验收，整理、归档BIM模型及相关资料		编制造价分析表	勘察设计合同履行情况跟踪、评价	指标汇总、分析，调整建议			审核确定
8		确定目标值				协助确定投资控制目标		投资目标分析、建议			
9		图纸审核		设计成果检测		出具设计文件					
10	招投标	合约规划	审核各参与方编制的方案及成果文件，监督流程	按BIM最小管理单元进行合约拆分及管理			编制合约划分表、采购进度表	编制清单、控制价等标包金额上限依据			
11		合同管理					合同起草、谈判、优化、存档管理	从成本控制角度提出合同优化建议			
12		招标程序办理及备案		辅助编制招标控制价，进行可视化评标		设计文件答疑	总承包及监理招标用文件编制、招标采购流程实施	辅助清标，发现投标人不平衡报价等造价风险			

续表 1

序号	阶段	工作类别	主要工作简述								
			PMC	BIM	咨询	勘察设计	招标代理	造价咨询	监理	资产管理	建设单位
13	施工建造	承包方管理	组织各项会议，协调解决施工过程出现的各类问题	施工过程精益管控，组织审核深化后的 BIM 模型，利用模型模拟施工工艺、进度等，并进行督导		设计文件答疑、出具变更图纸	按计划，实施总承包、专业承包、分包及各项服务和设备材料的采购工作，并对采购合同履行情况进行跟踪、评价	计量、计价，形象进度产值的审核、确认。重点进行无效签证及变更管理	对投资、质量、安全、进度进行控制，对合同和信息进行管理，协调发承包双方的关系		审核确定
14		施工技术管理									
15		造价管理									
16		模拟施工									
17	竣工验收	组织验收	组织验收、结算工作，完成项目总体评价	竣工模型检查归档，归档 BIM 相关资料		协助出具竣工图文件	完成合同评价及合同版本迭代升级		资料整理	接收 BIM 数据模型	
18		结算管理		BIM 深化图纸的结算审计				审核报审结算文件			
19		项目评价		编制 BIM 实施总结报告							
20	运营维护	维修维护管理		沉淀 BIM 运作数据，进行迭代升级						利用 BIM 模型组织检修	
21		资产管理								利用 BIM 模型及数据资料，进行资产登记、实时监控	

表 2　投资管控流程表

序号	管控流程	主要关键项	工作说明	目的和作用	备　注
1	项目管控依据审核	图纸验证：BIM 图纸效测	完整性验证	保证图纸作为投资管控依据靠得住	管理上，避免管理项目性质发生变化
			合理性验证	各结构、各专业能够相互印证，实际相结合	避免项目管控范围的失控，特别是项目投资有较大额度的超出
2	造价事前控制	编制预算文件	控制上限	BIM 优化设计方案、确定投资目标值	以利于竞标
		设置成本总体管控目标	设置总控衡量标准	造价管理总控目标	管理的有效性体现就是不能突破目标
		管控目标拆解	合约规划	把造价总控目标进行拆解，确定各类合同合约内控制上线	合同管控维度和管控办法，每个合同的衡量指标
		合同签署	合同复核	合同的合法性审核	保证合法合规
			签署闭口合同	后续合同纠纷有据可依	避免合同纠纷发生
		在建过程中造价重点管控项确定	计量支付管理	确定在建过程中造价的管控维度和管控重点	加强造价管理在过程中的节奏管理
			变更管理		
3	在建过程造价控制	合同内已完工程量审核	指导工程款拨付	避免施工单位提前资金回笼，以及资金合理使用	过程支付清楚明白
		合同外项审核	严卡变更签证、洽商等	尽量避免和减少合同外项发生蔓延、严重偏离总控目标	及时，一单一清，不拖延
4	竣工结算造价控制	收集整理资料	资料合理性、完整性、真实性	结果和目标的验证	资料的交圈和存档
				下次造价管控的优化提升	

（4）**工期目标。**计划总工期 285 天。

（5）**投资控制目标。**以批准后初步设计的总概算为本工程项目的投资控制目标，按照合同约定的建设规模、建设内容、建设标准和项目投资控制额，进行建设组织管理，严格控制项目概算和预算，确保工程质量，按期交付使用。委托人不得在施工过程中利用施工洽谈或者补签其他协议随意变更建设规模、建设内容、建设标准和项目投资控制额。

（6）**合同管理目标**。通过合约规划、合同起草、谈判、履约管理、纠纷处理等具体事项，从合同双方公平、信用角度出发，综合全局利益进行合同管理。

（7）**信息管理目标**。收集项目决策阶段、设计阶段、招投标阶段、施工建造阶段、竣工验收阶段与建设相关的各类信息，通过鉴定、选择、排序、汇总等方法加工，整理收集的信息，建立统一数据库做好信息存储。

在执行传统的信息管理的同时也引入了 BIM 信息管理手段，建立信息化 BIM 协同应用平台。BIM 工程师制定基于 BIM 技术的信息管理制度，对项目资料的收集、加工、整理、存储、传递提供了依据，信息资料的存档、备份以“三端一云”的工作方式将工程信息放置于云端，通过 BIM 管理协同平台的 PC 端、移动 APP 端、网页 Web 端各方进行信息的查阅和调取，查看模型资料、互动技术难点，实现可视化高效沟通，打破信息孤岛，实现信息交互、数据共享、高效协作。从平台、工具、数据和流程方面，确保对项目管理过程中的信息进行高效管理。

利用 BIM 技术的虚拟建造、三维可视化、协同管理的特点进行模拟分析，优化设计，夯实图纸依据，减少项目实施期间的签证及变更，节约投资、缩短工期，提高投资经济效益。具体措施主要体现在投资阶段的模型、功能模拟，设计阶段的管线碰撞检查、地下净空验证、地下车位模拟，施工阶段的管综深化设计及出图，虚拟仿真漫游、VR 项目效果体验，以及竣工阶段的数据集成、BIM 模型交付等方面。

2. 项目实施过程

（1）**决策阶段**。投资决策阶段对项目的经济性影响程度高。加强项目决策阶段的造价管理，对有效控制整个工程项目的投资具有十分重要的意义。从全过程工程咨询的角度来看，投资决策决定了项目 97% 的投资效益，在项目进行工程造价评估之前，首先对项目进行立项报告研究以及项目可行性研究，通过组建资历高、实力强的工程造价咨询团队对建设单位做出正确的投资决策。对拟建项目的经济、技术、环境和工程等进行全面分析和论证，做多方案比较，为建设方提出可行性意见，为项目进行决策提供依据。

通过选用数字城市基础信息，建立了场地 BIM 模型，分析项目选址的各项因素，包含交通的便捷性、公共设施服务半径等，根据分析结果，评估项目选址的科学性与合理性，判断是否需要调整项目选址，如图 4、图 5 所示。

图 4　项目选址分析（一）

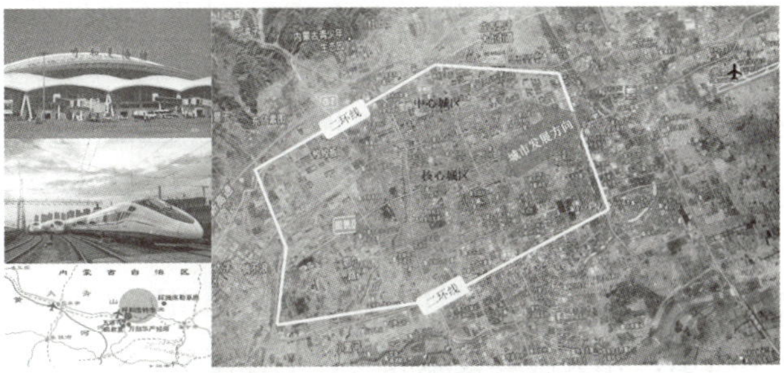

图 5　项目选址分析（二）

通过建立项目三维概念模型，依据模型分析判断项目与周边城市空间、群体建筑各单位建的适宜性，以及建筑的体量大小、高度和形体关系，进行初步的日照和通风模拟分析，如图 6 所示。

（2）**勘察设计阶段。**我们遵循技术先进、安全可靠、质量第一、经济合理的原则；坚持经济实用、坚固耐用、注重美观的设计理念。主要通过 BIM 手段进行了图纸优化及提出了二次深化设计建议。重点使项目的实际总投资不超过项目的计划总投资。第一步是进行顶层设计，完成了总体规划、角色定位，实现多家高管齐抓、方案清晰，通过项目交流会议，甲方、设计单位、监理单位、施工单位、工程咨询单位达成统一共识，将管理思想统一到同一个高度，如图 7 所示。

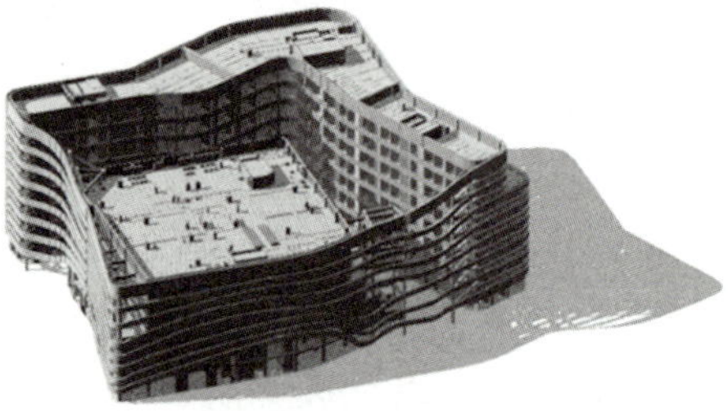

图 6　光照分析

图 7　项目实施方案论证会

通过多次论证，最终统一了建模标准，BIM 咨询组通过规范的建模标准及内部建模方案，保障团队人员建模规则统一、分工明确、高效配合，促进了人员对项目实施的准确理解，并利于模型后期运维等阶段使用的数据传输，统一建模标准，如图 8 所示。

水管系统

系统	颜色	色号
自用–消火栓		1
自用–喷淋		1
自用–消防气体		1
自用–给水冷水		186
自用–给水中水		146
自用–给水热水		6
自用–给水热水（循环水）		3
自用–污水		150
自用–废水		132
自用–雨水		171
自用–凝结水		4
自用–压力排污		2
自用–空调冷冻水供水		232
自用–空调冷冻水回水		5
自用–空调冷却水供水		232
自用–空调冷却水回水		5
自用–采暖供水		204
自用–采暖回水		61
自用–地板采暖供水		204
自用–地板采暖回水		61

图 8　统一建模标准

在设计院出具的设计文件基础上，BIM 实施团队组建形成了模型成果：主要包括土建模型，如图 9 所示；相关配套设施和安装工程模型，如图 10 所示。

通过将图纸全专业模型全部创建完成，并达到合格标准验收，通过 BIM 集成，实现项目模型的三维可视化，如图 11 所示。

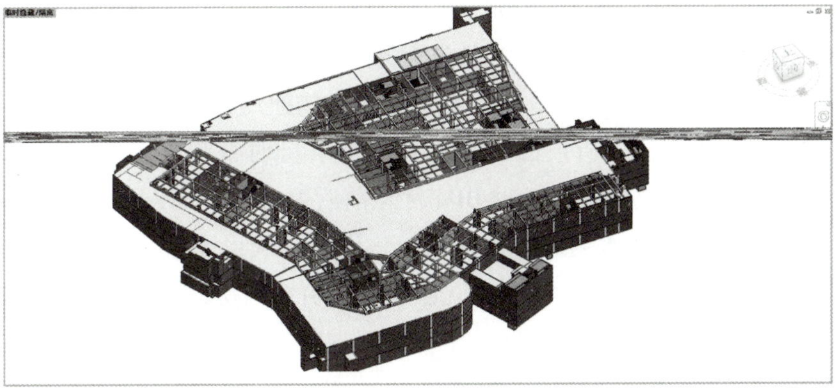

图 9　土建模型

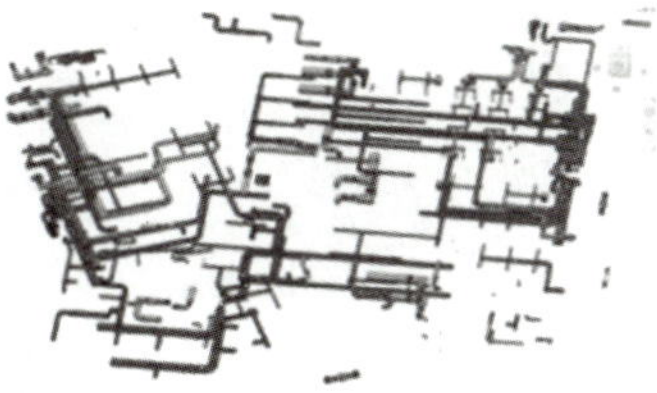

（a）通风模型

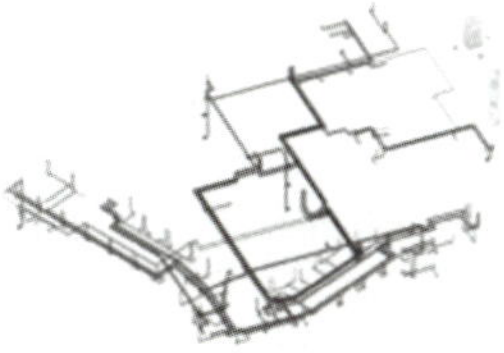

（b）空调水模型

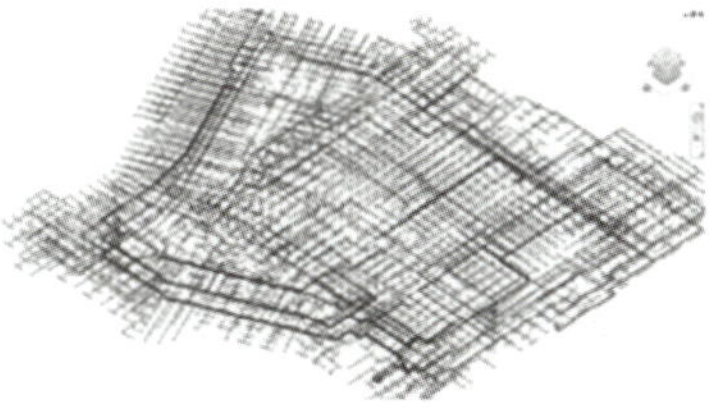

（c）喷淋模型

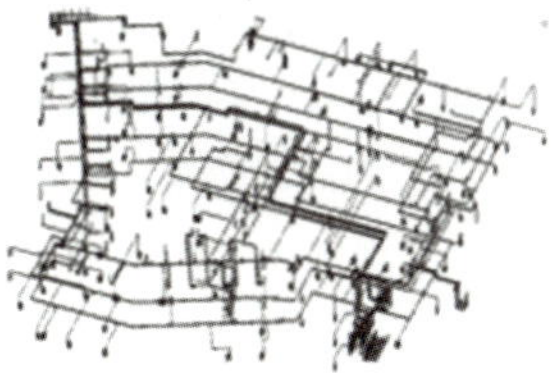

（d）消火栓模型

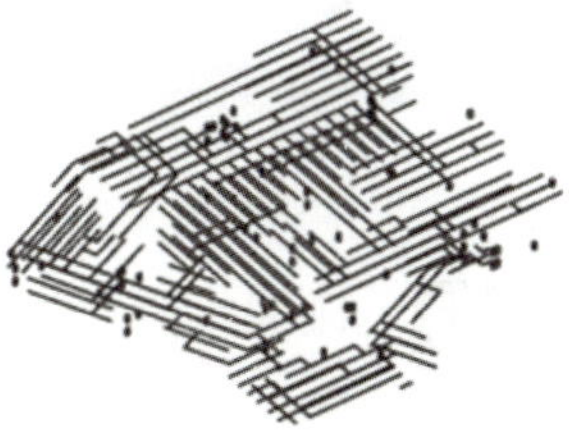

（e）电气桥架模型

（f）废水模型

图 10　相关配套设施和安装工程模型图

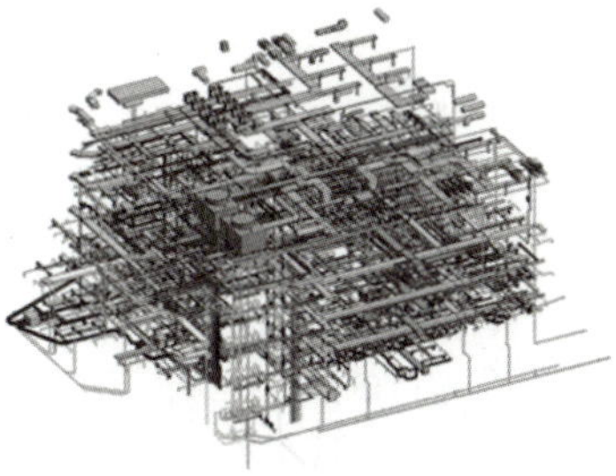

（a）2# 机电全专业综合模型

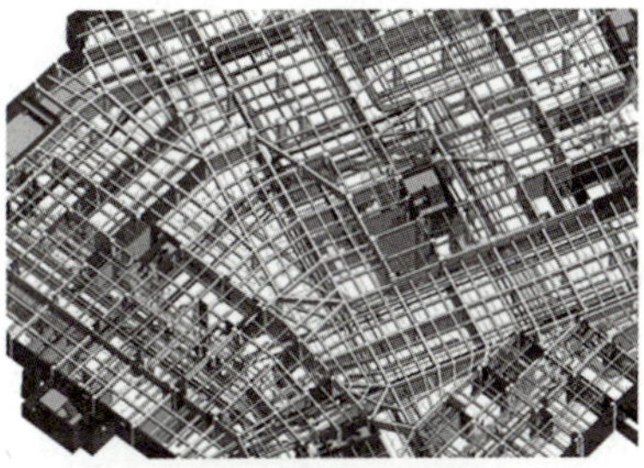

（b）土建、机电综合模型

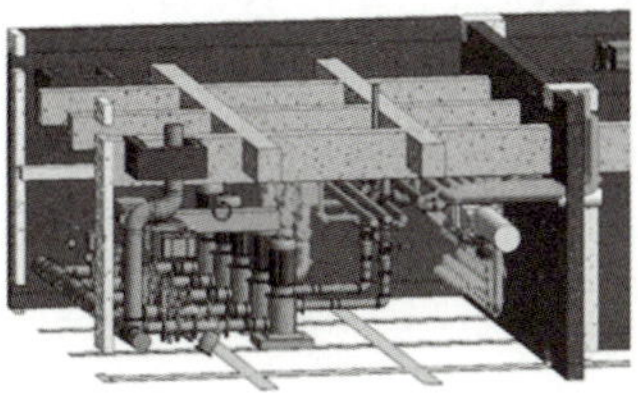

（c）消防泵房

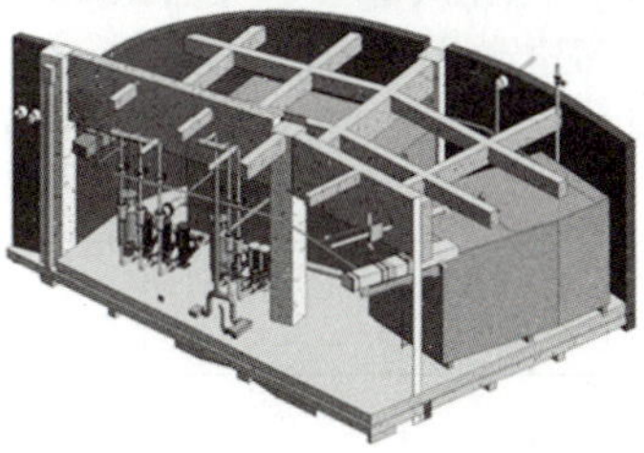

（d）生活水泵房

图 11　模型细节

设计阶段第一项 BIM 应用是通过对建筑、结构、安装各个专业的 BIM 模型建立、进行管线碰撞检查，共发现碰撞点 75326 个，其中地下碰撞点共计 18511 个，地上全部碰撞点共计 56815 个。按楼栋进行划分，1# 办公楼碰撞点 47293 个，2# 商业中心碰撞点 9522 个，并针对 68 处重点问题出具了相应的优化建议，提供优化分析报告，如图 12 所示。同时编制了问题记录表，并与设计院进行了高效的沟通，问题得到有效解决。通过 BIM 优化前后可视化对比，让大家快速理解变化情况，提升沟通效率。同时通过 BIM 技术的效测，提前优化设计图纸，设计院按 BIM 碰撞出具变更图纸 120 余张，避免后期因变更引起返工、浪费、耽误进度、引发纠纷，经过造价测算对比，优化更改前后节约投资约 390 万元。

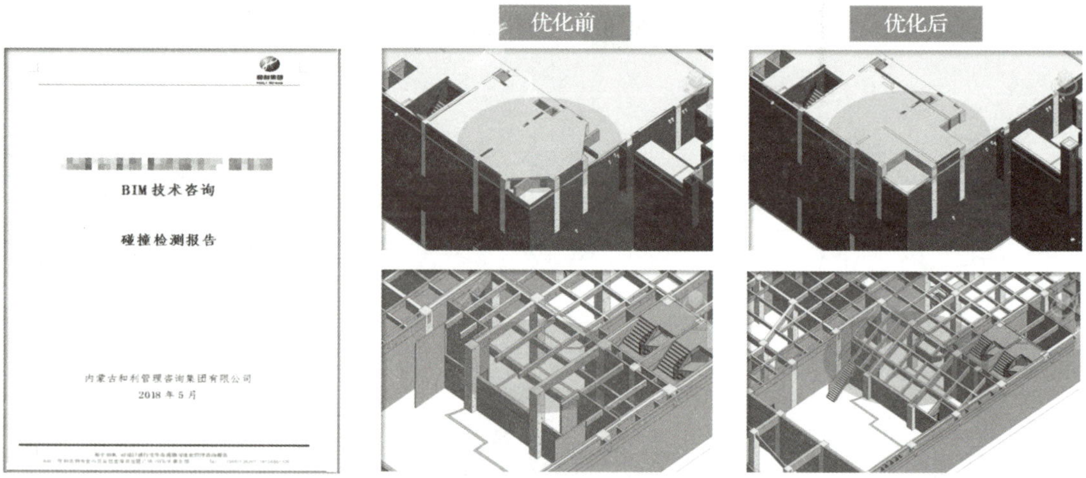

图 12　碰撞检测报告

设计阶段 BIM 技术的第二项应用就是地下净空验证，通过 BIM 可视化，校核地下空间净空设计情况，发现净空不足共计 2 处，编制了地下室净空分析表，并组织建设方、设计方召开专题会议，通过模型可视化的交底，确定调整方案，如表 3 所示。

表 3　图纸 BIM 净空分析表

<table>
<tr><td>问题描述</td><td colspan="3">3# 坡道：
B2 层 A-6 轴位置坡道梁下净高在图纸建 -71 中设计为 2690mm，BIM 模型绘制后发现此位置净高只有 1892mm，无法满足设计要求。根据建设部批准施行的属于强制性国家标准的《住宅设计规范》GB 50096—2011 规定，地下室、半地下室作储藏间、自行车库和设备用房使用时，其净高不得低于 2m；当作汽车库时，应符合现行行业标准《车库建筑设计规范》JGJ 100—2015 的有关规定。根据《车库建筑设计规范》JGJ 100—2015 的规定，汽车库内室内最小净高微型车、小型车为 2.2m；净高指楼地面表面至顶棚或其他构件底面的距离（未计入设备及管道所需空间）。</td></tr>
<tr><td>问题等级</td><td>I</td><td>图纸图号</td><td>建 -71、剖面 62</td></tr>
<tr><td>涉及专业</td><td colspan="3">建筑、结构</td></tr>
<tr><td colspan="4">问题截图</td></tr>
</table>

续表 3

CAD 平面图	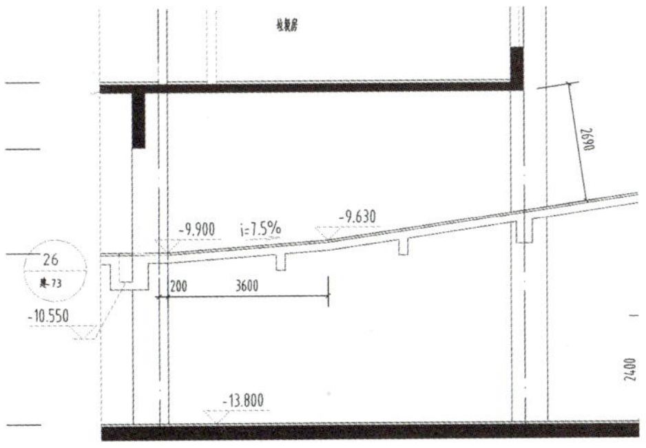
三维模型	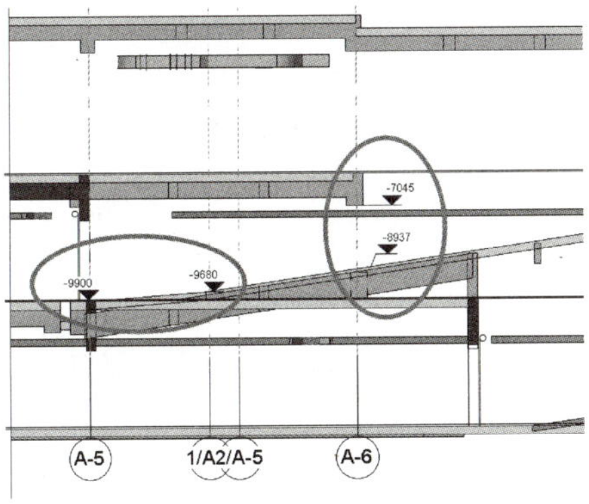 剖面 62（3# 坡道）
设计院第一次回复	已与人防院沟通，人防结构图 A-6 轴梁未上反，人防结构修改为上反梁
BIM 第一次 解决状态	依据设计院回复意见，此处梁需要人防结构图 A-6 轴补充原位标注上反梁的顶标高，暂按梁底标高与板底标高平齐上调此位置梁（参照建筑 -71 示意图）后，梁下净高依旧只有 2087mm（扣除地面做法后约剩余 2037mm），需设计院再次就以下问题达成共识： （1）梁下净高 2037mm 依旧无法满足设计要求，如何再次优化修改？ （2）如果 A-6 轴位置梁上反，与之垂直梁的搭接面积非常小，是否满足设计要求？ （3）人防 B2 层顶梁 A-6 轴位置梁如果修改成上反梁，以何种形式落实？发图纸变更单还是修改图纸？或直接给施工单位及监理单位发通知单知晓即可 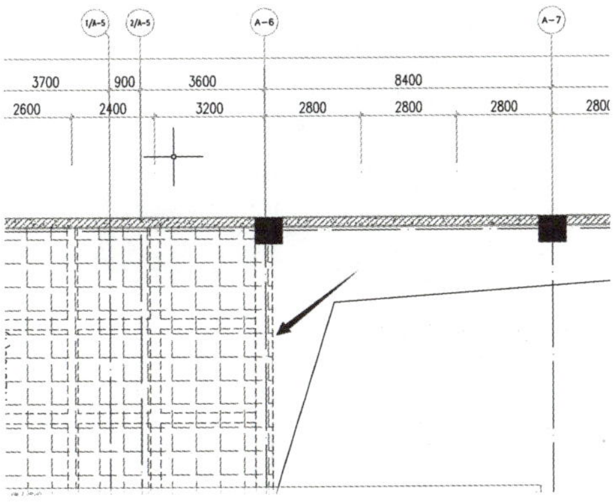 人防结构 B2 顶梁平面图 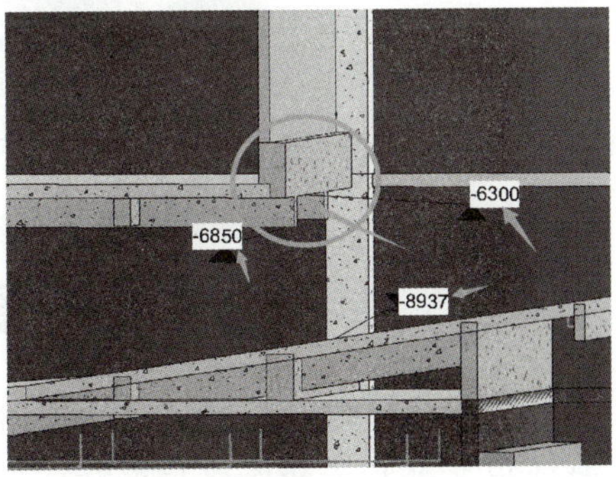 BIM 模型修改后剖面图

续表 3

设计院第二次回复	（1）主梁上反后能够满足设计高度要求。 （2）此处板改为单向板，且次梁位置根据坡道标高调整。 （3）此处将以设计变更的形式发给施工单位。 （4）详细修改详见结更 –8
BIM 最终解决状态	已解决。 （1）BIM 已依据设计院变更单结更 –8 修改模型。修改后梁下净高 2630mm（已刨除地面做法约 50mm），应该能够满足甲方应用需求。 （2）施工单位及监理单位在 3# 坡道施工过程中要注意查看结更 –8 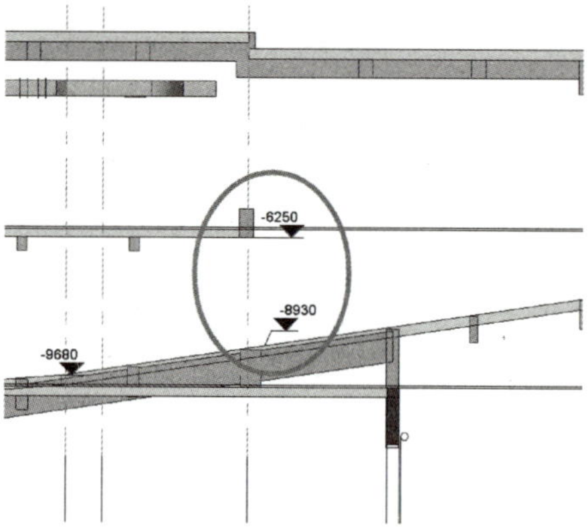

设计阶段 BIM 技术第三项应用是利用 BIM 模型对车位进行验证。通过 BIM 模拟 486 个车位周边环境，结合国家规范，查找出 14 处疑义位置，其中 6 处位置与门冲突，8 处位置与门非常临近，通过优化调整，避免了后期车辆的通行矛盾，如图 13 所示。

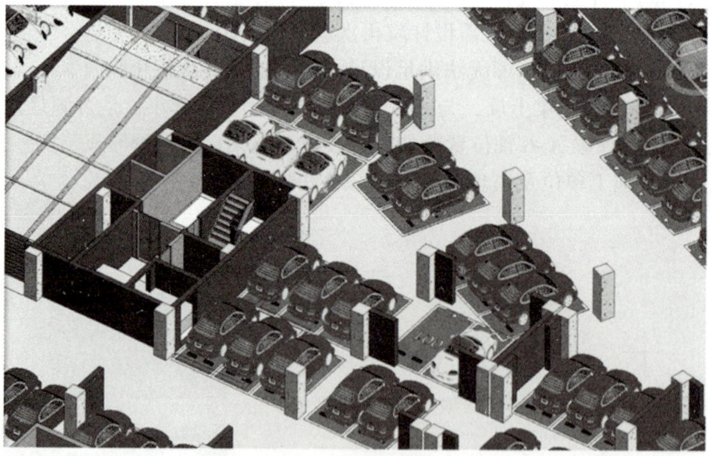

图 13 车位模拟分析

（3）**招投标阶段**。开展了合约规划体系下的招标采购，立足于工程建设项目全过程管理的角度，对项目各参与方的选择与采购，包括勘察、设计、施工、监理以及与工程建设有关的重要设备、材料、服务等内容，通过招投标形式形成项目的所有合同，并严格按流程执行。

为了控制投资造价，减少在施工过程中以及竣工结算时发生额外的费用和索赔，在招标文件中明确要求投标人应通过设计文件、现场踏勘，以及对周围环境的自行调查等方式，充分了解可能发生的所有情况和一切费用，包括市政、市容、环保、交通、治安、绿化、消防、土方外运，以及水文、地质、气候、地下障碍物清除等各种影响因素和费用，分项各单列报价，并汇入总报价。同时要求投标人对由业主提供的材料设备的装卸保管费，以及另行分包工程的配合管理费等进行报价。明确其他未列入报价的费用项目，应视为已包含在总报价之中，不再另行计取。对于有关工程质量、工期、费用结算办法等主要的合同条款均提前考虑并在招标文件中列明，防止中标后引起争议。

合同管理是重中之重，发布招标采购文件的同时，即按照项目专有的特点，包括具有特定的对象、实施的一次性、有时间限制、有资金限制和经济性要求、实施的渐进性，制定切实可行的合同条款，明确了发包人和承包人的义务以及监理人的职责和权力、工程的材料和设备、工程质量指标、工程的变更索赔、计量与支付以及价差调整、施工验收及缺陷保修责任、工程保险、违约及争议处理和附件等。对施工合同里的工程量清单做了清晰界定，首先划分清子目，每一子目里所包含的项目，施工内容罗列详细；其次明确单价的组成，哪些费用已经包含在合同单价中；协助业主与承包方进行合同谈判，签订后完成合同备案，并对履约过程进行跟踪检视。

招标过程中结合 BIM 总体规划，编制了合约规划下的招标采购中 BIM 的相关约束条款，保障了 BIM 在全过程项目中发挥管理最大效能，并将项目中各方 BIM 的具体职责及分工对应到相应合同管理中。通过 BIM 在设计阶段的图纸验证应用，确保招标控制价编制更加精准，并按 BIM 最小管理单元进行合约规划拆分，使合同金额更加切合实际，便于成本过程中精准把控。对于施工单位的评标包含施工方案的 BIM 可视化展示评审，通过投标单位的场地规划、进度安排、工艺工法 BIM 演示等，辅助单位选定最佳施工单位，如图 14 所示。

图 14　BIM 施工工艺投标视频截图

（4）**施工建造阶段。**利用 BIM 技术对进度、质量、安全、成本等方面进行综合管控。此阶段主要工作内容包括 BIM 管线综合深化设计、施工场布管理、BIM 进度模拟与监控、BIM 资料管理、BIM 质量安全管理、BIM 项目全过程成本控制、BIM 变更管理、BIM 项目资金计划。其中，管线综合深化设计有效地解决了传统管综施工过程经常返工、各专业交叉施工、相互窝工降效的弊端。采用“虚拟共建式”管综深化设计 BIM 应用，是事前解决此类施工矛盾的最好手段，通过各专业施工技术负责人员和 BIM 技术人员多次会议沟通，共同确认管综方案，最终出具管综优化的设计图纸，达到了后期施工各司其职、层级确认，实现 BIM 指导管综施工一步到位零返工，如图 15 所示。

图 15　虚拟共建管综深化

在地下一层施工之前，通过管线综合深化设计，优化了室内吊顶高度，将地下一层超市位置提升净空 200mm、1# 商业走廊提升净空 300mm，如图 16 所示。

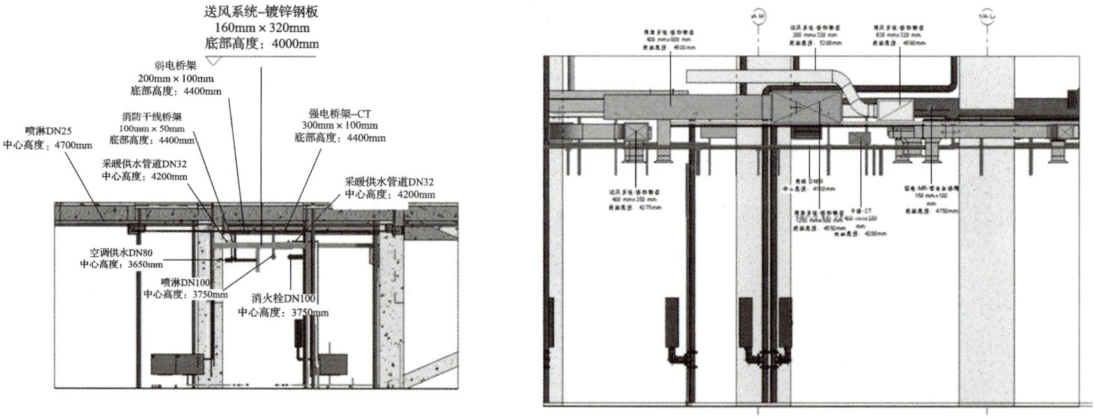

图 16　净空分析

将调整完成的模型根据不同管理用途，分级出具 BIM 图纸，共计 21 个专业 120 张，包含泵房大样图等，并进行了现场交底，如图 17 所示。

针对管综深化过程中的问题，我们进行了有效的协调处理，存在以下代表性的问题。

1）地下三层层高 3.9m，A–1 至 A–5 交 A–B 至 A–C 位置为地下车库主车道，此处最大梁高 1100mm，并且管道众多，包括：消防风管、人防风管、强电桥架、弱电桥架、人防桥架、喷淋管道、消火栓管道，要求车道净空 2200mm。

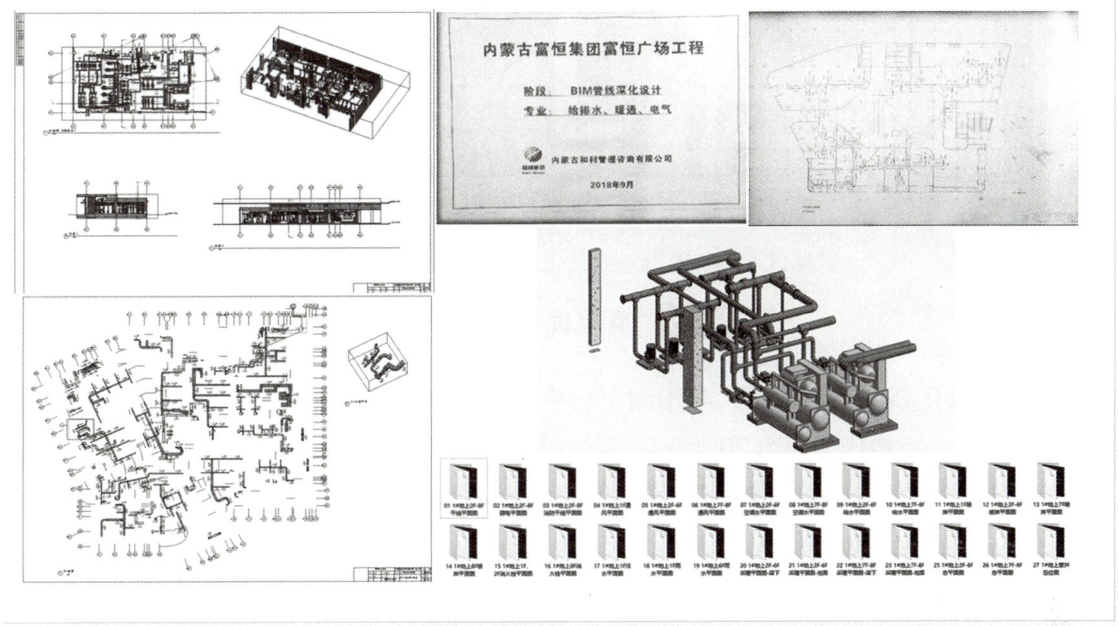

图 17　分级出图

解决方案是通过 BIM 建模呈现管道现状，制定最优排布方案，将消防风管、人防风管、桥架同层排布，人防通风支管上翻，绕过消防风管管道，喷淋、消火栓管道贴到最大梁下，不但满足了车道净空，而且桥架、人防风管底标高齐平，也实现了合理的美观排布，如图 18 所示。

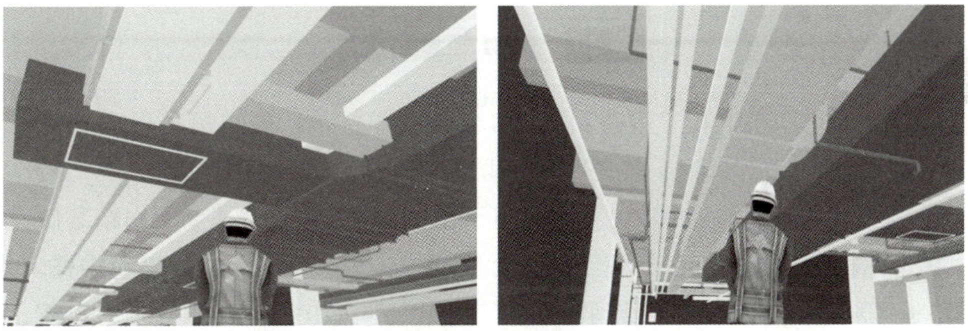

图 18　管综深化

2）地下一层 B–M 至 B–G 交 B–2 至 B–4 位置是地下室主走廊，两侧机房有电气机房，消防泵房，风机房。此位置共有强弱电桥架 10 根，其中包含母线桥架 2 根，通风管道 1 根，雨污管道若干，采暖主管 4 根，以及消防专业管道若干，管道排布困难。

解决方案是优先使用共同支吊架，整体管道排布分为四层。原设计通风管道占用了桥架现有位置，秉承优化管道路由、不影响通风效果，不移动风口位置的前提，将南北向通风管道向左移动位置。采暖管道由于是大管径管道，部分采暖管道需要上翻进入商户，主管位置放置在走廊中间，支管上翻进入商户。消防专业主管放置在走廊左侧，且为双层排布，包括喷淋主管 2 根，消火栓主管 1 根，如图 19 所示。

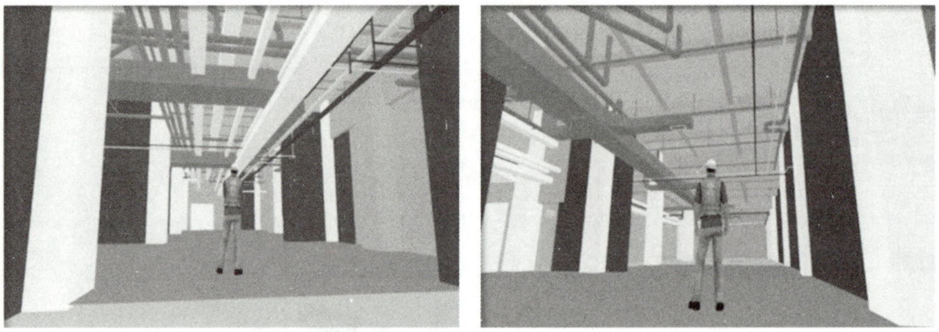

图 19　管综优化前后对比

通过架构轻量化 BIM 协同应用，利用网页、手机轻松查看模型资料、互动问题，实现可视化沟通、信息对等、高效协作，如图 20 所示。

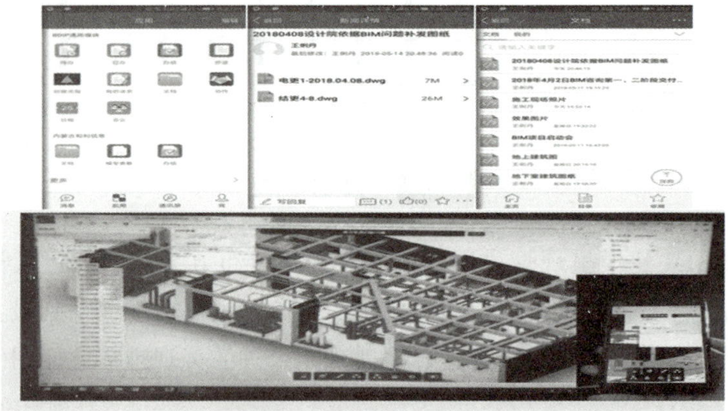

图 20　BIM 轻量化应用

现场通过 BIM 深化图纸进行工程备料，BIM 结合清单标准、施工标准形成五级工程量管理，减轻现场人员提料困难、易错情况，实现高效读取正确信息，如图 21 所示。

另外在施工建造过程中，通过 BIM 技术进行了施工 720° 核查、辅助室内精装修设计等应用，通过 BIM 数字孪生模型 + 施工现场管理经验，对后期施工重点、难点进行事前排查，共发现地库负一层局部降板区域重力排水、室外管网污水井等重点问题近 10 条，将施工管理前置，减少返工、窝工、浪费等现象，如图 22、图 23 所示。

通过施工模拟，直观展现本项目具体的建造过程，保证项目工序穿插合理，流水段划分明确，加强人员对项目理解。采用虚拟仿真漫游，实现轻量化模型漫游、剖切和属性查看，如图 24 所示。VR 项目效果体验，让参与人员身临其境，感受项目整体空间，如图 25 所示。辅助运维数据沉淀，将施工过程中部分资料进行平台管理，便于后期查阅或应用，协同平台开放运维端口，随时查看施工信息、电子图纸、联系方式、供应厂家等资料，轻松步入运维阶段。

在投资控制方面，制定了详细的资金使用计划，过程中严格进行工程计量和付款管理，主要通过控制无效签证及变更，采取有效的措施预防费用索赔，除清单约束的综合单价外，对于特殊材料进行市场询价与核价，及时掌握工程动态信息价，有效地规避了投资超出计划的风险。

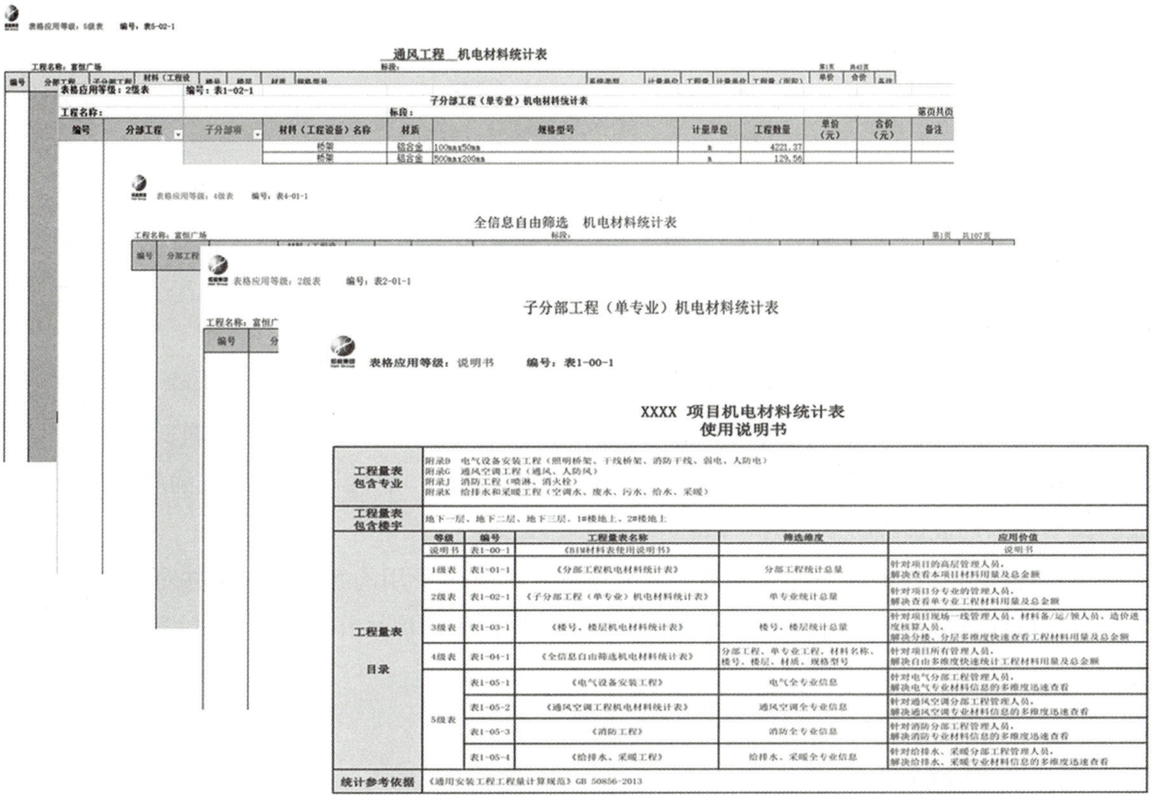

表格应用等级：5级表　编号：表5-02-1

通风工程　机电材料统计表

表格应用等级：2级表　编号：表1-02-1

子分部工程（单专业）机电材料统计表

编号	分部工程	子分部工程	材料（工程设备）名称	材质	规格型号	计量单位	工程数量	单价（元）	合价（元）	备注
			桥架	铝合金	100mmx50mm	m	4221.37			
			桥架	铝合金	500mmx200mm	m	129.56			

表格应用等级：4级表　编号：表4-01-1

全信息自由筛选　机电材料统计表

表格应用等级：2级表　编号：表2-01-1

子分部工程（单专业）机电材料统计表

表格应用等级：说明书　编号：表1-00-1

XXXX 项目机电材料统计表
使用说明书

工程量表包含专业	附录D　电气设备安装工程（照明桥架、干线桥架、消防干线、弱电、人防电） 附录G　通风空调工程（通风、人防风） 附录J　消防工程（喷淋、消火栓） 附录K　给排水和采暖工程（空调水、废水、污水、给水、采暖）				
工程量表包含楼宇	地下一层、地下二层、地下三层、1#楼地上、2#楼地上				
工程量表目录	等级	编号	工程量表名称	筛选维度	应用价值
	说明书	表1-00-1	《BIM材料表使用说明书》		说明书
	1级表	表1-01-1	《分部工程机电材料统计表》	分部工程统计总量	针对项目的高层管理人员， 解决查看本项目材料用量及总金额
	2级表	表1-02-1	《子分部工程（单专业）机电材料统计表》	单专业统计总量	针对项目分专业的管理人员， 解决查看单专业工程材料用量及总金额
	3级表	表1-03-1	《楼号、楼层机电材料统计表》	楼号、楼层统计总量	针对项目现场一线管理人员、材料备/运/领人员、造价进度核算人员， 解决分楼、分层多维度快速查看工程材料用量及总金额
	4级表	表1-04-1	《全信息自由筛选机电材料统计表》	分部工程、单专业工程、材料名称、楼号、楼层、材质、规格型号	针对项目所有管理人员， 解决自由多维度快速统计工程材料用量及总金额
	5级表	表1-05-1	《电气设备安装工程》	电气全专业信息	针对电气分部工程管理人员， 解决电气专业材料信息的多维度迅速查看
		表1-05-2	《通风空调工程机电材料统计表》	通风空调全专业信息	针对通风空调分部工程管理人员， 解决通风空调专业材料信息的多维度迅速查看
		表1-05-3	《消防工程》	消防全专业信息	针对消防分部工程管理人员， 解决消防专业材料信息的多维度迅速查看
		表1-05-4	《给排水、采暖工程》	给排水、采暖全专业信息	针对给排水、采暖分部工程管理人员， 解决给排水、采暖专业材料信息的多维度迅速查看
统计参考依据	《通用安装工程工程量计算规范》GB 50856-2013				

图 21　工程量表应用

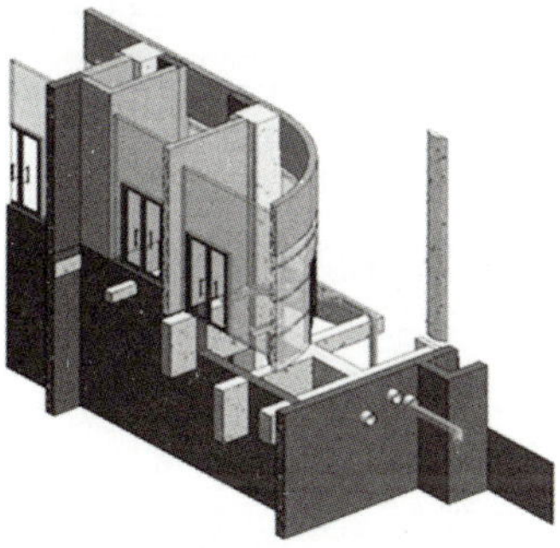

图 22　施工 720° 核查

图 23　辅助室内精装修设计

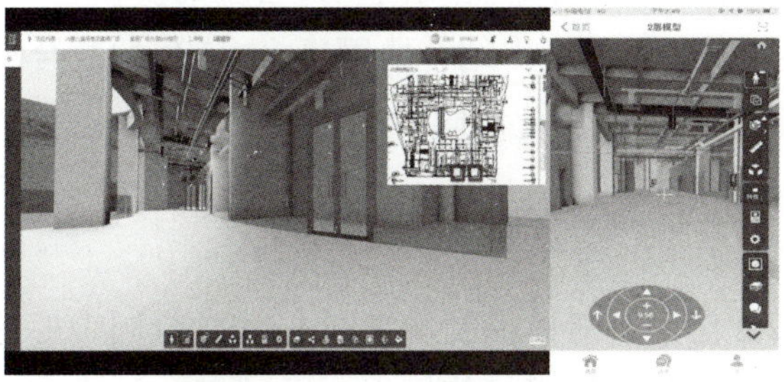

图 24　轻量化虚拟仿真漫游

图 25　VR 效果体验

将质量目标细化并明确到具体责任人，设定质量控制程序，严格进行事前 BIM 模型质量交底。合理选择抽验、检验方法，加强中间验收和隐蔽工程验收。严格进行安全技术交底并定期检查，设置安全体验区，有效控制了安全事故的发生。

（5）竣工验收阶段。通过确定验收程序、验收依据和条件，完成验收的组织管理，主要完成以下管理工作。

结算管理，由造价部门结合过程跟踪审计的资料和数据，对相关承包方报审的结算文件进行审计，将工程结算价控制在了投资目标以内，并完成 BIM 竣工模型、BIM 设备信息数据、BIM 结算数据的交付。项目最终结算审计依据 BIM 深化图纸，减少了传统审计的争议纠纷，并让结算审计金额与实际发生的成本更加吻合，体现出造价管理的真实、准确、高效性。

资料管理，将施工过程中及时完成的各类资料进行收集、归档工作，确保竣工资料完整、准确、系统和规范。竣工验收阶段通过 BIM 管理协同平台，实时记录上传过程资料，对资料、档案、竣工模型按期进行整编管理。在竣工验收阶段的 BIM 应用中，将竣工验收形成的验收信息和资料关联到模型中，形成最终竣工模型。

决算管理，造价协助财务部门编制项目全过程全部支出费用的经济文件，并对实施过程评价、效果评价、目标及可持续性进行科学的评价。为业主下一步的项目开发及我公司的项目管理业务积累经验。

四、服务的实践成效

1. 提升效率、节约成本

在建设初期，通过 BIM 模型的创建，进行模型功能的定位，为投资估算编制起到参考作用。

将本项目的图纸问题提前暴露出来并进行集中解决，避免了施工现场返工造成的资源浪费，并且结合 BIM 模型自动生成的工程量进行经济效益分析，及时修正资金计划。优化工期计划，缩短工期约 10%，显著提升了项目组织、协调、沟通效率。对项目投资增值起到了一定作用，直接节约成本约 500 万元。

2. 实现了多阶段协同应用

本项目通过 BIM 轻量化协同平台协调各方，保证不同专业的人员进行高效的信息沟通与传递。不仅使得内部工作效率提升，也极大地提升了不同单位之间的协同效率。利用 BIM 协同平台也保证了本项目建设信息资料的完整性与可追溯性。实现了从技术单一应用向项目管理的多角色应用、从单机向协同的轻量化应用、从单业务向多业务的集成应用转变。结合协同平台、VR 的复合型应用，形成可复制的标准化应用思路，实现了全过程工程咨询信息化协同咨询新生态。

3. 形成了咨询价值体系

本项目整体投资估算大约 3.0 亿元，设计概算 2.9 亿元，清单控制价 2.82 亿元，合同中标签约价 2.71 亿元，结算价格 2.74 亿元，整体投资控制在事前既定的目标值之内。通过 BIM 技术在各个阶段的深入应用，形成了全过程各阶段咨询价值体系，如图 26 所示。

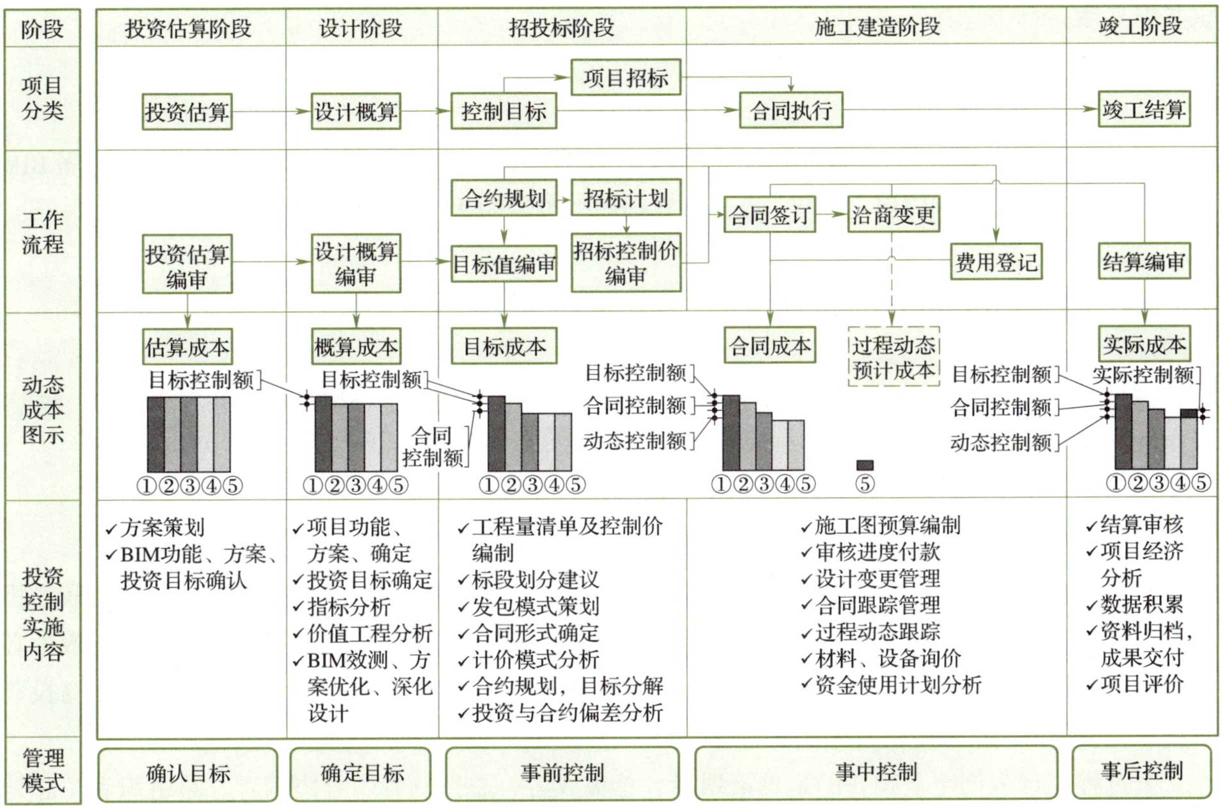

图 26　咨询价值体系

4. 企业影响

BIM 技术应用起到了关口前移、事前控制，提升了企业全过程工程咨询能力，不仅对传统意义各个阶段的造价咨询、招标咨询、合同咨询有明显提升，更具有突破意义的是，运用 BIM 技术提升了投资管控能力，提升了项目参与方的协同管理能力，为传统咨询企业提升全过程工程咨询能力指明了方向，形成了综合咨询的标杆。

5. 行业影响

通过 BIM 技术的有效应用，项目参与各方意识到 BIM 技术不仅是解决技术问题的工具，更是一种全新的管理模式。将全过程工程咨询计划前置、管理前置的思路与新工具结合，为全过程工程咨询的探索提供了很大的帮助。通过 BIM 技术实施应用，形成独特的 BIM 应用价值体系。

模型化价值，体现在所有项目设计成果、施工过程、竣工交付及建筑维修全部通过三维模型表达，全面实现基于模型的可视化信息交互。

参数化价值，体现在通过模型的数据关联实现精确的统计和计算，实现工程投资的精细化管理。

模拟化价值，体现在利用 BIM 的模拟技术实现工程的核心功能模拟、建筑结果前置，以及施工过程、运维过程的相关模拟工作，提升建筑工程品质。

价值链延伸，BIM 模型和相关数据信息成为智慧城市建设的基础数据，为全社会的信息共享提供数据支持。

6. 社会影响

通过本项目 BIM 咨询各个阶段的价值点的成功应用，在自治区建筑业协会举办的第二届 BIM 大赛上获得了 BIM 案例应用一等奖，受到了社会协会组织的认可及表彰。

五、全过程工程咨询总结

通过对本项目的技术咨询 + 管理咨询的实践，总结出全过程工程咨询的核心重点工作，与咨询同行共勉共进。

1. 强化管理

工程建设行业是一个资源密集、资金密集、技术密集、知识密集的产业。长期以来管理较为粗犷，且从业人员素质相对较低。过程要素管控不住、资源匹配浪费等情况发生。因此行业的改革必须向现代化管理转型、向科学化转型，这样才能实现全阶段全要素的整合管理，从而保障提高投资效益、工程建设质量和运营效率。

全过程工程咨询企业担任的是总策划者、总集成者、总控制者、总协调者、总组织者、总计划者的角色。只有强化管理，才能实现全过程、全要素的项目集成管理，才能做好全过程工程咨询工作。

2. 优化组织模式、严控法律风险

全过程工程咨询，涉及建设项目投资决策阶段、勘察设计阶段、招标投标阶段、施工建造阶段、竣工交付阶段、运营维护阶段的投资咨询、招标代理、勘察设计、监理、造价、项目管理等专业的全过程、多专业咨询服务。对综合性、跨阶段、一体化的咨询服务机构，可以是单一企业，也可以是合并重组、联合经营的企业。这些企业如何力出一孔，形成合力，共同为投资管理目标服务的管理模式将显得很重要。要形成统一“总协调单位主导、标准一致、职责范围一致、管控单元一致”的组织模式。同时，在参与方职责范围一致性原则下，提升合同履约能力和承担相应的法律责任和风险。

3. 运用科学化的管理方法

全过程工程咨询是涵盖多专业全要素的一体化咨询业务，需要建立统一的数学模型、用数据决策的科学化管理方法，避免不可考量因素、人为主观因素等引起的管控风险和管理失控。

4. 采用信息化技术手段

随着大数据、云平台、智能机器人等的科学技术的发展，BIM 技术、装配式制造等是行业现在普遍接触的前沿性科技。

科学化的管理就是用数据说话。数据呈现的最好方式就是实时动态。信息化技术手段在全过程

不同阶段的数据呈现，能很好地为管理决策服务。BIM 技术的应用，能很好地通过全过程各阶段的技术价值点来呈现全过程工程咨询的管理效果。运用信息化技术进行全过程工程咨询是一个非常重要的技术性保障手段。

5. 形成全过程工程咨询标准规范

通过以上内容的逐步落实应用，这样就能形成全过程工程咨询的应用标准和规范。这些标准的日益形成，对全过程工程咨询起到规范作用，为行业的管理效能提升起到积极的推进作用。随着国家“一带一路”的战略，在带动行业的产能输出的同时，为标准规范的输出创造条件，为国家战略的实现提供技术支持。

作为传统咨询企业，在行业的转型变革时期，我公司以全过程工程咨询为出发点，以组织模式为保障、以事前管控为重点，以 BIM 等信息化为手段，通过策划咨询、投资管控、合同管理，从而带动全过程工程咨询业务的全面价值提升。为业主提供一体化整合咨询服务的同时，推动行业新秩序的重塑和新模式的创建，是行业改革最坚定的支持者、推动者和践行者。

专家点评

内蒙古和利工程项目管理有限公司提供的本案例，工程咨询服务内容包含了工程投资咨询、招标代理、造价咨询、工程监理四部分，突出 BIM 技术在以上工作过程中的应用。

利用 BIM 技术在投资控制环节检索设计不足，修正资金资源计划，避免浪费；参建各方进行同一平台协同工作，提高了工作效率。既节约了资金成本，又缩短了工期，充分体现了 BIM 技术在实际应用中，较好地体现了模型化、参数化特点，具有非常明显的可借鉴性和先进性。

BIM 技术的推广，能为行业大数据咨询提供了非常可靠的数据来源，不仅能在项目实践过程中协助加强组织管理、控制项目总投资、优化资源配置，还能实现信息无差别化、无地域化、无时差等效果。

在实际实践过程中，BIM 技术贯穿全过程的做法值得借鉴和推广。

点评人：吴玉珊

龙达恒信工程咨询有限公司

基于 BOT 模式的某高速公路建设项目全过程咨询实践

——四川华信工程造价咨询事务所有限责任公司

杨娅婷　周　静　刘正伟　黄耀东　谢　伟

一、项目基本概况

本项目为基于 BOT 模式的国家高速公路网某地区环线高速公路建设项目。本高速公路线路全长约 74km，全线采用双向四车道高速公路标准，设计时速 80km/h，一般路段采用 24.5m 路幅宽度（分离路基 12.25m），全线桥梁合计 11473.15m，其中特大桥 2500m（共 2 座），大中桥 8888.72m（共 37 座），涵洞 64 道，通道 104 道，桥梁长度占路线总长的 14.63%，互通式立交 5 座，分离式立交 1 处，通道 12 道，涵洞 60 道，主线收费站 1 处。

项目中的长江一桥特大桥（如图 1 所示）获得号称世界桥梁界“诺贝尔奖”的乔治· 理查德森奖。该桥为中承式钢管混凝土桁架拱桥，主跨在世界同类桥梁当中排名第一，其 500m 级钢筋混凝土拱桥建造核心技术为首次采用。全桥长 840.9m（其中主桥长 530m，引桥长 310.9m），跨径组合为 10×20m（引桥）+530m（主孔跨度，净跨度 500m）+4×20m（引桥），采用主跨采用中承式钢管混凝土拱桥，拱肋采用钢管混凝土桁架结构，引桥采用预应力钢筋混凝土带翼小箱梁，净矢跨比为 1/4.5，拱轴系数为 1.45，桥面梁为“工”形格子梁，桥面板为钢－混凝土组合桥面板，主桥采用斜拉扣挂吊装体系。

图 1　长江一桥

本项目采用 BOT 投融资建设模式，经交通运输部批准的总概算投资为 512406.3424 万元（其中建筑安装投资 360099.8303 万元）。由投资人负责项目的投资、建设、经营、养护管理。本项目具有建设规模大、回报周期长、投资风险高、建造成本控制难的特点，特别是本项目中包括两座长江上特大桥梁，建设难度大。本项目投资人在其所在的行业处于龙头地位，企业管理规范、运营良好，但涉足高速公路投资建设领域乃是初次，且该项目需要开展建设资金筹措、征地拆迁、招标投标管理、合同管理、质量管理、进度管理、安全管理等涉及面广专业性强的管理工作，因此希望寻求一家综合管理能力很强的全过程咨询单位，牵头协助项目公司开展项目管理工作，以弥补其管理能力的不足。

我公司接受投资人委托，从项目前期开始至项目竣工验收并通过国家竣工决算审计结束，协助项目公司开展项目前期咨询、项目策划、招标文件和合同文件咨询、实施阶段全过程造价控制、竣工结算审核、工程财务核算咨询、协助编制竣工决算等全过程咨询服务。

本项目于 2009 年 12 月 31 日开工建设，2013 年 6 月 3 日建成，比交通运输部批复的建设期提前半年通车。2016 年 12 月完成竣工结算审核工作，2017 年 6 月通过国家审计机关竣工决算审计。

二、服务范围及组织模式

1. 咨询服务的业务范围

咨询服务的业务范围为项目的全过程咨询，包括项目前期管理咨询，对项目公司管理和内部管控制度及流程进行评估和监督，协助项目公司进一步完善组织构架和管理制度；协助项目公司开展杆管线迁改谈判等前期工作；协助项目公司进行项目管理策划和合约策划，并对项目的招标进行咨询，包括招标文件和合同文件咨询；驻场开展实施阶段全过程造价咨询，对设计变更进行经济比较分析，对工程预付款、进度款、变更款、索赔款等进行审核，按月出具工程实施情况分析报告，参加项目建设管理相关会议、设计变更分析会、监理例会，对可能影响工程质量和造价的主要隐蔽工程进行现场跟踪审核；对竣工结算进行审核，并出具竣工结算审核报告；对工程财务核算进行咨询，协助编制竣工决算等。

2. 咨询服务的组织模式

（1）由于本项目采用 BOT 投融资建设模式，通过对本项目投资人需求和 BOT 特许权合同的分析，我公司按照“紧紧围绕 BOT 特许权合同，以全生命周期、全方位、全要素咨询”的管控思路，结合以往在公路桥梁项目造价咨询工作经验精心策划、精细组织，将本项目的咨询服务大致划分为四个阶段：前期阶段、招标阶段、实施阶段、决算阶段，前期阶段主要协助项目公司开展项目前期工作；招标阶段主要协助项目公司复核工程量清单和招标控制价、发包确定承包人、完成各项合同签订；实施阶段主要关注项目建设成本控制、质量、进度和安全，参与对各参建单位的协调；决算阶段最终确定本项目的建设成本和配合国家审计。

（2）本项目建设管理组织模式如图 2 所示。

（3）本项目咨询单位内部组织架构如图 3 所示。

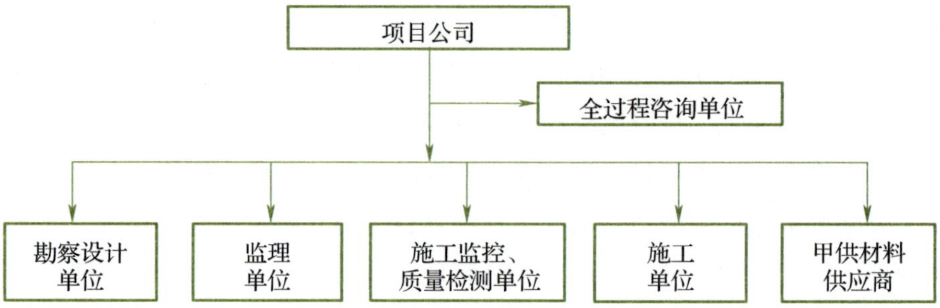

图 2 建设管理组织模式图

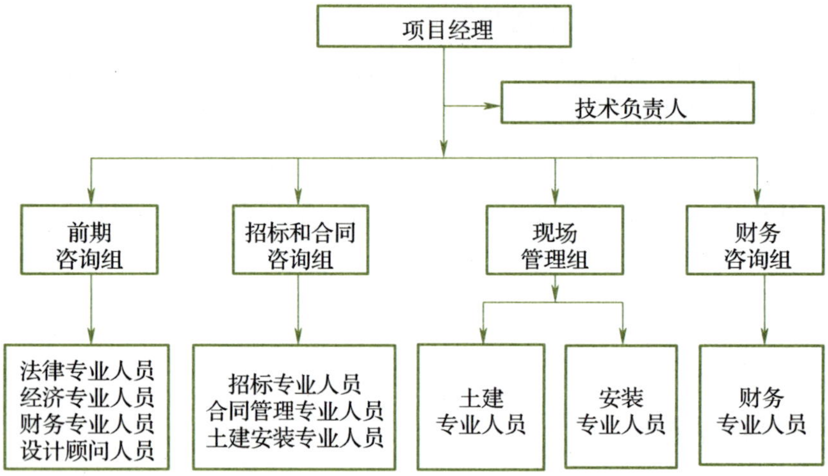

图 3 咨询单位内部组织架构图

3. 咨询服务工作职责

本项目根据项目公司需求开展全过程咨询工作，主要咨询服务工作职责包含：

（1）**前期阶段：**对本项目工程建设管理情况进行综合评价，协助项目公司健全其组织机构，完善项目管理、造价管理、材料物资管理等内部管控制度；审核杆管线迁改预算，协助项目公司进行迁改合同谈判；协助项目公司开展项目管理策划和合约规划，确保施工标段划分、发包范围、发包模式、合同价款形式、过程管控重点等的合理性和规范性，从而为我公司后续顺利开展全过程咨询服务打下了良好的基础。

（2）**招标阶段：**复核招标工程量清单及招标控制价；协助项目公司制定竞争指标；拟订招标文件、招标文件合同条款；分析中标人投标文件，对投标报价进行清标；协助定标和签订合同前合同谈判和合同审查等。

（3）**实施阶段：**对项目实施全过程驻现场提供咨询服务，进行合同管理、计量与支付管理、变更与签证管理、参与隐蔽工程验收、主要材料设备进行验收、施工方案审查等；参与设计文件审查；对设计变更进行多方案经济分析；对参建单位履职履约情况进行监督；每月向项目公司报送月报，内容包含投资完成情况、进度情况、现场发现问题、整改落实情况等。

（4）**竣工阶段：**参与竣工验收和检测，进行竣工结算审核，配合项目公司编制竣工决算；配合国家审计机关完成本项目竣工决算审计工作。

三、服务的运作过程

1. 前期重点工作

（1）本项目收费标准在 BOT 特许权合同已经明确的约定，而对于特许期中的收费期，BOT 特许权合同约定当经批准的项目初步设计概算中的建安成本超过项目工可估算投资中的建安成本时，应按合同约定规则和公式调整收费期。咨询单位根据 BOT 特许权合同约定，协助项目公司进行调整计算并报批，延长收费期 4 年，并签订了补充协议，有效履行了 BOT 特许权合同和降低了投资人风险。

（2）咨询单位对杆管线产权人报送的杆管线及地面设施拆迁预算进行审核，参与所有杆管线拆迁与被拆迁人的谈判。在谈判中采取合理策略协助项目公司，对审减项目调减原因进行解释，对相关政策标准进行解释。在预算审核中，对不合理费用予以剔除，对涉及拆迁青苗补偿费用、杆洞补偿费用、中继段调试费、设计费、勘察费、监理费等有争议的费用，提供测算依据给项目公司。在谈判时积极协助项目公司与被拆迁人协商，对双方达成一致意见的部分，及时进行调整并提供数据，以便双方最终确定包干金额。该项工作截止项目全面开工前，杆管线产权人共报送预算书合计近百份，涉及给水、电力、天然气行业被拆迁人等 14 个单位，报送预算金额合计 49411257.00 元，我公司审核预算金额合计 26867533.67 元，审减金额 22543723.33 元，为项目公司节约了投资成本。

（3）通过我公司对两座特大长江大桥设计方案建设成本进行对比的方式，项目公司成功说服专家采用了更优化的 4 车道设计方案，降低了工程建设成本近亿元。

2. 前期管理咨询

根据投资人要求，对本项目前期工作开展一段时间后的工程建设管理情况进行阶段性综合评价并提出改进建议。评价范围主要包括：项目前期工作、招标管理、合同管理、材料物资采购管理、工程计量计价管理、财务核算管理等。通过前期管理咨询，我公司提出管理改进建议，并协助项目公司进一步完善组织架构、管理制度及流程，主要内容如下：

（1）**根据项目建设特点，建立和完善系列内部管控制度。**主要包括：

1）工程质量管理方面有：《工程质量管理办法》《工程“首件制”实施办法》《工地试验室验收办法》《工地试验室专项检查实施方案》《公路梁体预制精细化管理实施细则》《混凝土质量通病治理活动实施方案》；

2）工程安全管理方面有：《安全管理职责》《安全生产监督管理办法》《安全生产费用管理办法》《施工安全应急预案》《平安工地管理细则》《危险性较大工程安全专项施工方案编制及专家论证审查细则》《施工单位安全生产管理机构设置及专职安全生产管理人员配备细则》《人工挖孔灌注桩施工安全管理办法》《高边坡施工管理办法》等；

3）设备管理方面有：《公路设计代表管理办法》《设计变更管理办法》；

4）工程造价管理方面有：《工程计量支付管理办法》《新增项目单价确定办法》；

5）材料采购管理方面有：《甲供材料管理办法》；

6）财务管理方面有：《会计核算制度》《财务事项审核管理制度》《审批流程图》；

7）综合管理方面有：《综合目标管理考核评比办法》《信息工作实施细则》《驻地建设和施工标牌规范化管理办法》。

（2）完善部门设置和岗位职责，根据不同的岗位职责进行合理授权。增设了计划合同部，主要负责招标、询价、合同、变更款审核、索赔款审核、计量支付审核、结算审核等成本控制工作。并对原有部门职责和岗位职责进行了细化，明晰了副总经理、部门经理、业主现场代表、计量工程师等人员的职权范围，避免了多头管理和职责不清的现象。

（3）严格工程施工和物资采购招标管理。建议项目公司严格按照国家和省对 BOT 高速公路管理的相关规定进行招标。对已开工和已签订材料采购合同的，建议完善相关资料，特别是标底预算书、投标组价的软件版本等，要尽快要求承包人提供，以利于施工过程中的造价控制和管理。

（4）加强合同管理。项目公司确定专人或由新成立的合同部负责对已签订的合同进行全面清理，建立统一的合同台账，确定合同借阅规则。完善合同的审签程序，对合同进行全面的履约和执行管理，包括由洽谈、草拟、签订、生效开始，直至合同失效为止。不仅要重视签订前的管理，更要重视签订后的管理。签订前主要是招标投标、合同洽谈等过程按规定制度和程序进行组织与控制；签订时要对合同条款进行详细审查后，按程序提交法律顾问、其他相关部门和负责人进行审查，按确定的审签手续最终订立完善的合同文件；合同签订后要对合同执行涉及的具体部门进行交底，并重视对合同的变更管理，对于合同的履约情况要随时进行统计和审查，对支付款项是否达到合同约定时间和标准进行审核等，直至合同当事人双方履行完合同约定的义务、合同失效为止。建议加强财务部在各类经济合同管理过程中的监督控制作用。

（5）加强对施工过程的造价控制。对预付工程款按管理流程进行审核，严格按照招标文件和合同约定办理；对计量支付的附件资料进行清理，严格执行制定的《高速公路计量支付管理办法》，对执行不力的应追究责任；建议加强设计变更的管理工作，严格执行《高速公路工程项目设计变更管理办法》及其补充办法。对执行不力的责任人应追究相关责任，避免产生工程成本增加风险。对于安全生产费用是强制性的不可竞争费，建议项目公司对《高速公路安全生产费用管理办法》进行完善。

（6）加强甲供材料的管理。甲供材料占建设成本比例高，是成本控制的重点。对施工方申报的材料使用计划要严格审查，防止超领囤积占用资金，更要防止材料变质。在每期计量支付中，明确各部位和各细目采用的材料的具体规格、型号，对于之前计量支付中没有明确的，由计量工程师和材料管理人员尽快予以划分明确。同时，对甲供材料的扣回应当依据合同约定，每月供应多少扣回多少。

（7）加强隐蔽工程的现场管理。在施工阶段的造价控制中，隐蔽工程的真实性是造价控制的重点，必须设置可靠的收方程序和业主规定人员的管理参与，同时收方的原始记录应当一式多份，由参与收方的承包人、业主和监理分别保存，或者在各方签字后采取当场复印或拍照的方式，避免收方数据被修改，确保收方原始数据的真实性。在按合同和计量支付要求对工程进行拍照时，应当采取一定方法，在相应位置用小黑板写字和尺子测量等方式在照片中予以标示，才能对应相应的隐蔽工程。

（8）加强财务基础工作，切实深化财务部在项目建设过程中的监督作用。建议项目公司进一步完善财务管理制度，制定符合高速公路建设与管理的财务核算办法、财务信息报表和财务分析模版，提高财务信息质量，及时揭示各类财务风险，增强财务管理水平。

3. 合约策划

我公司在配合项目公司开展本项目实施前期准备工作阶段，考虑到高速公路属于线形工程，建设工期长，点多面广，工程量大，项目施工受地形地质、气候、土地征拆等外部环境因素影响比较大，且本项目施工设计图文件已经省交通运输厅审批，因此建议并协助项目公司按照传统 DBB 模式进行发包。将专业工程类别施工划分为土建路基标段（6 个标段）、路面交安绿化（2 个标段）、房建工程（1 个标段）、机电工程（1 个标段）、加油（气）站工程（1 个标段）。通过初步设计概算分解，确定施工发包目标控制成本，对工程建设其他费用已签订合同和尚未签订合同进行清理，确定实施阶段总控目标成本，从而建立了完整的合约体系。

4. 进行设计方案优化及技术经济分析，为项目公司科学决策提供依据

由于前期勘察设计深度不够和设计单位工作疏漏，导致部分设计方案与现场实际不符。为了给项目公司科学决策提供依据，我公司配备了在公路行业施工和设计工作经验丰富的专业工程师，通过对多方案进行技术经济分析，在不降低设计标准、不影响设计功能并确保工程质量、合同工期、成本控制目标的前提下，择优推荐最优设计方案。截止项目竣工，共提出 9 项设计优化建议（如表 1 所示），并最终得到项目公司和设计单位采纳，共节约投资金额 3496.85 万元。

表 1　设计优化建议汇总表

编号	变更令编号	变更项目名称	优化建议	优化前造价（万元）	优化后造价（万元）	节约投资（万元）
1	LJ1-BG061	K8+075 下大坝中桥改路加涵洞（K8+041.97~K8+112）	减少弃方量，降低施工难点，加快施工进度	449.90	222.00	227.90
2	LJ2-BG063	K23+640.5 滩子口中桥结构形式由 3 跨 25m 简支 T 梁变更为 4 跨 20m 简支小箱梁	原 3# 墩桥位处有一根 ϕ720mm 天然气管道，无法搬迁，3# 桥墩桩基无法实施，需对该桥梁跨径进行调整	640.94	533.29	107.65
3	LJ2-BG137	K17+488.5 石脚基中桥变更改为路基	优化设计的三点建议：减少本合同多余路基弃方工程量，减少弃土临时占地；优化设计方案后，可减少投资 416.32 万元；降低施工难度，可加快施工进度	669.83	253.51	416.32

续表 1

编号	变更令编号	变更项目名称	优化建议	优化前造价（万元）	优化后造价（万元）	节约投资（万元）
4	LJ4-BG021	K32+399 高石口大桥减跨改为路基	由于天然气管与主线呈斜交现状，需对该桥进行减跨径优化设计	1190.73	485.23	705.50
5	LJ4-BG022	K30+288 大石谷大桥桥改路基	可减少本合同多余路基弃方问题；优化设计方案后，可减少投资 697.84 万元	1531.73	833.89	697.84
6	LJ5-BG203	K42+010 河晏坎中桥设计变更	减少弃方量，降低施工难点，加快施工进度	901.50	493.68	407.82
7	LJ5-BG204	K50+371.5 某市东互通跨线桥设计变更	减少弃方量，降低施工难点，加快施工进度	586.80	362.22	224.58
8	LJ5-BG205	K57+038 杜河小桥设计变更	减少弃方量，降低施工难点，加快施工进度	544.49	129.09	415.40
9	LJ5-BG207	K56+386 青龙咀小桥设计变更	减少弃方量，降低施工难点，加快施工进度	545.97	252.13	293.84
	合计					3496.85

其中主要优化建议内容示例如下：

（1）原设计 K17+488.5 石脚基中桥上部结构为 3×25m 先简支后连续预应力混凝土 T 形梁，桥长 95.06m，下构桥墩为双柱式圆墩，钻孔灌注桩基础；桥台为重力式桥台，扩大基础。我公司咨询服务团队进场后，在认真分析设计文件图并结合现场踏勘情况下，认为石脚基中桥所在 LJ2 合同段设计路基挖方量 69.20 万 m^3，路基填方量 65.50 万 m^3，存在大量弃方。经技术经济分析比较，如果将 K17+488.5 石脚基中桥可优化设计变更为 K17+440.97~K17+536.03 段路基，其优点如下：第一，可减少本合同多余路基弃方问题；第二，优化设计方案后，可减少投资 416.32 万元；第三，可加快施工进度。最终该建议得到项目公司和设计单位采纳，此项优化设计节约投资 416.32 万元。

（2）K30+288 大石谷大桥，原设计为 7×30m 预应力简支 T 形梁，桥梁长 219m，下部结构为柱式桥墩，钻孔桩基础，桥台为重力式桥台，扩大基础。我公司咨询服务团队经认真分析施工设计图，并会同项目公司进行详细调查研究，提出可取消 K30+288 大石谷大桥，将该段变更为路基，其优点如下：第一，本合同段总路基挖方量为 226.341 万 m^3，路基总填方量为 194.1292 万 m^3，存在大量多余弃方，如果采用桥改路方案，可减少本合同多余路基弃方问题。第二，优化设计方案后，可减少投资 697.84 万元。通过技术经济分析，变更前该座桥梁总造价为 1531.73 万元，优化设计方案后的造价为 833.89 万元，节约投资 697.84 万元。第三，有利于加快施工进度。最终该建议得到项目公司和设计单位采纳，节约投资 697.84 万元。

5. 配合建立项目信息化管理系统

根据高速公路建设管理规定，项目管理应采用信息化管理系统。我公司结合自身利用计算机信息技术开展类似项目全过程咨询经验，积极向项目公司建议建立适合本项目的公路工程信息化管理系统，以提高项目管理工作效率。该建议得到了项目公司采纳，最终确定由我公司配合某软件公司建立该信息化管理系统。我公司根据自身经验并结合本项目特点，针对该信息化管理系统提出了以下三点建议：①增设与地方政府、交通主管部门的办公系统对接端口；②增加 Excel 报表模块化导入功能并通过编码与系统数据库自动对应；③增加竣工结算编审模块。

最终项目公司和软件公司采纳了该建议，并修改完善了该公路信息化管理系统的功能模块。该公路信息化管理系统自运行以来，不仅减轻了建设项目管理工作劳动强度，提高了工作效率，而且还实现了数据信息管理和积累，具体作用如下：①以中间计量系统数据为结算基础数据，自动生成结算数据及报表。避免用户重复录入数据，减少用户的工作量；②能提醒结算超计部位，为用户提供更精确的数据统计定位；③提供结算报表定制，根据不同地区的需求，提供个性化的结算报表及业务的定制需求；④以网络结算平台做结算流程，实时监控结算进度，了解结算数据，利于各参建单位的管理和沟通；⑤改变原来采用 Excel 表格进行计量审核的传统方法，直观形象。

6. 招标文件编制咨询

对土建路基工程、路面、交安、绿化工程、房建工程、机电工程、加油（气）站工程、管理中心房屋建筑等工程的施工项目招标文件，以及房建工程、机电工程、路面、交安、绿化等工程的监理招标文件提供了咨询服务工作，为项目公司在发包阶段明确发承包双方的权利义务提供了咨询意见。

7. 合同文件审核咨询

对路面、交安、绿化工程（共 2 个标段）、房建工程、机电工程、加油（气）站工程、管理中心房屋建筑工程、线外工程、桥梁荷载检测等项目的施工合同，以及房建工程、机电工程、路面、交安、绿化工程（共 2 个标段）监理合同进行审核咨询，确保合同文件与招标文件实质性内容保持一致，符合招标投标法律法规规定。

8. 工程量清单和招标控制价编制、复核和咨询

（1）对土建路基、路面工程、交安、绿化工程等工程量清单和招标控制价进行复核，对招标工程量清单与技术规范的符合性进行了咨询。根据工程量清单完善补充技术规范，确保计量规则与工程量清单一一对应，并出具了书面的咨询意见。

（2）按照项目公司要求，对加油（气）站工程进行了工程量清单和预算编制工作，编制金额 4498.1256 万元（其中暂列金额 332.8472 万元），并提供了完整的工程量清单，作为委托人招标发包的依据。通过施工阶段的检验，该工程量清单完全符合编制委托范围及要求，未出现错项、漏项现象。

9. 预算审核

（1）按照项目公司要求，除前期已经审核的杆管线迁改外，对进场后因实际情况还要实施的杆管线工程产权所有人提出的迁改预算进行了审核，出具了 12 份迁改工程的审核咨询意见，送审金额 1090.4220 万元，审定金额 653.3389 万元，审减金额 437.0830 万元，有效地为项目公司节约了投资。

（2）按照项目公司要求，对 K77+229 水利设施修复工程预算进行了审核，送审金额 61.57 万元，审核金额 48.15 万元，审减金额 13.42 万元。

10. 参与线外工程合同谈判，并对合同金额进行测算

参与了管理中心房屋建筑、线外工程的合同谈判，并对线外工程的合同金额进行了测算。线外工程送审金额 853.42 万元，测算金额 440.36 万元，审减金额 413.06 万元，审减率为 48.40%。

11. 现场巡查、参加重大项目隐蔽工程验收

在施工过程中驻场，进行现场巡查以及参与重大项目隐蔽工程验收，对项目进度、款项审核支付、上期存在问题及整改情况以及当期发现问题等，以月报的形式每月向项目公司汇报。对部分项目存在不满足设计及公路工程质量验收标准的情况，提出后由项目公司以专项通报形式，督促整改。各期汇报反映的主要问题如下：

（1）浆砌块石边沟普遍存在边墙厚度小于设计厚度，且超出公路工程质量验收标准规定的允许偏差值，引起排水不畅、堵塞、浸泡路基而引起路基垮塌等质量事故，属于不合格工程。

（2）部分浆砌块石桥台、挡墙未按设计规定的全部采用块石材料砌筑，而是采用浆砌块石镶面、浆砌片石填心的工艺进行施工，降低了工程质量和造价成本，属于不满足设计要求。

（3）部分桥台台背回填未按设计规定的砂砾石进行回填、砂砾石粒径过大或级配间断，不满足设计及质量管理办法的要求，易造成路基沉降、路面产生反射性裂缝、路面断板等质量通病。

（4）部分桥台未按设计及规范的规定设置泄水孔，极易造成桥台背后路基内部积水引起该部位路基沉降、路面断板、跳车等质量通病，且易造成交通事故。

（5）个别桥台基础和涵管基础尺寸不满足设计要求，如 K21+245 某水库 0# 桥台 C20 片石混凝土基础襟边（扩大脚）宽度小于设计要求（比设计宽度小 0.50m）、LJ1 合同段 K3+120 圆管涵右幅 20m 混凝土基础高度小于设计要求（比设计高度小 0.12m），可能影响相关主体结构的安全性。

（6）个别桥梁未按设计要求采用钢套管及钢板施工中央分隔带护栏的预埋，而是采用 PVC 管和塑料板替代，如某大桥右幅第一跨中央分隔带护栏；个别桥梁防撞护栏的钢筋未按设计施工（间距过大），如 LJ4 合同段 A 匝道桥、C1 桥、C2 桥及某大桥现浇段。上述情况不能完全满足设计的安全防护功能。

（7）路基边坡未按设计坡度施工，在现场巡查时发现部分路基边坡坡比较设计小。按照《公路工程质量检验评定标准》JTG F80/1—2004 及本项目技术规范要求，边坡岩石较完整，同时由于路基已开挖或填筑完毕，不具备整改条件。我公司建议项目公司要求设计及地质勘察单位到现场论证

实际施工的路基边坡能否满足运营阶段的结构和行车安全，如能满足，则完善变更手续。

我公司发现上述影响工程结构和使用安全的问题后，均进行了拍照取证，并立即向项目公司现场代表进行反映，要求相关单位进行整改，并在整改后及时通知我公司进行复查；巡查后我公司均通过工作联系函或工作月报的方式向项目公司进行了书面反映。通过我公司及时提出的整改建议要求，规范了施工现场质量管理行为，确保了本项目保质保量地完成。

12. 参加现场隐蔽工程收方计量

（1）隐蔽工程现场收方：对部分隐蔽工程进行了现场收方，如软土地基处理、结构物台背回填等项目，并对收方数据在收方单上进行了签字确认。对未按设计要求施工或施工质量不符合设计及公路工程质量验收标准要求的项目，我公司坚持必须整改合格，并经各方验收确认后再同意计量。

（2）竣工前表面工程实体的现场收方：除路基、路面外，公路工程的表面工程实体大部分是按照现场情况实施的，与原设计施工图估算数量并不完全一致，差异较大。我公司会同项目公司、监理单位和施工单位共同对表面实体工程进行了现场收方，如护坡、挡墙、排水沟、护栏、标志、集水井、沉砂池、伸缩缝、绿化树木等项目，由于收方项目较多，加上施工单位收方人员较少，竣工前表面工程实体的现场收方时间长达 4 个月，且主要以我公司人员测量为主。

在收方过程中，我公司坚持如实反映现场实际情况和尺寸，但施工单位也存在“八分尺”、虚报数据等情况。如收方初期，我公司发现部分施工单位将皮尺中间剪断一节再粘好，以期达到增大工程量的目的。对于这种情况，我公司咨询服务团队凭借多年跟踪审核的经验，除了自备钢尺以外，还配备了手持测距仪、轮式测距仪等设备，对施工单位用“八分尺”收方的部位重新进行收方。经过我公司参与收方项目的实测数据，均得到了项目公司、监理单位的认可，真实地反映了表面实体工程实际施工的状况。

13. 计量审核

我公司通过信息化系统应用，及时对每期计量相关项目的施工资料的完整性、合规性，变更、收方手续的完善性等进行审核，及时发现现场核查计量相关项目是否真正实施及实施情况；计算核实工程量、单价及合计的准确性；准确计算扣除开工预付款、甲供材料款、质量保证金等项金额，计算每期应计量金额及支付金额。对资料不完整、变更、收方手续不完善、现场施工质量不合格的项目绝不予以计量。通过计量审核，保证了中间计量审核与竣工结算审核很好地衔接，前者为后者奠定了基础，避免竣工结算重复计量审核工作。

14. 变更审核

按照项目公司的要求，依据其下发的《设计变更管理办法（试行）》及《设计变更管理办法补充规定》，我公司对设计变更部分进行了资料和程序完整性审核、费用审核。共审核 235 份变更，并出具了 127 份变更审核咨询意见，对不具备审核条件的 108 份设计变更详细列明欠缺资料和条件。从已提供的设计变更送审资料分析，最大的问题是应同步完善的基础资料不完整，我公司以工作联系函的形式向项目公司专项报告，建议项目公司高度重视，严格执行管理制度，加强过程资料及时性管控。通过过程中的工作，本项目变更资料和程序得到了较为明显的改善，为今后项目尽快完成竣工决算并通过国家审计奠定了基础，同时有效控制了建设成本，如对 LJ3 合同段的 29 份变更量、价、费审核，送审金额 999.39 万元，审核金额 721.97 万元，审减金额 227.42 万元，审减率 27.76%。

15. 0# 台账审核

我公司对路面、交安、绿化工程的 0# 台账进行审核。送审金额为 98723.50 万元，审核金额为 94586.39 万元，审减金额为 4137.11 万元，审减率为 4.19%。

16. 竣工结算审核情况

本项目报审结算金额合计 3717072042.00 元，通过审核，审定结算金额合计 3588000387.00 元，审减金额 129071655.00 元（审减率为 3.47%），具体各合同段审核金额如表 2 所示。

表 2 各合同段竣工结算审核情况统计表（元）

序号	合同段	报审金额	审定金额	审减金额
1	LJ1 土建路基标	399284264.00	387114687.00	12169577.00
2	LJ2 土建路基标	506431060.00	494898570.00	11532490.00
3	LJ3 土建路基标	435137468.00	426402469.00	8734999.00
4	LJ4 土建路基标	356427877.00	339843151.00	16584726.00
5	LJ5 土建路基标	389624285.00	379569885.00	10054400.00
6	LJ6 土建路基标	442280495.00	437839466.00	4441029.00
7	S1 路面标	471425294.00	454344202.00	17081092.00
8	S2 路面标	472966979.00	469914598.00	3052381.00
9	FJ 房建标	95609130.00	73740068.00	21869062.00
10	JD 机电标	65900507.00	62291952.00	3608555.00
11	加油加气站	39146031.00	30874227.00	8271804.00
12	管理中心	19990910.00	19093339.00	897571.00
13	房建区绿化	4067742.00	3874399.00	193343.00
14	服务区提升改造	18780000.00	8199374.00	10580626.00
合计		3717072042.00	3588000387.00	129071655.00

17. 协助编制竣工决算

为加快项目后期管理工作，我公司向项目公司提出了工程结算审计与工程决算编制协同推进的建议，得到了项目公司的高度重视和采纳，并为最终顺利竣工验收打下了良好基础。为此，我公司主要开展了以下具体工作：

（1）派遣专业技术人员参与项目公司竣工决算小组；

（2）梳理竣工决算编制依据，查找类似项目工程案例；

（3）参编竣工决算编制计划与分工；

（4）按工程决算项目费用口径拆、并工程结算审计分部分项工程；

（5）配合梳理各类摊销项和待核销基建支出；

（6）配合财务小组完成固定资产清理；

（7）分析各类造价指标；

（8）参编项目后评价报告；

（9）协助完成国家审计。

四、服务的实践成效

1. 项目社会经济效益

（1）投资人的建设目标是希望通过全过程咨询单位提供的专业、有序、高效的工程咨询服务，协助项目公司在提高工程质量、加快进度、确保安全的前提下降低项目建设成本。同时本着尽早建成、尽早投运、尽早收费的原则，一方面可以改善区域交通条件，促进沿线地区资源开发和经济社会协调发展；另一方面也可以通过收费缓解资金压力，减少贷款利息支出，最终达到缩短投资回收期，增加社会经济效益的目的。

我公司咨询服务团队在本项目实施过程中，始终坚持“紧紧围绕 BOT 特许权合同，以全生命周期、全方位、全要素咨询”的管控思路，为项目公司提供高质量全过程咨询服务。不仅健全了项目公司的建设管理体系，保证了建设资金的有效使用，同时也促进了现场施工管理，加强了现场施工质量控制，协调了委托人与参建各方的工作关系，为委托人节约了建设成本。最终本项目竣工决算总投资 505621.8150 万元，比概算批复投资（512406.3424 万元）结余资金 6784.5274 万元，实现了项目实际完成总投资控制在项目批复概算范围内的投资目标。每公里实际建造成本仅为 6833.84 万元，与同一地区同期完工的另一条高速公路每公里实际建造成本 7989.67 万元相比较，每公里减少造价 1155.83 万元。

同时，本项目桥梁施工中采用的“超 500m 跨径钢管混凝土拱桥关键技术”达到了世界领先水平，成功应用于本项目长江一桥施工。使得该特大桥在满足外形美观和结构设计的情况下，节约工程造价几千万元，取得了良好的社会效应和经济效益。

（2）提供设计优化建议共 9 项，节约投资 3496.85 万元。

（3）熟练运用国家相关规范和定额，节约投资 1327.31 万元。

本项目土建施工标合同类型为固定单价合同，工程量清单采用 2009 公路工程清单模式，施工单位在竣工结算中报审的全线路基挖土石方工程量为 1025.5533 万 m^3，填方工程量为 919.6136 万 m^3，借土石方工程量为 75.3304 万 m^3，借土石方造价金额为 3372.8576 万元。借土石方计量规则依据《中华人民共和国交通运输部公路工程标准施工招标文件》（2009 年版，下册）第 204.06（5）条规定“借土填方，按压实的体积，以立方米计量。计价中包含借土场（取土坑）中非适用材料的挖除、弃运及借土场的资源使用费、场地清理、地貌恢复，施工便道、便桥的修建与养护、临时排水与防护等和填方材料的开挖、运输、挖台阶、摊平、压实、整形等一切与此有关作业的费用”。施工单位主张本项目采用工程量清单计价模式，结算单价为固定的合同工程清单单价，对于路基挖土石方换算为压实体积费用摊销已在投标报价中综合考虑，借土石方计价工程量等于路基挖土石方工程量（天然密实）减去利用填方工程量（压实体积）的平衡公式计算。

我公司经查阅相关文件，并结合四川省交通运输厅交通建设工程造价管理站回复意见，配合项目公司与施工单位反复协商，最终对借土石方工程量依据《公路工程预算定额》JTG/T B06-02-2007 规定，将路基挖土石方天然密实体积换算为压实体积后再与路基填方平衡计算。与施工单位诉求相比，核减借土石工程量为 28.7260 万 m^3，减少造价 1327.31 万元。

（4）按期完成项目建设目标。

1）在交通运输部批复的建设工期内，完成了本项目建设目标，确保项目建成通车运营，达到了 BOT 投资人预期计划目标，提前收费缓解了投资人的资金压力，同时完善了环线高速公路网，确保当地经济高速联动发展。

2）本项目工程质量经四川省交通运输厅质量监督局组织验收，工程质量评定为优良工程，并顺利通过竣工验收。

3）本项目科技创新：长江一桥特大桥是一座主跨为 530m 的中承式钢管混凝土拱桥，是目前世界上同类桥型中跨径最大的钢管混凝土拱桥，技术含量高，可研发科研项目广，经项目公司同意，主要开展科研项目有 6 项：钢管拱真空 C60 混凝土灌注系统、缆索吊机集中监控系统、扣塔锚箱复核与分析、扣塔抱杆吊机结构分析研究、抱杆应力检测系统开发研究、桥梁高性能混凝土制备与应用技术研究。其中 500m 级钢筋混凝土拱桥建造核心技术获得广西科学技术进步一等奖。桥梁高性能混凝土制备与应用技术研究获得四川省人民政府颁发的省科学技术奖励一等奖。大型钢管混凝土结构管内混凝土真空辅助灌注方法和灌注系统获得中华人民共和国国家知识产权局颁的发明专利证书。

2. 项目获得荣誉

（1）长江一桥在 2019 年第 36 届国际桥梁大会评比中，获得号称世界桥梁界“诺贝尔奖”的乔治·理查德森奖。

（2）长江一桥被中国建筑业协会评审为 2018~2019 年度第一批中国建设工程鲁班奖。

（3）项目中使用的“超 500m 跨径钢管混凝土拱桥关键技术”获得国家科学技术进步二等奖、某广西科学技术进步一等奖。

（4）项目中的“桥梁高性能混凝土制备与应用技术研究”获得四川省科学技术奖励一等奖。

（5）我公司本项目成果文件荣获 2016 年度四川省优秀工程造价咨询成果（全过程工程造价管理咨询成果类）一等奖，项目经理被四川省造价师协会评为 2016 年度优秀造价咨询项目经理。

3. 获得了投资人对全过程咨询管理的认可

本项目基于 BOT 投资人需求，从项目前期即开始委托我公司介入，实质为全过程咨询，并具有对项目公司咨询服务和监督的双重功能。从实践效果来看，本项目“紧紧围绕 BOT 特许权合同，以全生命周期、全方位、全要素咨询”的管控思路，将项目投资效益、建设成本、质量、进度、安全、环保等多目标、多环节密切结合，由造价咨询单位牵头实现项目从策划、招标、现场管理、完工交验、决算审计等全过程各环节、各专业的密切配合，通过整体把控，避免了传统服务模式下易出现的管理漏洞及协调缺陷，使得项目公司获得了预期目标价值，得到了投资人和项目公司的认可。在回访评价中，项目公司称赞我公司在“完成本项目实际建设投资控制在批准的概算投资范围内”的目标中起到了重要作用，并继续委托我公司对后续运营阶段的养护、维修、新建工程等继续开展造价咨询，也为我公司积累高速公路项目全生命周期成本数据提供了实践机会。

五、BOT 模式下全过程咨询服务实践的启示

1. BOT 投资人委托的咨询服务与一般常规咨询服务的不同

（1）合同的层次和结构不同。常规造价咨询服务在实施阶段一般依据承包合同进行项目管理和控制，但 BOT 项目在投融资模式上发生了变化。对于投资人来说，在合同结构层次上多于一般建设项目，首先是 BOT 特许权合同，接下来才是依据 BOT 特许权合同中投资人的投资范围、特许期、权利、义务等内容组建项目公司，确定项目公司管理的合同层次和结构。因此 BOT 建设项目的咨询要紧紧围绕 BOT 特许权合同来开展，无论是建设程序、建设期、建设成本、质量标准都要依据 BOT 特许权合同确定总控目标，再根据项目公司管理需求分解形成控制目标，通过分解目标形成承包合同等的具体目标，切不可只局限于承包合同。

（2）咨询视野自然延伸到项目全生命周期的角度。BOT 模式在我国的发展早于 PPP 模式，其本身就是 PPP 的一种典型模式，高速公路 BOT 建设项目的显著特点就是投资人既要负责项目投资、建设，还要负责运营、养护和收费管理。近年来，随着经济的发展，高速公路建设、偿债及养护管理成本不断增长，高速公路网已基本成型并不断完善，养护任务越来越重，而高速公路管理、养护运营等需要持续大量的资金投入，投资人也承担着特许经营期内管理、资金和财务的各项风险。因此 BOT 建设项目的咨询不仅要着眼于当前建设成本的控制，更要从全生命周期的角度来分析对投资人投资效益的影响，如某些施工方案和施工组织，从经济上分析建设成本较高，但有利于加快工期推进，提前完工可以提前收费减轻投资人的资金压力；又如在变更方案的选择上，不仅仅要考虑经济分析，还要考虑对未来运营维护成本的影响等。

（3）合法合规性咨询范围更广更深。高速公路项目是我国较早开展 BOT 特许经营且发展较好的基础设施建设项目，对我国交通发展起到了巨大的推动作用，通过多年的经验积累，国家相关部委对高速公路 BOT 项目从特许经营期限、建设管理、质量监督、收费标准、收费方式、收费管理、维护养护、运营考核、移交程序和移交检测标准都有着较为严格和详细的管理规定，且一般都要将遵守交通行业管理、竣工决算要经过国家审计等条款写入 BOT 特许权合同。对于高速公路这种投资规模大、回报时间长的项目，投资人同样也承担着较大的风险，任何违背 BOT 特许权合同和行业规定的行为都可能会给投资人带来风险。如建设质量或运营期考核存在问题，都可能会受到降低收费标准的处罚。因此咨询单位必须熟悉基础设施建设领域的法律法规、规章和行业规定，严格依据 BOT 特许权合同的约定为投资人提供咨询服务。从项目特许经营期的全视角为投资人分析所需决策事项的利与弊，合法合规性的咨询范围和内容比一般常规项目更广更深。

2. 咨询服务应与时俱进、保持初心

随着近年来建设项目投融资模式和承包模式的发展和变化，全过程咨询的委托人向多元化发展。委托人可能是政府投资项目的建设单位，也可能是审计机关；可能是投融资建设项目的投资人、平台公司、项目公司，还可能是工程总承包单位，说明各类委托人都具有对专业咨询服务的需求。但无论委托人是谁，咨询服务的科学原理是不变的，咨询单位应该牢牢把握造价咨询是技术与经济相结合的多学科专业的特点，扩展项目管理的知识结构，与时俱进，为各类委托人提供全过程、高价值的咨询服务。同时，咨询单位对于自身专业服务的认知和保持初心也是非常重要的，如我国对于基础设施和公用事业特许经营有着严格的法律法规规定，对于投资人委托的 BOT 项目咨询，并不因为投资人本身的性质就可以简化或者改变基本建设程序。咨询服务作为专业的中介服务，无论在任何场景下，始终保持独立、客观、公正的执业原则，才是企业安身立命之本。

专 家 点 评

本案例为国家高速公路网某地区环线某段高速公路项目。该项目采用 BOT 投融资建设模式。本项目咨询企业接受 BOT 投资人委托承担了项目全过程造价咨询服务。咨询内容包含了项目前期管理咨询、项目策划、招标文件与合同文件咨询，项目实施阶段的全过程造价控制，以及竣工结算审核与工程财务核算咨询等内容。

本案例是一个较为典型的按单一责任原则实施全过程造价咨询服务的咨询项目，以全投资管理角度体现了造价咨询的目标与效益。主要有以下几方面的咨询亮点可供读者借鉴：

（1）介入时间早。从前期项目管理咨询为切入点，确立项目全投资的目标成本，并与招标策划与合同规划有效衔接，进行动态成本管理，实现目标成本管理与合同管理的业务协同和有效控制。

（2）体现了 BOT 项目造价咨询的价值与作用。造价咨询企业介入后对 BOT 投资人从 BOT 协议条款的咨询、土地征拆迁费用的控制、设计标准的制定方面发挥了重要作用。

（3）本案例咨询人熟练应用技术经济分析手段对项目各阶段的设计方案进行分析优化，前后提出了九项设计优化建议，节约投资约 3500 万元，达到了造价咨询服务为项目增值的目标。

（4）在项目投资的管理过程中，本案例体现了造价咨询单位作为牵头人从项目策划、设计、招标、实施管理、竣工交验等各环节与各相关单位的密切配合，建立合同管理流程达到项目投资目标完全受控过程中发挥的作用。

总之，本项目为传统造价咨询企业如何在新的项目投融资模式下，有效结合技术、经济、法律、管理等手段，打造综合型的咨询能力提供了借鉴意义。

点评人：朱坚

上海第一测量师事务所有限公司

某 TOD 商办项目全过程工程造价咨询服务案例

——上海第一测量师事务所有限公司

李新胜　高　榕　张畅文　陈肖伊

一、项目基本概况

本项目位于杭州市余杭区，为某地产集团全资收购的 TOD 商办项目，总占地面积 8.18 万 m^2，总建筑面积 35.82 万 m^2，以 TOD 基础，集酒店式公寓、产业办公、品牌旗舰酒店、剧院、附属商业多种业态于一体。主体塔楼高度 147.7m，为多核心筒结构，单体剧院高度 22.8m，为纯钢结构，单体公寓高度 33~95m，为框架—剪力墙结构，项目工期自 2017 年 3 月 30 日至 2019 年 9 月 30 日。项目效果图如图 1 所示。

图 1　项目效果图

二、服务范围及组织模式

1. 咨询服务的业务范围

本工程在设计阶段、施工阶段、竣工结算阶段及后评估阶段提供全过程、全方位的造价咨询服务。

2. 咨询服务的组织模式

项目中标后，为顺利完成本项目的造价咨询工作，我公司安排了经验丰富的造价人员组成服务团队，人员组织模式如表 1 和图 2 所示。

表 1　人员组织模式

序号	主要人员	人数	备　注
1	公司主管经理	1	高级工程师、英国皇家特许测量师、英国皇家特许建造师
2	项目负责人	1	高级工程师、英国皇家特许测量师、国家注册造价工程师、国家注册咨询工程师（投资）、一级建造师
3	技术负责人	1	注册造价工程师
4	专业负责人	2	项目测量师（土建、机电专业各 1 人）
5	后台技术支持	7	各专业主管共 2 人，土建测量师 3 人，安装测量师 2 人

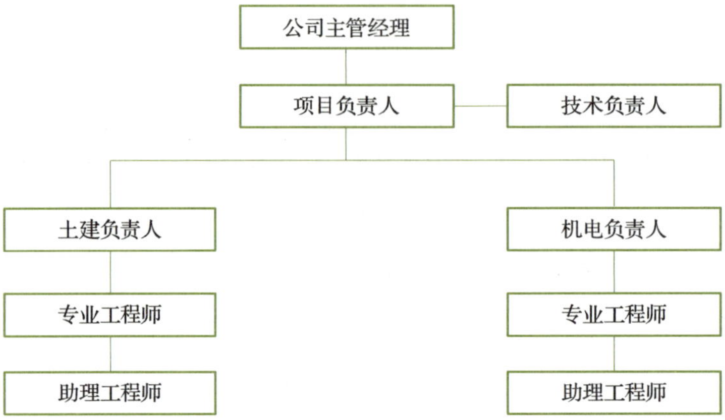

图 2　组织服务模式图

3. 咨询服务的工作职责（如表 2 所示）

表 2　咨询服务的工作职责

阶段	服务内容
设计阶段	（1）根据方案图，提供各项关键节点的经济技术指标，协助委托方进行目标成本测算工作； （2）提供类似项目的设计结构指标，供委托方进行限额设计； （3）协助委托方进行目标成本编制工作，提供目标成本的控制建议； （4）根据扩初图计算各项成本指标，与该项目相关的其他方案测算或成本指标相比，提出优化建议； （5）单体施工图阶段计算典型房型钢筋、混凝土含量，提出优化建议； （6）参与出蓝图前的内部施工图审图工作，针对其对计价的影响，提供审图意见； （7）根据施工图计算建筑安装工程相关经济技术指标，协助委托方进行目标成本的修订； （8）优化工作后，根据委托方要求，对具有代表性或可推广性的优化方案进行案例编写
招标阶段	（1）协助委托方对招标文件中经济条款、经济标编制要求等进行评审； （2）拿到招标图纸后必须先组织内部进行图纸会审，并将会审结果通过电子及书面形式提交委托方； （3）按时完成工程量清单或模拟工程量清单的编制及相关指标的统计分析，同时根据市场行情，编制参考价，确保数据准确性； （4）投标人对招标文件提出异议后，咨询公司提交答复意见给委托方，由委托方审核后统一答复； （5）协助委托方进行询标及合同、报价上的谈判； （6）如需与投标单位核对增补的工程量，咨询公司安排人员及时、认真完成工程量的核对，必要时做相关分析报告，并将计算底稿及审核结果报送甲方； （7）根据委托方要求，对回标文件进行回标分析，纠正计算错误，指出不合理价格，对差异大的子目进行分析说明，注意不平衡报价的存在，并提交分析过程、指标分析及中标意见； （8）清单确定后或招标工作完成后，根据委托方提供统计分析表格完成相应的指标分析工作
施工阶段	（1）对设计变更及现场签证进行事前及完工结算，并处理变更签证等相关问题，并将报送计算底稿及审核结果报送甲方； （2）按时对施工单位上报的零星价格进行初审，并报甲方项目成本人员审核； （3）对具有代表性的变更签证，按照委托方要求的格式编写案例； （4）对不同方案进行测算比较，向委托方提交测算结果并选择最佳施工方案； （5）每月按照合同和委托方的要求与甲方、监理共同核对项目范围内工程进度款的支付，并将结果报委托方审核；

续表 2

阶段	服 务 内 容
施工阶段	（6）现场发生索赔及反索赔时，协助收集整理相关数据资料，结合现场情况，编写索赔条款或反索赔应对策略，参加谈判工作； （7）根据委托方要求，从成本角度进行施工图纸预审工作，并按时参加施工图纸会审会议，提出审图意见
结算阶段	（1）委托方提供资料后，编制一份预（结）算报送成委托方，并与施工单位进行核对； （2）预结算编制工作中或完成后，核对完成后将计算底稿及审核结果以电子稿形式报送甲方，并按委托方的格式要求提供指标含量表； （3）项目结束后，编制项目成本总结分析报告
其他造价咨询工作	（1）提供国内基本建设工程项目的造价咨询业务相关法律、法令、条例、规定、标准、规范和一般惯例的咨询服务； （2）提供材料、设备、工程等造价信息的咨询，协助甲方获取、分析房地产公司的成本指标； （3）甲方提供专业管理的相关培训及接受甲方关于制度等方面的培训； （4）每月 28 日填报《咨询公司现场管理月报》； （5）咨询公司接受委托方的过程评估及季度评估，过程评估在分项工程委托业务完成后一周内完成；每季度末对咨询公司进行季度评估，并在年底进行综合排名； （6）甲方交办的其他造价咨询服务

三、服务的运作过程

TOD 模式是现代城市建设的大势所趋，本项目涵盖了商业、办公、酒店式公寓、剧院和酒店等多元业态，同时地上建筑还涉及框架、核心筒 - 劲性钢结构、纯钢结构等结构形式，项目本身的复杂性对造价控制提出了较高的要求。所以我公司从项目开始就确定了各阶段的重点工作。

1. 设计阶段的重点工作

设计阶段的重点在于目标成本的设置、合理的合约分判以及方案前期的成本优化，具体工作如下：

（1）方案阶段通过公司数据库协助提供类似项目的对标数据，协助委托方进行目标成本编制工作，提供幕墙、机电、景观、绿化及精装修等目标成本的控制建议。

（2）基于委托方提供的图纸文件等资料，进行不同方案、不同材料和不同设备的成本比较分析，并向委托方提供综合成本分析。

（3）收集和针对项目的可优化点，与同类项目比较或进行方案效果分析，形成新方案；将新旧方案的造价结果进行对比，利用得到的成本信息佐证新方案可行性，并以此主动向设计协商或要求更改方案，对专项设计方案进行价值工程分析、以起到事前控制作用，以实现设计阶段的成本优化。

（4）目标成本设置完成后，对项目全周期内所有合同进行合理划分，从合同属性分为前期类、施工类、物业类、费用类四大类合同，并将成本科目及目标成本金额相关联，预判合同金额，配合招采人员，根据项目进度计划编制招标计划，通过目标成本与合同的一一对应分解，实现对项目成本的及时有效的控制。

2. 招标阶段的重点工作

招投标阶段的重点工作是通过控制价及完善的合同条件要求，将合同报价规范在目标成本控制范围内，主要工作如下：

（1）确定招标策划，指导总承包招标文件中相关界面及总分包合同关系的处理，选择适用本项目计价模式的合同（如开办费/措施费，实物工程计价方式，暂定价、总包协调配合管理费用、甲供材料等）。

（2）招标施工图确定后，进行控制价编制并提出优化意见，进而达到进一步确定价格的目标。对投标方不合理的定价要求其调整；对确实存在与参考价有较大差异的清单项，在清标会中要求投标单位向相关端口说明情况，并形成会议纪要作为合同附件，减少后期扯皮现象的发生。

（3）针对施工单位在施工过程中要求新的项目定好价格再施工的情况，处理预案为在招标合同条件中加入相应条款，要求施工与定价同步进行，不得以价格未定为由延迟施工。

（4）对于复杂项目，合同签订后对界面问题的争议，在招标前各方讨论确定招标界面，以界面表及配套界面图纸（包括但不限于平面范围图及节点图施工界面划分等）的形式予以界定，减少争议。

（5）对于一些要求紧急处理的事情特事特办，例如某些小型工程，要求迅速招标确定施工单位，可以采取先提供无数量清单供施工单位自行填报数量回标，然后在评标过程中（定标前）与施工单位核对数量，按核对数量签订合同，以满足委托方对于工期及造价控制要求。

3. 施工阶段的重点工作

施工阶段的工作重点是对中期付款做到造价精细核算、合同执行过程跟踪管理、投资动态控制，以达到事中控制的作用。

（1）在施工开始前可以与委托方充分讨论确立工作流程，所有单位按既定流程执行，减少协调及返工等。

（2）对不同施工方案进行测算比较，提交委托方综合成本分析结果并推荐最佳施工方案。

（3）每月按照合同和委托方的要求及我公司相关进度款审核流程来审核项目范围内工程进度款的支付，并将结果报委托方审核。付款审核阶段，对报送资料完整性进行严格的检查，并要求相关资料必须经过监理及甲方项目部签字，如不完整则退回给施工方重新送审，合格后再进行进度款支付的审核，以确保付款的准确度。具体的工作开展如下：

1）付款管理。为确保工程进度款支付的准确性，本项目实行严格的付款管理制度。其工作内容及流程如图3所示。

2）付款资料审核。为确保付款资料的准确性与完整性，在付款审核阶段，对报送资料完整性进行严格的检查，并要求相关资料需要经过监理及甲方项目部签字，如不完整则退回给施工方重新送审，合格后再进行进度款支付的审核，以确保付款资料的严谨性。付款资料内容如表3所示。

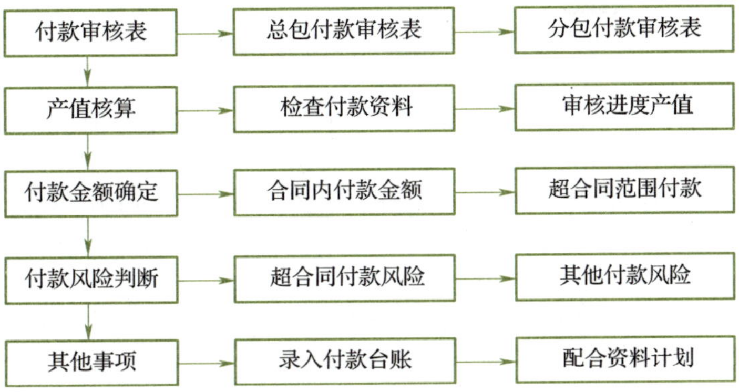

图 3　付款审核流程

表 3　付款资料内容

付款资料类别	付款资料内容
总分包工程类	《产值确认单》《付款建议书》《产值核算表》《工程款支付申请表》《工程款支付证书》《项目进度月报表》《项目变更签证月报表》《收款信息确认书》、当月完成产值预算书
甲供材料类	《工程款支付申请表》《工程款支付证书》《材料进场验收单》《收款信息确认书》（要求为原件并不得涂改）
结算款类	《工程款支付申请表》《结算协议书》《收款信息确认书》

3）产值核算和付款确定。根据经审核后的付款资料、合同条款、清单，结合现场实际完成情况及完成质量来核算当月实际完成的产值。再跟进合同支付条款完成最终付款金额的确定，并在报送的《工程款支付证书》上填写明确的产值和付款金额作为产值推送和支付的依据。

根据现场实践工作总结，产值审核的要点如下：

①报送项目是否与现场实际一致，不一致时以实际进度计算产值，必要时可会同监理、项目部一起复核现场进度；

②报送项目是否与清单项目一致，清单外项目若未通过指令结算，不计入产值；

③报送数量是否在清单数量或补充协议内，大于清单数量的部分不计入产值。

4）付款金额确定及超付风险提示。为保证工程付款准确性，我公司根据监理工程师及项目工程师签批的形象进度报告审核相应进度款，同时关注累计付款金额是否已到合同约定的付款上限，必要时通过邮件提醒委托方，严禁超付进度款。当特殊因素需要超出合同付款或工程款提前支付时，如春节前的工程付款（往往伴随着解决民工工资问题），我公司建议由承包商签署相应承诺文件在节前达到相应的施工进度要求，由监理工程师和项目工程师进行确认，同时报批委托方项目成本负责人确认后，再进行超合同付款或工程款提前支付的审批事宜。

5）其他事项。其他事项包含合同及付款台账录入与配合资金计划管理，具体做法如下：

①录入合同及付款台账。对于工程款支付和甲供材料付款支付审批完成后，及时录入到《合同台账》和《甲供台账》中，具体做法如表 4 所示。

②配合资金计划管理。配合委托方项目部编制项目付款资金计划，并根据项目进度实时调整。为做好年底的付款工作，在春节前提前编制年终各合同的付款计划。

表4　录入合同及付款台账的具体做法

台账类型	具体做法
变更签证台账	（1）台账统一使用标准格式，当发生有明确的费用承担方的，则在“费用责任单位”列登记该单位名称，并在该单位相应的合同下增加一条“负数项”； （2）在合同结算时，应按变更签证台账核对结算资料，特别是对于“负数项”； （3）对施工完成情况签证确认的变更指令单，应当根据实际施工内容重新估算，并在实施后估价中登记； （4）对施工完成情况签证确认的变更指令单，应督促施工方上报签证结算，完成核对后由项目成本负责人签字双方确认，并登记审定价
甲供材料台账	（1）由于精装修工程的普及，从2011年起全部在建项目应建立“甲供材料台账”； （2）台账建立初期由项目成本负责人协助明确项目甲供材料的种类及对应合同信息； （3）甲供材料台账在该材料每次付款时应同时登记，数据来源于“材料进场三方验收单”； （4）为了便于总包及装修总包结算时甲供材料的清算效率，因此应按“材料进场三方验收单”签收的总包单位分别登记； （5）在甲供材料合同结算时，按甲供材料台账核对结算金额及各单位领用量一致后，可将台账打印形成《甲供材料结算书》

（4）变更指令严格执行先审批后实施，除紧急事项允许补发外，其他事项在实施后发起审批即认定为后补，被定义后补的变更将作为其他端口绩效考核的重要参考，以此杜绝后补变更现象的发生，从而保证设计变更及现场签证可以有效地进行事前估算，以达到成本过程控制的目标。本着实施有效的变更原则，工程变更有严格的流程审核制度，具体如下：

1）限止后补变更。变更指令严格执行先审批后实施，除紧急事项允许先发口头指令并于两个工作日内补发书面指令外，其他事项在实施后发起审批即认定为后补。原则上后补变更指令不予审批、结算。如存在特殊事项须进行专项情况说明并经各端口审批后，方可予以办理审批、结算流程，从源头上降低后补变更率。同时在承包单位进场开始就从合同端口进行交底工作，保证该项制度能够充分落地。

2）变更指令完工签证的资料审核。结算资料应包括设计变更单或工程指令单，施工方报送联系单资料需要经监理甲方签字确认，同时应包含变更图纸或现场测量记录，视频影像资料以及结算报价书等。

签证的完成情况中应明确以下内容：发生的部位或范围；增加的工程量或减少的工程量；相关图纸说明。所有签证结算资料不允许随意涂改，对关键数字出现手动更改需重新办理签证确认手续。对于无法根据设计变更、工程指令文件按图计算出工程量的签证，必须由经办监理工程师和项目工程师签字确认工程量。

对于隐蔽工程和事后无法计算的，必须在覆盖或拆除前确认，必要时应使用拍照等技术手段作为依据；土方工程的签证，必须提供土方施工前后由三方签字盖章确认土方方格网图；对于措辞含糊容易引起歧义的签证，在结算前征求项目成本负责人意见，由委托方成本负责人根据情况与甲方项目人员协调处理。一份设计变更或工程指令的承建单位只能办理一份签证结算，我公司会根据变更指令台账清查是否存在有重复办理签证结算情况。

3）完工签证的造价审核。我公司对单据上确定的工程内容及数量进行抽查核对，对变更指令引起合同工程量的变化同样也进行核算，签证结算先按照合同约定的计价规则审核签证结算费用。

每份签证结算执行“一单一结、月清月结”原则，要求承建单位变更签证事项完工后 7 个工作日内报送签证结算，并在收到完整合格资料后 7 个工作日内核对一致后，双方应在签证结算书上签字确认结算金额，表后应附计算过程。

（5）过程跟踪管理是全过程咨询管理的重要环节，是了解项目真实施工过程的依据和基础，过程中真实资料的保存和积累为项目的成本核算起到关键作用。同时，针对无效成本进行管理分析有利于解决相关权属工作的问题，例如可针对现场发生索赔及反索赔事项，结合现场情况，编写索赔条款或反索赔应对策略，保证谈判工作时的主动性。

1）现场跟踪日志。为积累现场第一手资料作为成本核算时真实的数据支持。我公司会根据不同施工阶段和不同分部分项制作分为 6 个阶段 10 个分项的现场跟踪日志（如表 5 所示），在每一个施工阶段每一个分部分项工程的关注点实施过程跟踪测量，并通过月报形式反馈给委托方成本负责人。

表 5　6 个阶段 10 个分项

序号	施工阶段	分类
1	图审阶段	图纸会审
2	基础施工阶段	土方
		桩基及围护
		地下室及基础
3	主体施工阶段	地上结构及二结构
		防水
		粗装修
4	装饰阶段（示范区）	室内精装修
5	室外管网工程阶段	市政管网工程
6	园林景观工程阶段	景观工程

2）无效成本管理。无效成本指项目开发过程中对形成产品、提升价值、促进销售没有作用，无法获得客户认同和补偿的成本费用。按照管理类以及设计类来统计通过变更指令而发生的无效成本，并在流程审批及测算表格中注明相关金额。通过周报或月度工作表向委托方成本负责人反馈无效成本情况和案例情况。对发现的无效成本，我公司通过分析确认是否在本项目存在重复发生的可能（如后续未施工楼幢是否存在同类问题），并将结果告知成本负责人。同时对于为弥补管理失误而发生的后续施工合同外各项措施费用支出也一并统计在内。设计管理类无效成本统计如表 6 所示，项目管理类无效成本统计如表 7 所示。

表 6 设计管理类无效成本统计

序号	类型	产 生 原 因	案 例 描 述
1	设计效果把握不准	设计效果把握不准、设计单位选择错误等重复设计及返工费用（经营销确认效果图后发生的调整除外）	施工图出图后，对效果不满意，发生重新设计费 50 万元，原晒图费 5 万元； 无效成本为 55 万元
2	使用功能缺陷	设计功能缺陷（由于集中交付或者由客户端口提出功能缺陷）、节点做法不明产生的重复设计及其返工费用	卫生间落地窗内开，无法安装窗帘或百叶，更改开启方式。更改开启方向费用 50 万元。 无效成本为 50 万元
3	设计与验收标准不符	设计要求与政府部门验收标准不符产生的重复设计及其返工费用	绿化率计算方法与当地政府验收要求不符，绿化率在验收时达不到规划要求，造成原硬质景观改造为绿化，返工整改费用 100 万元； 无效费用为 100 万元
4	设计图纸提交不全	由于未按集团要求提交全套施工图纸，造成后期施工中错漏碰缺等产生的返工费用及其他一切损失	原设计雨污合流，但后来验收时，当地政府要求雨污必须分流，否则不予验收。后期改造成雨污分流费用为 500 万元。 无效成本为 500 万元
5	其余设计因素的返工	由于同专业图纸矛盾及其他由于设计原因产生的重复设计及其返工费用	原图纸设计为封闭的实墙，后下达设计变更，改为铝合金窗，但是由于设计变更下达不及时，现场已经完成实体墙的砌筑。实体墙砌筑 150 元，实体墙凿除 60 元

表 7 项目管理类无效成本统计

序号	类型	产 生 原 因	案 例 描 述
1	现场原始资料提供不准	由于现场提供的原始资料错误产生的返工费用	大市政给水点，项目提供设计的资料有误，造成设计图纸重新调整，发生调整设计费 5 万元； 无效成本为 5 万元
2	审图不严谨等返工费	由于审图不严谨、不同专业图纸矛盾产生的返工费用（除设计部提供的图纸不满足审图要求外）	原施工图建筑和结构矛盾，楼梯建筑净高 2.2m，结构净高 2m，造成楼梯结构返工。凿除楼梯钢筋混凝土 2 万元。 无效成本为 2 万元
3	施工与交付标准矛盾	施工现场与交付标准不一致产生的返工费用	在销售时确定交付时电梯厅地面为石材，而实际施工时为玻化砖，且未及时通知客户确认，后期客户投诉要求按原承诺改为石材。原玻化砖施工费用 50 万元，后期凿除玻化砖费用 10 万元，导致延期交付赔偿业主 100 万元。 无效成本为 160 万元

续表 7

序号	类型	产生原因	案例描述
4	超合同支付各项措施费	合同外增加各项措施费用（包括赶工费、停工费、窝工费、其他合同外增加的安全文明措施费、公司规定和合同规定以外的奖励费用）	施工单位考察不全面，施工单位进场后不断以各种理由不予配合，更换施工单位产生违约索赔费用 100 万元。 无效成本为 100 万元
5	现场额外签证	无责任单位扣款的质量缺陷整改费用、无责任单位赔偿的偷盗损失等因现场管理不善增加投入	因项目部自身原因未按计划节点完成，导致后续为确保交付发生赶工费用，追加施工单位赶工补偿 100 万元，且后期因为延误施工无法按时交房赔偿业主 1000 万元。 无效成本为 1100 万元

4. 竣工结算阶段的重点工作

根据与委托方签署的造价咨询协议以及保证竣工结算阶段的按时完成的要求，我公司针对这一问题对管理团队要求如下：示范区展示后 3 个月内完成所有示范区合同的结算；非示范区根据交付批次不同，在单项工程竣工验收后 3 个月内完成结算工作。单项合同竣工验收完成后 1 个月内提交完整结算资料，竣工验收完成后 6 个月完成结算。土建和装修总包同时应满足项目入伙后 3 个月内完成结算。

在竣工结算阶段，我公司负责督促承建商上报结算资料，并对结算资料真实性、完整性、合规性进行审核；负责结算初审，对工作质量负责，并根据建设单位成本部的格式要求提交各类成果文件，等待建设方成本管理部进行复审。具体做法如下：

（1）**制订结算计划。**项目第一批交付日前 3 个月，我司完成项目结算计划的编制工作，明确各合同结算的具体负责人以及总体结算计划；配置一个总体协调人员，以管控并协调驻场咨询和后台之间的配合。督促各承包单位提交结算资料并尽可能在交付前所有合同结算资料报送完成；对项目开发过程中具备结算条件的合同（如前期类）及时完成结算。

（2）**收集结算资料。**施工单位提交终版纸质结算资料后，驻场咨询确定结算审核责任人，并更新结算管理台账。结算审核责任人根据结算资料核查目录再次审核资料完整性和真实性。结算资料除施工合同可为复印件外，其余结算资料均要求为原件。具体资料包括：结算资料交接单、结算申请书、对账单，设备、材料验收移交单、开工和竣工报告、软装清单、施工工期确认书、送审结算书、工程（设计）变更单、扣款单、价格确认单、约谈记录、施工合同、竣工图、打桩记录或隐蔽工程验收记录、工程量计算书及其他资料等。

（3）**结算审核要点。**结算审核负责人根据完整的结算资料计算工程量，计取费用，自查并形成结算初审稿，向项目负责人提交初审稿。项目负责人审核工作要点如下：

1）是否按合同、清单约定价格结算，合同有调价部分是否已处理；对于费率合同，套价是否正确；

2）合同内各种奖罚条款、有优惠或下浮比例条款是否已处理；奖罚条款是否以甲方工程指令的形式进行了确认；

3）合同外约谈纪要是否已处理；

4）甲供材料是否扣除，甲分包配合费是否已处理，甲供材料的超领或节约的问题是否按合同条款处理；

5）查阅工程指令台账，核实施工单位是否故意漏报并处理；

6）查阅扣款台账，处理相应扣款；

7）水电费是否与委托方项目部、财务部数据核对保持一致；

8）对于涉及多家施工单位的结算范围，要理清各单位的合同界限，需项目工程师、监理、两家（或以上）施工单位签字盖章确认；

9）结算审核过程保留计算的过程，具有可追溯性，便于复核及校验；

10）包干类合同重点关注现场是否存在货不对板、少做漏做等情况；土方工程需提供详尽的计算底稿，确保平均标高、土方量等数据一致，同时需复核景观、市政等工程间土方是否有重算等问题，不同合同间界面需清晰且一致。

项目负责人对初审稿进行复核后，方可开始与施工方核对工作。过程中需做对账记录，对有争议的问题以量价结合形式反馈给成本对接人，直到所有问题都解决。

四、服务的实践成效

1. 目标成本

本项目业态丰富，酒店式公寓、办公、酒店、商业、剧院多种业态集于一体，且分期开发，项目情况复杂，我公司项目团队主要通过如图4所示方法确保目标成本的合理性、科学性、准确性。

（1）依靠公司大数据平台，结合委托方标准化产品设计限额，整合多个项目数据，调取同业态项目技术、经济指标，如钢筋、混凝土、模板、砌体含量、墙地比、装修标准、景观单方等，表8~表10为我公司各专业指标库针对本项目提取部分数据示例。

（2）结合项目实际特点，对初步设计方案进行测算，协助委托方确定设计方案，表4为本项目剧院结构方案对比测算。

（3）针对特殊产品，标准化数据已不适用，我公司进行重点分析，进行类似项目调研及市场摸查，保证目标成本符合市场水平。本项目剧院属于较为少见的业态，在目标成本阶段，我公司配合甲方，从建造方案、产品配置、成本管理、经营模式等多个角度对剧院方案进行研讨，通过调研浙江电视台演绎中心、乌镇大剧院、金茂丽江创意文化产业园剧场等典型项目案例，联系专业供应商对舞台机械、灯光等系统进行报价，力求目标成本符合项目实际情况，贴近实际市场水平。

（4）结合项目开发周期及其他项目经验，我公司在目标成本中综合考虑变更签证、材料价格浮动、资本化利息等不确定因素。

（5）在项目开发过程中，随着方案不断深化，目标成本逐渐细化，并以目标成本为设计限额标准，通过对项目成本动态监控及成本挖潜，协助甲方做好项目成本管控。

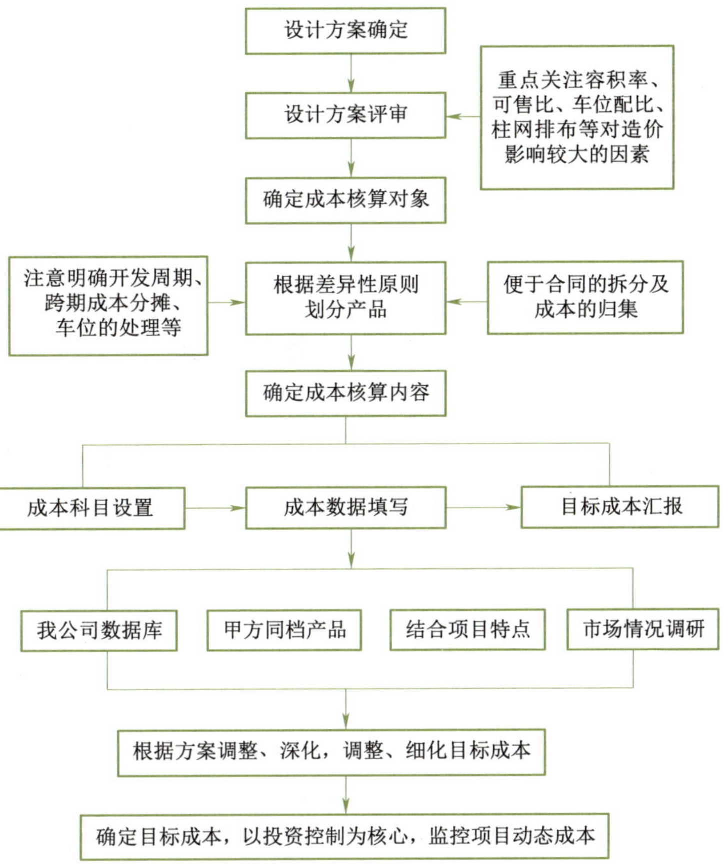

图 4　目标成本编制标准流程

表 8　与类似项目电梯项目配置比较表

项目 A				项目 B			
名称	数量	速度（m/s）	品牌	名称	数量	速度（m/s）	品牌
中速电梯	14	4~6	三菱	塔楼电梯	85	4~6	通力（进口）
中低速电梯	55	1~3.5	三菱	塔楼中低速电梯	15	1~3.5	通力
				裙房及地库中低速电梯	36	1~3.5	迅达
扶梯	48		日立	扶梯	56		迅达

表 9　幕墙工程指标对标表

内　　容	项目 A	项目 B	项目 C
总建造面积（m^2）	184744m^2	137645m^2	111936m^2
建筑高度 / 层数	250m/59F	260m/55F	260m/55F
墙地比（m^2/m^2）	0.44	0.37	0.45
办公楼标准幕墙系统	单元式	单元式	单元式
标准幕墙系统玻璃配置	8+12A+8	8+12A+8	8+1.52PVC+8+12A+8

续表 9

内　　容	项目 A	项目 B	项目 C
标准幕墙单价（元 / 外立面面积）	2600	3150	2350
标准幕墙单价（不含装饰条）（元 / 外立面面积）	2000	2770	1800
装饰条单价（元 /m）	800	560	1200

表 10　结构工程指标对比表

项目	单位	地下室			地上—塔楼			地上—公寓		
		项目 A	项目 B	项目 C	项目 A	项目 B	项目 C	项目 A	项目 B	项目 C
钢筋含量	kg/m^2	135.88	128	155	65	50	90	50	75	55
混凝土含量	m^3/m^2	0.99	1.05	1.4	0.42	0.35	0.45	0.45	0.43	0.32
模板含量	m^2/m^2	3.2	2.5	3	3.5	2.5	3	3.6	3.4	2.45
砌体含量	m^3/m^2	0.08	0.1	0.4	0.28	0.1	0.23	0.28	0.22	0.45

2. 合约分判及界面优化

常规项目合约分判是在目标成本确定后进行。考虑到本项目的复杂性，将合约分判与成本科目挂钩，在编制目标成本时同步进行合约分判。目标成本科目设置确定后，实现对项目成本的及时有效的控制。

根据公司项目后评估积累的项目经验，结合项目进度计划、项目交付标准、战略采购等实际情况，明确合约分判，细化各专业、各标段工程界面，杜绝招标漏项，尽量避免合同履行过程中的推诿等情况的发生。如表 11~ 表 13 及图 5 所示为界面划分及合约分判示例。

表 11　剧院结构测算对比表

分项工程	单位	钢骨混凝土方案（A）			全钢结构方案（B）			差额
		工程量	单价	总价	工程量	单价	总价	（A–B）
混凝土	m^3	3150	700	220500	1050	600	630000	1575000
钢筋	kg	350000	6	192500	—	6	—	1925000
钢结构	kg	560000	11	616000	1015000	11	11165000	–5005000
钢结构楼承板	m^2	—	120	—	7000	120	840000	–840000
钢结构防火涂料	kg	—	2	—	1015000	2	2030000	–2030000
模板	m^2	17500	70	1225000	—	70	630000	1225000
合计	元			11515000			14665000	–3150000
单方	元 /m^2			1645			2095	–450

表 12　界面划分示例——完成面

界面		完成面		
类	项	完成单位		工作内容
公用部位	楼梯间	土建总包		（1）高层：完成楼梯间墙、顶土建结构及混凝土修补、墙面粉刷、内墙腻子批嵌、涂料； （2）洋房：完成楼梯间墙、顶土建结构及混凝土修补、墙面粉刷
	电梯	电梯井道	土建总包	完成土建井道、预留门洞、预留孔洞及预埋件；在设备安装结束后完成填补及精加工工作；提供给电梯安装单位安装所需之脚手架；完成井道地下部分防水
		电梯前室	土建总包	完成结构以及墙面砂浆粉刷（若装饰需做石材的，总包做到结构面清理；如有吊顶则不做顶面及吊顶以上墙面粉刷）
		电梯轿厢	电梯分包	完成电梯轿厢顶、厢壁安装
	入户大厅	土建总包		完成结构以及墙面砂浆粉刷（若装饰需做石材的，总包做到结构面清理；如有吊顶则不做顶面及吊顶以上墙面粉刷）

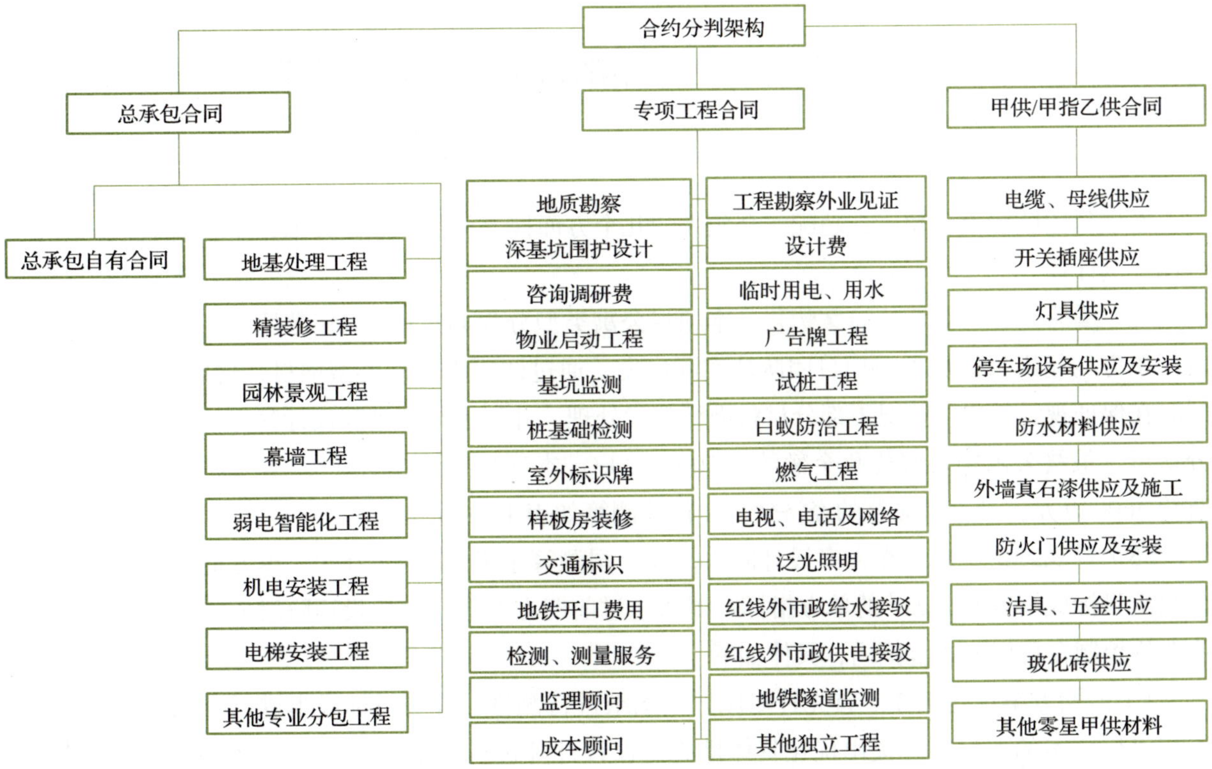

图 5　合约分判示例

表 13　界面划分示例——接收面

接收面	
接收单位	工作内容
装修总包	（1）高层：无； （2）洋房：墙、顶装修面完成
电梯分包	搭设并拆除适用于电梯安装的脚手架、安装永久性安全照明，安装电梯设备并配合安防系统施工
装修总包	地面找平，完成墙地顶的装修；公用部位的门扇安装
装修总包 / 专业分包	（1）装修总包：完成轿厢成品保护及施工过程中的日常管理； （2）专业分包：按设计标准完成轿厢内装修作业
装修总包 / 专业分包	（1）装修总包：同电梯前室（不含单元门）； （2）专业分包：完成单元门、门庭雨篷等安装

3. 成本优化

（1）优化思路概述。众所周知，项目的投资在设计阶段的影响占比可以达到 70%，本项目重点在项目前期阶段进行最大限度成本的控制及优化，大致如图 6 所示：

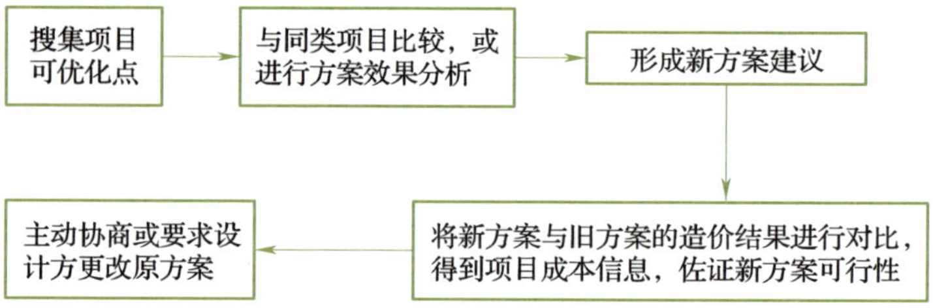

图 6　工作流程图

本项目团队着重从超标、超配、金额大的几个方面搜寻可优化点，并取得了显著效果，以下为具体案例详述。

（2）酒店式公寓精装修方案优化。本项目公寓类型分为 LOFT 与双钥匙两类，第一版设计方案装标单方均超出目标成本。项目团队从实际出发，通过调研市场同类型项目，建议取消多余配置，同时在保证视觉效果的情况下部分材料进行替代处理，并积极与营销和设计师保持沟通以获得其充分认可。最终公寓精装修优化金额约 11500 元 / 户，本项目共计 3998 户，本项优化为委托方共计节约 4600 万元，带来了显著的经济效果，优化测算如表 14 所示。

（3）景观方案优化。在方案设计阶段，我公司测算金额约 3382 万元，单方造价为 750 元 /m^2，远超出目标成本 690 元 /m^2 的单方指标。团队通过前期方案优化、招投标阶段成本优化，最终成功将造价控制在目标成本范围内，具体如下：

1）前期方案优化工作。首先针对原方案图纸进行测算，并与目标成本进行对比，确定方案成本与目标成本的差异，并提出优化具体措施建议设计师进行调整。本阶段优化工作前后共进行了三轮。

①素土夯实系数优化。原景观方案素土夯实系数要求达到 0.97，远超常规做法，通过与类似工程的比较对比，建议素土夯实系数调整为 0.94，可优化约 1.3 万元，表 15 为优化对比。

表 14　装修方案优化建议费用统计表

序号	类型	做法	节约费用（元 / 户）
1	LOFT 公寓	建议取消地台与衣帽间地面木饰面做法	约 650
2		建议将窗台大理石换成地砖（地砖单价 80 元）	约 190
3		建议踏步灯取消，改成插座	约 20
4		可不做室外空调冷凝管外保温	约 290
5		可不做 800mm 冷凝水提升泵	约 40
6		建议取消木饰面吊顶，改用石膏板吊顶	约 135
7		建议取消玄关柜	约 4000
8		建议取消玄关墙面木饰面	约 1800
9		建议取消含沙发底座木饰面	约 2300
10		建议取消电视柜	约 760
11		建议取消厨房墙面隔板	约 950
12		建议取消电磁炉	约 580
13	双钥匙公寓	建议取消沙发、床头隔板、电视柜、书桌的木饰面、木隔板	约 5300
14		建议取消吧台，原红色木烤漆橱柜门板改为三聚氰胺板	约 2500
15		建议取消黑色哑光墙饰面	约 3264
16		建议取消厨房墙面不锈钢面层	约 1436
17		作为选装交付，实际交付标准为墙面乳胶漆	约 2842
18		建议将窗台大理石换成地砖	约 352
19		建议取消踏步灯	约 200
20		可不做室外空调冷凝管外保温	约 20
21		建议取消电磁炉	约 1200

表 15　景观硬质铺装基础素土夯实度优化测算表

序号	部位	单位	数量	原方案		优化后方案		优化金额 ②－④（元）
				①单价（元）	②合价（元）	③单价（元）	④合价（元）	
1	硬质铺装基础	m^2	8211.25	4.66	38264.43	3.12	25619.10	12645.33
2	税金	元			3826.44		2561.91	1264.53
合计					42090.87		28181.01	13909.86

②地库顶板覆土做法优化。原设计方案地库顶覆土较深，地库顶板绝对标高 3.6m，广场硬质铺装设计最低绝对标高为 5.27m，软景部分绝对标高达到 6.45m，高差达到 3m。水景基础底标高 4.72m，较顶板高出 1.12m。因现场回填土高度问题不满足顶板结构荷载设计要求，需全部使用轻质混凝土代替，额外增加了上百万元的成本。

本团队针对覆土厚度问题，通过公司后台数据对综合体项目进行了横向对比，大部分项目景观区域覆土厚度不超过 1m。我公司建议设计降低景观完成面绝对标高，地库顶板承载力可以满足荷载要求，减少换填工程量可以节省工期，节省成本约 114 万元。表 16 为优化对比。

表 16　板超负荷覆土做法与优化后测算

序号	部位	单位	工程量	原方案		优化后方案		优化金额 ②~④（元）
				①单价（元）	②合价（元）	③单价（元）	④合价（元）	
1	碎石层	m^3	473.59	212.05	100431.19	—	—	100431.19
2	素土回填	m^2	1620.38	32.37	52456.67	—	—	52456.67
3	轻质土换填	m^2	2153.05	20.87	44941.63	—	—	44941.63
4	泡沫混凝土	m^2	3773.44	186.12	702303.37	—	—	702303.37
5	陶粒换填	m^2	2153.05	44.91	96689.05	—	—	96689.05
6	土工布	m^2	4306.10	12.43	53507.66	—	—	53507.66
7	土方开挖、外运	m^3	140.82	—	—	103.55	14582.36	-14582.36
8	税金	元			95406.46		1458.24	103574.72
合计					1049471.05		16040.59	1139321.93

③铺装基础做法优化测算表。原方案中，硬质铺装基础做法如下：人行道采用 250mm 塘渣垫层 +100mm 碎石垫层 +150mm C20 钢筋混凝土；车行道采用 500mm 塘渣 +100mm 碎石垫层 +150mm C20 钢筋混凝土。通过经验判断，人行道基础无须使用钢筋混凝土，常规素混凝土已可满足承载需求，并且设计原土夯实系数较高，采用塘渣作为垫层做法有些多余，故建议取消塘渣垫层，钢筋混凝土改为素混凝土垫层，可节省成本约 136 万元。表 17 为优化对比。

表 17　硬质铺装基础做法

序号	部位	单位	数量	原方案		优化后方案		优化金额 ②~④（元）
				①单价（元）	②合价（元）	③单价（元）	④合价（元）	
1	塘渣垫层	m^3	7974.55	58.10	463329.30			463329.30
2	钢筋混凝土	m^3	3251.03	903.21	2936361.67			
3	素混凝土	m^3	3251.03			664.74	2161084.55	775277.12
4	税金	元	—		339969.10		216108.45	123860.64
合计					3739660.07		2377193.00	1362467.07

综上所述，根据提出的优化建议，该项目的景观工程最多可实现 360 万元的成本优化，经过与委托方项目团队及设计师积极沟通协调，最终落地的优化建议节约成本 160 万元，如表 18 所示。

表 18 景观工程优化经济指标汇总

序号	项　目	数据	序号	项　目	数据
1	车道夯实系数优化费用（万元）	1.39	5	合计（万元）	359.06
2	硬质铺装优化费用（万元）	107.49	6	可优化单方（元 /m^2）	55.05
3	地库顶板超负荷覆土做法优化费用（万元）	113.93	7	实际优化费用（万元）	161.59
4	铺装基础做法优化费用（万元）	136.25	8	优化后单方（元 /m^2）	24.78

2）招标阶段的成本优化。在招投标阶段对成本优化的思路如下：

①确立合同为总价包干模式，反推招标施工图纸提高设计要求，减少图纸错误。

②工程量清单发出后，给予投标单位充足时间针对图纸和清单提出疑问，并安排对清单工程量有异议的投标单位进行工程量核对及确认工作，从而避免签署合同后对工程数量的异议引起的纠纷。

③本项目景观难点工作在于部分景观需要竣工后拆改，但委托方团队内部对拆改方案并未达成一致，为不影响招标进度，我公司提出建议要求投标单位于投标前先行提供拆改方案，并分别核对工程量，分析比选最优方案并入报价清单，降低因拆改方案的不确定性导致后期纠纷概率的上升。

④询标阶段对投标方不合理的清单项要求其调整；对确实存在与参考价有较大差异的清单项，在询标会议中要求投标单位向相关端口说明情况，并形成会议纪要作为合同附件，防止后期纠纷。

在招投标阶段中，积极与各主体单位进行沟通，在招标阶段将施工图纸和后期拆改方案夯实，真正做到合同总价包干的前置条件，最终通过方案优化和竞标将合同金额控制在目标成本范围内。

（4）**节省成本成果汇总。**经过方案测算及招标阶段的工作，景观工程最终优化结果如表 19 所示。

表 19 最终优化结果

景观面积（m^2）	方案阶段		总价包干	过 程 优 化			节省成本
45110	目标成本	测算金额	合同金额	第一轮	第二轮	第三轮	
金额（万元）	3114.00	3382.00	2535.00	60.00	24.00	143.00	579
单方指标（元 /m^2）	690.31	749.72	561.96	13.30	5.32	31.7	128.35

通过项目团队的努力工作，景观工程的在方案阶段成本优化达 579 万元，并成功将景观成本控制在目标成本范围内，为委托方带来了可观的经济效益。

五、项目总结

在本项目中，我公司项目团队通过数据库及实际项目调研帮助委托方建立项目目标成本，在方案设计阶段确立重点和难点，工作中重点关注后期设计优化，实现将方案通过成本优化达到满足目标成本控制的目的；在项目过程服务期间，建立日志及台账制度，及时发现项目存在的问题，提出解决方案及建议，为委托方提供更全面的成本分析支撑；在结算阶段提前布局，编制结算计划并责任到人，及时督促，严控结算审核流程，很好地解决了限期结算的问题，真正做到了全过程造价控制的目标。

专家点评

本案例为某TOD商办项目提供全过程工程造价咨询服务，工作内容涉及设计阶段、招标阶段、施工阶段、竣工结算阶段。咨询服务过程中，提供了目标成本设置、合约分判、方案前期的成本优化等工作并描述了具体的工作思路、方案及案例；通过设置合理的合同条款、规范报价要求等方式合理控制了招标阶段的成本；施工过程中通过投资动态监控实现了成本的事中控制，结算阶段实现了结算工作限期完成等。本案例为客户提供了深度的造价管理服务，体现了服务价值，为以投资控制为主导的咨询服务提供了参考。

点评人：张超

天职（北京）国际工程项目管理有限公司

以规范的全过程造价咨询管理制度创建阳光工程

——中国建设银行股份有限公司天津市分行造价咨询中心

焦　进　包继伟　李春林　尹春乐

一、项目基本概况

某大厦工程（以下称“本项目”）毗邻市综合交通枢纽，地理位置优越、交通便利、周边配套设施完备，是市中心标志性建筑，同时也是所在市2010年二十项重大服务业项目之一，是集金融生产、指挥、管理、运营于一体的高楼层、高密度、高智能的绿色建筑综合体，大厦外檐庄重大气，内装典雅实用。

大厦毗邻海河，基坑开挖深度大、土方量巨大，建筑高度高，施工工艺复杂，技术先进，土建、装修、机电、弱电、景观园林等各专业工程齐全，加之工期长、体量大，因此工程造价控制起来有很高的挑战性，对全过程造价咨询机构的专业性、服务连续性，以及对服务团队类似工程经验的丰富程度提出了更高的要求，迫切要求造价咨询机构建立规范的全过程投资管控制度，运用全过程工程咨询“全”和“总”的思路，把原来模块化地控制成本，依靠有效的管理制度，演变成体系化地控制投资，以全局性、全要素性的高度去管理投资，做到项目投资效益最大化，力求为项目增值。

本项目获得了2016—2017年度中国建设工程鲁班奖，项目批准概算28.12亿元，工程实际总投资额26.47亿元，节约投资1.65亿元，项目2010年3月开工，2016年12月竣工，中国建设银行股份有限公司天津市分行造价咨询中心（以下简称“我中心”）为其提供全过程造价咨询服务，服务期限长达7年。

大厦占地面积3万m^2，总建筑面积18.7万m^2（其中地上13.7万m^2，地下5万m^2），地上51层，地下3层，主体高度248m，总建筑物高度270m，属于超高层建筑物，基坑最深处约为25m，土方开挖约30万m^3，采用地下连续墙为围护结构，围护结构底埋深34.50m。工程基础为ϕ1000mm现浇混凝土工程桩基，筏板基础最厚处达3.5m，混凝土最高强度等级C60，最大抗渗等级P12。主体结构为带伸臂桁架的混合框架－钢筋混凝土筒体结构，主楼单跨最大跨度14.9m，本工程混凝土总用量达1万m^3，钢结构总用量1.6万t，钢筋总用量2.2万t。

大厦建筑外立面的幕墙有六大系统，包括单元式幕墙、点式玻璃幕墙、框架式玻璃幕墙、采光天棚、金属板幕墙和石材幕墙，外立面充满现代气息感、造型新颖多变、节点复杂多样。

本项目的智能化系统包括：楼宇自控系统、智能灯控系统、会议系统、系统集成系统、背景音乐系统（含公共广播）、信息发布系统、电子巡更系统、停车场管理系统、报警系统、全国监控联网中心、大厦UPS系统、门禁系统、无线对讲系统、有线电视系统、安防系统、综合布线系统、监控系统、网络交换系统共18个系统，大厦具备了目前最先进的智能化系统，充分展示了具有银行特色的金融产业形象。

二、服务范围及组织模式

1. 咨询服务的业务范围

经过公开招投标，建设单位委托我中心为本项目提供全过程造价咨询服务，主要服务内容包括：编审概算、预算，编制工程量清单和控制价，施工阶段全过程造价控制，审核竣工结算。

在项目实施过程中，我中心本着为客户高度负责的服务理念，凭借数十年来在基建投资领域的技术优势、人员优势、经验业绩优势，为建设单位提供了大量的、关键性咨询意见，在投资控制方面，引导建设单位改变以往传统的审核截流式被动控制，实施主动控制（在当时属先进理念），如事先执笔编制各种与造价控制相关的流程、方案，做好局部费用超目标的动态补救措施等，为建设单位把好投资控制的关口，详见后文相关案例。

我中心为本项目提供的造价咨询服务，已超出了合同约定的基本服务范畴，真正发挥了专家顾问的角色，获得了建设单位的高度评价，并在业界创造了良好的口碑。

2. 咨询服务的组织模式

建设银行始终将业务的规范管理和风险控制视为生命线，为进一步加强工程造价咨询业务的管理，规范业务流程的操作，提高造价咨询业务的服务质量，我中心根据建设行政主管部门及行业协会颁布的法律、法规以及规章、规范等有关文件，并结合我中心的实际情况编制了工程造价咨询业务工作制度系列文件，因此我中心的造价咨询业务既能满足行业的管理要求，又受到了建行严谨的管理，促进了我中心造价咨询业务的健康、持续发展，进一步提升了全行造价咨询业务的核心竞争力。本项目的造价咨询服务，基于我中心的工作制度组织开展。

（1）**内部组织：**项目中标后，由造价中心总经理牵头，技术负责人担任项目经理，由经验丰富的土建、装修、安装、市政造价工程师组成的现场服务和后台技术支持团队，保证项目顺利实施。

（2）**外部组织：**一个项目的顺利实施是由项目参建各个单位共同努力的结果。我中心进驻现场后，与建设单位积极沟通，成立了由我中心牵头、建设单位基建办作为召集人，建设单位财务部、行政部、法规部、项目管理公司、监理公司、外聘审计等部门组成的造价业务领导小组，负责项目整体造价业务的协调和推进。

3. 咨询服务工作职责

（1）**初步设计阶段。**经批复的初步设计概算是项目投资不可逾越的红线，这就是建设项目投资控制的明晰目标，项目进展到后续各个阶段都要始终围绕这个总目标。因此在初步设计阶段的概算编制和审核，要考虑工程建设的全局性、全要素性。

我中心深刻认识到投资控制不单单是控制投资这个单一因素，还要兼顾功能、工期、质量、安全、企业信誉等各方面的因素，要把投资控制的各个环节都放在建设项目的全局性上来考虑，单单节约投资不是目的，而发挥投资效率的最大化，甚至增值，才是我中心投资控制的根本性目标。

在初步设计阶段，我中心会同建设单位基建办、未来的功能需求部门、设计院等各方，在夯实功能需求、经济性与技术性指标平衡、市场调研、方案比选等各方面进行了深入工作。

我中心在初步设计阶段就做好了投资控制的体系规划，并形成了有效的管理制度，随着建设项目的推进，各阶段都以这个控制体系为纲，过程中不断细化和填充，合理设置成本缓冲区，根据项目实际情况动态调整和缓冲，精准控制不同阶段不同部位的造价，向着目标成本动态靠拢。

在经过工程的实际检验后，反观在初步设计阶段就制定的投资控制体系纲要，是非常必要和有效的。

（2）**施工图设计阶段。**本工程施工图出具以后，我中心以造价控制的角度对图纸进行了审核，主要从对比概算、经济合理、有利后续造价控制等角度进行审核。

1）以概算的标准衡量施工图纸。核实主要技术参数是否与初步设计图纸相符，以施工图纸为基准计算的工程造价是否超出概算。

2）核实施工图纸各专业之间的界面。各专业的界面划分是否清晰无争议，后续在分标段招标时是否会出现界面重复、缺失。

3）图纸中所反映出的经济技术指标是否合理，是否兼顾了技术性和经济性，有无优化之处。

4）选用的材料、工艺是否常规，如多用非标准件，会增加造价。

以造价控制角度的施工图纸审核，在全过程造价管控体系中，是非常必要和有效的一环。

事实证明，我中心在该阶段提出支护桩基钢筋含量过高，应予以优化；主体工程钢柱应改变非标断面设计，将会降低后续钢结构加工、吊装等环节的成本等多条建议，均得到建设单位和设计单位的采纳，化解了成本增加的隐患。

（3）**招投标阶段。**通过招标选定最优总承包商，并签署承包合同，是投资控制非常关键的一环，这个阶段，应从参与招标文件拟定、工程量清单和控制价编制、参与合同文本拟定三个方面履行我中心对项目投资控制的职责。

1）参与招标文件的拟定。招标文件是具有法律效力的制定规则性质的文件，在工程领域最低价中标方式饱受诟病，随之而来的优汰劣胜、低价中标高价索赔，又或带来履约风险和质量风险的案例比比皆是，如果选中了一个不合理低价单位中标，则会对前期做的所有的投资控制方案带来一个致命的隐患。

建设单位采纳了我中心对招标规则的一些建议，如优化了评标办法，杜绝了最低价中标；在招标文件中事先设计好补救措施，规避了因评委专家时间仓促而没有发现不平衡报价的风险隐患。

2）工程量清单和控制价的编制。如果在施工期间发生的工程量清单错漏项则极易引起费用的增加，招标控制价是直接影响未来总承包合同价格的主要因素。我中心依靠自身技术优势，工程量清单编制准确，编制说明翔实，没有发生因工程量清单引起费用增加的现象。控制价也经多次市场询价，多轮审核和汇报，最终确定，经受住了市场的检验。

3）参与总承包合同文本的拟定。合同是未来工程实施的基础，我中心主要从造价管理的角度，对合同中涉及预付款和进度款支付，合同总价、单价约定，调价方式，风险分担范围，结算原则等方面进行审核，结合我中心多年的经验，合理划分承发包双方价格风险范围，预判未来结算期间的争议点，将其化解在合同签署阶段。

（4）**施工阶段。**在施工期间的造价控制，持续时间最长，得益于我中心前期尤其是初步设计阶段制定的投资控制体系和相关管理制度，在此期间也有效地控制了工程造价，我中心在施工阶段履行的工作职责主要有以下几方面：

1）依据投资控制体系，细化施工阶段造价控制管理制度，依据制度开展工作。

2）制定造价控制例会制度。由建设单位基建办公室组织，参建各方参加，我中心主持，每周在现场召开造价控制例会，对每周发生的涉及造价的变更、签证、施工方案调整、分包管理等情况进行集中审阅，做到发生一个，结算一个，不给竣工结算留下压力。

3）形成动态成本管理制度。我中心每月整理审核当月发生的实际成本情况，预判成本走势，编制或审核即将发生的变更预算，形成动态成本月报，在每月第一期造价例会向建设单位和项目管理公司汇报，及时告知、预警、纠偏成本。

4）负责对施工单位每月完成的工程量及进度款进行审核，并提供当月付款建议书，经建设单位认可后作为支付当月进度款的依据。

5）若工程发生较大的设计修改或市场波动等情况，负责向建设单位呈交造价测算分析报告，并提供合理控制造价的方法或建议。

6）当总承包方或其他供应商提出索赔时，为建设单位提供确认，或提供反馈索赔咨询意见。

7）完成阶段性结算审核。

（5）**竣工结算阶段**。竣工结算审核是造价控制的最后一个关口，从全过程工程咨询的角度来讲，工程已经竣工，总承包单位的实际成本也基本确定，审核的过程也是双方共同寻求客观结算价值的过程，因此本阶段的控制，主要就是依据前期制定的控制制度，按照合同约定进行结算审核。为了能够客观反映本工程的竣工结算价值，我中心依据投资管控体系，制定了竣工结算工作方案，履行职责如下：

1）拟订竣工结算审核方案，对审核的技术方法、原则和程序进行具体策划。

2）按竣工图及相关资料进行现场踏勘、计量复核。

3）核定各项变更、现场签证、索赔费用，会同委托人办理工程竣工结算。特别是对结算依据的完整性和有效性进行审核，结算依据资料应包括：合同、协议书、中标书、投标文件、招标文件、经确认有效的变更、现场签证、索赔等一切有关的资料。

4）按照相关规范和委托人的要求，出具审核成果文件。

5）工程竣工结算完成后，汇总项目总投资，并提供项目不同阶段投资的对比分析报告。

6）配合审计部门要求，完成竣工结算审计与竣工决算工作。

三、服务的运作过程

由于建设工程产品具有固定性、多样性、价值巨大、生产周期长的特点，给工程造价管理带来了诸多难题。如何有效地管理一个工程的造价，保证项目顺利实施，建设一个阳光工程，从本项目的建设过程中可以得出一些有价值的经验。

1. 建立规范的管理制度

如前文所述，建设银行在内部有着规范的业务管理规程和风险控制制度，我中心的造价业务得以健康持续发展与行内各项管理制度的健全是分不开的。基于这种理念，考虑到建设单位缺少大型建设项目管理经验，鉴于本项目体量大、工期长、参建单位繁多，我中心引导建设单位在项目初期建立起完善的造价管理制度。

在项目前期，我中心就与建设单位关于造价管理制度进行深入会商，双方就全过程造价咨询业务管理的体制、内容、深度、方式达成了完全一致的意见。双方一致确认由建设单位基建办、财务部、行政部、法规部、项目管理公司、监理公司、外聘审计、我中心等部门和单位组成造价业务领导小组，并由我中心牵头负责项目造价业务的协调和推进，明确了以下内容：①我中心的具体工作范围；②重大事项由造价业务领导小组会商并形成会议纪要；③工程变更签证管理办法；④甲供、甲控材料设备招标采购管理办法；⑤形成每周造价例会制度；⑥形成定期汇报动态成本制度等。

这些制度为以后工作建立了有章可循、有据可依的原则，这些制度是建设阳光工程的必要保证，它从根本上体现了“制度管人，流程管事”的原则，在管理过程中，不分甲方乙方，为了将项目管理规范，自动形成了一个管理整体。

规范的管理制度，是阳光工程的必要保证，详见下述举例。

案例 1：建立规范的管理制度——以《工程建设项目变更、增项操作流程》为例

我中心结合众多类似工程的管理经验，在施工图设计阶段、总承包招标前期就开始起草，重点参考了建设单位的工程项目财务管理办法、建设管理办法、资金管理实施细则等，经过多次会商，几易其稿，经监理单位、项目管理公司会签，建设单位审批通过后，最终形成了《工程建设项目变更、增项操作流程》（以下简称“操作流程”）定稿。

该操作流程共有八章、三十六条，内容涵盖总则、工程变更增项的定义和分类、上报流程、事权审批流程、财权审批流程、增项协议审批流程、变更增项支付流程、附则，以及相关附表等，内容翔实。该操作流程在公开招标时被甲方作为总承包招标文件的附件一并公布，总承包单位中标后，该操作流程成为必须遵守的约束文件。在本项目施工期间，因有众多施工单位、供应商参与建设，本流程发挥了很大的规范作用，减少了许多不必要的推诿扯皮和责任不清的现象，我中心专业的流程管理能力得到了甲方的高度认可。

2. 匹配专业稳定的服务团队

作为专业技术力量的承载者、各类制度和方案的实施者，在全过程工程咨询实施期间，专业人才和专业型服务团队，是决定成败的重要因素。我中心在组建服务团队前期，深入分析本工程的特点，剖析造价控制难点，量身定做服务方案，依据服务方案需求，匹配各类型专业技术人才，组建任务型团队。

本工程具有“新、深、高、多”等特点，举例如下：

（1）本工程采用了大量的新技术、新材料和新工艺，如大体积混凝土裂缝控制技术、超高泵送混凝土技术、液压爬升模板技术、厚钢板焊接技术、管线综合布置技术、薄壁不锈钢道新型连接技术、高精度自动测量控制技术、新型建筑节能材料等。

（2）本工程基坑为软土地区超深基坑，基坑平均开挖深度约为 19m，坑中坑挖深达 25m，开挖总土方量达 29.3 万 m^3。

（3）本工程主体高度 240m，建筑物总高度为 270m，地下 3 层，地上 51 层，一层大厅大面积采用了 40.2m 超高的室内石材幕墙及玻璃幕墙。

（4）深化内容多，施工标段多。本工程的钢结构、玻璃幕墙、弱电智能化、机械停车等专业均需要进行深化设计方能施工，近 20 个标段交叉施工。

我中心组建的项目团队，在服务期间展现了过硬的业务水平、优良的职业道德，项目团队 7 年来没有退出的人员，只有在高峰期补充进来的人员。服务期间项目团队人员的稳定，有力地保障了业务的顺利进行，同时也使得造价控制发挥了充分的作用，详见下述案例。

案例 2：匹配专业团队——为客户提供稳定连贯服务

在施工期间，我中心开展工作遇到了很多实际困难，如精装修工程第四标段项目经理、商务经理多次更换，导致其结算资料丢失，该标段施工资料不完善；钢结构专业的商务经理因休产假造成工作间断，临时商务负责人后期工作调动，其变更资料及验收资料均有丢失等情况。为了保障项目的顺利进行，在编制竣工结算期间，我中心勇担重任，多次主动提供过程变更资料，以保证结算资料的连续性、合规性，极大地帮助了建设单位按照时效性要求顺利完成竣工结算工作。

3. 注重事前控制、主动控制

事前控制和主动控制是造价控制的核心，在实际开展业务中却很容易被忽略，应高度重视从事项发生前就从源头堵住超支、冒算的口子，避免事后产生不良后果。我中心充分考虑到这点，在本工程实施期间多次注意事前控制和主动控制，取得了良好效果，详见下述举例。

案例 3：事前控制案例——主动调整概算

2011 年 1 月，概算已经通过了行政审批，各参建单位正忙于施工图和总承包招标准备工作，而政府规划部门通知对工程的定位和标准做了调整，将建筑高度由 200m 调整至 240m，建筑面积由 15 万 m^2 增加至 18.7 万 m^2。

建筑高度和规模的增加，必然会导致总投资的增加，现有的概算必然会被突破。此时建设单位内部存在两种思想，第一，首先调整概算，在工程招标前完成概算调整，但会影响项目实施周期；第二，先行招标，完成招标后再调整概算，会节约实施周期，但会带来因调整概算引起的各种风险。

在综合评估各种条件的情况下，我中心根据相关要求，积极建议建设单位采取第一种方案，调整概算，理由是：经审核后批准的概算是项目投资最高限额，一旦出现预算超概算现象，就可能会带来资金难以落实的问题，即使有资金，但追加投资审批程序困难，甚至会导致项目重新立项审批，会更严重影响项目实施进度，而此次调整是政策性调整，事前调整概算具有合规性。建设单位经过慎重考虑后，选择了我中心提出的解决方案——实施前调整概算。

根据调整后的初步设计方案，我中心对概算做了及时审核调整，将原概算由 23.53 亿元调至 28.12 亿元，调增 4.59 亿元。其中调增：土建工程 13619 万元，安装工程 10762 万元，室外工程 1956 万元，机械停车 1320 万元，预备费 18143 万。在各方共同努力下，新概算及时获得批复。实践证明，我中心提出的方案既解决了建设单位的燃眉之急，又保证了工程建设资金的落实，兼具科学性与专业性，得到建设单位一致认可和高度评价。

案例 4：主动控制案例——严控施工界面划分

本工程系超高层建筑，涉及的施工单位多，在全过程管理过程中经常遇到施工界面纠纷现象，为此，在招标文件中应清晰地划分界面。

总承包工程和精装工程是由不同的设计单位设计、不同的施工单位施工的，精装修工程招标时，总承包单位施工的主体工程基本竣工。当我们分别对比精装修工程和建筑工程图纸的营造做法后，发现其施工工序与总包的建筑做法有很多不一致之处，甚至有重复施工现象。

在精装工程招标时，总承包单位已经完成了基层、找平层（表1第4、5项）的施工，精装工程的招标图纸包括了全部工序的做法，但其对基层和找平层的设计和原建筑设计做法不一致。例如，楼面3石材地面，其总包施工的建筑做法和精装修的营造做法内楼面都是石材，虽然面层都一样，但是基层和找平层的做法却完全不一样，如表1所示。

表1　更改前楼面3营造做法对比表

项目名称	序号	建筑做法	精装做法
楼面3 石材地面	1	20mm厚大理石板铺贴	铺20mm厚大理石板，DTG擦缝
	2	30mm厚1∶4干硬性水泥砂浆	10mm厚DTA砂浆黏结层
	3	20mm厚1∶2水泥砂浆找平层	20mm厚DS15干拌砂浆找平层
	4	58mm厚细石混凝土找坡	60mm厚CL7.5轻集料混凝土垫层
	5	钢筋混凝土楼板	钢筋混凝土楼板

为防止精装施工单位进场后对土建已完成的基层和找平层的做法不认可，以建筑做法的找平层不能满足精装图纸为借口，要求改换找平层，则将导致造价增加，所以我中心在与建设单位协商后，要求精装设计单位和建筑设计单位统一设计做法。

统一了设计做法后，我中心在编制精装修工程量清单时，在做法表上按工序划分了土建和精装的施工界面，这样既简单明了，又做到了无缝隙衔接。成果如表2所示。

表2　更改后楼面3营造做法对比表

项目名称	石材地面	所属标段
楼面3 石材地面	1. 20mm厚石材地面（六面满涂防污剂），专用填缝剂擦缝	属精装修施工
	2. 30mm厚1∶3干硬性水泥砂浆黏结层	
	3. 20mm厚1∶2水泥砂浆找平	属土建施工
	4. 60mm厚C15细石混凝土找坡不小于0.5%，最薄处不小于30mm厚	
	5. 现浇钢筋混凝土楼板	

前期我中心耗费了大量的时间和精力对以上界面进行划分，虽然无形中增加了我中心的工作量，但工作基础夯实后，在后期施工管理过程中为建设方节约了大量成本和时间，对此建设方非常满意，同时充分肯定了我中心的专业精神和高度责任感。

4. 严格依据合同和法律性文件，做好事中控制

施工期间的造价控制，大部分与责权界定有关。认真研读合同，充分了解相关法律法规，了解交易习惯非常必要，这样才能从合理、合规、合法的角度顺利解决各类争议问题，详见下述举例。

案例 5：以合同为依据，解决索赔争议

由于本工程工期长，分包多，总承包单位在施工期间提出了以下诉求：

（1）要求增加总包服务费。

（2）根据分包工程客观情况，提出了由于总包管理工作内容增加，而要求增加部分管理费用。

（3）索要代理分包单位统一缴纳施工用水电费。

（4）索要代分包工程投入和维护安全文明措施费用。

（5）索要拆除施工电梯后，提前启用正式电梯而增加的电梯运行电费和管理费。

（6）索要代分包单位统一对外协调工作的费用。

并附上了详细测算数据。

根据总包单位提出的具体要求，我中心经过审核后提出如下建议：

（1）总包服务费。本工程通过公开招标，甲乙双方于 2011 年 3 月 5 日依法签订了施工合同，并经政府建设工程施工合同管理部门确认和备案，过程合规，合同合法，双方应严格遵照合同条款执行。

总包合同第 9.1.9 条、第 47.16.21 条、第 47.16.23 条对总包服务费服务范围、内容、深度均有明确规定，基于总包单位在合同约定的服务范围、内容、深度内的总包服务费，建议依照合同约定 1% 执行。

（2）增加总包管理内容增加费。

1）根据招标文件（装修工程第一标段）所明确的总包单位管理工作内容与总包合同对比，增加了以下内容：①负责发包人供应的材料设施到指定仓库后的保管。②负责安全、质量、环卫、公安等所有政府主管部门检查的接待工作，并督促相关分包单位配合检查内容。

2）由于后期装饰、弱电、景观等分包工程招标分为多个标段，造成总包单位实际管理对象的增加，由此势必带来管理费用的增加。

综合以上两方面因素，建议增加 1.5% 的总包管理内容增加费，按照后期分包项目造价 4 亿元估算，约增加造价 600 万元。

（3）代分包工程缴纳施工用水电费。由于后期分包工程为多标段分散交叉施工，为提高工程施工和管理效率，分包工程的施工用水电费，由各分包单位集中缴纳，总包单位统一管理。

参考某省 2008 定额水电费扣除办法，装饰工程和弱电工程施工用水电费一般为工程总造价的 0.8% 左右，考虑不可避免的损失，建议按分包工程总造价 1.5% 扣除分包单位施工用水电费转付给总包单位，按照后期分包项目造价 4 亿元估算，该部分造价约 600 万元。

（4）代分包工程投入和维护安全文明措施费用（含临水、临电、安全、文明施工、临设费）。根据天津市建设工程施工安全管理条例第八条规定，建设单位在编制工程概算时，应当按照有关规定列支建设工程安全作业环境及安全施工措施所需费用，并于开工前存入银行专用账户，专款专用。建设工程安全监督管理机构对其使用实施监督。第十三条规定，施工单位应当按照国家规定的标准和范围提取、使用施工安全费用，施工安全费用应当开立专户，专款专用，不得挪作他用。

本工程总包单位已经投入的安全文明措施含部分分包工程应投入的措施项目，且该部分措施项目后期还需维护，所以分包单位应分摊该部分费用。

根据本工程已招标项目统计，安全文明措施费（包括临水、临电、安全、文明施工、临设费

用）约占工程总造价 1%，建议分包单位转付分包造价的 0.7% 给总包单位，作为总包代分包工程投入和维护的安全文明施工费。按照后期分包项目造价 4 亿元估算，后期分包项目需转付总包单位安全文明措施费（包括临水、临电、安全、文明施工、临设费用）280 万元。

（5）正式电梯的使用费。由于幕墙工程竣工，外墙闭合，施工电梯必须拆除，由此导致建设单位投入七部正式电梯作为装饰工程施工电梯而提前使用。根据经批准的总包工程施工组织方案，本工程施工电梯为三部。改用正式电梯后，将增加四部电梯运行电费和管理费用。该项工作将由总包单位统一组织和管理，由此将增加的费用约占分包造价的 0.9%，按照后期分包项目造价 4 亿元估算，约 360 万元。

（6）代分包单位统一对外协调工作的费用。由于本工程专业分包单位多，对外协调部门多，为避免个别单位影响整体工程进度，由总包单位代分包单位统一对外协调工作，其费用约占分包造价的 0.25%，由分包单位转付总包单位，按照后期分包项目造价 4 亿元估算，约 100 万元。

综上所述，总包服务费 1%，约 400 万元；增加总包管理内容增加费 1.5%，约 600 万元；代分包工程缴纳施工用水电费 1.5%，约 600 万元；代分包工程投入和维护安全文明措施费 0.7% 约 280 万元；正式电梯的提前投入使用费 0.9% 约 360 万元；代分包单位统一对外协调工作的费用 0.25% 约 100 万元，合计 2340 万元。

其中，总包服务费 1%，约 400 万元，总包合同已经明确约定；增加总包管理工作内容增加费 1.5%，约 600 万元；正式电梯的提前投入使用费 0.9% 约 360 万元；共 1020 万元为甲方实际增加造价费用，其余 980 万元为总包单位代分包单位缴纳和投入的费用，由分包单位转付总包单位，不增加工程总造价费用。

根据我中心的审核建议，建设单位、项目管理公司、监理单位、总包单位、分包单位签署了《工程施工现场管理五方协议》（以下简称“五方协议”）。该五方协议的签订约定了各方责任权利，有力保证了工程顺利实施。我中心基于对相关法律法规、交易习惯的充分了解，在充分遵循合同的前提下做好事中控制，从合理、合规、合法的角度顺利地解决了各方争议的问题。

案例 6：以法律为依据，解决人工费调差争议

由于本工程工期长，过程中人工费变化幅度较大，总包单位提出了增加人工费的要求。总包单位要求调整人工费的原则性依据如下：“依据市城乡建设和交通委员会《关于建设工程人工费有关问题的通知》（建筑〔2011〕249 号）及市场现行情况，我公司认为现阶段由于人工费大幅上涨合同中约定的‘政策性调价文件建筑〔2010〕344 号文以后不调整’条款情势已发生变更，因此该条款已不适用于本工程，因此我公司恳请贵公司就此工程人工费问题尽快予以解决。”

对此我中心认为其要求调整人工费的法律性依据不充分，理由如下：

（1）本工程通过公开招标，甲乙双方于 2011 年 3 月 5 日依法签订了施工合同，并经政府建设工程施工合同管理部门确认和备案，过程合规，合同合法，双方应严格遵照合同条款执行。

随着外部条件的变化，合同或其中条款在执行过程中是否有效，应由有权确认的法律部门界定。

如经有权确认的法律部门界定本施工合同全部条款均为有效，那么合同双方应继续履行合同；如经有权确认的法律部门界定，市城乡建设和交通委员会建筑〔2011〕249 号文件发布后，本施工合同“政策性调价文件建筑〔2010〕344 号文以后不调整。”条款已不适用本工程，则结合工程实际，在不低于劳动和社会保障部门发布的最低工资标准的前提下，双方可协商签订补充合同或协议。

（2）经核实本工程合同签订时，人工费工日单价不低于当时的最低工资标准，但由于本工程工期长，在施工过程中政府多次调整了最低工资标准，导致了后续部分人工费工日工资低于了政府公布的最低工资标准，依据我国《劳动法》第四十八条，国家实行最低工资保障制度的规定，如双方达成一致意见，该部分可以适当调整。

该事件处理过程中，我们充分调动了双方律师的积极作用，从不同的法律角度对事件如何处理做了深入探讨，保证了事件处理结果的依法合规性。

5. 竣工结算，明确统一的结算办法

竣工结算审核是造价控制的最后一道关口。本项目施工单位众多，施工合同多样，各单位对竣工结算所需资料、依据性文件理解不统一，如不加以规范，则会带来各种弊端。为此我中心制定了本项目的工程结算办法，经建设单位审批后发放给各施工单位，要求各施工单位在结算审核期间，严格执行该办法，详见下述举例。

案例7：严把最后关口——制定《本项目工程结算办法》

《项目工程结算办法》（以下简称“本办法”）主要由结算报送条件、报送资料要求、报送程序、结算审核原则、结算审核办法、联系人制度、各类附表组成。

竣工结算并非能由造价咨询机构单方面完成，需要参建各方共同参与，各司其职。如本办法规定了结算资料报送程序为：结算资料送审单位→建设监理公司→管理公司→建设单位→中国建设银行股份有限公司天津市分行造价咨询中心→建设单位→外部审计单位→建设单位，在各环节上，各单位要尽到各自审核的职责。

本办法还规定了结算资料审查原则：本工程结算审查以签订的合同（含补充协议）、招标文件、投标文件等为依据。

（1）**设计变更审查原则。**

1）设计变更为：设计变更图纸或设计变更通知单、设计洽商，以及招标图与施工图的差异。结算造价 = 原中标价 + 设计变更 + 签证。

2）任何设计变更需经原设计单位签字盖章。

（2）**现场签证审查原则。**

1）建设监理有限公司于每项变更签证，必须明确注明该项变更签证所涉及的调增或调减工程量；造价咨询公司配合计量；同时，由管理公司核实变更签证程序是否符合规定。

2）非套用定额或无固定综合单价的现场签证，依据《建设工程工程量清单计价规范》GB 50500—2013 第4.8.6条第二款办理，等等。

结算办法明确了报送要求、报送程序、审查原则，极大地提高了工作效率，本工程仅用时2个月，就完成了全部的结算审核工作，并出具的竣工结算审核报告，经审计单位审核，结算误差率为0。

我中心为其提供的专业、高效的全过程造价咨询服务为该项目的成功提供了有力的支持和保障，该项目获得了2016—2017年度中国建设工程鲁班奖。由此可见，运用全过程工程咨询“全”

和“总”的思路，注重事前控制、主动控制，严格依据合同和法律性文件做好事中控制，以合同为依据解决索赔争议等都是全过程造价咨询服务的核心关注点，也是该项目取得成功的关键。

四、服务的实践成效

1. 阳光工程

该项目竣工验收后，获得了 2016—2017 年度中国建设工程鲁班奖，工程质量得到了业内普遍好评，该工程目前已成为地标性建筑物。

经过外部审计，工程造价结算误差率为 0；工程管理经市巡视组、市纪检委反复检查，顺利通过，工程管理人员在历次巡视、检查中都能经得起严厉的检验，被评为优秀基建管理人员。

2. 项目经济效应

经过我中心造价咨询团队的努力，本工程投资控制工作取得了良好的效果，工程最终决算实际投资 26.47 亿元，较审批概算 28.12 亿元节约 1.65 亿元，项目竣工决算顺利通过了董事会的审批，并得到了董事会的高度认可。

3. 项目的收获

通过该项目，锻炼了我中心一批优秀的年轻员工，无论从管理还是技术层面都得到了飞跃式成长，他们更加清晰地掌握了工程预结算和全过程造价咨询的区别，实现了由预算员到造价师的蜕变。

4. 项目的心得

（1）造价咨询管理，首先要建立制度，规范化管理。工程一开始就建立了工程造价领导小组，分工明确，职责清晰，遇事有规可循、有章可依。用机制代替人治，用制度管理好人员，使管理公开化、透明化、规范化。自始至终没有一个人员因工程而受到处分，制度规范了管理，保护了干部。

（2）造价咨询管理，要有高度，要有全局观。造价咨询管理，不单单是造价人员的责任，也是项目的所有管理者的责任；造价人员，也不单单仅负责造价咨询管理，他同时也是质量、工期管理的参与者。造价人员不应以服务者的身份参与工程，而应以一个项目的管理者的身份参与工程。管理者，只有分工不同，岗位不同，但考虑问题要有高度，全方位，多角度，顾大局。这也是项目最终能顺利通过审计、巡视、监察的主要原因。

（3）造价咨询管理，是经济、技术、法律的有机结合。造价咨询管理，不单单是造价计算者，他更应该懂技术、懂法律，善于运用技术分析造价的合理性，运用法律维护自身的权益。我们的施工技术日新月异，飞速发展，这与我们的计价定额的滞后形成了一定矛盾，造价人员应能迅速地分析出新技术新工艺所带来的劳动生产率的提高，合理的维护委托人的经济利益。

在我们造价法规体系逐步完善过程中，当法律、条例、细则、规范、办法与合同产生矛盾的时候，造价人员应能站在上位法的角度，理解法律的本意，维护委托人合法的权益。

（4）造价咨询管理，是主动管理，精细化管理。造价咨询管理，应把重点放在事前管理，做到主动管理。方案设计阶段的管理是工作的重中之重，能起到事半功倍的效果。本工程由于在初步设计阶段对概算做了细致的审核，及时调整了概算偏差，才保证了项目顺利实施。

招标阶段的管理也非常重要，精细化、高标准地编制招标文件，是减少施工阶段争议的最有效的手段。各标段间的界面，专业的划分，变更调价原则，在招标文件中做得越细致，施工过程争议越少。

专家点评

本项目为全过程工程造价咨询项目，其服务内容包括：编审概、预算，编制标底（含工程量清单），施工阶段全过程造价控制，审核竣工结算。

本案例把造价咨询管理的重点放在“事前管理”，起到了事半功倍的效果；“事中管理”过程中全面考虑质量管理、工期管理及法律、法规等相关领域的相关问题，做到了造价咨询管理不是狭义的造价管理。这一做法是全过程工程造价咨询管理实质的体现。本案例内容翔实、素材丰富、子案例翔实，是一篇很值得同行借鉴的全过程工程造价咨询典型案例。

点评人：张大平

北京求实工程管理有限公司

EPC 项目总承包模式下的某公园市政工程项目全过程工程造价咨询

——中国建筑西南设计研究院有限公司

戈　理　温洪英　袁春林　王继春　寇　炀

一、项目基本概况

1. 某公园市政工程项目之初印象——“最大、城市绿洲、水域广”

某公园市政工程项目南北长度约 2km，东西最宽 1.5km，最窄 900m，面积约 129 万 m^2。以 CBD 核心区公园为特征，突出生态功能与城市生活的紧密联系，强调运动、娱乐、游览、艺术等都市功能，公园内展现特色地形草坪、人工湖、景观桥、环形景观步道、空中连廊、疏林草地、密林种植区等景观，是 CBD 核心区内一座名副其实的“城市绿洲”。

2. 某公园市政工程项目之不易

某公园市政工程项目位于 CBD 城市中央商务区，毗邻博览城，是中央商务区不可或缺的组成部分。因其意义重大、工期紧迫、质量要求高、美观度要求高，于 2014 年 10 月开工，2016 年 11 月竣工，项目特点主要体现在以下方面：

（1）率先推行工程总承包，且需边设计边施工；

（2）工程规模大，工作面交叉多，作业干扰大；

（3）涉及专业多，交叉协调工作多；

（4）占地面积大，征地障碍多，拆迁工作难度大。

二、服务范围及组织模式

1. 服务的业务范围

在本案例中，受案例项目设计—采购—施工总承包（EPC）部（以下简称 EPC 总承包部）的委托，承担案例项目的 EPC 工程总承包的全过程工程造价咨询业务，主要范围包括：合约管理、商务管理、造价咨询。

2. 服务的组织模式

作为造价咨询单位，本案例项目中承担的角色是首次为 EPC 总承包单位提供造价咨询服务的角色，也是在同行中做出尝试及研究较早的单位。本着以“有效控制成本，经济引导设计，实现项目合理收益”为管理思路，以组织保障、制度保障、过程保障、技术保障、流程保障等为管理手段，通过贯穿项目建设全过程的事前控制、主动控制、科学控制，确保本项目的成本得到有效控制，实现项目合理收益。

商务合约部作为总承包管理体系中的重要组成，向 EPC 总承包部的项目经理负责，受总包项目经理直接管理。同时本咨询服务团队在服务过程中，严格按造价咨询公司相关管理办法执行，所提交的成果文件均严格经过咨询公司内部三级校审流程，并且为充分调动公司各项资源，加大对本项目的造价咨询服务团队的支持力度，成立由领导层任组长、副组长的项目协调部，从人力资源、技术支持及后勤方面给予全力支持。

具体组织关系如图 1 所示。

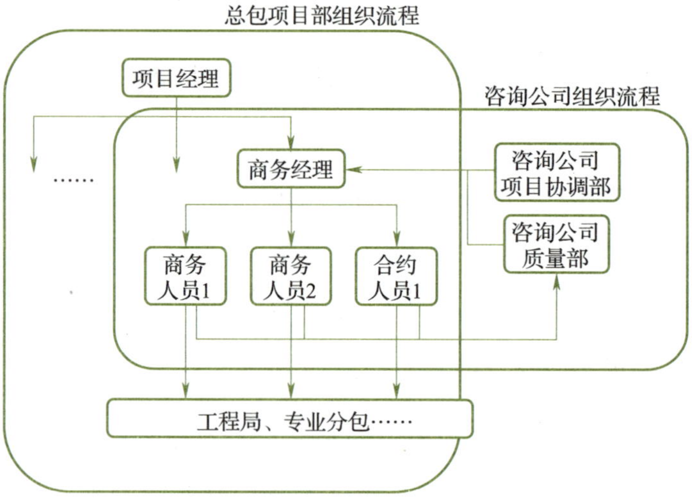

图 1　总承包项目组织流程图

3. 服务工作职责

作为承接的首个 EPC 总承包造价咨询项目，在服务期间，我们打破传统全过程造价控制的工作思维，转变为总承包单位商务管理的思路，结合受建设单位委托的全过程造价控制的工作经验，充分研究建设单位及总承包单位的管理需求，全面分析 EPC 总承包造价咨询工作的重点、难点和工作要点，保证工作成效，并提前预测审计风险，做好资料的管理和完善工作，让 EPC 总承包造价咨询工作规范化、工作目标精准化。

（1）**投标阶段。**

1）对招标文件进行分析，并出具招标文件分析报告以指导各部门进行投标工作，并对人力、机械租赁、材料采购、分包成本等进行分析；

2）对招标文件、招标清单说明中的经济条款进行梳理，并出具风险分析报告；

3）对商务标进行投标报价；

4）综合各部门意见，复核投标报价，调整定稿。

（2）**分包招标阶段。**

1）项目中标后 10 个工作日内完成项目商务策划编制，秉承“专业的事要交给专业的人做”的理念，选择合适的项目分包模式，并策划合理的分包界限，界限划分要到“点”“线”“面”的深度，选择与专业匹配的计价模式，计价体系符合市场要求。

2）按照分包范围及标段划分，根据初步设计图纸、招标文件、投标文件等相关资料，在 EPC 总承包部要求的时间内完成分包工程的工程量清单及招标控制价编制。

3）按照 EPC 总承包部的相关要求，对分包工程、材料设备采购招标的报价等进行回标分析。

4）根据 EPC 总承包部的中标价、分包中标价、成本等资料，完成项目的收益分析，出具项目风险及投资控制报告。

（3）**施工图设计阶段。**

1）在设计人员与施工技术人员的配合下，根据 EPC 总承包部的中标价、分包中标价、成本、工程量指标、历史交易价格、价格指数等资料，实时分析项目的利润率、风险等，测算出项目的投资控制金额，并作为施工图设计的限额设计目标；

2）对施工图设计过程中的多方案设计进行经济分析，从造价角度提供建议和意见；

3）根据施工图设计进度，每季度编制施工图预算，并与设计概算、中标价进行同口径对比分析，以保证限额设计目标的实现；

4）针对施工图预算编制过程中发现的有关设计的错、漏、碰、缺等问题，及时提出建议；

5）根据完成的施工图和 EPC 总承包部中标价，与建设单位方的投资控制单位进行工程量、综合单价核对，完成清标工作；

6）根据完成的施工图和分包工程中标价，与分包单位对工程量、综合单价进行核对，完成清标工作；

7）根据内外清标工程量、综合单价等资料，对项目成本、收益等进行全面分析。

（4）**施工阶段。**

1）编制进度款申请报告，并建立收款台账；

2）编制项目资金使用计划及商务报表，并结合项目实际进展动态调整；

3）在收到分包单位（供货商）进度款申请报告后 3 日内审核完毕，并建立付款台账；

4）及时分析设计变更引起的经济增减情况，提出工程造价分析报告及建议；

5）负责与建设单位间的签证变更，与建设单位相关单位进行核对，并建立签证变更台账；

6）在收到分包单位签证变更资料 7 日内审核完毕，并建立分包签证变更台账；

7）负责与建设单位之间的索赔与反索赔工作；

8）负责与分包单位之间的索赔与反索赔工作；

9）负责与建设单位、建设单位委托的造价咨询单位确定清单外新增材料、设备价格；

10）负责与分包单位确定清单外新增材料、设备价格；

11）负责与建设单位、建设单位委托的造价咨询单位办理暂估价材料、设备的认质核价工作；

12）负责与分包单位办理分包合同中的暂估价材料、设备的认质核价工作；

13）根据项目实施过程中的实际情况，建立动态成本控制、利润分析，并按 EPC 总承包部要求每半个月召开成本控制分析会，并在会后 3 日内形成书面报告报送委托方；

14）针对项目实施过程中的造价争议，出具相关建议或意见，必要时，牵头组织相关单位咨询造价主管部门意见，并出具协商意见。

（5）**结算阶段。**

1）在收到分包单位结算申请报告 1 个月内审核完毕，并编制分包工程结算审核报告；

2）工程竣工验收合格后 1 个月内编制完成工程竣工结算书，按 EPC 总承包部与建设单位签订的合同要求与建设单位、建设单位委托的造价咨询单位办理竣工结算；

3）工程竣工验收合格后两个月内按照委托方要求编制工程最终成本效益报告。

（6）**审计阶段。**

1）配合建设单位及审计单位完成对项目的审计工作；

2）按 EPC 总承包部要求对分包单位提出的亏损项及亏损理由进行分析并提出专业咨询意见。

三、服务的运作过程

1. 建立合理的计量计价体系

（1）**合同类型的选择。**在本案例中，服务对象由传统的建设单位转变为 EPC 总承包部，结合同类型工程的施工经验进行总体合同构架的搭建，根据主体结构、专业分包等工序对招标范围、招标内容进行梳理并对 EPC 总承包部提出合理化的建议与风险提示，主要的合同类型的模式如下：

1）总价合同模式。总价合同模式下，EPC 总承包部一般均需要约定实施范围及功能需求、建设标准。由商务合约部提出建议“在工期较短、后期变化不大、项目规模不大、功能比较简单的情况下，招标时可在实施范围以内满足功能需求和建设标准的条件下以总价合同形式招标”，如“外接电工程”。同时，针对该合同模式提出风险提示“若 EPC 总承包合同条款中约定限额设计，后期超过限额部分由总包方承担；审计过程中，审计单位常采用按竣工图、规范和定额重新计算，与包干总价进行对比，并以就‘低’原则执行”，若外接电工程由于专业功率的提升而影响项目总价，并在合同中没有约定，该部分的风险将转移至 EPC 总承包部。

2）单价合同模式。本案例在建设单位招标时，具有较为完善的项目建设方案设计文件或初步设计文件。同时勘察资料、建设范围、技术标准以及功能需求等资料亦相对齐全，建设单位对项目可能发生或采用的备选项目进行模拟，以避免因方案深化导致的工程量清单漏项。在专业招标时，由商务合约部提出建议“因专业单位的基础资料与 EPC 总承包基础资料一致，深化施工图未出具时，采用同样的模拟工程量清单单价合同模式进行招标”，如“景观路面工程”。同时，针对该合同模式提出风险提示“因深化图未出具，清单的准确率较低，施工过程可能出现多种新增材料，需将出现该情况的处理方式明确至招标清单编制说明及合同中，以避免后期单价失控的情况。”

（2）**合约架构的策划。**根据上述合同类型的选择，策划适用于本项目的合约架构，合约架构由简化到精益逐级分解，便于商务合约管理。简化合约架构如表 1 所示，精益合约架构如表 2 所示。

表 1　EPC 模式下简化合约架构

总体目标	合约包名称		
合约策划	EPC 总包合同	设计合同	……
		施工合同	……
		采购合同	……

续表 1

<table>
<tr><td>总体目标</td><td colspan="3">合约包名称</td></tr>
<tr><td rowspan="4">合约策划</td><td>外电合同</td><td></td><td></td></tr>
<tr><td>检测合同</td><td></td><td></td></tr>
<tr><td>重要专项工程合同</td><td></td><td></td></tr>
<tr><td>重要材料设备采购合同</td><td></td><td></td></tr>
</table>

表 2　EPC 模式下精益合约架构

<table>
<tr><td rowspan="4">合约管理总体目标</td><td colspan="2" rowspan="2">合同总目标</td><td colspan="4">签约管理</td><td colspan="2">变更管理</td><td colspan="2">结算管理</td></tr>
<tr><td colspan="2">包干率</td><td colspan="2">补充合同上限</td><td>设计变更金额比例上限（%）</td><td></td><td>结算金额偏差上限（%）</td><td></td></tr>
<tr><td>合约总包份数（份）</td><td></td><td>金额包干率（%）</td><td></td><td>份数上限（份）</td><td></td><td>工程指令金额比例上限（%）</td><td></td><td>结算及时率（金额%）</td><td></td></tr>
<tr><td>合同总金额（万元）</td><td></td><td>份数包干率（%）</td><td></td><td>金额上限（万元）</td><td></td><td>后补变更率上限（%）</td><td></td><td>结算及时率（份数%）</td><td></td></tr>
<tr><td rowspan="15">工程类成本重要合约包分解</td><td colspan="4">合约包名称（类别 / 数量固定）</td><td colspan="2">目标成本（万元）</td><td colspan="2">定标金额上限（万元）</td><td colspan="2">计价模式</td></tr>
<tr><td>一</td><td colspan="3">建筑安装总承包</td><td colspan="2"></td><td colspan="2"></td><td colspan="2"></td></tr>
<tr><td>A</td><td colspan="3">土建总包</td><td colspan="2"></td><td colspan="2"></td><td colspan="2"></td></tr>
<tr><td>1</td><td colspan="3">传统土建总包（含钢结构、装饰）</td><td colspan="2"></td><td colspan="2"></td><td colspan="2">单价合同</td></tr>
<tr><td>2</td><td colspan="3">门窗栏杆</td><td colspan="2"></td><td colspan="2"></td><td colspan="2">总价包干</td></tr>
<tr><td>3</td><td colspan="3">景观步道工程（含雕塑等小品）</td><td colspan="2"></td><td colspan="2"></td><td colspan="2">单价合同</td></tr>
<tr><td>4</td><td colspan="3">绿化工程（含垃圾桶等城市家具）</td><td colspan="2"></td><td colspan="2"></td><td colspan="2">单价合同</td></tr>
<tr><td>5</td><td colspan="3">机电总承包（含强电、弱电、通信）</td><td colspan="2"></td><td colspan="2"></td><td colspan="2">单价合同</td></tr>
<tr><td>6</td><td colspan="3">光彩照明</td><td colspan="2"></td><td colspan="2"></td><td colspan="2">总价包干</td></tr>
<tr><td>7</td><td colspan="3">喷泉工程</td><td colspan="2"></td><td colspan="2"></td><td colspan="2">总价包干</td></tr>
<tr><td>B</td><td colspan="3">甲供材料</td><td colspan="2"></td><td colspan="2"></td><td colspan="2"></td></tr>
<tr><td>6</td><td colspan="3"></td><td colspan="2"></td><td colspan="2"></td><td colspan="2"></td></tr>
<tr><td>C</td><td colspan="3">甲方分包</td><td colspan="2"></td><td colspan="2"></td><td colspan="2"></td></tr>
<tr><td>8</td><td colspan="3"></td><td colspan="2"></td><td colspan="2"></td><td colspan="2"></td></tr>
<tr><td>二</td><td colspan="3">前期合同</td><td colspan="2"></td><td colspan="2"></td><td colspan="2"></td></tr>
<tr><td></td><td>10</td><td colspan="3">土石方合同</td><td colspan="2"></td><td colspan="2"></td><td colspan="2">单价合同</td></tr>
<tr><td></td><td colspan="4">合计（与工程类总成本相等）</td><td colspan="2"></td><td colspan="2"></td><td colspan="2"></td></tr>
</table>

（3）**合理的风险分担。**通过合约模式选择及各专业合约架构的整体策划，将风险合理地进行分解并与各专业分包单位共同分担。

不同合约模式分担的风险如表 3 所示。

表 3 合约模式的风险分担分析统计表

工程总承包单位 / 专业分包单位	总价合同模式	单价合同模式	费率下浮模式
政策风险（如税收、行业标准调整）	★★★	★★★	★★★
	▲	▲	▲
不可抗力	★★	★★	★★
	▲▲	▲▲	▲▲
投资控制风险	★	★★★	★★★
	▲▲▲	▲	▲
市场风险	★	★★	★★★
	▲▲▲	▲▲	▲
地质条件	★	★★★	★★★
	▲▲▲	▲	▲

注：★代表工程总承包单位的风险分担，★的个数代表风险等级的高低，个数越多风险等级越高；▲代表专业分包单位的风险分担，▲的个数代表风险等级的高低，个数越多风险等级越高。

（4）**为管理部门的规范标准制定和贯彻实施提供分析案例。**受邀参与中华人民共和国住房和城乡建设部颁布的《房屋建筑和市政基础设施项目工程总承包计价计量规范》的征求意见稿的编制。结合本案例中不同的合约架构、清单模式并总结利弊，为促进总承包模式的健康良性发展做出贡献。

2. 完整定义建筑产品，完善招标技术要求

EPC 总承包一般情况下为初步设计图招标，在该情况下，不管是对建设单位投标还是对专业项目分包，均需要完整定义建筑产品，完善技术要求，以便于后期的成本控制。

（1）**加强技术经济融合，解析技术标准。**项目的设计方案及技术标准是编制模拟工程量清单的重要基础资料，与设计人员进行充分的沟通，全面深刻地了解设计意图、掌握项目的技术标准，是准确全面地进行清单列项的必要前提。

（2）**创新列项思路、合理清单设置。**在设置工程量清单时需要创新列项的思路，合理地设置模拟清单，尽可能地确保在项目深化设计后的所有工作内容均在所设置的清单项目中找到适用的清单项目。

（3）**准确项目定位，科学控价设定。**合理的清单控制价是确保项目招标以及项目顺利实施的重要保障，也是确保项目质量的重要前提。在设定控制价时，应基于招标技术要求、品牌要求、项目定位以及将可能影响清单项目综合单价的其他因素综合考虑后进行综合单价的设定，避免因单价不合理影响最终的实施效果及工程质量。

3. 运用价值工程，做好设计阶段成本控制

（1）**限额设计。**限额设计，就是要按照批准的设计任务书及投资估算控制初步设计，按照批准

的初步设计总概算控制施工图设计。将上阶段设计审定的投资额和工程量先分解到各专业，然后再分解到各单位工程和分部工程。各专业在保证使用功能的前提下，根据限定的额度进行方案筛选和设计，并且严格控制技术设计和施工图设计的不合理变更，以保证总投资不被突破，如图 2 所示。

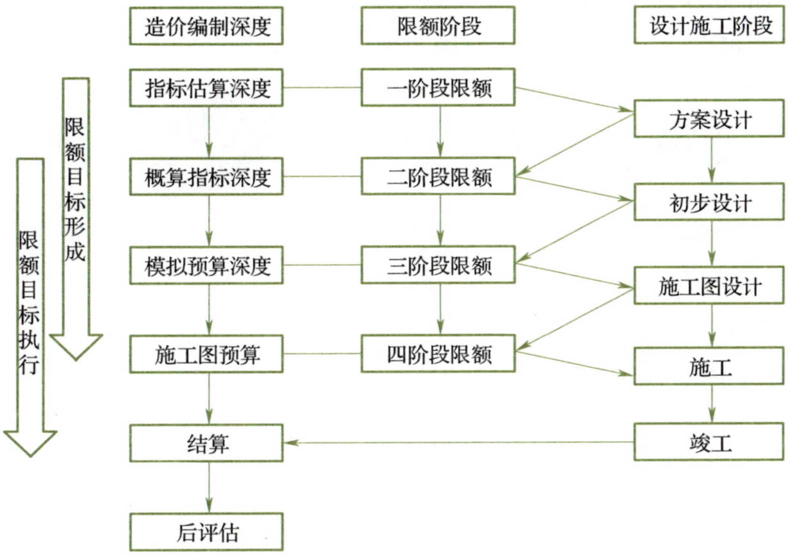

图 2　限额设计目标执行图

本项目 EPC 总承包合同额为 13 亿元，涉及专业多，为便于成本管理与分析，在本案例中将专业分解情况，分别设置了一级限额、二级限额、三级限额并形成对比表，便于跟踪审查，经济与技术的共进退，提升成本控制的能力，如表 4 所示。

表 4　二级限额与一级限额对比表

序号	费用或项目名称	二级限额造价（万元）	造价指标		一级限额		差额（万元）	差异分析（%）	分项占总项比
			规模	单方造价（元 /m^2）	总造价（万元）	单方造价（元 /m^2）			
A	B	C	D	E=C/D	F	J=F/D	G=C−F	H=G/F	I
1	工程费用								
一	A 地块								
（一）	配套管理用房 1								
1	地基处理								
（二）	园林绿化工程								
1	乔木								
（三）	景观工程								
1	园路								

（2）**设计方案成本控制**。以“有效控制成本，经济引导设计，实现项目合理收益”为管理思路，本案例的造价成本得到了有效控制。

1）分析初步设计图，提出施工图优化建议。本项目作为 EPC 项目，在招标投标阶段，建设单位提供了初步设计图纸，投标人需根据初步设计图纸进行施工图设计。在得到初步设计图纸的第一时间，立即对初步设计图纸与合同价进行测算，分析造价指标，提出施工图设计优化建议。

图 3 原始地貌

例如，本项目水体面积 41 万 m^2，水体量巨大，防渗层的施工质量显得尤为重要，一旦出现了漏水情况，漏水点的探寻十分困难，防水整改成本巨大，故初设阶段在防渗层部位设计进行了保守设计。原始地貌如图 3 所示，初步设计方案如图 4 所示。

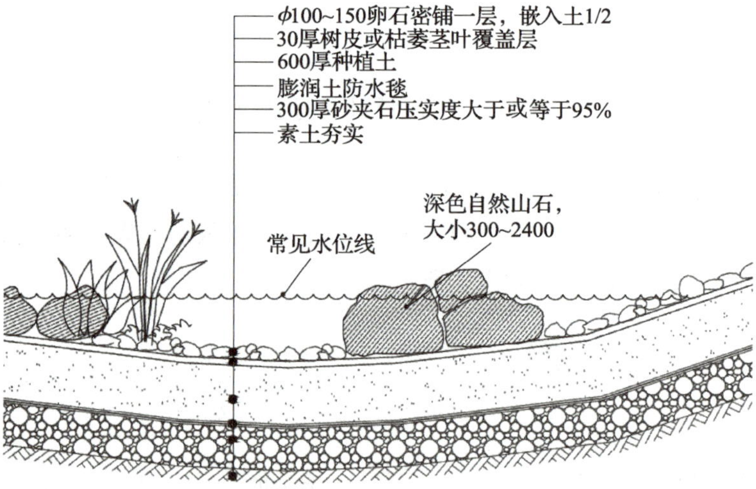

图 4 初步设计方案

在经过测算后，向 EPC 总承包部及设计单位提出书面建议：

①本案例项目原始地貌多为农田、山地、鱼塘，存在大量的天然种植土，建议可收集作为湖区种植土。但天然种植土可能富含原生植物根系、种子等，不可作为绿地种植土，否则日后绿地将长出大量野草、油菜等原生植物，给后期管养维护带来困难。

②本案例项目初步设计阶段防渗层做法较为保守，造价较高。经测算，合同中河床造价（不含驳岸）为 9153 万元，湖区面积 44 万 m^2，单方造价 207.84 元 /m^2。

因本项目作为 EPC 限额设计项目，同时从节约投资、节约工期的角度出发，建议合理的调整原设计方案，并建议：种植土厚度偏大，可减少种植土厚度；建议调整防渗层布置原则，若开挖至种植土底标高后，仍为农田、鱼塘的黏土层，请设计部门斟酌是否需要额外布置防渗层。

EPC 总承包部在收到分析报告及建议后，立即组织专题会议，组织工程部、商务合约部、设计管理部、技术部踏勘现场，针对现场原始地面的防水性进行专题讨论。现场踏勘后一致认为，原初步设计方案过于保守，防渗层采用换填黏土即可，黏土可在原始水田中挖取。开挖至湖底种植土标高后，若现场为岩石地质，则必须再进行换填黏土处置；若现场为黏土，则无需进一步防渗处置。形成最终会议纪要，纪要包含以下内容：湖区种植土厚度调整为 30cm，实施范围为水生植物栽植范围；防渗层做法调整为 50cm 黄黏土，实施范围根据以下原则现场收方确定：若处于挖方区域，若挖至设计标高或种植土底标高后，现场地质为石方区域，则进行防渗处置；若开挖后现场地质为土方区域，则通知各单位进行现场确认是否需要防渗处置；若处于填方区域，则全部进行防渗处置。

最终，湖区防渗层通过设计方案调整，降低造价约 6000 万元，有效地控制了项目投资。

2）多方案对比，造价指导设计。为提高某公园市政工程项目的形象品质，本项目于 2015 年 12 月对设计方案进行调整，以达到海绵城市的功能。期间对海绵城市中的集水系统、蓄水系统进行专项测算、市场摸底，并形成报告如下：

①关于集水系统。

方案一：混凝土透水砖（8cm），单价约在 80 元 /m^2。根据现有市场反馈，此类产品市场是劣质产品较多，故不利于后期与建设单位进行认质核价工作。同时混凝土透水砖较难平衡透水率与承载强度的需求，在满足透水率要求的情况下承载力强度较低，故不建议采用此类产品。

方案二：陶瓷透水砖（8cm），渗透系数达到 3.0×10^{-2}cm/s，抗压强度约为 35MPa，单价约为 200 元 /m^2。砖类铺装，对行车将产生颠簸感，故不建议在车行道上采用此方案。另外因设计部门未提供透水率系数要求，故本产品是否达到要求请设计单位自行判断选择使用。

方案三：彩色透水混凝土，此类产品市场差异较大，例如颜色可采用彩色胶水 + 骨料，也可采用彩色花岗石 + 透明胶水达到。彩色透水混凝土目前市场较为混乱，劣质产品较多，根据设计提供的参数（承载力强度 C25，孔隙率 20%~25%）进行了询价。因询价阶段无法要求各厂家进行现场打样，同时透水混凝土技术主要从日本发展而来，故本次询价主要参考有日企背景的产品价格。

市场询价结果：普通素色透水混凝土价格在 800 元 /m^3 左右，彩色透水混凝土（彩色胶水）价格在 1100 元 /m^3 左右，玄武岩天然露骨料透水混凝土价格在 2200 元 /m^3 左右，花岗岩天然露骨料透水混凝土价格在 3200 元 /m^3 左右。

②关于蓄水系统。

方案一：雨水花园，按设计提供参考做法如图 5 所示，造价约为 290 元 /m^2。

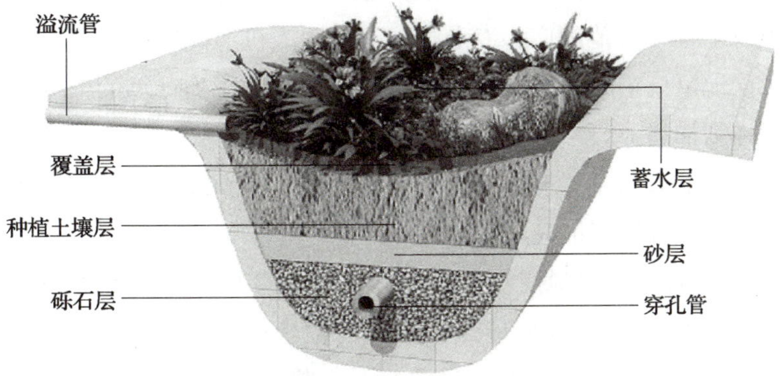

图 5 雨水花园做法图

方案二：湿塘，因设计未提供方案，按平均深度 30cm 考虑，防渗层 30cm，普通挺水植物考虑，造价约为 80 元 /m^2。

特别说明：因本项目存在大面积湖区，若采取湿塘设置存在功能性重复。另外雨水花园具备过滤水体的效果，设计需结合景观效果、净水功能等综合选择方案。

最终设计根据专项报告，确定了“透水混凝土铺装 + 雨水花园”的设计方案。

4. 运用信息化手段，严控成本要点

（1）**云数据、云共享协同作业，提高效率。**为了有效及时地进行信息传递并做信息反馈，本案例针对各个部门设置了共享云盘、共享工作台、协同作业，以寻求共同努力的效果，实现“1+1>2”的目标。

（2）**无人机人工智能高效校对复核实物，提升项目掌控能力。**无人机航测作为一种新型的低空遥感影像获取技术，是卫星遥感和航空摄影的有力补充，随着各种新型传感器、摄影测量技术、图形处理软件的不断发展，无人机航测在工程建设领域的功能也在不断拓展。无人机平台的数字化测量、信息采集技术相比传统的人工测量具有效率高、精度高、成本低、受地形与天气影响小、高空视角全局性和灵活机动性等优势。通过无人机采集到的数据还可以通过软件进行三维建模，对工程建设前期的选址勘察、设计施工、工程验收和维护运行都可以给予信息化支持。

本项目无人机在成本控制的运用还结合了公园项目特点，在传统低空测量的基础上，达到成本控制各个阶段对测量精度的要求。在市政工程中采用无人机进行测绘，即要求其实现在复杂环境下能对遥感图片进行语义分割，在多尺度情形下对目标进行检测，借助云平台与大数据智能分析体系，有效实现多尺度问题下苗木的检测计数、现场目标物测量，完成应用范围内工程量的计算，为成本控制提供基础数据。

1）项目障碍物勘察工作。本项目占地面积大，前期的勘察工作量大，且所在区域存在大量障碍物，如建筑物、水系和林地区域。我们应用了无人机进行航摄，减少前期勘察工作的人力投入，节省时间成本，也让各方人员直观了解整个现场情况，航摄资料具有直观、可留存性等优势。

2）设计规划咨询。本案例项目位于城市主干道两侧，同期建设的基础设施和公建项目较多。结合前期对原始地貌的航拍勘察，以及地勘单位提供的勘察数据，给设计部门的设计规划提供了咨询，既能有效地利用地貌情况规划设计，有效控制投资，也能更为直观地结合现有项目及规划建设项目情况进行设计调整，达到了提高设计质量、避免后期因现场局限而出现设计变更的情况。

3）工程量计算。在投资管控中，需积极协助建设单位完成形象进度计量工作，并完成已完工程量的计算工作。市政工程项目范围广，专业多，运用无人机遥感航摄成果可快速完成形象进度的确认，并且能准确无误地反应当时情况，同时遥感航摄成果可作为计算的依据，对本案例项目的土方工程量的计算进行详细描述。

目前计算土方工程量的方法主要有方格网法、断面法、等高线法、数字高程模型等，其中基于数字高程模型的土方工程量计算当前应用也越来越广泛。

①影响数据坐标系。无人机航测技术获取影响数据的原始坐标系为 WGS-84 坐标系（美国国防部制图局建立起的坐标系，又被称为 1984 年世界大地坐标系统），应用前需进行坐标系转换处理。而为了后期的数据处理，需要将 WGS-84 坐标系转换为国家 CGCS2000 坐标系，如表 5 所示，两个坐标系在短半轴与扁率之间仍存在细微的差距。

表 5 CGCS2000 与 WGS-84 坐标参数

坐标系	坐标原点	长半轴（m）	短半轴（m）	扁率
CGCS2000	地球质心	6378137	6356752.3141	1/298.257222101
WGS-84	地球质心	6378137	6356752.3142	1/298.257223563

②坐标系转换处理。两种坐标系转换处理不仅考虑源坐标系和目标坐标系，而且数据本身形式需准确切换。本案例中采用了空三加密软件自带的坐标转换功能进行数据处理，如图 6、图 7 所示。

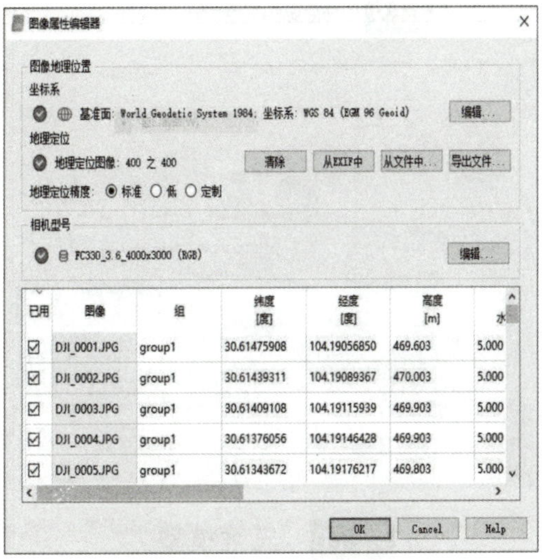

图 6 坐标数据导入

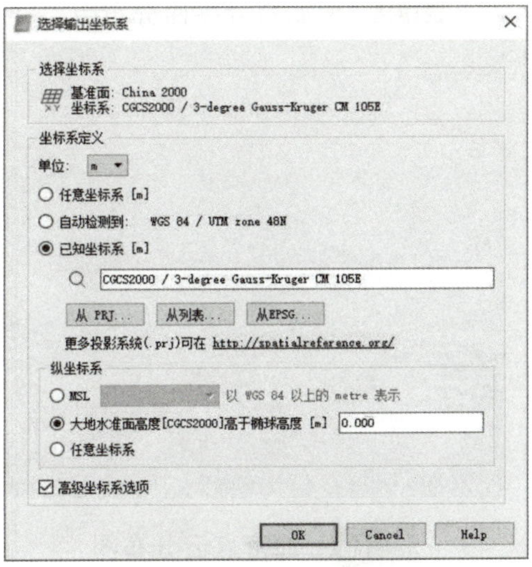

图 7 坐标数据转换

因采集坐标数据较多，现选择点 1~ 点 5 的数据做个简单的统计，如表 6 所示。

表 6 WGS-84 坐标系转换为 CGCS2000 坐标系的数据统计

序号	WGS-84			CGCS2000		
	X	Y	Z	X	Y	Z
点 1	30.61475908	104.1905685	469.6029968	3388542.871	422389.344	469.6029968
点 2	30.61439311	104.1908937	470.0029907	3388501.964	422418.536	470.0029907
点 3	30.61409108	104.1911594	469.9030151	3388470.302	422443.773	469.9030151
点 4	30.61376056	104.1914643	469.9030151	3388431.656	422468.445	469.9030151
点 5	30.61343672	104.1917622	469.803009	3388395.334	422501.107	469.803009
……	……	……	……	……	……	……

③三维模型生成。通过 SMART（3D）软件的图形计算，结合坐标信息空三处理（点云加密、控制点引用、关键点云加密），生成点云，点云构成格网，格网结合照片生成赋有纹理的三维模型，如图 8~图 11 所示。

图8 原始航片平面分布图

图9 稀疏点云分布图

图10 加密点云分布图

图11 三维模型

④土方量计算。由上述计算生成的三维模型数据，在SMART（3D）软件中，确定堆坡的测量边界，指定采样原始面与完成面，划分布置方格网，计算土方，软件自动得出挖填土方量的明细，如图12~图14所示。

图12 堆坡的测量边界确定

图13 2m×2m方格网划分

同时，本项目采用了传统土石方工程量计算方法，对原地貌采用GPS人工测量，数据如表7所示。

选用飞时达土石方计算软基，在导入测量数据后，划分为2m×2m的方格网并计算，如图15、图16所示。

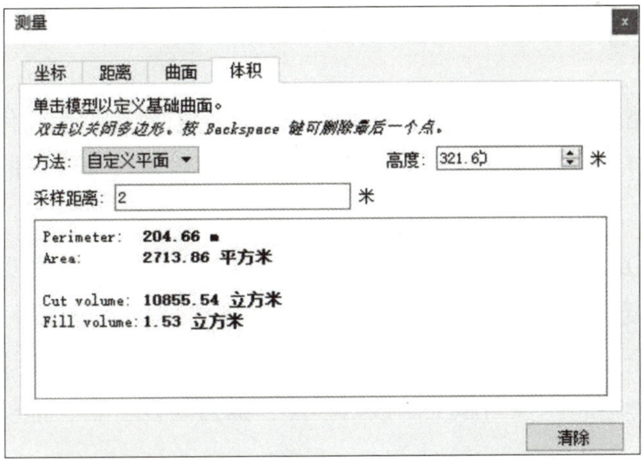

图 14 SMART（3D）软件计算土方工程量

表 7 GPS 人工测量 GPS 数据

序号	X 坐标	Y 坐标	高程	备注
1	3388062.523	422485.829	313.780	边界点
2	3388070.306	422488.738	313.790	边界点
3	3388084.001	422478.420	313.850	边界点
4	3388088.130	422466.691	313.800	边界点
5	3388087.321	422454.116	313.830	边界点
……	……	……	……	……

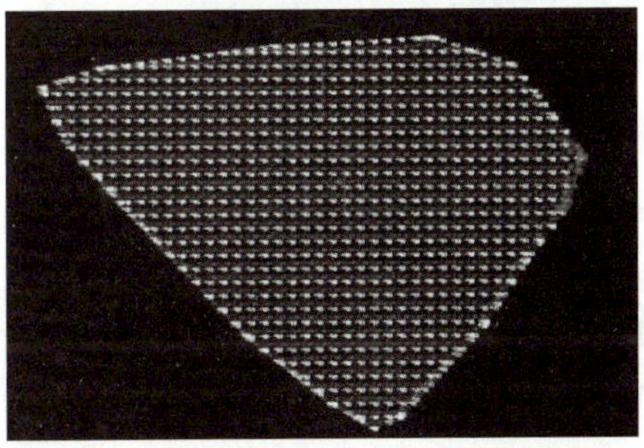

图 15 GPS 人工测量飞时达软件计算

土石方量统计表

区域号	区块号	挖方量	填方量	净方量	投影面积	表面积	单位面积净方量
1	1-1	-10695.95	0.25	-10695.70	2784.59	2784.67	-3.84
合计		-10695.95	0.25	-10695.70	2784.59	2784.67	-3.84

图 16 飞时达软件计算土方工程量

GPS 人工测量的土石方计算与无人机航摄测量的土石方计算存在一定的差异，但差异较小，仅为 1.49%，由此可见，无人机航摄测量的土石方计算方法可行，具体如表 8 所示。

表 8 GPS 人工测量飞时达计算与无人机航测 SMART（3D）计算工程量对比表

名称	GPS 人工测量飞时达计算	无人机航测 SMART（3D）计算	误差率
公式表达	1	2	（2-1）/1
计算工程量	10695.95	10855.54	1.49%

基于无人机航测影像的三维模型能最大限度地还原地形地貌，可为市政工程项目土方量计算提供强大的技术辅助。

土石方工程的造价常引起争议与纠纷，利用无人机遥感航摄数据和软件建模，直观有效地开展土石方的挖运分析与核算，让土石方计算更精确、精细，节省解决争议的时间，能对项目的成本管控发挥着重要的作用。

4）施工图与现场匹配度复核。在工程项目实施阶段，尤其是大型景观工程，专业交叉施工较多、范围广，若要随时复核施工图是否与现场相匹配，需要现场人员花费大量时间深入现场踏勘，且无法对工程项目进行全面的勘察。通过无人机遥感平台搭载的遥感拍摄设备，对指定区域目标内容进行分类信息拍摄，然后将图像与施工图进行匹配，通过对比分析，能够了解施工图与施工现场的差异。

本案例项目在现场实施过程中，利用无人机对项目航测，在 PIX4D 软件中形成该项目正射影像图，如图 17 所示。将上述正射影像图导入该项目的竣工图电子稿 CAD 文件中与竣工图电子稿以固定拾取点进行重叠，如图 18 所示，可清晰地将该竣工图与竣工现场进行对比，分析存在的差异，以最有效的方法复核竣工图的真实性，有益于竣工结算的审核控制。

图 17　正射影像图

图 18　正射影像图与竣工图 CAD 叠合

5. 精细化管理

立足 EPC 总承包项目部的精细化管理需求，从各方面严格要求，精细管理，以达到清标金额 + 变更金额 = 结算金额的目标。本案例中精细化管理可分为以下 7 点：细化、量化、流程优化、模板化、标准化、实证化、严格化。

（1）**制度、流程规范管理。**在项目实施前，商务合约部制定了本项目的《总承包造价咨询管理实施细则》及《某公园市政工程项目商务策划书》，同时建立了周（月）报制度、工作日志制度、签证变更台账制度、项目工程款项收支台账制度、材料设备采购制度等，以制度为准绳，为项目的动态控制奠定基础。为增强 EPC 总承包部项目管理人员的经济意识，充分发挥 EPC 总承包项目的优势，提出了以经济为引导的管理思路，组织全体人员深入学习总承包合同中的经济性条款，提高所有管理人员的风险意识和经济意识，避免和减少风险损失。

（2）**重视资料，坚守合同。**EPC 总承包项目的资料复杂、烦琐，且对接的单位较多，需分类建立相关资料整理台账，本案例的台账目录如表 9 所示。

表 9　资料台账目录表

序号	名　称	责任人	备注
1	建设单位管理制度、各类批复等前期资料		
2	施工单位内部管控		
3	各单位通讯录		
4	合同台账		
5	图纸管理台账		
6	进度款台账		
7	认质认价台账		
8	变更台账（设计变更、技术核定、现场签证、索赔）		
9	现场收方台账		
10	其他咨询报告台账		

（3）**动态实时监控。**为了对成本的形成可能产生的偏差进行预防、监督和及时修正，以实现降低成本的目标，我们制定了项目的目标成本。并将目标成本进行分解和下达，确定责任人，形成责任成本的考核目标，考核结果与责任人的绩效直接挂钩；跟踪和控制目标成本，进行动态的成本分析，对发生的偏差进行及时纠正，动态严控成本。

作为 EPC 项目，动态成本盈亏分析必不可少。在某一专业施工图设计完成后，立即开始对该专业的成本进行分析，对比合同价、劳务价（或分包价）、市场成本价等，得出盈利率、子项盈亏情况。动态盈亏分析对于项目资金需求、现场成本管理、保障农民工工资发放有着重大的意义，如表 10 所示。

表 10　景观工程盈亏分析汇总表

<table>
<tr><td colspan="2" rowspan="2">分析部分金额（元）</td><td>EPC</td><td>劳务 / 分包</td><td>成本</td><td>EPC 利润率</td><td>劳务利润率</td></tr>
<tr><td>85469657.34</td><td>……</td><td>……</td><td>……</td><td>……</td></tr>
<tr><td rowspan="2">其中：</td><td>景观</td><td>29002130.53</td><td>……</td><td>……</td><td>……</td><td>……</td></tr>
<tr><td>驳岸</td><td>25245308.30</td><td>……</td><td>……</td><td>……</td><td>……</td></tr>
<tr><td colspan="2">景观工程总金额（元）</td><td>98123023.11</td><td>……</td><td>……</td><td>……</td><td>……</td></tr>
<tr><td colspan="2">分析部分比重</td><td colspan="5">87%</td></tr>
</table>

6. 识别建设单位的需求，探索项目价值实现路径

建设单位对工程项目的实用价值和潜在价值的极大需求，是实现价值创造的核心，而建设单位的需求越来越凸显在美观、效益、功能等各个方面，这些均与投资成本息息相关。

在项目循序推进过程前，需优先识别建设单位的各方面的显性及隐形需求，同时探索项目价值的实现路径。在采取实际采购、施工前，及时上报多方案、多等级品牌、多样式等以及对应的方案

的测算报告供建设单位审批与选择，以实现资源的及时调配，在满足建设需求、实现项目价值的同时，也实现了对投资目标时时、事事控制的目标，进而达到“1+1>2”的效果。

四、服务的实践成效

根据《关于进一步推进工程总承包发展的若干意见》（建市〔2016〕93 号）中第四条对 EPC 总承包项目招标阶段的规定，建设单位可以根据项目特点，在可行性研究、方案设计或者初步设计完成后，按照确定的建设规模、建设标准、投资限额、工程质量和进度要求等进行工程总承包项目发包。由此可见，投资目标可以根据项目介入的时点分别确认，如图 19 所示。

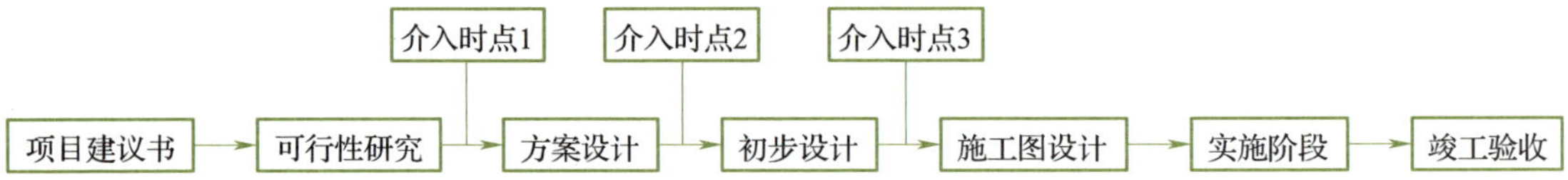

图 19　EPC 总承包项目招标介入时点

在初步设计阶段，建设单位编制并经政府职能部门批复确定了初步设计概算，其中建筑安装工程费为 13.3 亿元。本项目介入时点为初步设计后，建设单位根据初步设计图编制招标控制价，完成了招标工作并签署了 EPC 总承包合同。根据合同约定，承包人应根据建设行政主管部门或其他上级主管部门就本工程批准的方案及初步设计等文件进行施工图限额设计，经政府职能部门批复的初步设计概算为投资控制红线，承包人施工图设计范围对应工程造价不得超过初步设计概算对应范围工程造价。本项目的投资控制一级目标为 13.3 亿元。

在施工图设计阶段，通过绿化、景观搭配、竖向组织、交通配置，以实现“城市绿洲”效果的同时，EPC 总承包项目部充分识别建设单位的需求，对初步设计方案进行了反复论证，并进行了合理优化，达到了节约投资的目的，推动了新区持续健康的发展，充分展示了企业的社会责任。最终通过方案比选、限额设计、指标分析、品牌管理、云数据采集等方式与建设单位共同探索项目价值，确认了本项目的投资控制二级目标，金额为 10.5 亿元。优化主要内容如表 11 所示。

表 11　方案优化与测算对比统计表

序号	限额设计控制金额（亿元）	方案增减金额（亿元）	方案优化项目
1	13.30		
		-0.6	湖底抗渗构造层的择优选择
2	12.40		
		-1.6	充分利用本地树种，合理配置绿植
3	10.80		
		-0.6	优化土石方工程
4	10.20		

在施工阶段，协助总承包项目部从施工组织、技术经济、分包合同管理等多方面采取措施控制投资，实现结算初审金额 8.9 亿元，控制在投资限额内。

五、经验总结与分享

1. 重视造价咨询在设计方案调整中发挥的作用

EPC 总承包部的商务合约部应在设计草图完成前段配合设计单位，组织采购部门主动和设计交流，避免采用负利润的材料，以及提出设计应如何标注材料规格及参数的建议，避免规格参数模糊不清等，以利于后期材料价格的确认。

在设计草图完成后，对工程造价及利润率进行分析，对现有图纸进行优化。

2. 工程部与设计图优化工作

建议采用图纸内审形式，分两次开展：

第一次图审的目的主要在于避免分包或劳务在中后期出现亏本等纠纷；

第二次图纸内审优化应落到实处，一是需充分保证对图纸的消化，二是充分保证设计的配合。

3. EPC 造价咨询中的阻碍

（1）设计配合程度会直接影响项目的实际产值，故在 EPC 总承包部与设计单位的合作合同中，应明确对设计单位的考核，让设计单位共享方案优化带来的效益。

（2）从本项目水系防渗层方案调整过程中可以看出，合理地降低项目造价，对项目建设单位利好的同时，也降低了施工单位的工期和资金压力。作为 EPC 总承包部的商务合约人员不应只把精力停留在现场及日常的管理工作中，应从项目本身出发，为项目带来效益，为委托方带来增值服务。

（3）设计提高产值的思路，若有专业分包，则需分包单位密切的配合，专业分包的积极性至关重要。因为专业能力的差异，专业分包的积极性将是此项工作的最大推力，若专业分包无积极性，则遇阻可能性较大。应该让专业分包参与到设计方案的调整、修改、确定中，在专业分包合同中应明确需专业分包配合的工作内容。

（4）通常项目建设单位的指导思路是“大干快上、全面实施”，一旦出现实施内容与现有图纸不符的情况，必然导致计量受阻，且通常项目建设单位的支付比例较低，大量投入必然会导致项目劳务、材料供应商资金压力偏大。若出现该情况必然会产生劳务、供应商不听指挥等一系列问题，故在大干快上之前 EPC 总承包部应做好资金计划，避免因付款问题导致与劳务、供应商产生矛盾。

专家点评

EPC 工程总承包模式下的全过程造价咨询服务是新形势下国内造价咨询企业转型突围发展的重点之一。本案例为一个大型的市政公园 EPC 项目的全过程造价咨询。咨询企业接受 EPC 总承包的委托主要承接该项目的合同管理、商务管理、造价咨询业务，该案例体现出了以下几个特点：

1. 对EPC项目建立了“有效控制成本、经济引导设计、实现项目合理收益”的咨询管理思路，并在项目实施前期制定了《总承包造价咨询管理实施细则》等制度与管控流程。

2. 结合EPC项目特点，用总承包商务管理的思路进行招标策划与合同管理，搭建了主体合同构架及对应的合同模式及计价方式。

3. 本项目咨询企业发挥了自身的技术优势，应用价值工程手段进行设计方案的比选、优化，并采取了限额设计的方法用造价来指导设计。

4. 针对本项目的特点，造价咨询企业还应用有效的信息化与新技术相结合的方法实施造价的有效管理。例如无人机人工智能的技术应用就起到了高效计量复核及辅助设计咨询的功能。

本案例在EPC模式下的全过程造价咨询业务中具有很好的借鉴与推广价值。

点评人：朱坚

上海第一测量师事务所有限公司

大型重点输水与航运结合工程项目全过程咨询案例

——龙达恒信工程咨询有限公司

黄丽华　于　飞　李玉兵　张翠　王　磊

一、项目基本概况

1. 项目概况

某大型重点输水与航运结合工程项目位于山东省的南部。标段总长77.651km，由2条河段输水航道工程和3个泵站工程组成。工程总投资额：人民币××亿元。项目于2010年×月×日开工，工期30个月。

2. 项目特点

（1）航道工程标段全长77.651km，主要工程为输水航道土方开挖及边坡护砌。输水航道土方开挖分断航情况下土方开挖及不断航情况下水下挖泥船施工；边坡护砌分现浇混凝土衬砌及膜袋混凝土衬砌。泵站枢纽工程包括主厂房、副厂房、引水渠、出水渠、引水闸、出水闸、节制闸、变电站、办公及生活福利设施等。

（2）本工程河道土方开挖工程量大（仅河道土方开挖约1700万m^3），开挖深度比较深（深度×××m），且部分为水下开挖。施工过程中制定了详细的施工支护方案，河道开挖时随开挖随衬砌，做到开挖完成一段边坡成型一段。

（3）本合同工程所处地域，气温绝对温差大，夏季温度高、冬季温度低，不利于混凝土和土方填筑施工。降水量年内分配也不均匀，形成了“春旱夏涝、晚秋又旱”的气候特点。

二、服务范围及组织模式

1. 咨询服务的业务范围

我公司受建设单位委托，对该工程项目进行全过程咨询服务工作。咨询服务范围包括：协助建设单位完成设计方案比选及编制施工图预算，协助建设单位办理施工、监理招标相关手续，施工过程中协助建设单位进行造价控制、提供咨询意见及造价控制动态分析报告等有关事项，进行竣工结算审核等相关工作。

2. 咨询服务的组织模式

（1）**咨询服务工作的管理组织架构。**本项目由我公司业务分管副总经理担任总指挥，业务部门经理安排有丰富水利经验的工程师担任项目负责人，并为项目配备了由业务骨干组成的土建专业组和安装专业组。我公司的总工程师办公室、财务部门、行政中心有关职能部门及招标代理业务部门组成顾问团队，为项目实施提供技术支持和服务指导。项目组织构架图如图 1 所示。

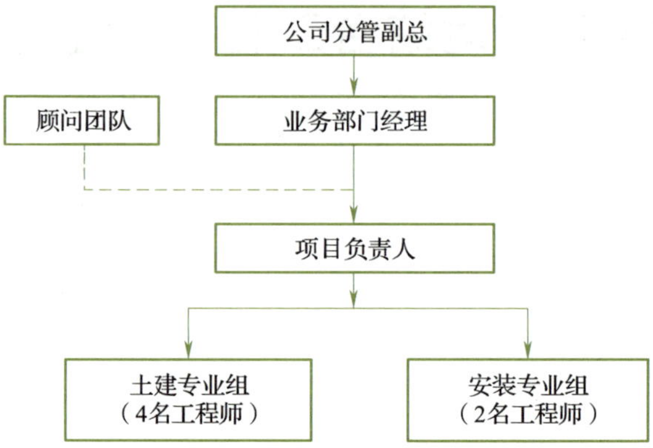

图 1　项目组织构架图

（2）**项目人员配置及人员职责。**本项目由我公司工程咨询四部实施，对本工程的全过程进行服务及投资控制。因本项目资金支付程序要求比较严格，进度款支付审核期限仅为 3 天，且监理单位提报时间不确定，为保证按时完成审核工作，需各专业工程师既要分工明确，又要相互协作。项目人员配置及职责如表 1 所示。

表 1　项目人员配置及人员职责表

配置人员	人数	工 作 职 责	备注
部门经理	1 名	负责对本项目宏观控制管理以及对我公司成员的监督	
		审核项目工作计划	
		对项目成果文件进行二级复核	
项目负责人	1 名	遵守政府和行建设单位管部门有关工程造价咨询的法律、法规、标准和指导规程，执行企业规章制度	
		与委托方积极沟通，了解委托方的目的及需求，制订项目作业计划	
		承担项目的组织和管理，确定我公司专业工程师的岗位职责	
		全权负责本项目造价咨询及跟踪审计的现场管理、现场联络	
		负责对项目人员工程造价咨询及跟踪审计成果文件进行一级复核、一般问题的决策、重大问题的分析汇报	
		负责与委托方结算咨询费，将归档的资料及需要归还给委托的资料，及时归纳、整理归还	
专业工程师	6 名	参加与造价控制有关的会议，并提出合理化的造价控制意见	
		编制工程量清单、招标控制价	
		审核施工单位报送的计量支付单，提供付款建议书，经建设单位同意后作为支付进度款的依据	

续表 1

配置人员	人数	工 作 职 责	备注
专业工程师	6 名	建立工程进度支付明细台账	
		协助建设单位审核现场签证及索赔的真实性、合法性、是否严格执行合同，为建设单位提供咨询意见	
		协助建设单位进行材料价差核实，为建设单位提供咨询意见，及时向建设单位提供造价控制动态分析报告	
		对新产生的设计变更、现场签证内容重新组价	
		协助建设单位审核因设计变更、现场签证等发生的费用，相应调整造价控制目标	
		会同建设单位工地施工负责人、监理人员对施工中采用的新设备、新材料、新工艺、新技术进行确认，并掌握其使用情况	
		对设计变更、隐蔽工程、追加工程等，协同建设单位工地代表、监理工程师进行现场确认	
		会同建设单位办理工程完工结算，提供完工结算审计报告书	
		与造价控制有关的其他工作	

（3）项目咨询实施流程的经验和做法。

1）全过程项目实行线上投控系统，形成线上工作流程，并形成电子文档记录；

2）成果文件通过 ECMS 造价管理系统，利用系统平台模式对成果文件进行三级复核审核后出具；

3）采用 PDCA 循环模式开展项目全过程跟踪审计咨询工作。

三、服务的运作过程

为了能够高标准严要求的完成建设单位委托的工作任务，体现我公司“三高一满意”的服务理念，达到“建设投资科学、规范、效益最大化”的标准，实现为工程建设增值的目的，我公司对本次工程任务制定了全过程咨询服务实施方案，使整个项目在实施方案的指导下有序进行。

1. 设计审核阶段

在项目设计的初步阶段，负责收集已建或在建类似项目的工程造价信息，结合委托单位提供的投资限额，对项目的造价进行初步判断；结合委托方的投资目标，对项目初步设计概算进行复核，提出初步设计的优化意见。在施工图设计阶段，通过对施工图设计中的设计变更进行经济分析，协助建设单位选择更加经济合理的设计方案。

（1）造价初判断。根据委托方提供的投资限额，结合类似项目的工程造价信息，对项目的造价进行初步判断，确定项目造价的合理范围。

（2）项目初步设计阶段。参与扩大设计概算的优化与控制，分析总体设计单位编制的初步设计总概算及编制的分项概算，将编制设计总概算与可行性研究批复估算对比，检验两个阶段所确定的投资是否合理，进行差异性分析，为顺利地通过扩大初步设计概算的评审奠定基础。

（3）**施工图限额设计。**为了达到从源头上开始控制项目投资的效果，我公司协助建设单位对图纸设计采用限额设计招标。我公司根据有关经济指标分析，确定合理的建设标准和限额，把项目目标分解到各个分项工程或系统上。使施工图在满足技术要求和使用要求的情况下，做到造价最省、设计最优。

（4）**设计方案比选。**设计招标完成进行施工图设计阶段，我公司在满足项目技术要求的使用要求的前提下，通过对施工图设计中的设计进行变更，对变更的设计进行经济分析，对比不同方案的经济性，协助建设单位选择更加经济合理的设计方案。

2. 招标阶段

在招标过程中，我公司积极参与委托方组织的分析讨论会及现场勘察，按照公司标准结合委托单位要求，进行招标策划，审核招标文件、拟定合同条款、审核工程量清单及控制招标价等。

（1）**招标策划。**首先根据建设单位要求，结合相关招标规则，确定招标方式。对招标工程的界面划分，充分考虑承前（概算的切块分解）启后（界面划分、接口管理、结算审价原则设置）的连续性、适用性与可操作性。本项目采用的是工程量清单招标方式和“施工总承包加专业发包”承发包模式；对每个标段进行明确，合理分解工作安排，形成施工招标方案。

（2）**审核招标文件、合同条款。**该项目工程投资额大，对招标文件和合同条款的编制要求高。我公司结合项目实际特点和建设单位的实际情况，对建设单位编制的招标文件的内容完整性进行复核，对合同风险进行预测、梳理，然后完善合同条款，在事前对承发包责任进行完全明确。

（3）**编制并审核工程量清单、招标控制价。**项目负责人安排有经验的工程师进行工程量清单及招标控制价的编制，选择非编制人员进行初次审核。对项目的工程量计算的准确性、工程量清单的项目有无漏项、清单特征描述的全面性和准确性以及对招标控制价的范围和合理性进行检查。我公司采用三级复核的方式，公司项目部成员进行初次检查，项目负责人进行再次检查，最后提交至公司总工办部门进行终极检查。对招标控制价进行综合分析，对招标报价的范围、合理性进行客观公正的审核，提出审核意见，建设单位根据审核意见对招标报价进行了调整，降低了实施风险。

（4）**协助建设单位组织施工合同的磋商及签订。**由于本项目规模大，设计因素广，建设单位和施工单位需要对施工合同进行磋商才能使施工合同更加完善，从而降低项目实施过程中的索赔风险。我公司在每次磋商会之前，制定需要解决的问题清单，对会议的目的、流程进行提前规划，让会议达到目的效果。

3. 项目施工阶段

在施工阶段，根据项目特点结合类似项目经验，编制工程造价咨询服务实施方案。细化咨询服务的详细内容、权责及流程等。在施工过程中，及时进行核价，对施工方提交的进度款支付申请、结算工程量和建设方工程支付提供咨询意见，对工程发生的变更签证进行施工、监理、现场建管三方签认的情况下，再次进行校对复核。在建设单位规定的时间内向建设单位提供造价控制动态分析报告。

（1）**把控投资使用。**我公司对本项目采用全过程跟踪审计 PDCA 循环模式，PDCA 循环模式全过程跟踪审计贯穿项目建设始终的资金拨付监督工作。

1）编制资金使用计划。我公司根据施工合同、项目实际情况及建设单位要求编制项目资金使用计划表。在施工过程中可依据项目实际情况进行调整，但不可超过预算。

2）计量支付申请。我公司提出施工单位需要在建设单位规定时间范围内上报资金支付申请，申请通过才可正式报送计量支付资料。资金支付申请不可过高也不可过低，若施工单位进行计量支付与申请支付资金有较大出入，需提供原因说明。

3）审核施工单位报送的计量支付单。计量支付是施工过程中经常性的工作，我公司在监理公司对计量支付相关资料审核完成后，根据施工完成工程量、工程计量周期、建设单位对支付资料模板的要求对施工单位每月上报的工程完成量及计量支付单进行审核，提供工程付款建议书，出具进度款支付审核报告。进度支付审批流程如图 2 所示。

4）建立工程进度支付明细台账，在规定的时间内向建设单位提供项目管理预算分析报告。

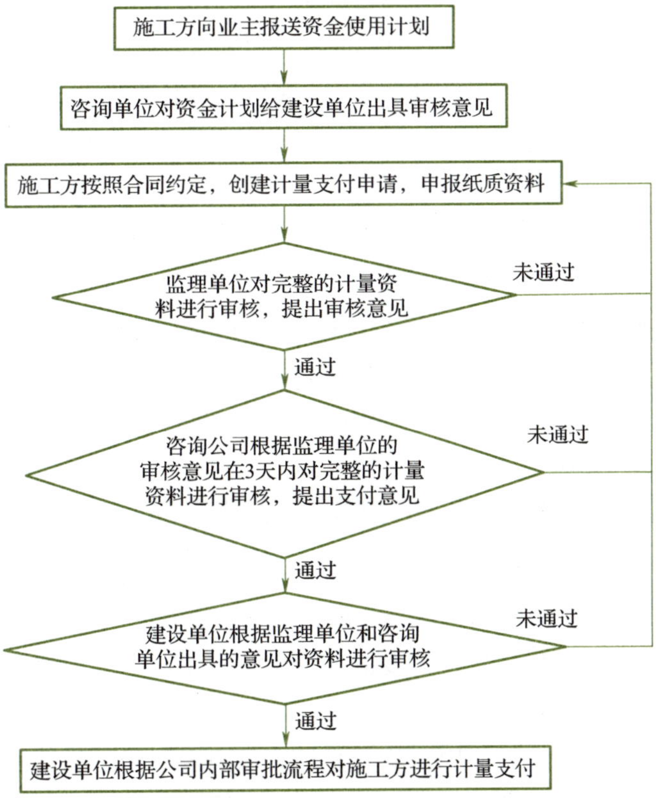

图 2 进度支付审批流程

（2）**材料价差审核。**

1）本项目招投标工作跨越时间较长，各标段采用的材料基期基价不同，首先需要分别确定各标段的材料基期基价及根据形象进度确定的各时间段的材料用量，然后根据市场价格动态情况及项目具体情况，遵照建设单位工程材料调差的有关规定确定材料差价。

2）计算材料差价时应注意扣减由投标人承担的材料风险部分。另外，由于投标人的原因导致工程进度滞后从而多支付的材料款由投标人承担。

3）充分利用我公司多年积累的设备材料价格库及询价渠道，协助业主确定需要定价的设备材料价格，为工程结算积累基础资料。

4）对于设备材料价格的确认要注明定价是否包含运杂费、采保费、包装费及交货地点等，以避免结算时出现争议。

（3）**审核工程变更、签证。**工程实施过程中必须严格控制设计变更，确需变更的，我公司将积极配合业主及监理对拟进行的工程设计变更进行造价测算及方案比选并去施工现场考察，综合考虑设计变更对工程质量、进度、投资的影响，协助业主选定设计变更方案。方案选定后严格遵守建设单位设计变更审批权限的规定，履行审批程序后方可施工。对于未履行审批程序的设计变更，工程进度款一律不予支付。

对新设备、新材料、新工艺、新技术的确认：会同建设单位工地负责人、监理人员对施工中采用的新设备、新材料、新工艺、新技术做好基础数据取定工作，做好相关记录，并准确掌握其使用情况，及时进行造价控制。

对设计变更及签证引起的新增单价的审核：首先根据招投标文件、施工合同、招标图纸、施工图纸确定是否为新增项目、原投标文件中是否有相同或类似项目，经核实确需重新组价的，要注意组价原则是否符合合同、招投标文件及清单计价规范，人材机单价、费率取定是否正确，材料和机械投标文件中无单价的按业主要求履行询价程序，将确定的新增单价报业主审批后方可纳入进度款支付范围。

4. 竣工结算阶段

进行竣工结算时，首先明确工程结算的相关工作要求，然后对竣工结算的资料进行审核，期间把结算价和目标成本、预算金额、合同价进行对比，结算完成后对纸质档案进行整理、归档。

（1）**接收结算资料。**完工结算所有资料必须通过建设单位转交我方（包括补报资料），并且附有监理审核资料。接到完工结算资料后在一个工作日内查看资料的完整性，及时提出补充资料明细。

（2）**深入工地，复核工程量。**

1）深入工地，了解实况，对所有工程量全面复核。注意竣工结算工程量与进度支付审核时工程量的一致性。若相同位置工程量差距较大时项目人员必须重视，并认真检查工程量差距的原因。

2）全标段整体考虑土方平衡问题，并且注意各种状态土方的折算系数。

3）完工结算审核过程中若发现以前批复的变更单价有明显不合理的地方及时提出，完工结算审核过程中及时纠正。

4）审增、审减情况。详细分析原因，认真复核，可附表解释。若是因为计算范围划分与施工单位不同时则按施工单位划分办法划分，避免出现有的审减过大而其余地方出现审增的现象（对于审增不大、影响较小的情况，经过复核后，尽量维持原报）。

（3）**结算价与目标成本进行对比。**进行工程结算时需对比结算造价和目标成本，对预算金额、合同价、结算价实行实时对比。

（4）**二次全面复核。**审核完毕后再次对竣工结算资料进行全面检查，着重检查工程量汇总资料和套价资料，对二次审核完成的资料进行整理、归纳、存档、移交。

5. 其他注意事项

（1）加强工程师联系，互相沟通获取经验。

（2）与施工单位沟通审核意见尽量通过建设单位的安排，在建设单位办公地点见面。

（3）套用投标单价前，核对书面投标文件和电子版投标文件是否相符，不符的以书面资料为准。

（4）对于未经审批的单价施工单位在竣工结算中一块上报的，我公司要单独出具变价审核资料，报建设单位走审批程序。

四、服务的实践成效

1. 了解过程证据，使投资明朗化

水利工程地质地貌复杂，基建工程项目很多都是隐蔽性工程项目，建成完工后能看到的只有结果而没有过程。这样就要求咨询人员在全方位参与工程建设与管理的前提下，对已取得的证据逐个了解清楚，使原本隐蔽的信息明朗化、清晰化。下面是我公司根据实际情况对工况系数调整的实施案例，如图 3 所示。

附件一：

案例一　工况系数的调整

本工程河道断面土方开挖，有 18.75km 段采用的是绞吸式挖泥船水下开挖，并且采用不断航的施工方法。施工过程中，施工单位反映局部河段遇到建筑垃圾和砂姜盘，施工条件发生改变，降低了挖泥船的施工效率。

1. 我公司通过查阅上报资料并与建设单位、监理单位共同现场实地考察，确认河道内水下存在大量混凝土块和石块情况属实，混凝土块和石块是当地政府对码头集中整治拆除时遗弃在河道内的码头拆除物。

2. 根据比对招投标文件及招标图纸，均未标明河道内水下存在废弃码头拆除遗留的混凝土块和石块，投标单位投标时只能考虑正常行船遗弃物、合理避让、正常停滞和辅助作业对工况的影响，无法预见河道内水下存在大量混凝土块和石块对工况的影响。

根据比对招投标文件，发现招标文件设计中已考虑少量壤土夹礓石的地质工况，不宜因局部出现礓石夹层作为调整工况系数的主要依据。

3. 通过现场实地考察并组织专家现场察看，施工单位在挖泥船作业前虽然采用水上挖掘机进行浚前扫床工作，但由于水深、水下物不可见等原因，效果非常差，混凝土块和石块对工况影响仍然较大。

4. 查看现场建筑垃圾分布图及监理跟班作业记录，施工单位施工日志，计算挖泥船有效工作时间，了解对挖泥船工效的影响。

5. 根据水利部《关于发布〈水利建筑工程预算定额〉、〈水利建筑工程概算定额〉、〈水利工程施工机械台班时费定额〉及〈水利工程设计概（估）算编制规定〉的通知》（水总〔2002〕116 号）发布的水利预算定额说明，根据测定的建筑垃圾对绞吸式挖泥船平均每班客观影响时间，最终确定系数工况调整。并在原投标报价水平的基础上调整相应挖泥船开挖土方运输单价。

图 3　案例一

2. PDCA 循环模式开展全过程跟踪审计

我公司采用 PDCA 循环开展整个项目的审计工作，将工作的质量管理分为四个阶段，即计划（Plan）、执行（Do）、检查（Check）和调整（Action）。PDCA 循环服务模式不但能够保证各阶段服务工作质量，而且能够同步落实企业的战略决策，为企业未来解决造价咨询专业问题，发现和培养团队核心竞争奠定坚实的基础。

（1）**跟踪审计的分阶段 PDCA 应用举措。**随着行业咨询服务工作水平的提高和技术能力的增强，多标段平行跟踪审计成为目前造价咨询企业开展业务中的重要组成部分。我公司以此制定跟踪审计多层次 PDCA 实施方略开展具体工作。

我公司按照项目准备、项目实施、项目竣工交付制定阶段性 PDCA 应用举措，清晰地明确了各阶段审计工作的重点及实施质量监督手段的基本步骤。

（2）**跟踪审计多层次的 PDCA 实施方略。**在制定多层次 PDCA 实施方略过程中，结合公司未来的发展战略，公司层面本着为实现跟踪审计目的及从业务开展过程中总结实践经验的角度出发，制定初步实施计划；由项目经理组织阶段性检查，形成后期具有实际操作性的指导手册；最后结合企业发展战略及工程绩效目标和工作成果目标调整今后类似工作的实施方案，从而整体提升企业的技术服务水平。

（3）**跟踪审计全过程的 PDCA 整体规划。**在跟踪审计工作开展过程中，应当首先计划（Plan）整体审计工作的实施方案，包括各标段专业工程师等的人员组织安排、审计工作开展的基本流程、各单位协调沟通的方式等；在执行过程中，明确重点审查内容与审查的方法，包括对进度款、设备购置款等款项的分类审查，设计变更签证等价款调整事件的监督，新设备、新材料、新工艺等资金应用合理性的分析等；在各阶段检查过程中，重点对阶段性审查报告的内容进行复核与研究，明确执行过程中出现的问题和需要改进的策略；最后在调整过程中，通过建立有效的回访与研讨总结制度，发现和改进上一下阶段工作中的不足与方案制定的偏差，并制定更加合理的工作实施方略。

以项目实施阶段为例，在项目实施阶段开展资金审查工作过程中，项目部首先分析项目的整体进度计划，明确各阶段主体参与情况，进而根据国家和行业标准制定资金审查实施方案；在项目实施过程中，逐步落实实施方案的内容，由各专业工程师按照审计流程逐项审查资金拨付情况；在项目阶段性总结过程中，通过搜集建设单位、监理单位、施工单位、设计单位等对资金审查工作的意见，我公司和企业管理层之间进行商讨，调整下一阶段工作实施的方略，由此在项目各阶段贯穿质量监督机制。

3. 工程变更与索赔的处理经验

我公司对变更索赔申报的相关要求和注意问题提前编制针对性的文件，文件通过建设单位确认后下发给施工单位。施工单位申报的内容及资料格式符合文件要求后，我公司及时进行现场考察，留存证明资料。

施工单位在进行变更索赔申报之前，可根据文件明确变更索赔的相关要求。文件对变更定性是否成立的判断原则、变更定价遵循的原则、变更资料提交的支撑性材料等内容进行了明确的规定。避免了施工单位申报的返工及我公司、建设单位审核的返工。

我公司通过对水利工程的全过程造价服务，总结出不同类型变更的审核原则。

（1）**土方增运（倒运）变更。**

1）了解现场土方增运的实际情况，如土料场实际地理位置情况，实际运距，运输条件，环境（主要指区域、路况、周边政府管辖情况、村民阻工现象、水文气象等是否发生变化）。

2）查看招标文件对各施工部位的土方约定条件，如土料来源，土质类别，地理位置（如现场或指定土场），到使用施工地点的中心运距，道路运输路况，穿越村庄情况（如是否跨县等），环境约定（如发包人和承包人各自承担的责任和义务等）等。

3）查看投标文件，包括承包人在投标时根据发包人提出的各项目约定条件、采取的措施，响应招标文件的深度，理解是否存在偏差，招标文件阐述不清或理解有分歧的地方是否有答疑，答疑后承包人制定了什么样的方案，承包人响应招标文件是否全面，承包人在响应招标文件时是否有遗漏等。

4）对增运产生的原因进行分析。首先分析现场实际条件与招标文件约定条件是否存在偏差，其次分析承包人在投标时对招标文件的响应是否全面。

5）成立条件界定。通过原因分析，对照合同通用条款特别是专用合同条款对应条款的规定，界定发包人与承包人各自承担的责任和义务，风险承担条件，最后确定土方增运是否成立。

6）变更成立以后需要提交的资料。

①有关合同文件规定内容，包括：本合同协议书、中标通知书、投标书及其附件、本合同专用条款、本合同通用条款、标准、规范及有关技术文件、图纸、工程量清单、工程报价单或预算书，合同履行中，发包人承包人有关工程的洽商、变更等书面协议或文件视为本合同的组成部分，法律文件。

②发包人提交实际土料场的移交证书，证明土料场是发包人指定允许使用土料场。

③设计规划图，地质勘探单位提供的相关勘探资料，证明土料场是合格土料。

④实际土料场平面布置图，原始地貌地形测绘图及断面图。

⑤土料场中心与施工现场使用土料中心实际量测运距签证（三方确认单）。

⑥实际与招标文件比较，增加（或减少）运距按投标文件水平计算的单价分析表，如果合同约定总金额超过一定数目可以调整投标单价时按合同约定执行，没有约定时只调整增加（或减小）运距部分费用，相应项目投标中标单价不予调整。

⑦工程量确认书（需要附联合测量资料，监理人、现场建管机构、承包人三方签字）。必须经过设计确认的情况，要提供设计确认意见。

⑧经监理人审查同意的工程变更建议书需报发包人批准。

⑨经发包人批准的工程变更文件。

⑩监理人核查工程变更设计文件、图纸后，向承包人下达工程变更指示文件，如图 4 所示。

（2）**施工降排水变更。**

1）了解现场实际情况：主要说明施工区内地质条件，地基渗透情况，排水条件，抽排水量，环境（主要指区域、周边政府管辖情况、水文气象等）是否发生变化。

2）比对招标文件对各施工部位的地质条件，如地基渗透参数，特殊地段可能出现的涌水情况，周边环境，施工期内抽排水工作量，不利水文气候条件、排水存放或流向条件等，以及环境约定（发包人和承包人各自承担的责任和义务等），保险约定条件等。

附件二：

案例二　土方倒运变更审核

本工程既有航道土方开挖工程，又有桥梁及其引路填筑工程。根据招标文件说明，要求输水航道土方开挖施工必须与生产桥引路路基土方填筑工程相结合施工，即引路工程填筑土方要利用河道开挖土方，投标文件及已中标的工程量清单对此进行了响应，引路土方填筑单价仅含压实费用。经现场实际调查，生产桥引路工程用地迟迟未解决，导致主河道土方开工时，引路路基填筑土方无法施工。（输水航道工程 2011 年 4 月 26 日开工，生产桥工程 2011 年 4 月 18 日正式开工，生产桥引路具备土方填筑条件日期为 2012 年 3~7 月期间，有当地政府开具的证明）。依据通用合同条款 15.1 变更的范围和内容：其中（4）改变合同中任何一项工作的施工时间或改变已批准的施工工艺或顺序。我公司认为由于引路征地未及时征迁交付使用，导致引路路基土方填筑施工时间发生改变，进度计划发生了实质性变动，且增加了土方二次倒运，影响了原投标时的价格，同意对引路回填土方二次倒运进行变更。

工程量的审核：根据现场实际考察，引路填筑所需土方都存在二次倒运情况。工程量的审核按照填筑标高计算的引路土方填筑量换算成自然方进行土方量的计算。

土方倒运单价的审核：根据招标文件工程量清单内容，投标时河道土方运至引道，运距为综合考虑，并未提及准确运距。现施工方案发生改变，河道土方运至弃土场，再由弃土场运至引路，运距的变化与投标时无从比较，建议按综合运距考虑，工序增加一次挖装运输。

图 4　案例二

3）查看承包人在投标时根据发包人提出的各项目约定条件，采取的措施是什么，响应招标文件的深度，理解是否存在偏差，招标文件阐述不清或理解有分歧的地方是否有答疑，答疑后承包人制定了什么样的方案，承包人响应招标文件是否全面，承包人在响应招标文件时是否有遗漏等（尤其是对不利气象、地质突发涌水等条件的响应情况）。

4）对于产生原因进行分析：首先分析现场实际条件与招标文件约定条件是否存在偏差，其次分析承包人在投标时对招标文件的响应是否全面。

5）成立条件界定：通过原因分析，对照合同通用条款特别是专用合同条款对应条款的规定，界定发包人与承包人各自承担的责任和义务，风险承担条件，最后确定排水费用增加是否成立。

条件成立后应提交的如下资料：

①申请变更的承包人除了申报通用的施工合同、招投标文件、图纸、相关技术标准、工程变更指示文件等相关通用文件外，还应从以下各方面证明实际遇到的比投标时描述的工程地质（或气象）条件出现不同或更加恶劣的情况：从数量上说明地下水单位涌出量大量增加；工程地质条件的恶化超出招标文件规定；以监理人按合同指令修改设计变更说明工程地质条件变差；抽排水工作量增加导致其他工作效率降低，排水设备配置增加证明材料；气象变化，出现异常不可预见条件（需气象部门证明材料）。

②地基渗透各种技术参数、特性。

③实际地基地质特性、渗透技术参数证明资料（应附排水量测定资料）。

④第三方对投标降排水方案合理性论证结论；施工期改变降排水方案的合理性分析论证结论。

（3）施工工艺（含施工顺序）变更。

1）了解现场实际情况：各种非承包人原因引起施工工艺变化产生的变更，要翔实阐述引起施工工艺变化的原因。

2）了解投标时拟采用的施工工艺。

3）承包人在投标时根据发包人提出的各项目约定条件，采取的施工工艺是否可行，响应招标文件的深度，理解是否存在偏差，招标文件阐述不清或理解有分歧的地方是否有答疑，答疑后承包人制定了什么样的施工方案，承包人响应招标文件是否全面，承包人在响应招标文件时是否有遗漏等。

4）施工工艺变更原因分析。首先分析现场实际条件与招标文件约定条件是否存在偏差，其次分析承包人在投标时对招标文件的响应是否全面。

分析原因，施工工艺发生变化的条件主要为合同条件的变化。要详细阐述发生变化的具体原因。大多表现为招标文件描述不清、设计深度不够、勘查资料不全面、不真实及外界客观等因素引起施工工艺变化。

5）成立条件界定。通过原因分析，对照合同通用条款特别是专用合同条款对应条款的规定，界定发包人与承包人各自承担的责任和义务及风险承担条件，最后确定施工工艺改变增加费用是否成立。

6）申请变更的承包人除了申报通用的施工合同、招投标文件、图纸、相关技术标准、工程变更指示文件等相关通用文件外，还应从以下方面证明非承包人原因导致施工工艺改变情况：①施工环境改变（如道路、桥梁等变化导致大型设备不能进场等）；②在编制施工组织设计时发现施工条件与设计条件不符（如原地质资料没有地下水，而实际情况是地下水很丰富）；③施工地点或新增项目不能采用常规施工工艺；④周边环境或地区特点（城市居住区噪声标准改变等）导致施工工艺调整，工效降低；⑤不可预见条件，如地震、飓风、超标准降雨等导致施工工艺改变；⑥施工过程中工种间矛盾无法避让。

7）改变后的施工工艺与原施工工艺对比，提供增加资源（人、材、机）投入证明材料；涉及物价要提供当地造价部门（或国家）同期造价信息证明（承包人发票只作为参考）；地方环境改变证明材料（如政府文件、指令等）；气象部门出具的异常恶劣天气证明材料。实际与招标文件比较，按投标文件水平计算的单价分析表，如果合同约定总金额超过一定金额可以调整投标单价时按合同约定执行，没有约定时按实际情况套用相应定额子目进行调整，如图 5 所示。

4. 机电设备及金属结构设备采购与安装难点及措施

机电设备及金属结构设备工程包括水机设备、电气设备、变电设备、公用设备、消防系统设备、闸门、启闭机、拦污栅、升船机等。

机电设备及金属结构设备采购与安装难点在于机电设备投资额度大，技术含量高，且各专业间接口繁多，专业间配合工作量大。针对以上这种情况就要求咨询人员既要有丰富的专业技术，又要有清晰的经济头脑。如何做好投资控制工作，成为整个项目投资目标控制的重要内容。我公司对机电设备采购及安装分阶段的投资控制主要方法及措施如下：

附件三：

案例三　材料批价审核

某泵站不锈钢栏杆变更项目，现场考察时发现实际施工的不锈钢栏杆与招标图纸中的要求做法不一致，属于施工工艺发生变更。虽然业主已经批复该变更单价采用清单内类似单价 1349.86 元 /m。但是我公司发现该单价明显高于市场价格，从其单价分析表中可以看出不锈钢管 $\phi 32\times 1.5$ 消耗量明显偏高，不锈钢法兰 $\phi 59$ 消耗量和单价明显偏高。因此，此单价不能作为变更后的不锈钢栏杆单价。我公司按施工合同相关条款，采用原投标报价中的人材机价格及取费费率，套用相关定额重新调整了不锈钢管 $\phi 32\times 1.5$ 及不锈钢法兰 $\phi 59$ 的消耗量，最终核定不锈钢栏杆单价 555.21 元 /m，节省投资 30 余万元。

图 5　案例三

（1）**项目初步设计阶段。**

1）参加对“初步设计概算编制办法”及“初步设计概算审查要求”的讨论，并结合机电安装工程特点及经验提出相关建设性意见。

2）参与初步设计评审全过程工作，配合并协助设计单位在报批工作中机电安装工程的相关解释工作。

3）在设计总概算上报审批前，根据建设项目的机电工程各专业技术经济指标对“初步设计概算与批准的工可估算总投资对比分析”“概算总投资合理性分析”“概算总投资在工程实施中的可行性分析”“主材价格波动趋势预测”等相关比较、分析工作，并向建设单位提交设计总概算内部评审意见。

4）根据批复的初步设计文件和概算，结合工程实施进度目标和不同的优化技术方案，编制投资控制模型和建立初步的投资控制目标值。

（2）**项目招标阶段。**

1）根据机电工程的特点对招标代理单位编制的招标文件从投资控制的角度提出建议。根据招标内容及招标范围，审核设计单位提供的施工图。审核招标代理单位编制的工程量清单、合同报价原则、合同变更条款的约定。结合以往机电工程相关技术经济指标，编制招标限价，确保工程费用控制在概算控制目标值以内。

2）对投标单位的商务报价进行回标分析工作，对于错误报价及不合理报价提出意见供评标专家参考。对专家发出的询标疑问，协助建设单位和招标代理单位对投标人进行询标及澄清工作。

3）工程定标后，根据中标单位的中标金额，及时完成概算分析，进行概算价、招标限价、中标价的指标对比分析工作，为后续招标工作和其他建设积累经验和参考数据。

4）根据建设单位就工程进展程度绘制的工程进度网络计划，以到货时间满足施工计划为条件，综合考虑制造周期、运输、保险、仓储能力等因素，给建设单位提供分阶段进行设备采购招标的建议，以免设备部件过早或过迟到货而支出过多保管费用及占用建设资金。

5）从有利于吸引较多投标人参与竞争以达到降低货物价格、保证供货时间和质量的角度出发，给建设单位提出恰当分标和分包建议。

6）收集、整理具备有关设备供货能力的供货商，结合工程特点，按生产商的能力、规模、产品性能、业绩、国产化率等进行分类、汇总。力求让建设单位最广泛地了解潜在投标人的名录及产品状况。

7）在满足技术要求的前提下，协助对承包商（投标人）提供的主要设备、材料，是否为先进产品，是否具有一定前瞻性进行审查，减少因产品型号滞后造成的变更。

（3）**项目施工阶段。**

1）建立合同管理及投资控制动态数据库，通过对初步设计概算的拆分或组合，充分反映各合同对应概算值、合同值以及投资控制目标值，实时掌握机电工程各分项工程总体成本及每个子合同的成本情况。当工程项目实际发生造价与投资控制目标偏离时，及时向建设单位汇报并提出相应建议或纠偏措施。

2）凡与初步设计在工作范围和内容上有重大变更并引起投资增加项目，咨询人员对设计院相对应的设计变更技术经济分析进行进一步的分析评估，为建设单位综合评价变更的必要性、可行性和经济合理性提供进一步的专业咨询意见。

3）在合同框架下审核、评估、分析工程变更、提供其是否构成工期延误及费用增减的意见，计算变更金额并向建设单位递交咨询建议审核报告。

4）拓展机电安装工程咨询人员的点面工作范围，对可能影响工程进度的重要节点工作深入现场查看，了解施工进度及工地发生的重要事项，分析投资控制的风险点，做好资金风险预警，并按此为建设单位提供中期付款建议。

五、项目总结

通过我公司对项目的合理策划、严格管控，使建设单位的工程投资在顺利实现工期管理的目标下得到了有效的控制。通过这次的项目管理，证明了成本控制需要贯穿整个项目周期的重要性以及利用新技术新模式开展工作的重要性。面对项目的任何一项工作流程，都要做到提前规划方案、在实施过程中对方案进行改善，为下一项工作奠定实践经验。我公司在完成这次项目的同时，也积累水利项目的管理经验，提升了企业服务品牌，建设成果也得到社会的一致好评。

专家点评

该案例为全过程造价咨询典型案例，水利工程的特点是地质地貌复杂，基建多为隐蔽性工程，土方开挖及边坡护砌工程量大。咨询单位从初步设计阶段开始提供全过程造价咨询，在设计阶段、招标阶段、施工阶段和竣工结算阶段全程参与并全程控制，有效地完成了全过程造价咨询服务并克服了水利工程造价咨询的难点，实现了投资控制目标。该案例中对全过程造价咨询服务实践成效进行细致总结并提供案例分析、PDCA 循环模式开展全过程跟踪审计等做法都值得同行借鉴，对推动造价咨询单位参加水利工程全过程咨询服务有积极作用。

点评人：潘敏

四川开元工程项目管理咨询有限公司

基于融资建设模式的某一级市政道路项目以投资控制为价值链的咨询实践

——四川华通建设工程造价管理有限责任公司

张军岐　但　君　吕逸实　任应东

一、项目基本概况

本项目全线长 8476.926m，道路红线宽 40m，批准项目投资为 12 亿元，其中工程费用 8.37 亿元，是天府新区较早采用融资建设模式的重点建设项目，开工时间为 2015 年 4 月 28 日，竣工时间为 2016 年 9 月 30 日。与同期其他市政项目相比，本项目土石方调配范围广、项目迁改难度大，同时本项目是基于融资建设模式下，项目业主不能大量干预建设活动，很多计量计价工作要在过程中协商处理，这些都对本项目的全过程工程咨询提出了新的挑战。

我公司在本项目的咨询工作中，除完成传统的造价咨询工作外，还利用自身的招标代理和监理工作优势，以投资控制为价值链，在招标策划、设计方案优化、施工方案优化等方面提供咨询服务，使本项目不但按时完工，并且竣工结算金额为 4.9 亿元，比中标金额 5.2 亿元低 0.3 亿元。结算金额中所有设计及签证变更净增加金额 430 万元，仅占结算费用的 0.88%，全过程工程咨询成效明显。

二、服务范围及组织模式

1. 咨询服务的业务范围

根据建设单位与我公司签订的造价咨询合同，本项目的咨询服务包括：

（1）参与委托人组织的设计交底及设计方案讨论；

（2）配合业主单位另外委托的初步设计概算编制单位编制设计概算，并配合委托人按有关规定完成工程设计概算的政府评审；

（3）编制模拟工程量清单和招标控制价，并按有关规定完成招标控制价的政府评审；

（4）设计变更经济分析和合同造价条款变更、管理；

（5）审核工程计量和支付（预付款、进度款、变更款、索赔款）；

（6）主要材料及设备的询价；

（7）审核总包竣工结算；

（8）审核迁改、附属及零星工程费用；

（9）按委托人要求配合项目结算政府审计。

2. 咨询服务的组织模式

本项目是天府新区重大建设项目，咨询服务工期长，需要的咨询服务知识和技能全面，必须依靠项目团队的集体智慧，并在公司管理和技术团队的大力支持下开展。为此我公司在设计组织模式时，在传统的项目型组织结构的基础上，加入了我公司管理和技术支持团队，形成本项目咨询服务组织结构。

（1）项目部组织结构如图 1 所示。

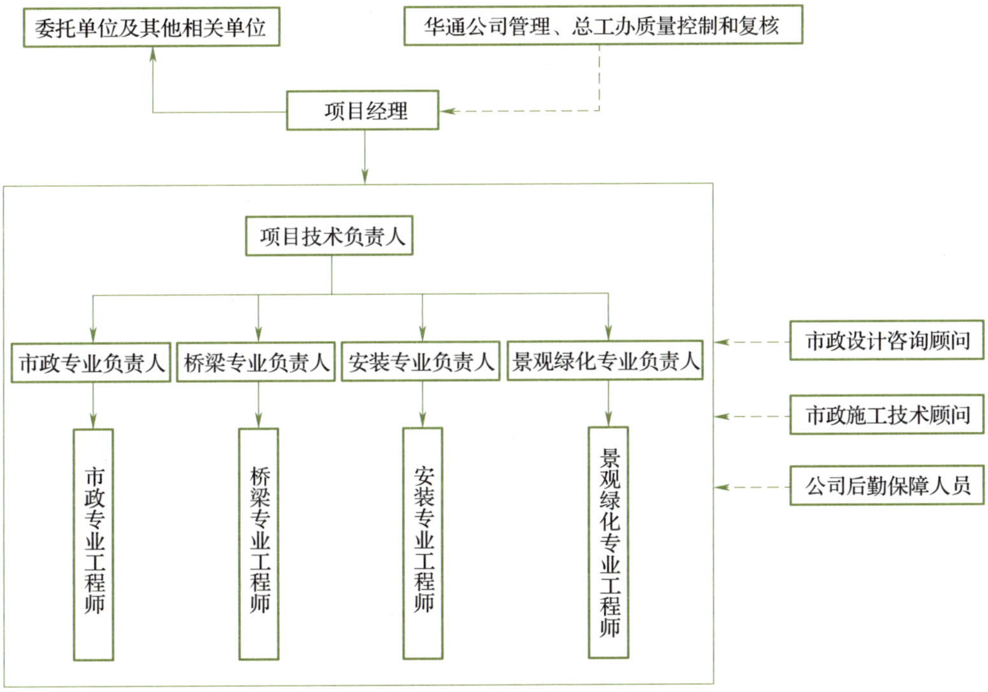

图 1 项目部组织结构图

注：→表示管理线路，- - ➤表示支持线路。

（2）项目部人员岗位职责如表 1 所示。

表 1 岗 位 职 责

岗位	岗 位 职 责
项目经理	（1）本项目实施的总负责人，代表公司决定项目实施过程的工作事项，重大事项及时向公司领导及业主报告； （2）负责本项目工作计划拟定，各专业组工作分配； （3）协调专业组之间的关系，保持与业主、承包人、设计单位、监理公司之间的联系和信息交流； （4）归纳整理造价咨询资料并移交业主，提交工程造价咨询工作报告
项目技术负责人	（1）为各专业工程师的工作提供技术支持； （2）负责技术人员的继续教育和培训； （3）对咨询工作中的疑难问题组织有关人员讨论分析，统一咨询过程中对同一问题的解决办法； （4）审核各专业组编制的各项报告和资料

续表 1

岗位	岗位职责
专业组负责人	（1）对本专业工作成果向项目经理负责； （2）负责本专业组工作计划拟定； （3）专业工程师工作分配，协调专业工程师之间的关系； （4）与其他专业组之间信息沟通； （5）审核本专业所有咨询成果的正确性、合法性、合理性
专业工程师	（1）实施本专业的具体咨询工作； （2）按业主要求进行现场收方计量； （3）完成项目经理及业主安排的其他服务内容

3. 咨询服务工作职责

本项目全过程咨询服务贯穿于项目从设计阶段的全过程，属于以投资控制为核心的全过程工程咨询。我公司在咨询服务工作中各阶段的主要工作职责如表 2 所示。

表 2　各阶段工作职责

阶段	工作职责
职责综述	（1）完成咨询合同约定的设计阶段、施工阶段、竣工结算阶段造价咨询任务； （2）接受业主的日常工作管理； （3）参与项目工程造价的决策，发表决策意见； （4）协调项目造价争议的行政解答和仲裁； （5）对监理等其他单位编制造价成果文件进行复核，有不同意见时，及时报告业主
设计阶段	（1）配合设计概算的编制； （2）编制模拟工程量清单和招标控制价； （3）在上述过程中发现初步设计中不能计量计价的遗漏事项时，报告建设单位，并与设计单位沟通补充； （4）在上述过程中发现初步设计中的尺寸、属性、描述等矛盾事项时，报告建设单位，并与设计单位沟通修改； （5）在上述过程中发现初步设计中在满足规范、质量、安全等要求的前提下可能还有更经济的方案时，报告建设单位，由建设单位组织设计、监理、咨询等单位人员评审决定修改调整； （6）参加建设单位组织的设计方案论证，经对各方案的合理性、经济性等分析后，提出方案选择建议，供建设单位决策时参考
施工阶段	（1）长期驻守施工现场，对建设工程活动进行全过程监控和管理； （2）根据施工图和中标单价，编制施工图预算； （3）在施工图预算编制过程中发现上述遗漏、矛盾、更经济方案等事项时，报告建设单位，并会同设计、监理等单位协商补充、修改、调整； （4）收到施工单位编制的各类施工方案后，计算该方案对应的工程量和费用，并根据类似项目的经验，结合本项目实际，提供多方案经济分析，在此基础上提出优化建议，供建设单位决策参考； （5）收到签证变更申请后，估算变更费用，提出变更审核意见； （6）签证变更实施过程中参加变更收方，确认变更实施情况； （7）新材料、设备询价；

续表 2

阶段	工 作 职 责
施工阶段	（8）对工程进度款、监理进度款、设计进度款、地勘进度款等进行审核，确保进度款不超付； （9）收集是否存在降低施工组织设计中标准和数量的证据，包括进场的大型机械数量是否低于施工组织设计，其型号规格是否低于施工组织设计的要求等证据
竣工结算阶段	（1）根据工程进度及业主单位要求审核工程节点结算； （2）审核施工单位报送的并经监理单位审核的竣工结算，出具合法、真实、有效的竣工结算审核报告； （3）编制竣工结算审核报告，归纳整理造价相关资料，配合政府部门审计工作，向业主单位提供工程造价咨询工作总结

三、服务的运作过程

接受建设单位委托后，我公司及时组建了项目部，拟定了具体的项目实施方案，针对本项目采取的“融资建设模式”的融资金额明确，要求必须确保结算价低于中标价的特点，借助我公司设计顾问团队、施工工艺顾问团队，特别注重设计方案和单价措施项目涉及的施工方案的优化建议，以各阶段投资管控为价值链，在模拟清单和施工图预算阶段、施工阶段、竣工结算阶段开展咨询服务。

1. 模拟清单（含招标控制价）和施工图预算编制过程

（1）**编制难点。**

1）土石方平衡问题。本项目路线全长 8.48km，节点较多，受施工红线内土地移交、设计方案变更、管线迁改及跨锦江、下穿天府大道等影响，常规土方平衡不能满足工程需要，我公司提出要求设计、建设单位分段分桩号编制土石方调配方案，供模拟清单（含预算控制价）编制时使用；在审定版施工图出来后，要求施工单位分段分桩号编制土石方调配方案，经监理、建设单位审批同意后，在编制施工图预算控制价时使用。

2）模拟清单关于清单综合单价报价的约定问题。本项目为初步设计图模拟清单招标，很多项目的清单工程量与实际工程量都会出现偏差，为防止过去项目中出现的严重不平衡报价导致的低价中标，高价结算，确保中标价不突破，本项目要求综合单价采用统一下浮比例下浮。为达到这一要求，在清单说明中约定：“本次招标工程采用工程量清单综合单价法报价。投标人的综合单价（含总价包干项目）为投标人根据招标人给出的控制价，按统一下浮比例下浮后的综合单价。除合同另有规定外，在合同履行过程中，无论任何原因引起的工程量的减少或增加，投标人的中标综合单价均不调整。投标文件按照招标人给定的格式要求进行打印并按相应格式要求盖章。”并在分部分项工程量清单计价表和单价措施项目清单计价表中，给出综合单价最高限价。

（2）**清单编制说明中的特殊说明。**由于该项目为融资项目，采用初步设计图编制模拟清单招标，正式施工时采用施工图，施工图与初步设计图之间存在较大差异，为了减少建设单位和施工单位在实施期间对措施项目产生较大争议，在编制模拟招标清单时，专门在模拟招标清单说明中做了专门约定：招标人给出的除安全文明施工以外的其他总价措施项目由投标人自主考虑到投标报价中，结算时不予调整。除本说明中条款“投标人在进行措施项目清单计价表的报价时应特别注意以下几点”约定以外的均按本条执行。若招标人给出但投标人未报价的项目，招标人视为该项措施费用已包含在投标总价中，中标后不予调整。

投标人在进行措施项目清单计价表的报价时应特别注意以下几点：

1）施工用水、用电接入：本工程施工用水、用电接入均由投标人自行解决，招标人可协助投标人协调相关行政主管部门。投标人根据项目建设需求和现场条件编制相应的接入、使用方案，报监理人、招标人和供应单位审批并办理相关手续后实施，其相关费用按实结算。

2）施工排水、降水（含井点降水）：由投标人投标报价时综合考虑，此项目中标后包干使用。

3）大型机械设备进出场及安拆费：由投标人投标报价时综合考虑（所有专业的大型机械设备进出场及安拆费均在道路工程中综合考虑，其余不单独列项），此项目中标后包干使用。

4）已完工程及设备保护：已完工程成品保护的特殊要求及费用，由投标人投标报价时综合考虑到其他单价或费用中，不单独支付。

5）便道、便桥：指兼顾社会交通和进场需要修建的便道、便桥，投标人根据项目建设需求和现场条件编制相应的接入、使用方案，报监理人、招标人和行政主管部门审批并办理相关手续后实施，其相关费用按实结算。

6）临时交通组织：由交通主管部门审批的临时交通组织方案中，对场外临时交通疏解费用，如固定式交安设施、临时标线、场外道路义务交通管理员等由招标人签证支付；其余现场交通组织费，包括封闭主道后施工现场交通组织、维护现场施工交通秩序人员、可移动式标志等相关费用，由投标人在投标报价中综合考虑，不另计取。

7）管探、物探：招标人提供的管探资料仅供参考，投标人需对现场进行查勘、核实，相关费用不单独计取，由投标人在投标报价中综合考虑。

8）工程检测：投标人应按国家及行业有关规范、标准进行工程质量检测（包括但不限于对所有桩基逐桩进行无损超声检测、对钢箱梁按规范进行的检测、桥梁预压、密实度检测、弯沉测试等相关工序质量以及所用构件、制品及有关材料的质量检测），上述超出定额规定的检测费用由投标人在投标报价中综合考虑，招标人不额外支付其他费用。

9）施工围挡：包括施工围挡搭设、周转（含多次）、运输、拆除，围挡标准提升，围挡广告布置等超出定额规定的费用，由投标人在投标报价中综合考虑，不另计取。

10）本工程半成品、成品材料、设备、取土、弃渣等运输距离均由投标人自行调查，在投标报价中综合考虑，不得调整。

11）投标人必须充分考虑工期、交通、场地、气候、民风民俗等各种因素组织施工，超出定额规定的“夜间施工”“二次搬运”“冬雨季施工”费用以及“行车行人干扰”费用，由投标人在投标报价中综合考虑，招标人不额外支付其他费用。

2. 施工阶段咨询过程

（1）造价控制总控。本工程工期较为紧迫，业主要求尽快开工，由于前期采用初步设计图编制模拟清单招标，正式版施工图纸又多次修改，造成施工图纸不完善或存在缺陷及规划调整，容易造成现场存在较多的签证、变更、方案措施等，加大了项目的管理难度，全过程提前介入极其重要。

当送审施工图设计完后，部分专业工程往往存在几种设计方案，选择既可行又经济的设计方案尤其重要，提前对设计方案进行评价与优化是施工图设计阶段过程控制工作的重点及难点。

针对实施过程中的施工方案，在施工单位报送后，是否合理及经济是过程控制单位的重要把控点。施工方案的优化及签证变更收方工作是过程控制工作的重点及难点。

（2）**针对性的人员安排。**施工图设计阶段，我公司即安排各个专业方面的专业造价人员及专家对设计方案进行深入了解，在与业主、设计充分沟通的情况下，通过技术比较、经济分析和效益比较，优化设计方案，正确处理技术先进与经济合理的关系，达到技术先进与经济合理的和谐统一。

施工阶段，根据项目多段同时施工的情况，我公司按段落分派4~5位专业工程造价人员进行现场管理。针对本项目存在较多无信息价的材料，我公司安排2名专业工程师对无信息价的材料进行询价工作。

（3）**方案优化。**

1）施工单位编制的路灯电缆迁改保护方案偏保守，混凝土包封断面过大，仅包封一根ϕ150mm的UPVC管混凝土断面达1m宽，造价偏高。

解决的方式方法：我公司项目组工程师接到该项目业主单位提供的施工单位编制的路灯电缆迁改保护方案及造价审核任务后，对施工编制的该方案和预算书进行审核，发现该问题及时向业主单位主管工程师进行电话沟通，并按现有方案和合同约定，出具了针对该方案的咨询意见书，同时在咨询意见书中特别说明：需提醒建设单位的是，方案中混凝土包封断面过大，仅包封一根ϕ150mm的UPVC管混凝土断面达1m宽。从工程变更费用估算表中可以看出，管道包封混凝土C20项目分部分项金额达119878.47元，占此方案总价的88.96%，请建设单位引起高度重视。设计单位收到我公司出具的咨询意见后，对保护方案中的混凝土断面包封断面进行了缩减，避免了浪费，节约了投资，确保了我公司在全过程控制中的咨询成果的准确性。

2）施工单位编制的自来水管保护方案偏保守，混凝土包封断面过大，造价偏高。

解决的方式方法：我公司项目组工程师接到该项目业主单位提供的施工单位编制的自来水管保护方案及造价审核任务后，对施工编制的该方案和预算书进行审核，发现该问题及时向业主单位主管工程师进行电话沟通，并按现有方案和合同约定，出具了针对该方案的咨询意见书，同时在咨询意见书中，特别说明自来水管道保护专项方案中管廊的保护断面偏大，建议设计单位做如下优化：取消侧墙的支端，在侧墙下增加基础，缩小管廊内净空尺寸（自来水管两侧的净空尺寸修改为15cm）。

3）洗瓦堰污水倒虹管涉及的便道土石方和围堰土石方外弃费用清理。

解决的方式方法：我公司项目组在接到该审核任务时，分析出按本工程的便道土石方和围堰土石方专项施工方案，其外弃土石方与之有一定交叉。由于采用场内外弃土方，其费用已计算在场内外弃土方费用中，故不再计取，只计取便道建渣外弃费用。经与施工单位、建设单位沟通，达成一致意见。

（4）**多渠道询价。**

天府立交桥下桥墩混凝土挡墙拆除绳锯价格由于市场差异较大，我公司项目组在接受该项目任务时，即成立专业算量、询价小组。其中的绳锯价格由于没有信息价，询价小组进行了多渠道的市场询价，结合类似项目，适度把控市场价以确保该项价格计取的准确性。

3. 竣工结算审核

本项目施工完成后，我项目部成员积极推动结算工作的进行。首先要求总承包单位按要求完善竣工图、竣工资料、变更确认资料；同时要求总承包单位根据所有资料编制竣工结算报送我公司；最终通过核对及各方协调处理，该项目结算送审金额为59364.4593万元，审核金额为49008.7586万元，审减率为17.44%。

（1）**审核方法。**结算审核的方法主要采用审核与调查相结合、全面审核与重点抽查相结合、资料审查与现场勘测相结合等方法。

（2）**审核内容及重点。**结算审核的审核内容主要是审核竣工资料是否完整、工程量是否正确、单价是否合理、费用的计取是否准确、相关依据是否充分。在施工图的基础上结合合同、招投标书、招标答疑、协议、会议纪要以及地质勘查资料、经审批的工程变更、隐蔽工程验收记录等竣工资料，按照有关的文件规定进行计算核实。审核工作重点如下：

1）相关资料审查。在施工单位报送经监理确认的竣工结算资料后，我公司立即安排造价人员收集本项目过程中所涉及的相关法律、法规、政策性文件，整理相关竣工结算资料。对工程实施中发生的所有与施工图纸不符的情况或出现的额外费用，要求施工单位必须按业主相关管理办法完成审批手续后方能计入结算，对不符要求的竣工资料，退还施工单位进行完善。

2）核对隐蔽验收记录。要求施工单位对所有隐蔽工程均需验收，隐蔽验收记录应有建设方监理方派驻的工程师签字。重要结构部位要有设计人员盖章。根据报送的隐蔽验收记录核对其有效性和完整性，工程量与竣工图一致方能进入结算。

3）详细核对合同中的有关条款。根据合同要求，工程验收合格后方能列入竣工结算。核对合同的结算方式、奖惩条件等。

4）审核工程量及单价、合价。依据审定的竣工图、经业主审批的工程变更及工程补充条款等相关资料对工程结算中的工程量进行审核，并按照核定的单价（包含调整公式及系数）计算工程项目费用，审核时从以下方面进行：

①分清计算范围。对比招标文件，查看招标范围，若无相关变更则应严格按照招标范围计算工程量。按合同约定的规范、计价定额、清单说明、项目特征执行。相关约定若不一致，按合同约定的解释顺序执行。

②仔细核对计算尺寸与图示尺寸是否相符，防止计算错误。对签证凭据工程量的审核主要是现场签证及设计修改通知书应根据实际情况核实，做到实事求是，合理计量。审核时做好调查研究，审核其合理性和有效性，不能见有签证即给予计量，杜绝和防范不实际的开支。

③对清单项目的新增单价的审核。主要是检查新增单价组价的原则是否与合同文件规定的一致，施工内容是否已全部或部分包含在清单子目内等。

④指标分析。对比合同金额做造价分析、经济指标分析，结合类似项目的结算指标，分析本项

目的指标的合理性。

（3）**主要审减情况如下：**

1）“挖一般石方”，由 276977.91m^3 调整为 187930.35m^3，合计审减 237.94 万元；

2）“回填砂砾石”，由 311241.77m^3 调整为 207119.73m^3，合计审减 847.14 万元；

3）“土、石方弃置”，由 796116.28m^3 调整为 663067.85m^3，合计审减 495.21 万元；

4）“25cm 厚 4% 水泥稳定碎石下基层”，由于有规划路口未实施，该部分工程量由 244044.11m^2 调整为 185875m^2，合计审减 309.69 万元；

5）“25cm 厚 5% 水泥稳定碎石上基层”，由于有规划路口未实施，该部分工程量由 239336.88m^2 调整为 181501.7m^2，合计审减 324.86 万元；

6）“沟槽回填砂砾石”根据图纸计算，并结合现场施工情况，工程量减少，由 119385.64m^3 调整为 87050.48m^3，合计审减 283.71 万元；

7）“土、石方弃置”根据图纸计算，并结合现场施工情况，工程量减少，由 284211.11m^3 调整为 91010.389m^3，合计审减 719.09 万元；

8）“接地母线敷设”根据图纸 算，并结合现场施工情况，工程量减少，由 66141.31m 调整为 38291m，合计审减 96.89 万元；

9）根据图纸计算及结合现场施工情况，混凝土支墩工程量由 7229.38m^3 调整为 4639.00m^3，合计审减约 106.23 万元；

10）材料调差报审金额为 −721.68 万元，根据合同约定的材料调差办法，审核后为 −1676.29 万元，审减 954.61 万元；

11）人工调差报审金额为 739.96 万元，根据合同约定的人工费调差办法，审核后为 348.14 万元，审减 391.82 万元。

（4）**结算主要经济指标（如表 3 所示）。**

表 3　工程造价经济指标分析表

一、工程概况			
工程名称	某一级市政道路项目		
建设规模及内容	全线长 8476.926m，道路红线宽 40m，工程主要内容包含道路工程、桥隧工程、排水工程、绿化景观工程、照明工程、交通工程、通信工程、电力工程、自来水工程、燃气工程、部分迁改工程（含 10kV 及以下电力迁改工程等）及附属工程等		
工程所在地	成都市	工程类别	市政工程
造价类型	竣工结算价	修建日期	2015.4.28~2016.9.30
工程造价	49008.76 万元	单位造价	1589.32 元 /m^2
计价模式	清单计价（2013 清单，2009 定额）		
计价依据	《建设工程工程量清单计价规范》GB 50500—2013 及各专业配套计量规范、2009 年《四川省建设工程工程量清单计价定额》及相关配套文件		

续表 3

二、工程特征	
道路及桥涵特征	道路工程：道路红线宽度 40m；40m=6m 人行道 +3.5m 非机动车道 +21m 机动车道（双向 6 车道）+3.5m 非机动车道 +6m 人行道。 桥梁工程：全线共含大湖堰、南干渠和石灰河三座小桥，其中大湖堰小桥和南干渠小桥已建成，本工程仅做路幅调整；石灰河小桥为新建桥梁，桥长 23.52m，桥宽 40m，预应力混凝土空心板梁结构。 涵洞工程：本工程新建涵洞 9 座，其中 3×5m 箱涵 1 座、3×2m 盖板涵 1 座、3×1m 盖板涵 1 座、ϕ1.5m 圆管涵 6 座
管网特征	电力通道工程：10kV 电力通道为在道路两侧设置 1.2×1.0m 预制混凝土 U 形槽，双侧电力管线每 200m 内采用 6 孔 2×3ϕ150 电力排管过路一次做连通处理，过街及不能满足承载力要求处设计 16 孔 4×4ϕ150 电力排管。110kV 电力通道为沿道路一侧设置 24 孔 6×4ϕ200 电力排管。 通信管道工程：通信管道布置在道路北侧，主干管束为 4×6ϕ110PVC 双壁波纹塑料管，每隔 50m 左右设一座检查井，每 200m 内通过 2×3ϕ110PVC 双壁波纹塑料管过街，过街处设手孔。 排水工程：本工程计算桩号为 K2+940~K8+549.08（K0+000~K2+940 为原状雨污水管道）。其中 K2+940~K4+687.1、K7+140~K8+549.08 设置为双雨单污，雨水管分别位于道路两侧，污水管位于道路中心线，K4+687.1~K7+140 设置为单雨单污，雨污水管分别位于道路两侧。 给水工程：K0+000~K2+100 及 K2+940~K8+549.08 段设 1 根 *DN*1000、*DN*800、*DN*600 的输水管，*DN*1000、*DN*800 输水管道位于道路规划中线南侧 23.0m，（K7+017.8~K7+929.4）段设 1 根 *DN*600 输水管道位于道路规划中线北侧 10.0m 左右；K0+000~K2+100 及 K2+940~K8+549.08 设 2 根 *DN*300 的配水管，配水管道位于道路规划中线两侧 21.0m。 燃气工程：燃气自道路里程（K0+031~K2+100）及（K2+340~K8+549.08），管径均为 D273×6.0PN=0.4MPa
绿化及景观特征	本次绿化包含行道树、道路北侧宽 2m，南侧宽 10m 绿化带以及各匝道之间以及匝道与主线之间围合的绿化区域
交通及路灯特征	交通工程：K0+000~K8+549.08（不含锦江桥 0.84km，K2+100~K2+940） 照明工程：K0+040~K2+080 及 K2+947~K8+549.08 段的道路照明及配套箱变
其他说明	公交管线预埋工程：K0+000~K8+549.08（不含锦江桥 0.84km，K2+100~K2+940）

三、技术经济指标

序号	项目名称	单位	建设规模	工程量	造价（元）	单位工程量	单位造价	综合单价
			A	B	C	B/A	C/A	C/B
1	土石方、防护及路基工程	m^3	308363	4786494	207897255	15.52	674.20	43.43
1.1	土石方	m^3	308363	4742517	150145370	15.38	486.91	31.66
1.2	护坡、排水沟	m	308363	7709	19377179	0.03	62.84	2513.55

续表 3

序号	项目名称	单位	建设规模	工程量	造价（元）	单位工程量	单位造价	综合单价
			A	B	C	B/A	C/A	C/B
1.3	拆除	m^3	308363	43977	2455784	0.14	7.96	55.84
1.4	路基处理	m^2	308363	3415971	35918922	11.08	116.48	10.51
2	道路工程	m^2	308363	352709	116604066	1.14	378.14	330.60
2.1	车行道	m^2	308363	292116	95974356	0.95	311.24	328.55
2.1.1	基层	m^2	308363	239352	34346583	0.78	111.38	143.50
2.1.2	面层	m^2	308363	292116	60732310	0.95	196.95	207.90
2.1.3	路沿石	m	308363	17418	895463	0.06	2.90	51.41
2.2	人行道	m^2	308363	60593	20629710	0.20	66.90	340.46
2.2.1	基层	m^2	308363	54327	5994628	0.18	19.44	110.34
2.2.2	面层	m^2	308363	60593	14635082	0.20	47.46	241.53
3	管网工程	m	308363	99637	107637339	0.32	349.06	1080.29
3.1	排水管道（雨、污水）	m	308363	22225	18207474	0.07	59.05	819.25
3.2	电力通道	m	308363	27448	44132439	0.09	143.12	1607.86
3.3	自来水	m	308363	25059	27344061	0.08	88.67	1091.17
3.4	燃气	m	308363	15160	8751252	0.05	28.38	577.26
3.5	通信管线	m	308363	9745	9202113	0.03	29.84	944.29
3.6	消防系统							
4	绿化及景观工程	m^2	308363	141003	20810613	0.46	67.49	147.59
4.1	绿化工程	m^2	308363	141003	20810613	0.46	67.49	147.59
4.1.1	整理及种植土换填	m^2	308363	141003	531359	0.46	1.72	3.77
4.1.2	道路绿带栽植花木	m^2	308363	141003	13639150	0.46	44.23	96.73
4.1.3	树池列植乔木	株	308363	3080	6640104	0.01	21.53	2155.88
4.1.4	景观侧带栽植花木							
4.2	灌溉设施							
4.3	硬质景观							

续表 3

序号	项目名称	单位	建设规模	工程量	造价（元）	单位工程量	单位造价	综合单价
			A	B	C	B/A	C/A	C/B
5	交通工程	m^2	308363	308363	17498114	1.00	56.75	56.75
6	路灯工程	m^2	308363	308363	10071791	1.00	32.66	32.66
7	桥涵工程	m^2	308363	308363	8577948	1.00	27.82	27.82
8	公交管线预埋工程	m^2	308363	308363	990460	1.00	3.21	3.21

四、服务的实践成效

我公司本着为客户提供优质服务，提升建设项目价值的执业理念，积极参与到整个项目建设过程中，为项目的按期竣工做出了自己应有的贡献，实践成效主要体现在以下几个方面。

1. 投资控制成效

项目经评审的招标控制价为 53829.52 万元，实际竣工结算金额为 49008.76 万元，达到了将投资控制在融资限额内的目的，且各类设计变更增加的总金额仅为 435.18 万元，占结算总金额的 0.88%。竣工结算审核汇总对比如表 4 所示。

表 4　竣工结算审核汇总对比表

序号	单项工程名称	控制价（元）	送审金额（元）	审核金额（元）	审减金额（元）	结算占比（%）
1	标内项目	494096588	546026492	461316147	−84710345	94.13%
2	签证类设计变更		2407853	2052413	−355440	0.42%
3	措施类设计变更		1135364	756026	−379338	0.15%
4	范围类设计变更		2020975	1543362	−477613	0.31%
5	软基换填		41871127	37701168	−4169959	7.69%
6	人工、材料调差		182783	−13281529	−13464312	−2.71%
7	暂列金	44198586				0.00%
	合计	538295174	593644593	490087586	−103557007	100.00%

2. 设计优化成效

由于项目开始时拆迁尚未全部完成，加之勘察设计工期紧，为加快施工进度，采用初步设计图编制模拟清单招标，为从设计源头做好工程咨询，我公司配备了有类似重大市政道路建设实践经验的咨询人员，协助业主把好设计关，寻求通过优化设计来节约投资。原天府立交桥下土石方已开挖，设计图中按天府立交桥面往下全部要进行开挖形成断面。我公司在过程控制中发现设计图与现场实际情况不符，立即向业主单位提出，由设计单位出具了调差的设计变更，节约投资 100 万元。

3. 施工中土方调配方案优化成效

我公司项目组在接到该审核任务时，考虑到本工程涉及的便道土石方和围堰土石方外弃费用，由于采用场内外弃土方，其费用已计算在场内外弃土方费用中，故不再计取，只计取便道建渣外弃费用。经与施工单位、建设单位沟通，达成一致意见，节约资金 87 万元。

4. 路灯电缆迁改保护方案优化

我公司项目组工程师接到该项目业主单位提供的施工单位编制的路灯电缆迁改保护方案及造价审核任务后，对施工编制的该方案和预算书进行审核，发现该问题及时向业主单位主管工程师进行沟通，并按现有方案和合同约定，出具了针对该方案的咨询意见书，同时在咨询意见书中特别说明：需提醒建设单位的是，方案中混凝土包封断面过大，仅包封一根 ϕ150mm 的 UPVC 管混凝土断面达 1m 宽。从工程变更费用估算表中可以看出，管道包封混凝土 C20 项目分部分项金额达 119878.47 元，占此方案总价的 88.96%，请建设单位引起高度重视。业主单位看到我公司出具的咨询意见后，对保护方案中的混凝土断面包封断面进行了缩减，避免了浪费，节约了投资。

5. 自来水管保护方案优化

我公司项目组工程师接到该项目业主单位提供的施工单位编制的自来水管保护方案及造价审核任务后进行审核，发现该问题及时向业主单位主管工程师进行沟通，并按现有方案和合同约定，出具了针对该方案的咨询意见书，同时在咨询意见书中特别说明：自来水管道保护专项方案中管廊的保护断面偏大，建议施工单位做如下优化：取消侧墙的支端，在侧墙下增加基础，缩小管廊内净空尺寸（自来水管两侧的净空尺寸修改为 15cm）。

五、成功经验分享

我公司与建设单位于 2014 年 5 月签定本项目咨询合同后，立即组织项目团队开展咨询业务的各项工作，至 2018 年底全面完成各项咨询任务。在 4 年的工作中，得到了业主单位的大力支持，也得到了设计单位、地勘单位、监理单位、施工单位等的大力配合，既保证了项目的顺利实施，又确保了最终的项目投资控制在批复的金额内，为天府新区乃至整个四川经济的发展做出了自己应有的贡献。总结这次全过程咨询实践，主要包括三个方面的经验供以后项目借鉴参考。

1. 建设项目目标要统筹考虑

现在的项目投资控制已不局限于传统的算量计价，它是在满足安全、质量、工期等目标要求下，执行甲乙双方合同约定后，双方利益博弈下的均衡金额。在这些目标中，安全、质量、工期这几个目标，业主方、施工方以及设计、监理等各方通常都能趋于一致。剩下的工程造价总金额目标成为业主方与施工方矛盾的焦点，而设计、监理等相关方在没有投资控制压力的情况下，容易出现为确保有责任的安全、质量、工期目标万无一失，而较少考虑经济性，自觉不自觉地提高技术冗余度，导致建设成本增加。

因此我们认为建设项目实施全过程工程咨询应当树立牢固的成本管理意识。在该项目实施过程中，我们对影响造价的所有设计及施工方案要求设计和施工单位在满足安全、质量、工期等要求的前提下提出多个备选方案，在经过我公司经济性比较及专业论证后，选择最合理的方案供业主决策时参考。

2. 施工图设计和措施方案的经济性优化十分必要

为减少设计失误，国务院发布了《房屋建筑和市政基础设施工程施工图设计文件审查管理办法》，要求审查单位对送审设计是否符合“工程建设强制性标准，地基基础和主体结构的安全性，是否符合民用建筑节能强制性标准，对执行绿色建筑标准的项目，还应当审查是否符合绿色建筑标准”进行审查。实际工作中，图审单位主要审查的都是设计的技术要求是否满足，很少进行经济性优化。

因此重视设计和措施方案的经济性优化的业主，通常都能通过经济性优化评审取得很好的投资控制效果。本项目中，在多个设计变更和措施方案的选用中，业主通过我公司项目组成员提出的经济性比较和合理化建议调整了设计方案，节约工期的同时还控制了成本。

3. 确保完成竣工结算资料的符合性

在接到施工单位报审的竣工结算后，先初步审核，审查其编制的工程结算资料齐不齐全，在审查资料时发现，施工单位各作业区资料写法不统一，我公司立即组织工程师团队开展资料清理工作。我公司项目组通过合理分解工作（分道路、排水、电力、桥涵、通信、绿化、路灯、交安专业），同时安排多位责任心强、经验丰富的工程师，加班加点，对工程结算资料问题分类提出，要求施工单位在委托方规定的时间内完善竣工结算资料，我公司再根据符合要求的竣工结算资料进行竣工结算审核，为优质的造价咨询成果提供了有力的保障。

4. 培养综合素质高的咨询人员尤为迫切

全过程工程咨询是造价咨询行业向更高方向的发展，其价值创造主要依靠人的智力劳动，不但要求咨询人员具有较强的造价咨询知识和技能，还要求同时具有方案策划、设计优化、施工方案优化、施工措施优化等方面的专业知识和技能。我公司一方面在引进同时在造价、施工、监理、设计等两个以上岗位有实践经验的人员，另一方面通过把现有的年轻造价骨干配置到项目上，积极参与项目，以以老带新的方式，不断提高其方案策划、设计优化、施工方案优化等方面的能力。本项目配备的综合素质高的咨询人员是本项目取得上述成效的主要条件。在项目实施过程中，我公司项目组人员不仅从专业的造价经济指标上做出比较，还通过实地调查、类似工程施工设计方案比较、专业论证等方式从安全、质量、进度等多个方面为业主提供多方位建议，为项目的顺利推进和节约投资起到了自己应有的作用。

经过本项目的全过程造价咨询的又一次实践，我们深切地体会到：通过各造价咨询企业和广大造价专业技术人员的不断探索和努力，我们的造价咨询行业一定能实现再次跨越，走向更加美好的未来。

专家点评

本案例是一个典型的由造价咨询公司牵头以全过程造价控制为主线的市政道路管控项目。案例体现了在设计阶段造价咨询企业就介入服务的优势，不但协助甲方完成项目概算的评审，并结合自身具备的招标代理与工程监理的能力，在招标策划、施工方案优化等方面提供咨询服务，投资控制效果明显，达到了以提升项目价值为目标的咨询理念。

本案例还体现了在咨询服务过程中，造价咨询企业依据融资建设模式对项目管理的特点，以"事前"控制为主导，要求设计与施工单位多拿备选方案，通过实现调整，类似工程方案优化等手段进行比选论证，对措施费用进行优化，从而有效控制了建造成本。

该项目通过全过程造价咨询服务，对项目整体进度、合同计价方案选取、造价管控等方面均取得了较好的效果，能为今后相似项目的服务起到参考作用。

点评人：朱坚

上海第一测量师事务所有限公司

以投资控制为核心的产业园项目全过程咨询实践与探索

——华昆工程管理咨询有限公司

杨 璞 赵 莹 徐天梅 鲁瑞芳

一、项目基本概况

1. 项目简介

某健康产业园项目位于某市某新区，总占地面积 75333.33m²，总建筑面积为 89395.04m²，该项目主要包括综合厂房、研发中心、库房及连廊；概算金额 115817.44 万元，资金来源为企业自筹。

2. 项目特点

本项目建设中整体统筹以“物联网”技术整合网络内的系统、设备、设施、人员，提高集团信息化管控水平，促进企业决策科学化和运营一体化，增强企业资源共享和业务整合能力。在制造业转型及智能化升级的高速发展背景下，建设单位投资建设集参观体验、自动化、智能化为一体的智能制造标杆示范的园区。

二、服务范围及组织模式

1. 服务业务范围

本项目对工程 - 智能化管理的整体化规划有较高的要求，有不同于日常造价咨询服务的全过程管理要求。需要对工程 - 设备 - 智能化三个主线业务的造价咨询工作提供联动式的服务。我公司负责全过程工程咨询服务。协助建设单位进行工程投资的管控。业务范围涵盖决策阶段、设计阶段、发承包阶段、实施阶段、竣工阶段，并提供全过程、全方位的造价咨询服务。

2. 服务形式

在具体的造价控制服务中，我公司根据项目在不同阶段的特殊需求，针对项目的具体情况，拟采用三种形式相结合的工程造价控制服务：咨询、审核和咨询 + 审核，以分别适用项目建设不同阶段的需求。工程造价控制服务图如图 1 所示。

3. 服务的组织模式

我公司利用相关的知识、经验和技术对项目全过程进行投资控制，并组建某健康产业园工程管理咨询项目组，项目组织模式按照项目负责人、设计管理咨询组、招标管理组、工程造价专业组、

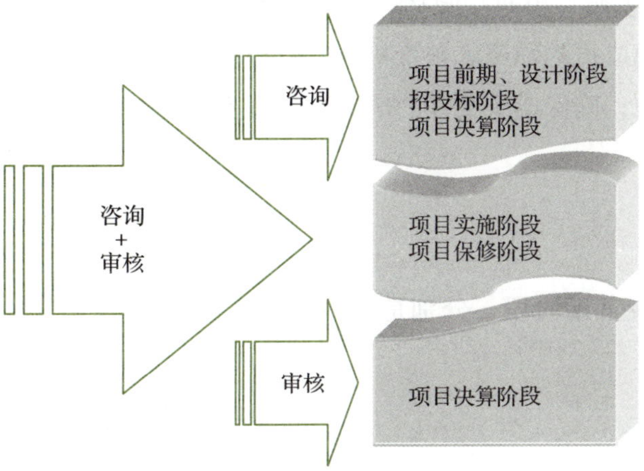

图 1　工程造价控制服务图

BIM 组、业务质量管理督导组的构架进行部署。专业工程师在项目负责人及专业负责人的领导下开展全过程工程管理咨询相应专业的咨询工作。本项目组累计投入设计、招标、土建、市政、安装、装修、园林、质量管控等相关专业工程师共 25 人。

为确保项目的总体目标实现，确保工程咨询业务有序、合理地进行，确保工程咨询业务高质量地完成，确保业主的资金使用合理，公司创建了一支优秀的项目组团队开展工作。项目组织结构如图 2 所示。

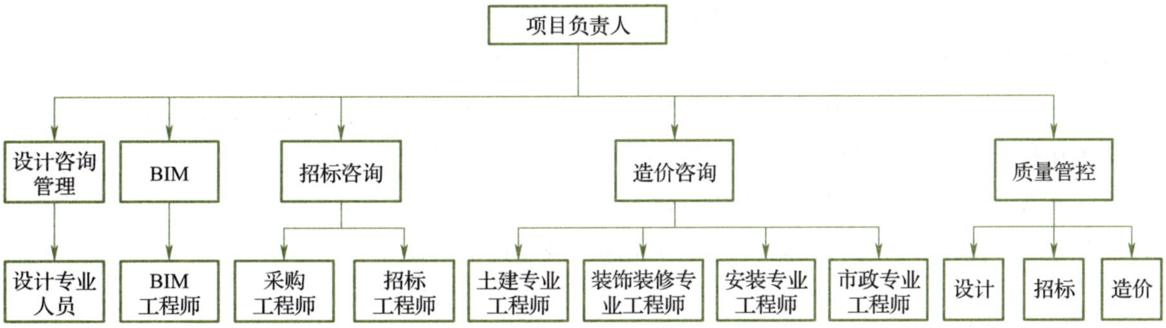

图 2　项目组织结构图

4. 服务工作的职责

（1）**项目负责人的职责及主要工作。**以实现总进度计划和各项目合同约定完成时间为目标，负责组织项目部的工作，做好各专业间的进度协调。明确任务分配，落实人员责任。协调各方关系，及时反馈有关意见及处理存在问题。

（2）**专业负责人的职责。**工程管理咨询项目组设置了设计管理咨询、BIM 咨询、招标咨询、工程造价等配套专业组。专业负责人主要由熟悉工程技术、工程经济、工程施工、项目管理的专业管理人员担任，对项目负责人负责。

（3）**专业组成员的职责。**熟悉相关法律法规、工程技术、工程经济、工程施工、项目管理，负责完成专业负责人分配的各项具体咨询工作，对专业负责人负责，执行具体的设计咨询、招标咨询、BIM、土建、装修、安装、市政、园林等工程的造价咨询。

（4）**业务稽核督导组成员的职责**。负责检查、复核、确认工程咨询项目组的工作成果，及时解决项目组提出的疑难问题，确保成果文件的准确性、真实性和及时性。

三、服务的运作过程

本咨询服务主要涉及五个阶段，分别是决策阶段、设计阶段、发承包阶段、施工阶段、竣工阶段。

1. 决策阶段

（1）审查投资估算编制内容与要求的一致性。

（2）审查投资估算的费用项目的准确性、全面性和合理性。

（3）审查投资估算内容全面、费用构成完整、计算合理、深度满足建设项目决策对其经济评价的要求。

2. 设计阶段

（1）审核设计概算编制内容与要求的一致性。

（2）审核设计概算的费用项目的准确性、全面性和合理性。

（3）审核其设计概算内容全面、费用构成完整、计算合理。

（4）协助建设单位进行设计方案的优化及比选。设计阶段的成本控制是工程造价的重要阶段，对工程造价的影响较大。本项目全过程咨询工作开展中，对设计阶段的设计优化，从造价控制的角度对设计方案进行分析。设计优化不是单一的追求某单体或某专业的成本最低，而是需要全面考虑项目的总体效益最优，是从多种方案中寻求最佳或最合理的设计方案的过程，注重方案的经济性、规范的满足性、使用的合理性，新工艺的可靠性以及建造的可施工性等。

3. 发承包阶段

（1）**招标文件与合同相关条款的拟定：**

1）在施工招标策划阶段：协助建设单位确定招标方式、招标范围、标段划分、承包方式、合同类型、评标方法及主要评标因素的确定、招标工程量计量原则的确定、计价方式的选择等。

2）施工招标文件及合同条款拟定阶段：预付工程款的数额、支付时限及扣回方式；工程计量与支付工程进度款的方式、数额及时间；工程计量方法及计量与计价的关系，工程价款的调整因素、方法、程序及支付时间；工程变更的约定，工程价款的调整因素、方法、程序及支付时间；工期的约定及工期延误（窝工）或提前（赶工）对工程价款的调整原则及方法；质量标准的确定及质量标准变化对工程价款的调整原则及方法；索赔与现场签证的程序、金额确认与支付时间；发生工程价款纠纷的解决方式和时间；承担风险的内容、范围以及超出约定范围和幅度的调整办法；工程竣工价款结算编制与核对、支付及时间；工程质量保证（保修）金的数额、预扣方式及时间；与履行合同、支付款项有关的其他内容等。

（2）工程量清单及招标控制价的编制。

1）编制工程量清单程序：了解编制要求与范围；熟悉工程图纸及有关设计文件；熟悉与建设工程项目有关的标准、规范、技术资料；熟悉已经拟订的招标文件及其补充通知、答疑纪要等；了解施工现场情况、工程特点；分部分项工程量特征描述应准确，准确计算分部分项工程量，编制说明。

2）编制工程量清单注意事项：招标工程量单位是否与计量条款不同，招标工程量清单中的项目名称是否会产生理解上的歧义，是否重复设置招标清单项目，招标工程量清单的细化程度是否能够满足投标人的投标需求，对招标图纸进行工程量的复核。发现明显计算错误或明显与招标计量条款不符的，应予以调整。

3）编制招标控制价程序：了解编制要求与范围；熟悉工程图纸及有关设计文件；熟悉与建设工程项目有关的标准、规范、技术资料；熟悉拟订的招标文件及其补充通知、答疑纪要；了解施工现场情况、工程特点；熟悉工程量清单；掌握工程量清单涉及计价要素的信息价格和市场价格，依据招标文件确定其价格；完成工程量清单计价；工程造价汇总、分析、编制说明。

4）编制招标控制价注意事项：招标控制价是否按照相关行业的预算编制办法和计算标准、当地计价定额和计价办法，设计文件、图纸和委托人要求的标准，建设行政主管部门发布的工程造价信息和政策等文件依据进行编制；分部分项工程量清单计价是否准确；措施项目清单计价是否准确；其他项目清单计价是否准确；规费项目清单计价是否准确；招标文件规定计算暂定价、预留金、甲供材料、计日工等费用是否准确计取；税金是否计算准确。

招标控制价编制应做到三个统一，即“控制价与工程量清单相一致，即量价匹配原则；控制价与图纸和技术条款要求相一致；控制价与合理的施工方案相一致”。

（3）投标报价的分析。在清标分析报告中，重点审核投标人是否结合工程特点、工期进度和作业环境等要求，使报价与技术标中施工技术措施具有一致性。通过编制措施项目清单报价分析表，对所列细目进行比较排序，尤其是对超低报价是否做出应有说明等事项，提请评标委员会在评标中注意；强化重大偏差和细微偏差的检查，按法规要求，对重大偏差、细微偏差应进行检查，并配合评标委员会要求投标人对细微偏差进行澄清、说明、补正。

（4）工程合同价款的确定。项目组配合建设单位制定合同专用条款时，并加强对风险责任条款和特别条款的编审，从投资控制的角度，将计价方式的选用、合同价款的约定、工程价款结算（进度款、预付款）、设计变更价款的调整等控制性要素在合同条款中明示，对专业分包、总包工作界面，材料、设备供应等敏感性问题，通过合同专用条款予以明确，并尽量做到细化翔实，以充分保护建设单位的合法权益，达到预控项目投资风险的效果，防止合同出现漏洞或争议，为后续项目的管理、投资控制打下基础。

4. 施工阶段

（1）主要内容。施工过程审核工作建立了多环节、多层次的审价机制，首先由施工单位进行申报，第一级是监理单位审核，监理单位根据工程实际进展情况重点审核申报项目是否已完工，质量是否达到要求，工程量是否准确，审核后交给造价咨询项目组审核，造价咨询项目组不但审核工程量计算是否准确，还根据合同和标书对取费项目合理性、工程单价高低，变更部分的工程价格和材料价格进行审核，审核重点是工程造价的合理性，量、价是否正确，是否符合合同要求。

参加建设单位组织的有关会议及与造价相关的图纸会审、施工组织设计审核、监理例会、造价专题会议，造价项目组人员在必要的情况下，参与图纸会审、设计变更的论证，对主要施工方案进行技术经济分析，对施工进度、工艺方案提出合理化建议，进一步优化施工方案；对图纸内容含糊不清、施工组织设计深度不够、不利于控制工程建设投资的部分提出相应建议或方案，供有关单位参考、采纳并修改。为了更好地实施建设项目的全过程造价管理，了解和掌握工程施工过程中的实际情况，现场造价管理人员应参加与工程造价有关的监理例会或专题会议。

（2）**工作过程。**

1）工程预付款：工程预付款拨付的时间和金额、抵扣应按照发承包双方的合同约定执行。

2）工程进度款支付：按建设工程施工承发包合同协议条款约定的时间及方法参与工程计量，负责按时审查并确认进度款的支付额度，向建设单位提交进度款支付建议，并建立相应工程计量支付管理台账。审核与确定本期应支付的进度款金额时，应注意按照合同条款的约定，做好工程预付款、计日工、变更和索赔款项的同期支付。

3）工程变更：根据承发包合同条款的约定，及时完成对工程变更费用的审查及处理。工程变更的审查包括工程变更费用的有效性、完整性、合理性和准确性。检查变更立项依据是否充分、变更事由是否合理。变更立项的是否与合同、法律法规违背、冲突。检查是否套用合适的合同单价或套用规定的预算定额、有无高套和重套现象；检查换算的合法性和准确性；检查新技术、新材料、新工艺出现后的材料和设备价格的调整情况，检查市场价的采用情况；检查其他直接费用包括检查取费基数、费率计取是否正确；检查间接费用包括检查各项取费基数、取费标准的计取套用的正确性；检查计划利润和税金计取的合理性。

4）工程索赔：依据建设工程施工发承包合同的约定和国家的相关规定处理工程索赔，注意索赔理由的正当性、证据的有效性和时效性。在收到索赔申请报告后，在规定的时间内根据承发包合同约定予以审核，或要求申请人进一步补充索赔理由和证据。与各方积极配合，采用合理的索赔计算方法，对于工程索赔加强主动控制，避免索赔费用的扩大。

5）偏差调整：根据施工过程的随机因素与风险因素产生的已完工程实际投资与已完工程计划投资的差值确定投资偏差。分析投资偏差和进度偏差产生的原因，并应向建设单位提出合理的组织措施、经济措施和技术措施，为业主调整资金筹措和使用计划、进度计划，进行偏差的控制与纠正提供可靠依据。

5. 竣工阶段

（1）**工程竣工结算。**依据国家有关法律、法规和标准的规定，按照发包、承包双方合同约定确定建设工程的最终工程造价。审核建设项目工程竣工结算，出具工程结算审核报告。充分利用全过程造价咨询交易阶段、施工阶段的各项工程造价咨询成果，并应按发包、承包双方合同约定，完整、准确地调整工程造价，反映影响工程价款变化的各项真实内容。其成果文件得到结算编制人和结算审核人以及建设单位共同认可，并签署“工程结算审定表”。工程造价咨询单位单独出具成果文件，并承担相应的法律责任。

（2）**资料的归档。**建立由专人保管的投资造价咨询文档系统，招标文件、合同文件、设计文件、建设管理文件、监理文件、结算文件等，对需归档的资料形成电子版上传系统。并对相关资料进行汇总、归档，并随时可供集团公司查询。

6. 保修阶段

对项目在保修期内的缺陷进行整改所涉及的费用，依据合同、原投标文件或市场价格提供评估咨询。在保修费用的处理上，必须根据修理项目的性质、内容以及检查修理等多种因素的实际情况，区别保修责任的承担人。对项目在保修期内的缺陷进行整改所涉及的费用，原则上参照原合同的结算方式及计价依据，材料价格应为缺陷整改当期的价格。

7. 其他费用管理

对可能不采用招标形式确定合同价格的工程勘察、测量、监理、检测、工程管理和各类咨询服务，参与合同签订前的价格谈判工作，并对合同条款提供意见；监督以上被委托方履行合同义务的情况，对付款申请进行审核，提供中期付款建议；审核上述被委托方提出变更的各类经济签证，包括其变更的依据、变更的费用；根据以上合同当事人履行合同义务的情况，审核相应的结算并出具审核报告，获得合同履行主体盖章签字认可。

8. 重视过程复核成果质量控制

本项目对工程造价成果文件质量管理实行“三核一批”制，即项目负责人、业务部门、质量管理部门履行三级复核，分管领导审批。成果文件在定稿前均经过三级复核。即对成果文件、相关工作底稿履行三级复核程序，起到检查与指导的作用。我们通过长期在建设项目造价行业内的经验积累，总结制订了完善的内部质量控制制度及程序，因为是在实践中提炼出来的，通过不断地完善，对造价咨询管理起到很强的控制和规范的作用。

四、服务的实践成效

1. 设计优化建议

（1）综合厂房原施工图纸外装部分，幕墙材料选用“蜂窝铝板 + 土耳其皇室红石材”复合型材料，幕墙面积为 8000m^2。根据设计咨询人员的专业经验认为，幕墙材料选用蜂窝铝板 + 土耳其皇室红石材这种复合型材料，材料加工需由两家原材料商分别加工好后再进行复合加工，加工时间较长，且复合加工对石材损耗高，最终导致复合材料性价比低，直接选用蜂窝铝板幕墙或石材幕墙也可以满足设计及规范要求，咨询人员从工程进度、工程造价角度考虑，建议采用蜂窝铝板幕墙，最终建设单位采纳了我公司的建议，选用蜂窝铝板幕墙，节约工程造价 180 万元。

（2）研发中心原施工图纸外装部分，各出入口设计为球形造型玻璃幕墙，且又在出入口处设计了大型的膜结构雨篷，咨询人员针对球形造型玻璃幕墙中的中空玻璃（热弯、异性、彩釉）进行市场询价，因玻璃的特殊性，材料价格偏高。同时利用 BIM 技术的优势，快速地实现不同方案之间的转换，并且展示直观的效果。发现膜结构雨篷遮挡了球形造型玻璃幕墙，使得球形造型玻璃幕墙的效果大大缩水，从经济角度考虑建议改变球形造型玻璃幕墙，降低了工程造价。建设单位采纳了我公司的意见，节约造价约 80 万元。

（3）参观通道内墙面石材，原设计施工图采用 20mm 厚巴基斯坦龙纹玉，造价咨询人员针对这种石材进行市场询价，能满足设计及业主要求的为特级石材，价格为 3000 元 /m^2。在市场走访的同时，发现意大利白金沙石材的感观与巴基斯坦龙纹玉相仿，材料价格 700 元 /m^2，远低于巴基斯坦龙纹玉，咨询人员带样板给建设单位及设计单位进行对比、斟酌。最终建设单位选用了白金沙石材代替巴基斯坦龙纹玉，节约造价约 70 万元。

2. 主要材料管控

鉴于材料和设备费用一般占项目总投资 70% 左右，因此主要材料和设备的供应已成为项目报价的关键要素，建设单位对此类问题也特别敏感。据此，有关材料、设备供应商的选定，我公司协助业主制定了相关的管理办法。如：

1）主要建筑材料钢筋、商品混凝土、混凝土砌块、预拌砂浆、电缆等采用甲控乙供的方式进行采购，业主与材料供应商谈判并签订协议价，投标人须按甲控材料表中材料单价报价。

2）除招标人控价材料单价及综合单价外，本工程材料、设备品牌及价格按照设计图纸技术要求或甲方质量技术及参考品牌要求进行报价，材料及设备品质不应低于甲方要求参考品牌的档次。

3）甲方无品牌要求的材料及设备按同类产品一线品牌报价，由投标单位结合自身实力按现行市场价格自主报价。

4）装修材料品牌种类繁多、价格差异大，为保证装饰效果，针对装修材料的管控设置了最低品质限价，以避免招标控制价中有过多的材料暂估价（材料暂估价超出一定规模，按我国《招标投标法》规定还需进行暂估价招投标流程，程序烦琐，不易操作）和预防施工单位投标不平衡报价。在项目实施过程中，建设单位组织设计、监理、过程造价、施工单位等参建单位，共同进行市场走访、调查，选择既能满足设计要求、保证装饰效果，也能控制在最低品质限价范围内的装修材料。甲控材料表如图 3 所示，材料品牌控制如图 4 所示，最低品质限价如图 5 所示。

甲控材料（工程设备）单价

序号	名　称	规格型号	计量单位	数量	不含税市场价
1	（商）混凝土	C10	m^3	84.556	
2	（商）混凝土	C15	m^3	3490.47	
3	（商）混凝土	C20	m^3	837.44	
4	（商）细石混凝土	C20	m^3	325.36	
5	（商）混凝土	C25	m^3	1293.00	
6	（商）细石混凝土	C25	m^3	44.26	
7	（商）混凝土	C30	m^3	10724.28	
8	C30 水下商品混凝土	C30	m^3	20110.94	
9	（商）混凝土	C30　P6	m^3	2991.37	
10	（商）混凝土	C30 掺 P-HEA8% 的抗裂型防水剂	m^3	2906.03	

图 3　甲控材料表示例

3. 本工程使用的石材、墙地砖、地毯、成品木饰面板、成品木饰面雕花板、墙纸、不锈钢、硬包、板材、玻璃、铝单板、钢材、五金件、灯具及开关插座、洁具等必须根据市场水平选用高档及以上的产品、材质，主要材料必须选用大厂生产的合格产品，其中：

（1）石材应选用中国石材企业中的知名企业，需具有矿山开采、产品研发、生产制造、安装服务、美容护理等的石材加工基地等；

（2）墙地砖应选用相当于或不低于广东东鹏陶瓷股份有限公司、马可波罗、广州新中源陶瓷有限公司等同类质量品质的产品；

（3）地毯应选用相当于或不低于海马地毯有限公司、山花地毯有限公司、华德地毯有限公司等同类质量品质的产品；

……

图 4　材料品牌控制示例

第1页/共7页

最低品质限价材料认价单

序号	材料名称及品种	规格型号	单位	品牌及厂家	四方谈判确认价格（元）	备　注
（一）墙、地砖、石材类						
1	仿大理石砖、仿大理石砖	12mm厚	m^2	品牌：欧神诺 厂家：佛山欧神诺陶瓷有限公司	230	材料价
2	800*800抛光砖、抛光耐磨砖	10mm厚	m^2	品牌：欧神诺 厂家：佛山欧神诺陶瓷有限公司	230	材料价
3	600*600抛光砖、抛光耐磨砖	10mm厚	m^2	品牌：欧神诺 厂家：佛山欧神诺陶瓷有限公司	150	材料价
4	300*300防滑地砖　耐磨地砖	10mm厚	m^2	品牌：欧神诺 厂家：佛山欧神诺陶瓷有限公司	90	材料价
5	300*600防滑地砖　耐磨地砖	10mm厚	m^2	品牌：欧神诺 厂家：佛山欧神诺陶瓷有限公司	90	材料价
6	橡胶板面层（含专用胶黏剂）	3mm厚	m^2	品牌：欧神诺 厂家：佛山欧神诺陶瓷有限公司	230	综合单价
7	1000*500仿石墙面砖	10mm厚	m^2	品牌：欧神诺 厂家：佛山欧神诺陶瓷有限公司	230	材料价
8	300*450釉面砖	10mm厚	m^2	品牌：欧神诺 厂家：佛山欧神诺陶瓷有限公司	90	材料价

施工单位意见（章）：	监理单位意见（章）：	造价单位意见（章）：	建设单位意见（章）：
签字：　日期：2018.9.20	签字：　日期：2018.9.20	签字：　日期：2018.9.20	签字：　日期：

图 5　最低品质限价表示例

3. 金属结构工程价格管控

某省金属结构的制作定额适用于现场加工制作的建筑金属结构工程，但现行市场上多是工厂化按设计图定尺加工的金属结构，且在工厂中完成除锈、防锈等工序，现场仅完成金属结构的安装及防火涂料的喷涂。所以我公司在编制金属结构工程招标控制价的时候采取补充防火涂料和金属结构的主材费、工厂加工费、除锈、防锈、运输等税前包干价的形式计价，定额中只计取安装费。最终形成的综合单价包含金属结构材料、制作、安装、喷涂、管理费、利润等税前单价闭口包干价。工程量今后按深化设计图纸的数量调整。采用这种方式编制招标控制价可节约工程造价，且更贴近市场情况。

4. 工程变更、工程签证管控

本项目工期紧、任务重。有多家施工单位同时施工的情况异常突出，加之设计时间紧，设计变更较多，建设单位现场管理人员数量有限、现场管理难度大，投资控制的不确定性高，为了规范健康产业园项目工程变更、经济签证的管理，明确项目建设各方在变更、经济签证中的相关责任，减少项目实施的随意性，根据工程建设的相关要求及施工合同的相关条款，并结合《建设工程工程量清单计价规范》GB 50500—2013、《通用安装工程工程量计算规范》GB 50856—2013，与建设单位、设计单位、监理单位、造价咨询单位共同研究并制定相关的管理办法。工程变更、工程签证管理办法如图 6 所示，签证审核咨询意见如图 7 所示，变更审核咨询意见如图 8 所示。

[redacted]健康产业项目（一期）[redacted]一标段（综合厂房、物流库房）

变更、经济签证办理相关规定

为了规范[redacted]健康产业项目（一期）[redacted]一标段（综合厂房、物流库房）经济签证的管理，明确项目建设各方在经济签证中的相关责任，减少项目实施的随意性，根据[redacted]健康产业项目（一期）[redacted]一标段（综合厂房、物流库房）建设的相关要求及施工合同的相关条款，并结合《建设工程工程量清单计价规范》（GB 50500—2013），《通用安装工程工程量计算规范》（GB 50856—2013），经[redacted]健康产业项目（一期）[redacted]一标段（综合厂房、物流库房）建设跟踪造价审计单位研究，特提出以下建议。[redacted]健康产业项目（一期）[redacted]一标段（综合厂房、物流库房）在办理工程经济签证时，应遵照本规定执行，未按本规定办理的，视为无效签证处理。

图 6　变更、签证管理办法示例

建设项目造价咨询意见

编号：华昆咨[redacted]18027

建设单位	[redacted]集团有限公司
委托部门	[redacted]部
施工单位	[redacted]建设集团有限公司
工程名称	[redacted]桩基工程施工
咨询内容	签证审核意见

咨询意见：

我们接受委托，对本项目的 14#签证进行审查，情况如下：

一、　审查依据

1. 施工合同、投标文件等；

2. 工程签证；

3. 其他相关附件和附图资料。

二、初步审查结果

14#签证主要内容：“根据基坑铺设打桩施工道路方案，现场需铺设桩机打桩、吊车吊装安装钢筋笼通道、砼运输车通道。铺设工作面及道路所用羊肝石材料 3062m³。”本签证送审金额 436033.49 元，经我们审查的初步结果为 0 元，审减金额 436033.49 元。

图 7　签证审核咨询意见示例

建设项目造价咨询意见

编号：华昆咨[redacted]

建设单位	[redacted]股份有限公司
委托部门	[redacted]
施工单位	[redacted]建设有限公司
工程名称	[redacted]健康产业项目（一期）主体工程施工
咨询内容	关于综合厂房、库房及连廊图纸会审纪要咨询意见

咨询意见：

我们于 2018 年 8 月 16 日收到贵方发来的[redacted]健康产业项目（一期）主体工程的图纸会审纪要（电子版），阅文后发现以下 2 条图审意见对工程造价有较大影响，并在后期结算审核工作中存在较大争议，我单位现阶段提出预警告知，请建设单位斟酌后再做处理。

1.图纸绘审公共结构部分第 6 条：“承包人建议二次结构中墙拉结筋，过梁、构造柱、圈梁、翻边等钢筋采用结构胶植筋，植入深度 15d。（**图纸会审处理意见为同意**）。”此条图审意见致本工程将增加大量的植筋接头。

招标图/施工图纸设计说明第 10.1.2 条 第 1）“后砌填充墙应延框架柱或剪力墙全高设

……

图 8 变更审核咨询意见示例

5. 加强设备采购过程管控

本工程设备均与智能化联动使用，有自动化生产业线、粉体罐装生产线、液体罐装生产线、智能煎熬生产线、物流配送生产线等。设备采购均向国际公开招标，考虑到工程所用设备的独有性强，所以，设备采购招标采用“定制方案 + 报价”的方式进行招标，项目组全程参与方案汇报会，并协助建设单位对各投标人的方案及报价进行对比及梳理。在选择方案的过程中，咨询人员建议建设单位首先要考虑新、老生产线的联动性，利用智能化系统使新、老生产线能有效地结合利用，达到生产性能的最优值。其次建议建设单位在选用设备的时候，应考虑进口设备与国产设备的搭配使用，因进口设备的费用相对国产设备的价格高很多，生产线上的主要设备需考虑到生产线的先进性，选用国际一线品牌设备，非生产线主要设备可以在满足生产使用性能的情况下联动搭配国产设备。这样可以节约造价。建设单位根据该建议，将自动生产线、罐装生产线等主要设备选用西门子进口设备，原材料储存罐体等非主要设备选用国产设备，在国内集成安装；智能化系统选用安卓系统联动使用。节约工程造价约 500 万元。

6. 协助建设单位建立健全工程造价内部管理体系

由于本项目具有涉及公众利益、社会关注度高等特点，投资控制和管理更显重要。因此在项目的实施准备阶段，工程管理咨询项目组协助建设单位根据项目施工阶段的特点，结合项目具体情况，建立健全投资控制内部管理体系，规范投资控制主体内部操作行为，指导施工，理顺关系，从而达到控制投资的目的。从项目实施涉及的阶段及内容，结合项目特点及招投标文件的有关约定，主要协助建设单位建立如下制度：工程造价管理办法、合同管理制度、招标文件的审核制度、施工图纸答疑制度、进度款的拨付及审批制度、材料的询价、批价制度、设计变更管理制度、经济签证的办理制度、施工组织设计、施工方案的审批制度、资料合同的整理归档及管理制度等。

以上制度中考虑了建设单位、造价单位、监理单位、承包人的四方职责关系、职责范围及有关造价控制的申报、审核、反馈、工作流程等。工作流程的制定按先外单位（监理公司、工程咨询公司）、后内部（项目部、工程部、风控审计部、领导层等）的程序制定，做到流程清晰，分工和责任明确，从制度上形成环环相扣、层层监督，使投资控制的目标、整个过程和结果均处于受控状态；对重点环节也可采用联合办公或会签的方式进行相关事项办理。

7.“全过程造价跟踪管理平台”有效提升项目管理服务效果

本联合体研发的“全过程造价跟踪管理平台”为全过程造价管理、跟踪审计等业务提供了有力支撑，模拟演示如图 9 所示。

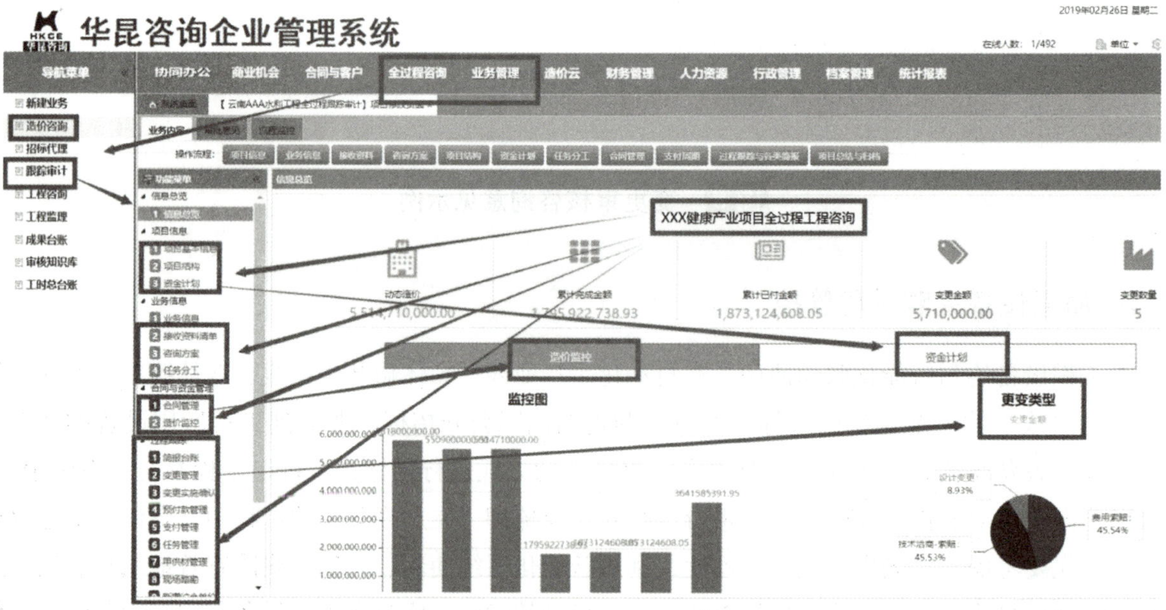

图 9　全过程造价跟踪管理平台

本系统能实现的主要功能如下：

（1）在系统上能实现对概算金额、合同金额、动态造价、累计完成金额、累计支付金额及变更索赔金额及数量进行实时监控，并形成图表供项目组直观获取造价动态。

（2）能对项目的造价咨询进度、成果文件的质量进行实时监控及提供保障，如存在进度滞后、质量问题等情况，系统可自动进行报警提示并反馈。

（3）在系统上设置各合同的资金计划，对比实际资金使用情况，检查是否存在超计划付款，从而实现资金使用的监管。

（4）能实现项目全程造价咨询过程资料接收、移交及归档的一体化管理，为资料备查提供保障，为大数据提供数据来源。

（5）能对变更管理、预付款管理、支付管理、甲供材料管理、现场管理、进度结算管理、认质认价等进行过程跟踪管理，从而保障跟踪审计的服务效果。

（6）本系统设置了“项目结构”及“合同管理”流程，在“项目结构”中能将合同清单项及变更清单项导入系统，形成清单系统化，利于项目进度结算及竣工结算的管理。“合同管理”流程能反映合同金额、预付款金额、进度结算金额及批次、完工结算金额等，能快速查阅各合同的结算及付款情况，同时为项目合同投资确认提供保障。

（7）本系统在各管理流程中设置了过滤筛选及导入、导出功能，为不同需求者对成果文件多样性的快速获取提供保障。

（8）本系统能对两个及以上的单位工程项目进行比对，能对比至分部或对比至清单项，从而生成对比表，供审核人快速分析、获取审计线索。能针对单个合同项目的送审结算及审核结算形成对比，为公司“三复核一审批”的进度及质量提供保障。

五、全过程工程咨询的思考

1. 工程造价控制重点应着眼于项目决策和设计阶段

工程造价控制贯穿于项目建设全过程，关键在于施工前的投资决策和设计阶段，而在做出投资决策后，关键在于设计。据有关专家分析：建筑设计方案，在初步设计阶段、技术设计阶段、施工图设计阶段对工程的影响分别达 75%~95%、35%~75%、5%~35%；而在施工阶段，通过优化组织施工设计，节约工程造价的可能性只有 5%~10%。所以应该把重点转移到设计阶段，以取得事半功倍的效果。

2. 注重技术与经济的优化结合

技术与经济相结合是控制工程造价最有效的手段。长期以来技术人员缺乏经济观念，设计思想保守，设计理念和技术水平不先进，缺乏成本控制的驱动力，缺乏成本控制的方法和手段，使设计成果的经济性得不到充分体现。建设单位管理人员往往对设计目标不明确，限额设计体系缺失，设计进度安排不合理，领导意志大于策划论证，设计管控流程不健全或难执行，重招标、施工轻设计。因此现在应该解决的问题是以提高经济效益为目的，在工程建设过程中将组织、技术与经济有机地结合起来。通过经济分析、技术比较及效果评价，正确处理技术先进与经济合理两者之间的对立统一的关系，力求在技术先进条件下的经济合理，在经济合理基础上的技术先进。

3. 推行“限额设计”方法

要自觉地把价值工程运用到具体的设计中去，积极推行限额设计，在工程设计发包中采用招投标方式。这是被实践证明的有效途径，它不单纯是一个经济问题，更准确地说是一个技术经济问题。这种“限额设计”能有效地控制整个项目的工程造价。为使“限额设计”达到预期目的，应该做到参与设计人员必须是有经验懂技术经济的设计师。他们设计的成果必须实用、先进而且造价合理。控制工程造价的另一方面是必须进行多方案比较，因为设计成果是一个逐步完善的过程，并不是一开始就能确定下来，所以多方案比较是衡量其实用性、先进性和经济性的重要手段。

4. 做好工程实施过程中的造价控制

编制经济可行的施工方案。施工前，施工企业要结合施工图纸及现场实际情况、自身的机械设备、施工经验、管理水平和技术规范验收标准，编制一套切实经济可行的施工方案。该施工方案是工程实施的行动纲领。

做好技术人员、材料人员、机械人员的沟通与配合。施工过程中，施工技术人员、材料人员和机械人员要密切配合，互相了解，以经营管理为核心，以节约成本为目的做好工程竣工结算。

专家点评

健康产业园项目主要包括综合厂房、研发中心、库房及连廊等内容，本项目案例主要介绍的是贯穿项目建设各阶段、以投资控制为核心的全过程咨询，工作内容主要包括投资估算审核、设计概算审核、设计方案测算、设计管理咨询、招标管理咨询、BIM、招标工程量清单编制、招标控制价编制、施工过程造价管控、合同管理以及结算控制等，其工作内容符合全过程咨询中各阶段的投资管理流程和管理要素控制。体现了全过程咨询的基本理念，以抓住前期决策与设计阶段的投资控制为重要环节，在前期投资控制建立合理目标，在过程中动态跟踪控制，咨询单位从设计入手，从适用、经济的原则出发，优化设计施工图，严格控制材料、设备品牌、档次，注重施工方案的经济比选，其中优化材料选择节约造价 250 万元，运用 BIM 技术优化设计方案节约造价 80 万元。以使用功能为目标，立足实现“物联网”技术整合优化设备方案，节省设备采购费用 500 万元。该案例通过全过程咨询服务，在项目整体进度、质量、投资控制等方面均有较好的效果，能够为类似项目起到借鉴作用。

点评人：陈建华

万邦工程管理咨询有限公司

某大型宗教文化项目全过程工程咨询实践

——建经投资咨询有限公司

黄志挺　黄贵青　王国彦　艾永峰　高　峰

一、项目基本概况

该项目是某省、市重点建设项目，整体规划定位为大型宗教文化主题园区，规划面积约 1666667m^2，总建筑面积约 28 万 m^2，项目由 5 个佛教单体项目组成，造型独特、宗教文化艺术浓厚，定位高，是一个“举世无双，百世流芳”的项目。其中主体建筑占地面积 36666.67m^2，广场为 253333.33m^2，其他单体项目用地面积均为 266666.67m^2 左右。

该项目以全过程投资控制为主线、合同管理为抓手，把全过程工程咨询服务贯穿于项目的各个阶段。通过对决策阶段的目标成本、合约规划；设计阶段的限额设计（设计优化）的应用；发承包阶段的招标策划、清单控制价审核、清标分析；施工阶段的合同管理、投资控制的动态管理；竣工阶段的结算把关等，实现项目投资收益的最大化。

二、服务范围及组织模式

1. 服务的业务范围

建经投资咨询有限公司中标该工程全过程造价咨询服务业务，其服务内容包括：

（1）概算审核、设计优化；

（2）清单及控制价编制；

（3）工程建设其他费用的审核与合同评估；

（4）招标阶段的清标工作；

（5）施工阶段全过程造价控制；

（6）审核竣工结算，本项目咨询服务工作贯穿于决策阶段、设计阶段、发承包阶段、施工阶段及结算阶段。

2. 服务的组织模式

（1）**项目负责人。**鉴于某大型宗教文化主题园区项目规模大、投资额高、专业复杂的特点，项目负责人由具有多年项目管理实践经验的某高级工程师担任，对外代表公司履行与委托人签署的《全过程造价咨询合同》，对内领导、组织、安排全过程造价咨询项目部的工作。

（2）**前台驻场团队。**驻场团队人员既要专业齐全、踏实肯干，又要具备善于总结、不断创新的能力，与业主、项目管理、设计单位、工程监理、承包人等有关参建主体及时沟通协调，及时解决处理项目有关造价的问题。

（3）**后台团队。**后台团队由专家顾问与造价咨询人员组成，是前台团队的坚强后盾。遇约定事项或现场团队人员来不及处理的事项，应项目需要，随时到场，且根据工程进展及现场工程咨询服务工作的需要，随时调整、增加现场人员，确保在咨询期间服务到位，保质保量完成咨询服务合同约定的咨询服务工作。全过程造价咨询项目部架构图如图 1 所示。

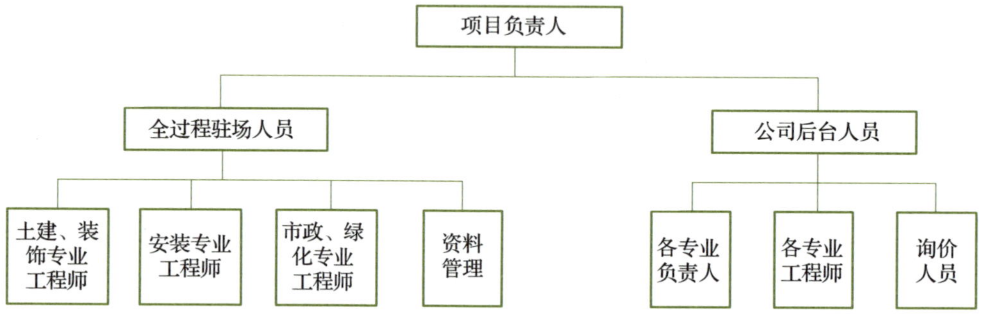

图 1　全过程造价咨询项目部架构图

3. 服务的工作职责

（1）**设计阶段。**审核设计概算，审核概算费用项目的准确性、全面性和合理性。结合我公司类似项目的全过程管理经验及数据，提供设计优化建议。

（2）**发承包阶段。**

1）编制工程量清单及招标控制价；

2）研究分析招标文件，重点分析招标文件对形成最终的“总承包合同造价”的相关的内容，提出投资控制意见或建议；

3）分析“合同条款（招标稿）”，专业分析其是否存在有容易导致履行过程中索赔事件发生的条款内容，分析其是否存在容易导致在合同清算时产生纠纷的条款内容，并提出咨询意见或建议；

4）参与清标工作，对各投标单位的商务标结合其承包工程的具体情况等文件，进行综合对比分析和评价，同时对各投标报价响应招标文件程度不同，导致在计算报价时发生的偏差，进行同口径分析，根据对比分析表提出投资控制意见或建议；

5）确定中标单位后，协助建设单位会签合同，确保招标文件精神在合同条款中的全面落实；

6）参与合同谈判。

（3）**施工阶段。**

1）经过招投标程序及合同签订后，根据实际情况重新调整投资控制目标，作为工程施工和采购阶段的控制目标；

2）参加造价控制有关工程会议，及时处理相关问题；

3）严格监督履行施工合同条款，加强工程验工计价，严格控制工程资金使用；

4）根据施工承包合同价、施工工程监理确认的进度计划以及工作量，编制工程用款计划书，负责对施工单位上报的每月（期）完成工作量月报进行审核，并提供当月（期）付款建议书，经建设单位认可后作为支付当月（期）进度款的依据；

5）跟踪概算，编制实际投资与概算的动态比较分析表；

6）对工程中发生的索赔要求进行审核，向建设单位提供咨询意见，协助建设单位依据合同向违约单位提出反索赔要求；

7）协助建设单位及时审核因设计变更、现场签证等发生的费用，并向建设单位提供造价控制动态分析报告，对工程造价进行动态监控；

8）严格控制设计变更和超标准施工、采购行为，对确实因工程所需或市场行情产生的超目标费用增加，先向建设单位做好预警汇报，同时在做好技术经济分析和市场行情调查后，向建设单位做专题汇报，从专业角度向建设单位提出节约投资的方案，在征得委托单位、建设单位批准后，调整目标计划；

9）提供涉及委托咨询工程项目的人工、材料、设备等造价信息和与造价控制相关的其他咨询服务。

（4）**工程竣工结算阶段。**根据各类合同规定的计价原则及方法，依据合同条款、施工竣工图、工程变更签证单以及有关定额、文件等相关资料，对施工单位提出的竣工工程结算进行全面审查。对审查内容有异议的，及时与建设单位、监理单位、原编制单位进行协调核对。

1）审核工程量。工程量的计算是否准确直接关系到建筑安装工程的价格，所以审核工程量是审核工程结算至关重要的内容，审核时注意以下几方面：

①搞清界面划分和施工范围：与建设方共同明确指定分包、专业分包与总包工作内容的界面划分，以免将指定分包、专业分包已完成的部分工作量计算到总包内容中，把施工单位提交的竣工图与现场情况进行对照，对实际未做或少做却在竣工图中有标注的不予计取；

②工程量的计算是否按照竣工图纸和预算定额（或工程量清单计价模式）及合同的规定计算；

③审核结算上报的工程量和实际的工程量是否相符，审查施工单位有没有为增加结算费用故意加大工程量，以及变更后减少的工作量，施工单位是否按规定予以扣除；

④审核有无假结算的行为，尤其是多方施工的项目，要防止施工单位将同一工程分别多次混入其他工程结算。

2）审核单价。在工程结算阶段，往往单价上的微小误差，由于工程数量的基数大，导致该项费用产生重大偏差。所以单价的审核尤其重要。

采用工程量清单计价模式，对于每一项结算综合单价应根据项目编号内容仔细一一比照原工程量清单综合单价，不仅要防止项目间单价的混淆、窜套，也要防止施工单位结算编制人员摘录单价时无意的失误出现。分析每一结算子项的内容跟原工程量清单内容是否一致，如在实施过程中综合包含的内容产生差异，出现增减情况，应根据合同原则对该类综合单价进行相应调整。

3）审核材料价。

①严格按合同规定的定价原则确定材料价格；

②审核结算书中的材料价格是否与已经确认的价格相符，还应注意确认的价格是否包含运输费、配合费、下浮等；

③审核所签材料是否与现场实际所做材料相同，如发现以次充好或偷换材料，则向建设单位汇报，并提出索赔方案；

④对于甲供材料，审核是否有超领现象，如有超领，将在审核中扣除；

⑤对合同约定材料价格涨跌引起的费用增减，向建设单位提供施工过程中具体材料价格涨跌详细分析表，做到增加费用有理有据，减少费用据理力争。

对施工单位编制的有关费用的竣工资料进行整理归类，按《工程造价咨询业务操作指导规程》及时完成竣工结算报告的审核工作（包括甲供材料，设备价款，施工用水、用电的审核抵扣等），并出具规范的工程审价报告。

项目完成后，编制合同执行情况的专题报告，提供整套合同、各项费用汇总表交建设单位归档；审核项目全部费用，对实际总支出与项目总概算进行对比分析。

三、服务的运作过程

对于该项目的全过程咨询服务工作，项目负责人根据全过程咨询合同梳理项目咨询服务委托内容，对每个阶段的咨询服务重点进行分析，并针对重点工作制定相应制度和措施。

本项目全过程造价咨询工作的重点分析如表1所示。

表1 全过程造价咨询工作重点分析表

工程阶段	全过程造价咨询服务工作重点
决策阶段	目标成本、合约规划
设计阶段	限额设计及设计优化
发承包阶段	（1）招标方案策划（合约规划）； （2）招标文件（合同文件）的审核； （3）工程量清单、招标控制价的审核； （4）商务标清标
施工阶段	（1）设计管理、合同管理； （2）审核工程建设其他费用（项目二类费用）； （3）协助业主编制项目用款计划； （4）验工计价及工程款审核； （5）工程变更、签证、索赔的审核； （6）材料及设备比选询价； （7）编制项目全过程造价动态报表
结算阶段	（1）竣工结算审核； （2）结合全过程造价服务，编制总结报告，对投资效益做出评估； （3）资料收集归档

1. 决策阶段

（1）**目标成本。**全过程造价咨询项目部借助公司的类似宗教文化主题项目指标库中相应数据指标，结合拟建宗教文化主题项目的概念方案（概念方案效果图如图2所示），协助业主确定投资估算（目标成本）。

图2 概念方案效果图

（2）**合约规划**。投资估算（目标成本）确定后，对项目的合同分为建筑安装工程类和工程服务类，并对相应的金额进行预估。结合项目的建设总进度计划，编制合约规划、年度招标计划（如表2所示）。

表2 招标计划

合同		合同类型	招标计划
建筑安装工程			
0101	总承包工程	总承包	2017年11月
0102	外立面工程	专业分包	2018年03月
0103	外立面泛光照明	专业分包	2018年04月
0104	室内精装修工程	专业分包	2018年05月
0105	弱电系统（包括火灾报警系统）	专业分包	2018年06月
0106	园林绿化、硬质铺装及水景工程	专业分包	2018年12月
工程服务			
0201	全过程投资监理	工程服务类	2017年09月
0202	工程监理	工程服务类	2017年10月

2. 设计阶段

（1）**限额设计**。图纸设计阶段是建设项目投资控制的关键阶段，通过运用指标库类似项目经济数据，确定合理可行的建设标准及限额，把项目目标成本分解到各分项、各专业或系统。通过与设计人员的沟通，要求其在限额设计的前提下，优化施工图设计，使施工图在满足技术要点和建设方使用功能要求的前提下，做到设计合理、经济可行，确保项目投资从设计源头就处于可控状态。

本项目某单体工程室外园林景观专业工程，目标成本8500万元，初步招标控制价12341万元，已超目标成本45%。经我方人员对室外面积进行统计分析，具体数据如下：室外总面积为

112432m²，其中硬景面积为 43007m²，软景面积为 69355m²，硬景面积：软景面积≈ 4∶6，属于合理室外景观面积比重范围内。

我方进一步计算室外总体单方指标为 1097.66 元 /m²，通过运用指标库类似项目经济数据，单方指标 1097.66 元 /m² 属于高标准的室外景观设计，一般适用于房产精品示范区范围内。对于大区景观或者大面积室外景观的单方指标，此指标数值较高，对比各专业工程，发现土方工程、绿化工程、铺装工程和室外景观排水 4 个专业工程指标异常高（如表 3 所示）。根据业主对于项目的定位（相当于四星级酒店标准），我方提出在满足业主定位的条件下，设计方案可进行进一步的优化。

表 3　园林景观工程初步招标控制价（指标分析）

序号	专业工程	控制价（元）	面积（m²）	单方指标（元 /m²）
1	**土方工程**	**9477031**	**43077**	**220.00**
2	**绿化工程**	**65908970**	**69355**	**950.31**
3	**铺装工程**	**8227183**	**43077**	**190.99**
4	硬质景观工程	6361565	43077	147.68
5	仿古建筑工程	1606207	43077	37.29
6	市政道路工程	7215189	43077	167.50
7	市政桥梁工程	1837631	43077	42.66
8	**室外景观排水工程**	**10063238**	**112432**	**89.51**
9	室外景观给水工程	1610259	112432	14.32
10	室外景观电气工程	1586857	112432	14.11
11	室外标识标牌工程	559636	112432	4.98
12	水利工程	3097256	112432	27.55
13	室外综合管线	1551567	112432	13.98
14	出户平台	715287	112432	6.36
15	开办费	3594536		
	总计	**123412412**		

（2）**设计优化。**

1）土方工程。本项目某单体工程余方弃置工程量约为 68962.26m³，但本项目其他单体工程需大量的外购回填土。招标清单中“余方弃置”项调整为“余方短驳”，以供其他项目回填土所需，造价约减少 1906 万元。

2）绿化工程。因本项目某单体工程绿化工程还有特选的日本进口苗木，可能对于绿化单方正常的指标有所影响，故将绿化工程拆分成种植土、特选苗、工程苗三项进行分析。

①种植土。本项目某单体工程招标图纸设计要求种植土厚度为 1.50m，其中改良种植土为 0.50m，普通种植土厚度为 1.00m，共计 1.50m。通过运用指标库类似项目经济数据以及施工经验分析，建议设计单位取消改良种植土，同时将种植土厚度修改至 1.00m。设计单位同意将种植土厚度由 1.50m 调整为预留地种植土厚度为 0.30m，非预留地种植土厚度为 1.20m，造价约减少 500 万元，如图 3 所示。

项目非预留地区域苗木设计很满基本遍布深根乔木，土层厚度是保证苗木成活生长良好的重要因素，对苗木而言土壤条件是一项必不可少的保障条件。

我司建议：按照常规做法此区域土方应按全区域范围整个回填 1.5m 种植土，乔灌木均满足种植土层即可，地形也可操作。

2019-04-24 回复：

预留区种植土厚度 30cm，非预留区全区域范围回填 1.2m 种植土。

图 3　提交工作联系函的设计回复意见

②特选苗。本项目某单体工程招标图纸设计特选苗苗木为 279 棵，共计造价（含税）3435 万元。对于 8500 万的目标成本其占比过大，后又查询设计概算，其特选苗概算仅 200 多万元。建议业主方减少特选苗数量。最终特选苗数量由 279 棵设计优化至 218 棵，主要减少单价较贵的黑松及罗汉松数量，造价减少约 1735 万元。

③工程苗。本项目西入口业主存有一块建设预留地（后期用以建造建筑物所需，如图 4 所示），经我方测算预留地面积约为 16369m^2。招标图纸中此区域种植大量的乔灌木及色块，为避免后期预留地施工移除苗木造成浪费，建议设计单位将此区域仅设计为草坪。设计单位同意取消大部分乔灌木与色块的种植，直接采用草坪种植（如图 5 所示），造价减少约 348 万元。

图 4　预留地优化前设计图

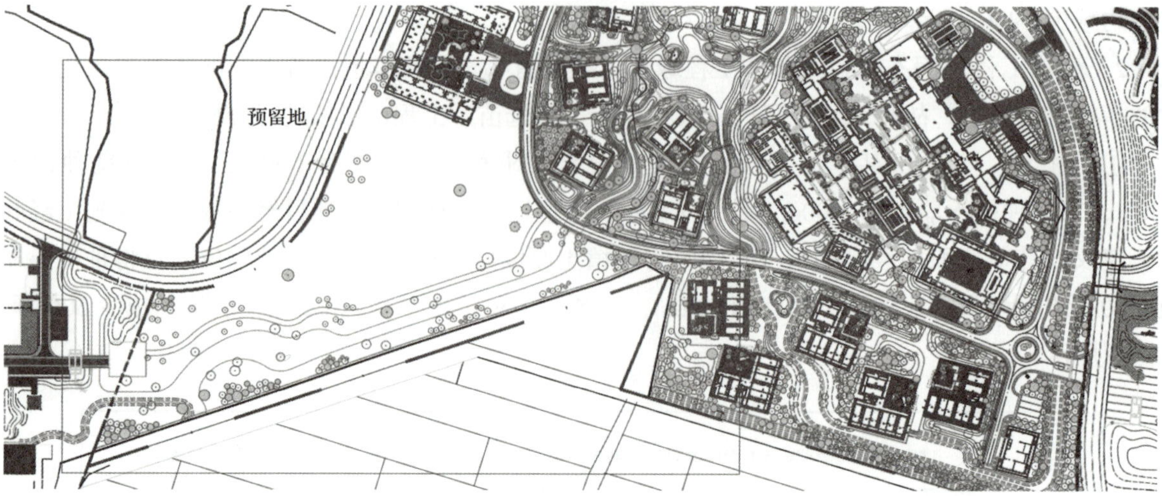

图 5 预留地优化后设计图

3）铺装工程。本项目某单体工程招标图纸设计所有的花岗岩厚度均为 80mm。经测算，其中人行铺装约 9000m^2，人行铺装设计规格为 80mm 厚的花岗岩，通过运用指标库类似工程经济数据以及施工经验分析，建议设计优化为 30mm 或者 50mm。设计单位同意将人行铺装面的花岗岩厚度由 80mm 调整为 40mm，造价减少约 237 万元。

4）室外景观排水工程。本项目某单体工程招标图纸建筑排水沟盖板设计为 40mm 厚球墨铸铁盖板（如图 6 所示），因建筑排水沟均不需要过车，故建议设计单位优化为树脂排水沟；招标图纸中道路排水沟花岗岩饰面厚度设计为 200mm 厚，为节约成本，在不影响外观的情况下，建议设计单位将厚度优化为 100mm。设计单位同意将建筑排水沟盖板材质由球墨铸铁盖板调整为复合树脂盖板，道路排水沟花岗岩饰面厚度由 200mm 厚调整为 100mm 厚（如图 7 所示），造价减少约 465 万元。

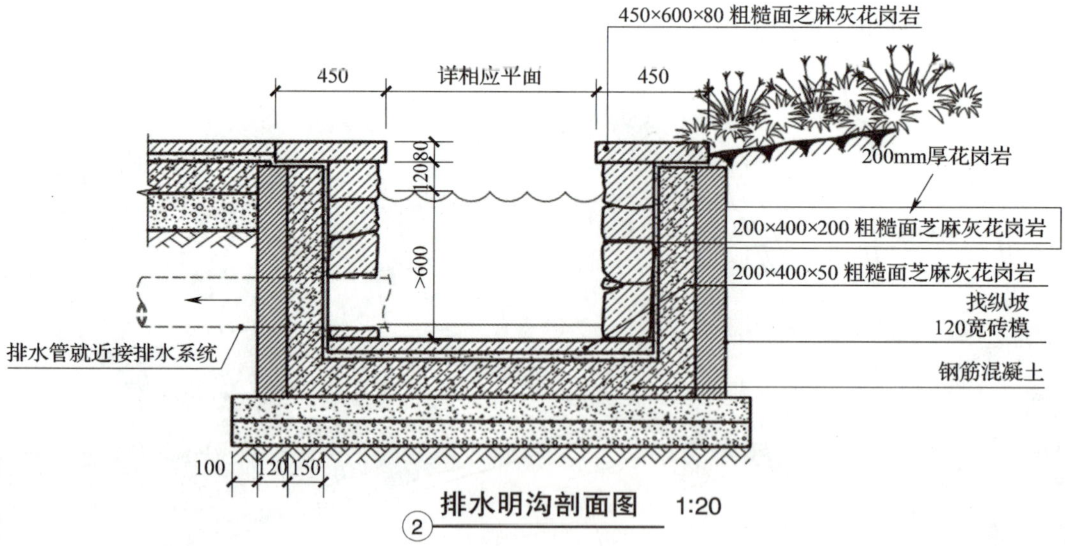

注：沟深以排水设计为准。

图 6 道路排水沟花岗岩饰面优化前设计图

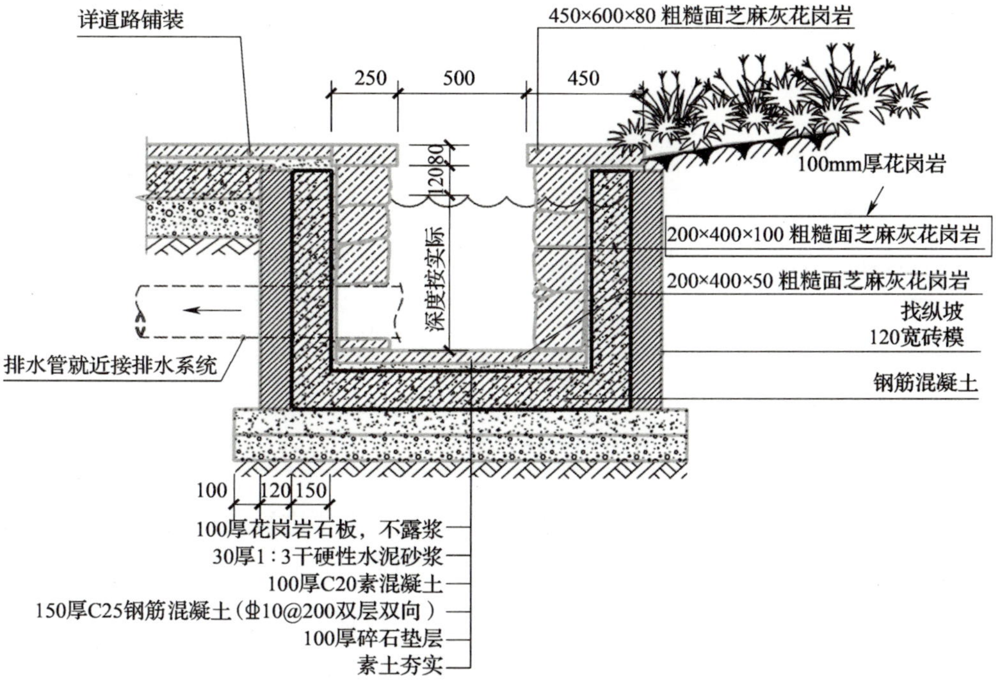

图 7　道路排水沟花岗岩饰面优化后设计图

在经过多次与设计单位、项管部以及业主方沟通后，最终将某项目景观工程的控制价优化至 8389 万元（如表 4 所示），满足业主方目标成本的要求。

表 4　园林景观工程最终招标控制价（指标分析）

序号	专业工程	初版控制价（元）	初版指标（元 /m²）	终版控制价（元）	终版指标（元 /m²）
1	土方工程	9477031	220.00	7571529	162.94
2	绿化工程	65908970	950.31	40080002	577.90
2.1	种植土	9195125	132.58	4192572	41.34
2.2	特选苗	34355061	495.35	17008026	244.72
2.3	工程苗	22358784	322.38	18879404	272.12
3	铺装工程	8227183	190.99	5858025	135.99
4	硬质景观工程	6361565	147.68	6489389	150.65
5	仿古建筑工程	1606207	37.29	213206	4.95
6	市政道路工程	7215189	167.50	6583258	152.83
7	市政桥梁工程	1837631	42.66	1600051	37.14
8	室外景观排水工程	10063238	89.51	5410414	48.12
9	室外景观给水工程	1610259	14.32	1600051	13.03
10	室外景观电气工程	1586857	14.11	1441482	12.82

续表 4

序号	专业工程	初版控制价（元）	初版指标（元 /m²）	终版控制价（元）	终版指标（元 /m²）
11	室外标识标牌工程	559636	4.98	554548	4.93
12	水利工程	3097256	27.55	2480258	22.06
13	室外综合管线	1551567	13.98	1551566	13.80
14	出户平台	715287	6.36	715287	6.36
15	开办费	3594536		1881839	
	总计	**123412412**		**83896022**	

在整个优化的过程中，作为全过程造价咨询单位，首先需要进行详细的数据拆分及指标统计。再根据对比类似项目经验指标，筛选出指标过高的专业工程。针对指标过高的专业工程，结合项目部、成本部一同分析、整理出占比影响较大的设计部分，分析此部分是否具备可优化性。最终确定设计优化建议，反馈至设计单位，同时与设计单位积极沟通、协调配合成本测算。根据设计单位确认的最终方案进行控制价的相应调整，确保在满足设计要求的情况下，符合目标成本要求，为客户创造价值。

3. 发承包阶段

（1）**招标策划**。重点做好各个拟发包工程（总承包及各专业工程）的清晰的界面划分。

1）施工界面表。“施工界面表”是合同中重要的管理性文件。以本项目的园林景观工程施工界面表为例说明（如表 5 所示）。其作用包括：

表 5　园林景观工程施工界面表

序号	工 作 内 容	总包	园林景观	其他
D.1	完成至设计标高的一切室外挖土、障碍物处理、回填、土方平衡及一切经发包人许可的土方外运等工作（按施工图纸中的指定标高回填普通土）	√		
D.2	完成至设计标高的一切室外挖土、障碍物处理、回填、土方平衡及一切土方外运等工作（在总包回填后的标高基础上按施工图纸中的指定标高和要求回填种植土及普通土）		√	
D.3	所有室外钢筋混凝土工程		√	
D.4	协调管理及配合室外管道施工的土方开挖、外运及回填	√		
D.5	室外管道施工的土方开挖、外运及回填		√	
D.6	靠墙溢水口、散水坡	√		
D.7	室外砌体结构（除花坛、景观设施外）	√		
D.8	花坛、景观设施的砌筑		√	

续表 5

序号	工 作 内 容	总包	园林景观	其他
D.9	室外硬质景观的饰面		√	
D.10	室外硬质景观的基层		√	
D.11	室外车道、人行道、消防车道的饰面（沥青道路除外）		√	
D.12	沥青道路	√		
D.13	室外车道、人行道、消防车道的基层（沥青道路除外）		√	
D.14	沥青道路的基层	√		
D.15	室外及屋顶园林绿化（包括种植土）		√	
D.16	绿化疏水层		√	
D.17	室外景观小品		√	
D.18	室外大型艺术雕饰品			√
D.19	室外水景设备系统		√	
D.20	为室外水景设备提供供水、排水接驳点	√		
D.21	按规范和设计要求为室外水景设备提供供水、排水接驳点之后的给排水工作	√		
D.22	为室外水景设备提供电源隔离开关	√		
D.23	按规范和设计要求为室外水景设备提供电源的隔离开关到室外水景设备之间的管线		√	
D.24	室外机电机房、风井出风口土建工作	√		
D.25	室外机电机房、风井出风口机电工程	√		
D.26	室外机电机房、风井出风口装饰		√	
D.27	提供灌溉系统的给水及排水接口	√		
D.28	由灌溉系统的给水及排水接口至灌溉系统的管线及接驳		√	
D.29	灌溉系统的供应及安装		√	
D.30	为室外标志牌、标识（不包括交通标志及标识）、旗杆提供电源隔离开关		√	
D.31	室外标志牌、标识（不包括交通标志及标识）、旗杆	√		
D.32	按规范和设计要求为室外标志牌、标识（不包括交通标志及标识）、旗杆提供电源的隔离开关到室外水景设备之间的管线		√	
D.33	室外交通标志及标识	√		
D.34	车道缓冲条及车道指示油漆等	√		
D.35	室外零星金属工程（门，栏杆、地坪金属嵌条、室外摄像头的支杆等）		√	
D.36	室外园林灯具		√	

续表 5

序号	工 作 内 容	总包	园林景观	其他
D.37	按规范要求为室外园林灯具提供电源的隔离开关箱		√	
D.38	按规范要求为室外园林灯具提供电源的隔离开关到园林灯具之间的管线		√	
D.39	与分包有关的土建工作（如设备基础等）		√	
D.40	室外雨水、污水排水系统（至室外第一个市政雨水检查井 / 污水监测井）		√	
D.41	室外给水管		√	
D.42	室外消防水管、室外消火栓及室外消防水表	√		
D.43	室内消火栓、喷淋系统及相应的室外管线、水泵接合器至室内消火栓	√		
D.44	装饰性井盖		√	
D.45	满足法规的标准型井盖		√	
D.46	绿化屋顶（若有）部分室外雨水口，并设置排水设施至排水管道		√	
D.47	室外雨水口（除绿化屋顶部分外），并设置排水设施至排水管道		√	
D.48	外立面装饰绿化工程（若有）		√	
D.49	外设机组的隔声措施	√		
D.50	共同沟内部的管线（含支撑和固定）安装、排水措施等	√		
D.51	室外地基处理	√		
D.52	室外表土剥离	√		

①明确各标段承包人各自的工作范围及工作界面；

②明确各承包人之间需要配合及协调的事项；

③指导设计管理，使设计部门清晰了解各标段所需的设计内容，以防招标图纸中对于工作范围的错漏碰缺；

④指导施工管理，使工程部门管理时明确各项工作的实施方，使得管理者一目了然，心中有数，从而提高效率。

2）施工界面图。施工界面表是界面管理的升级文件，对于有些分部工程（例如精装修及幕墙等），在上述界面表无法表述清晰的情况下，需要界面图作为强化工具，以便清晰地表示界面划分。

（2）**审核招标文件、合同条款。**建设市场可能存在这样的误区，认为越是严格的合同越是成功，甚至出现了大量的惩罚条款以替代管理。其实不然，合同条款是对合同双方权利和义务的合理分配，若对合同一方过于严厉及苛刻，一方面可能导致投标价格趋高，另一方面可能导致条款无法落实，反而增加现场管理的难度，影响工程进度。以罚代管更是管理水平倒退的产物，在实际的现场管理中，容易引起施工方的对立情绪，最终的结果，要么是建设方为了工程妥协放弃罚款条款，要么是双方对立僵持导致两败俱伤。因此，全过程造价咨询项目部对招标代理草拟的一些合同条款，针对性地提出一些修改意见，如表 6 所示。

表 6　部分合同重点条款修改建议表

序号	关注点	原拟稿	修 改 建 议
1	不可抗力	台风、暴雨等未量化	不可抗力予以量化。例如，24h 内连续降雨量 100mm 以上的暴雨等
2	价格要素的调整	人工、材料无论涨跌不调价	近年来，人工、材料价格涨跌较大。鉴于此前项目的实际情况，若由承包人全部承担人工材料上涨的风险，难以实现，不利于合同履行及项目推进。因此，建议：（1）人工采用政策性动态调整方法；（2）材料价格采用承包人和发包人共同合理分担的方法，确定主材（钢筋、混凝土、水泥）风险幅度 5%，超过 5% 的风险业主承担，5% 以内承包人承担
3	创奖夺杯	获奖无奖励，未获奖处罚	合同双方对等的原则，有奖有罚才显示公平，只罚不奖，不利于调动承包人的积极性。获奖，承包人要加大投入，理应获得奖励，且项目获奖，业主获得了荣誉，也是受益一方。 建议：奖罚对等

（3）**审核工程量清单、招标控制价。**一是抽查重要部位、重要子目的清单，作为重点审核；二是结合公司的既有类似项目数据库，对指标含量明显偏高或偏低的进行重点复核并修正。

（4）**商务标清标。**投标报价应是招标文件所确定的招标范围内全部工作内容的价格体现，并包括投标人技术标中提出的所有工程内容及措施的费用。对于总包投标报价，从投标报价的范围、投标报价的合理性、是否有不平衡报价等方面做了客观、公正的审核，对各家投标报价进行了对比分析，对可能存在的风险进行了预测分析。

4. 施工阶段

该阶段重点：审核工程建设其他费用（项目二类费用）、设计管理、合同管理、动态投资控制、现场巡查等。

（1）**审核工程建设其他费用（项目二类费用）。**工程建设其他费用是工程总投资的一部分，一般项目常把全过程投资控制的重心放在对工程费用的控制上，但若工程建设其他费用未按概算批复严格控制，也会导致超概算的情况。因此，我司全过程造价咨询项目部把该项目的二类费用也纳入全过程投资的动态控制管理，并形成管理台账，如表 7 所示。

表 7　工程建设其他费用审核建议台账

序号	文件名称	文件编号	文 件 主 题	文件发出形式
1	投资控制建议	建议 -01	关于某项目勘察费用建议	书面
2	投资控制建议	建议 -02	关于某项目节能评估费用建议	书面
3	投资控制建议	建议 -03	关于某项目勘察外业见证费用的评估建议	书面
4	投资控制建议	建议 -04	关于某项目水土保持方案费用的评估建议	书面
5	投资控制建议	建议 -05	关于某项目环评报告服务费的评估建议	书面

续表 7

序号	文件名称	文件编号	文件主题	文件发出形式
6	投资控制建议	建议 -06	关于某项目图纸审查服务费的评估建议	书面
7	投资控制建议	建议 -07	关于某项目高压供电方案费用的评估建议	书面
8	投资控制建议	建议 -08	关于某项目测绘费用的评估建议	书面
9	投资控制建议	建议 -09	关于某项目选址论证费用的评估建议	书面
10	投资控制建议	建议 -10	关于某项目结构选材方案的造价评估建议	书面
11	投资控制建议	建议 -11	关于某项目人防工程设计服务费用的评估建议	书面
12	投资控制建议	建议 -12	关于某项目水表开口预算审核建议	书面
13	投资控制建议	建议 -13	关于水利咨询服务合同的费用评估建议	书面
14	投资控制建议	建议 -14	关于某项目箱变工程设计费的评估建议	书面
15	投资控制建议	建议 -15	关于某项目临时箱变安装工程预算的审核建议	书面
16	投资控制建议	建议 -16	关于某项目项目规划放线合同价的评估建议	书面
17	投资控制建议	建议 -17	关于某项目工程勘察结算的审核意见	书面
18	投资控制建议	建议 -18	关于某项目景观设计费用的评估	书面

（2）设计管理。重点做好施工阶段的设计变更管理。

项目施工阶段通过严控设计变更，检查图纸错、漏、碰、缺，解决设计浪费问题，以及对设计变更方案的优化，对建设投资控制能起到一定作用。

设计变更在工程项目实施过程中难以避免，全过程造价咨询项目部收到工程变更后，首先审核变更的合规性、有效性，是否在规定的期限内严格按照规定流程进行变更申请，是否提交施工方案和预算报价，是否做到“先立项论证，后批准实施”。本项目所有重大变更均做到先立项论证后批准实施，为业主节约了投资，对投资做了有效控制。

（3）合同管理。

合同管理是对合同的订立、履行、变更、终止、违约、索赔、争议处理等全过程进行的管理。合同管理的目标是通过合同管理，全面切实地履行各项合同的约定，项目招标时对合同进行严格审核，为后期合同管理打好良好基础。

合同管理界面要清晰，内容要清楚。建议合同管理台账，合同管理范围要全面。该项目建设体量大，参与建设的单位多，既有如总包单位，又有各专业分包单位及设备材料供应单位等，所有参建单位都必须纳入合同管理的范畴。

（4）动态投资控制。

1）建立全过程咨询服务工作制度。为规范全过程造价咨询服务行为，全过程造价咨询项目部建立工程签证、工程变更、进度款审核、档案管理等流程和制度。

2）月验工计价、工程款审核。月验工计价、工程款审核是履行施工合同过程中的经常性工作，有关验工计价工程款的支付时间、方式和数额等都在施工合同中做出约定。根据工程施工或采购合同中有关工程计量计价周期、时间及工程款支付时间等约定，审核月验工计价报告与工程款支付申请，所有计量支付均按规定流程执行。

3）严把现场签证关。全过程造价咨询项目部严格工程签证的现场监督，杜绝虚假签证，从源头上防止舞弊。所有签证都应有业主指令单或变更，签证的量价计算依据要齐全。工程量需现场计量的，需提供建设、施工、监理、咨询服务方共同签署意见的计量资料，尤其是隐蔽工程的签证，工程隐蔽前就要做好几方现场计量资料，并附通过摄像、拍照等方法收集的相关资料。价格严格按合同约定审核。签证的办理流程和时限严格按制度执行，格式、编号严格按规定格式办理。

4）询价、核价、批价。全过程造价咨询项目部对暂估价材料、暂估价设备、专业工程暂估价、甲供设备材料、甲控设备材料等进行询价，对工程量清单中缺项或新增的项目、满足合同约定调整条件的材料进行核价批价，并出具相应的咨询报告或审核意见。

（5）**现场巡查。**全过程造价咨询项目部通过现场巡查，关注施工过程，检查重点部分，留意节点细节。

1）工程变更增加费用，施工方定会及时办理手续。但工程变更减少费用，施工单位一般不会主动提出办理手续，也不会在竣工图上标注，例如，地下室外墙的粉刷，地下室底板下的找平层等。

2）为了确保工程质量品质，施工合同文件中常常会约定甲定乙供材料。

施工单位为赚取利润，常会把材料、设备品牌偷工减料，以次充好。例如，合同约定钢筋采用沙钢、马钢、杭钢等品牌，施工方会偷偷采用杂牌钢筋。这就需要全过程造价咨询人员始终保持“火眼金睛”的关注度，防止施工方偷梁换柱。

（6）**工程造价动态管理。**全过程造价咨询项目部按合同要求对项目实施阶段的工程造价实行动态管理，并定期提交动态管理咨询报告。主要包括全过程造价控制目标情况、概算执行情况、全过程造价控制开展情况、完成工程量及投资额情况、工程变更及审核变更签证的工作情况、下期全过程造价控制重点及给业主的建议等。

四、服务的实践成效

根据全过程造价咨询服务合同的委托范围，全过程造价咨询项目部结合该工程的具体情况，主要从协助建设业主完善相关管理制度、全过程投资控制等方面（特别是景观园林的设计优化）做了全过程咨询服务工作，并取得一定成效。

1. 管理成效

（1）**协助业主制度建设。**基于建设业主专业人员不足及建设经验缺乏的实际情况，协助建设方规范完善了一系列工程管理制度：工程管理会议制度、招标投标管理办法、合同管理办法、安全生产文明施工管理办法、工程质量管理办法、工程进度管理办法、建设资金支付管理办法、工程设计变更管理办法、工程签证管理办法、新增单价管理办法、工程结算管理办法、信息交流与档案管理办法等，并提醒建设业主以文件等形式传达给项目各参建单位，明确要求各相关单位遵照执行，使该工程的建设管理比较规范、有序。

（2）**现场巡查，防范偷工减料，确保建设品质。**通过全过程造价咨询项目部驻场人员定时、不定时地现场巡查，发现偷工减料或以次充好的苗头，及时反馈建设业主予以制止并要求施工单位整改，确保了建设品质的实现。

2. 经济成效

为了实现对项目全过程造价的有效控制，全过程造价咨询项目部主要从该项目招标策划、设计优化、工程量清单（招标控制价）审核、清标分析、工程款审核、签证变更审核、材料设备询价、造价动态管理、结算审核等方面进行了把控。

（1）**设计优化节约投资约 5191 万元，如表 8 所示。**

表 8　设计优化表

序号	设计优化项目	设计优化内容	节约金额（万元）
1	余方弃置	“余方弃置”调整为“余方短驳”	1906
2	种植土	厚度由 1.50m 调整为预留地种植土厚度为 0.30m，非预留地种植土厚度为 1.20m	500
3	特选苗	数量由 279 棵设计优化至 218 棵	1735
4	工程苗	取消大部分乔灌木与色块的种植，直接采用草坪种植	348
5	人行铺装	花岗岩厚度由“80mm 厚”调整为“40mm 厚”	237
6	景观排水	排水沟盖板材质由“球墨铸铁盖板”调整为“复合树脂盖板”，道路排水沟花岗岩饰面厚度由“200mm 厚”调整为“100mm 厚”	465
小计			**5191**

（2）**工程变更、签证审核。**严格依据合同约定及建设业主下发的工程变更、工程签证管理办法，对本项目所有送审变更、签证审核。本项目变更、签证送审价 25553.6 万元，审核价 21016.6 万元，核减 4537 万元，核减率 17.75%，有效控制了变更签证费用。

专家点评

本项目为全过程造价咨询项目，服务范围包括决策阶段、设计阶段、招标阶段、施工阶段及结算阶段的造价服务。本项目决策阶段合约规划方面，设计阶段的限额设计和设计优化方面，招标阶段的不同标段的界面划分方面，施工阶段的设计管理、合同管理、动态投资控制和现场巡查等阶段，结算阶段要求及相关流程等方面都有提炼与总结。该案例以全过程投资控制为主线、以合同管理为抓手，把全过程工程造价咨询服务贯穿于项目的各个阶段，通过设计优化、结算审核为业主节省了大量的投资。案例具体翔实，值得同类型的企业借鉴与参考。

点评人：张大平

北京求实工程管理有限公司

北京市中低速磁悬浮交通示范线（S1线石厂站—金安桥站）工程项目全过程造价咨询

——华审（北京）工程造价咨询有限公司

郑淑娟　杨学惠

一、项目基本概况

1. 项目概况

北京中低速磁悬浮交通示范线（S1线）（以下简称S1线）是北京第一条中低速磁悬浮线路，总长10.21km（其中高架线9.953km、隧道段0.283km）；北京地铁S1线起于门头沟新城，向东依次跨越京原路、莲石路到规划沙石坑西侧路路北，而后向北沿规划滨河路南延至规划石龙路，再跨西六环、永定河后，进入首钢厂区，最后沿着既有的京门铁路南侧到达石景山区苹果园站（共设置8座车站，全为高架站；采用6节编组L形列车）。8座站从西往东依次为：石厂站、小园站、栗园庄站、上岸站、桥户营站、四道桥站、金安桥站、苹果园站；S1线设置车辆段1座（在车辆段内设置备用控制中心一座，在小营二期指挥中心内设本线控制中心，并接入TCC指挥中心）。

该线路石厂站—金安桥站已于2017年12月30日通试运营（如图1所示）。

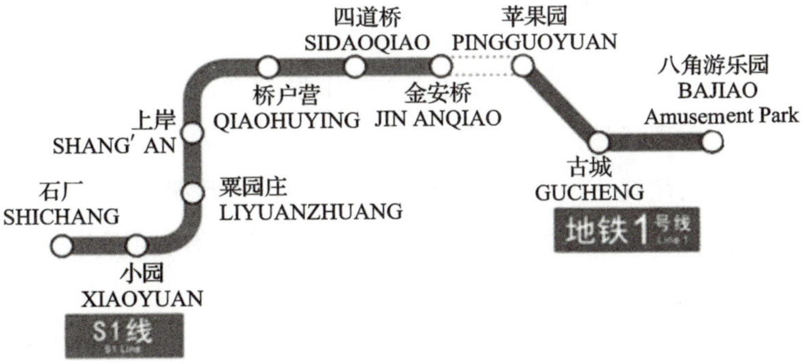

图1　北京S1线示意图

2. 项目特征

（1）施工难度大，拆迁困难，建设周期长。

（2）车流量大。阜石路车流量大、丰沙铁路运输繁忙。

（3）环保要求高。永定河为北京重要水系，施工安全风险很大。

（4）建设过程中，针对线路同时跨越永定河及紧邻河东岸的丰沙铁路的实际，为了尽量减少对既有线铁路运营的影响，全长422m的北京地铁S1线永定河大桥采用了顶推法施工工艺。并从景观等角度考虑，大桥采用了连拱钢梁桥的设计。为了保护石景山上的古塔等文物，S1线穿石景山长达278m的隧道不采用火工品爆破，而是引进新研发的悬臂式掘进机用机械开挖。不仅对土体的扰动小，也能把对周边环境的影响降到最低。

3. 造价咨询单位概况

华审（北京）工程造价咨询有限公司源于1989年经国家审计署批准成立的“四川华西审计事务所”，1999年按国家政策性脱钩改制为有限责任制公司，2004年总部迁往北京。华审（北京）工程造价咨询有限公司专业从事工程造价咨询，已开展造价咨询业务三十年，业务涉及政府机关、工业企业、房地产开发企业等各行业，涉及的专业包括工业民用建筑、市政工程、公路工程、水利工程等各领域。拥有各专业的技术人员和雄厚的专家智囊团队。以务实、高效、客观、公正的方式享有良好的社会声誉。

二、服务范围及组织模式

1. 咨询服务业务范围

咨询服务合同中的工作内容包括但不限于以下方面：

（1）**招投标阶段。**

1）在工程施工招标工作中，做好工程量清单编制、复核审查工作，提供招标控制价，参与清标工作，为建设单位签订施工合同提供咨询建议。

2）参与材料、设备采购等经济合同的签订工作，对合同中有关经济条款进行专业审核，提供咨询意见或建议。

（2）**施工阶段。**

1）协同建设单位建立对施组、方案、设计变更的审批制度。

2）建立完备的隐蔽工程现场签证手续。

3）提供投资控制方面的建议，便于建设单位充分了解投资状况。

4）计算设计变更、现场签证实际发生的费用，分析产生偏差的原因并提出投资控制措施。

（3）**竣工结算阶段。**

1）收集、整理好竣工资料，包括竣工图纸、设计变更通知单、各种签证、主材合格证、材料设备单价等，保证资料齐全。

2）深入施工现场，全面掌握工程实况。

3）制定审核计划和流程，严守职业道德。

（4）**为建设单位提供与工程建设相关的其他造价咨询服务。**

2. 咨询服务组织模式

我公司由总经理牵头，由副总经理担任项目负责人。项目经理由富有经验的人员担任，项目组成员集合土建、安装、轨道交通、市政等各专业造价人员，并常驻项目现场，同时根据工作内容和专业要求，动态调整项目组成员，满足项目的工作要求且在组建项目组时充分考虑了下列因素：

（1）全过程造价咨询业务的目的、范围、内容及预计完成时间；

（2）项目团队要求的整体业务能力，以实现整个造价咨询业务的综合管理目标；

（3）与项目有直接利害关系的造价咨询人员，或与项目有其他关系可能影响；

（4）项目组成员与各参与方的协调能力以及项目组成员之间共同协作能力，为参与方集成管理创造条件。

项目的成果文件经由公司总工程师质量把关，造价咨询工作流程图，如图 2 所示。

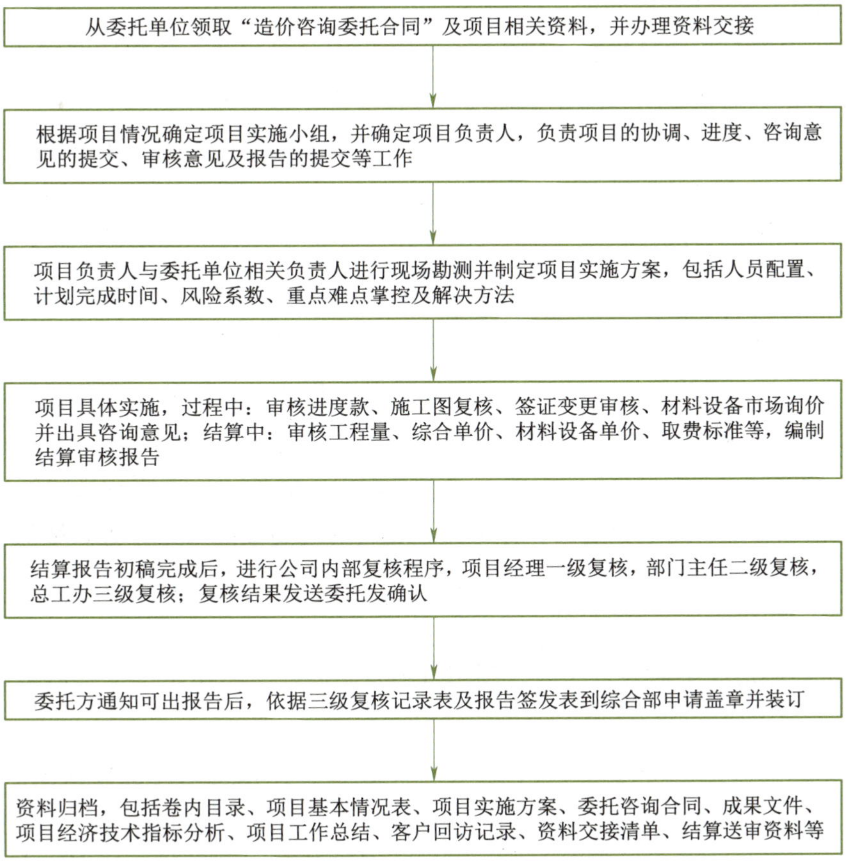

图 2　造价咨询工作流程图

3. 咨询服务工作职责

（1）项目负责人的工作职责：负责项目的全面工作，代表我公司履行全过程咨询服务合同义务，根据项目情况调配项目组造价人员。

（2）项目经理的工作职责：负责项目的全面组织协调，参加现场会议，与建设单位及各参建单位进行直接沟通，组织驻场人员的工作，全权处理现场问题。

（3）项目组造价人员工作职责。

1）项目实施全过程驻场咨询服务阶段：负责施工图核量、工程款的计量、工程变更、现场签证、索赔处理、参与隐蔽工程验收、主要材料设备进场验收、主要材料设备市场询价等，并出具咨询意见。

2）工程竣工结算阶段：对由总包、指定分包和指定供应商编制报送的竣工结算资料的依据性、完整性、合理性、和正确性进行审核和判断；编制竣工结算报告、协助委托方办理竣工结算支付。

三、服务的运作过程

1. 施工阶段全过程造价控制

（1）**编制施工阶段过程造价控制实施方案。**实施方案是进行造价控制的纲领性文件。根据委托合同的要求，结合项目的特点，编制施工阶段全过程造价控制实施方案。

工程施工阶段是建设项目全过程造价管理最难、最复杂的阶段，这个难点就是工程变更和工程索赔。在施工过程中不能任意增加设计内容和提高标准，为此，我们和建设单位一起制定了现场管理规定，确定了工程变更程序。

1）加强对施工组织和方案的审批。在保证质量的前提下，对施工方案进行技术上、经济上的对比分析，选出最合理利用人、财、物资源的方案，从而降低工程造价。

2）建立设计变更、现场签证审批制度。严格控制工程变更、签证，如有变更，必须实行工程量及造价增减分析并要履行严格的审批程序。

3）建立完备的隐蔽工程现场签证手续。施工过程中，隐蔽工程占工程造价的比重很大，尤其是地面以下的工程建，都不在视野之内，如果缺乏充足的现场签证工作，势必增加工程结算中的难度，为此，严格控制施工现场的每一处隐蔽工程签证，完备隐蔽工程现场签证手续，主动控制工程造价。

4）建立投资控制情况书面报告制度。利用月报及时向建设单位报告工程造价情况，提供投资控制方面的建议，便于建设单位充分了解投资状况。

5）计算实际投资数据，发现偏差提出控制措施建议。计算实际投资数据包括工程量和价格，施工过程中发生的设计变更、现场签证、索赔等价格调整、期中付款等，进行计算实际工程数量的计算目的就是让建设单位了解投资现状，同时帮助建设单位制定下一阶段的预算，供建设单位统筹安排。

（2）**纵观全局、把握重点。**

1）参与工程合同（协议）的审核。

①审核合同（协议）的合法性：合同（协议）的精神和文本格式是否符合现行的有关法律、法规、政策和项目招投标的精神等。

②审核合同（协议）的合理性：语言文字是否简练、规范、严谨，重点避免日后索赔的伏笔；有关条款的描述是否清晰；费用和计算数据有否误差；有关合同附表、附录和签章手续是否齐全等。

2）施工过程中设计变更及签证费用的审核。

①定性审核：是否有合法的手续和依据；是否符合现行的有关规定、施工合同和项目招投标要求；内容反映是否准确，是否有变相的重复计取等。

②定量审核：文字表述是否明了，防止产生新的矛盾和分歧；费用计算方法和结果是否正确；

相应的附件是否齐全等。

（3）**审核计划及步骤。**

1）首先必须吃透工程合同及项目招投标要求，熟悉和了解项目的特点、取费标准和优惠条件等；其次再审核工程预（结）算。

2）审核工程预（结）算。先审核定额（换算）、材料价格（补差）、取费标准等，再审核设计变更及经济签证等费用，最后计算工程量审核工程图纸部分的费用。

3）计算图纸工程量。先分部工程计算，后单位工程汇总；运用统筹原理，避免工程量重复计算，尽量利用前面已计算的数据；要求计算层次清楚，计算式一目了然，便于回忆、复核、会谈。

（4）**咨询形式灵活多样化。**

1）施工现场办公：根据委托合同的约定，造价工程师常驻现场、不定期地去施工现场，对造价控制进行动态的管理。

2）利用现代化工具办公：公司领导对驻场造价工程师可远距离利用电话、传真、邮件等进行监督把关。

3）口头咨询解答：在施工现场或有关施工例会及协调会上，造价工程师直接（间接）地就造价控制问题，进行口头咨询解答。

4）书面咨询报告：如审核变更、签证费用或材料价格的咨询意见，撰写整体工程造价咨询报告等。

2. 竣工结算阶段造价控制

竣工结算阶段的造价控制属于工程全过程造价控制的最后一道重要的、必要的程序，通过准确的竣工结算造价控制，能够对工程造价控制目标与投资效果进行有效的检查。

本工程规模较大，审核时间较短，我公司在审核过程中采用传统法与创新法有机结合的工作方法。

传统法包括全审法、重点法、熟记法、经验法。全审法是指对项目逐项全面细致地进行审核；重点法是指对项目某重点部位进行审核；熟记法是指通过熟记常用的公式、数据、说明、规则、标准、分析等资料，对项目进行审核；经验法是指不断总结成功经验，收集和利用有价值的基础数据，重点审核那些预（结）算中容易误算、漏算、重算、高估冒算的部位。

创新法包括分解法、查询法、调查法。可将单项（单位）工程分解为若干单位（分部）工程，分阶段办理工程预（结）算；材料（设备）价格询价时，可利用专业报刊、信息网络等查询；走访供应商或进行市场调查等获悉有关价格及信息。

使用传统法与创新法有机结合的工作方法，审核思路既清晰又灵活，既有坚定的原则性（刚性），又需适度的灵活性（柔性）。在与施工方谈判时思路清晰、察言观色、反应敏捷、应变能力强；掌握主动权，抓住瞬息机遇，利用对方心态，捕捉谈判的“突破口”。审核要点如下：

（1）审核结算资料的递交手续、程序的合规性以及结算资料完整性、真实性、相符性。审核项目合同的有效性，尤其注意分包合同规定的施工范围和约定的界面划分之间是否存在矛盾。

（2）审核工程量计算是否符合《建设工程工程量清单计价规范》GB 50500—2013的计算规则，计算是否准确，有无重复计算、高估冒算、漏算等。

（3）审核工程量清单计价套项是否符合合同约定的价格，审核重新组价的工程量清单是否符合合同约定的组价标准、是否符合《建设工程工程量清单计价规范》GB 50500—2013 的规定原则。

（4）审核工程变更签字手续是否齐全、变更事项是否合理、费用计算是否符合合同约定。审核缺项清单子目及补充子目是否按规定编制并报批。

（5）审核各项取费、税金、政策性调整、材料设备价格的确认、价差调整是否符合合同约定。

（6）审核复核施工合同范围外的工程价款。如（S1 线）工程通信信息接入服务协议、（S1 线）工程质量第三方检测项目、（S1 线）规划设计咨询服务合同等。

（7）审核施工工期、工程质量是否有奖罚规定，如有奖罚规定则按规定进行计取费用。

四、服务的实践成效

1. S1 线项目造价咨询工作难点

（1）工程以招标图为依据进行招标并签订施工合同，施工时按照施工图施工，施工图与招标图相比变化比较大，在造价控制过程中需要重新核对工程量及综合单价。例如，金安桥站招标图为普通车站，施工图时变更为换乘车站，车站规模发生重大变化，同时增加围护结构，故需要依据图纸重新进行核对，而且项目特征发生变化，综合单价需要重新核对。

（2）由于招标图设计精度不够，导致施工图设计时较招标图变化较大，增加了造价控制的难度。例如，车站招标时没有附属结构图纸，施工时增加附属结构图纸，而且主体结构施工图设计也与招标图不一致，需要重新描述项目特征、重新核对工程量和综合单价。

（3）批复设计方案的变化导致施工图设计变更，造成工程量及综合单价重复工作。例如，装修外立面方案最终批复与初步设计方案不同，施工图变更幅度较大，导致结构屋顶钢结构设计变化较大，故需要依据图纸重新需要重新描述项目特征、重新核对工程量和综合单价；又如，装修风格变化导致装修材料变化较大，需要依据图纸重新描述项目特征、重新核对工程量和综合单价。

（4）设计规范发生变化，引起材料变化，导致费用变化。例如，根据《建筑防火设计规范》GB 50016—2014，消防供电电缆由普通耐火电缆改成矿物绝缘电缆；我们在造价控制过程中需要依据设计变更重新描述项目特征、重新核对工程量和综合单价。

（5）由于工期较长，现场地质地貌发生重大变化，导致施工难度增大，造价费用增加。例如，冯村沟原来的一条小河沟变成景观河道，导致高架桥梁施工难度加大，施工措施增加，也导致我们在造价控制过程中重新描述项目特征、重新核对工程量和综合单价。

（6）施工工法的变更导致工作增加。例如，穿石景山长达 278m 的隧道施工不允许用爆破法施工，改成悬臂式掘进机掘进施工，此项施工工法定额中并不包含，我们根据施工工艺、市场价格重新编制了补充定额，报北京市建设工程造价管理处进行补充定额的审批，最终形成补充定额，我们在造价控制过程中重新描述项目特征、重新核对工程量，依据造价处批准的补充定额组成综合单价。

2. 咨询服务中的经验总结

（1）决策阶段。决策阶段工程造价的控制对整个建设项目具有决定性作用，特别是建设标准的确定、施工工期的确定、设备选用等，直接关系到工程造价的高低。这阶段的重点是投资估算的编制，例如，在可行性研究阶段，编制投资估算；在初步设计阶段，重点编制概算，并进行概算与估算的偏差分析。

（2）**设计阶段。**施工设计方案至关重要，设计方案是工程建设基调得以确定的总体性文件，在设计阶段形成 80% 的投资额。而设计的缺陷加上工程施工环境条件的复杂性，都将造成工程设计的大量变更，而这种变更往往会对造价控制造成巨大的影响。因此在满足使用功能的前提下，合理设计会使工程造价大幅度降低。例如，推行限额设计、对设计方案认真论证、优选设计单位、设计人员明确设计要求，充分体现经济意识。

（3）**招投标阶段。**在招投标阶段，需要进行择优比选，进而为有效控制工程投资打好基础。然而在实际的工程招投标中，市场竞争中的一些不规范行为、招标文件编制的缺陷性也都可能造成恶意低价中标、施工队伍素质低下等情况，这不仅对工程的顺利进行造成阻碍，加大返工的概率，同时也对竣工结算阶段造价控制造成了困难。

（4）**合同签订阶段。**在合同的签订过程中，由于合同签订的双方并未对双方权利、义务、施工内容、工程的支付方式以及结算条款进行严谨的表述，也就可能引起合同签订的双方在结算阶段的合同纠纷，对结算价格造成影响，损害企业的经济利益。

（5）**施工阶段。**施工过程造价控制的影响除了是由施工本身的复杂性所造成的以外，施工过程中的基础性资料也将对其造成影响。例如，隐蔽工程、现场签证等资料缺乏真实客观性，不够完善，也都为造价控制带来阻碍。因此，施工阶段要严格把控对施工组织和方案的审批、对设计变更和现场签证的审批，及时完备隐蔽工程的现场签证手续。

（6）**竣工结算阶段。**这一阶段是整个项目投资控制实施的重点，首先要把好造价人员职业素质关，遵守职业道德；其次收集整理好竣工资料，深入项目现场全面掌握工程实际情况；第三严格把关，对工程量计算、清单及定额的套用、材料及设备价格、取费标准、变更签证等全面审核。

3. 对工程造价管控与竣工结算阶段的建议

（1）**工程造价管控阶段。**

1）做好设计阶段造价管控。由于设计质量直接影响工程造价的管控，并对工程周期、工程质量、建成后的经济社会效益都有着决定性的作用，因此需要在满足使用功能的前提下，进行方案的合理设计，降低工程造价。对设计单位进行优选，积极推行设计招投标，进而实现设计方案的优化，加大工程造价控制力；在设计阶段增强技术经济分析，在满足使用功能基础上依据经济指标、综合效益进行方案设计；在设计中严格落实限额设计，确保功能的前提下根据分配投资额进行控制设计；对不合理变更进行控制，确保竣工决算在总投资限额内。

2）积极推行招投标进行施工单位的优选。通过招投标，建设单位能择优选取优秀的施工队伍，进而从根本上改变“先干后算”、投资失控的局面，确保工程造价得到合理的控制。

3）对合同的签订进行规范。合同签订时，应明确合同双方权利、义务、施工内容、工程的支付方式以及结算条款等，确保自身的利益不遭受损害。

（2）**竣工结算阶段。**

1）增强对工程造价管理的重视。由于建筑行业的竞争越发激烈，这使得建设单位想要获得市场，获得最大的利益，也就需要建立起完善的管理制度、经营策略、精准的造价控制管理体系。领导者作为管理阶层，应对工程造价管理提高重视力度，进而将造价管理传递并落实到基层工作中去。而加强工程造价管理也是整个企业共同的责任和义务，所以通过工程造价管理重视力度的增强来对人员与资源进行合理的分配，成立专项造价管理小组来提高工程造价管理积极性，为竣工结算阶段的造价控制奠定基础。

2）提升工程造价管理的人员水平。竣工结算阶段的造价控制与企业的实际利益紧紧相关，因此对造价结算管理人员的业务水平有着较高的要求，除了具有精湛的业务水平、丰富的结算审核经验，同时还应有实事求是、公平公正的工作态度，以及良好的职业道德。而工程造价管理人员也应在工作中能准地进行定额单位换算，在第一时间对计价调整动态进行掌握，并及时进行工程施工现场费用的核算。所以需要提升工程造价管理的人员水平，强化专业培训，引入考核制度，进而鼓励工程造价人员实现自我能力水平与素质的提升。

3）制定统一的、标准的合同计价原则。在竣工结算中，合同是一项重要的依据，既具有法律效应也具有强制的参考价值，因此需要制定统一的、标准的合同计价原则，避免合同中模棱两可文字的出现，防止歧义造成的损失。同时应建立起专项计价整顿小组，进而防止招标文书上因计价条款、计价要求、计价原则不全面与不详细造成的经济损失。针对后期新增单价过程的烦琐情况，为避免建设单位和施工企业发生争议与纠纷，还需要在竣工结算前做好标准的计价清单，严格履行合同条款，从而确保合同双方的合法权益。

工程造价管控与竣工结算阶段的造价控制，在促进建设单位、咨询单位、施工单位良好发展中具有非常重要的作用，为确保工程造价管控与竣工结算阶段的造价控制的有效实现，需要从制度、人员、合同、招投标等各方面做起，全面提升工程造价管理水平，在保障工程使用功能的基础上，实现利益的最大化，维护合同双方的合法利益。

五、全过程工程咨询意义

1. 生态环保

S1线途经潭柘寺、妙峰山、西山森林公园等自然风景区，生态环境好、历史渊源深远。S1线站台配合沿线生态环境，设计成了“一站一景”。例如，石厂站大厅的“莲花”造型，参考了潭柘寺佛教文化作为设计元素，金安桥站大厅的“红叶”造型则与西山森林公园互相辉映，颇具特色。配套景观工程初展风貌，“宜花则花、应绿尽绿”的理念，带动起了可观、可游的“永定河绿色生态发展带”建设。磁浮交通担负起保护生态环境、引领科技发展等社会责任，是绿色生态线路的典范。

2. 经济发展

北京地铁S1线的开通，门头沟新城对外交通环境得到有效改善，对石景山地区产业结构调整起到积极的推动作用，也标志着中低速磁浮交通技术工程化研发成果在北京成功落地。S1线可与北京地铁1号线、北京地铁6号线等地铁线路实现换乘，大大改善首都西部地区的快速交通条件，市民往来门头沟区与北京中心城区的旅行时间进一步缩短，使曾经的“偏远西部”逐渐有了城市活力与现代气息。它向东连接的三河、大厂和香河正是和城市副中心协同发展的廊坊北三县，在京津冀一体发展上有着极为重要的战略地位。

• 专家点评 •

该案例为全过程造价咨询服务案例，咨询服务包含了编制工程量清单及控制价、造价过程控制、施工结算审核等工作，全过程造价咨询服务中做到了事前策划（编制全过程造价控制实施方案）、事中控制（进行合理化建议、重点审查）、事后总结（按咨询阶段进行总结并提出改进意见），并按照全过程造价咨询服务不同阶段进行了重点工作识别、分析和总结，具备一定的全过程造价咨询服务的参考价值。同时，该案例为北京首条、中国第二条中低速磁悬浮线路，结合了中低速磁悬浮线路全过程造价咨询的特征，在决策阶段、设计阶段、招投标阶段、合同签订阶段、施工阶段及竣工结算阶段分别列举了项目实例及造价控制对比数据进行专项案例分析，对咨询企业承接类似项目起到了引领示范作用。

点评人：潘敏

四川开元工程项目管理咨询有限公司

以投资管控为主线、设计优化为切入点 基于 BIM 技术的全过程工程咨询

——云南云岭工程造价咨询有限公司

李云鹏　李　超　张　芸　母昌锁　申　昇

一、项目基本概况

1. 项目概况

本项目为高端商住小区，建设地点位于昆明市某地。

本项目规划净用地面积 31073.33m^2，地块性质为居住用地，建筑面积约 7.5 万 m^2，其中地上建筑面积 53339.36m^2，地下建筑面积 21660.64m^2，容积 1.920，建筑密度 29.31%，绿地率 40.13%。项目总投资约 6 亿元，含 1 栋综合商业配套、11 栋商住住宅（层高 5~8 层）及设施管理配套用房。项目效果图如图 1、图 2 所示。

图 1　项目效果图

图 2　项目现状图

本项目由业主自行发包管理，采用施工总承包及专业工程平行发包模式，涉及土方、基坑支护、总承包、消防、总图、景观、给水、人防设备制作安装等 20 个合同主体。委托云南云岭工程造价咨询有限公司（以下简称“云岭咨询”）提供全过程造价咨询、BIM 咨询及协助项目全过程管理咨询服务。

2. 项目特点

（1）**管理组织：**项目业主作为某集团公司二级企业，集团公司在成立项目业主机构时本着推进国有投资地产项目达到市场化运作目的，推行以投资控制为核心的商业地产项目，抽调了集团公司主管投资和造价的分管领导担任本项目业主负责人，组建包括注册造价师 6 人、注册建造师 1 人的 12 人管理团队，形成以投资管控为主线的项目管理。

（2）**项目建设内容**：项目定位为城市坡地高端商住小区，品质要求非常高。所开发的项目为业主方第一次承担此类型项目，建设内容的管控上无可直接借鉴的经验。

（3）**施工场地**：项目场地狭窄，场地现状大致呈三个平台，自北向南分三个平台之间自然陡坎高差为 5~7m，东西两侧紧邻已建成小区，北侧为城市主干道，南侧为林业用地，施工场地范围内没有开阔的预留工作面。

二、服务范围及组织模式

1. 服务的业务范围

（1）项目全过程造价咨询服务包括如下工作：

1）配合甲方及设计，对设计任务书提出造价建议，完成投资估算审核；

2）配合业主单位做好设计阶段的造价控制，审核项目的工程概算；

3）编制工程量清单及招标控制价；

4）施工阶段全过程跟踪造价咨询服务；

5）竣工结算审核。

（2）项目全过程 BIM 咨询服务包括如下工作：

1）编制项目设计、施工、咨询等阶段招标文件中的 BIM 相关条款，协助业主对投标文件的 BIM 部分进行评审。

2）以项目管控要点要求为指导，结合项目实际需求，编制《BIM 管理应用实施方案》，明确项目采用 BIM 实施总体目标及主要任务。

3）组织落实项目基于 BIM 技术的投资控制应用工作，指导项目各参建单位基于 BIM 的数据应用环境。

4）制定 BIM 应用实施流程，建立 BIM 会议机制、模型管理机制、各项 BIM 应用点工作要求、基于 BIM 模型验收办法、现场施工误差反馈机制等，为管理各参建单位 BIM 实施提供支持。

5）建立并维护 BIM 相关模型数据（含模型信息和基于模型的信息扩展），包括建筑、结构、机电专业模型、各专业的综合模型，以及相关文档、数据、模型深度应符合投资管控应用深度要求。

6）构建项目 BIM 可视化应用场景，协助项目各参建单位形成基于 BIM 模型成果的深化应用。

（3）协助项目全过程管理咨询：

1）辅助业主构建全过程管控管理方案。

2）为业主管控提供全过程管理咨询意见。

2. 服务的组织模式

（1）**参建单位职责范围一致性原则。**项目基于 BIM 应用场景的投资控制实施过程中，各参建单位对项目投资关注重点及基于 BIM 模型所承担的应用场景工作职责及工作范围，与各参建单位项目承包范围和承包任务一致。我公司有责任监督、协调及管理各分包单位的 BIM 实施质量及进度，并同时对项目范围内最终的 BIM 成果负责。各参建单位有责任根据项目的进展及项目投资控制要求配合全过程咨询单位（我公司）开展基于 BIM 的投资控制实施工作，并根据合同范围按相关合同节点提交 BIM 需求及协助工作成果，以确保提交的项目信息工作成果的正确性及完整性。

（2）**项目服务目标。**为确保项目投资管控目标可控达成，如期交房乃至提前，对项目采用基于 BIM 模式的全过程可视化信息沟通机制，确保项目运行机制的高效顺畅，具体如图 3、图 4 所示。

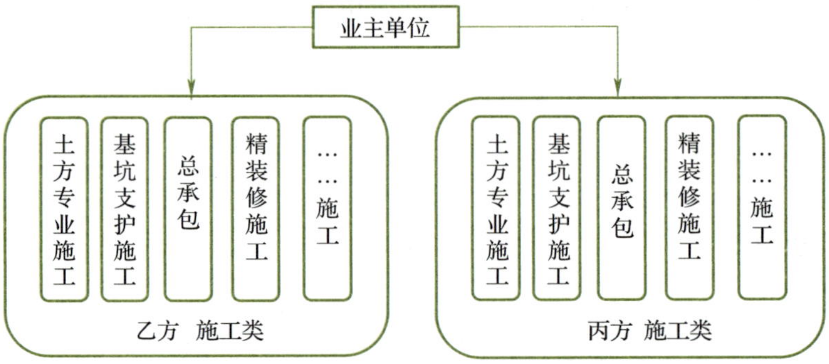

图 3 项目管理组织架构图

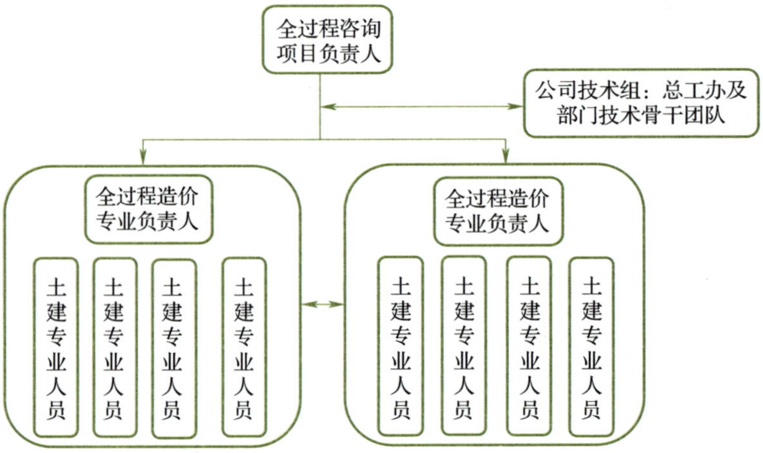

图 4 全过程咨询服务内部组织架构图

3. 服务工作职责

本项目全过程咨询服务实施过程中，云岭咨询与业主单位形成双线一致的协同管理团队，充分考虑项目投资可控、进度按期的目标，为业主单位减轻管理负担，理清投资控制管理内容，同时围绕着 BIM 应用场景的数据信息化提供各参建单位信息的及时一致，提升项目的投资、进度、品质等管理工作。全过程咨询服务及参建单位职责如下：

（1）**业主单位工作职责：**作为项目的业主单位负责提出项目建设需求，并配合全过程咨询单位和各参建单位开展工作需要的环境，对项目参建单位自身完成的成果进行审核确认。

（2）**全过程咨询单位服务工作职责：**

1）在设计及施工阶段组织项目各参建单位分别制定具体的《基于 BIM 技术的投资控制全过程工程咨询实施方案》，协助业主管理，提供管理咨询意见，并监督各参建单位执行贯彻实施。

2）实施与协助各阶段项目参建单位完成的基于 BIM 技术的应用场景，并提交各阶段项目管理的咨询意见，经业主确认并执行，最终形成全过程咨询成果进行成果归档。

3）建立可用于工程量清单定额套价的 BIM 模型，作为投资控制数据重要来源之一，利用 BIM 技术辅助开展投资估算、工程概算、工程量清单、招标控制价、施工阶段全过程造价咨询服务、竣工结算审核等全过程投资控制应用场景工作，及时高效的提供投资数据支撑业主项目管控工作。

4）充分挖掘投资控制及 BIM 技术结合在工程中的使用价值，保证工程质量、进度及效益的提高。

5）为各参建单位提供 BIM 支持。

（3）**设计单位服务工作职责：**作为项目的设计单位按照传统设计准确及时提供设计信息，并及时回复项目其他参建单位对设计信息的答疑与指导工作，同时配合全过程咨询单位完成基于 BIM 的设计模型交底工作。

（4）**监理单位服务工作职责：**作为项目的监理单位负责配合全过程咨询单位对各参建单位提交的项目信息过程和成果进行监督和审查。对设计图纸及 BIM 模型中存在的问题，监理单位应提出书面意见和建议，按照全过程咨询单位的要求，针对重要节点提交 BIM 质量评估报告。

（5）**施工总承包单位服务工作职责：**

1）施工总承包单位应接收设计单位提供设计图纸及全过程咨询单位提供的 BIM 模型，对自身合同范围内和与专业分包单位交叉作业的工作进行必要监督和审查，并对存在的问题提出、校核和调整意见；

2）施工总承包单位应根据项目实际施工进展，基于 BIM 模型开展相应的可视化应用场景，完善或协助施工阶段的工作数据采集和运用工作，并在施工过程中及时更新，保持基于 BIM 应用的适用性；

3）施工总承包单位应统筹管理好各分包单位施工阶段的数据信息及管理工作；

4）保证 BIM 模型与施工现场相结合，并配合全过程咨询单位完成施工阶段 BIM 应用。

（6）**专业分包单位服务工作职责：**作为项目的专业分包单位负责合同范围内的 BIM 模型数据监督和审查，并对存在的问题提出、校核和调整，配合全过程咨询单位对自身专业进行深化、更新和维护工作，利用 BIM 模型指导施工，配合总承包单位的管理工作，并提供相应的可视化应用场景成果。

三、服务的运作过程

1. 全过程咨询服务的总体思路

（1）**重视过程和要素管理。**基于 BIM 技术的投资控制全过程咨询服务，关注业主的需求（投资可控，进度按期，高品质），从而确定需要加强对过程管理和要素管理的结合，利用 BIM 技术的可视化、数据化等特性在不同阶段为业主提供看得懂的决策依据，强化业主和参建单位之间的沟通，增强项目信息化管理能力。

（2）**建立信任机制应用环境。**要充分发挥 BIM 技术和投资结合的价值，应用环境至关重要，保持一个良好的机制环境需要信任来造就。仅从相对单一的技术层面对 BIM 和投资应用场景开展工作，就会显现技术片面的劣势和相对的狭隘，因此从业主开始对项目的推进启动就应当提出建立各参建单位高层领导和中层干部信任机制。

2. 全过程咨询辅助业主建立管理体系

项目业主对投资管控的了解和重视度比常规的项目管理者更为严格，从我公司进驻项目开始，即对业主单位现有项目管理制度、各方职责权限等进行梳理，重新制定项目的管理制度（协助业主构建项目考核管理办法制度如图 5 所示）。

[redacted]有限公司文件

[redacted]

关于印发《考核评价管理办法（试行）》的通知

各部门、各单位：

《考核评价管理办法（试行）》已经[redacted]内部审议通过，现印发给你们，该办法从[redacted]起开始实施，请各部门、各单位认真学习并遵照执行。

特此通知。

附件：考核评价管理办法（试行）

[redacted]有限公司

[redacted]

1

考核评价管理办法（试行）

第一章　考核方式

第一条　本办法适用于各参建单位对比考核与评价，检查评比采用月考核和周评价相结合的方式，并在季度末与年度末进行考评总结。考核由[redacted]组织，月考核以当月每周评价得分汇总加权后得出，依据月考核成绩，对各参建单位进行奖罚。

第二条　[redacted]各部门组织对各参建单位的工作情况进行评分（见考核评价细则）。

第二章　考核等级划分与对比排名

第三条　考核采用 100 分制，划分优秀（≥90 分）、良好（89-80 分）、合格（79-70 分）和不合格（≤69 分）四个等级。

第四条　考核排名按不同职责单位分组为：[redacted]，每月依照考核成绩从高至低进行排名，排名结果将形成书面文件并通报给各参建单位和[redacted]有限公司，并在[redacted]设立公示栏对考核排名结果进行公示。

第三章　考核评价流程

第五条　考核评价流程

[redacted]

2

各参建单位考核评价细则

一、监理单位考核评价

附表 1：监理月度考核表

______年____月____________监理工作检查评分汇总表

表一

序号	项　目	考核部门	实际得分合计	权重系数	最终评分
1	质量控制	[redacted]		0.20	
2	进度控制	[redacted]		0.20	
3	安全及文明施工控制	[redacted]		0.20	
4	投资控制	[redacted]		0.20	
5	合同和信息管理	[redacted]		0.05	
6	人员和资质	[redacted]		0.05	
7	工程协调	[redacted]		0.10	
合计				1.0	
考核人签字：					

6

____年____月________监理安全及文明施工控制工作检查评分表

表四

序号	项　目	标准分值	实际得分	扣分细则
1	审查安全生产保证体系和规章制度	10		未及时督促建立或未及时进行审查，每项扣 5 分，扣完为止
2	审查安全技术方案和措施	10		审查施组时未认真审查安全措施，每次扣 2 分；未及时督促施工单位编制安全专项方案，未认真审查专项安全方案，每项扣 5 分，扣完为止
3	[redacted]	30		[redacted]
4	督促施工单位进行安全培训和教育	10		未督促施工单位定期进行安全培训和教育，每次扣 5 分；新进场施工人员未经过安全培训和教育就上岗，监理未及时发现和制止，每次扣 5 分，扣完为止
5	检查施工现场安全设施、标牌	10		监理未及时发现现场安全设施和标牌不完善和未及时督促施工单位整改，每项扣 2 分，扣完为止
6	审查施工监测	5		监理未及时督促施工单位编制监测方案，扣 5 分；未及时督促施工单位实施监测，每次扣 1 分；未及时审查监测结果资料，每次扣 1 分，扣完为止
7	有专人负责安全和文明施工工作	5		监理无专人负责安全和文明施工工作，扣 5 分，扣完为止
8	审查文明施工管理制度	5		未及时督促建立或未及时进行审查，每项扣 1 分，扣完为止
9	审查场地规划布置	5		未督促施工单位编制场地规划，扣 5 分；未审查场地规划，扣 5 分；未督促施工单位按规划布置，扣 5 分，扣完为止
10	对施工单位文明施工的检查和控制	10		督促施工单位做到工完场清、裸土覆盖，每发现一项问题，扣 2 分，扣完为止
合计		100		
考核人签字：				

9

______年___月__________施工单位进度控制工作检查评分表

序号	项目	标准分值	实际得分	备注
1	项目部对分部工程进度延误的措施及资源安排	10		项目进度是否延误，是否有进度延误分析，延误扣 4，无延误分析扣 1 分；是否有进度延误计划措施，无计划措施每项扣 1 分；是否有落实措施及资源安排，无落实措施及资源安排扣 1 分；各项扣完为止。
2	关键线路的施工准备与资源配置情况	10		是否有施工准备及资源配置方案，施工准备不足扣 2 分，无资源配置方案扣 1 分；是否按方案准备及配置资源，资源配置不满足关键线路施工扣 3 分。
3	施工单位分包单位进度管理	10		施工单位是否给分包单位下达进度计划，进度计划是否满足项目公司进度要求，施工单位是否对分包单位进行进度考核。未下达进度计划每项扣 4 分，不满足项目公司进度要求每项扣 3 分，未进行进度考核每项扣 3 分。
4	[illegible]	30		[illegible]
5	进度会议制度管理	10		是否有周进度协调会，形成进度会议纪要并明确管理责任及期限，是否有项目月度报告，月度报告与现场实际是否相符。每少一次进度协调会扣 1 分，未形成会议纪要每次扣 1 分，无月度报告扣 1 分，月度报告与现场实际不相符扣 3 分。
6	项目完成情况上报	10		是否按时上报项目生产日、周、月报，是否按时上报完成产值情况。每次未按时上报扣 1 分，产值与现场实际不相符每次扣 2 分。
7	文件回执管理	10		各分部对项目公司下发的考核结果、工作任务等及对监理单位下发的函件等及时回复，未回复每次扣 3 分，未按要求时间及时回复每次扣 2 分。
合计		100		
考核人签字：				

19

______年___月__________施工单位技术控制工作检查评分表

序号	项目	标准分值	实际得分	扣分细则
1	[illegible]	40		[illegible]
2	试验工作	20		根据项目管理情况，编制试验管理制度，未编制扣 5 分； 根据项目施工内容编制试验检测计划，未编制扣 5 分，编制不及时扣 2 分； 项目检测应及时并满足规范要求，并制作检测台账，检测不及时扣 2 分，未按照规范要求检测扣 3 分，未制作台账扣 3 分，台账不及时扣 2 分； 是否配合第三方检测工作，不配合扣 5 分/次。
3	测量工作	10		编制测量管理制度，方案，未编制方案扣 2 分，未编制制度扣 2 分； 根据现场情况对控制网进行加密，控制网未及时加密，不满足施工要求，每条路扣 1 分。 测量设备工具及时送检，台账齐全，帐、卡、物相符。设备未送检，未建立管理台账扣 2 分，台账记录不完整扣 1 分/项。
4	[illegible]	30		[illegible]
合计		100		
考核人签字：				

20

图 5　协助业主构建项目考核管理办法制度

3. 服务运作过程

秉承着“以客户的成功衡量我公司的成功，以优质的服务满足客户的需求”的服务理念，我公司项目组全身心投入到项目中，区别不同的服务内容重点分析，形成相对独立又紧密的融合关系，建立统一服务团队，做到一个团队对项目信息和组织的合理分配。

（1）全过程造价咨询内容：

1）可行性研究报告编制阶段：投资估算审核。

2）初步设计编制阶段：设计概算审核。

3）拦标价编制阶段：工程预算审核。

4）施工准备阶段：协助施工合同中造价条款的拟定。

5）施工阶段：参与审核施工方案优化及经济比选；工程量签证计量的审核；设计变更、工程量签证的造价审核；全部合同履行过程中的价款支付审核控制；工程索赔的处理、动态造价控制分析、造价管理咨询报告等的全过程造价跟踪服务；配合本工程各级政府部门的检查、审计等相关工作；根据工程施工合同，遵循相关技术规范和规程，对施工阶段影响全过程造价相关事项提供咨询意见，并在授权范围内实施控制管理。

6）竣工结算阶段：竣工决算编审、工程结算审核、工程数量台账、变更、签证台账的审核、工程索赔资料准备、编制结算审核报告、内部跟踪审核资料的整理、归档等工程造价跟踪咨询服务，确保结算审计的完整性、合理性、正确性；并配合本工程各级政府部门的检查、审计等相关工作。

7）其他：全过程中工程造价争议鉴证及完成招标人安排的其他造价咨询服务工作。

（2）**全过程 BIM 咨询内容**。利用全过程 BIM 咨询，从 BIM 模型的创建、应用及信息维护工作，为项目参建各方搭建一个信息共享与协作平台，尤其是业主单位从中获得项目价值最大化的信息内容。在业主方建立的信任机制环境中，把 BIM 作为一个沟通组织环境中的信息共享重要内容，项目参建者大部分的基本问题基于对于模型的提前或过程，乃至结束后的衍生信息应用场景，在基于 BIM 应用的环境中考虑提供以下四种实施内容：

1）提供对设计意图反映的建筑、结构（不含钢筋）、机电和设备模型，模型成为项目交付的唯一设计三维依据，供项目参与者进行沟通协调。

2）模型中的建筑、结构（不含钢筋）、机电和设备模型工程量形成数据作为造价工作的数据来源之一，通过基于模型的规则和测算，使造价工程师专业人员能够向业主提供准确的费用计划和实际信息，可视化提供辅助应用场景，供项目投资管控者进行数据使用和反馈。

3）模型中明确地给出有关模型尺寸精确度的说明。所有尺寸（信息）可作为深化设计和施工的实施依据，供施工采用。

4）项目参与者基于 BIM 模型平台进行现场数据上传分类说明。作为远程协助的应用选项之一，供项目参与者对关键内容进行审核与评价（项目 BIM 应用流程图如图 6 所示）。

四种应用场景方案中，各参建单位可以使用标记和添加等方式，对项目信息模型中所含信息的状态和内容进行管理应用（项目 BIM 模型图如图 7 所示，项目 BIM 平台图如图 8 所示）。

四、服务的实践成效

1. 标段划分的科学化、合理化、可视化

项目采用施工总承包及专业工程平行发包模式，涉及土方、基坑支护、总承包、消防、总图、景观、给水、人防设备制作安装等 20 个合同主体，如标段划分不合理，易造成不同合同标段范围内工作内容重叠、作业面交叉、漏项，施工阶段管理协调工作难度大，给投资控制带来困难，产生致使投资增加的不可预见性问题。

我公司依据项目工期要求、图纸深度情况，调研当地施工单位作业能力和协调能力后，提出如下建议：

（1）采用 BIM 技术完成项目模型，利用 BIM 模型进行可视化工作范围划分（模型标段划分可视化如图 9 所示）。

（2）考虑当前时间节点设计进度还未完成上部栋号的最终定案，地块土质情况非常好（场地土为中硬土，拟建建筑的场地类别为Ⅱ类；场地下 20m 深度范围内无液化土层），以及当前春季降雨量小等特点，将基坑支护和土方开挖划分为两个标段，从而加快施工进度。

（3）每一个施工合同范围，我公司均与业主、设计单位和监理单位进行详细研究，对施工范围和工作内容进行详细文字描述和 BIM 模型辅助划分。如总承包和高低压配电合同工作范围划分明确到“变配电室低压配电柜至各商业及住宅电表箱（含电表箱）配电线缆、桥架、设施采购、安装”等具体的设备搭接（标段划分情况如表 1 所示）。

（4）设备采购招标待最终的设计蓝图出图后再行确定具体范围，并配合设计对市场当前主流设备型号进行费用询价分析（设备费用询价分析如表 2 所示）。

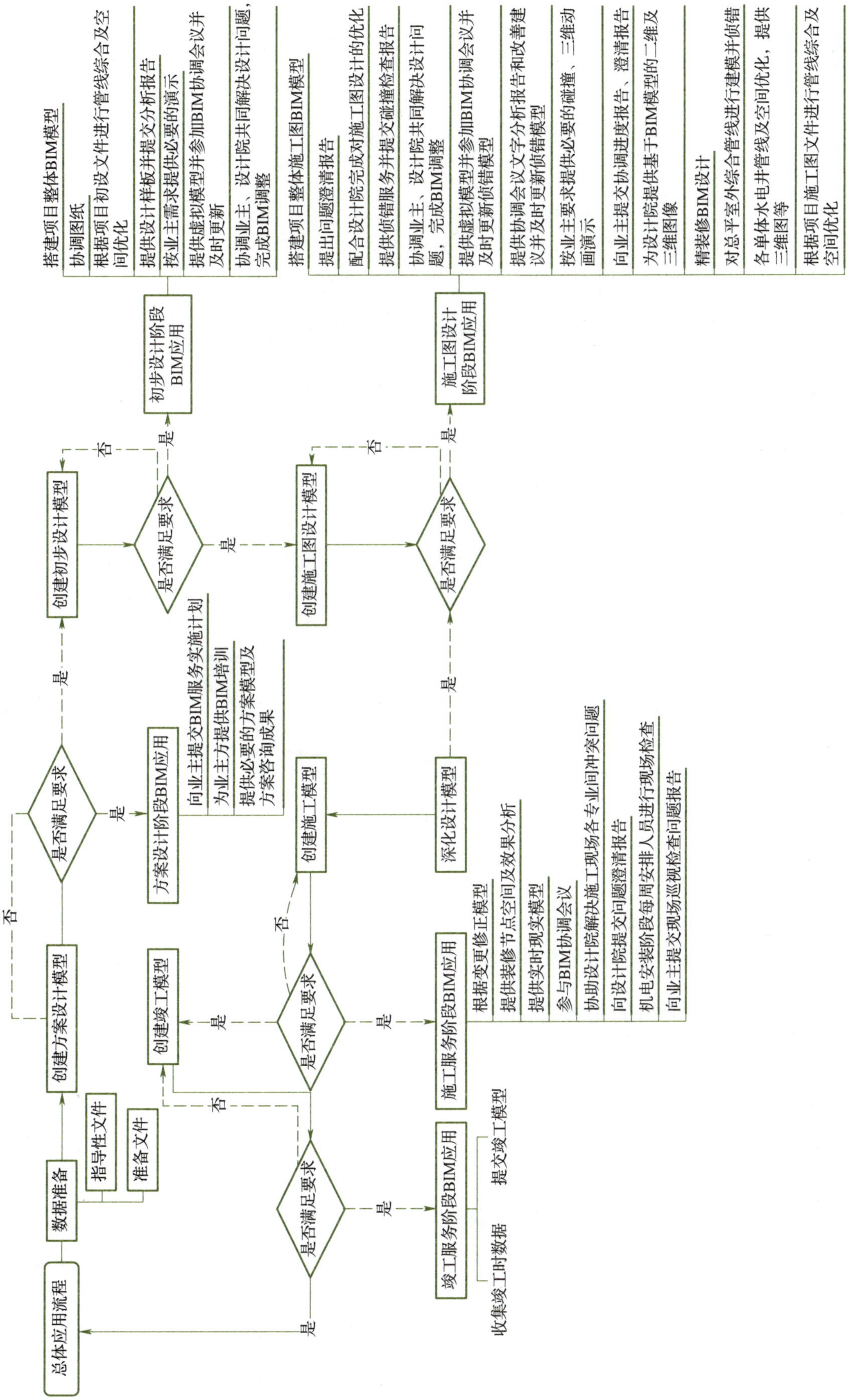

图 6　项目 BIM 应用流程图

图 7 BIM 模型图

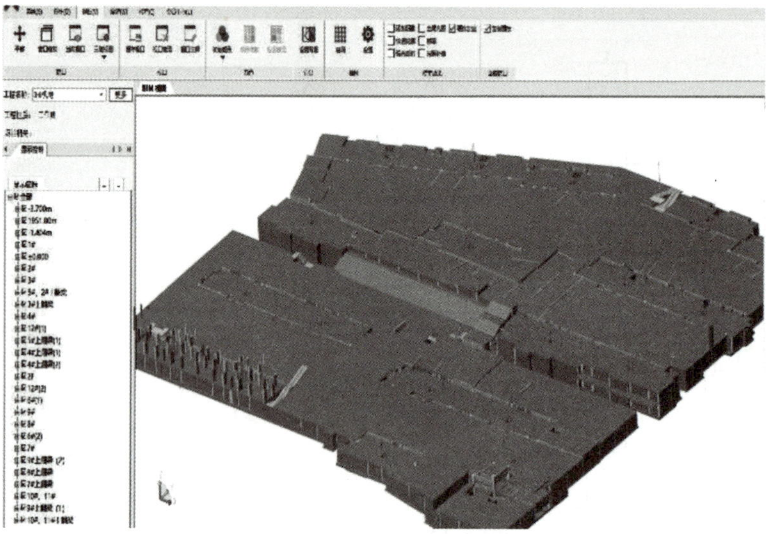

图 8 BIM 平台图

（5）对分析统计完全的 16 个施工合同标段，进一步完善招采工作的优先级别，合理及时完成招标工作，满足项目实施要求（招采优先级别如表 3 所示）。

2. 确定施工标段适合使用的招标合同方式

在每个合同招标前期，均事先了解并明确工作内容的节点时间和过程操作的变化性，以及设计内容的深度，进而对每一个招标项目进行关注点描述和修改，尤其对招标合同结算方式、合同商务条款等进行设置，如对总承包合同采用综合单价合同，高低压配电合同采用总价包干合同等；针对施工过程中可能发生的签证、二次费用等共性问题，对招标规则细化约定（总承包招标中对大机进退场要求如图 10 所示）；在招标文件和合同中要求总承包单位和其他专业单位必须具备 BIM 技术应用能力，并按照业主要求实施（总承包合同 BIM 技术要求如图 11 所示）；为减少可能存在的扯皮和工作面交叉阻碍进度等情况，要求因与相关专业施工单位配合不利而导致的工期滞后、工期顺延，不得进行窝工费用索赔，因与相关专业施工单位配合而导致返工，根据责任划分，相应单位承担返工费用等相应条款设置。

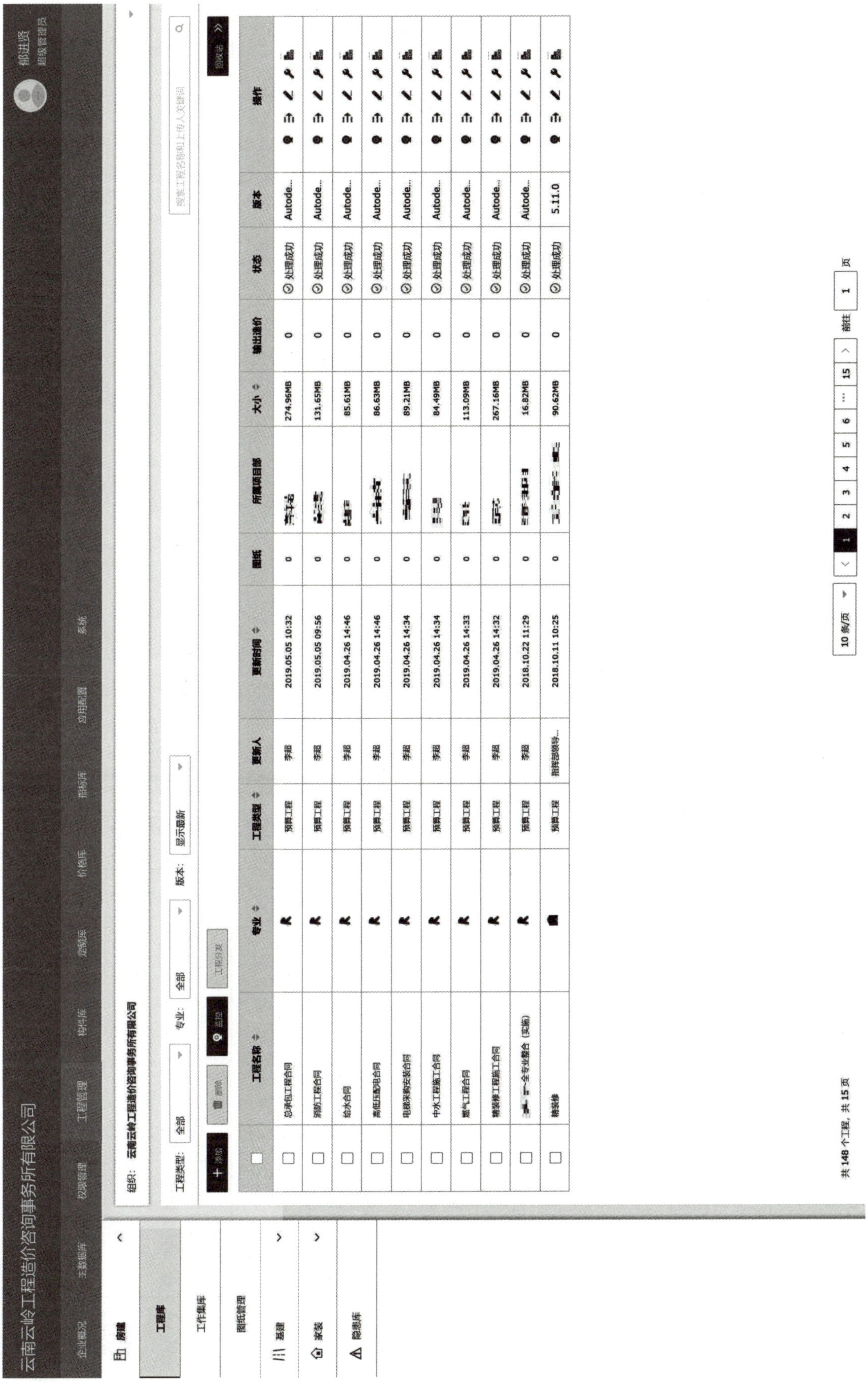
云南云岭工程造价咨询事务所有限公司
企业概况
主数据库
权限管理
工程管理
构件库
定额库
价格库
指标库
应用配置
系统
工程库
工作集库
图纸管理
组织：云南云岭工程造价咨询事务所有限公司
工程类型：全部
专业：全部
版本：显示最新
工程名称
专业
工程类型
更新人
更新时间
图纸
所属项目部
大小
输出造价
状态
版本
操作
总承包工程合同
消防工程合同
给水合同
高低压配电合同
电梯采购安装合同
中水工程施工合同
燃气工程合同
精装修工程施工合同
精装修
处理成功
共 148 个工程，共 15 页
10 条/页
前往 1 页

图 9 模型标段划分

表1 部分标段划分内容

完成面		接收面		交界面描述	界面移交成果资料
完成单位/合同	工作内容	接收单位/合同	工作内容		
总承包工程合同	安装前现场洞口移交	精装修施工合同	户内门供货及安装	1. 总承包负责按图纸和标准移交洞口； 2. 总包提供定位及标高控制线； 3. 门框安装完成之后，要对所有已安装完门框进行全面的调整、加固； 4. 总包无偿提供水电	
总承包工程合同	1. 电梯井道移交； 2. 外招呼叫面板留洞； 3. 电梯机房基础、洞口预留及封堵； 4. 预留检修吊钩； 5. 电源线、双电源箱的安装； 6. 电梯底坑的排水； 7. 电梯机房初装修； 8. 电梯自带电源箱前电缆； 9. 机房照明； 10. 预留底盒（含首层消防员开关）或预留底盒洞口	电梯采购安装合同	1. 电梯安装； 2. 电梯井道内照明、检修插座； 3. 电梯自带电源箱出线端至末端电梯设备管线； 4. 外招呼叫面板开孔； 5. 完成电梯内五方通话并联网； 6. 提供电梯二次深化图纸	总包提供水电接驳点，电梯安装单位自行布置满足自身需求的临水、临电系统，并向总包缴纳水电费	
总承包工程合同	可视对讲、手报按钮、红外报警预留管道、线盒、洞口封堵；桥架及弱电箱安装	小区智能化工程合同	可视对讲、手报按钮、红外报警等智能化设备安装及管内穿线、调试（包括电梯内监控摄像头并联网）	1. 穿丝完成后进行移交； 2. 总包无偿提供水电	
总承包工程合同	预留管道、线盒、洞口封堵；桥架及弱电箱安装	有线电视系统工程合同	弱电机房至户内弱电箱穿线	总包无偿提供水电	
总承包工程合同	预留管道穿丝、线盒、洞口封堵；桥架及弱电箱安装	光纤入户施工合同	弱电机房至户内弱电箱穿线	总包无偿提供水电	

续表 1

完成面		接收面		交界面描述	界面移交成果资料
完成单位/合同	工作内容	接收单位/合同	工作内容		
总承包工程合同	燃气穿板、穿梁、穿墙开孔，套管预留	燃气工程合同	管道安装（含套管与管道间塞缝）	燃气后开孔的补洞由总包实施	
总承包工程合同	入户门抹灰收口	入户门供货安装工程合同	入户门及门框安装、成品保护	总包无偿提供水电	
总承包工程合同	1. 与地下室相连的土建结构（采光、通风井等）混凝土结构施工（含砌筑及抹灰）；地下室通往室外的应急通道砌筑、抹灰及装修施工；夹层侧壁防水及防水保护层（含景观完成面以上部分）外装饰施工； 2. 架空层砌体抹灰、墙面及天棚装修完成； 3. 完成地库顶板及侧壁防水及保护层、顶板滤水层施工； 4. 散水及散排沟（如设计图纸有）； 5. 主线至室外主配电箱所有管线预埋及穿线； 6. 室内雨污水管（施工至室外第一个井）	总图、景观工程施工合同	1. 与地下室相连的土建结构（采光、通风井等）景观完成面以上部分外装饰施工； 2. 地库顶板种植土回填（300~500mm）； 3. 小区围墙施工； 4. 园林竣工验收之前，工完场清及路面冲洗； 5. 出室外主配电箱管线、室外软硬景水电安装工程，室外综合管网施工（含铺贴井盖、化粪池）； 6. 园路的消防道路及扑救面基层及铺贴施工； 7. 海绵城市相关管风及下凹式绿地施工	1. 注意景观图纸与建筑结构图纸不冲突、互为补充； 2. 散水及排水沟由总包工程单位施工； 3. 总包提供水电接驳点，景观单位自行布置满足自身需求的临水、临电系统，并向总包缴纳水电费	总平构筑物工作面移交表
天然气、自来水、中水工程	管沟开挖、管道安装、设备安装、防护、标识设施等施工	总图、景观工程施工合同	天然气等管道埋设区堆坡造型、软硬景按景观设计与管网埋设周边规范完成	天然气等管网及设备施工完成，管沟回填夯实，完善相应标识	现场移交记录表
总图、景观工程合同	种植土回填，场地造型、软硬景装饰施工	小区智能化、交通标志工程合同	1. 安防监控、背景音乐、人行及车行大门门禁系统工程 2. 智能化负责该系统工程的埋管、穿线及设备（建筑外埋管穿线智能化单位实施）	景观单位软硬景基层完成、提供满足设计要求的场地及标高	现场移交记录表
总图、景观工程合同	堆坡造型、植物栽植、园区广场、道路、构筑设施施工	小区智能化、交通标志工程合同	标识标牌安装	软硬景施工完成、零星部品安装预埋所需基层完成	景观零星工程场地移交表

表2 不锈钢水箱市场询价对比表

序号	名称	设计技术参数	单位	数量	投标文件中不锈钢主材单价（含税）	投标文件中不锈钢水箱主材合价（含税）	×××不锈钢有限公司			×××金属制品有限公司			×××科技开发有限公司		
							厂家技术参数	单价（含税）	合价	厂家技术参数	单价（含税）	合价	厂家技术参数	单价（含税）	合价
1	中水水箱	4000×3000×2500（mm） 长×宽×高 有效容积24m^3	座	2	32000.00	64000.00	304不锈钢 底板厚：2.0mm； 下侧板厚：2.0mm； 中侧板厚：1.5mm； 上侧板厚：1.2mm； 顶板厚：1.0mm	33200.00	66400.00	304不锈钢 底板厚：2.0mm； 下侧板厚：2.0mm； 中侧板厚：1.5mm； 上侧板厚：1.2mm； 顶板厚：1.0mm	50000.00	100000.00	304不锈钢 底板厚：2.0mm； 下侧板厚：2.0mm； 中侧板厚：1.5mm； 上侧板厚：1.2mm； 顶板厚：1.0mm	42420.00	84840.00
2	生活给水水箱	9000×7000×2500（mm） 长×宽×高 有效容积120m^3	座	2	189000.00	378000.00	304不锈钢 底板厚：2.0mm； 下侧板厚：2.0mm； 中侧板厚：1.5mm； 上侧板厚：1.2mm； 顶板厚：1.0mm	191100.00	382200.00	304不锈钢 底板厚：2.0mm； 下侧板厚：2.0mm； 中侧板厚：1.5mm； 上侧板厚：1.2mm； 顶板厚：1.0mm	220000.00	440000.00	304不锈钢 底板厚：2.0mm； 下侧板厚：2.0mm； 中侧板厚：1.5mm； 上侧板厚：1.2mm； 顶板厚：1.0mm	211300.00	422600.00
3	A#、B#屋顶不锈钢冷水箱	3000×3000×2000（mm） 长×宽×高 有效容积13m^3	座	4	23600.00	94400.00	304不锈钢 底板厚：1.5mm； 下侧板厚：1.5mm； 上侧板厚：1.2mm； 顶板厚：1.0mm	24300.00	97200.00	304不锈钢 底板厚：2.0mm； 下侧板厚：2.0mm； 中侧板厚：1.5mm； 上侧板厚：1.2mm； 顶板厚：1.0mm	38000.00	152000.00	304不锈钢 底板厚：2.0mm； 下侧板厚：2.0mm； 中侧板厚：1.5mm； 上侧板厚：1.2mm； 顶板厚：1.0mm	32900.00	131600.00
4	B栋屋顶膨胀水箱	1600×1600×1400（mm） 长×宽×高	座	1	5497.00	5497.00	304不锈钢 底板厚：1.5mm； 下侧板厚：1.5mm； 上侧板厚：1.2mm； 顶板厚：1.0mm	7240.00	7240.00	304不锈钢 底板厚：1.5mm； 下侧板厚：1.5mm； 上侧板厚：1.2mm； 顶板厚：1.0mm	17800.00	17800.00	304不锈钢 底板厚：1.5mm； 下侧板厚：1.5mm； 上侧板厚：1.2mm； 顶板厚：1.0mm	9690.00	9690.00
合计					541897.00		553040.00			709800.00			648730.00		
询价信息来源							联系人：××× 联系电话：××××××			联系人：××× 联系电话：××××××			联系人：××× 联系电话：××××××		

注：水箱价格包含一个放空阀、2套液位计、浮球阀、透气管、溢流管、放空管及支架。

云南云岭工程造价咨询事务所有限公司 ××× 项目部

表 3　招采优先级别

熹祥苑建设工程项目标段内容划分		
序号	合同名称	招标优先级别
1	土方工程施工合同（001）	1
2	基坑支护工程合同（002）	1
3	总承包工程合同（003）含发电机、单元门、入户门、窗、栏杆	2
4	消防工程合同（004）	3
5	总图、景观工程合同（005）	6
6	小区智能化、交通标志工程合同（007）	6
7	给水合同（008）	3
8	人防设备制作安装合同（009）	2
9	高低压配电合同（010）	3
10	精装修工程施工合同（011）含户内门、橱柜、洁具、电器	5
11	电梯采购安装合同（012）	5
12	有线电视系统工程合同（013）	4
13	光纤入户施工合同（014）	4
14	燃气工程合同（015）	4
15	中水工程施工合同（016）	4
16	太阳能工程合同（017）	6

备注：按照当前梳理施工合同内容进行排序，分为 1~6 个不同等级，其中 1 为优先级别最高，6 为优先级别最低，以此类推。

（2）无负荷联动试车费用由 承包人 承担。

13.3.3 投料试车

投料试车相关事项的约定： / 。

13.6 竣工退场

13.6.1 竣工退场

承包人完成竣工退场的期限： 竣工验收后5日内无条件退场 。

14. 竣工结算

14.1 竣工结算申请

承包人提交竣工结算申请单的期限： 工程验收合格后60日内 。

竣工结算申请单应包括的内容： 已标价合同清单结算、设计变更结算、工程签证结算及竣工图 。

14.2 竣工结算审核

发包人审批竣工付款申请单的期限： 结算资料齐全后60天内 。

发包人完成竣工付款的期限： 发包人审核完成且发、承包双方确认后，承包人提交付款申请书后28日内，发包人支付至结算审定价款的97% 。

关于竣工付款证书异议部分复核的方式和程序：

竣工结算根据合同12.3款约定进行计量，单价执行：（1）清单已有分部分项工程以实际完成的工程量计算，合同综合单价不变；（2）若存在分部分项漏项或缺项的情况，工程量以实际完成工程量计算，综合单价按照专用条款10.4的方式确定；（3）大型机械进退场费结算时不予调整。经承包人、造价咨询公司和发包人对工程结算签字盖章后28日内，发包人支付至结算审定价款的97% 。

承包人报送的竣工结算造价最终核减额在审核定总价5%以上的部分，发生的审计费用由承包人承担，此费用直接在结算付款中扣除。

14.4 最终结清

14.4.1 最终结清申请单

承包人提交最终结清申请单的份数： 6份 。

89

图 10　总承包中大机进退场要求

发包人是否提供支付担保： 否 。

发包人提供支付担保的形式： / 。

3. 承包人

3.1 承包人的一般义务

（9）承包人提交的竣工资料的内容： 按照《昆明市城建档案管理办法》 。

承包人需要提交的竣工资料套数： 肆套 。

承包人提交的竣工资料的费用承担： 承包人承担 。

承包人提交的竣工资料移交时间： 合同工程验收合格后1个月内 。

承包人提交的竣工资料形式要求： 电子版和纸式版，且符合《昆明市城建档案管理办法》要求 。

（10）承包人应履行的其他义务：

a、承包人必须无条件服从发包人及其委托的监理人对熹祥苑进度、质量、设计变更、现场签证、安全文明、环境卫生等方面的管理；

b、承包人全面负责项目现场安全文明管理；

c、配合其他专项施工单位施工；

d、为保证工程进度，承包人应配备一定容量的备用电源，结算时整个项目（标段）综合单价中用电价格（含自发电价差）均不予调整。

e、本项目采用BIM技术，承包人应配备相关技术人员及设备，参与BIM成果的审核，并在成果确认书上签署意见及盖章。

f、承包人应配合协调发包人对工程分包、自行采购的设备、材料等进行管理、服务以及施工现场管理、竣工资料汇总整理并同时提供包括现场脚手架、垂直运输、平行发包专业单位施工用水/用电接驳、平行发包专业单位现场布置协调配合、平行发包工程与总包交叉作业的打凿、修补、清理等配合服务。在履行合同过程中，若发生对平行发包专业工程的配合（不含施工中产生的水、电费用）并经发包人书面确认后，承包人应积极配合，配合费按专业工程合同造价的 1%计取，由发包人从专业工程施工单位结算价中扣除向承包人支付。施工中产生的水、电费用由使用单位（专业工程施工单位）自行承担并向承包人缴纳。

76

图 11　总承包合同 BIM 技术承诺

3. 土方工程量的准确和可视

土方工程准备招标时，地下室设计方案还在确定与优化中，业主单位对招标工程量的准确性和编制时间提出了极高的要求，不可能在方案确定后再提供准确的招标工程量，则势必造成招标工作滞后。考虑到进度和时间的要求，我方建议采用 BIM 技术和造价组价结合起来的方式，先由设计、监理和传统造价各自按照其中一个方案进行工程量计算，对比四种不同方式计算后的差异，BIM 计算工程量更为准确和可视化，最终确定采用 BIM 模型工程量（原始地貌如图 12 所示，土方工程量模型如图 13 所示）。

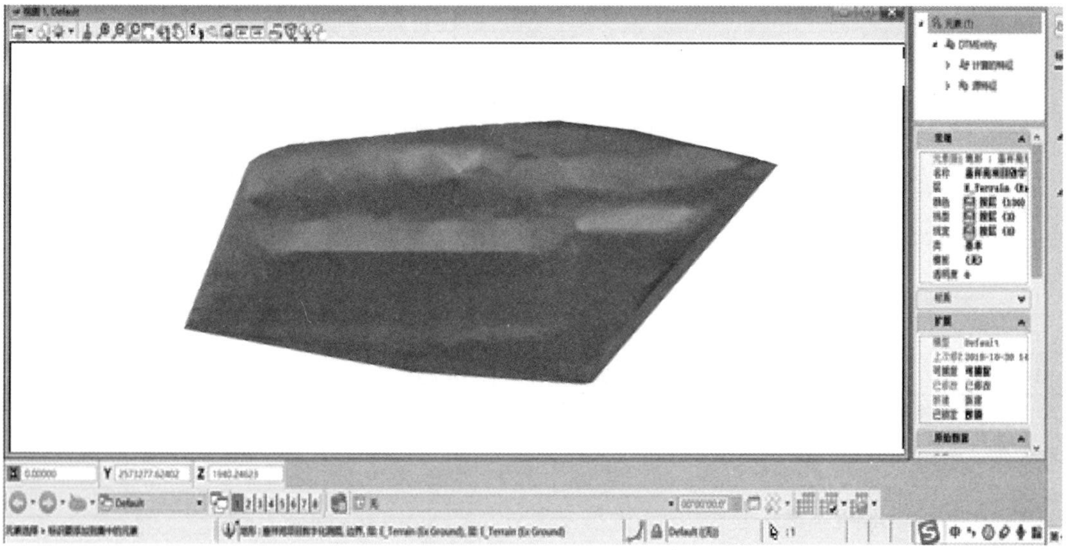

图 12　原始地貌

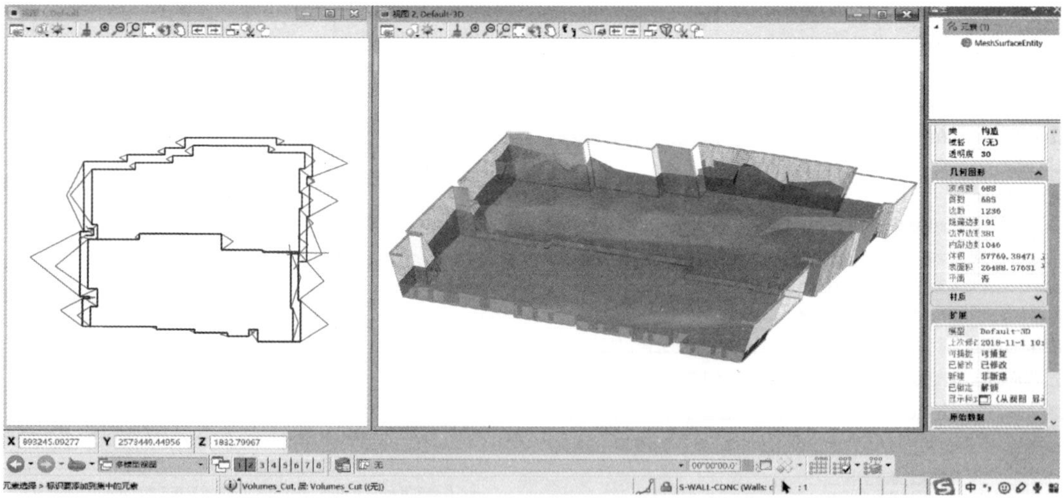

图 13　土方工程量模型

通过 BIM 模型与造价的组合，完成了量与价（综合单价）最基本的应用，带来了三大优点：

（1）造价工程师有更多时间专注于核对单价费用和其他费用的准确性，确保项目费的最优性（有更多时间去市场调研弃土场、运费、设备费等）；

（2）加快了项目设计方案变更时更高效地计算土方工程量；

（3）可视化展示土方开挖量，帮助业主、设计、监理和造价单位更方便地理解土方开挖情况。

我公司通过在设计方案、招标工程量清单和招标控制价过程中加入 BIM 技术的应用场景，把造价咨询内容细化和分类，标准化的数据完全符合项目使用要求。最终土方施工单位进场施工完成后的土方工程量和招标工程量仅相差 430m^3。

4. 多专业信息 BIM 数据结合，提升经济效益价值

通过对设计信息 + 施工要求的整体结合，项目原本的信息孤岛提前至施工作业前虚拟数字化阶段，让项目的参与者提前知晓自身专业的专业范围与工作界面，并提出各自的实施要求，通过业主的综合协调管理，使得项目各方为本项目服务的内容达到一个平衡点。

（1）**前期施工图审图可视化。**本项目通过不同单位专业人员对设计信息的审图，提前提出图纸疑问并在实施前期进行修改。施工图审图顺序：设计院内审→全过程咨询单位（BIM 咨询）模型建立过程审核→全过程咨询单位（造价咨询和管理咨询）审核→项目参建单位审核（含业主、监理、施工总包、专业分包）→召开审图会议（针对以上过程解决和未解决问题）提出交底与需求共同解决方案（施工图审图过程联系单如图 14 所示，施工图审图审核问题汇总如图 15 所示）。

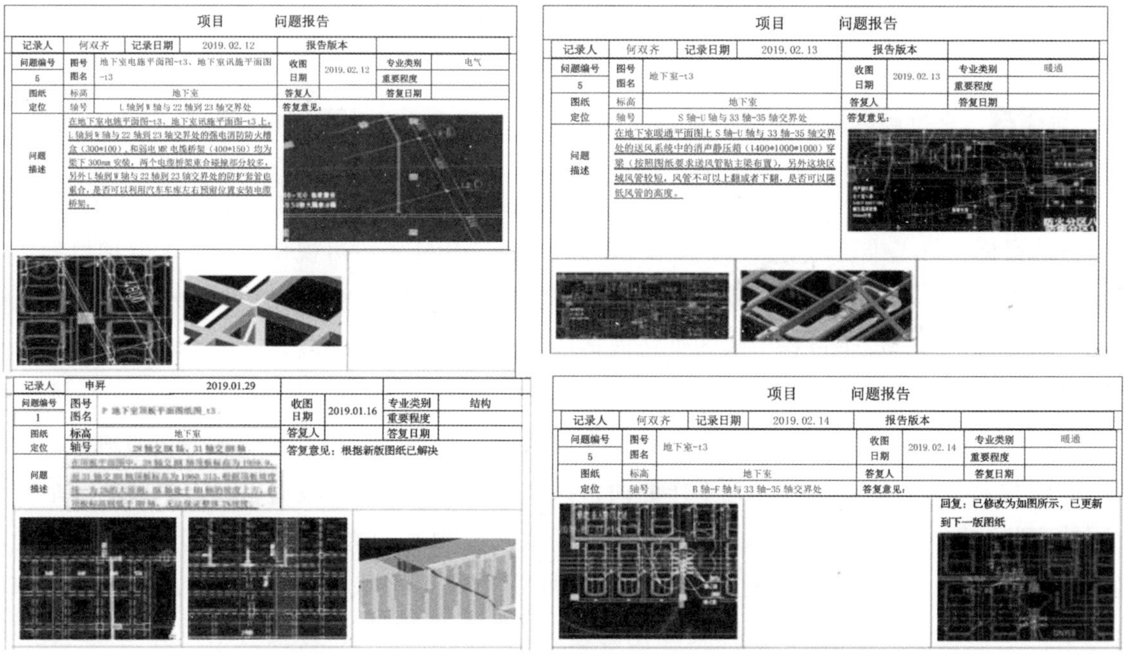

（a）　　（b）

图 14　全过程咨询单位模型建立过程问题记录

项目问题类型		影响项目推进			未影响项目推进		
记录日期	专业	共计	已解决	未解决	共计	已解决	未解决
2019.01.13	土建	3	3	0	3	3	0
	机电	1	1	0	/	/	/
2019.01.23	机电	1	1	0	/	/	/
2019.01.29	土建	15	15	0	5	5	0
2019.02.13	机电	11	11	0	/	/	/
2019.02.25	土建	4	4	0	/	/	/
2019.03.11	土建	1	1	0	1	1	0
2019.03.13	机电	4	4	0	/	/	/
2019.03.19	机电	2	2	0	1	1	0
2019.03.22	土建	11	11	0	1	1	0
合计		53	53	0	11	11	0

（a）

图纸（自）审记录

电气 部分

日期： 2019 年 5 月 8 日

工程名称	[redacted]	专业类别	电气	图纸编号	

	专业提出的问题或意见	解决处理办法
1	详电施 8#、9#楼住宅户内配电箱系统图（引自住宅电表箱-BV-5×10 PC32，CCWC）与（住宅电表箱系统图出线 BV-5×10 PC40 CCWC）中 PC32 与 PC40 不相符，建议按 PC32 敷设（因穿线管不宜大于或等于板厚的 1/3）可否同意？	按 PC32
2	详照明开关，插座精装定位图：A 没有强弱电箱定位，且两者在同一垂直位置，施工有较大难处；B 没有弱电插座定位；C 在承重墙内的开关及插座定位底盒安装会受承重墙钢筋影响、部分底盒安装时很难满足横向定位要求，可否有一定偏差？D 相邻两个插座定位（平面图取中间点）间距多少合适？1 个插座的横向定位是否为底盒中轴？E 电视墙位置强弱电底盒与连排横向间距多少合适？	A 可以左右齐边对齐，由精装确定后，设计配合出图。 B 精装确定后，设计配合出图。 C 不能偏 D 精装确定后，设计配合出图。 E 精装确定后，设计配合出图。
3	2#、3#楼，8#、9#楼无照明定位图。	由精装修设计提供
4	6#楼配电系统空调电源 5×4PC20 与设计说明不相符（设计说明 5-8 根线穿 PC25 管）	改为 PC25
5	电施平面图（2-11#楼）两路灯光、三路灯光是什么设备？控制原理如何，请设计方明示。	有智能面板旁不需开关
6	关于地下室负一层拖盘、桥架穿剪力墙套管多处存在十多个或二十多个远大于托盘、桥架截面，是否可以根据托盘、桥架实际截面预留洞口。	非人防区域可以
7	关于日光灯本图 1 栋、12 栋，地下车库，设备用房，消防控制室为（T8）灯管，2 栋-9 栋，地下室图纸为（T5）灯管，建议统一使用更节能的（T8）灯管？	可以统一为 T8 灯管、LED 灯管
8	关于地下室负一层消防防火桥架 150×75 中间加防火隔板空间太小，建议改为 200×100。	改为 200×100
9	关于地下室桥架支架全部采用角钢固定，有些平板版面不好固定，是否可以改为小于 500 采用吊杆固定。	照图施工

（b）

10	关于插接母线地下配电室通往各栋转换箱是否可以改为电缆，方便安装。	图中是电缆
11	关于地下室负一层 27-28 交 AY-AW 轴钢制托盘标注 600×160，其他为 600×150，以哪个数据为准。	统一为 600×150
12	关于地下室负一层消防水泵房潜污泵为 1.5KW 是否有点小，建议和生活水泵房潜污泵 4KW 同样。	按 4KW。
13	关于屋面防雷系统图要求女儿墙、屋架及烟道方格网焊接用 4×2.5 镀锌扁铁焊接，而平面图要求用 10×10 镀锌圆钢，以哪个为准？	平面图中仅接闪带与屋顶设备金属外壳采用 25x4 热镀锌扁钢电气连接，平面图中表达及设计说明表达接闪带均为采用 ф10 热镀锌圆钢。
14	关于防雷系统图要求地下室、地面层建筑物都要做防雷接地连接是否包括门窗、栏杆？	不包括。
15	关于室外高、低均穿 SC 钢管，是否可以采用通用的氯化聚乙烯（CPVC）套管。	室外用 CPVC 管。
16	1 栋公区 WE 应急照明壁灯但安装方式是吸顶安装，请明确壁灯安装高度。	底边距门框上方 200mm 安装。
17	2、3、6、10、11 栋进户线预埋 PC40 线管超高，建议采用 PC25 线管，确保砼保护层厚度。	按 PC32 实施。
18	关于 10-11 栋与 6-7 栋之间 10KV 强、弱电引入，由于高压配电室在 8#楼负一层，建议取消 6-7 栋之间 10KV 外剪力墙 6×SC150 预埋止水套管，由于弱电室在 6#楼负一层，建议取消 10-11 栋之间弱电外剪力墙 6×SC50 预埋止水套管。	强电只留南面，弱电按图中三面预留。
19	因栋号室内设备平台原放置的净水设备，位置调整到生活阳台，故需要调整原插座位置、线路走向路径。	按需修改。
20	6#电施系统图，光彩照明箱是否标注有误。	配电箱系统图编号有误，参照干线图标注
21	烟感插座预留位置无安装尺寸。	精装确定后，设计配合出图。
22	精装----电施无空调内机插座插座。	精装确定后，设计配合出图。
23	精装----暗藏 LED 灯带电源回路的做法。	精装确定后，设计配合出图。
24	精装----无电系统图，平面路径图。	按蓝图。

（c）

图 15　全过程咨询单位模型审核问题汇总及其他参建单位图纸审核部分问题汇总

（2）**前期施工图优化**。通过在业主信任机制下开展前期工作，我公司与其他单位本着服务项目、增值项目的目标，将二维设计信息 + 施工要求融入，通过 BIM 手段可视化呈现，配合项目参建单位深入发现专业设计及不满足施工作业要求等存在的"错、碰、撞"等问题 230 处，优化后的施工图做到专业工序合理衔接，施工过程中因图纸错误造成的协调、沟通、修改、返工等造成进度滞后、费用增加的情况在本项目中均不存在，有效地推进了项目进度，提升了项目质量和效益，举例如下：

上下地块地下室只采用唯　个汽车坡道作为通道连接，所有专业管网集中在通道内，造成机电管网设计时未考虑足够的净高和施工作业面，我公司在模型优化阶段提出通过调整局部结构标高和管网的安装顺序来满足相关要求的深化方案，经业主、设计、监理、总承包和分包会议讨论，最终确定采用该方案。该方案的实施在结构上仅增加了 5000 元的投入，却使项目品质、进度和质量提升到了一个新高度（B 汽车坡道方案优化比选过程如图 16 所示，方案费用经济效益对比如表 4 所示）。

采用最简单经济效益测试方式，通过提前发现，避免现场施工后发现再拆除及返工的现象。经初步测算，节约建安工程费约 75 万元，未考虑项目时间成本及其他费用。

（3）**协同合作创造效益**。通过全过程咨询团队与各参建单位对项目目标共同推进，专业化的意见结合可视化的展示方式，让现场协作单位都能在第一时间相互直接了解对方意图，也能深入理解业主管控的需求，通过对痛点的分析把控，各参建单位能从自身发掘更深的价值来服务项目。如施工总承包提出对人防门区域建筑找平的需求，通过与我公司采用 BIM 手段寻求到最佳的方案；如电力公司同意在保证功能需求的同时优化专业路径，节约建安工程费约 50 万元。

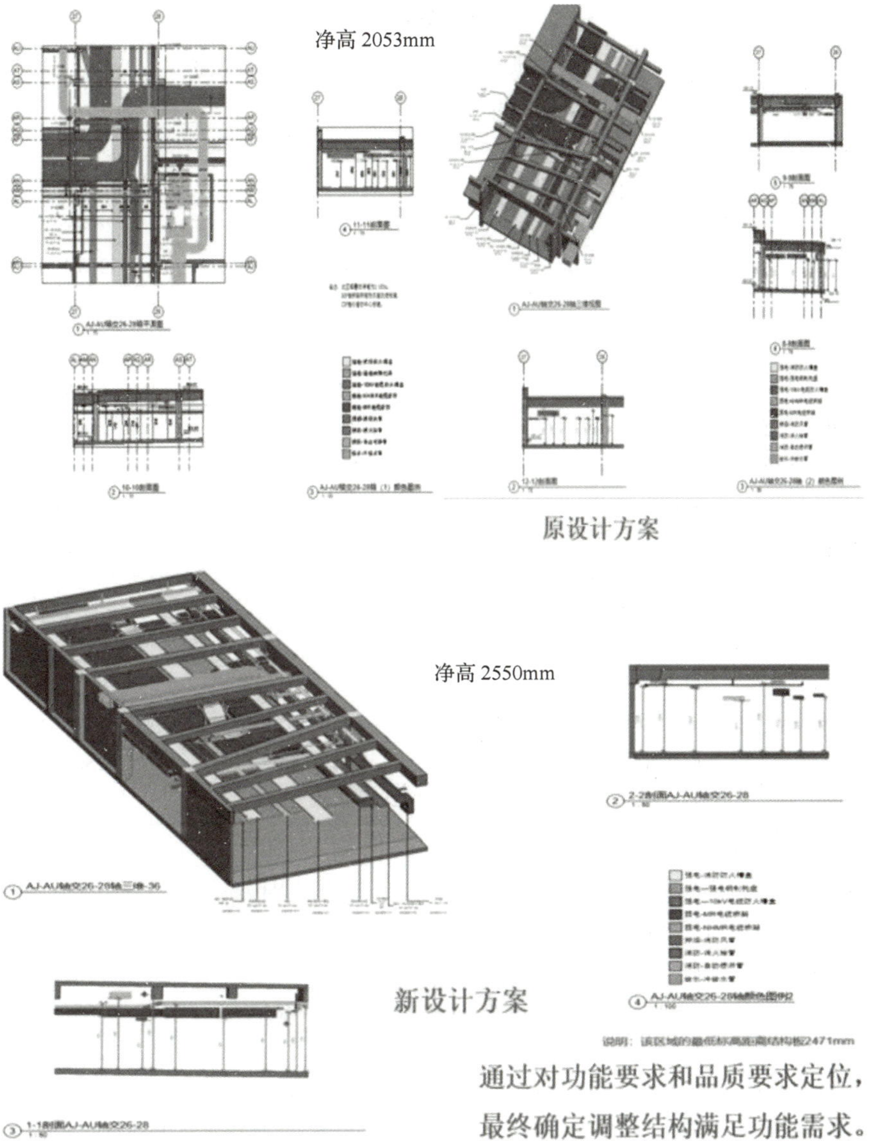

图 16 B 汽车坡道可视化方案比选过程

表 4 B 汽车坡道可视化方案费用经济效益

汽车坡道 B 处工程量及费用统计		熹祥苑 + 地下室 + V1.0 终版	熹祥苑 + 地下室 + V2.0 终版	V1.0 总价	V2.0 总价
版本日期		2019.03.08	2019.04.08	—	—
土建部分					
构件	混凝土等级	单位（m^3）	单位（m^3）	单位（元）	单位（元）
结构柱	C30	45.66	47.26	23086.61	23895.60
结构梁	C35	119.95	123.49	59414.83	61168.30
结构墙	C30	93.2	94.6	53062.49	53859.56
结构板	C35	158.6	160.7	78559.34	79599.53
合计	—	417.41	426.05	214123.27	218523.00
机电部分					

续表 4

汽车坡道 B 处工程量及费用统计			懿祥苑 + 地下室 + V1.0 终版	懿祥苑 + 地下室 + V2.0 终版	V1.0 总价	V2.0 总价
版本日期			2019.03.08	2019.04.08	—	—
系统	子系统	规格	单位（m）	单位（m）	单位（元）	单位（元）
暖通	排烟	2000 × 400	41.88	41.93	26468.83	26500.43
		1600 × 320	4.38	4.44	2214.58	2244.92
给排水	消防	*DN*150	7.57	6.67	832.70	733.70
	喷淋	*DN*150	10.37	10.54	1140.70	1159.40
		*DN*80	14.74	14.79	1149.72	1153.62
		*DN*65	5.06	5.06	342.06	342.06
		*DN*32	27.42	28.46	926.80	961.95
		*DN*25	33.33	31.17	751.04	702.36
电气	10kV 防火槽盒	400 × 150	35.51	33.74	6765.01	6427.81
	弱电 MR	400 × 150	65.42	65.46	12463.16	12470.78
		200 × 70	1.52	2.43	150.40	240.45
	强电钢制托盘	500 × 150	40.23	39.96	9872.44	9806.18
		600 × 150	38.41	39.02	10762.87	10933.79
		800 × 200	6.65	6.65	2360.15	2360.15
	强电消防防火槽盒	600 × 150	6.91	7.25	1695.71	1779.15
		800 × 200	50.93	50.2	18075.57	17816.48
		200 × 100	8.43	9.07	896.19	964.23
		150 × 75	26.65	26.46	2322.28	2305.72
	NHMR	300 × 100	57.27	57.91	7338.01	7420.01
合计		—	482.68	481.21	106528.22	106323.21
总计		—	—	—	320651.49	324846.20
备注：拆除费预估为 15 万元；汽车坡道 B 处因管线综合调整导致土建及机电出现变更，若未经管线调整，现场施工时将会出现拆除及返工情况；将导致直接费用增加约 75 万元，此测算未考虑项目时间成本及其他费用。						

通过全过程咨询服务模式搭建了参建单位和业主桥梁，不再是简单的甲乙双方关系，使项目的推进融入了更多信任，最终项目价值得到更好的体现。通过已经实施的内容，测算投资节约和创造价值已经达 430 余万元，为项目创造了真正看得到的收益，提升了项目效益（部分价值优化方案如图 17~ 图 20 所示，经济分析如表 5 所示）。

图 17　人防门区域建筑找平方案

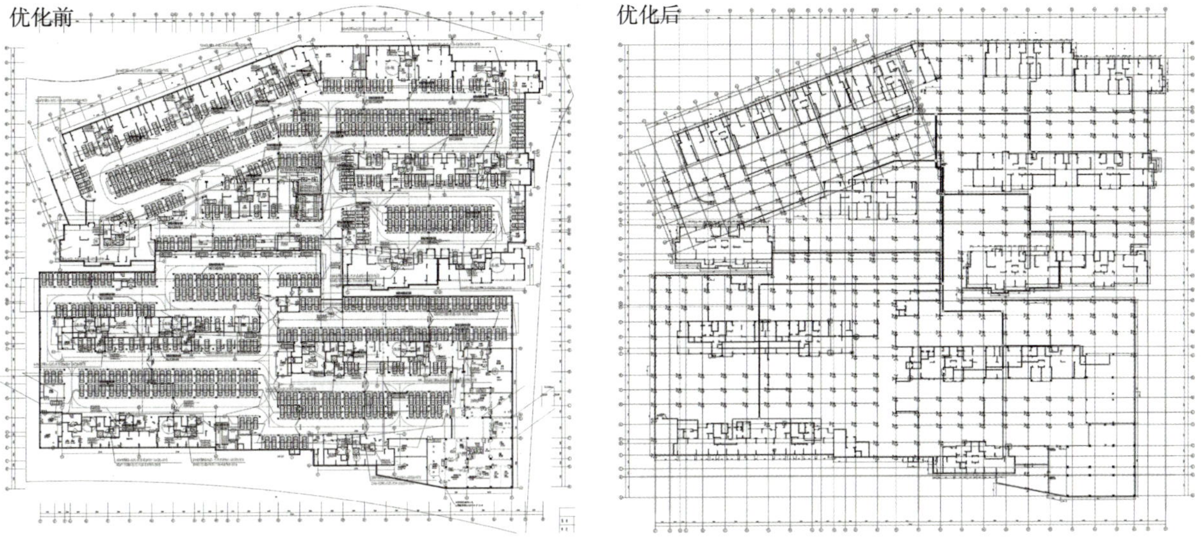

图 18 电力设计方案路径优化方案

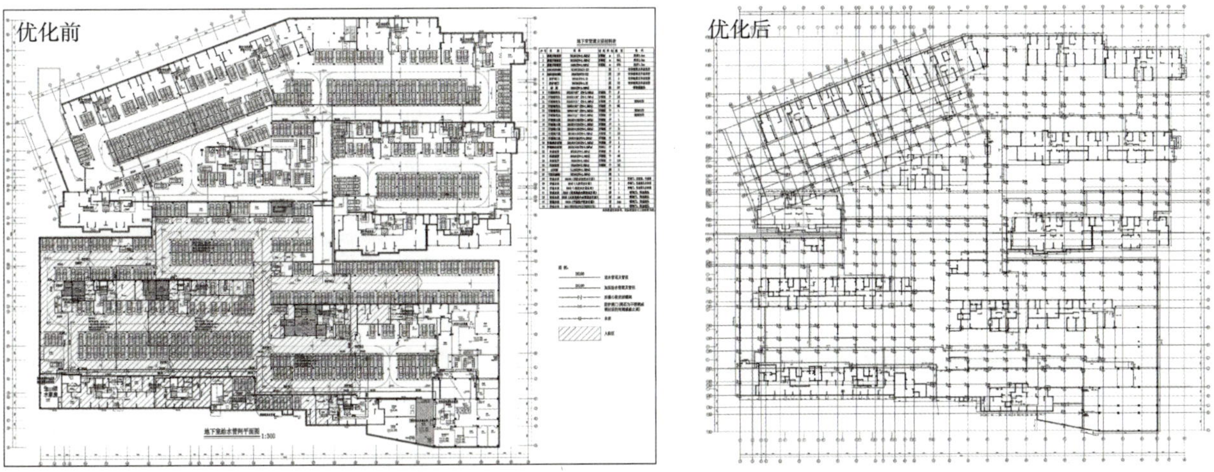

图 19 自来水设计方案路径优化方案

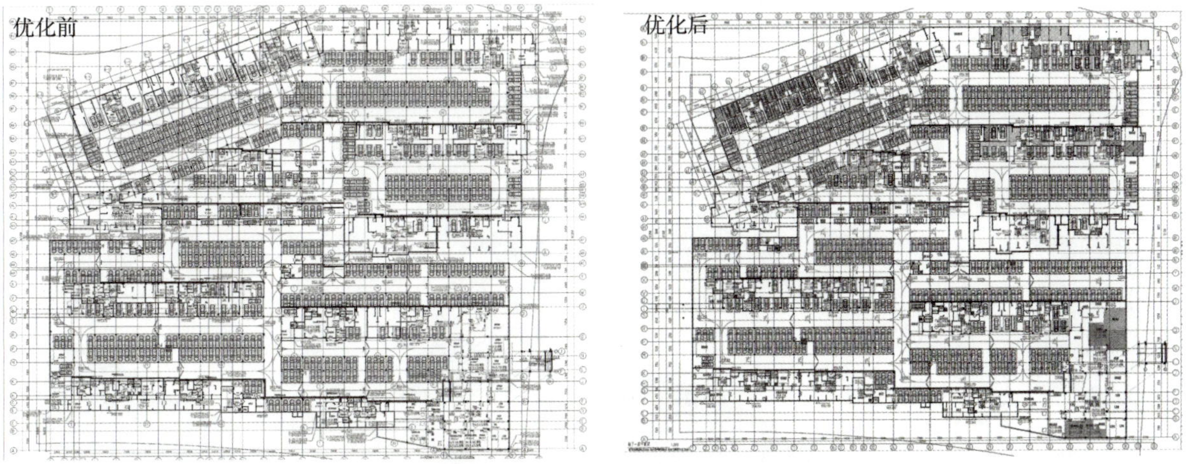

图 20 车位设计方案优化方案

表 5　车位优化经济效益测算表

序号	名称	暂估单价（万元 / 个）	优化前（个）	优化前销售金额（万元）	优化后（个）	优化后销售金额（万元）	优化量（个）	优化量销售金额（万元）
2	标准车位	13	492	6396	471	6123	−21	−273
3	非标准车位	15	0	0	25	375	25	375
4	子母车位 – 母	12	13	156	14	168	1	12
5	子母车位 – 子	6	20	120	33	198	13	78
6	无障碍车位	17	10	170	9	153	−1	−17
	合计		535	6842	552	7017	17	175

备注：建筑面积：23660.64m^2。
停车效率：优化前为 44.2m^2/ 车位，优化后为 42.8m^2/ 车位，相比之前提升 1.4m^2/ 车位。
车位数：优化前 535 个、优化后 552 个

5. 管理与技术数据关联，辅助业主管理提高效率

业主单位受开发经验限制，项目管理过程中不仅容易遇到传统方式下项目管理难以解决的问题，同时也受专业关注重点影响，难免会忽视商务、技术、生产等各专业数据不通导致的重复劳动多、信息无法继承、管理成本高、成效差的问题，在项目开展前期与我公司沟通协作，寻找一条可行的解决方案，最终成功引入 BIM 技术咨询，通过 BIM 技术咨询在项目中的黏合作用，整合管理与技术数据关联，有效辅助业主管理。

利用数字化手段，利用 BIM 技术咨询搭建的桥梁，将业务流程串联，实现参建单位工作协调，项目运行效率大幅提升，为项目的进度、成本等管控及时提供信息与咨询意见，为项目参与者提供基于数据和专业化意见的有效决策。如在本项目中，对负一层设施进入水泵房方式从功能使用与投资费用角度考虑对原设计方案进行优化，优化过程涉及业主单位、总承包单位、电力专业分包单位、人防施工单位、自来水设计施工单位、监理单位、造价控制部（包括我公司的造价人员和业主的造价人员）等多方在技术、管理和费用上的协作，最终通过数据的收集、整理、分析、协调过程，调整优化，为业主方管理预知问题、协调解决方案、确定方案提供决策依据（具体方案如图 21 所示，BIM 技术与造价数据联动整合如图 22 所示）。

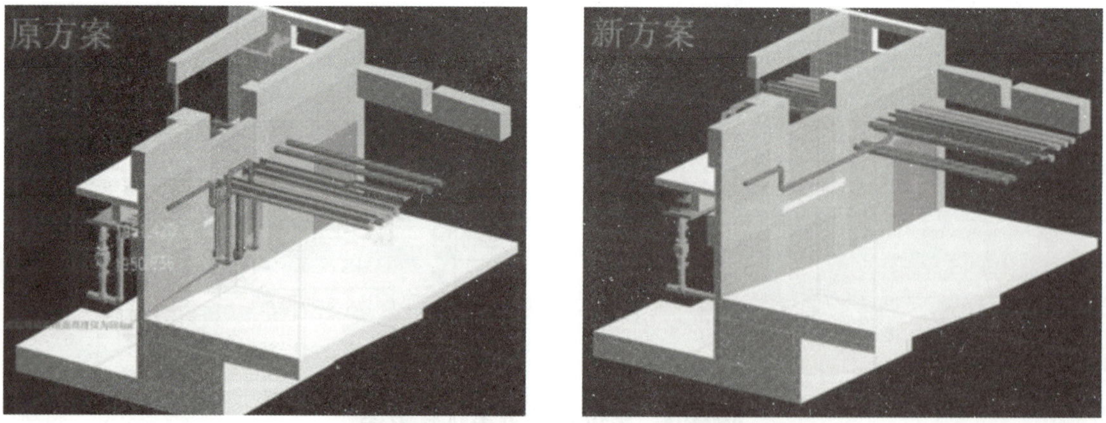

图 21　管网设施的进入水泵房

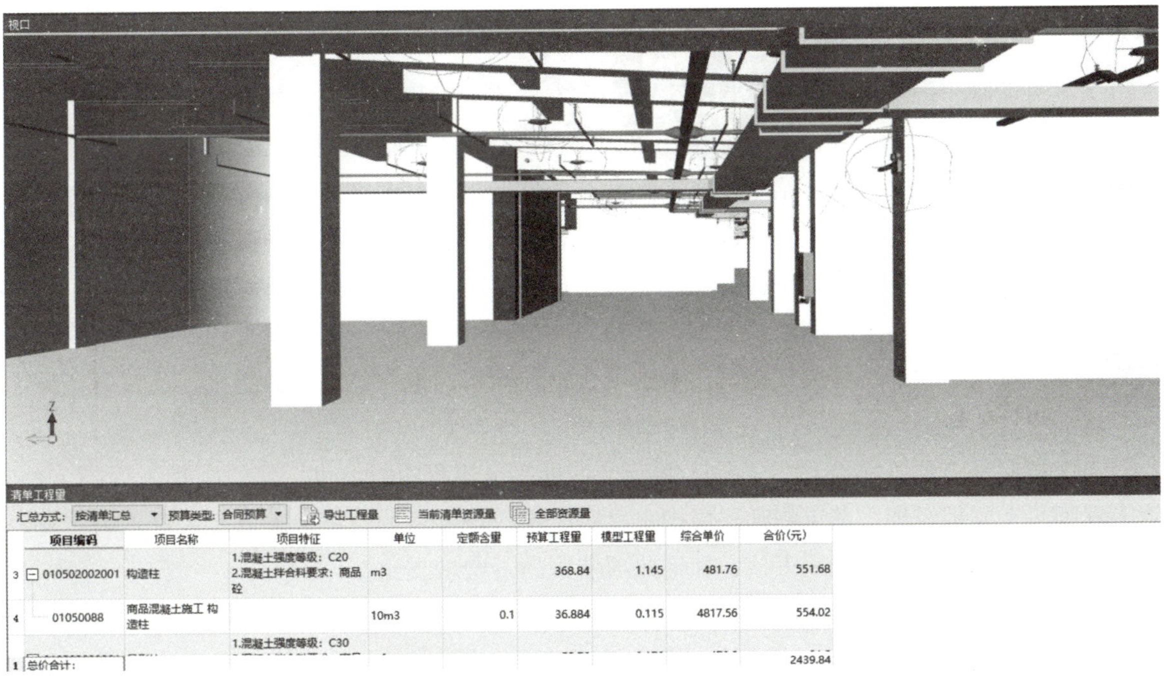

图 22　导入 BIM 平台整合数据

6. 借用全过程工程咨询本地化能力，为业主建立商家库

业主单位为本地国有地产公司，对外材料设备采购均需通过公开招标，但通过我公司长期在本地市场所形成的材料询价的丰富资源，为业主建立简易“商家库”，使得业主的材料需求能有个固定可靠的商家提供准确的材料信息，尤其是装修材料，起到对材料的标准化、通用化的控制作用。因此在设计阶段，尤其对精装修前期策划和设计阶段非常有利于成本控制，能减少不必要的设计与施工浪费，做到借用工程咨询单位为国有地产公司“化繁为简”地高效实施项目，一定程度上达到通过固有合作伙伴资源提升项目成本控制与成本收益的目标（BIM 前期精装渲染效果如图 23 所示）。

图 23　BIM 前期精装模型渲染效果图

7. 施工过程中在费用和造价控制方面取得良好效益

（1）尽可能减少图纸中改动或尽量减少改动成本。施工过程中业主单位和施工单位基于合作的信任机制，项目启动前期，在三方［业主、咨询（含设计、监理、全过程咨询单位）、施工］会议中明确信任的原则，中高层领导给予项目工程部充分信任。在对图纸修改或图纸优化过程中，任何单位发现问题都在第一时间与相关方沟通，最终通过会议明确解决方案，确保在未施工前对图纸信息进行快速更新，对于业主单位来说管理成效达到、项目建设成效也达到，对于施工单位而言，减少后期变更，加快工程进度，赚取了合理高效利润。过程中细化的管理决策有利于竣工结算时费用争议的确定。过程中增加一些决策会议，对于项目整体而言，把控住项目的变化，及时更新最优方案，节省了项目工期。

（2）工程签证方面，结合项目实际，制定了工程签证流程审批制度，实行监理工程师、总监、主管工程师、工程部经理、总工程师层层把关，对于不应该支付的签证坚决退回，对于确实发生并应该支付的签证进行严格的费用审核，杜绝此项费用的不合理支出。

（3）公共区域室内装饰由于装饰标准高及装饰空间大等特点，往往容易造成超出概算的情况，我公司配合设计并以概算控制目标为标准进行深化限额设计，运用 BIM 技术形成标准化的装修模型，模型化展现装修效果和费用情况，“化繁为简”，确保整个室内装饰工程在满足装饰要求的情况下有效控制投资，并顺利实施。

（4）加强材料比选，选用“性价比”最优的材料。装修材料、构件种类繁多，价格差异大。同一种装饰材料，不同产地、不同品牌和规格，质量参差不齐，价格千差万别。根据室内设计单位提供的材料样板白皮书中标明的材料规格、颜色等技术参数在进行市场调查时发现，部分材料存在档次规格过高、进口材料、规格型号唯一性等。如样板间墙纸，根据市场调查，为进口墙纸，是市场普通墙纸的 2 倍，故建议在材料质量、使用功能、装饰效果均能满足项目需求的前提下选择国内品牌中最好的 3 家，费用上相比国外产品能节约一半。

五、总结

通过全过程咨询单位在项目实施全程对投资、工期、质量的综合关注，并通过结合 BIM 技术应用场景的综合开展，最终达到项目实施的最大获益者：业主（效益的最后收获者）；最有动力使用者：施工单位（施工快、收益高）；最大贡献者：全过程咨询单位（融会贯通者）；最大压力单位：设计单位（必须全程参与，对设计质量提出了更高要求）。

涉及在项目全程的多方协作，也对全过程咨询单位提出了更高要求，只有达到组织和信息的最佳运用，才能让我们更好地解决项目过程遇到的技术问题，提出合理可实施的方案，最终转化成价值的量化。

专家点评

为实现项目投资可控、进度按期的管理目标，本项目结合 BIM 技术开展全过程造价咨询和项目管理，有力发挥 BIM 技术在全过程工程咨询投资控制中的作用，不仅有效优化项目设计，发现

“错、碰、撞”等问题230处，减少了工程变更，提高了经济效益，而且利用BIM技术辅助开展投资估算、设计概算、工程量清单、招标控制价、施工阶段造价咨询服务和竣工结算审核等全过程投资控制应用场景工作，及时高效地提供投资数据，以支撑业主项目管控工作。

BIM的应用也实现了项目管理的融合作用，项目合同模式采用施工总承包及各专业工程平行发包方式，涉及土方、基坑支护、总承包、消防、总图、景观、给水、人防设备制作安装等20个合同主体，以BIM模型为依据进行可视化标段合同范围划分，有效解决施工过程可能出现的不同合同标段范围内容重叠、作业面交叉、漏项以及投资控制困难等问题。同时通过结合BIM技术应用场景的综合开展，建立基于BIM模式的全过程可视化信息沟通机制，并以合同约定方式明确不同参建单位职责分工，最终通过全过程咨询单位在项目管理中融会贯通，积极协调配合，实现了项目参建单位共赢，业主成为BIM技术应用的最大获益者；设计单位通过BIM技术的应用，提高了设计质量和设计效率；施工单位通过BIM技术的应用，有效加快了施工，提高了收益，成为最有动力应用者。

点评人：陈建华

万邦工程管理咨询有限公司

基于项目全成本精益管理策划工作的总结及思考

——西安正诚造价咨询有限公司

吝建华　吝计华　周　军　刘　洋　毛　选

一、项目基本概况

1. 项目概况

某住宅项目地处该市“东扩、西进、北拓”发展核心地带，属某地产公司进驻以来首例改善型住宅社区，总占地面积 125383.43m^2，总建筑面积 399103.47m^2，其中地上建筑面积 337931.62m^2，地下建筑面积 61171.85m^2，项目主要为高层及洋房类产品（含商业及教育配套）。

2. 项目特点

本项目主要特点如下：

（1）本项目划分为 1 期 4 个批次进行开发，考虑新进城市定价风险的因素，大部分合约采用分散采购的形式进行招标，招标体量及定价难度较高；

（2）因高支护、持力层深度近 100m 的影响，导致地基成本非常高，且容积率较低；成本管控形势非常严峻；

（3）因场地现状尺寸不规则，地库方案需要重点策划，保证成本最优；

（4）红线内有国防光缆、通信光缆等需改迁；

（5）作为首例改善型住宅项目，为了增加产品竞争力，装修标准及营销建造费用需升级，示范区及户内精装费用控制难度较大；

（6）某市属于严寒地带，冬歇期长达 5 个月，索赔风险大；

（7）某市局部单一来源价格因素较多，导致成本控制难度较高。

综合以上项目重点、难点及特性，需通过项目各部门及咨询单位通力合作、加大成本及合约策划力度、确保项目利润率的达成。为确保项目控制目标的落地实施，建设单位委托我公司提供全过程造价咨询服务，包含项目全期成本精益策划及复盘管理服务工作内容。

二、服务范围及组织模式

1. 咨询服务的业务范围

接受某地产公司的委托，我公司承接了该项目的全过程咨询服务工作，主要工作内容包括：

在方案阶段、扩大初步设计阶段、施工图设计阶段、施工阶段、结算阶段、成本分析阶段提供全方位的造价咨询服务，也包含全项目周期的精益管理策划及复盘工作。主要工程范围包括但不限于：建筑、防水、栏杆、结构、机电、消防、燃气、人防、室外总体、景观、室内精装修、电梯、幕墙、门窗百叶、智能化、弱电、标识等。

（1）**方案阶段：**参与方案阶段的测算工作并提供经济数据，对多方案的建筑规划条件进行测算评估，根据测算分析结果，对设计方案进行经济性评价及优化建议。

（2）**扩大初步设计阶段：**完成目标成本的制定工作，完成对扩大初步设计图中门窗面积、栏杆数量、外墙各饰面面积、防水面积、外墙保温面积、公共部位各饰面面积、景观面积、道路面积、围墙长度等专项工程量的计算；对建筑结构主体、基坑支护、桩基工程、水电配套等工程进行测算，提供经济技术指标，对设计方案进行经济性评价及优化建议。

（3）**施工图设计阶段：**完成设计院在施工图设计过程中提出的多方案、多做法的成本测算比较，提出结构及其他重要专项工程限额设计指标。

（4）**工程招投标阶段：**对设计深度不足及设计不恰当部分向甲方提出；对招标图纸提出成本节约优化建议及甲方常用做法建议；根据甲方要求及项目条件编制各类工程招标文件、编制工程量清单、编制标底价；完成图纸答疑；按甲方要求完成投标报价分析及询价工作；与各投标方进行工程量及价格核对；拟订工程合同文件；进行定标后的图纸会审。

（5）**施工阶段：**完成项目招标计划编制并跟进计划实施；编制项目月度、季度、年度资金计划；编制成本日常基础工作报表及台账；完成日常合同进度付款的量、价审核；参加主要隐蔽工程及工程验收工作中核实量、价等相关配合；以合同为主线，对项目主体建筑工程、社区管网、园林景观的动态成本进行管理并反馈；提供现场成本管理造价咨询服务，现场零星工程或材料设备费用估算及定价；进行市场询价；合同执行过程中设计变更签证费用估算、核定及其信息管理；对供应商索赔提出解决建议。

（6）**结算阶段：**完成各类总包、分包工程，甲供材料的结算工作并提供审核报告。配合甲方在办理项目竣工备案手续中提供造价相关资料证章。

（7）**工程造价信息咨询：**完成各类指标分析、成本分析、成本总结、分析的深度和细度达到甲方要求，提供有关工程造价信息、对图纸等资料错误之处提出修改建议。提供项目后评估报告等。

2. 服务的组织模式

（1）**咨询组织机构。**针对本项目的实际情况，首先成立项目组，按照专业分工，将组成 3 个项目作业小组，即土建、装饰作业小组，安装作业小组和综合成本作业小组。

造价咨询机构组织形式框图如图 1 所示。

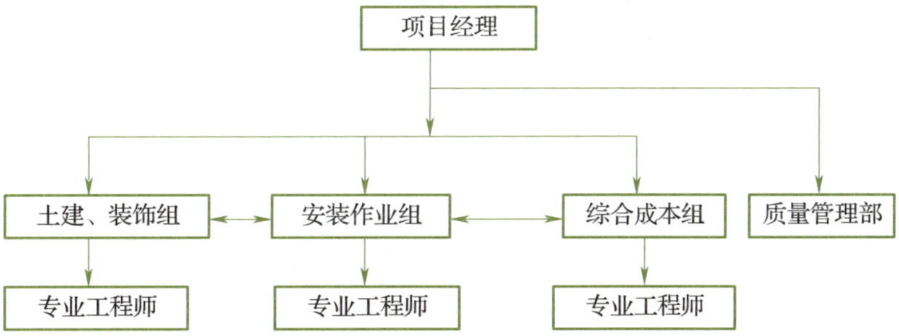

图 1　造价咨询组织机构模式图

（2）**人员配备及安排。**针对本项目的实际情况，首先成立造价咨询工作项目组，项目经理由具有丰富的全过程地产项目成本管理经验的造价工程师担任，下设土建、安装和装饰作业组，各小组组长均由一级造价师以上执业资格人员担任。按照专业和现场分工，由项目经理统筹安排，挑选业务素质高、专业齐全、造价经验丰富的专业技术人员组成项目小组，项目各专业分别设专业组长一名，负责本专业工作的具体实施，项目经理对各专业组长直接管理，各专业组长对专业技术人员直接管理。在委托单位的监督指导下，严格按照行业规程和要求完成全过程造价咨询管理工作。

（3）**服务工作职责。**项目组人员职责及分工如下：

1）项目经理：

①组织进场动员会，负责组织编制总体咨询工作实施计划安排和具体的工作质量标准要求；

②负责咨询方案交底方案、指导总体咨询工作进度工作，确定各阶段造价咨询具体方案；

③组织造价咨询工作的实施，协调各小组工作，根据实际情况修改造价咨询方案；

④负责及时与委托单位以及建设工程相关单位的沟通协调；

⑤负责与总承包管理及各专业分包单位负责人的专业沟通协调；

⑥召开双方座谈会，协助出具各阶段造价训工程成果文件。

2）各专业小组组长：

①根据具体工程情况，制定各专业工程实施方案以及进度工作安排要求；

②向本专业小组成员进行咨询方案交底，明确专业工程各阶段咨询工作重点难点以及实施措施；

③造价咨询实施阶段，重点查阅综合性造价咨询资料，整理相关问题和重要事项，及时反馈给各专业人员查证与核实；

④了解各造价咨询小组工作完成进度，及时向项目总负责人沟通，确保各阶段造价咨询计划按时完成；

⑤按阶段定期审核检查专业工程师工作进展情况，提醒造价咨询人员进一步搜集造价咨询证据，及时与项目总负责人沟通；对各造价咨询小组出现的疑点、难点问题与项目总负责人沟通，必要时组织专家会议进行讨论，及时解决问题；

⑥制定阶段计划，起草专业分部造价咨询成果文件初稿，及时与委托单位以及施工单位沟通协调，确保咨询成果文件的客观真实合理和公正。

3）专业工程师：

①按照相关专业规程要求编制工程工程量清单文件、过程咨询文件；

②根据现场设计变更和签证及时调整预算；

③掌握准确的市场价格和预算价格，及时调整预、结算；

④建好单位工程预、结算及进度报表台账；

⑤根据总体工作安排，及时完成专业工作内容，及时和小组组长以及总负责人沟通难点问题、关键问题。

三、服务的运作过程

1. 项目服务运作的管理目标

作为进驻某市以来首例全过程成本咨询项目，我公司决策将该项目作为重点示范项目进行运作。除提供最优质的项目咨询基础服务工作以外，我公司将项目全成本精益管理纳入该项目的重点工作内容，为了确保运营管理目标的实现，主要从全成本精益管理策划的方法和细节维度入手，契合项目实际情况，确保实践成效的达成。

2. 服务目标达成主要管理抓手

（1）项目咨询业务落地实施八大管理模块（如图 2 所示）。

1）复核工作模块化。成果质量是咨询服务质量的根基，为了确保每一项工作的精确度，结合公司多年的经验总结，制定了模块化管理表格，指引并监督各级人员进行质量复核工作，针对土建总包，我们从图形建模、钢筋抽样、分包算量和安装算量制定了相应的模块化复核要点，如表 1~ 表 4 所示。

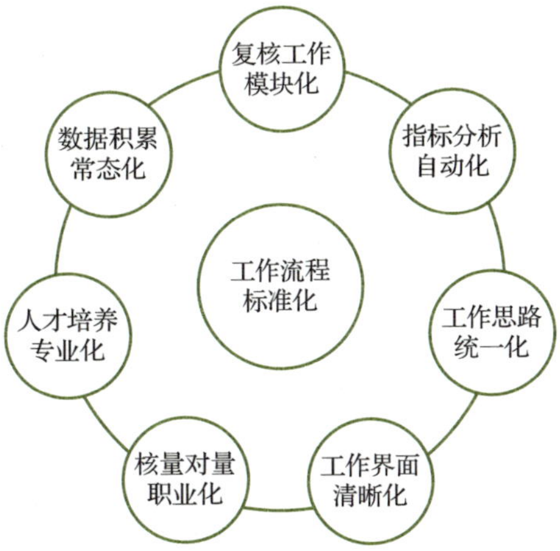

图 2 项目业务支持八大模块

表 1 合同及图形复核要点节选

序号	类别	合同、图形主要复核要点
1	主体	图形软件中，无论地上地下，所有混凝土墙属性全部（每一层）改为内墙
2	合同	核查清单中说明条款与计算规则是否矛盾
3	合同	重点核查移交的成果文件是否有编制说明及答疑
4	土方	总包土方大开挖回填量计算时依据开挖图计算，如放坡系数不明确，需以答疑形式由甲方提供放坡系数
5	防水	车库顶板防水遇主楼上翻部位的防水应属于车库顶板防水范围，注意保护层、找平层工程量之间关系
6	土方	地下车库施工坡道土方的破除、外运常规已包含在措施费中，不另办理签证
7	建面	窗台与室内楼地面高差在 0.45m 以下且结构净高在 2.10m 及以上的凸（飘）窗，应按其围护结构外围水平面积计算 1/2 面积
8	装修	采暖与非采暖墙面保温砂浆与该范围墙面常规抹灰不能重复计算，应扣除采暖与非采暖墙面保温砂浆处常规抹灰面积

表2　钢筋抽样主要复核要点节选

序号	类别	钢筋抽样主要复核要点
1	搭接设置	是否依据招标文件，计量规则等调整
2	楼层设置	各个构件的混凝土等级是否依据结构图说明进行修改
3	定义、绘制	暗柱纵筋级别，箍筋不统一是否修改；约束边缘部分纵筋个数是否正确；箍筋、拉筋等根数计算。部分尺寸较大的暗柱应按端柱计算
4	定义、绘制	楼梯各个构件个数计算是否正确；梯板选用图集是否正确；电梯吊钩是否计入；墙体加筋、板底加筋是否计入；放射筋、阳角加筋是否计入
5	定义、绘制	筏板基础同现浇板，需特别注意筏板面筋、底筋与独立基础、柱墩等构件的扣减关系。筏板封边是否计算，变截面是否调整，集水坑底标高是否正确，集水坑侧壁是否绘制，人防区拉筋是否计入

表3　机电安装专业审核要点节选

序号	类别	机电安装专业主要复核要点
1	共性问题	平面图与系统图管线规格是否一致，不一致是否有答疑（电气所有专业，尤其是消防电专业）
2	共性问题	相似楼栋安装专业是否完全一致，线型、配管、走向是否一致
3	电气工程	电气算量是否按最短有效距离计算，如不是，是否有相关文件支撑
4	电气工程	配管配线、灯具、开关插座计算范围：精装修部分应如何计算
5	水暖工程	管材是否与设计说明一致；设计说明是否与有矛盾或者不清晰的地方
6	消防工程	电源监控系统管线计算原理是否按系统图计入（一对一原则，手拉手原则或树状原则）
7	智能化工程	弱电机房的范围：吊顶和地面做法是否在智能化范围，是否有具体做法
8	景观安装工程	雨水管道支管是否在本次本范围，如在范围内，是否与小市政图纸主管网对应
9	精装修工程	如管线不在本次范围内，精装修点位与总包点位是否一致，不一致增加管线由谁施工
10	小市政安装工程	室外检查井、雨水口及土方是否与土建重复
11	通风工程	人防分包通风与总包通风划分界限是否明确

表4　分包工程审核要点节选

序号	类别	分包工程主要复核要点
1	共性	计算规则不明确部分处理方式以及编制说明是否写清楚
2	门窗	门窗尺寸扣减缩尺是否正确
3	栏杆	平面索引图中立柱间距与详图上立柱间距是否一致

续表 4

序号	类别	分包工程主要复核要点
4	百叶	转角立柱高度是否有误
5	精装	地面框线是否扣减过门石、门套线所占面积
6	精装	V 缝是否单列或项目特征描述
7	精装	管井及消火栓等隐形门是否单列
8	幕墙	所有型材延米理论重量是否完整，是否能达到计算综合单价分析的标准
9	景观	绿化部分工程量是否与图纸苗木表对比
10	保温	混凝土雨篷、悬挑空调板、结构连板等所有悬挑板厚度是否扣减，面层及基层之做法厚度是否扣减
11	涂料	深化图纸是否完整，墙身节点详图是否标注涂料材质范围

2）指标分析自动化。满足多方面的数据提取要求，便于委托方和咨询方工程量复查。要求公式必须由我公司指定人员设定，其余人员不允许调整。这样能够大幅度提升数据核查效率，对各种结构刚性指标、地面、墙面、天棚、砌体、门窗、保温、涂料、防水等系数和工程量底稿实现智能比较，减少了大部分数据提取作业时间，如图 3 所示。

土建工程主要项目指标分析表

序号	项目名称	代码	厚度	单位	地下车库 小计	地下室（小高） 小计	地下室（高层） 小计	地下室（公寓） 小计	商铺 小计	高层地上 小计	塔楼（小高） 小计	公寓地上 小计
1	建筑面积	JZMJ	1	m2	24,091.19	4,091.61	11,845.51	2,093.52	5,567.02	176,873.82	35,781.17	9,488.30
2	钢筋含量			kg/m2	82.49	122.73	134.15	73.66	72.61	48.07	43.67	61.02
3	**钢筋总量**			kg	1,987,334.19	502,174.37	1,589,059.00	154,206.66	404,229.30	8,502,499.93	1,562,424.14	578,993.08
7	砼含量			m3/m2	1.07	1.90	1.40	1.02	0.38	0.43	0.44	0.62
8	**砼总量**			m3	25,673.94	7,777.06	16,550.15	2,143.14	2,112.64	75,853.98	15,882.75	5,921.96
70	模板含量			m2/m2	1.75	5.02	4.17		2.78	4.77	3.69	5.28
71	**模板总量**	M	1	m2	42,117.83	20,529.73	49,366.09		15,498.56	844,148.96	131,902.78	50,104.96
72	砌体含量			m3/m2	0.03	0.25	0.08		0.30	0.07	0.10	0.27
73	**砌体总量**	Q	1	m3	628.67	1,041.46	977.96		1,677.54	12,050.09	3,663.29	2,608.39
74	抹灰含量			m2/m2	1.38	3.33	1.23		4.26	1.04	1.46	2.66
75	**抹灰总量**			m2	33,310.29	13,616.70	14,580.07		23,714.57	184,168.07	52,413.07	25,255.15
79	防水含量			m2/m2	2.96	2.04	1.45		0.69	0.16	0.34	0.33
80	**防水总量**			m2	71,310.06	8,327.04	17,173.03		3,841.33	28,412.36	12,143.98	3,124.50
90	保温含量			m2/m2		0.81	0.32	3.38	0.52	0.15	0.21	0.18
91	**保温总量**			m2		3,333.33	3,769.60	7,076.23	2,896.93	26,671.14	7,601.44	1,700.50

图 3　指标分析系统之土建工程主要指标分析表

3）数据积累常态化。我公司全国所有项目的成果性文件，均需要通过公司 EAMS 系统进行上传，作为横向对比和价格、指标提取的数据库，及时动态更新历史合同数据，确保全国各子公司共享信息资源，提升工作效率和价格依据的合理性，如图 4 所示。

（2）**全过程造价咨询驻场管理工作标准指引**。咨询作业指导手册旨在建立我公司标准化体系，从方案测算、合约编制、驻场管理、付款及结算管理等模块指导项目员工有效开展驻场造价咨询业务。

图 4 西安正诚 EAMS 系统

1）方案测算作为项目驻场业务开展的重要工作，在项目前期提供建设单位有效的决策支持依据，分为目标类型（图纸及方案测算）、测算流程指引、测算前置条件梳理、测算工具及模板标准化、测算关注要点、测算操作步骤、主要通用测算项目思考要点总结进行分章节阐述，如图 5 所示。

1.3 通用测算模板（示例）

正诚咨询

测算造价汇总表

工程名称： 某 项目 示范区景观工程 测算汇总表

序号	项目内容	面积（m2）	不含税造价（元）	税金（元）	含税总价（元）	单方造价（元/m2）	分部造价占比（%）
1	钢结构	4411.15	2,006,735	180,606	2,187,342	495.87	43.91%
2	围挡	4411.15	1,056,884	95,120	1,152,004	261.16	23.12%
3	硬景	4411.15	2,174,282	195,685	2,369,967	537.27	47.57%
4	软景	1520.24	681,043	61,294	742,337	488.30	43.24%
5	景观水电	5931.39	226,586	20,393	246,979	41.64	3.69%
6	合计	5931.39	**6,145,530.65**	**553,097.76**	**6,698,628.41**	**1,129.35**	**100.00%**

1. 要求**清晰、直观描述总价、单方、造价占比**等内容，尽量简化，直接突出显示数据结果；
2. 所有分项汇总总价，均需从分项价款合计单元格链接数据，便于后期调整；
3. 属于两种方案/材料直接进行经济性对比的情况，还需要增加价格系数对比列，**清晰描述价格差异金额及差异系数比例**；
4. 格式要求：
➢ 表格题目统一采用宋体14号字体；
➢ 表格工程名称行，采用宋体9号字体；
➢ 表格文字部分均采用宋体10号字体；
➢ 表格数据部分，全部使用'Times New Roman'字体，字号为10号字体，
➢ 所有涉及价款数字格式均需要添加千分符，所有数据均需要小数点后保留2位数值.表格行高单行情况均设置固定行高为30，常规列宽为10.并统一采用分页预览的视图模式.

图 5 通用测算模板之测算汇总表标准模板 V1.0 版

2）合约编制作为咨询服务企业的基本功，从招标文件编制、议标思路及模板、暂定转固定管理手册、甲供材管理等章节进行详细阐述，如图 6、图 7 所示。

3）图纸复核及优化从类型概念、审核要点、审图流程、优化要点、审图指引及优化案例进行详细阐述，如表 5 ~ 表 9 所示。

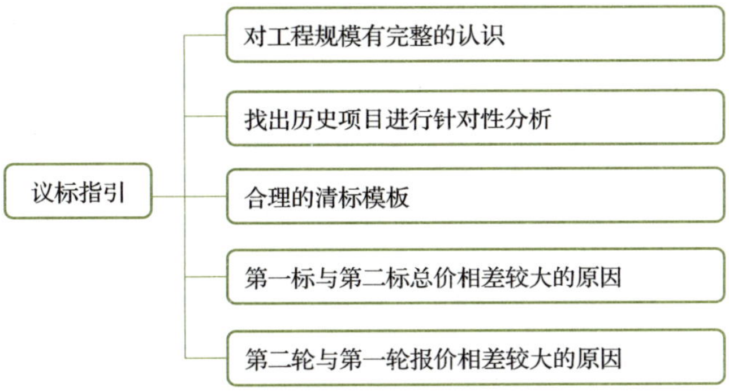

图 6 议标指引

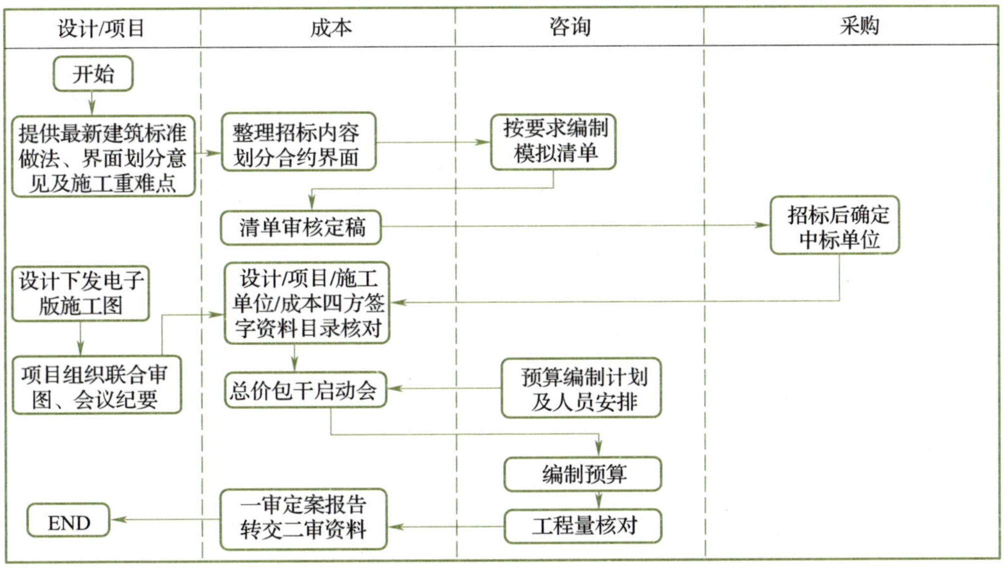

图 7 暂定转固定合同工作流程指引

表 5 建筑施工图审图要点节选

分类	关键词	建筑施工图审图要点
建筑做法		图纸是否明确止水钢板、止水带、变形缝、后浇带等做法详图（厚度、宽度及材质）
		天棚采用不抹灰做法，直接采用腻子（或轻质砂浆）打底找平，抹灰砂浆可直接取消
		关注节能对铝合金门窗及保温做法的要求，因保温砂浆后续存在空鼓开裂的风险，工程部可能要求做法变更。同时注意铝合金门窗深化设计时应与节能要求一致
		原则上地下室顶板及外墙采用聚氨酯类防水涂膜。厨房、卫生间采用水泥基聚合物防水涂膜。地下室底板采用滤水层时不再做防水
外立面	线条	外立面 EPS 线条是否与百叶位置冲突
		外立面材质及风格，尽量减少石材、线条比例
屋顶	造型	屋顶造型是否必要，是否可以简化，是否有坡、瓦屋顶（屋顶造型涉及结构计算、建筑、外立面成本等）

表 6 结构工程审图要点节选

分类	分项	结构工程审图要点
总说明	材料	检查说明中的材料是否尽量用当地材料
土方平衡及台地	土方	结合现场情况审查土方平衡图的合理性，考虑是否有同城土方平衡的可能
顶板结构	结构找坡	按公司建筑做法要求，地下室顶板采用结构找坡（即地下室顶板为同厚斜板）
	覆土厚度	覆土厚度：不超过 1.2m，尽量减少覆土厚度。当地库上仅敷设非重力流管道时，1.2m 厚覆土可满足种植要求；当地库上无管线时，1.0m 厚覆土可满足种植要求
	高差设置	当塔楼首层设计为住宅时，住宅位置的地下室顶板应高于其他位置地下室顶板 450~500mm。避免用挡土墙 + 建筑回填土的方式来设置此高差，将产生大量的低效成本（重点）
	特殊位置覆土厚度	地下室顶板结构设计应考虑泳池与其周边的高差关系，可能会带来超厚的回填土，导致结构荷载预留不足，如金域华府 A5 地块泳池出现类似问题
结构指标	标准层层高	层高按适配标准执行： 1. 采用分体式空调，层高为 2.8m； 2. 如客厅等采用风管式吸顶空调，层高为 2.95m； 3. 采用户式中央空调，层高为 3.05m；厨房、卫生间吊顶后净高不低于 2.3m（为满足户内空间舒适、合理性要求，厨房、卫生间吊顶净高要求为 2.3m，现行国家标准《住宅设计规范》GB 50096—2011 中"层高和室内净高"章节中室内净高要求为 2.2m）
	钢筋含量	含量计算及优化
	混凝土含量	含量计算及优化
	停车效率	停车效率计算，是否把尽量多的车位放在地上（最多可做 25% 的车位在地上），停车是否尽量采用一条车道左右两排车位的布置方式，最优轴距是多少
	地下室层高	地下室层高是否为非人防 3.6m/ 人防 3.7~3.8m
	埋深	低、多层建筑地下埋深尽量不超过 3m
	体型系数	查看体型是否有简化调整的可能

表 7 精装修审图要点节选

房间	关键词	精装修审图要点
		图纸点位预留尺寸是否考虑从完成面起算
公共部位	施工做法	会所等卫生间瓷砖及石材采用灌浆黏贴，不干挂
	用材	公共部位瓷砖不采用瓷质砖，而采用吸水率大于 0.5% 的砖，则砖可以用水泥砂浆铺贴而不用胶贴
	交付标准	公共部位管井门部位取消贴砖或者石材
		标准层电梯厅的管井门尽量不设置暗门
	用材	大堂墙面干挂石材厚度以 25mm 为准，不宜过厚
		大堂地面石材不宜采用较脆石材，避免开裂而需重新处理或者更换石材

续表 7

房间	关键词	精装修审图要点
公共部位	用材	大堂墙面石材可考虑改为玻化砖
		砂岩类石材限用或慎用，因为这类石材易发黄、变色、污染且硬度不够，后期表面处理及硬化费用高
		C 标项目标准层电梯厅尽量避免用到石材，连接电梯厅的过道墙面选用涂料

表 8　园建工程审图要点节选

分类	审 图 要 点
结构成本节约	地下室顶板范围内不宜布置大型乔木，否则覆土厚度需较大
	地下室顶板范围内不宜布置消防通道，否则结构需考虑消防车总重 300kN 荷载
	展示区一般不允许选在地块中部位置，防止展示区线路太长，展示面积增大，成本增加
指标控制	软景面积：硬景面积≥ 7 : 3
	草坪面积：灌木面积≥ 6 : 4
	水景尽量不设，否则水景面积要求：景观面积≤ 3%
	核心景观区（或景观轴）面积：非核心景观区≤ 1 : 3
	整体乔木密度≥ 35m^2/ 株，展示区≥ 3035m^2/ 株，非展示区≥ 4035m^2/ 株

表 9　门窗栏杆百叶审图要点节选

关键词	门窗栏杆百叶审图要点
结构成本节约	阳台反坎宽度超过 0.22m，则防护栏杆高度需从可踏面起算，可通过把阳台反坎的宽度变小，从而使可踏面从阳台地面起算，减小需安装的栏杆高度
	飘窗深度不得大于 600mm；落地窗下槛标高是否已考虑装修的预留高度（至少 70mm 并且踢脚线能贯通）
	外墙门窗两边有排水管处，应设置门窗垛，门窗垛不应小于 200mm
	建筑物外圈门窗高度一致（核对结构梁标高、高度）
做法	凸窗内侧塞缝是否有装饰表面遮盖
	是否与样板房展示的一样
指标控制	铝模施工的外墙窗须预埋钢副框
	严控窗地比，窗地比每增加 0.01，建筑单方成本增加 4.5 元 /m^2
	尽量减少开启扇及开启面积，此项必须与设计院用计算数字确认

（3）**沟通及回访机制。**

1）咨询项目经理通过公司 EAMS 系统线上标准模块流程集，实时完成任务分派对接，项目人员采用网盘实现局域网数据存储，提升工作沟通效率；

2）公司综合管理部设置定期回访制度，确保及时对驻场作业人员服务态度和工作质量进行实时反馈，保证服务质量的及时纠偏如表 10 所示。

表 10 项目回访信息反馈表

基本信息					
项目名称	__某__地产__某__项目	回访时间	2019/3/1		
回访部门	__某__地产成本管理部	回访人	张三		
回访地点	__某__地产洽谈室	驻场人员	李四		
回访内容					
项目	内容	评价			
		优	良	中	差
服务态度	工作责任心	√			
	工作主动性		√		
	沟通表达能力				√
	工作及时性以及解决方案的合理性	√			
工作质量	提交成果准确性		√		
	提交成果标准化	√			
专业素养	专业水平及职业素养	√			
工作计划	各项工作的计划性	√			
工作效率	各项工作按照时间计划节点完成情况		√		
造价中心	配合度及成果完成情况	√			
总体评价及改进意见：工作较认真，能按节点及时完成工作，但沟通表达能力尚需改进					
项目回访总结（问题、不足及教训）：需及时调整人员					
后续工作调整及安排：调整人员结构，使用王五调换李四作为项目驻场工程师					

3. 项目合约策划运作过程

（1）**合约策划的主要内容。**针对某项目，合约策划主要从标段划分、合约签约规划、合约界面划分、合约架构体系、合约分期策划、招标模式策划、供应商资源统筹以及过程中合约管理几大部分入手，确保管理风险可控及项目利润率的实现。

（2）**某项目合约策划的运作细节。**

1）合约界面划分的策划如表 11 所示。明确总包与各分包合约界面，用于指导后期所有的分包招标工作，避免不同合同招标过程中，出现界面含糊及重复交叉计量的情况发生。

表 11 某项目总包与其他分包合约界面划分一览 表

<table>
<tr><th rowspan="2">区域</th><th rowspan="2">序号</th><th rowspan="2">索引号</th><th colspan="2">完成面</th><th colspan="2">接收面</th><th rowspan="2">交界面描述</th></tr>
<tr><th>完成单位 / 合同</th><th>工作内容</th><th>接收单位 / 合同</th><th>工作内容</th></tr>
<tr><td rowspan="3">地下室</td><td>1</td><td>A001</td><td rowspan="3">土方工程施工合同</td><td rowspan="3">基坑土方开挖，开挖至场平标高（做好土方平衡），无护壁时排水沟，桩间土修整，移交前的安全防护，文明施工，施工过程中的防尘（含冲洗设施设备）防噪措施</td><td>地基处理工程合同（需地基处理时）</td><td>强夯施工</td><td>强夯场地范围 / 场平标高</td></tr>
<tr><td>2</td><td>A002</td><td>护壁、降水工程合同</td><td>护壁施工、护壁桩锚索、桩间土封闭施工、排水沟等</td><td>护壁放坡完成：土方单位将按护壁方案的放坡要求开挖完成，护壁单位按评审后的方案开始护壁等工作</td></tr>
<tr><td>3</td><td>A003</td><td>总承包工程合同</td><td>（1）核心筒、承台、集水坑、换填局部开挖、回槽回填由总包施工，接收场地后边坡安全护栏由总包单位实施；顶板回填由总包单位施工。车库内排水管先敷设后回填，总包管沟土方不重复计算；
（2）局部开挖，局部回填及边坡安全护栏；
（3）场地平整</td><td>（1）土石方单位大开挖完成（按设计提供的场平标高施工，具体根据项目实际情况测算）。总包单位复核大开挖边线是否满足基础、地库施工需要。
（2）土石方移交给总包界面，要求总包确认是否有基础在边坡上无施工工作面，如果有，要求土石方继续施工直到满足总包基础施工要求。如果总包在接受场地且土石方退场后，发现有基础位置在边坡上无法施工，所产生的边坡总包开挖单价按土石方单价计算，或产生边坡回填工作面导致增加一切费用均按上述边坡开挖费用计算</td></tr>
</table>

①护壁、降水工程合同与土方合同交界面描述：土方单位将按护壁方案的放坡要求完成相应的修坡工作内容，不再重复发生护壁修坡指令并增加费用。

②总承包工程合同与土方合同交界面描述：土石方单位大开挖完成，总包单位复核大开挖边线是否满足设计要求，如果未能按图纸及规范要求施工，要求土石方继续施工直到满足总包基础施工要求为止。

③总包与精装界面策划关注细节：要求总包开关插座及灯具预留点位和精装点位完全吻合；所有管道穿线由总包单位完成，并按精装吊顶高度预留足够的长度，避免精装二次接线发生重叠作业工序而增加施工成本；洞口尺寸、地坪平整度满足合同质量标准，需要移交详细的完成面质量验收交接单，避免精装和总包发生重复交叉扣款。

④总包与消防界面策划关注细节：所有预埋管、桥架安装、控制箱安装、孔洞预留、设备基础、排水沟、所有套管、套管外封堵、风管洞口封堵、消防监控室静电地板、消防水箱基础、消防验收后二次防火封堵、防火卷帘导轨的防火封堵由总包施工，消防合同不再重复发生上述费用。

⑤总包与高低压配电合同界面策划关注细节：设备用房腻子、电缆沟、桥架敷设由总包单位完成，专配由总包完工，公配由电力公司完成。

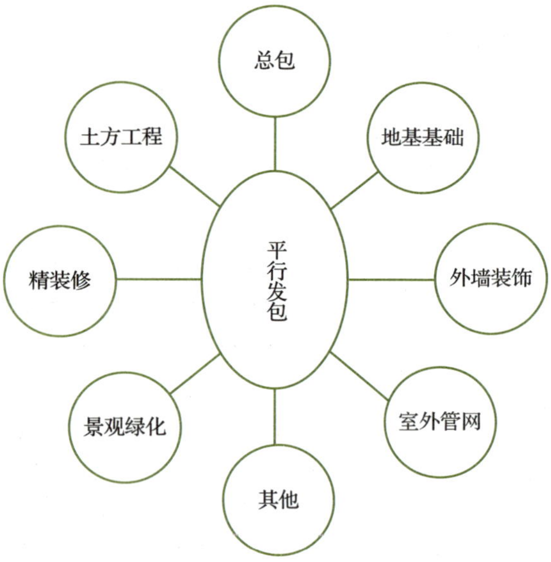

图 8　某项目合约主要发包模式示意图

2）合约分期策划及招标模式策划。某项目为保证在短时间内合理高效地组织合约管理工作，提供优质的合作单位资源，尽可能给项目部提供充足的施工时间，必须在项目前期阶段制定出项目分期策划及招标计划，确保项目关键节点及目标得以实现。主要内容有：项目开发批次划分、招标模式策划等如图 8 所示。

①对主要招标单位，如土方、总包、精装、桩基等大额合同采购，需要进行严格的招标分判程序，提前考察并审核投标单位资信及历史履约情况，根据综合分判结论确定拟定标段划分体量，确保履约风险最小化；

②时间节点紧促的情况，且合同金额较大的工程，可选择长期合作的库内优质战略集采单位或者正在施工其他地块分期项目的单位，通过模拟清单确定包干综合单价及暂定总价；

③金额比较小、项目比较简单的工程，在进场时间允许的情况下，如围墙、钢结构、栏杆工程等，可采用分散采购的模式进行招标，获取合理低价中标的最佳方式，节约成本开支；

④对于主要材料供应商的选择，优选库内优质集采供应商，采用跨地块联合招标的模式，降低采购成本；

⑤示范区及样板间工程，因图纸不具备，或者边干边变边拆改，属于严重的“三变”工程，宜采用模拟工程量清单形式进行招标，以综合单价包干，总价暂定的方式进行定标，待最终竣工图完善后再重新核对工程量；

⑥降低重叠计量误差率。

3）合约管理目标及实现途径策划。突破传统计价方式中工程完工后方能进行彻底清算的弊端，提升管理效能。项目前期采用综合单价包干，施工图审核完成后固定时限内完成图纸工程量包干的方式，一方面提升了结算效率，另一方面也大幅度降低了合同价格变动的风险。主要内容有：合约管理目标及实现途径包含总价包干率、签证变更率、结算及时完成率、补充协议份数、标准的招标文件、标准化清单模板等如表 12 所示。

①总价包干率是保障建安成本控制目标实现的主要途径，对于整体项目需要前置规划合同份数以及主要合同的签约金额，策划金额或份数包干率 KPI 指标，并作为项目合约管理的重要考核因素。

②签证变更率也作为项目成本管理的重要内容，主要从管理措施方面进行策划。首先图纸指令及现场指令，均需要事先审批，并给予金额限制，比如 10 万元以上的变更，需要通过公司总经理审批后方可实施，不满足条件的指令一律驳回；所有的后补指令，一律不予认可和结算。

③补充协议份数作为项目合约策划的一项重要考核指标，后补协议均为招标环节考虑不周所

致，需要多部门充分沟通，事先做好前期招标策划工作。

④招标文件标准化，但需要依据项目特性做出相应的调整，如计量计价规则、措施费内容说明、图纸输入参数、施工技术方案等均需要和合同文件、工程量清单完全呼应。

⑤清单的标准化程度越高，成本目标管控能力越好。清单主要分项工程列项齐全、清单列项和合同文件匹配程度、清单编制说明的合理性、清单项目特征及工作内容的准确度以及清单的标准化格式要求，均为重点关注内容，标准化的清单格式更加便于提取含量指标，对各业态横向指标对比分析和复盘总结起到重要的作用，且提高了基层清单编制人员的工作效率。

表 12　某项目精益管理合约策划信息卡

合约管理总体目标	合同总目标		签约管理				变更管理		结算管理	
			包干率		补充合同上限		设计变更金额比例上限（%）	1.0%	结算金额偏差上限（%）	3%
	合约包总份数（份）	65	金额包干率（%）	98%	份数上限（份）	10	工程指令金额比例上限（%）	1.0%	结算及时率（金额，%）	95%
	合同总金额（万）	50090	份数包干率（%）	98%	金额上限（万）	1000	后补变更率上限	0	结算及时率（份数，%）	95%

工程类重要合约包分解	合约包名称（类别 / 数量固定）		目标成本（万元）	定标金额上限（万元）	计价模式
	1	土方工程合约包	1164.23	1106.02	单价包干
	2	桩基础工程合约包	811.80	798.00	总价包干
	3	总承包工程合约包	36311.67	34496.09	总价包干
	4	门窗百叶工程合约包	1819.31	1782.92	总价包干
	5	高低压配电工程合约包	2846.34	2773.33	总价包干
	6	户内精装修工程合约包	5065.12	4862.52	总价包干
	7	户内门供应安装合约包	1432.27	1360.66	总价包干
	8	电梯扶梯供货合约包	1445.57	1380.00	总价包干
	9	橱柜供货安装合约包	1611.31	1530.74	总价包干
	合计		52508	50090	

4）**合约重点、难点专项策划**。某项目为了进一步降低因合作方前期历史遗留合同风险、项目特殊情况导致的合同履约或法务风险，结合项目合约重难点策划应对措施，最大化降低合同履约风险。主要策划内容：项目及周边不利因素导致的风险成本增加、弹性开工因素导致的合同索赔金额增加、合作方历史遗留问题导致的履约风险增加、垄断行业情况导致的合约成本增加。

①某项目周边不利因素包含地下电力及给排水管线、高压线、周边村民关系影响等，策划的主要细节包含改迁细节的沟通谈判，需要制定专项沟通机制和实施方案，通过多方环节进行沟通和谈

判，并提前做好多种策划预案，确保不能延误和影响项目正常的开发节奏，造成对工期的影响。

②某项目弹性开工因主包单位进场节奏控制不力、地上方案决策效率低下导致，势必导致总包等单位提前进场发生索赔费用。因此为避免此类问题的发生，必须从合同工期条款上约定因弹性开工发生的人工费、管理费、周转设施及机械成本的计算办法，并由总包单位和开发商共同承担由此带来的风险费用，双方责任、利益、风险共担。因此合约风险控制的具体措施主要是多部门充分沟通，在同时满足现场施工进度的要求的前提下，切实做好总包和分包进场时间的合理策划。

5）**总包合约专项策划。**某项目为了规避合约风险，最大化程度达到成本管理目标受控、降低索赔风险及法务风险、降低计量误差和定价风险。主要内容包括完整的总分包合同文本、公司标准工程做法及技术要求、项目重难点梳理及应对措施、承包范围与界面划分、建造体系、措施费、甲供材、包干方式、不平衡报价应对等。

①标段划分：依据项目体量、交付批次时间间隔、物业类型、成本水平设置总承包工程的标段数量及标段划分。场地只有唯一道路，建议采用一家总包；体量20万m^2以下，建议一家总包；别墅或洋房+高层，建议混搭；交付时间间隔超过1年，建议分次定标。标段划分较为复杂，需要与项目部充分交圈。

②承包范围与界面划分：明确总包的承包范围，从土方单位和总包的界面开始策划，电梯基坑和集水坑较难定位，建议由总包施工土方开挖，车库外围回填考虑地库外墙防水要求，包含顶板回填都和总包的支撑体系有重大的关联，从质量责任划分维度考虑，也应该交付总包施工较为合理可控，分包工程例如消防、套管预埋及封堵、防火封堵、门窗收口等，凡是和总包施工紧密关联的分项，均由总包施工，这样可以最大程度提升工期效率，也可降低成本和质量管控风险。

③甲供材：详细列明甲供材种类，供货周期、保管责任、安装与否等职责，也包含搬运费用等，确保供应周期满足现场要求。

④措施费：需要完全结合项目特性，比如是否存在加工场地，施工道路及总平的布置、大型机械及冬雨季措施的具体方案、项目安全底线要求及防护设施、治污减霾措施等进行具体的工程策划交圈，确保给合约口输入准确的信息；编制清单和合同条款的时候应仔细研究措施费列项是否周全，避免后期索赔费用的发生。

（3）**项目合约策划运作实施案例。**

1）**项目重难点及合约风险策划。**

①项目合约风险点分析如表13所示。

表13 某项目合约管理风险点分析

序号	项目合约重难点分析
1	长达5个月的冬歇期，混凝土停供，土方外运难度大
2	因前期合作方原因，招标需要办理两个施工许可证
3	项目所在地块存在地材垄断情况
4	边坡支护难度大、周期长，扬尘处理等影响较大
5	施工场地狭小，施工运输条件极度受限

②合约应对措施如表 14 所示。

表 14　某项目合约管理风险点应对措施

序号	项目合约重难点应对措施
1	合理策划工期，确保施工阶段流水节拍紧促，实施穿插作业；招标文件约定材料租赁价格应考虑冬歇期因素，投标单位报价需综合考虑；土方外运受气候及其他影响较大，要求土方单位制定具体的日出土量及抢工计划，并出具书面承诺文件
2	措施费用列专项增补说明，乙方报价综合包干
3	招标文件约定材料费用需综合考虑地方性垄断风险，要求乙方充分了解市场后进行综合包干报价
4	对于边坡支护难度大的问题，组织专家论证，选择经济最优方案进行招标；招标文件应约定工期专项条款，不因工期延长增加任何合同价格；扬尘处理措施纳入开办费用包干
5	招标文件技术条款要求乙方对加工场地等做出专项技术方案，费用在报价中综合考虑

2）**总包专项策划。**

①总包主要风险点分析，如表 15 所示。

表 15　总包专项风险点分析

序号	总包专项合约风险分析
1	由于项目地基及支护处理的复杂性，总包存在弹性开工的风险
2	项目需要进行穿插提效，涉及铝模板、全钢爬架、预制楼梯构件的使用，总包成本增加造成索赔风险
3	总包运输通道主要为车库顶板，加固措施费用较大
4	混凝土主材价格存在较大价格调整风险

②总包专项合约风险应对措施，如表 16 所示。

表 16　总包专项合约风险应对措施

序号	总包专项合约风险应对措施
1	招标文件中应明确约定：乙方在踏勘现场后，对项目施工作业条件及边坡支护存在的弹性开工风险进行综合考虑报价，后期不因任何缘由给予合同价格调整。同时，要求总包单位制定因弹性开工导致的人员及材料调配方案，以及工期延误带来的抢工方案
2	招标文件中需明确铝模板、全钢爬架、预制楼梯构件的实施部位。清单列项和招标文件保持一致，明确上述内容的计算规则以及报价要求，其中，因预制构件的使用，垂直运输设备的增量费用，也要求乙方在报价中综合考虑，规避后期费用索赔风险
3	要求总包技术标中编制专项顶板加固方案，并按方案总价包干
4	合同文件、招标文件、招标清单口径一致，补充主材调差办法

4. 项目成本策划运作过程

（1）某项目成本策划的主要内容。项目成本策划的主要内容包含产品组合、地下工程、建造体系、限额设计、级配适配、报批报建、费用限额、不利因素等多方面进行深挖策划（如图 9 所示）。

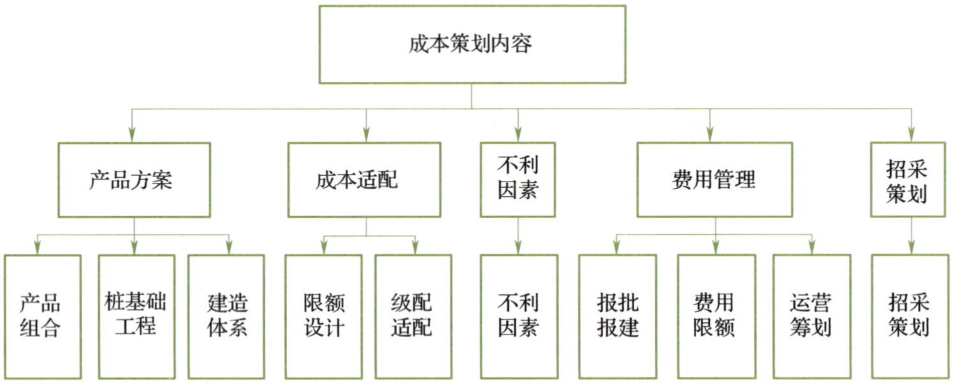

图 9　某项目成本策划内容架构示意图

（2）主要策划关注细节及方法。

①产品组合：因社区配套、人防设备间、土地成本、环境配套、开发管理费用等均需按不同的产品业态进行分摊，高层、洋房、叠拼等不同产品的开发成本均有差异；根据强排的不同产品组合进行成本测算，形成盈利能力对比表，寻求项目产品最佳组合，显得尤为重要；因此产品组合方案甄选过程中，需要设计部门提高成本共管意识，净利润、投资额、去化速度、整体空间效果、可售比、体型系数、成熟产品应用、标准户型种类、路网及组团布置等指标是此项策划的主要衡量标准；充分挖掘可利用空间，追求可售 / 经营面积最大化，关注户型平面布置的合理性，在满足客户需求的前提下，尽量降低户型数量，尽量选用成熟标准化户型，满足客户需求的前提下，合理确定组团规模，尽可能单项目只设立单组团，减少组团围墙、安防系统、物业管理成本；路网设计尽量简洁，减少路网的不合理曲线、弯折，道路宽度满足设计规范，尽量少做拓宽。

②地下室精细化设计（如图 10 所示）：主要从布置方式、停车效率、层高及剖面、柱网形式、顶板形式、人防分区、设备安装、交付标准等方面进行合理策划，满足人防强控要求及停车效率指标，并满足社区设备用房的建设需求的情况下，进行多方案比选，以做极限最小的地下室面积为策划落实的主要宗旨；布置形式需要综合考虑地下交通流线的合理顺畅，并考虑场地土方和周边道路的高程现状，进行合理的布局，抬高地下室的高度，可以大幅度降低土方开挖和回填成本；对于车位布置，尽量选择环形路网、最大化布置有效方正空间的布局尺寸，设备及功能用房、人防分区尽量设计到地库边角位置；对于停车效率方面，考虑合理的车位配比可以提升小区的整体品质，但是多做车位无益，会冲淡整体利润率。

③建造体系（如图 11 所示）：主要针对模板、外架、工业化 PC 预制构件的选配进行策划，因某项目合同清单体系主要是按工序及实际发生内容口径进行子目列项，所以建造体系中涉及的方案均需在招标前期和工程部门进行充分沟通，确定具体的方案作为招标文件的编制依据。例如外架采用全钢爬架、半钢爬架、普通爬架或者悬挑、落地架体；模板需要区分铝模板、大钢模板、木质

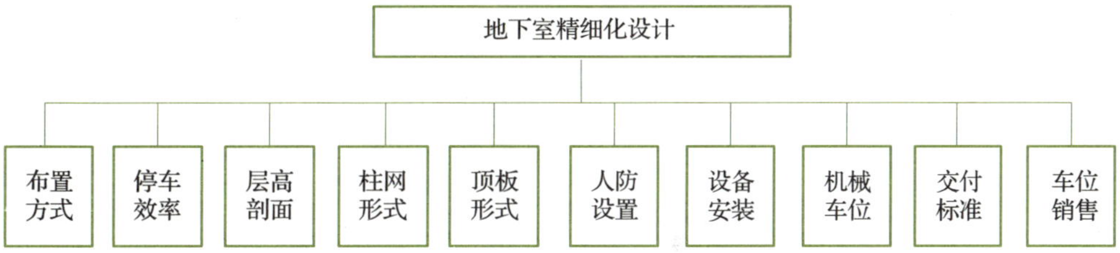

图 10　地下室策划点系统图

某项目建造体系的选择：

高层产品：普通爬架（A1#、A12# 楼）+ 铝模板 + 全砼外墙 + 预制楼梯 + 干法地暖 + 薄贴瓷砖 + 轻质隔墙
洋房产品：落地脚手架 + 木模板体系 + 加气块砌体 + 现浇楼梯

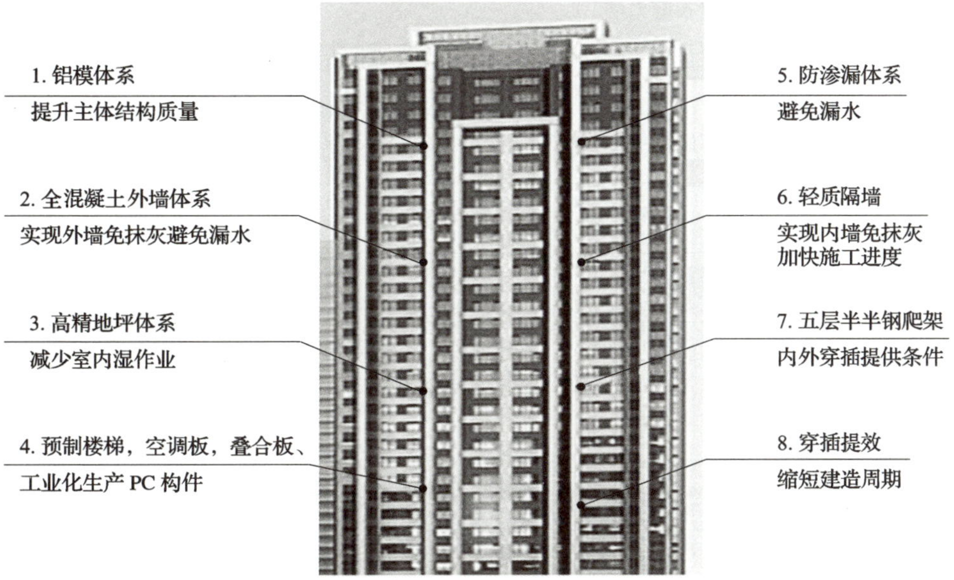

图 11　某项目建造体系策划选型示意图

模板等，清单将按不同业态的模板方案进行计算；对于工业化预制 PC 的选用，主要以标准化程度高、可复制性效果强、能匹配工厂化生产的建筑构配件为原则进行策划和选配。例如预制楼梯、消防楼梯隔墙、风井隔墙等相对设计标准化程度较高，场地预制加工均较为方便，且模具可周转次数较大，场地预制灵活度较高，且安装较为方便，大幅度提高施工效率，降低了人工及时间成本，整体质量也可大幅提升。

④限额设计及级配适配：主要是针对某项目设计阶段、二次深化建筑构配件、外立面装饰、景观绿化工程、公区及户内精装标准选配等方案阶段进行策划。设计阶段，限额设计及扩初方案测算工作的开展非常重要，方案是否满足限额设计及目标成本控制的要求，需要咨询单位进行及时、精准的测算作为方案调整的决策依据；级配适配是个非常系统化的课题，咨询工作的重点是做好竞品项目对标工作，并在满足某项目配置标准的前提下，及时提供测算数据，针对经济性不高的材料选用，提出合理的优化建议，确保满足住宅交付品质的前提下成本可控，如表 17 某项目限额设计指标表所示。

表 17　某项目限额设计指标表

某指标分项			2 层底商（框架）	9~11 层小高层	15~18 层小高层	27~33 层高层
	地下结构	短肢剪力墙（独立基础）	—	130	130	115
	地下结构	一般框架（条形基础）	—	—	—	—
	地上结构	短肢剪力墙	—	45	48	48
	地上结构	一般框架	55	—	—	—
	地下结构	短肢剪力墙	—	1.01	1.05	0.95
	地下结构	一般框架	—	—	—	—
	地上结构	短肢剪力墙	—	0.33	0.33	0.34
	地上结构	一般框架	0.3	—	—	—
砌块含量（m^3/m^2）	地下结构	短肢剪力墙	—	0.08	0.08	0.08
砌块含量（m^3/m^2）	地上结构	短肢剪力墙	—	0.15	0.15	0.15
砌块含量（m^3/m^2）	地上结构	一般框架	0.35	—	—	—
水泥含量（kg/m^2）			300	280	280	280

（3）**项目成本策划实施案例。**

1）示范区售楼部外立面玻璃幕墙优化案例，如图 12 所示。

方案1：玻璃8.1m高　　方案2：玻璃5m以内

图 12　某项目示范区售楼部外立面幕墙优化案例

①策划项目简况及背景。本项目作为某地产首个高端品质小区，示范区将设置会所，前期作为销售中心，整体立面装修风格以幕墙、石材及镀铜线条为主，因此建造成本较高。需要在满足装饰效果的前提下，进行合理的策划，达到费用限额控制的要求。

②策划调整方案思路。原方案中，下沉式庭院立面为了达到视角冲击的设计效果，采用通高隐框玻璃幕墙，并采用超白双钢化中空玻璃（10Low-e+2.28+19A+10mm+2.28+10），高度 8.1m，由我公司咨询项目经理发起专题会议，组织设计、工程、外立面施工单位、成本相关人员，进行方案优化研讨，最终设计同意将方案修改为底部 5m 进行玻璃分隔，幕墙规格修改为 12Low-e+19A+12mm 超白双钢化玻璃。

③经济对比分析及策划过程思考，如表 18 所示。

表 18　某项目示范区幕墙测算汇总表

序号	项 目 内 容	面积（m^2）	含税总价（万元）	系数比	总价差异（万元）
1	方案一：超白双钢化中空玻璃 H=8.1m 10Low-e+2.28+19A+10mm+2.28+10	351.01	290.00	1.00	235.70
2	方案二：超白双钢化玻璃 H=5m 12Low-e+19A+12mm	351.01	54.30	5.34	

原设计方案中，设计师仅考虑视觉效果的完美性要求，对幕墙不进行任何分缝处理，忽略了原玻璃材料属于非标规格，加工周期长、安装难度极高，异型玻璃原材生产和二次加工的成本增加因素，这种模具的生产在市场上几乎是唯一性的，运输、安装等均需要制定专项方案。因乙方考虑各种成本和风险费用，故经多轮约谈，价格仍未降低。因此通过方案论证，最终选择使用常规幕墙玻璃尺寸分隔方案，大幅度降低了成本，同时也确保了示范区抢工节点的需求。

2）示范区景观水钵成本策划，如图 13 所示。

图 13　某项目示范区景观水钵优化

①策划项目简况及背景。示范区主入口水景，测算景观水钵总价约 255 万元，造价较大，是示范区景观工程主要成本策划内容。

②策划调整方案思路。通过与施工单位、设计单位及工程部多轮沟通，紫铜板材同样可达到相应的装饰效果，最终设计同意调整方案，将 3mm 厚黄铜板材调整为 1.5mm 厚紫铜板材。

③经济对比分析及策划过程思考如表 19 所示。

表19 某项目景观水钵优化测算分析

序号	项目内容	项目特征	面积（m^2）	含税单价（元）	含税总价（万元）	系数比	总价差异（万元）
1	方案一：3mm厚黄铜板材	锻铜工艺，含工艺花瓣制作、安装、焊接等	220.00	8991.32	197.81	1.00	103.81
2	方案二：1.5mm厚紫铜板材	焊接工艺，含钢板及结构表面作色处理，制作安装及焊接	220.00	4272.73	94.00	2.10	

通过方案对比，实际落地成本优化金额103万元，累计降低景观单方成本91.38元/m^2。示范区景观成本策划，主要考虑调整金额占比较大的硬质铺装石材成本、主入口水景及大、小乔木的种植数量。效果满足设计理念的同时需要考虑多种材料替代方案，作为示范区景观单方控制的有效办法。

3）地基处理方案成本策划，如图14、图15所示。

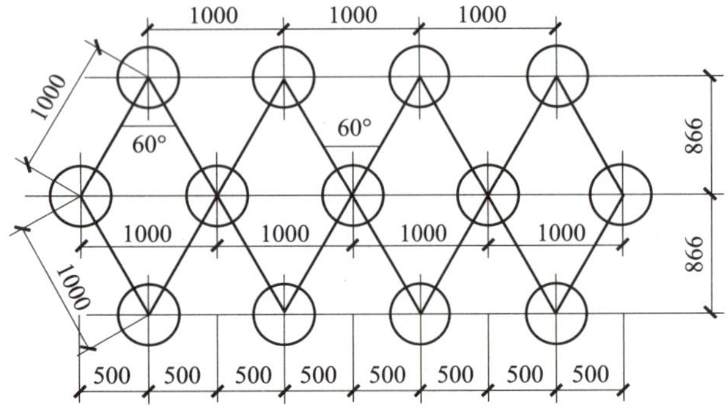

图14 DDC地基处理方案

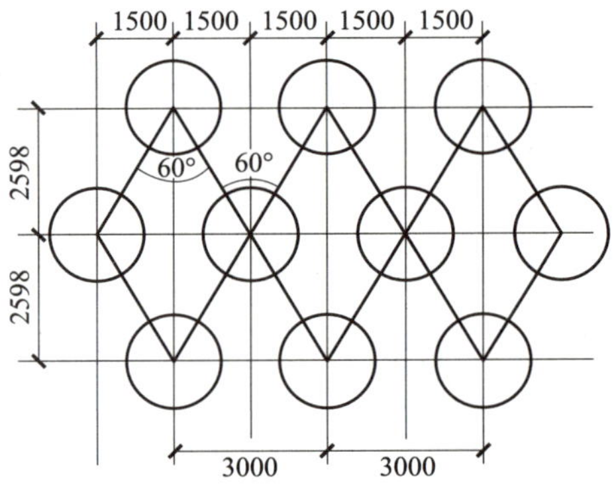

图15 SDDC地基处理方案

①策划背景。该项目地基存在严重的湿陷性土层，且分布不均匀，初步测算地基处理费用高达3500万元，费用较高，策划采用经济性方案进行替换。

②方案替换及思考。SDDC作为DDC的革新技术工艺，其从工艺角度对湿陷性地基处理效果更好。SDDC地基处理方案桩基间距加大，成孔及总体填方工程量减少，因此可以使施工周期合理降低，经济性更高。

③经济性对比分析及策划成果，如表20所示。

4）某项目排水管材方案优化案例。

①策划背景。某市PVC管材被禁用，市场主推HDPE及PP静音管材；图纸原设计均采用HDPE排水管，承插式连接；本工程所有外排水的雨水管、空调冷凝管均采用HDPE排水管，沟槽式连接；初步测算HDPE管材建筑单方费用高达24.7元/m^2，目标成本指标严重超限。

②经济性对比分析及策划成果，如表21所示。

表 20　某项目地基处理方案优化

序号	项目内容	建筑面积（m^2）	含税总价（万元）	含税单方（元 /m^2）	建筑单方（元 /m^2）	总价差异（万元）	系数比
1	方案 1：DDC 工艺	399103.00	4973.62	124.62	11.22	447.00	1.00
2	方案 2：SDDC 工艺	399103.00	4526.23	113.41			0.91

表 21　某项目排水管材选型对比表

序号	项目内容	建筑面积（m^2）	含税总价（元）	含税单方（元 /m^2）	单方差异（元 /m^2）	系数比
1	原方案：HDPE 沟槽式静音排水管	399103.00	9857844.10	24.70		1.00
2	变更方案 1：PP 静音排水管	399103.00	5268159.60	13.20	11.51	0.53
3	变更方案 2：PP 排水管	399103.00	3951119.70	9.90	14.80	0.40

通过对周边竞品项目调研结果，大部分项目均采用 PP 管材及 PP 静音管材；原设计经济性不高的主要原因是：HDPE 管材的连接方式均为沟槽式连接，增加了管件费用。因此最终采用 PP 管材进行替换。

5）地下室方案策划。

①策划项目简况及背景。本项目因自身平面不够规整，严重影响到地下车位布置，停车效率高达 34m^2/ 个，经济性和限额指标差异大，经济性不高，需要合理策划地下室车位及布局方案。

②策划调整方案思路，如图 16 所示。策划环形主车道位于主要场地内部，力求地库方正，从而提升停车效率；北侧不规则区域，以最优单环形车道进行解决停车布局，剩余区域调整为设备用房用途；将停车位及设备用房之外的多余区域全部取消，不再增加不必要的面积浪费，减少地库建造面积；在设备配合阶段，将设备用房设置在场地东侧，坡道和设备用房集中布置，大幅度增加了停车布局有效区域面积；人防区域与飞机动车库结合进行布置，节省 30% 的人防区域，增加 45 个有效可销售车位布置，如图 17 所示。

在方案设计阶段，对原户型布局进行结构优化，塔楼下方开辟车道，使原本无法利用的空间变成车位，从而提高停车位数量，如图 18、图 19 所示。

设计阶段严格按照国家规范，将垂直停车区域车尾重叠，单个车位节约 0.52m^2 地库面积；结构上采用 5.15m × 7.8m 小柱跨，有效提高车库层高，同时减少了柱子面积，平均单车位节约 0.36m^2 地库面积；在尺寸受限的情况，如图 19 上出现防火分区隔墙，合理利用空间做微型车位，可以保障停车数量不受影响。

③经济对比分析及策划成效。通过车库停车范围、地下户型平面及停车位优化，最终停车效率从 34m^2/ 个优化到 31m^2/ 个，减少了 2680m^2 的地库面积，成本优化 750 万元。

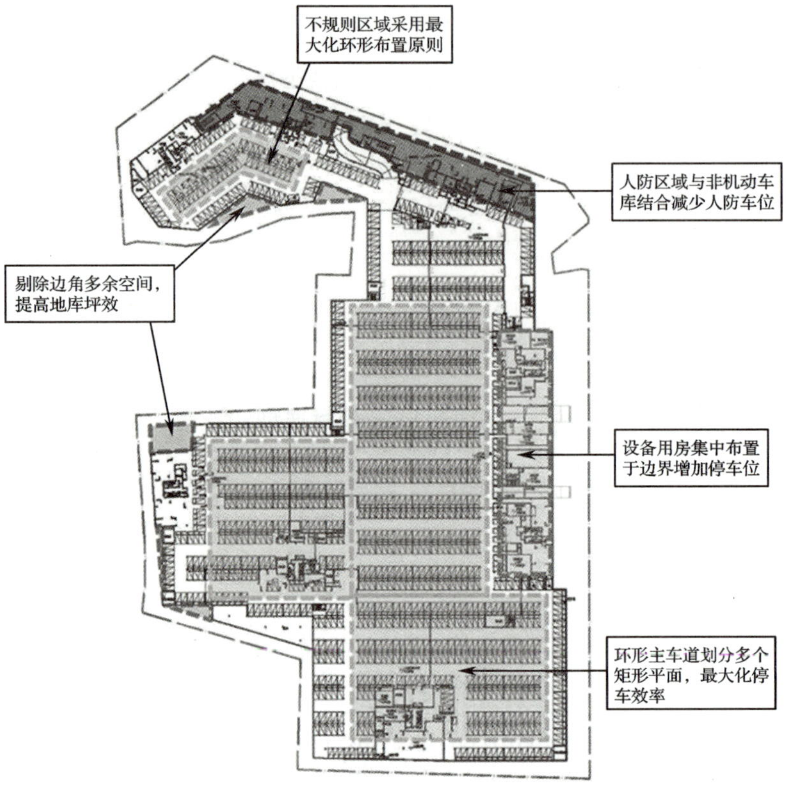

图 16　停车范围局部优化实施细节

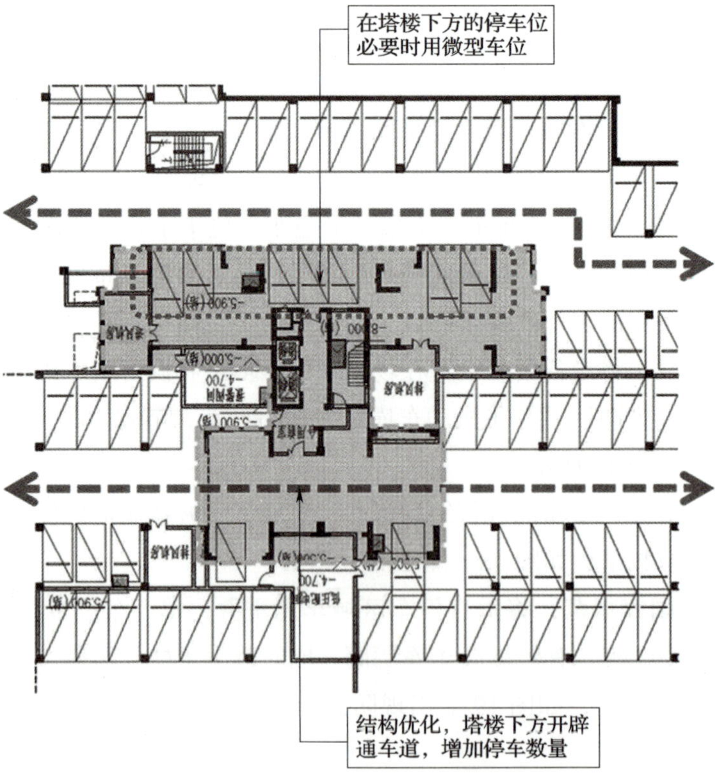

图 17　地下主楼区域户型布局优化

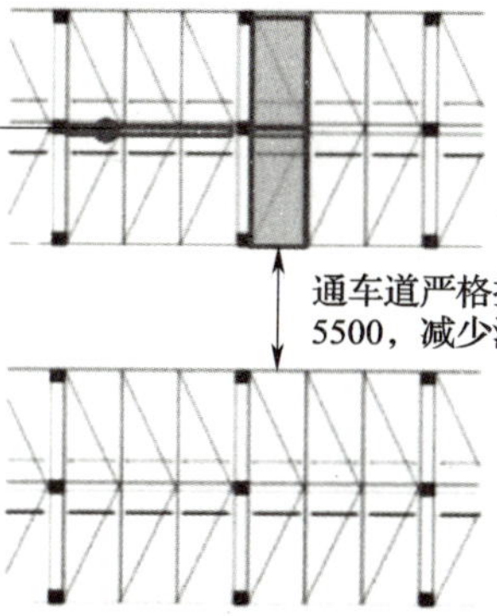

图 18 车位尺寸优化车尾重叠区域及车道尺寸

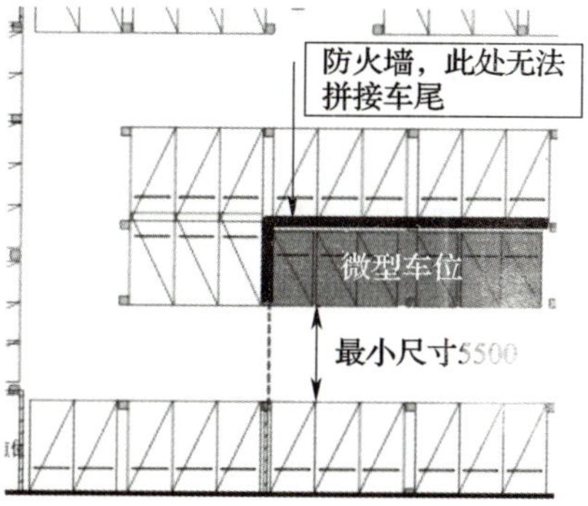

图 19 车位尺寸优化之微型车位

四、服务的实践成效

1. 全成本精益管理策划对某项目带来了经济成效（如表 22 所示）

表 22 某项目精益管理策划经济成效一览表

序号	策划内容	建筑面积（m^2）	节约金额（万元）	含税单方（元 /m^2）
1	地库方案	399103.00	750.00	18.8
2	景观水钵	399103.00	103.00	2.6
3	示范区幕墙	399103.00	235.00	5.9
4	排水管材优化选型	399103.00	590.00	14.8
5	地基方案	399103.00	447.00	11.2
6	小计	399103.00	2125.00	53.2

某项目通过咨询服务带来的策划成果，总计节约项目开发成本约 2125 万元，累计含税建筑单方约 53 元 /m^2，项目净利率提高 1.37%，项目投资收益效果较为显著。

2. 以精益管理策划作为推手，提升了全过程造价咨询的服务深度

归纳精益策划为某项目成本管理带来的增值意义如下：

（1）在某项目市场销售价格极度受限情况下，为了确保产品和质量满足市场竞争的需求，合理、有效的合约及成本策划是挖潜成本的最佳渠道；

（2）按工程策划作为输入条件，项目群各专业充分信息交圈，保证合约规划项目信息各专业没有矛盾、评审要点各专业必须全部响应，并且在招标文件里有清晰、明确的回应，从而规范合同文本，降低履约风险；

（3）合同包干率、降低后补合同的份数、降低变更签证发生率、控制结算偏差率是项目合约策划的重要举措，是项目合约管理精益度的衡量标尺；

（4）项目策划复盘总结是对项目整体合约管控、成本管理精益度的检验及预警，为新开项目总结积累经验教训，具有深远的意义。

精益管理策划的完成标准如图20所示。

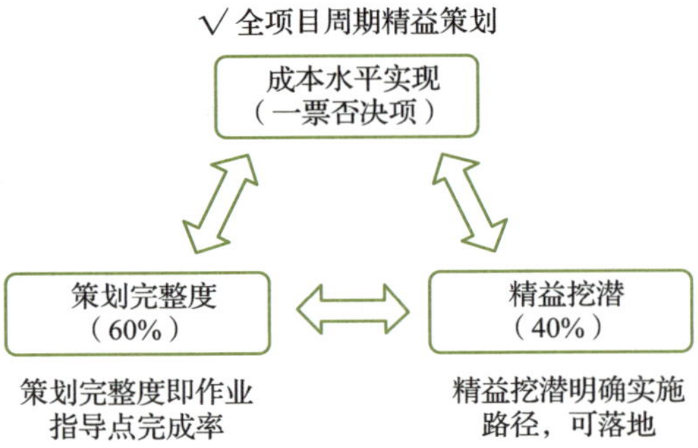

图20　项目全成本精益管理策划的完成标准示意

3. 项目精益管理策划是全面实现最佳成本的有效举措

（1）**成本管理需要深耕精益管理，全面实现最佳成本。**作为一线地产全过程咨询服务商，我们是甲方成本管理部前进道路上最重要的合伙人，不仅要立足专业做好本职咨询基础工作，更需要具有主人翁的态度，站在甲方维度深耕成本管理的方法论；真正带领我们的咨询团队，与甲方共进退，提供最有价值的工作支撑和全方位的智力服务。

（2）我们在践行精益成果的同时，需要认真思考每一个标准流程背后的业务逻辑关系与意义，真正地领会精益管理精神，不断提升自身的专业能力及管理能力。团队整体经营能力的持续提升中，成本管理能力是其中最重要的一个环节。在当前市场竞争激烈的背景下，我们需要进行思维方式转变和业务行为再造，最终也必然会朝着质量效益型咨询服务方向发展，创造更大的第三方咨询服务平台效应。

4. 进一步做好全过程造价咨询服务工作的后位思考

业精于勤荒于嬉；行成于思毁于随。分析现状，我们仍旧需要不断思考服务技能再造创新，从以下几个维度进行学习提升：第一是项目组织协调管理，第二是工具及方法，第三是专业传承，也就是专业水平、专业高度进一步提升的问题。

第一，从项目组织协调管理来说，项目精益管理最终目标的达成，需要项目开发团队全员的组织管理，咨询团队作为最专业的第三方机构，也作为项目成本管理的重要合伙人，需要主动推进项目成本深耕管理工作的开展，积极与其他部门进行交圈协调，做好每一件具体的业务工作。

第二，工具及方法。建立咨询业务开展标准化体系，并且不断地迭代更新，就显得尤为重要。《一线地产全过程造价咨询驻场管理工作指引》作为驻场咨询人员日常工作的行为标准，可以规范日常驻场咨询服务管理能力，还需要进一步提升项目精益管理业务模块作业能力，使得咨询工程师行为标准进一步再造和提升。

第三，专业传承。作为提供智力服务的职业经理人，需要与时俱进，保持不断学习的热情，通过积极反思精益管理存在的逻辑和意义，不断加强企业人员内训，并学以致用。

专家点评

本案例能够从建设项目全过程的各阶段考虑建设成本与质量安全与工期的关系，全过程咨询关键要涉及并参与建设过程的决策、设计、招标、施工和竣工结算阶段的成本控制服务。从目标的合理确定到过程的有效跟踪，最后到投资目标的有效控制，全过程造价咨询应形成一个全面的生产闭环，为业主提供专业的咨询意见，本案例能够充分体现这一特点。

点评人：刘嘉

上海申元工程投资咨询有限公司

浅谈某 EPC 住宅小区项目基于 BIM 的全过程工程咨询应用实践

——四川良友建设咨询有限公司

黄 旭 陈 敏 周春娇 夏文静 杨廷文

一、项目基本概况

1. 项目概况

本项目为某新建商品住宅、绿化工程及附属设施项目，工程地点位于四川省成都市双流区双江路。该项目由 6 栋楼及 3 个门卫室组成，总建筑面积约 100572.24m^2，建筑高度为 52.75~76.75m，地上建筑面积约 70701.66m^2，地下室 1 层，地下建筑面积约为 29870.58m^2。项目的楼板采用装配式叠合板，绿色建筑等级为一星。本项目包括建设红线范围及配建用地范围内的勘察、设计、施工、竣工验收后的整体移交等内容。总投资约为 4.92 亿元，开工日期为 2016 年 3 月 16 日，预计完成综合验收，取得工程建设并联验收意见书时间为 2020 年 6 月 15 日。目前各楼正处于机电安装、精装修阶段。

2. 项目特点

该项目虽然体量不是特别大，业态也是较为单一的住宅和商业的类型，但是勘察－设计－施工总承包方式与 BIM+ 造价的全过程工程咨询的组合方式具有一定的实践意义。该项目咨询单位的介入时间为初步设计后施工图设计阶段，因此，BIM+ 造价的咨询方式将诸多问题进行前置和统筹，在施工图设计阶段就从设计质量控制开始，以项目成本为主线进行设计优化、预算审核、过程控制等工作，合理、高效地开展咨询工作。

在建筑形态、功能趋于复杂与管理精细化的形势下，为了保障项目实施的经济性与可建性，在设计阶段对各类 BIM 工具的应用与传统造价工作的组合是咨询单位切入的主要方式，并结合企业自身技术优势形成的咨询服务也正在得到建设单位越来越多的认可。该案例就将从设计质量控制至竣工验收进行分享。本项目效果图如图 1 所示。

二、服务范围及组织模式

1. 咨询服务的业务范围

我公司承接本项目从设计阶段至竣工阶段的基于 BIM 的全过程工程咨询服务，包含造价咨询及 BIM 咨询两个业务板块。

图 1 项目效果图

目前 BIM 技术在建设行业的应用，已经从单纯的 BIM 咨询过渡到目前较为通用的 BIM+ 的模式，随之而来的也是造价咨询企业在 BIM 应用上的两种主流做法。一种是将 BIM 咨询作为一项单独的业务开展，进行纯粹的 BIM 咨询；另外一种是将 BIM 作为咨询企业传统业务的一个工具，提升咨询的工作价值。该案例也将围绕 BIM 对造价业务的增值来进行分享。

2. 咨询服务的组织模式

（1）**项目实施组织架构。**建设单位负责对项目的全生命周期进行总策划，建设期主要由全过程咨询单位协助业主对项目的工程建设进行决策、管理，形成项目的决策管理职能层；决策层指挥、协调、管理项目其他各参建单位来共同完成项目的建设目标，这些项目的实际参建实施者形成项目的实施层；要实现“精益建设管理、智慧运维”的项目目标，需通过搭建一个项目信息协同共享的交流管理平台，为项目所有参建单位提供统一的信息沟通渠道，实现项目信息的实时、高效传递和管理效率的提高，即项目的信息化管理层。管理全过程咨询单位的 BIM 咨询组负责项目的信息管理。

（2）**项目全过程工程咨询组织架构。**本项目采用勘察 - 设计 - 施工的 EPC 模式。本公司高度重视该工程的建设，并将其列为重点工程，该项目派遣具有一级造价师资质并承担过大型类似工程的人员担任本工程项目负责人，统一指挥、组织协调工程造价、BIM 咨询服务工作，从项目设计阶段即开始咨询工作，实行从施工图设计、施工前期准备、施工过程管理、竣工验收等各阶段进行的一体化专业咨询服务。根据本项目的咨询内容分设两个专业咨询团队：BIM 专业咨询团队和造价专业咨询团队，各专业咨询团队分别由专业咨询工程师对该项目的 BIM 创建与应用、造价、合同及信息进行管理。

公司管理组织架构如图 2 所示，项目部管理组织架构如图 3 所示。

3. 咨询服务的工作职责

（1）**咨询服务的工作职责。**全过程工程咨询中造价控制工作职责：参与招标文件（或合同）的编制审查工作，施工图预算、零星工程预（结）算以及工程概算的审核，合同管理，变更管理（包

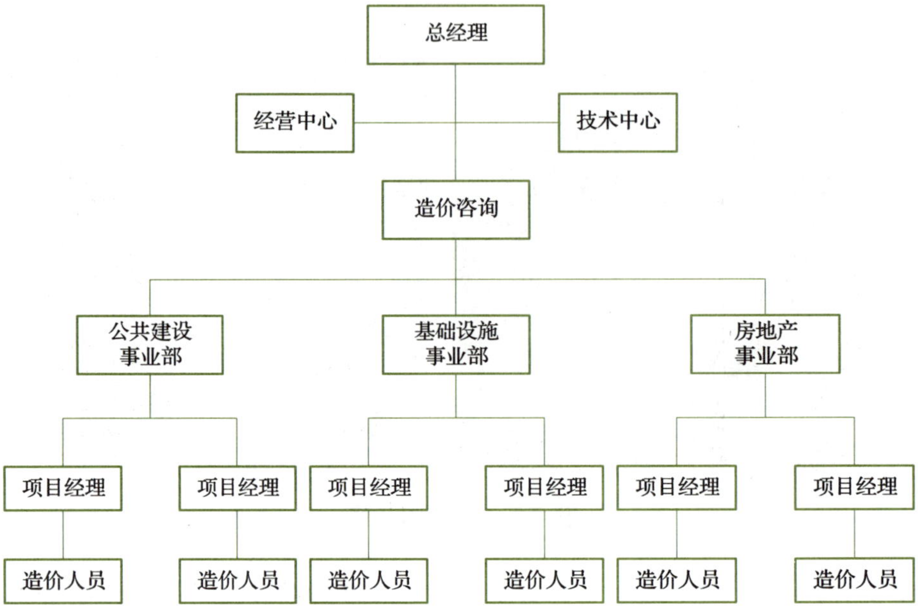

图 2　公司管理组织架构图

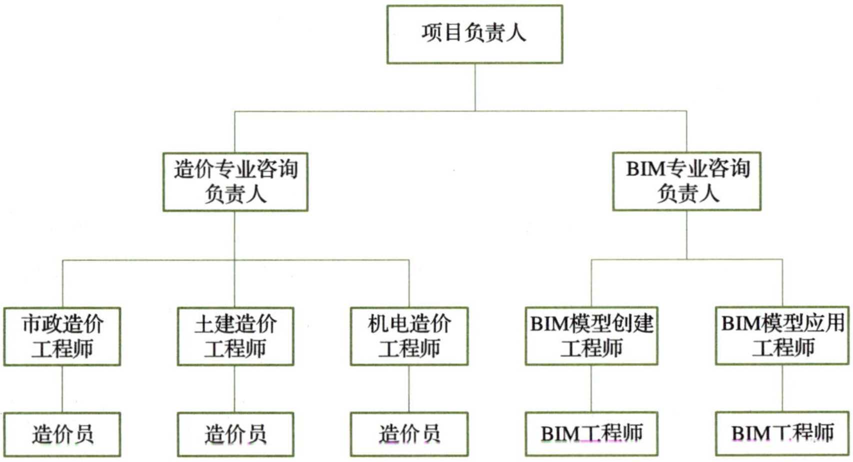

图 3　项目部管理组织架构图

括但不限于设计变更、技术核定、经济签证的审核以及材料认质认价等），进度款审核，索赔与反索赔管理，竣工结算初审（满足审计要求，在审计过程中做好配合工作，并出具竣工结算初审报告书）。

全过程工程咨询中 BIM 咨询工作职责：项目全周期全专业建筑信息模型搭建，全专业“错漏碰缺”检查及设计优化，各项经济技术及绿色建筑指标参数化模拟分析，分项深化设计建模检查优化，四维施工计划模拟及质量安全管理应用，工程算量统计比对及预结算审计配合，设计变更模型维护及竣工模型建立，项目 BIM 执行交付标准及培训交底服务，现场施工管理服务及技术支持。

（2）**各参建单位 BIM 应用实施职能分工。**BIM 咨询作为本次全过程工程咨询服务内容之一，为了保障 BIM 应用的全员参与，专门针对 BIM 的应用制定了各参建单位的职责分工表。整个项目的 BIM 实施由项目业主牵头，全过程工程咨询项目负责人进行整体策划。在项目的 BIM 应用实施过程中，BIM 咨询组主要负责本项目 BIM 工作的策划与实施，应用 BIM 技术为建设单位的项目信息化管理提供决策依据，编制本项目的 BIM 实施导则和 BIM 技术标准，为各参建单位的 BIM 工作进行指导、培训、支持，协助业主审核、考核各参建单位的 BIM 实施和工作成果。项目各参建单位 BIM 应用实施职能分工如表 1 所示。

表 1　项目各参建单位 BIM 应用实施职能分工表

序号	职能层级	参建单位	职 能 分 工	人员配置
1	决策层	建设单位	（1）对本项目的 BIM 实施提出具体需求； （2）审定本项目 BIM 实施方案、BIM 有关技术标准和工作流程； （3）接收通过审查的 BIM 交付模型和成果档案； （4）督促运行 BIM 技术应用的组织管理体系	建设单位 BIM 负责人
2		全过程工程咨询单位	（1）根据业主方需求，成立 BIM 咨询组； （2）根据项目的过程需求和应用条件进行一体化动态 BIM 管理； （3）基于 BIM 技术信息平台，实现数据共享和信息化管理	BIM 咨询组
3	实施层	工程总承包单位	（1）配置 BIM 人员同步组织设计阶段 BIM 的实施工作； （2）制定设计阶段实施标准，使用 BIM 技术与项目各参建单位进行设计交底并指导项目建设实施； （3）配置 BIM 人员同步组织实施阶段 BIM 的实施工作； （4）保证各阶段提交成果的准确与完整； （5）对各阶段的 BIM 应用工作进行全面的执行和配合； （6）对分包单位进行管理，确保分包单位根据合同确定的工作内容，协调校核各自的施工建筑信息模型，将各自的交付模型整合到施工总承包的施工 BIM 交付模型中	工程总承包单位 BIM 负责人
4		监理单位	（1）负责利用 BIM 手机客户端对现场质量、安全以及文明施工问题的拍照上传至 BIM 协作平台，追踪以及落实整改情况； （2）负责定期在 BIM 协同平台上反馈现场进度情况； （3）将相关资料上传至 BIM 协同平台，并督促相关单位完成相应工作； （4）协助及配合 BIM 咨询单位进行施工可视化交底	监理单位 BIM 负责人
5		设备、材料供应商	（1）配置 BIM 人员同步组织供应商的 BIM 实施工作； （2）根据 BIM 实施方案，完成全过程相关工作和信息录入，服从全过程工程咨询单位的 BIM 应用实施管理。	供应商单位 BIM 负责人

（3）项目管理信息标准。为达到项目精益建造管理，有效信息的采集、存储、处理、分析和应用是关键，因此在项目运行过程中，制定了通过 BIM 技术采集的项目管理信息标准。项目 BIM 集成管理信息一览表如表 2 所示。

表 2　项目 BIM 集成管理信息一览表

序号	工程阶段	项目 BIM 管理信息	内　容	意义
1	设计阶段	各专业设计信息	建筑外观形状、各专业二维图纸信息	充分发挥 BIM 技术设计参数化、模拟化、动态多维等方面的优势，尽可能满足施工要求，实现“照图施工”
2		项目各项指标信息	技术经济指标、绿色建筑设计、装配式设计指标	
3		设计概算信息	工程量、定额、材料设备选型及价格	
4		模型错漏碰撞信息	各专业模型碰撞信息、管线碰撞检测信息、优化后的各专业模型信息等	
5		建筑物内部竖向净高	机电管道、结构梁、吊顶设置等	
6		建筑物空间布置信息	建筑物整体布局、重要场所布置、设计效果	
7	预算审核阶段	BIM 模型三维算量	模型实物工程量、工程量清单	通过 BIM 技术核查工程预算，使成本处于受控状态
8	施工实施阶段	施工场地布局方案	办公与生活临时设施，生活加工区，机械设备位置，场地临时道路、水、电等管线的布置要求	贯彻设计意图，在确保工程各项目标的前提下，利用 BIM 可视性、可分析性，对施工方案、工艺、进度等进行模拟分析优化，提前发现问题，解决问题，从而真实指导施工
9		施工方案模拟信息	施工组织设计、复杂工艺、工序模拟等	
10		施工进度控制信息	施工进度计划编制信息、进度计划调整信息、施工动态信息	
11		施工成本控制信息	阶段工程量统计表信息，进度支付报告单信息，变更、签证等单据信息，索赔管理报告信息，三算对比信息	
12		合同及资料管理信息	索赔与反索赔记录、文档档案资料	
13		施工过程数据	施工记录、施工管理、技术资料	
14		项目竣工验收信息	单位工程竣工质量核定表、竣工验收证明书	
15		项目竣工结算信息	竣工结算报告、竣工结算资料	

（4）全过程咨询单位专业咨询工程师职责。

1）项目负责人工作职责。驻现场人员代表公司全权负责实施项目的管理工作，直接对公司负责，领导管理项目部履行项目管理合同所规定的义务。对各类合同的签订过程和履行过程进行全面的管理；协调参建各方的关系，开展管理工作；负责组织制订年度、季度、月度项目管理工作计划；负责确定项目管理机构的人员配备和职责分工；对项目实施中的各个环节进行调查、分析，组织编写专题报告和阶段性项目管理工作报告；重大事项及时向公司汇报等工作。

2）造价专业工程师的工作职责。负责编制本项目造价咨询服务实施细则；参与招标文件（或合同）的编制审查工作；施工图预算、零星工程预（结）算以及工程概算的审核；施工图预算阶段根据 BIM 专业咨询团队提取的 BIM 模型工程量，进行工程量对比；根据上传的形象进度（含 BIM 模型）核定当月的进度款支付金额，并将审核报告上传至 BIM 管理协同平台；合同管理；变更管理；索赔与反索赔管理；竣工结算初审；出具各阶段的造价成果文件。

3）BIM 专业工程师的工作职责。负责本项目全周期全专业建筑信息模型搭建，全专业“错漏碰缺”检查及设计优化，各项经济技术及绿色建筑指标参数化模拟分析，分项深化设计建模检查优化，四维施工计划模拟及质量安全管理应用，工程算量统计比对及结算审计配合，设计变更模型维护及竣工模型建立，项目 BIM 执行交付标准及培训交底服务，现场施工管理服务及技术支持，三维 / 四维设计 / 施工 BIM 汇报检查成果，配合营销部门的样板区全景漫游及宣传视频的制作。

三、服务的运作过程

1. 项目前期管理

（1）**项目管理范围的划分。**根据本项目的特点，项目负责人组织编制了《项目全过程工程咨询实施规划》，将项目管理的工作进行逐层分解，以系统地反映本项目的所有工作任务。在此基础上 BIM 咨询组负责人对 BIM 咨询部分内容进行了细化，进一步编制了《项目 BIM 应用实施规划》，对项目 BIM 技术应用实施概况、BIM 应用技术标准、项目 BIM 实施管理保障制度做了详细规定，根据具体的任务进行项目管理范围的分析如图 4 所示。

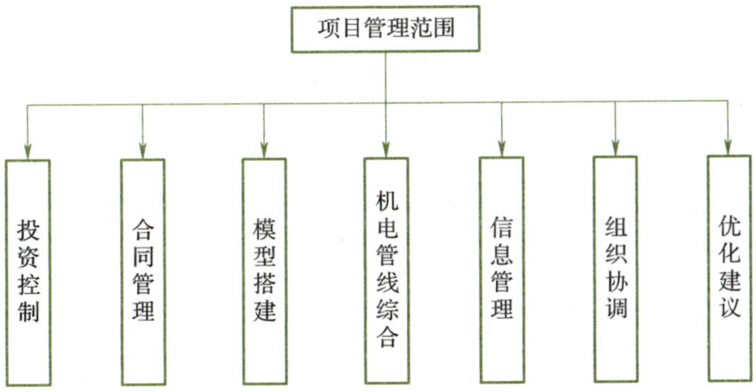

图 4　项目管理范围划分

（2）**项目管理目标体系的建立。**工程项目的目标体系由三大核心内容组成：质量、成本、进度，所有工程项目的目标都围绕着这三个核心内容开展。公司从 2016 年即开始承接基于 BIM 的全过程工程咨询项目，根据自身项目的实践经验，于 2017 年和 2019 年制定和更新了《全过程工程咨询部实施管理办法》（如图 5 所示）与《全过程工程咨询部质量控制体系》，通过这两项文件作为我公司全过程工程咨询项目指导方向性文件，在工程项目实施的全过程中，通过投资、进度、质量等策划与动态控制，实现整个建设项目的目标控制。

（部门级内控文件，请妥善保管，严禁外泄、复印）

四川良友建设咨询有限公司

全过程工程咨询部实施管理办法

文件受控明细	版本号	编制人/日期	批准人/日期
	V1.0	陈敏 2017.12	黄旭 2017.12
	V2.0	陈敏 2019.05	黄旭 2019.05

文件编码：JS- R.03-2019-A002-V2.0

目 录

图 5 全过程工程咨询部实施管理办法

2. 咨询服务的运作过程

（1）设计阶段工程咨询服务。

1）设计阶段的 BIM 应用流程建立。施工图设计是建筑项目设计的重要阶段，本阶段主要通过施工图图纸表达建筑项目的设计意图和设计结果，并作为项目现场施工的依据。该项目虽然是勘察、设计、施工总承包的 EPC 项目，按照常理发包人提出技术要求和标准，总承包单位在满足项目需求的前提下，发包人对施工图的设计不应过多干涉，但是由于其结算方式是按照国标清单和地方定额组价后进行整体费率下浮的方式，因此对设计图纸的管理和优化是发包人的重要工作之一。作为本次的 BIM+ 造价的全过程咨询单位，设计优化工作也是本次咨询的重点，其成效在本次咨询工作中的体现也较为突出，因此在本次案例分享中也将对设计优化工作进行较大篇幅的介绍。设计阶段的另外一项重要工作就是图纸质量的把控。设计阶段 BIM 应用的总体流程如图 6 所示。

2）设计阶段优化工作。我公司在接到总承包单位提交的初版设计图纸后，借用图纸图审的时间进行工程量的计算和常规指标的分析，不管从钢筋含量指标还是机电布置方面，我们都认为有优化的空间，跟业主进行专题汇报后即组织结构、建筑、机电专业工程师开展优化工作，造价专业工程师全程配合工程量的计算及指标测算工作，最终形成一套比较经济、合理的优化建议报告。下面从地下室车位、结构、机电等几个方面分别阐述。

①地下室车位排布优化。本项目地下室按照原设计方案车位指标为 31m²/ 个，在满足 ×× 市相关规定的前提下，结合之前公司积累的指标数据，车位面积指标 28~30m²/ 个较为常见和经济，并审核了初版施工图发现几个区域的整体布置都可进行重新排布。如若将车位重新调整布置可以比

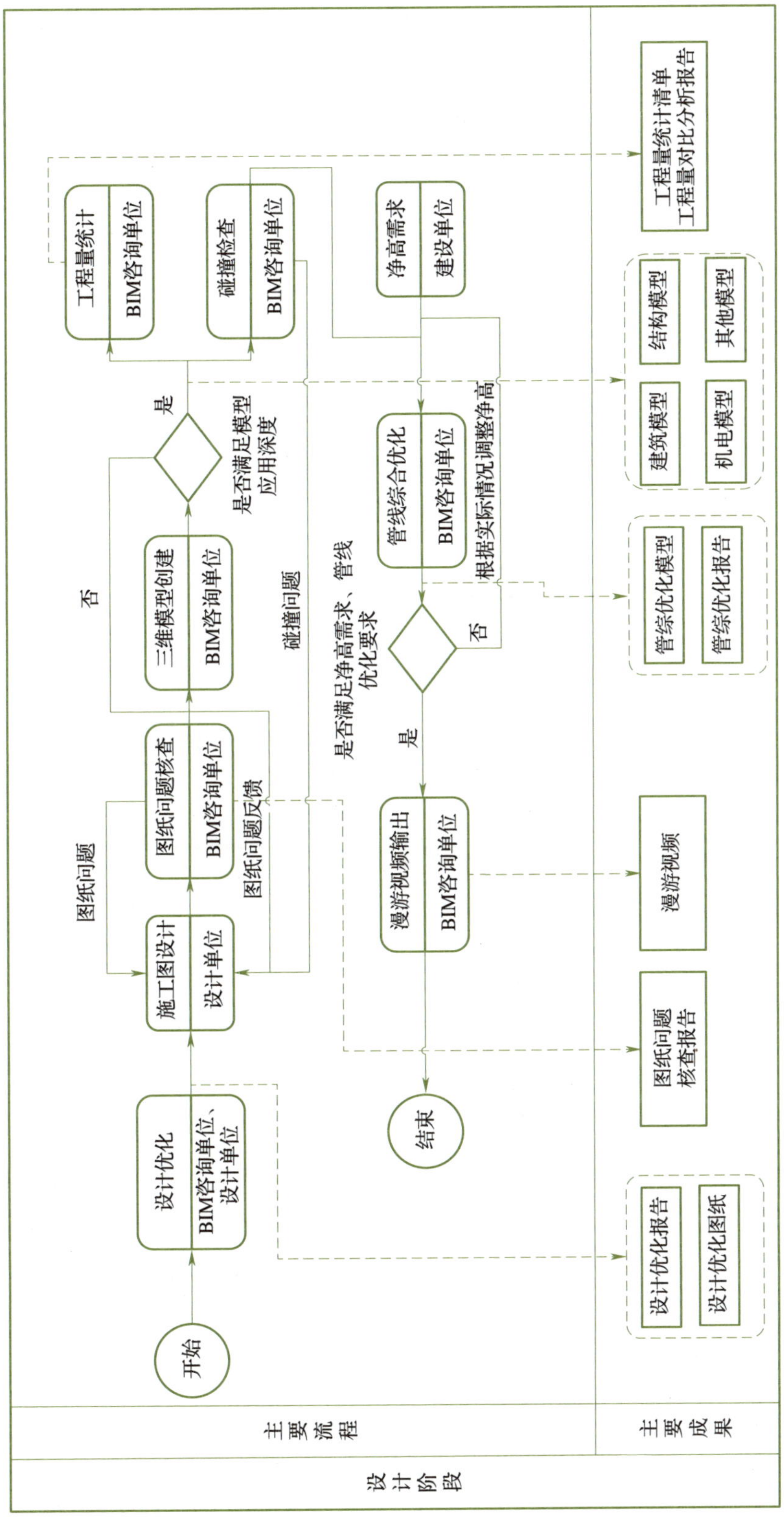

图 6 设计阶段 BIM 应用的总体流程

原设计增加约 20~25 个。如图 7、图 8 所示，该区域柱网和车道设计较为松散，区域内车位原设计为 144 个，通过 BIM 技术进行调整布置后该区域车位达到 153 个，局部小车位可换作标准车位。整个地下室根据 BIM 专业咨询团队的优化，车位数将增加 20~25 个，造价人员核算分析增加车位总价值 200~250 万元，为该项目在不增加额外成本的基础上提高收益。

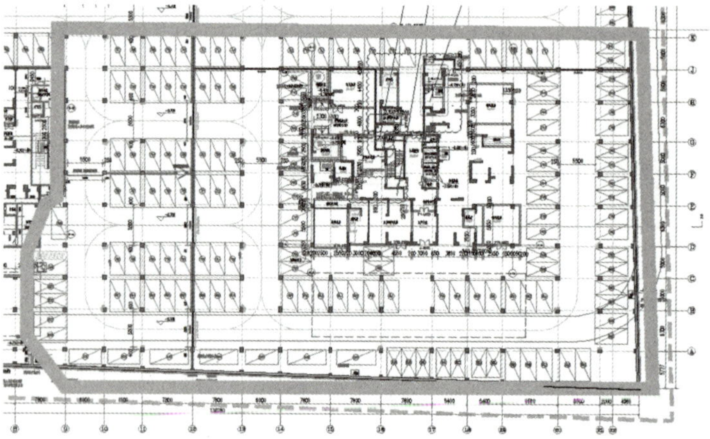

图 7　原车位图

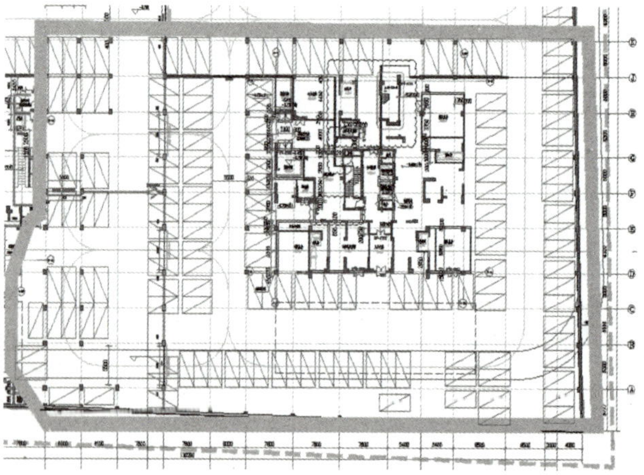

图 8　修改后车位图

②主楼剪力墙厚度及底部加强区配筋优化。原设计地下室及上一层的剪力墙厚度 1~6 号楼均为 310mm 厚，我们根据规范对三级抗震下剪力墙结构进行重新计算，得出底部加强区剪力墙均可设计为 250mm 厚。按 250mm 厚设计 6 个单元底部两层总量节约 20% 混凝土用量，即 642m^3。

底部加强区，剪力墙由 310mm 厚变为 250mm 厚，通过国家规范的配筋率要求，约束构件配筋量在 0.31m^2 内竖向 11.4m 重量为 276kg，约束构件配筋量在 0.25m^2 内竖向 11.4m 重量为 222kg。剪力墙长度不变，厚度变小，单位面积约束构件主筋节约 54kg/11.4m。

普通墙体配筋量在 0.31m^2 内竖向 11.4m 重量为 69kg，普通墙体配筋量在 0.25m^2 内竖向 11.4m 重量为 55kg，剪力墙长度不变，厚度变小，单位面积普通墙体主筋节约 14kg/11.4m。

剪力墙单元面积 47m^2 内约束构件与普通墙体占比分别为 65% 与 35%，即单元中约束构件平面面积约为 47 × 0.65=30（m^2），普通墙体平面面积约为 17m^2，单元节约配筋量约 5.7t。

以上钢筋量节约不含箍筋、普通墙体水平筋、及锚固。箍筋在同样体积配箍率时肢长变短，水平筋配筋率不变，配筋量变小，估算每单元节约 2t，6 个单元总节约 7.7 × 6=46t。因此，通过 BIM 专业咨询的优化，底部加强区两层主楼剪力墙厚度及配筋节约混凝土节约 642m^3，钢筋节约量 46t，造价人员据此核算工程造价约 60 万元，为项目总投资在结构指标上进行了成本优化如图 9 所示。

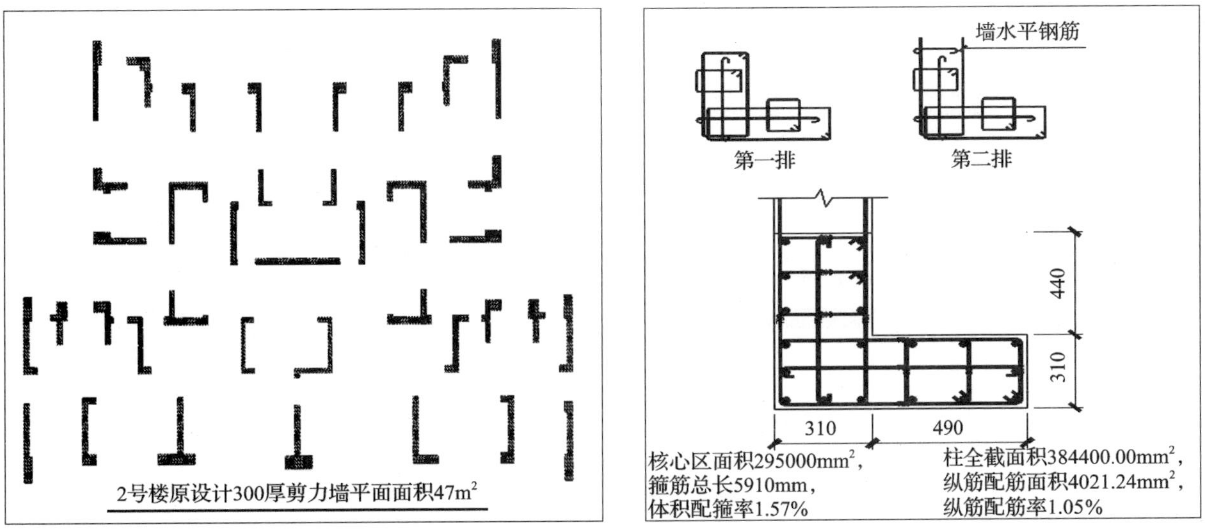

图 9　主楼剪力墙厚度及底部加强区配筋优化

③机电管线综合优化。BIM 专业咨询团队根据设计提供的图纸进行梳理，绘制地下一层车库净高总览图（如图 10 所示），将各区域的净高进行标注，便于建设单位直观地了解地下室的标高情况，然后根据地下管线重点区域进行净高分析，如坡道、车位、车道净高分析，提出合理化的排布方案及建议，并以专项方案的形式报送建设单位。

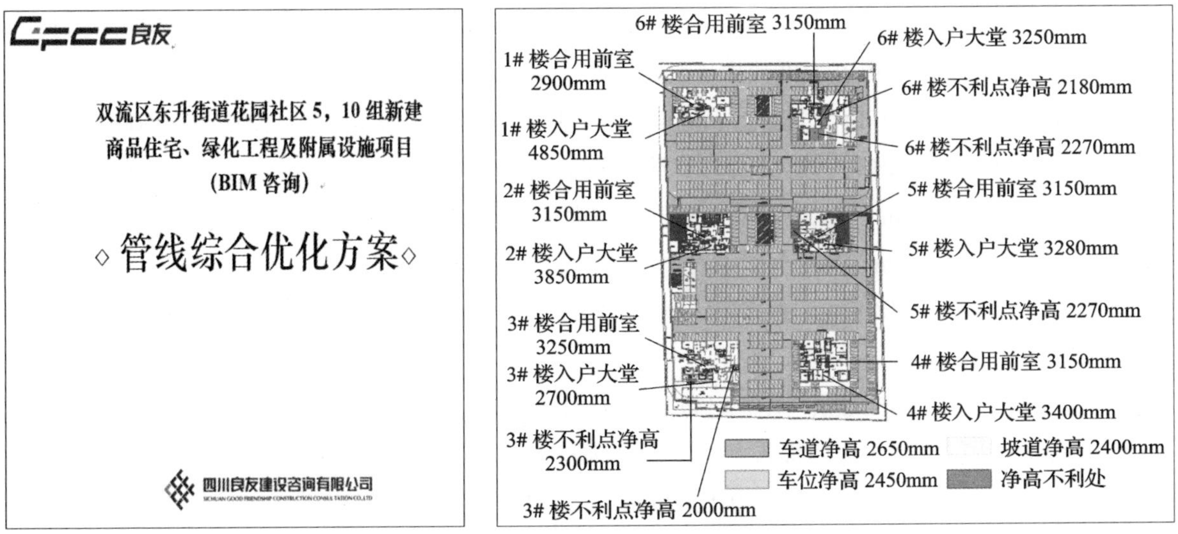

图 10　管线综合优化方案报告

由于本项目地下一层含有人防及人防送风管等，导致送风机房出入口净高偏低出现多处不利区域，因此建议设计单位核查风管尺寸是否可以调整，以便更好地优化该处净高。地下车库在车位和车道进行管线综合排布时，BIM专业咨询团队将给水、消防水管和桥架贴梁敷设，中层为喷淋系统，风管底层排布。由于地下车库坡道部分管线稀少，建议设计单位将管线集中布置在靠墙位置，并设置侧向通风口，达到进一步优化空间及美观。在实际操作中，将重点区域的净高分析、排布方案进行汇总整理形成纸质版正式文件，要求设计单位逐一进行回复如图11所示。

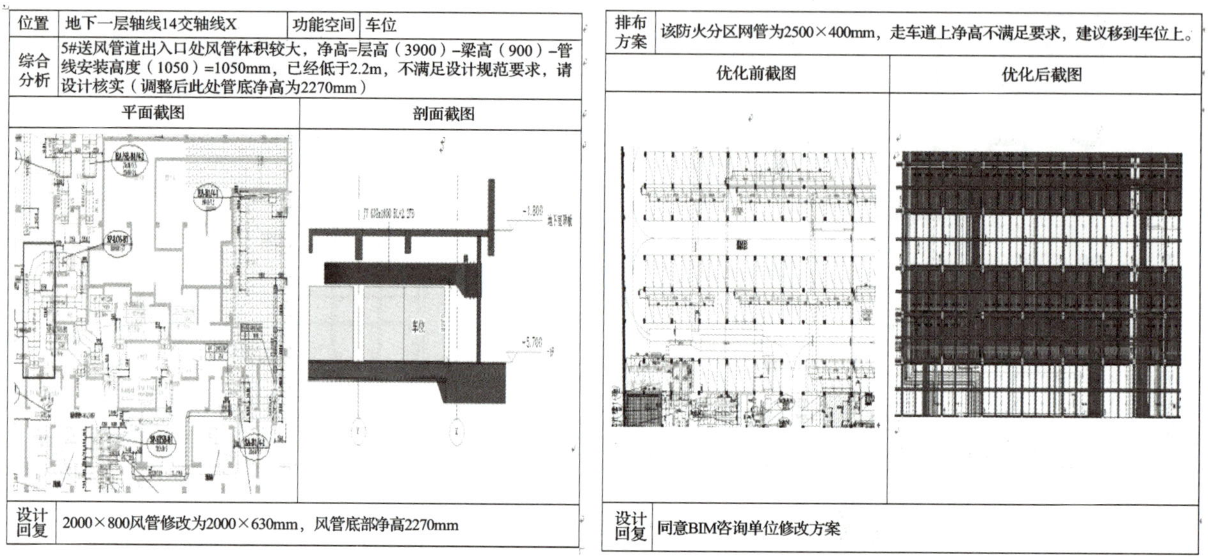

图11 管线综合优化建议及设计回复

④其他优化建议。地下室框架柱规格多数为500mm×800mm，600mm×600mm，根据国家相关规范计算，单层地下室可适当降低截面，如调整为450mm×650mm，500mm×500mm，截面混凝土和配筋均可节约。

地下室顶板梁主梁尺寸多数在400mm×900mm、400mm×750mm，根据原设计的配筋，其上部和下部主筋根据国家相关规范均可减少1.5根，地下室顶板每平方米可节约钢筋约5kg。

地下室次梁在不改变配筋的情况下截面由300mm×700mm变为250mm×600mm，单个6300mm跨和7800mm跨内有三根次梁，节约混凝土量为（7.8+6.3×2）×（0.156–0.105）=1.02m^3，顶板每平方米节约0.021m^3。按照扣除主楼、人防面积及消防车道面积后顶板面积按18000m^2计算，可节约0.021×18000=380m^3混凝土。

地下室顶板厚度为180mm，配筋双层双向10@150，根据国家相关规范可调整为10@180，每平方米可节约配筋2.5kg。

地下室底板厚度为450mm，图中配筋基本为构造配筋，建议地下室底板抵抗净浮力不大情况下调整为300mm厚。（暂无地勘报告，地下水位需核实。）

筏板基础一号楼17层筏板厚度为1200mm，二号楼21层筏板厚度为1300mm，三～六号楼25层筏板厚度为1400mm，图中配筋基本为构造配筋局部加强。筏板基础可根据地勘情况进行优化，配筋按构造配筋局部加强。

根据结构工程师的优化，地下室底板，主楼筏板、顶板梁、顶板，综合优化预估能节约2500m^3混凝土，钢筋预估节约435t，造价人员分析核算节约工程造价约385万元。累计地下室车位的收益，在不含机电节约的情况下，大约总共优化金额为 600 多万。从整个项目的效益来看，还是有不错的经济效果。

3）BIM 模型搭建。

① BIM 模型交付节点计划的安排。为了更好地完成 BIM 模型搭建的任务，项目负责人根据进度拟定 BIM 模型搭建节点的计划，并备注必须完成的重点事件节点，然后根据计划逐步进行完成如图 12 所示。

	星期一	星期二	星期三	星期四	星期五	星期六	星期日
日期			8月22日	8月23日	8月24日	8月25日	8月26日
事宜			主体图纸交付				
日期	8月27日	8月28日	8月29日	8月30日	8月31日	9月1日	9月2日
事宜							
日期	9月3日	9月4日	9月5日	9月6日	9月7日	9月8日	9月9日
事宜	主体结构模型、混凝土工程量、问题报告						
日期	9月10日	9月11日	9月12日	9月13日	9月14日	9月15日	9月16日
事宜							
日期	9月17日	9月18日	9月19日	9月20日	9月21日	9月22日	9月23日
事宜							全专业模型交付并提交所需工程量
	注：各专业建模深度以设计阶段模型应用做考虑，土建构件暂时不做构造层表达；机电建模深度以图纸表达为准，管综调整主管。						

注：▇ 为必须满足的时间节点，具体过程由一部负责人自行安排。

图 12 BIM 模型交付节点时间表

② BIM 模型搭建。BIM 专业咨询团队利用 Revit 软件等 BIM 工具，按照现行国家标准《建筑信息模型应用统一标准》GB/T 51212—2016 和企业内部建模标准的模型精度准确、高效地搭建三维模型，使各参建方更加直观地理解设计意图，为“错漏碰缺”检查及设计优化、管线施工综合排布、全专业仿真的三维及四维施工模拟（可视化进度计划）和主材工程量统计等后续工作提供基础模型，如图 13 所示。

图 13 BIM 模型搭建

③三维可视化仿真模拟。BIM 专业咨询团队根据搭建好的模型，利用 Lumion、C4d、3dsMAX 等软件制作室内机电漫游、精装漫游（如图 14 所示），室外的场地布置展示、景观漫游（如图 15

所示）等，让各参建方更加直观地了解本项目的情况以及后期的项目实际效果，也为营销部门提供了参考。

图 14　室内精装漫游视频

图 15　室外景观漫游视频

（2）**施工阶段工程咨询服务。**

1）全过程工程咨询造价专业咨询工作。

①造价咨询实施方案的编制。根据本项目的工程情况及特点，项目负责人组织造价咨询专业负责人编制造价专业咨询方案及进场须知，具体制订本项目的造价咨询的实施流程，编制合理的施工阶段全过程造价控制组织方案，并提出针对本项目的重点、难点的一些合理化建议。在施工单位进场前，由建设单位组织各参建方参加进场须知前的交底工作，咨询单位将施工阶段的一些资料报送、流程管理、BIM 应用等工作一一进行交底。

②施工阶段动态成本管理。

项目每月形象进度产值：由于本项目为 EPC 项目，施工合同中工程款进度支付款项是按节点进行支付，因此要求咨询单位必须对各阶段的量价信息掌握得很精确。在实际工作中造价咨询团队根据监理签认的形象进度进行现场收方，通过 BIM 信息化平台前期挂接信息，在进度的计算以及支付方式上都有了全新的方式改变。所涉及的时间段，包括月度、季度等，都可以经过软件或者平台的方式进一步得到体现。

材料（设备）认质核价管理：根据 EPC 总承包施工合同内容约定，该项目除 ×× 市信息价以外的主要材料（设备）均需进行市场认质核价。因此咨询单位制订相关的流程，根据 BIM 模型提前输出各阶段的主要材料种类及数量，避免施工总包单位报送资料的进度滞后，从而造成材料的报审时间迟于实际施工时间，保证认质核价的准确性。

2）全过程工程咨询 BIM 专业咨询工作。

① BIM 应用实施规划编制。项目负责人组织 BIM 咨询专业负责人编制 BIM 应用实施规划，根据合同任务内容的要求，编制 BIM 实施的总则、人员的安排以及 BIM 平台如何搭建，各参建方的配合等方面具体进行描述，并提出本项目的分阶段分项实施方案，在过程中更好地指导相应的工作。

② BIM 进度管理。在施工开工前，BIM 工程师通过进度计划数据与工程构件的动态关联，直观、动态地模拟施工进度过程，预测施工方案和工艺的可实施性，为多方案的选择提供支持。在工程实施期直观地按照周、月、年的形象展示项目的具体实施情况。通过计划进度与实际进度的对比从而分析出工期偏差和资源消耗情况，发生偏差时 BIM 进度管理系统会自动发出预警。相关人员通过分析偏差原因采取相应的纠偏措施及时进行调整，从而保证项目实际进度与计划进度趋于一致，其工作流程如图 16 所示。

图 16　基于平台的进度管理流程图

③住宅精装修 BIM 应用实施。

应用实施目标建立：本项目在精装修专项工程的设计、施工实施阶段全过程应用 BIM 技术，旨在利用 BIM 技术的可视化、信息化、协同性等特点达到以下目的：在设计阶段，通过应用 BIM 技术辅助精装修方案设计，并对设计施工图图纸的“错漏碰缺”进行核查、修正，从而提高设计效率，保障图纸质量；在施工阶段，通过 BIM 技术进行精装修深化设计和可视化三维交底，并通过 BIM5D 平台对施工成本、进度、质量、安全、信息进行管理，提高施工管理水平和效率；在竣工阶段，通过资料电子化交付和运维模型的创建，为精装修的后期运营和维修提供模型和信息基础。

应用流程建立：由于建设单位对住宅精装修的重视，因此 BIM 咨询团队根据本项目的特点，编制了各阶段的流程，便于工作的开展，其中包括设计阶段和施工阶段的实施流程，如图 17、图 18 所示。

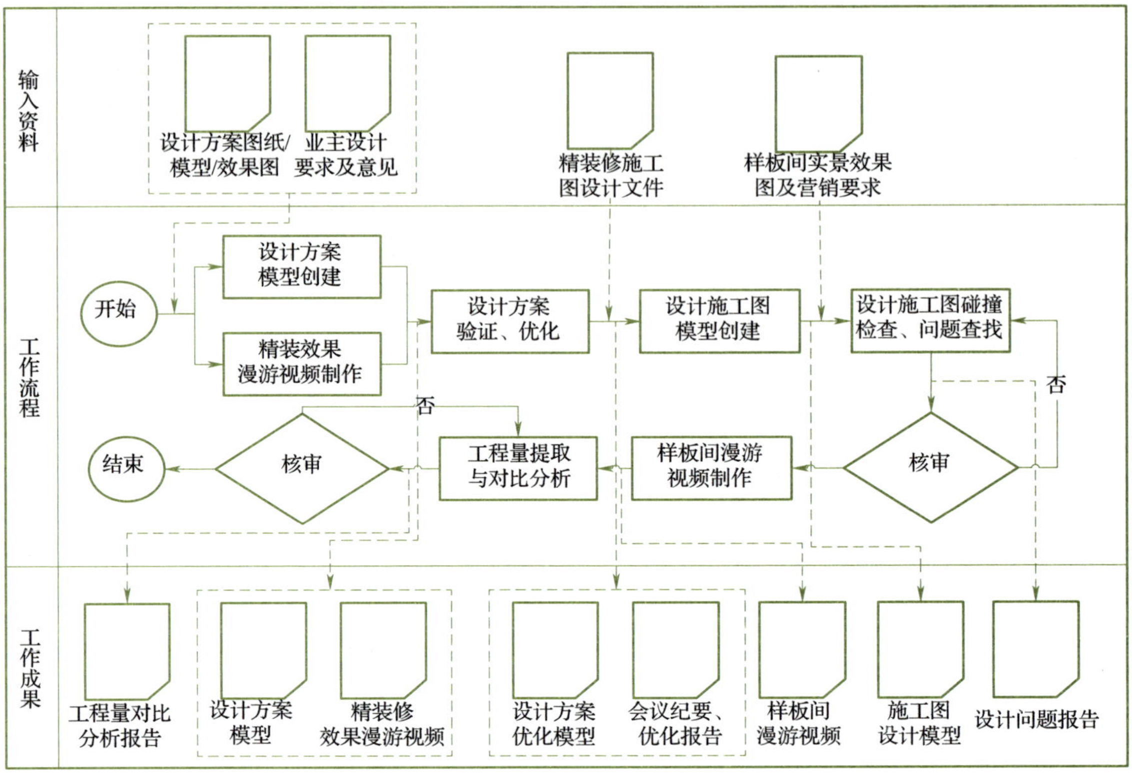

图 17　设计阶段 BIM 精装实施流程

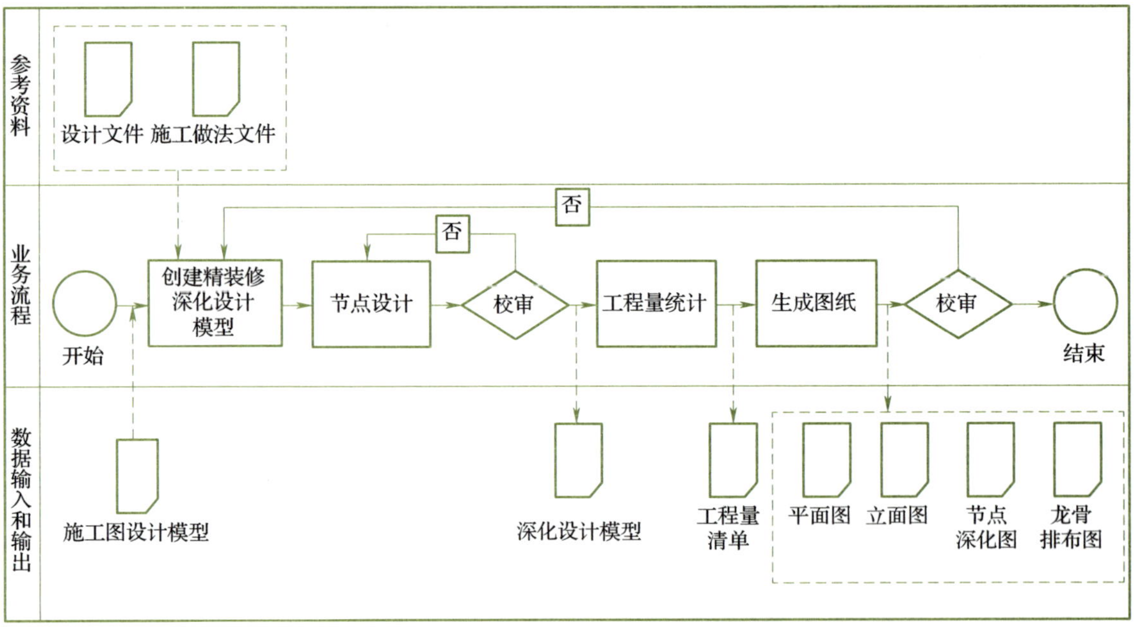

图 18　施工阶段 BIM 精装实施流程

应用实施内容：本项目在精装修方案设计阶段，通过创建方案设计模型和制作效果漫游视频，根据业主对方案的设计评审意见，利用 BIM 快速建模的特点对方案修改建议进行快速调整，主要集中在设计风格（色彩、门、窗样式等）、吊顶样式、材质、家具空间布局调整等如图 19 所示。

图 19　设计方案调整对比图

在施工图设计阶段，通过创建施工图设计模型和碰撞检查，并依据设计、施工标准、规范，对设计施工图的错、漏、碰、缺进行核查，同时依据相同品质的其他房地产商的精装设计标准，对施工图设计进行设计优化如图 20 所示。

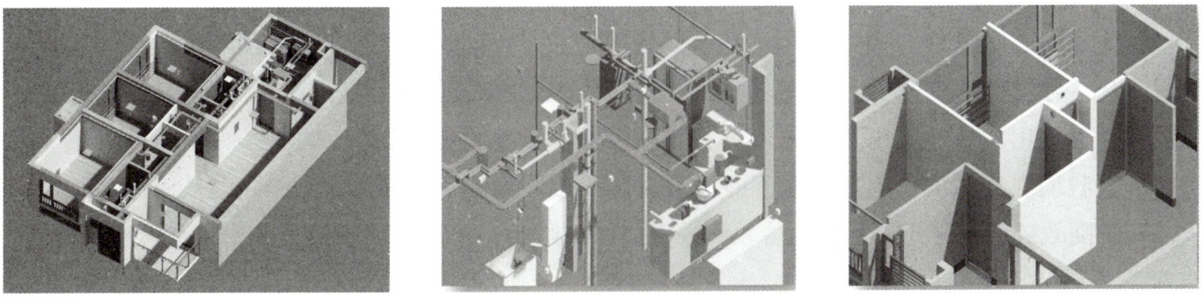

图 20　房间碰撞检查、管线、点位综合优化图

在项目营销阶段，通过现场 1 个户型的样板间实景照片采集和施工标准和营销亮点，创建所有 9 个户型的虚拟样板间模型，并制作虚拟样板间漫游视频，辅助项目住宅销售如图 21 所示。

图 21　漫游视频及全景展示二维码图

设计施工图模型创建完成后，通过模型直接提取工程量，并对编制单位的工程量清单的清单项和工程量进行审核、对比分析，并输出报告。

④项目信息管理。实际工程应用中信息管理主要体现在两方面：一是工程资料信息。项目的每个阶段都会产生大量的工程资料，涉及很多工程资料的查阅。通过创建 BIM 的云平台，建立标准的资料归档目录，然后在施工阶段根据实际情况上传相应资料信息，从而使工程资料归档电子化，大大提高资料的管理和查询效率。二是模型信息。传统的施工图纸不能直接反映构件的详细参数信息，而通过 BIM 模型可直接在模型视图上查看某块构件的具体参数（如混凝土的强度、标高、尺寸、变更信息等）。

通过相应数据的录入能准确实现后期实时查看与调取，并保证资料的及时性、完整性、可追溯性，为工程后期审核及运维提供技术上的保障。

3）造价与 BIM 的应用结合。

① BIM 工程量对比分析。本项目工程预算是由其他单位完成，要求我公司 BIM 工程师运用 Revit 软件出量，造价人员配合预算编制单位、施工单位运用广联达软件进行钢筋土建算量工作，进行四方核对。在审核施工图预算过程中，工程造价人员进行单位工程指标分析、异常清单项目修正、非常规材料价格比对等工作，保证工程量的准确性，最后我方出具了《BIM 工程量对比分析报告》。通过多方核对和确认，BIM 输出的工程量误差基本在 1%~2% 左右。

目前 80% 三维算量插件对结构工程量及机电安装主材量的计算结果比较精确，通过多算对比其量差基本可以控制在 2% 以内，但这些工程量清单项占清单总项不到 50%，其余项目还是通过传统算量软件输出。虽然应用 BIM 软件进行工程量输出工作量比传统效率没有优势，但是基于探索的精神，我们在很多项目上还是在实践，通过实践也同步在完善企业的建模标准与国标清单的结合，探索高效的工作方式，相信随着软件的升级和规则的完善，造价咨询企业不再是两步并行的工作方式。

②方案的对比与测算。BIM 专业咨询团队将管线综合排布好后，由造价咨询专业团队对多方案进行测算、对比，找出不同方案之间金额的差异及原因，进行指标分析，并从造价角度向建设单位提出合理化建议，形成《经济分析报告》。本项目将地下室的强弱电、通风等进行管线综合优化后的造价与施工图预算对应的造价金额进行对比，虽然还是有大约 20 万左右的经济节约，但是项目最大的受益还是体现在过程协调量减少和后期品质体现上。

四、服务的实践成效

1. 设计优化工作的优势凸显

通过本项目的优化工作实践，对公司以后全过程工程咨询工作的开展具有指导意义。业主单位不再单纯地依赖于各阶段成果技术审查的方式去优化，而是伴随整个设计过程，按照优化工作拆解的计划逐步推动优化和落实工作，越来越重视设计优化的重要性，将设计优化工作进行前置，让全过程工程咨询单位至少在设计阶段就介入工作，从经济性的角度来给建设单位提供决策参考。

全过程工程咨询单位优化工作也是根据项目的特点和需求对症下药，预判并解决相应问题，但是由于各个项目的开发思路、资金筹措、财务指标控制策略、当地建造水平、资源供应能力等各种因素的变化，加之 EPC 总承包单位对设计优化的排斥，会阻碍部分设计优化方案的实施。现阶段的EPC总承包的管理方式尚在探索阶段，总承包单位在不超过合同价的基础上配合设计优化工作，没有主动性、与我方的配合度不高，而全过程咨询单位因无相应的设计资质，也仅只有建议权，加之有时会顾及工期等因素，在设计优化落地过程中走得也比较艰难。此时要想尽可能落地并实现投资价值的最大化，建设单位的重视程度及推动力度显得尤为重要，只有各部门之间充分权衡多方利弊合力推动。在实际工作中，常常会出现很多好的设计优化方案未被采纳，着实可惜。

另外，从这个项目实践中我们也体会到，作为以造价咨询为传统工作的咨询企业，可以通过BIM等先进工具，加上多专业人才协同工作进行设计优化等业务的开展，可以让传统造价咨询企业在做专做精的同时进行业务的拓展和企业的升级。

2. 全过程工程咨询项目管理人才的培养和体系建设

虽然目前国内工程咨询在专业化程度、服务理念、复合型人才等方面与国外部分知名咨询企业仍有不小的差距，但是打破传统板块间的多层级管理和各参与单位间的分头管理，推行以一家单位完成或牵头完成、组建项目总负责人牵头的咨询团队，对整个项目从投资决策到竣工验收进行统筹策划和管理的全过程咨询服务是适应现阶段市场和行业发展的最佳咨询模式。因此，不管是国家层面的政策鼓励，还是企业自身的需求，人才的引进和培养，辅以薪酬激励和股权激励留住人才，是目前工程造价咨询企业进行全过程工程咨询最为紧迫的任务之一。工程造价咨询企业在对外组织模式变化的同时，要调整企业内部的组织架构、协同标准，要构建自身服务清单、技术标准、管理标准、流程体系，要通过案例及相应数据将项目咨询价值的理念进行全员普及，并选择或开发适用于项目管理的信息化平台，为开展全过程工程咨询提供有力保障。

3. 机电管线综合带来的诸多益处

应用BIM技术进行机电管线综合是目前最为广泛的应用点之一，确实对项目的整体品质及工期管理有所受益。该项目的地下室、地上部分的管线综合优化，配合总承包单位的统筹安排，BIM技术逐渐得到了建设单位的认可。但是机电管线的综合优化对直接成本的节约影响较小，在成本节约方面的闪光点不突出，但是通过机电管线的碰撞检查、优化排布，使整个项目的观感很漂亮，品质得到了提升；各专业间在施工中协调工作量减少，工期得到了控制。但是不管从方案选择效率还是工作方式，在实际工作中还是有一定的争议。通过十几个项目的总结得出，要想做好这项工作，咨询单位光有BIM技术人员参与是远远不够的，必须要有懂现场施工的技术人员协同工作，才能使该项工作落地并得到受益。

4. 建设单位的管理模式需转变

本项目通过BIM协同应用，加之一些实际成果效益的凸显，使业主单位也逐渐意识到全过程工程咨询管理的先进性和BIM的成效性，在工作上也给予了很大支持，特别是设计阶段得到了前期部和成本部的大力支持。但不是所有的项目都能得到业主的全面支持。有些随着项目的深入，很多不足也开始显现。比如，有些业主单位分设的部门较多，各部门之间的管理目标在某些阶段和方面没有完全统一，而咨询单位需要跟各部门进行工作的协调，有可能前期部认同的做法，在实际实施过程中由于其他因素的影响会夭折。因此，各部门管理目标的一致是项目整体目标达成的基础。

全过程工程咨询是一个全新的管理模式，咨询单位已经在求变中逐渐适应新模式，同时也需要建设单位在管理模式上创新和改变，实现各方协同的全过程项目管理。

专家点评

本案例为在 EPC 总承包模式下接受 EPC 总包委托应用 BIM 的手段对一个约 10 万 m^2 的住宅项目进行全过程造价管理的业绩。造价咨询企业应用了 BIM 的咨询方法后有效克服了设计、采购、施工相互制约和相互脱节的矛盾，有效实现了建设项目的质量、安全、进度、成本控制的目标，达到了投资效益目标。

本案例的咨询企业将造价咨询团队与 BIM 专业咨询团队有效结合，在项目前期就介入咨询服务，搭建 BIM 管理协同平台，建立 BIM 技术的信息管理制度，以“三端一云”的工作方式对项目各参与方实现信息的查阅与调取，进行实时沟通交流，建立了工作留痕与责任追溯机制，提高了项目各方的工作效率。

另外，本案例体现了造价咨询企业结合专业数据的积累，应用 BIM 的手段对设计进行优化与比选，如地下室车位优化、剪力墙厚度与配筋优化、管线综合优化，大大提升了项目的价值与经济效益。

同时，本案例咨询人也提出了在阶段全过程咨询应用的不足之处，包括行业标准的不齐全与不统一，专业数据的积累与整理的重要性。本案例对造价咨询企业在信息化发展建设中如何有效切实应用 BIM 的咨询手段有一定的借鉴意义。

点评人：朱坚

上海第一测量师事务所有限公司

以成本控制为核心的全过程工程咨询案例

——西北（陕西）国际招标有限公司

曲　伟　曹一鹏　刘　午　陈　杨　庞　晓

一、项目基本概况

某项目为回迁安置项目，项目分属两宗地块 A 和 B。其中 A 项目占地 164666.67m^2，总规划建筑面积约 80 万 m^2，计划总投资额为 37 亿元；B 项目占地 316666.67m^2，总规划建筑面积约 150 万 m^2，计划总投资额为 56 亿元。A、B 项目主要建筑类型均为 17 层住宅、公寓及沿街商业；建设总工期为 30 个月，工程造价控制目标 4700 元 /m^2。

二、服务范围及组织模式

1. 咨询服务的业务范围

根据咨询合同，服务范围包含了决策阶段、招投标阶段、设计阶段、实施阶段及竣工阶段全过程的以造价控制为核心的工程咨询服务。涵盖了我公司招标、造价及项目管理三大板块的咨询服务工作。具体服务范围及工作内容如表 1 所示。

表 1　服务范围及工作内容一览表

服务阶段	服务范围及工作内容
决策阶段	投资估算
	经济评价
招投标阶段	负责项目中涉及的各类招标采购项目的发标、议标、定标等相关工作
	工程量清单
	最高投标限价
设计阶段	设计概算
	施工图预算
实施阶段	设计变更及现场签证的审核
	工程计量与工程款审核
	工程索赔、设备材料认质认价的审核，主要材料价差调整的审核
	每季度全过程造价咨询建议及意见报告书

续表 1

服务阶段	服务范围及工作内容
项目管理	策划项目建设目标、组织模式，建立健全项目管理制度体系
	协助建设单位对项目进行全过程“三控两管一协调”的相关工作
	协助建设单位对勘察、设计进行全过程管理
	协助建设单位对安全生产及治污减霾进行管理
	协助建设单位对项目风险进行全过程防范和把控等
竣工阶段	竣工结算
其他服务	后评估报告、全过程咨询成果资料的归档整理

2. 服务的组织模式

为了顺利、圆满完成该项目的全过程咨询服务工作，特成立公司领导小组和咨询项目部。领导小组设项目总负责人，代表公司对项目负总责，项目负责人为造价工程师，在项目总负责人的领导下开展工作，形成以造价为核心的全过程咨询服务。咨询项目部由招标代理、造价咨询、项目管理三个职能部门组成，采用直线职能式组织形式对项目实施全过程动态管理。其中，组织结构如图 1 所示。

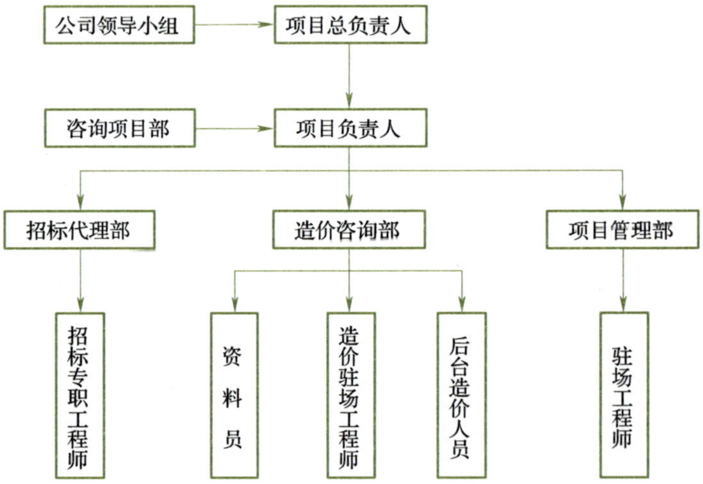

图 1 本项目全过程咨询组织结构图

3. 服务思路及措施

（1）服务思路。项目策划阶段，协助建设单位与其上级主管部门确定了《搬迁安置社区建设需求（设计条件）方案》，并围绕《搬迁安置社区建设需求（设计条件）方案》编制并制定了投资控制目标。为了确保在满足既定建设需求的前提下，最大限度降低建设成本，服务思路概述如下：

1）对目标成本进行充分分解，分别制定出各分项目标成本。

2）策划项目合同体系，根据预设的合同种类，分类拟定合同体系（如表2所示），如服务类：设计、勘察、第三方检测、法务、档案等，工程类：总承包、专业分包等，设备采购类：电梯采购及安装、标识标线标牌等。

表2 合同体系

招标服务类型	项目名称	合同计价方式
咨询服务类	原始地貌测量	固定单价合同
	环境影响评价	固定单价合同
	文物勘探	固定总价合同
	绿色建筑咨询	固定单价合同
	工程勘察	固定单价合同
	工程设计	固定单价合同
	节能评估	固定总价合同
	人防施工图审查	固定单价合同
	施工图审查	固定单价合同
	监理东区	固定单价合同
	监理西区	固定单价合同
	基坑变形观及建筑沉降观测	固定单价合同
	交通影响评价	固定总价合同
	人工地基检测	固定单价合同
	全过程法务	固定总价合同
	档案管理等	固定总价合同
工程类	施工总承包	固定单价合同
	门、窗、幕墙、雨篷	固定单价合同
	外墙保温及涂料	固定单价合同
	抗震支架、电伴热	固定单价合同
	弱电系统	固定单价合同
设备采购类	充电桩系统	固定单价合同
	标识标线标牌	固定单价合同
	电梯	固定单价合同
	变压器、柴油发电机组、低压开关柜、地下车库配电箱	固定单价合同

3）对本项目所涉及的服务类、工程类、设备采购类项目进行招标，根据分解的目标成本设置最高投标限价或采购预算，且最高投标限价和采购预算设置均小于或等于对应目标成本，从而在招标环节进行成本控制。

4）在设计阶段，由项目管理工程师进行设计管理，在设计招标文件、设计任务书中要求设计单位承诺进行限额设计，必须将各项造价指标控制在总限额、各分项限额及主要材料指标限额之下。设定奖罚合同条款，对设计影响工程造价的设计进度、变更率、造价节约进行奖罚。如设计变更率不超过 2%。施工图设计完成后造价工程师逐项核算各项经济指标，作为对设计单位整改、考核和结算的依据。

5）在项目实施阶段，通过对施工现场的变更、签证及索赔的合规性、合理性审查、多方案造价测算、目标成本核对，达到过程中控制成本的目的。

6）通过现场精细化管理，确保建设标准的顺利执行的同时，对隐蔽工作、关键工序等进行监督检查记录，从而为后期结算提供依据。如招标时已经对基坑支护编制了详尽的工程量清单，在基坑支护施工过程中，项目管理人员对基坑支护中锚杆直径及长度、钢筋网的钢筋直径及间距、加强网的钢筋直径及间距进行记录，从而为后期基坑支护的结算提供资料数据的支撑。

（2）主要措施。

1）将建设需求和投资目标，以正式文件下发给本项目建设的相关各方，并组织了多次宣贯，确保各相关方充分了解并执行；

2）在建设的方案设计、施工图设计、招标阶段、施工阶段，进行了各阶段的成本测算，编制概预算，并进行分析及调整。对设计、工程量清单进行核查，对功能、用材超过标准的，重新调整设计以达到标准；

3）严格落实建设程序，建设单位内控制度、会议制度，组织造价方面的专项例会。进行总目标及各分项目标控制，除安全、进度、质量、建设标准必须满足建设需求的，其他方面超越的，在造价管理方面可一票否决。

三、服务的运作过程

1. 目标成本分解

（1）对项目成本进行分析，将项目成本分解为土地费用、前期工程费、基础设施费、建筑安装装修工程费、环境景观工程费、预备费、工程相关成本、开发间接费、税金 9 类。根据建设标准及我公司积累的类似项目数据对项目目标成本进行分解如表 3 所示。

表 3 项目目标成本分解表

序号	成 本 项 目	单方造价（元）	占比（%）	备注
一	土地成本	980.00	20.85	
二	前期及规费	412.00	8.77	
三	基础设施费	19.00	0.40	
四	建筑安装装修工程费	2540.00	54.04	

续表 3

序号	成本项目	单方造价（元）	占比（%）	备注
五	环境景观工程费	134.00	2.85	
六	预备费	140.00	2.98	
七	工程相关成本	40.00	0.85	
八	开发间接费	225.00	4.79	
九	税金	210.00	4.47	
十	合计	4700.00	100.00	

（2）成本目标细化。根据分解的目标成本，对各项目标进行细化。以建筑安装装修工程费为例，由于本项目共分为四种业态：17 层住宅、公寓、沿街商业及地下车库，根据建设标准及我公司积累的类似项目数据对四种业态的建筑安装装修工程费进行分解如表 4 所示。

表 4　建筑安装装修工程费分解表

序号	建筑类型	单平方米造价（元）	备注
四	建筑安装装修工程费	2540.00	
1	17 层住宅	1855.00	
2	公寓酒店	2170.00	
3	商业办公	1900.00	
4	地下车库	3395.00	

（3）17 层住宅建筑安装装修工程费目标分解。将 17 层住宅建筑安装装修工程费拆分成主体建筑工程费及主体安装工程费两大部分，再细化分为结构及粗装修、门窗工程、公共部位装修、水暖气电工程、设备及安装费、弱电系统六个分项。根据建筑安装装修工程费总目标，并结合我公司数据库设定六个分项的经济指标如表 5 所示。

表 5　住宅建筑安装装修工程费目标分解表

序号	成本项目	计算基数	单价（元）	备注
一	主体建筑工程费	建筑面积	1340.00	地下室计入地下车库
1	结构及粗装修	建筑面积	1055.00	
	混凝土框架	建筑面积	750.00	含钢量 48.92kg/m^2、混凝土含量 0.37m^3/m^2
	砌体	建筑面积	65.00	
	找平及抹灰	建筑面积	70.00	
	防水（室内）	防水面积	45.00	卫生间 1.5 厚单组分丙烯酸酯防水涂膜
	防水	防水面积	100.00	屋面 SBS 卷材防水
	其他	建筑面积	155.00	脚手架、垂直运输、开办费等总承包项目

续表 5

序号	成本项目	计算基数	单价（元）	备　注
2	门窗工程	建筑面积	135.00	
3	公共部位装修	建筑面积	150.00	
二	主体安装工程费	建筑面积	515.00	
1	室内水暖气电	建筑面积	375.00	
	给排水	建筑面积	80.00	卫生间给排水管道，洁具自理
	直饮水系统	建筑面积	20.00	绿色建筑二星标准
	室内采暖	建筑面积	80.00	
	室内电气工程	建筑面积	130.00	含楼栋总配电箱及表箱
	供电专改公配电	建筑面积	65.00	
2	设备及安装费	建筑面积	110.00	
	通风空调系统	建筑面积	10.00	
	电梯供货及安装	部	230000.00	1 个单元 2 部电梯
	消防系统	建筑面积	31.00	
	水消防系统	建筑面积	13.00	消火栓系统，喷淋系统
	电消防系统	建筑面积	18.00	烟感、温感、报警、消防广播
3	弱电系统	建筑面积	30.00	
合　计		建筑面积	1855.00	

（4）根据细化的经济指标，确定相关工程量指标，以主体结构结构为例，确定 17 层的主体结构指标为钢筋指标为 48.92kg/m^2、混凝土指标为 0.37m^3/m^2；

（5）通过对目标成本与建设方的投资限额进行比较，寻求项目成本的可优化空间；对于一些可压缩空间大、变动金额大的部分，作为后期成本把控的重点。

（6）通过对目标成本的分析，分析目标成本中造价可控点，并按重要等级进行分类列项：

1）建筑安装费工程发包价格；

2）大宗设备、材料采购价格；

3）专项分包价格；

4）设计费、监理费及与工程相关建设服务费等发包价格；

5）工程变更、签证价格；

6）工程材料、构件市场价格波动；

7）工程延期、索赔价格。

2. 项目招标服务过程

工程及各种服务的招标是全过程工程咨询及控制工程造价的一个核心环节，招标工作不是履行完善建设手续，招标工作开展得成功与否，直接影响着项目工程咨询的效果和成本控制的成败。在项目招标服务进行过程中，我公司始终坚持如下原则和程序：

（1）在正式招标之前，编制招标总体策划。

（2）对招标项目合约进行分判，确定各合同标的采购方式，如公开招标、邀请招标、竞争性谈判等。

（3）合同起草与评审工作。招标项目合同由招标师起草，并多次组织由设计、施工、招标、造价、监理、法务和档案等相关专业专家组成的专家组对合同签订的八大要素等内容进行论证。

（4）组织投标单位踏勘现场、组织答疑会议。通过该环节充分向各投标单位介绍项目概况，解答投标单位提出的问题。让投标单位尽量充分地了解项目，降低投标单位对项目的误判，减少合同履行后期的合同纠纷。

（5）合理制定评标办法。对于技术通用、标准一致的招标项目，尽量采用合理低价中标；对于技术服务类技术含量高的招标项目，技术标分值应较商务标高。

（6）紧扣建设标准，严禁超越或者达不到建设标准的情况发生。

（7）对于常规清单采取常规处理办法。对于后期可能发生变更的项目采取工程量清单尽量细化的方式，将工程量清单的适用范围尽量扩大，从而降低发生变更后成本失控的风险。比如，基坑支护，由于实际基坑支护施工方案与招标阶段的方案很可能存在差异，因此现场发生设计变更的可能性非常大。为了合理控制基坑支护的成本控制风险，在工程量清单编制过程，将清单尽量细化，将基坑支护清单按截排水沟、集水井，B 型土钉墙，I 型土钉墙，坡道，降水井、观测井五个分部共 37 个清单项目设置清单。即使施工过程中对基坑支护方案进行了调整，发生相应变更，也不会突破所列的 37 个清单范围，从而实现了利用清单编制对成本失控风险的合理规避。

（8）对于现场必然发生，但工程量不确定的项目，为了降低成本失控风险，可以通过专家论证方式确定暂定工程量，结算阶段据实结算。比如，降水台班编制工程量清单时，根据基坑支护方案，通过专家论证合理确定降水台班的暂估量，最终据实结算。

（9）对于专业分包的项目，招标阶段只列专业工程暂估价，在实施过程中，分别进行专业工程招标，以达到控制成本的目的。

（10）招标工作结束，对中标单位进行询标，并进行成本目标、最高投标限价、中标价核对分析，确保所签订的合同正常履约。

案例 1：

以第三方服务为例，本项目截至当前共开展了地貌测量、环境影响评价、绿色建筑咨询、工程勘察、工程设计、施工图审查、施工监理、交通影响评价等第三方服务项目招标工作。在目标成本测算阶段，按常规价格估算计入，由于本项目体量巨大，采用公开招标方式可以达到充分竞价的目的，从而让成本达到最低。在招标阶段，我公司造价部根据项目实际情况，通过已开标类似项目、我公司资源库及询价等方式确定最高投标限价或者采购预算，最终通过公开招标的方式确定中标人。截至当前，通过招标方式，第三方服务中标价与目标成本相比较节约 1200 余万元，其中 A 项目节约 500 余万元，B 项目节约 600 余万元，各项节约额如表 6 所示。以电梯采购及安装采购项目为例，该项在目标成本测算时估算总价为 7548 万元，施工招标阶段，专业工程暂估价按 7548 万元计入，招标后，中标价格为 4400 余万元，与目标成本相比节约 3000 余万元。

表 6　各项成本节约额

序号	招标项目	目标成本（元 /m^2）	最高投标限价单价（元 /m^2）	中标单价（元 /m^2）	差额（元 /m^2）
1	地貌测量	0.20	0.04	0.03	0.17
2	环境影响评价	0.12	0.09	0.09	0.03
3	绿色建筑咨询	0.70	0.70	0.70	0.00
4	工程勘察	2.00	2.00	1.94	0.06
5	工程设计	30.00	30.00	25.00	5.00
6	施工图审查	1.36	0.85	0.76	0.60
7	工程监理	15.00	15.00	14.72	0.28
8	交通影响评价	0.50	0.44	0.42	0.08
合计					6.22

3. 设计管理过程

众所周知，设计对造价的影响巨大，为了合理控制成本，在设计招标阶段引入限额设计理念，通过详细的设计任务书、建设需求方案、造价控制目标，将限额设计的理念融入设计中；在施工图预算阶段，通过对图纸进行测算，对设计是否达到造价控制要求进行测算，并反馈设计院进行修改完善；在施工过程中，分析设计变更的合理性，对合理的设计变更方案进行成本分析，择优选择设计变更方案。

（1）**设计招标限额设计管理**。限额设计招标阶段核心是确定设计任务书及限额设计目标的制定。设计任务书除要求明确设计造价总控目标、各分项目标外，还要明确结构主要材料用量，从源头上对设计进行合理控制。设定奖罚条款，激励设计单位优化设计的主动性。

（2）**设计优化**。本项目分为 A、B 两个项目，且两个项目分别由两个设计院进行设计，因此通过对两家设计院的不同设计方案进行比对，能够提出相应的优化建议。本项目中，在设计阶段，我公司通过横向比对，共提出 25 条设计优化建议，涉及金额 6900 余万，其中甲方采纳了 2 条，节约金额约 1500 万元。采纳建议如下：

1）商业住宅户内其他房间（客厅、卧室、餐厅等）楼面装修：建议应按混凝土楼面交付，取消 20 厚水泥砂浆压实赶光做法，只做至楼板结构层，A 项目可节约造价 385 万元，B 项目可节约造价 315 万元；

2）B 项目中暖气片高度为 750mm，A 项目中暖气片高度为 600mm，在户型及建设标准相同的情况下，B 项目的设计较为保守，建议 B 项目进行设计优化，该优化可以节约 800 万元。

（3）**设计质量管理**。

1）严格按照建设标准、设计任务书，检查设计成果文件与范围、标准保持一致。通过对图纸的审查，提出设计缺陷或者不完善之处。要求设计单位进行整改，减少后期不必要的图纸变更。

2）施工图纸确定后，通过编制施工图预算对设计成果进行验证，通过与总控目标、分项目标、主要材料含量的对比，形成分析报告。

3）严格按照设计合同，对设计单位的合同履约情况进行审查；

4）设计一致性审查。本项目中A项目和B项目分别由两家设计单位设计，但其设计目标是一致的，且A、B两个项目的建筑标准、户型和层数均完全相同。因此，对设计单位设计成果除了直接的限额设计目标的对比，还增加了对设计单位之间的横向间接对比，通过横向对比，能够选择性地将两家设计单位的优点进行汇集，并最终在两个项目上达到设计的共同精进。

（4）施工阶段设计管理。

1）加强施工图设计交底会审，确保图纸缺陷问题不流向施工，降低变更、索赔量；

2）加强现场设计代表管理，保证对现场施工的指导工作；

3）及时做好二次深化设计工作，保证分包项目及时开展招标采购工作；

4）由于招标阶段给设计院制定了造价控制的目标，因此设计院在项目施工期间，将会慎重考虑设计变更，从而让设计变更增加了一层把控的关卡。

4. 施工阶段服务过程

施工阶段是项目实施、实体形成的核心阶段。在本阶段，将目标成本控制、合同管理为重点的工作方法贯穿于工程进度款审核、变更签证审核、索赔费用的跟踪控制、认质认价审核、专业分包工程造价控制等传统工作中。以目标成本为指导纲领，以合同条款为抓手，以成本审核为手段，根据以往经验，通过对施工阶段可能发生的问题进行预测、讨论、形成建议，以达到项目提前控制的目的。将可能发生的问题防患于未然。对影响成本的关键点具有敏锐的嗅觉，提前预防、提前控制。将工程中可能发生的问题，可能导致成本变化的因素，不同的施工方案进行提前测算，为建设方提供成本预测依据，便于建设方进行目标成本控制。

（1）设计变更、现场签证的管理。

1）设计变更、现场签证的处理思路。分析设计变更的原因，如果因本项目招标图纸与施工图纸不一致而发生的设计变更，具有合理的发生变更的理由，在根据施工合同约定进行处理的同时，及时分析因变更引起的成本变化，与成本目标进行对比分析；如果因其他原因引起的变更，首先分析发生变更的原因是否成立，其次分析变更方案是否有优化的可能，提出合理化建议，最终分析由于变更引起的成本变化，与成本目标进行对比分析。

2）设计变更、现场签证的审核范围。

①变更的原因或依据；

②变更的内容及范围；

③变更引起的工程量及合同价款的增减；

④变更对工期等相关工作的影响；

⑤必要的附图及计算资料等。

3）设计变更、现场签证的审核流程。

①收集整理变更、签证的支撑资料；

②明确变更、签证的审核范围，初步审核送审资料的合规性、有效性；

③依据施工合同条款，审核送审资料的合理性、准确性；

④与送审单位核对；

⑤出具审核报告。

4）设计变更、现场签证的审核程序。造价专业人员必须按以下“设计变更及签证的审核程序”（如图 2 所示）进行设计变更、签证的造价审核确认。

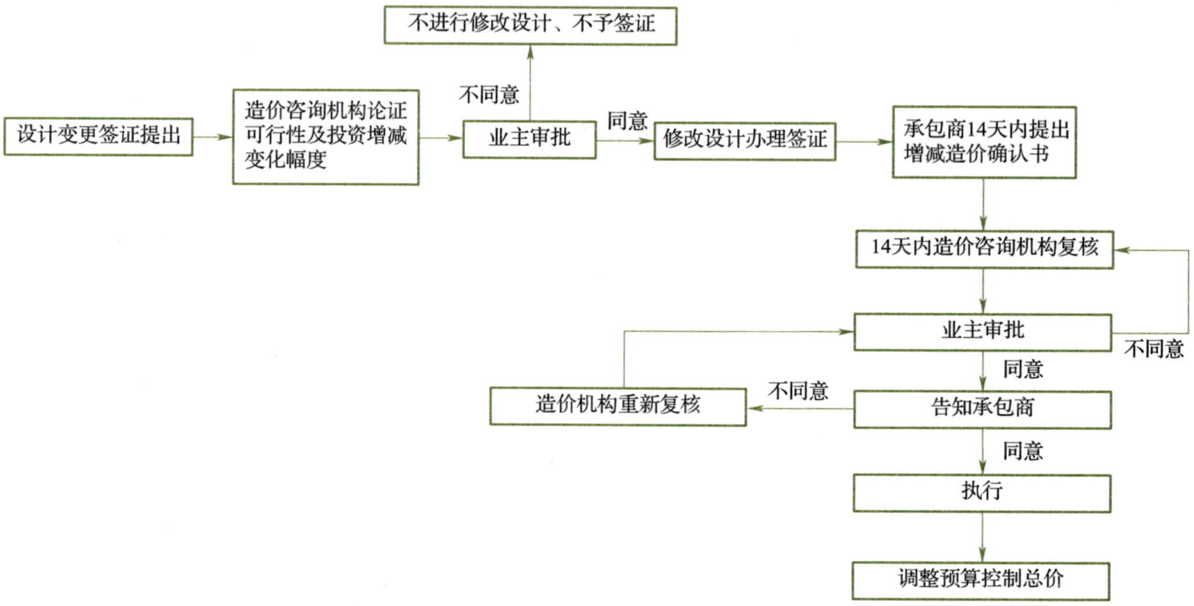

图 2　设计变更及签证的审核程序

5）设计变更、签证的审核应遵循的原则。

①造价专业人员应与建设单位、设计单位及监理单位密切配合，严把设计变更关。

②在图纸交底会审阶段，尽可能将设计中存在的问题处理完，减少施工中变更和签证的发生，使造价得到有效控制，施工得以顺利进行。在本项目施工图纸交底前，我公司根据两个项目图纸的对比，提出图纸优化设计意见十余项，并组织建设单位、设计单位参与图纸优化设计意见专项会议，讨论图纸优化可能性，最终被采纳建议两项。

③实施结果以文字形式形成有效证据。杜绝受理签证定性化和含糊不清的签证。

④确认时间及程序严格按《建设工程价款结算暂行办法》执行。严格审核变更、签证规范性，杜绝编号混乱、时间混乱的变更、签证资料。

⑤审核应遵守招标文件及合同约定，采用规定的计算办法和规定的定额依据。

⑥审核结果须经过建设单位同意后方能生效。

6）设计变更、签证费用的审核。签证是工程实施过程中对已签订合同的弥补，是施工过程中的动态调整，从合理跟踪控制投资出发，对涉及费用的签证，负责签证的现场造价专业人员应正确把握签证的原则，严格按照合同约定的计价方式，根据现场实际情况，尽量做到“随做随签”，避免工程结束后统一签证；同时签证必须达到量化要求，杜绝不确定性和含糊不清的签证，从而确保工程签证的客观性、真实性及准确性。发生工程变更、签证，造价专业人员应对所发生的费用进行责任划分，剔除以下不应由建设单位承担的费用：①施工质量事故造成的变更、签证费用；②为方便施工单位施工发生的变更、签证费用；③未在合同约定时间内提出增加费用的变更、签证费用；④其他应由施工单位承担的变更、签证费用。

案例 2：

B 项目南侧有一条现状市政路，为单层混凝土道路，破坏严重，年久失修。施工单位利用该道路进行出土运输，然而现状市政路无法满足出土要求。施工方提出申请，要求建设方出资，维修并拓宽现状市政路，同时在南北方向新建一条临时道路用于出土作业。申报签证金额 461 万元。在建设方、监理方已同意施工方申请后，我公司在查阅相关资料并勘查现场后，首先，分析签证原因是否成立，分析发现施工方提出维修拓宽的现状市政路及新建临时道路位于项目红线外，不属于本项目建设范围；其次，分析现状市政路为政府委托修建，维修费用不应由建设方支付。最后，申请新建临时路已规划有市政道路，且并不是出土作业必要途经路线。鉴于以上分析，我公司建议建设方驳回施工方签证申请，并向管委会提出维修现状市政道路申请。此项为本项目节省成本约 461 万元。

案例 3：

A 项目施工方向建设方提出现场挖出淤泥，要求建设方审批淤泥开挖外运签证。我公司立即进行现场勘查、取证。在查阅相关规范、标准后，向建设方提出现场开挖出的并非淤泥，而是含水率较高的综合土。因本项目工程量清单中已有相关综合土挖运的清单，我公司建议建设方驳回施工方签证申请，维持原清单中标单价结算。该项节省项目成本约 300 万元。

（2）**进度款审核。**

1）进度款审核要点。

①进度款所对应的形象进度或工程量是否由业主、监理、施工单位三方确认，且此部分通过验收合格；

②审核是否如实反映现场实际完成的情况，严格扣除未施工项目及预付款、甲供材（按照预算含量）、水电费、质保金、其他代扣代缴费用；

③由于清单中含有多个子目，这就会出现部分子目工程量已完成，部分子目工程量未完成，审核进度款时应注意扣除此部分未完成的工程量或根据经验按比例支付，只能付少不能付多；

④注意进度款审核的时效性，及时完成进度款审核工作。

2）进度款支付的基本原则。

①以工程量的计量结果、合同中规定的条款、日常记录和相关资料为依据，严格按照合同约定的程序进行，做到计算准确、公正合理。

②审查施工单位提交的工程支付申请及其随同资料的完整性，逐项核实审查支付项目的合同单价、工程量及总价。做到资料不全或与合同不符不予签署、未经质量检查合格不予签署、存在违约行为不予签署。问题经处理符合要求后方可补签。

③严格按支付程序进行支付。

案例 4：

B 项目开工三个月，未收到施工方申报已完工程量的工程进度款资料。因工程进度款申报滞后可能导致材料价格、人工单价与实际施工时间不符，在结算时会因无法确定实际施工时间而导致争议。为避免此种情况的发生，我公司已经建议建设单位督促施工单位，按照施工合同和招标文件的约定，按时申报工程进度款。若施工单位未按时申报工程进度款，我公司建议以不利于施工单位的审核结果结算。

（3）专业分包造价控制。专业分包分为总承包单位分包和建设单位专业工程暂估价分包，对于前一种形式，造价咨询单位在造价全过程控制中针对的主体是总承包单位，分包单位由总承包单位管理；对于专业工程暂估价分包，工程咨询单位协助建设单位签订分包合同，审核专业分包预算，处理施工过程中的设计变更及现场签证，最后办理结算。为了便于成本的把控，我公司建议按第二种模式执行。为此在施工招标阶段，专列了 19 项专业分包工程如表 7 所示。

表 7　19 项专业分包工程

序号	采 购 项 目	招 采 方 式
1	电梯采购及安装	公开招标
2	防雷检测	公开招标
3	人防检测	公开招标
4	室外总体工程	公开招标
5	消防检测	公开招标
6	窗户采购及安装	公开招标
7	外墙保温及涂料	公开招标
8	安防工程	公开招标
9	弱电工程	公开招标
10	入户门、单元门采购及安装	公开招标
11	景观绿化工程	公开招标
12	幕墙工程	公开招标
13	锅炉供应及安装	公开招标
14	市电引入工程	公开招标
15	室内环境监测	公开招标
16	标识标牌、垃圾桶、文体设施	公开招标
17	充电桩系统工程	公开招标
18	运动器材	公开招标
19	变压器、柴油发电机组、低压开关柜、地下车库配电箱	公开招标

5. 竣工结算阶段服务过程

（1）依据合同通过对结算资料的程序性审查，审核资料的全面性、合理性，并按竣工结算审查流程如图 3 所示开展结算审核工作。

（2）除完成各标段工程款结算，我公司对结算造价与造价控制目标进行对比分析，总结得失，形成报告。对相关技术经济指标录入信息库归档备查。

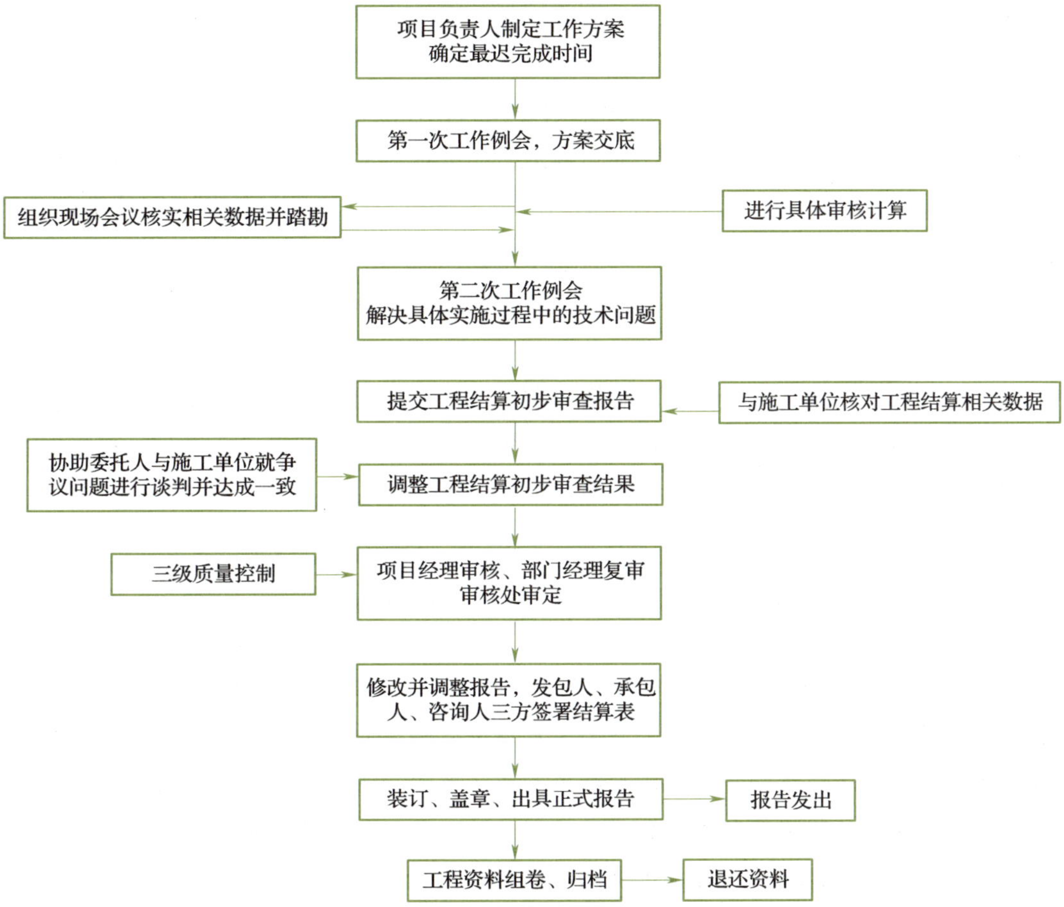

图 3　竣工结算审查流程

6. 全过程项目管理服务过程

全过程项目管理是实现现场精细化管理的重要前提，本项目建筑体量巨大，施工标段较多，工作界面交叉较大，因此全过程的精细化管理是项目施工阶段控制质量、进度、成本、安全的有力抓手。本项目全过程工程咨询服务项目管理工作范围包括：项目策划管理、项目报批、合同管理、进度管理、勘察管理、设计管理、投资管理、组织协调管理、招标采购管理、质量管理、安全生产及治污减霾管理、信息管理、风险管理、收尾管理、后评价和其他。同时为了确保现场精细化管理目标的实现，项目管理组采用工作任务分解、责任矩阵等项目管理手段进行精细化管理。

四、服务的实践成效

（1）本项目的核心是成本控制，围绕成本控制的核心，通过招标采购工作，并通过引入限额设计的理念，让设计从始至终不放松对成本控制的把控，从设计源头对成本进行合理控制；在实施阶段，紧密围绕合同管理，根据不同分项项目特点，制定切实可行、适宜的合同模式，提纲挈领地对各分项项目进行宏观把控；进入施工阶段后，成本控制的核心转变为现场签证变更的管理，而现场的精细化管理能够在提高建设方管理效率的同时，降低建设方管理成本的支出，并能够通过现场的精细化管理，减少不必要的现场设计变更，同时现场的精细化管理也为过程成本控制提供了详尽的实时现场资料支撑。

（2）对于该项目，我公司按照“以招标采购为龙头，以造价控制为核心，以合同管理为重点，以现场精细化管理为基础”的服务理念，通过对本公司招标、造价、项目管理三大业务板块的有机融合，实现对招标、造价、项目管理的直接融合。同时通过目标成本的控制，间接实现了对设计、监理、施工及其他参建单位的有效融合，使各参建单位紧密围绕成本目标开展相关工作。将过去以往设计、监理、施工、造价各管一段的局面，扭转为设计、监理、施工、造价等参建单位的积极主动融合。

（3）该项目是我公司第一批全过程工程咨询服务的项目，也是我公司采用全过程工程咨询服务手段实现建设项目成本控制核心目标的首次尝试，更是对我公司乃至行业全过程工程咨询服务侧重点进行的探索。

专家点评

本案例比较突出的特点是结合项目管理条件进行的全过程造价咨询服务项目。全过程咨询的核心就是咨询单位在建设过程各阶段的全参与，本案例从项目的决策、设计、招标、施工到竣工结算全过程，咨询单位针对业主的投资控制目标主动地、有预测性地、全面地为业主提供造价专业的咨询意见，取得了明显的投资控制的效果。本案例的特点是将业主的投资目标根据自己的经验和大数据进行拆分，通过过程控制最后再将投资结果进行合拢。使造价咨询服务构成一个完整的产品体系，加上与项目管理方面的统筹，使得咨询价值大大提升。

点评人：刘嘉

上海申元工程投资咨询有限公司